L'USAGER DU SERVICE PUBLIC INDUSTRIEL ET COMMERCIAL

Collection Logiques Juridiques
dirigée par Gérard MARCOU

Le droit n'est pas seulement un savoir, il est d'abord un ensemble de rapports et pratiques que l'on rencontre dans presque toutes les formes de sociétés. C'est pourquoi il a toujours donné lieu à la fois à une littérature de juristes professionnels, produisant le savoir juridique, et à une littérature sur le droit, produite par des philosophes, des sociologues ou des économistes notamment.
Parce que le domaine du droit s'étend sans cesse et rend de plus en plus souvent nécessaire le recours au savoir juridique spécialisé, même dans des matières où il n'avait jadis qu'une importance secondaire, les ouvrages juridiques à caractère professionnel ou pédagogique dominent l'édition, et ils tendent à réduire la recherche en droit à sa seule dimension positive. A l'inverse de cette tendance, la collection « Logiques juridiques » des Éditions L'Harmattan est ouverte à toutes les approches du droit. Tout en publiant aussi des ouvrages à vocation professionnelle ou pédagogique, elle se fixe avant tout pour but de contribuer à la publication et à la diffusion des recherches en droit, ainsi qu'au dialogue scientifique sur le droit. Comme son nom l'indique, elle se veut plurielle.

Dernières parutions

Philippe SÉGUR, *Gouvernants : quelle responsabilité ?*, 2000
Jean-Jacques THOUROUDE, *Pratique de la responsabilité hospitalière*, 2000.
Pascal BERTHET, *Les obligations alimentaires et les transformations de la famille*, 2000.
Daphné BOUTEILLET-PAQUET, *L'Europe et le droit d'asile dans un espace élargi*, 2001.
Jean-Jacques SUEUR, *Une introduction à la théorie du droit*, 2001.
Sonia DEVEIDEX-MARGUERITAT, *Le quinquennat*, 2001.
Francis HAMON, *Le referendum en Europe, aujourd'hui et demain*, 2001.
Daphné BOUTEILLET-PAQUET, *L'Europe et le droit d'asile*, 2001.
Christian LAVIALLE, *Les mutations du droit domanial et le régime des infrastructures de transport en France et en Espagne*, 2001.
Anas BENSALAH ZEMRANI, *Les finances de l'état au Maroc*, 2001.
Christine DESNOYER, *L'évolution de la sanction en droit de la famille*, 2001.
Françoise MICHAUT (textes traduits et introduits par), *Le droit dans tous ses états à travers l'œuvre de Robert M. Cover*, 2001.
Laure BAUSINGER-GARNIER, *La loi du pays en Nouvelle-Calédonie*, 2001.

Sophie NICINSKI

L'USAGER DU SERVICE PUBLIC INDUSTRIEL ET COMMERCIAL

Préface de Laurent RICHER

L'Harmattan
5-7, rue de l'École-Polytechnique
75005 Paris
FRANCE

L'Harmattan Inc.
55, rue Saint-Jacques
Montréal (Qc) CANADA
H2Y 1K9

L'Harmattan Hongrie
Hargita u. 3
1026 Budapest
HONGRIE

L'Harmattan Italia
Via Bava, 37
10214 Torino
ITALIE

ISBN : 2-7475-0607-X

PREFACE

Il y a mille façons de " faire du droit administratif " et l'une d'elles est d'explorer la jurisprudence judiciaire. Sophie Nicinski a entrepris une telle exploration avec une intelligence et une ténacité qui lui permettent de publier à la fois une synthèse sans précédent et une réflexion d'une grande richesse.

Depuis la thèse de Pierre Laroque sur l'usager du service public industriel et commercial (éd. Sirey, 1933) , aucune étude d'ensemble n'a été écrite sur la question. Ce n'est pas que le sujet ait perdu son actualité ; bien au contraire, les nombreuses analyses doctrinales partielles témoignent d'un intérêt croissant pour l'usager du service public industriel et commercial , parfois assimilé à un consommateur dont la satisfaction serait le seul objectif du service public. Mais, comme presque toutes les recherches portant sur ces zones intermédiaires dans lesquelles le service public est régi majoritairement par le droit privé, ces analyses ne reposent pas sur un dépouillement systématique de la jurisprudence civile et commerciale émanant des juges du fond. Cela s'explique par les difficultés d'accès à cette jurisprudence, sans que l'outil informatique ait, pour le moment beaucoup facilité la tâche du chercheur. En effet, la jurisprudence est très abondante, mais peu publiée et quand elle l'est, difficile à identifier. La constitution et l'analyse de ce corpus jurisprudentiel nécessitait la ténacité et la patience de la véritable chercheuse qu'a ainsi prouvé être Sophie Nicinski .

Sur ce substrat rénové s'est construite la réflexion de l'auteur ; elle prend pleinement en compte la spécificité de la situation de l'usager du service public industriel et commercial, qui ne peut être assimilée à nulle autre.
Au départ, il fallait affronter une question d'une redoutable simplicité : qu'est-ce qu'un usager ?

La conception de l'usager a évolué parce que la notion d'intérêt général a varié. Aujourd'hui, il pourrait sembler que nous sommes parvenus à l'époque de la banalisation par assimilation de l'usager au client- consommateur. On verra que la réalité est plus complexe ; le service public, fût-il industriel et commercial, ne trouve pas sa justification dans la satisfaction des besoins de chacun des usagers, mais dans celle des besoins de la collectivité ; il existe une solidarité des usagers, une sorte de collectivité des usagers, qui empêche la banalisation du " lien d'usage ".

Comment identifier celui-ci ? La diversité des services concernés et la relative pauvreté de la jurisprudence rend délicate la définition juridique de l'usager. L'examen très fouillé auquel procède Sophie Nicinski débouche sur un premier constat d'absence de critères décisifs de la qualité d'usager. En lui-même un tel constat pourrait être considéré comme un apport scientifique dans la mesure où il fait tomber l'illusion de simplicité, mais l'auteur ne s'arrête pas là, elle montre qu'il est possible d'aboutir à une définition de l'usager à partir de certaines constantes qui sont, en fin de compte, les éléments constitutifs du lien de droit privé, fondé sur la volonté.

Les droits et obligations de l'usager ne procèdent quant à eux guère de la volonté de celui-ci. La place de la réglementation est considérable et cela même quand le service public est délégué à une entreprise privée par contrat.

A travers un contentieux abondant s'est élaboré et continue à évoluer un statut mixte à la fois parce qu'il fait intervenir juge administratif et juge judiciaire et parce qu'il mêle contrat et règlement. L'auteur étudie à fond cette jurisprudence ; elle rapporte de sa prospection la division des clauses réglementaires en trois groupes, qui sont distingués d'après l'étroitesse de leur relation à l'intérêt général et leur plus ou moins grande proximité avec le contrat de droit privé. Selon qu'une clause appartient à l'une ou l'autre catégorie, sa privatisation est plus ou moins marquée et le juge judiciaire s'en empare plus ou moins.

Pour la première fois, cette jurisprudence judiciaire est ici étudiée dans toutes ses subtilités; la thèse se fait contribution au droit civil des contrats et il s'avère que même si la jurisprudence n'est pas toujours parfaitement cohérente, le juge judiciaire parvient néanmoins à adapter le droit des contrats aux exigences du service public. Certes, la répartition entre les deux ordres de juridictions entraîne une excessive complexité, mais de la lecture de l'ouvrage de Sophie Nicinski on tire l'impression que la coopération entre les deux ordres est possible. Sans doute est-ce parce que la répartition des compétences en ce domaine peut être rattachée à une dialectique, celle du contrat et des lois du service. Le moteur de cette dialectique est le rapport (de force ?) entre exploitant et usager. Les principes de continuité, d'égalité, de mutabilité concourent avec l'obligation d'information, la théorie de l'abus de droit, le principe de bonne foi à définir un certain équilibre ; des relations complexes, et, parfois encore mal fixées s'établissent entre la convention de délégation de service public et le contrat d'usage.

Ces questions sont au cœur de l'actualité juridique du service public. Le prix du service, la répartition des charges entre usager et contribuable, la rémunération du délégataire constituent des enjeux importants pour les services locaux et suscitent un peu partout des conflits, souvent très âpres. Dans ces combats se forge le statut de l'usager du service public industriel et commercial, statut mixte, droit mixte, parfaite illustration, au fond, de l'unité du droit.

L'intérêt général et les intérêts des usagers sont-ils, en fin de compte, bien protégés dans le système français ? On ne se risquera, pas plus que Sophie Nicinski, à porter un jugement de valeur ; mais, quelle que soit la valeur du système, on ne peut que s'interroger sur son avenir.

L'ouverture à la concurrence remettra nécessairement en cause et le service public industriel et commercial et le statut de l'usager. Si, dans un premier temps, comme le note l'auteur, l'ouverture des réseaux s'accompagne d'un renforcement des droits des usagers sous l'égide du service universel ; à terme, l'intérêt bien compris des opérateurs devrait largement se substituer à l'intérêt général.

Laurent Richer, Professeur à l'université Paris I (Panthéon-Sorbonne)

LISTE DES PRINCIPALES ABREVIATIONS

AHEF	Association pour l'histoire de l'électricité en France
AJDA	Actualité juridique - droit administratif
ALD	Actualité législative Dalloz
AN	Assemblée nationale
art.	article
Ass.	Assemblée
BHE	Bulletin d'histoire de l'électricité
BLD	Bulletin législatif Dalloz
BT	Bulletin des transports
BU	Bulletin des usines électriques
Bull.	Bulletin des arrêts de la Cour de cassation
CA	cour d'appel
CAA	cour administrative d'appel
Cass. civ. I, II, III, com., crim.	Cour de cassation, première chambre civile, seconde
chambre civile, troisième chambre	civile, chambre commerciale, chambre criminelle.
CC	Conseil constitutionnel
CE	Conseil d'Etat
CGCT	Code général des collectivités territoriales
chron.	Chronique
CJCE	Cour de justice des Communautés européennes
CJEG	Cahiers juridiques de l'électricité et du gaz.
Code des TA et CAA	Code des tribunaux administratifs et des cours administratives d'appel
Coll.	Collection
concl.	conclusions
Contrats, concu. et consomm.	Contrats, concurrence et consommation
Crts	Consorts
CSP	Code de la santé publique
D.	Recueil Dalloz
DA	Droit administratif
DC	Recueil Dalloz critique
DH	Recueil Dalloz hebdomadaire
DP	Recueil Dalloz périodique
DS	Droit social
ECDE	Etudes et documents du Conseil d'Etat
Ed.	Edition
EDF	Electricité de France
Fasc.	Fascicule
FNAUT	Fédération nationale des association d'usagers des transports
GAJA	Grands arrêts de la jurisprudence administrative
Gaz. comm.	Gazette des communes
Gaz. Pal.	Gazette du Palais
Gaz. Trib.	Gazette des tribunaux
GDF	Gaz de France
IR	Information rapide
J	Jurisprudence
JCP	La Semaine Juridique - jurisclasseur périodique
JO	Journal officiel
LPA	Les Petites Affiches

Mél.	Mélanges
Mon. jud. midi	Moniteur judiciaire du midi
MTP	Moniteur des travaux publics et du bâtiment
obs.	Observations
panor. adm.	panorama de droit administratif
plén.	Plénière
préc.	précité
Quot. jur.	Quotidien juridique
RA	Revue administrative
RAE	Revue des affaires européennes
RDP	Revue du droit public
Rec.	Recueil Lebon
Rev. crit. légis. et jurisp.	Revue critique de législation et jurisprudence
Rev. eur. dr. consom.	Revue européenne de droit de la consommation
Rev. fr. de décentr.	Revue française de décentralisation
Rev. int. de droit éco.	Revue internationale de droit économique
Rev. jur. droit des aff.	Revue juridique de droit des affaires
Rev. prat. droit adm.	Revue pratique de droit administratif
RFAP	Revue française d'administration publique
RFDA	Revue française de droit administratif
RGCF	Revue générale des chemins de fer
RJF	Revue de jurisprudence fiscale
RTDC	Revue trimestrielle de droit civil.
RTDCom.	Revue trimestrielle de droit commercial
S.	Recueil Sirey
SNCF	Société nationale des chemins de fer
som. com.	sommaire commenté
som.	sommaire
TA	tribunal administratif
TC	Tribunal des conflits
TGI	tribunal de grande instance
Th.	Thèse
TI	tribunal d'instance
Trib. com.	Tribunal de commerce
urb.	urbanisme

SOMMAIRE

INTRODUCTION GENERALE

1. Les Français sont tous, peu ou prou, des usagers des services publics industriels et commerciaux, car chacun consomme de l'eau, de l'électricité, rejette des déchets, envoie une lettre par la poste ou passe une communication téléphonique. Ce marché colossal est partagé entre quelques entreprises aux allures de multinationales, qu'il s'agisse d'établissements publics comme EDF, GDF ou la SNCF, "d'exploitants publics" comme la Poste, ou de sociétés privées telles que Vivendi, la Lyonnaise des eaux ou France Télécom, dont les chiffres d'affaires sont considérables. A ces données économiques, s'ajoutent des considérations juridiques et sociales, profondément ancrées dans l'inconscient collectif : le service public apparaît en France comme une valeur fondamentale, les Français sont attachés à l'idée d'un service public organisé par les collectivités publiques pour la satisfaction de leurs besoins essentiels. Il constitue aussi une réalité juridique et institutionnelle sur laquelle repose en partie le droit administratif.

Les services publics industriels et commerciaux ont été récemment placés sur le devant de la scène par des événements conduisant à repenser la relation qu'ils entretiennent avec leurs usagers. Les affaires concernant les prix de l'eau ont conduit les usagers à multiplier les contestations contentieuses de leurs factures d'eau, ouvrant de nouvelles voies juridiques, inexplorées jusqu'alors. L'ouverture des réseaux à la concurrence bouleverse l'organisation séculaire des services publics industriels et commerciaux en monopole. Cette transformation aurait pour effet de modifier, tant du point de vue sociologique que du point de vue juridique, la relation existant entre l'usager et l'exploitant du service public. Le rôle de l'Etat et sa légitimation par l'intérêt général sont en crise dans une société où l'argument d'autorité est systématiquement remis en cause, atteignant par là même les fondements de la relation de service public.

Le service public industriel et commercial se caractérise par la multiplicité des niveaux d'analyse qu'il met en cause. La relation de service public, dont l'usager est le référent, est fondée sur les données économiques, sociales, politiques et historiques. Ces données sont fondamentales car elles interagissent et influencent l'approche plus juridique de l'usager. Partant, elles vont constituer à la fois un facteur explicatif de certaines solutions juridiques, en même temps qu'un instrument d'orientation des évolutions.

2. Les principaux services publics industriels et commerciaux sont connus, de même que leurs usagers sont facilement identifiables, (§1) et à leur sujet circulent de nombreuses idées reçues (§2). Le terme même de service public industriel et commercial, entre service et profit, entre droit privé et du droit public, reflète l'idée d'ambivalence qui irrigue l'intégralité du droit applicable à l'usager. Si l'on ne garde pas continuellement cette idée d'ambivalence en mémoire, on ne peut pas comprendre la dynamique qui anime l'usager du service public industriel et commercial. Ce sont les diverses facettes de l'ambivalence qui constitueront le fil conducteur de l'analyse de l'usager (§3). Du fil conducteur est tout naturellement issue la problématique, d'essence comparatiste, puisque l'usager se situe entre deux droits, entre deux modes de pensée (§4).

§ 1 Identification de l'usager et des services publics industriels et commerciaux.

3. Pour le moment, on adoptera une définition très large de l'usager. Il sera le consommateur, effectif ou potentiel, d'une prestation de service public industriel et commercial. Diverses formes d'usage sont envisageables. La relation entre l'usager et l'exploitant peut s'étaler sur une longue période, dans le domaine de l'eau ou de l'électricité, par exemple. Le contact avec le service public peut être également beaucoup plus bref, comme, par exemple, dans le domaine des transports lorsque l'usager achète un seul billet.

4. Le service public industriel et commercial trouve son origine dans la célèbre jurisprudence Bac d'Eloka, de 1921, où il a été jugé qu'une personne publique exploitait un service "dans les mêmes conditions qu'un industriel ordinaire"[1]. Aujourd'hui, la catégorie des services publics industriels et commerciaux se caractérise par son inconsistance, son insaisissabilité et ses fluctuations[2]. On distinguera trois types de services. Les premiers ont toujours été considérés comme industriels et commerciaux, sauf exception. Les seconds sont tantôt considérés comme industriels et commerciaux, tantôt comme administratifs, en vertu d'une analyse au cas par cas de leur objet, de leurs modalités de fonctionnement ou de la provenance de leurs ressources[3]. Le juge opère au coup par coup, sans que l'on puisse discerner dans le temps de grands revirements jurisprudentiels. Les troisièmes sont ceux qui ont fait l'objet de nets revirements de jurisprudence, ou dont la nature a été définitivement fixée par une loi.

---

[1] TC, 22 janvier 1921, Société commerciale de l'ouest africain, *Rec.*, p.91, *D.* 1921, III, p.1, concl. Matter, *S.* 1924, III, p.34, concl. Matter.

[2] P. Sandevoir, "Les vicissitudes de la notion de service public industriel et commercial", *Mélanges Stassinopoulos*, 1974, p. 317 ; L. Richer, "Service public administratif et service public industriel et commercial", in *Droit des services publics locaux*, Le Moniteur, 1995, fasc. I.110 ; D. Linotte, A. Mestre et R. Romi, *Services publics et droit public économique*, Litec, 3ème édition, 1995, p. 62 ; J. Dufau, "Services publics à caractère industriel et commercial", Jurisclasseur administratif, fasc. 150, 1991 ; J.-F. Lachaume, *Grands services publics*, Masson, 1989, p.61 et s ; R.-E. Charlier, "La notion juridique de service public "industriel ou commercial"", *JCP* 1955, I, 1210.

[3] CE, Ass., 16 novembre 1956, Union syndicale des industries aéronautiques, *Rec.*, p.435 ; *D.* 1956, p. 759, concl. Laurent ; *S.* 1957, p. 38, concl. Laurent ; *JCP* 1957, II, 9968, note Ch. Blaevoet ; *AJDA* 1956, p. 489, chron. Fournier et Braibant.

5. Parmi les premiers, on peut citer la distribution d'électricité ou de gaz[4], les transports terrestres ou aériens[5], les abattoirs[6], l'exploitation des halles et marchés[7], et les services d'assainissement[8]. Certains établissements publics ont été qualifiés d'établissements publics à double visage par le juge, ce qui implique qu'ils assurent, en partie, une mission de service public industriel et commercial : ainsi en est-il de l'activité d'exploitation d'outillages publics par un port autonome[9], ou par une chambre de commerce et d'industrie[10], ainsi que des prestations comme le remorquage des bateaux par l'office national de la navigation[11]. Sont également qualifiés de services publics industriels et commerciaux l'exploitation d'un plan d'eau par une collectivité publique[12], l'exploitation d'une gare routière publique[13] ou d'un hôtel dans une station thermale[14], un frigorifique municipal[15], ou encore l'administration des monnaies et médailles[16].

6. La seconde catégorie regroupe des services qui sont considérés soit comme des services publics industriels et commerciaux, soit comme des services administratifs. Le juge ne s'intéresse pas à l'objet du service, mais plutôt, dans chaque cas particulier, aux modalités de fonctionnement ou à l'origine des ressources. Ainsi, un service de bacs est tantôt considéré comme un service public industriel et commercial, tantôt comme un service public administratif[17]. Il en va de même pour les services publics de distribution d'eau[18] ou d'enlèvement des ordures ménagères[19], l'exploitation d'un parking

---

[4] La loi du 8 avril 1946 qualifie expressément d'EPIC EDF et GDF, de même la loi du 17 mai 1946 pour les Charbonnages de France et les Houillères de Bassin. CE, 25 avril 1958, Dame veuve Barbaza, *Rec.*, p.228 ; CE, 9 juin 1971, Entreprise Lefebvre, *Rec.*, p.424.

[5] Pour la SNCF et sa qualification d'EPIC, voir la loi du 30 décembre 1982, JO du 31 décembre. CE, 24 novembre 1967, Delle Labat, *Rec.*, p.444 ; TC, 17 octobre 1966, Dame Canasse, *Rec.*, p.834 ; TC, 5 décembre 1983, Niddam, *Rec.*, p.541. On y assimilera les remontées mécaniques, TA Grenoble, 16 avril 1980, Bouaziz, *Rec.*, p.532.

[6] Le juge peut également se fonder sur une interprétation de la loi pour qualifier une activité de service public industriel et commercial, voir par exemple pour les abattoirs, TC, 8 novembre 1982, SA Maine-Viande, *Rec.*, p.460 ; TC, 2 juillet 1984, Courquin, *DA* 1984, n°370 ; CE, 25 février 1983, de Stefano, *Rec.* Tables, p.661.

[7] CE, 22 avril 1977, Michaut, *AJDA* 1977, p. 441, concl. Franc.

[8] CE, 20 janvier 1988, SCI La Colline, *AJDA* 1988, p.406, note J.-F. Auby.

[9] TC, 12 janvier 1987, Société navale chargeurs Delmas-Vieljeux, *D.* 1987, p.207 ; CE, 17 avril 1959, Abadie, *Rec.*, p. 239, concl. Henry ; CE, 21 octobre 1988, SARL CETRA, *Rec.*, p.364, *DA* 1988, n°559, à propos d'une vente de sable.

[10] CE, 23 mai 1960, Chambre de commerce de la Rochelle, *Rec.*, p.356 ; CE, 15 décembre 1967, Level, *Rec.*, p.501 ; CE, 25 avril 1952, Boglione, *Rec.*, p.155.

[11] TC, 10 février 1949, Guis, *Rec.*, p.950.

[12] TC, 5 décembre 1973, di Vita, *Rec.*, p.789.

[13] TC, 27 juin 1988, Mascle, *Rec.*, p.489.

[14] TC, 13 février 1984, Pomadérès, *Rec.*, p.523.

[15] TC, 17 décembre 1962, Dame Bertrand, *Rec.*, p.831.

[16] CE, Section, 9 juin 1981, Ministre de l'Economie c/ Bouvet, *Rec.*, p.4.

[17] TC, 21 janvier 1921, Société commerciale de l'Ouest africain, *Rec.*, p.91 ; CE, 10 mai 1974, Denoyez et Chorques, *Rec.*, p.274.

[18] Pour une qualification de service public administratif, CE, 7 mai 1982, Verdier, *Rec.*, p.565. Pour une qualification de service public industriel et commercial, CE, 9 mai 1980, Abdesselem, *Rec.*, p.644 ; TC, 15

municipal[20], d'une piscine municipale[21], d'un camping municipal[22] ou d'un théâtre[23].

7. Enfin, le service des postes et télécommunications, autrefois considéré comme un service public administratif[24], se situe aujourd'hui dans la catégorie des services industriels et commerciaux. En effet, la loi du 2 juillet 1990 soumet au droit privé les relations entre La Poste et France Télécom et leurs usagers[25]. Il en va de même pour le service extérieur des pompes funèbres, depuis 1998[26].

8. Cette liste ne saurait être exhaustive et n'a comme unique fonction que de délimiter le domaine d'étude de l'usager du service public industriel et commercial. Certains services publics seront sans doute plus présents que d'autres. On pense, notamment, à la distribution d'eau, d'électricité ou de gaz, aux transports, à l'enlèvement des ordures ménagères, à l'assainissement, ou encore à la poste et aux télécommunications. On se rendra aussi vite compte que la contribution respective de chaque service varie en fonction de la question de droit abordée. Par exemple, dans le domaine de l'obligation de sécurité et de la responsabilité qui en découle, c'est le service du transport qui est très présent. Le droit du transport est d'ailleurs autarcisé par rapport aux autres services publics industriels et commerciaux[27]. C'est la raison pour laquelle on ne s'y intéressera qu'en ce qui concerne les apports majeurs de cette discipline au droit des services publics industriels et commerciaux.

L'ouverture des réseaux à la concurrence est parfaitement achevée dans le domaine des télécommunications. C'est pourquoi de nombreuses références sur cette question seront tirées du droit des télécommunications, qui servira d'exemple. Dans un

---

décembre 1980, Tettard, *Rec.*, p.643 ; TC, 19 février 1990, Thomas c/ Commune de Francazal, *AJDA* 1990, p.558, note J.-P. Théron.

19 Qualification de SPA lorsque les usagers payent une taxe, TC, 28 mai 1979, Syndicat d'aménagement de la ville nouvelle de Cergy-Pontoise, *Rec.*, p.658 ; TC, 13 février 1984, Commune de Pointe-à-Pitre, *Rec.*, p.523 ; qualification de SPIC lorsqu'il s'agit d'une redevance, TA Orléans, 22 avril 1986, Aubert, Rec. des jugements de TA, 1985-86, p.46 ; CE, Section (avis), 10 avril 1992, SARL Hofmiller, *RFDA* 1994, p.160, concl. Arrighi de Casanova.

20 CE, 12 juillet 1995, Commune de Maintenon, *Rec.*, p. 305.

21 Qualification de SPA : CE, 14 juin 1963, Epx. Hébert, *Rec.*, p.364, concl. Méric. En faveur du SPIC, CE, 23 juin 1972, Soc. la plage de la forêt, *Rec.*, p.477.

22 Qualification de SPIC : CE, 17 avril 1964, Commune de Merville-Franceville, *AJDA* 1964, p.288. Qualification de SPA : TC, 14 janvier 1980, Le Crom, *DA* 1980, n°74.

23 CE, 21 juin 1944, Léoni, *Rec.*, p. 26; CE, 12 mai 1959, Syndicat des exploitants de cinématographie de l'Oranie, *Rec.*, p. 363.

24 TC, 24 juin 1968, Ursot, *Rec.*, p.797 ; *JCP* 1968, II, 15646, concl. Gégout, note J. Dufau ; *D.* 1969, p.416, note J. du Bois de Gaudusson. Voir J. Lemasurier, "A propos du service public des postes et télécommunications. Réflexion sur la distinction des services publics administratifs et des services publics industriels et commerciaux", *AJDA* 1969, p. 139.

25 Loi n°90-568 du 2 juillet 1990, JO du 8 juillet 1990.

26 Avis du Conseil d'Etat, section de l'intérieur, du 19 décembre 1995, n°135102, *EDCE*, n°47, p. 427 : le service extérieur des pompes funèbres est un service public industriel et commercial à l'expiration de la période transitoire instituée par l'article 28 de la loi n°93-23 du 8 janvier 1993.

27 Cette constatation est encore plus vraie dans le domaine du transport aérien qui a fait l'objet en matière de sécurité de conventions internationales. C'est pourquoi on ne l'abordera que très rarement.

autre domaine, ce sont les conséquences des affaires d'imprévision en matière de distribution du gaz qui sont à l'origine du contentieux relatif à l'application du principe de mutabilité à des contrats de droit privé.

9. Enfin, certaines spécificités sont plus difficilement explicables. La jurisprudence, en matière de distribution d'électricité ou d'eau, s'est révélée fondamentale dans la question de la possibilité de conclure un contrat verbal avec l'usager. C'est la distribution d'eau potable qui est à l'origine du contentieux concernant les conséquences de la violation des obligations du contrat de délégation de service public sur les contrats conclus avec les usagers. Le service public de la distribution d'électricité est également fortement sollicité, lorsqu'il est question de déterminer la nature des obligations de l'exploitant -de moyens ou de résultat- dans divers domaines.

La publication de périodiques spécialisés dans certains types de services publics industriels et commerciaux est également un facteur très influent de la présence prédominante de ces secteurs, comme la distribution d'électricité ou de gaz, et les télécommunications[28]. Les contacts pris avec les services juridiques des grandes compagnies d'eau viennent pallier l'absence de revue spécialisée dans ce domaine. L'inégale contribution des divers services à l'analyse de l'usager n'est pas un obstacle à une vue d'ensemble de la question, car, d'une part, elle ne nuit pas aux comparaisons opérées entre les services et, d'autre part, l'homogénéité du droit applicable à l'usager rend souvent inutile la comparaison entre les services industriels et commerciaux eux-mêmes.

La nécessité d'une comparaison se fait davantage ressentir entre les services publics administratifs et les services publics industriels et commerciaux, ou entre les services gérés par une personne publique et ceux exploités par une personne privée.

On se contentera, pour l'instant, d'une définition sommaire de l'usager, ainsi que d'une approche empirique de la catégorie des services publics industriels et commerciaux, très fluctuante, pour la bonne raison que tout un chacun sait reconnaître le consommateur de prestations aussi courantes que l'eau, l'électricité, l'enlèvement des déchets, les transports, etc. Toutes aussi courantes sont les idées reçues en la matière.

§ 2 Idées reçues sur l'usager du service public industriel et commercial.

10. La perception de l'usager du service public industriel et commercial est affectée d'un certain nombre d'idées reçues, dont il est intéressant de dresser une liste. En premier lieu, l'usager deviendrait, au fil des années, client des services publics, voire consommateur. Seconde idée reçue : malgré une jurisprudence abondante, qualifiant le lien entre l'usager et l'exploitant de "contrat de droit privé", on préfère continuer à affirmer que l'usager serait en réalité dans une situation réglementaire, à laquelle il aurait adhéré, conformément aux thèses de l'Ecole du service public, références incontestables en

---

28 Par exemple, les Cahiers Juridiques de l'Electricité et du Gaz ou la revue Juris PTT.

ce domaine. Troisième idée reçue : le mécanisme des lois du service public, découvertes par L. Rolland à partir de la jurisprudence dans les années trente, est aujourd'hui parfaitement rodé. L'égalité devant le service public, la continuité et l'adaptation constante du service, confèrent certains droits à l'usager sur lesquels il n'est pas utile de revenir. Tout au plus peut-on parler d'une possible actualisation de ces droits. Quatrième idée reçue : l'ouverture des réseaux à la concurrence bouleversera entièrement le droit applicable à l'usager du service public industriel et commercial. Jusqu'alors brimé par les monopoles, il puisera dans l'avenir de nouveaux droits dans les vertus de la concurrence et du marketing. Cinquième idée reçue : l'application du droit de la consommation dans le domaine du service public industriel et commercial aurait un effet plus que bénéfique, car, dans la majeure partie des cas, les clauses imposées à l'usager sont pressenties comme abusives. Sixième idée reçue : si l'on admet que, par certains aspects, l'usager est lié par un contrat à l'exploitant, le droit privé qui lui est applicable est un droit tout à fait classique. Il n'aurait rien de spécifique, ce qui justifierait, d'ailleurs, l'indifférence de la doctrine à son égard.

11. Outre le fait que certaines de ces idées reçues se contredisent, sont-elles formulées sur la base d'une recherche systématique de la jurisprudence en cause ? Assurément non. Pour s'en convaincre, il suffit de restituer ces idées au sein de quelques questions fondamentales. L'usager est mieux traité dans ses relations quotidiennes avec l'exploitant et ses besoins sont mieux définis. Cette évolution remet-elle pour autant en cause la relation de service public, ainsi que ses fondements, telle qu'elle s'est construite en France au fil du temps ? Qu'est-ce qu'un contrat, qu'est-ce qu'un statut ? Quels sont les événements qui avaient conduit l'Ecole du service public à émettre l'idée que l'usager serait en fait soumis à un statut réglementaire ? Sont-ils toujours d'actualité ? Comment les juges de l'ordre judiciaire appréhendent-ils les lois du service public ? Leur position est-elle identique à celle du juge administratif, contribuent-ils à améliorer les lois du service ?Si l'ouverture des réseaux à la concurrence constitue un réel bouleversement de l'*organisation* d'un service public, qu'en est-il de ses effets sur le *régime juridique* précis applicable à l'usager ? Quelles sont les positions de la Commission des clauses abusives et du juge judiciaire sur les clauses des contrats conclus par les usagers, révélant un réel déséquilibre du rapport de force usager / exploitant ? Formulées sous forme d'assertions, les idées reçues semblaient fondées. Posées sous forme de questions, les réponses sont moins évidentes.

Ces quelques interrogations constitueront donc le point de départ de l'étude de l'usager du service public industriel et commercial. Elles reflètent d'ailleurs les diverses facettes du thème principal, l'ambivalence.

§ 3 Trois facettes d'une ambivalence.

12. Lorsqu'on évoque l'usager du service public industriel et commercial, l'idée d'ambivalence vient tout naturellement à l'esprit. L'aspect commercial de l'activité semble s'opposer à l'idée de service public et la solidarité fait face au profit. L'intérêt général entre en conflit avec les intérêts particuliers et individuels de chaque usager. L'utilisateur se veut usager, mais aussi client, ou consommateur. L'usager conclut un contrat de droit privé, mais il est en même temps soumis à un statut de droit public. Le contrat de droit

privé est fondé sur le consentement mutuel des parties, le statut réglementaire de droit public est issu d'une longue tradition d'autorité et de puissance. Plus généralement, le droit public consacre un rapport de force inégalitaire entre l'administration et les justiciables, et repose sur des valeurs qui lui sont propres, l'ordre public et l'intérêt général. Le droit privé, au contraire, reflète l'équilibre des relations entre les sujets de droit, fondées sur la confiance légitime et la sécurité juridique. Le droit statutaire et le droit contractuel interfèrent, se contredisent, interagissent. Au-delà de deux droits, ce sont deux modes de pensée, deux idéologies, qui entrent en conflit : consentement / autorité ; confiance légitime / mutabilité ; égalité / puissance ; intérêts particuliers / intérêt général ; solidarité / profit.

13. De cette ambivalence va naître une série de situations juridiques, qui constitueront le fil conducteur de la réflexion menée sur l'usager du service public industriel et commercial. On peut visualiser ces situations sous la forme d'un balayage de toutes les combinaisons possibles, depuis le conflit (A) jusqu'à la cohabitation de deux droits et des divers principes qui les animent (C), en passant par les situations de compromis (B).

A. Les situations de conflit.

14. L'idée de conflit caractérise essentiellement la notion d'usager. On distingue deux niveaux d'analyse. L'un est celui du discours sur l'usager, l'autre celui du droit positif. Le discours sur l'usager reflète une approche historique, sociale, politique, sociologique et économique. En fonction des époques, l'usager serait tour à tour un assujetti, un administré, un client ou un consommateur. Une telle définition de l'usager conduit à s'interroger sur la relation de service public elle-même, dont l'usager est la figure de référence. Celle-ci s'est construite historiquement, sociologiquement et politiquement sur des fondements bien spécifiques, qui permettent de délimiter les contours de la notion d'usager. La relation de service évolue au fil du temps, calquée sur les propres évolutions de la société française et les idéologies qu'elle met en avant. Partant, la notion d'usager n'est que relative, elle évolue elle-même à partir de ses propres présupposés. Un conflit oppose perpétuellement l'intérêt général et l'intérêt individuel de chaque usager : plus l'intérêt général prévaut, plus l'usager peut légitimement être traité en assujetti, en administré ; à l'inverse, plus ses intérêts individuels sont au centre des préoccupations, plus il sera traité comme un client. Il faut donc savoir jusqu'à quel point les références solidaristes de la relation de service public permettent de légitimer les restrictions apportées aux intérêts individuels des usagers. A l'inverse, jusqu'à quel point peut-on satisfaire les désirs individuels de chaque usager, sans mettre en péril le bon fonctionnement du service ? Selon les réponses apportées à ces questions, l'usager se sentira soit administré ou assujetti, soit client ou consommateur.

15. Du point de vue du droit positif, c'est à dire de la qualification d'usager par les textes ou la jurisprudence, deux types de critères s'opposent : les critères objectifs et les critères subjectifs. Les critères objectifs ne dépendent pas de la volonté de l'usager. En revanche, les critères subjectifs sont liés à sa volonté, présumée ou déclarée. Chaque règle de droit applicable à l'usager semble s'accompagner d'un critère différent : la conclusion d'un contrat, la consommation de la prestation, le paiement d'un prix, la simple intention

de devenir usager, la situation géographique, etc. La problématique de l'usager objet -ou sujet- rejoint le discours sur l'usager. Est-il un administré-objet ou un client-sujet ?

16. La présence de conflits est à l'origine d'une notion d'usager floue, relative, incertaine et parfois insaisissable. On peut d'ailleurs parvenir à la même constatation concernant une notion dont l'importance est capitale dans la définition de l'usager, celle d'intérêt général, qu'il faudra expliciter. Cependant, c'est la plasticité de la notion d'usager qui lui permet de dépasser le conflit et de s'adapter à ses tensions. Partant, la notion d'usager se caractérise par ses réajustements successifs aux évolutions sociales et aux évolutions du droit : la constatation d'un conflit conduit, sur le plan dynamique, à envisager la seule réponse à lui donner, celle de réajustements successifs. A côté des situations de conflit, il faut envisager l'existence de compromis.

B. Les situations de compromis.

17. Le statut de l'usager est illustré par l'idée de compromis. La doctrine est divisée : la situation de l'usager est-elle de nature contractuelle de droit privé ou de nature réglementaire de droit public ? C'est dans ce contexte que la théorie de l'acte-condition de L. Duguit a été élaborée. L'usager adhérerait par une manifestation de volonté à un statut réglementaire. A partir de cette controverse sur la nature du statut de l'usager, on déterminera le droit applicable aux droits et obligations de l'usager. S'agit-il du régime du contrat de droit privé ou de celui de l'acte administratif réglementaire ? En d'autres termes, comment se côtoient les droits statutaire et conventionnel ? Les droits et obligations sont-ils imposés à l'usager comme un règlement administratif exécutoire ou par un échange de consentements, propre à la conclusion d'un contrat de droit privé ? Leur interprétation obéit-elle aux règles d'interprétation des lois ou à celles des contrats ? La responsabilité engendrée par leur violation est-elle de nature contractuelle ou délictuelle ? Quels sont les types de recours mis à la disposition de l'usager ? En cas de modification des règles d'organisation du service, applique-t-on le principe de mutabilité des actes administratifs ou celui d'intangibilité des conventions de droit privé ? *A priori*, le régime du contrat de droit privé est exclusif de celui du statut réglementaire de droit administratif. Pourtant, pour assurer le bon fonctionnement du service, le juge opte pour un compromis entre les deux régimes. Le régime du contrat de droit privé est altéré pour tenir compte des impératifs d'intérêt général. L'interdépendance d'une série de contrats identiques influence considérablement le raisonnement du juge judiciaire.

18. Cependant, si l'on regarde d'un peu plus près, au sein des dispositions applicables à l'usager, deux groupes se sont formés en filigrane. Le régime applicable au premier groupe de dispositions est celui du statut administratif. Les dispositions du second groupe sont soumises au régime du contrat de droit privé. On constatera ainsi que la situation juridique de l'usager se caractérise par sa mixité. La mixité du statut est la réponse dynamique à la constatation de l'existence d'un compromis, de la même façon que les réajustements successifs de la notion d'usager répondaient aux situations de conflit.

Après le conflit et le compromis, le balayage des diverses situations possibles nées de l'idée d'ambivalence atteint les situations de cohabitation.

C. Les situations de cohabitation.

19. A partir du moment où le régime des obligations est déterminé, il faut s'intéresser à leur contenu. Il ne s'agit plus du droit (conventionnel ou statutaire) applicable aux droits et obligations de l'usager, mais du contenu même de ces obligations, c'est à dire du régime juridique applicable à l'usager lui-même. C'est l'idée d'une cohabitation entre les lois du service public et les règles du contrat de droit privé, qui caractérise le régime applicable à l'usager. On pourrait alors se demander quels sont les effets de la conclusion d'un contrat de droit privé dans l'application des lois du service public. La présence d'un contrat de droit privé, fondé sur l'égalité des parties, contribue, dans une certaine mesure, au rééquilibrage du rapport de force usager / exploitant. En effet, si les lois du service public sont *a priori* conçues en faveur de l'usager, on ne peut s'empêcher d'en souligner les dysfonctionnements, les lacunes ou les imperfections. C'est l'exploitant qui décide du maintien, de l'existence, ou des conditions d'organisation d'un service public et de la création des catégories d'usagers. La continuité du service est fréquemment remise en cause par l'étendue du droit de grève conféré aux agents de l'exploitant.

20. Le droit privé applicable au contrat joue plusieurs rôles dans le cadre général d'une cohabitation. Il peut servir de relais ou de complément aux lois du service public. Le droit privé n'agit pas directement sur le contenu des droits issus des lois du service, mais sur la procédure qui les encadre. Par exemple, si l'on peut admettre que l'usager n'a pas droit au maintien des conditions d'organisation d'un service public, l'exploitant peut-il néanmoins les modifier du jour au lendemain ? Si l'exploitant dispose de la faculté de créer des catégories d'usagers en vertu du principe d'égalité, à partir de quel moment commet-il un abus dans l'usage de ce droit ?

21. A côté de ce rôle de relais, de complément, le droit privé applicable au contrat peut jouer un rôle autrement plus actif, dans la détermination du contenu même des droits de l'usager. Le principe d'égalité ne s'interprète pas comme conférant aux usagers un droit à la différence et on a du mal à parler encore de principe de continuité du service, face à la multiplication des grèves dans le secteur public. La transparence, l'information, le droit au fonctionnement normal et le droit à la qualité du service sont autant d'aspirations des usagers qui ne trouvent malheureusement pas (ou peu) de réelle concrétisation au sein du droit administratif. De même, les services publics industriels et commerciaux sont-ils soumis à une obligation d'efficacité ? Si certaines avancées sont à remarquer dans ces domaines, on ne saurait affirmer que ces lois en gestation ont atteint l'envergure des trois lois originelles. C'est à ce stade que le droit privé applicable au contrat d'abonnement va jouer son rôle le plus fondamental. Le rôle de la bonne foi dans le domaine contractuel, le devoir de coopération des parties dans l'exécution du contrat, le forçage du contrat par le juge, la détermination d'obligations de résultat ou de moyens renforcées et la notion d'abus de droit sont autant d'instruments venant concrétiser ou renforcer ces aspirations latentes.

Là où il y a dysfonctionnement, le droit privé offre des palliatifs ou des solutions alternatives ; là où il y a lacune, les instruments du droit privé contribuent à la création de nouvelles lois du service et comblent les vides.

22. On soulignera d'ailleurs le rôle particulièrement intéressant de l'incursion du droit de la consommation dans le domaine des services publics industriels et commerciaux. Par certains aspects, on peut imaginer qu'il est un atout essentiel pour la satisfaction des aspirations des usagers à un rapport de force plus équilibré entre eux et l'exploitant. On se demandera, aussi, s'il s'agit d'un instrument parfaitement adapté aux spécificités du service public, et partant s'il bénéficie d'une légitimité en ce domaine.

23. Outre l'apport évident du droit privé à un meilleur fonctionnement des lois de Rolland, celles-ci seront appréhendées au regard des améliorations internes qu'elles pourraient subir. Au gré des aspirations individualistes des usagers, ne faudrait-il pas inclure le droit à la différence dans la conception du principe d'égalité ? La notion de service minimum, telle qu'elle est définie par le juge administratif, est-elle satisfaisante ? Est-il légitime que l'usager n'ait pas droit au maintien d'un service ou à ses conditions d'organisation ? A l'heure où le service public est entièrement tourné vers l'amélioration des relations entre l'administration et les administrés, est-il normal que les droits les plus fondamentaux de l'usager ne fassent pas l'objet d'une restauration ?

24. Le régime juridique applicable à l'usager se caractérise par des échanges incessants entre les instruments propres au contrat de droit privé et les lois du service public. Ces interférences réciproques sont productives de solutions insolites, originales et particulières. Le régime juridique applicable à l'usager alterne contradictions et résolutions, dans la recherche de solutions nouvelles et innovantes. C'est pourquoi on parlera d'une dialectique entre le contrat de droit privé et les lois du service public.

Conflit, compromis, cohabitation. Si la logique de l'ambivalence est conduite jusqu'à son terme, l'un de ses aspects fait défaut, celui de l'interaction entre le droit privé et le droit public. L'interaction n'est plus du domaine du fil conducteur de l'analyse de l'usager du service public industriel et commercial, mais du domaine de la problématique, car elle pourrait constituer la résolution finale de la dialectique.

§ 4 Vers un régime autonome ?

25. On a parlé de cohabitation, mais pourquoi ne pas envisager une interaction entre deux droits : droit privé et droit public ? On s'interrogera sur l'existence d'un régime propre à l'usager du service public industriel et commercial, qui serait situé à l'intersection du droit public et du droit privé. La présence du droit privé tend-elle à tirer le service public industriel et commercial davantage vers l'aspect industriel et commercial de l'activité, plutôt que vers son aspect de service public ? Le droit privé applicable au contrat subit-il un infléchissement dû à la présence d'un service public ? Le juge judiciaire accepte-t-il de prendre en compte l'intérêt général ?

26. Cette problématique conduira en premier lieu à s'interroger sur la légitimité d'un régime propre. Si le raisonnement est poussé à l'extrême, est-il opportun que deux droits subissent une sorte d'éclatement en une multitude de petits régimes particuliers, car l'usager n'est pas le seul à se situer à la charnière de deux droits ? Ensuite, quels seraient les critères de l'existence d'un régime propre, qui le différencieraient d'une simple juxtaposition de deux droits ? En d'autres termes, à partir de quel moment passe-t-on de la

cohabitation à l'interaction ? Enfin, s'interroger sur l'existence d'un régime propre, c'est aussi déterminer quels seraient les grands principes de fonctionnement de ce régime. La jurisprudence est souvent contradictoire et les nouveaux contentieux doivent faire face à des situations de vide jurisprudentiel. Déterminer les principes de fonctionnement du régime applicable à l'usager, c'est en même temps définir une ligne de conduite jurisprudentielle, qui permettra d'ordonner ce qui a déjà été construit et prévoir les orientations de ce qui sera à bâtir.

27. Ce choix d'une problématique comparatiste ne doit cependant pas occulter les préoccupations plus classiques. Une étude de l'usager du service public industriel et commercial ne peut passer outre la question de la distinction entre le service public industriel et commercial et le service public administratif. Cette distinction est-elle toujours d'actualité, au sens où il existerait deux grandes catégories de services publics, ou bien faut-il concevoir les services publics sous forme d'échelle avec des niveaux intermédiaires où la distinction serait estompée ? Cette question sera abordée en filigrane, autant dans l'histoire du service public industriel et commercial, qu'en comparant l'usager du service public administratif avec l'usager du service public industriel et commercial. De la même façon, la nature privée ou publique de l'exploitant a-t-elle une influence ? L'ouverture des réseaux à la concurrence, dont on attend d'importants bouleversements dans le domaine des services publics, exacerbe un paradoxe déjà présent. D'un côté, les services publics industriels et commerciaux dévient vers leur aspect le plus commercial dans la lutte contre la concurrence qui les attend. D'un autre côté, la notion même de service universel, qui accompagne l'ouverture, promeut l'aspect solidariste du service public à un degré jamais atteint jusqu'à présent. Loin de remettre en cause le service public à la française, le service universel conduit plutôt à le repenser sous un éclairage différent.

28. Ainsi, à partir de l'idée principale d'ambivalence qui illustre le service public industriel et commercial, se décline une série de situations. La notion d'usager est caractérisée par l'idée de conflit. Le statut de l'usager est illustré par celle de compromis. Le régime juridique applicable à l'usager reflète celle de cohabitation. La question de l'existence d'un régime propre conduit à s'interroger sur une éventuelle interaction des droits en présence. Une dynamique se dégage de ces constatations. La notion d'usager subit des réajustements successifs (partie I). Son statut est mixte (partie II). La dialectique du contrat de droit privé et des lois du service public caractérise le régime qui lui est applicable (partie III).

PREMIERE PARTIE

Les réajustements successifs de la notion d'usager

INTRODUCTION

29. La notion d'usager se caractérise par sa plasticité, son insaisissabilité, les fluctuations de ses critères, son instabilité et sa relativité. Autant de termes qui pourraient montrer que la notion d'usager est en crise, mais "l'emploi du mot procède d'une rhétorique facile et traduit le flou de certaines analyses, (même s'il) sert, il faut le concéder, à évoquer des phénomènes qui s'apparentent au désordre"[1]. Parler de crise voudrait à la fois tout dire et ne rien dire : le phénomène de crise ne succède pas à une période de relative stabilité, la crise est présente dès l'origine. Le noyau dur de la notion d'usager ne côtoie pas une zone de flou aux frontières extérieures, il n'y a qu'instabilité et incertitude. Partant, la crise serait l'essence même de la notion d'usager, mais par sa connotation négative, elle ne rend pas compte de la spécificité même de cette notion qui est de s'adapter aux évolutions de l'histoire de l'usager et aux fonctions juridiques qui lui sont assignées. Le concept de crise ne désignerait, en réalité, que l'indispensable plasticité d'une notion évoluant dans un droit qui n'est jamais figé.

30. La notion d'usager se caractériserait, avant tout, par ses réajustements successifs. L'idée qu'illustre la notion d'usager est celle du conflit omniprésent. C'est même la présence d'un conflit, sur le plan des principes, qui va constituer le moteur des réajustements successifs évoqués.

31. Identifier l'usager, c'est avant tout isoler la relation de service public telle qu'elle s'est construite en France à partir de considérations historiques, sociologiques, politiques ou encore économiques. Partant de ces différents facteurs, il s'avère que la relation de service public présente certaines constantes qui serviront à poser les critères de la notion d'usager, qui en est le référent. L'usager a subi de multiples transformations au cours du temps et l'on a pu dire qu'il était un assujetti, un administré, un client ou encore un consommateur. On se situe ici dans l'ordre du discours produit autour de la notion d'usager. Ce discours est fortement affecté par les sous-entendus subjectifs et psychologiques attachés à des termes comme ceux de client ou d'assujetti. Si on s'éloigne de cette conception, les critères objectifs des notions de client et d'administré sont-ils également ceux de l'usager, ou conduisent-ils simplement à des réajustements de la notion d'usager, qui garderait une spécificité propre par rapport aux images dont on l'affuble ?

32. Apprécier les transformations de la notion d'usager revient à examiner, au sein de la relation de service public, le mouvement de balancier qui oscille, au cours du temps, entre l'intérêt général et les intérêts particuliers de chaque usager. En effet, les notions d'assujetti, d'administré, de client ou de consommateur ne sont que les reflets de cette confrontation des intérêts (Titre I).

33. Identifier l'usager, c'est aussi s'intéresser aux différents critères juridiques qui fondent la notion. A ce stade, on ne se situe plus dans l'ordre du discours autour de la notion d'usager, mais dans le pur droit positif. Un conflit très net se dessine entre des critères que l'on pourrait qualifier d'objectifs, au sens où la volonté de l'usager n'a aucune prise sur eux, et des critères plus subjectifs, au sens où la qualité d'usager serait subordonnée à une manifestation de volonté (Titre II).

---

[1] J.-J. Bienvenu, "Le droit administratif : une crise sans catastrophe", *Droits* n°4, 1986, p.93.

- TITRE I -
Les transformations de la notion d'usager : entre intérêt général et intérêts particuliers

34. L'évolution de la relation de service public en France a suivi un chemin très particulier, calqué sur les transformations de la société. Du début du XIXème siècle jusque dans les années quarante, les besoins particuliers de chaque individu se fondent dans la construction sociologique d'une masse d'usagers, dont l'intérêt collectif est seul à même d'être pris en compte. Jusque dans les années soixante-dix, le mouvement s'amplifie, puisque l'intérêt collectif des usagers n'est plus qu'une composante parmi d'autres de la mission des entreprises publiques, chargées de la reconstruction économique du pays, de l'aménagement du territoire ou encore de la protection de l'environnement. Fortement bureaucratiques, celles-ci réduisent souvent l'usager au rang d'administré, voire d'assujetti, noyé dans une relation de service public hiérarchique et unilatérale. Non seulement l'intérêt général prend le pas sur l'intérêt de chaque usager pris individuellement, mais la définition même de l'intérêt général subit aussi certaines perversions.

35. Dans les années soixante-dix, les revendications s'orientent alors vers la promotion du consumérisme individuel. On voit des clients là où il n'y avait que des usagers. C'est l'impératif de qualité des services publics qui est mis en avant, ainsi que l'amélioration de la relation commerciale entretenue avec l'usager. L'intérêt de la Nation toute entière disparaît derrière la recherche de la satisfaction de chaque désir individuel et personnifié.

36. A partir des années quatre-vingt-dix, les institutions de l'Union européenne, qui poursuivent un objectif d'ouverture des réseaux publics à la concurrence, ne s'adressent plus à un usager, mais à un véritable consommateur. En France, le droit de la consommation prend une place de plus en plus importante, sans doute due à un phénomène de mode. Il n'en demeure pas moins que l'on a pu se demander si l'usager n'était pas devenu un véritable consommateur.

37. Dans les années trente, l'évolution de la société rencontre les doctrines politiques et juridiques de l'Ecole du service public pour asseoir les fondements de la relation de service public. La lente constitution d'une collectivité d'usagers fait appel à plusieurs principes de fonctionnement. Politiquement, il faut assurer l'interdépendance et la solidarité entre les membres du groupe. Juridiquement sont mis en avant les principes d'égalité, d'adaptation constante et de continuité du service public, avec comme référence l'intérêt du service tout entier. Ces principes sont ainsi conçus, à l'origine, pour s'adresser

à une masse d'usagers. Sociologiquement, l'usager est standardisé dans les désirs et les besoins d'un usager-type. La notion d'usager se définit à l'aide de présupposés fortement ancrés dans cette situation. La question est de savoir si ces présupposés évoluent au fil du temps, au point que l'on puisse affirmer qu'ils se réajustent sur les notions de client et de consommateur.

38. La conception de la relation de service public s'inscrit alors dans un mouvement de balancier où l'intérêt général et les intérêts individuels s'affrontent. A travers la dérive bureaucratique des entreprises publiques ou de la vague de consumérisme individuel des années soixante-dix, c'est toujours la même question qui se pose : jusqu'à quel point l'intérêt de la collectivité peut-il l'emporter sur celui de l'individu sans substituer l'anonymat à la standardisation ? Jusqu'où peut-on faire prévaloir les désirs particuliers de l'individu sur la collectivité, sans détruire le lien de solidarité et l'impératif de cohésion ? Les revendications individualistes sont tellement fortes qu'on pourrait même se demander si les fondements de la relation de service n'en sont pas inversés : si, à l'origine, le référent est la collectivité et l'individu l'exception, ne peut-on pas avancer qu'aujourd'hui la relation de service est fondée sur un lien individuel et les impératifs de cohésion sociale réduits à leur strict minimum ?

39. Le discours concernant l'usager du service public industriel et commercial emprunte souvent des termes au langage commun, comme, par exemple, celui de client, de consommateur ou d'administré. Considérées isolément, ces notions sont fortement empreintes d'une connotation psychologique, positive ou négative, qui rend difficile leur distinction avec l'usager : l'administré est un assujetti et le client un roi. Au-delà de ces significations subjectives, peut-on concevoir une analyse plus rationnelle de ces notions, à l'aide de critères juridiques bien précis ? Selon le plan sur lequel on se place, sentimental ou rationnel, l'assimilation de l'usager au client ou à l'administré n'a pas la même signification.

40. Deux phases se dessinent : la première est marquée par la primauté de l'intérêt général sur les intérêts individuels des usagers (Chapitre I) et la seconde par le mouvement inverse, celui de la redécouverte des intérêts et désirs individuels des usagers (Chapitre II).

- CHAPITRE I -
LA PRIMAUTE DE L'INTERET GENERAL

41. Dès l'apparition des services publics industriels et commerciaux, plusieurs facteurs se combinent pour faire de l'usager un assujetti. De la recherche d'un équilibre entre les rapports de force en présence émerge une première notion d'usager (Section I). Cependant, la primauté d'un intérêt général conçu comme un alibi à la raison d'Etat, ou à la raison des entreprises publiques monopolistiques, conduit à s'interroger sur l'éventuelle mutation de l'usager en administré (Section II).

- SECTION I -
De l'assujetti à l'usager : la recherche d'un équilibre

42. Du XIXè siècle, où les services publics industriels et commerciaux apparaissent, jusqu'au début du XXème siècle, ils sont d'abord assurés au niveau local (électricité, gaz, transports, ...)[2]. Ces services sont souvent confiés à des compagnies privées[3], ce qui engendre une relation à trois acteurs : la collectivité publique délégante, la compagnie privée exploitante et l'usager, qui demeure le parent pauvre du système. En effet, plusieurs facteurs se combinent au détriment de l'usager. D'une part, la fourniture de gaz ou d'électricité, le transport par chemin de fer ou l'alimentation en eau ne sont pas considérés, à l'origine, comme des biens indispensables à la vie quotidienne, mais plutôt comme de véritables privilèges réservés aux classes aisées de la population. D'autre part, la collectivité publique délégante, qui aujourd'hui a le devoir d'assurer le bon fonctionnement de ces services, procédait plus de l'Etat Gendarme que de l'Etat Providence, au XIXème siècle.

---

[2] Le transport par fer apparaît à la fin du XVIII ème siècle, alors que le réseau national ne sera achevé qu'à la fin du XIX ème siècle après la mise en oeuvre du Plan Freyssinet de 1883. Le gaz, distribué dès le début du XIX ème siècle, connaît sa pleine expansion lors de la création des premiers services de distribution d'électricité à la fin du siècle, dans les années 1880. La Poste et la distribution d'eau potable -très rudimentaire à ses débuts-, plus anciennes, sont organisées dès l'Ancien Régime sous des formes pour le moins archaïques (poste à chevaux et porteurs d'eau). Il faut enfin noter que certains grands réseaux nationaux, tels ceux de l'électricité ou du téléphone, ne seront achevés qu'au milieu du XXème siècle, la France ayant enregistré un retard par rapport aux autres pays industrialisés.

[3] Sauf en matière de distribution d'eau. Dans le domaine du gaz et de l'électricité, moins de 5 % de la population est alimenté par une régie à la fin du XIXème siècle et 10 % en 1946. Pour ce qui est des transports par fer, l'Etat n'était propriétaire que d'un seul réseau dans l'ouest de la France, depuis 1878. A l'heure actuelle, la distribution d'eau (de même que l'assainissement) organisée en régie représente 45 % de la consommation, contre 70 % pour la collecte des ordures ménagères (mais les collectivités emploient souvent des entreprises privées pour la collecte proprement dite, tout en assurant elles-mêmes la gestion du service). Ces chiffres sont issus de J. Carle et J. Dupuis, *Service public local. Gestion publique, gestion privée ?*, Nouvelles éditions fiduciaires, 1989.

43. L'histoire de l'usager suit les formidables mutations que la société a subies entre la fin du XIXème siècle et la seconde guerre mondiale. L'avènement d'une classe moyenne au cours de cette période va permettre à l'usager, individu isolé, de se fondre dans une masse d'utilisateurs et d'acquérir certains droits. Les collectivités publiques se voient assigner de nouvelles tâches, notamment dans l'organisation de services publics. Des facteurs à la fois politiques, économiques, juridiques et sociaux jalonnent donc l'accession de l'individu au statut d'usager, et par là même en posent les fondements.

44. La situation de départ de l'utilisateur n'est pas à son avantage : une certaine hiérarchisation des utilisations (§1) laisse souvent l'usager dans une situation de cruelle infériorité vis-à-vis du gestionnaire du service (§2). Ces multiples tensions, grâce aux doctrines de l'Ecole du service public, font prendre conscience aux personnes publiques de leur rôle essentiel dans l'organisation du service. On assiste aussi à la lente construction d'un intérêt général, qui se trouve être un véritable tremplin pour l'avènement de l'usager moderne (§3).

§ 1. La hiérarchisation des utilisateurs.

45. Les nouveaux services sont d'abord organisés au profit de l'usage public qui devance l'utilisation privative des prestations (A). Lorsque l'ensemble de la population est amenée à en bénéficier, l' "usage normal" prend le pas sur l' "usage particulier" (B).

A. La primauté de l'usage public sur l'usage privé.

46. Les relations entre l'usager et l'exploitant du service public industriel et commercial, au XIXème siècle, sont caractérisées par une promotion de l'intérêt public. Il faut d'abord servir les besoins de la collectivité publique qui sont de deux types : le fonctionnement des établissements et institutions communales et l'approvisionnement d'un service collectif et non individualisable, offert à l'ensemble de la population. On peut citer, par exemple, l'éclairage public ou la création de bornes fontaines pour la distribution d'eau. L'usage privé du service, même lorsqu'il existe, n'est pas pris en compte par les communes. Par conséquent, l'usager ne peut se distinguer du contribuable ou de l'électeur dans ses relations avec la personne publique. L'intérêt général se confond alors avec l'intérêt public. Cette primauté de l'usage public sur l'usage privé se manifeste à travers trois attitudes de la collectivité publique vis-à-vis des particuliers : l'ignorance, la condescendance, et l'utilisation du particulier comme monnaie d'échange.

47. En matière de distribution de gaz, les contrats de concession n'imposent de contraintes aux compagnies que pour l'éclairage des voies publiques[4]. La collectivité publique obtient des avantages considérables pour l'alimentation de ses services et des établissements lui appartenant, en échange du monopole conféré au concessionnaire sur les particuliers. Ainsi, la commune est alimentée en contrepartie de tarifs peu élevés[5] - voire d'une complète gratuité[6] -, et bénéficie de droits d'octroi et d'une partie du bénéfice de la compagnie concessionnaire[7], affectés au budget.

---

[4] R. Savignat et C. Dufour , "L'éclairage public", *CJEG* 1996, p.249. Voir également M. et M. Fulconis, "Consommation et tarification de l'énergie électrique dans une commune rurale des Alpes maritimes : Saint-Martin-Vésubie de 1894 à 1932" in *L'électricité et ses consommateurs*, AHEF, PUF, 1987, p.41.

[5] CE, 20 novembre 1903, *DP* 1905, 5, p.21, pour une distribution d'eau.

[6] Voir F. Caron et F. Cardot, *Histoire de l'électricité en France*, Tome 1, Fayard, 1991, p.566 ; P. Feintuch, "La politique commerciale de la Compagnie électrique de la Loire et du Centre avant la première guerre mondiale" in *L'électricité et ses consommateurs*, préc., p.220 ; CE, 12 janvier 1900, DP 1901, 5, p.149 : exemple de concession d'eau entre l'Etat et la ville de Paris moyennant la gratuité de la fourniture des eaux pour le Palais et les maisons consacrés aux services publics et à l'usage du gouvernement.

[7] A Lyon, Montpellier ou au Havre, les concessions étaient considérées comme des sources de revenus pour les municipalités (voir V. Bourrienne, "Le développement de l'électricité au Havre et dans le sud-ouest de la Seine inférieure de 1863 à 1930", *BHE* 3 juin 1984, p.35). A Montpellier, le quart des bénéfices nets revenait à la ville et l'usine de production était hypothéquée en sa faveur (F. Caron et F. Cardot, *Histoire de l'électricité en France*, Tome 1, préc., p.399). Le Conseil d'Etat, dans un arrêt Ville de Dunkerque c/ Déguisne du 5 février 1897, *D.* 1898, III, p.54, applique un traité de concession qui prévoit un tarif réduit pour l'eau en faveur des établissements communaux et un arrêt du 15 janvier 1897, Société départementale d'usines à gaz, D. 1898, Tables p.149, révèle un système de fourniture gratuite d'appareils à gaz pour les services communaux.

48. Cette attitude a pour conséquence de laisser les conditions imposées aux usagers particuliers à la discrétion des compagnies privées. Le Conseil d'Etat le confirme dans un arrêt du 3 mars 1893[8], Commune de Clichy c/ CGE : "les contrats conclus entre la compagnie et les particuliers (...) sont étrangers au traité (de concession) et par suite la commune est sans qualité pour en discuter les conditions". Dans le cas où les traités de concession se préoccupent de la fourniture d'une prestation aux particuliers, on constate que les conditions de fourniture à l'usager personne publique occupent la part la plus importante des conventions où seulement quelques articles règlent dans les grandes lignes les conditions de fourniture aux particuliers. Le plus souvent, il est exclusivement fait état, non pas des droits de l'usager, mais de ses obligations envers la compagnie (règlement des factures, consommation minimale, etc.)[9].

49. L'attitude des compagnies privées concessionnaires se décline selon deux tendances : soit le contrat passé avec la collectivité est porteur de gros bénéfices et le particulier sera tout simplement ignoré[10] ; soit le contrat échange des avantages pour la collectivité en contrepartie de gros bénéfices à réaliser sur les particuliers. Mais il ne faut pas s'y tromper : la fourniture aux particuliers apparaîtra vite comme un marché potentiel et l'usager deviendra une source de bénéfices d'appoint pour les compagnies, en même temps qu'une monnaie d'échange pour la collectivité. C'est ce que remarque le commissaire du gouvernement Valabrègue[11] : "il est bien certain que le concessionnaire ne s'engagerait pas à fournir la lumière nécessaire à l'éclairage de la voie et des établissements publics, à des conditions souvent peu rémunératrices, s'il ne comptait trouver un bénéfice dans la fourniture de l'éclairage aux particuliers. L'un est la condition de l'autre." Les compagnies privées vont parfois encore plus loin. Par exemple, dans les années trente, la société du Gaz de Lyon fait en sorte d'éviter une entente entre le maire et les particuliers[12]. Gaz de Lyon, par voie de presse fait dire qu'il consent à une diminution du prix, mais, par ce biais, la compagnie fait pression sur la municipalité (qui perçoit une part du prix du gaz et qui doit réaliser de gros travaux d'urbanisme), pour l'amener à accepter ses exigences[13].

50. Quels sont les facteurs qui contribuent à alimenter ces déséquilibres flagrants ? Juridiquement, même si certaines prestations de service public existent dans la réalité, l'Etat en France en cette fin de XIXème siècle tient plutôt de l'Etat Gendarme. Le rôle actif des collectivités publiques concédantes - ou exploitantes directes - dans la définition et le contrôle d'obligations de service public n'en est encore qu'à l'état embryonnaire. Dans tous les cas, la satisfaction de besoins privés de la population n'apparaît pas comme

---

[8] *D.* 1894, III, p.41.

[9] Ainsi par exemple, les traités conclus par la ville de Paris entre 1855 et 1870, Archives EDF-GDF Blois, société 44.08.

[10] J.-P. Goubert, *La conquête de l'eau*, Pluriel, 1986, p.180.

[11] Concl. sur CE, 16 décembre 1891, St Etienne de Montluçon, *Rec.*, p.789, citées par G. Frisson *De l'effet à l'égard des tiers des concessions et traités municipaux en matière d'éclairage*, Thèse, Paris, 1898.

[12] J.-M. Giraud, *Gaz et électricité à Lyon. 1829-1946*, Mémoire DEA Histoire, Grenoble, AHEF, 1988 p.111.

[13] Au sujet de la Convention Freyssinet, de 1883, dans le domaine des chemins de fer, le journal de Clemenceau, "La Justice", 24 juillet 1883.

un service public[14]. Protéger le budget, c'est-à-dire l'ensemble des contribuables, et assurer un approvisionnement de qualité aux bâtiments communaux, donc à l'ensemble des habitants de la commune qui les utilisent, constituent déjà une étape importante. Dans la société française du XIXème siècle, il n'existe aucune classe moyenne de consommateurs, seules les couches les plus aisées de la population peuvent accéder à ces services, qui constituent de véritables privilèges[15]. Certains facteurs locaux sont également à prendre en compte : ne peut-on pas dire que l'intérêt public se définit aussi comme l'intérêt des notables locaux, qui sont, qui plus est, à la fois usagers et exploitants ? Si l'intérêt du contribuable commence à se manifester concrètement à travers la satisfaction des usagers, cela n'est encore limité qu'à une infime partie de la population. Il n'y a pas de masse d'usagers qui aurait des intérêts propres, distincts de ceux des contribuables ou des citoyens.

51. En général, cette situation ne dure pas longtemps. Elle domine la période des premiers établissements des services, mais rapidement les collectivités prennent conscience de leur rôle vis-à-vis de la masse des utilisateurs. De plus, les compagnies privées délégataires se rendent vite compte du formidable marché que représentent les particuliers[16]. Mais, à cette première différence entre usage public et usage privé se substituera une autre forme de discrimination, reflétant, elle aussi, les évolutions sociales.

B. La primauté de l'usage normal sur l'usage particulier.

52. L'usager est inséré dans une collectivité pour laquelle est organisée une prestation de service. Mais au sein de cette collectivité, les membres sont égaux, ils font un usage identique du service divisible en parts égales. Face à ce postulat, les usages dits particuliers ou anormaux deviennent nécessairement privilégiés et peuvent porter préjudice au service, surtout si le bien objet de ce service est rare. La notion d'usage anormal ou particulier est connotée négativement. Le service est un bien public et collectif, c'est-à-dire affecté à la collectivité, et défini comme le minimum nécessaire à assurer pour la satisfaction des habitants considérés anonymement, dans leur généralité[17].

---

[14] Par exemple, la jurisprudence est hésitante à reconnaître la distribution d'eau à domicile comme un service public, selon S. Duroy, *La distribution d'eau potable en France*, Th., LGDJ, 1996, p.28 et s. A l'inverse, par exemple, CE, 27 avril 1877, Ville de Poitiers, *D.* 1877, III, p.25 ; CE, 6 août 1878, Ville de Lille, *Rec.*, p.817.

[15] Pour le train, voir M. Walkowitsch, " Les chemins de fer et le monde agricole en France", in *Les transports par fer et leur clientèle, Revue d'histoire des chemins de fer*, n° hors série, 1992, p.27 et B. Lecoy, "Les premiers chemins de fer et leur clientèle en région parisienne", in *Les transports par fer et leur clientèle*, préc. p.67. Pour l'électricité, voir A. Fernandez, *Electricité et politique locale à Bordeaux 1887 - 1956,* Thèse, Bordeaux, janvier 1994, p.195; et pour le gaz, J.-M. Giraud, mémoire préc., p.99.

[16] Voir J.-M. Giraud, mémoire préc. p.30 et P. Ramadier dans son rapport *Sur la nationalisation de l'électricité en France*, *BHE*, n° spécial 8 décembre 1986, p.122 : "sur la distribution de l'éclairage public s'est greffée peu à peu la distribution à des particuliers".

[17] On peut ainsi affirmer avec A.-S. Mescheriakoff, *Droit des services publics*, PUF, 2nde édition, 1997, p.24 : "l'interlocuteur du service public est moins l'individu particulier que le citoyen-administré, moins la personne privée considérée dans sa subjectivité, ses désirs, ses passions, ses faiblesses, que le membre de la collectivité publique étatique, objectivement situé dans cette dernière par le droit en vigueur".

53. L'intérêt général n'est plus identifiable à l'intérêt public, puisqu'un ensemble d'usagers s'est démarqué de la collectivité publique. "La somme des intérêts collectifs à satisfaire est assez considérable pour atteindre la valeur d'un intérêt public" dispose un projet de loi sur l'électricité en 1898[18]. Le contribuable se distingue de l'usager, au sens où la collectivité des utilisateurs fait désormais face à la collectivité publique, en représentant un intérêt distinct, à part entière.

54. Le juge se montre très sévère à l'égard des tentatives d'appropriation privatives et particulières des prestations de service destinées à la collectivité. Par exemple, Le Conseil d'Etat[19] condamne une compagnie qui a interrompu partiellement le service des bornes-fontaines, alors qu'elle continuait à alimenter les particuliers. Cette attitude est condamnable au motif que "l'eau provenant de tous les captages exécutés par le concessionnaire devait être employée, par préférence, à assurer le service public de distribution"[20]. *A contrario*, lorsqu'un service est organisé uniquement en faveur d'un usage particulier, il ne parvient pas à s'ériger en service public, bénéficiant à l' "intérêt général". Seule la masse des utilisateurs peut s'ériger en intérêt concurrent de l'intérêt public, voire même permettre de qualifier une activité de "service public"[21].

55. Si on combine les deux postulats précédents (l'usage "anormal" est à proscrire, seule la somme des intérêts individuels peut s'ériger en intérêt à prendre en compte), on s'aperçoit que seul l'usager-type, anonyme, fondu dans la masse, acquiert une protection, car d'ores et déjà l'intérêt général supplante l'intérêt particulier. Cela n'est pas condamnable, puisque se profile une idéologie qui admet implicitement que ce qui profite à la collectivité des usagers ne peut que bénéficier en retour à chacun de ses membres pris individuellement.

56. Peu à peu, l'utilisateur acquiert son autonomie et se distingue des figures qui lui sont proches comme celle du contribuable, mais, pris dans ses relations individuelles avec les gestionnaires des services, il reste en situation d'infériorité.

---

[18] Cité par F. Caron et F. Cardot, ouvrage préc., p.382.

[19] CE, 13 nov 1925, *Rec.*, p.893.

[20] Dès 1608, par lettres patentes du 19 décembre, le Roi proclamait l'eau "bien public" et déclarait préférer "le bien et l'utilité du public à la commodité des particuliers". Voir également la jurisprudence plus ancienne de la Cour de cassation, Civ., 30 avril 1889, Commune d'Alet c/ CGE minérales d'Alet, *D.* 1889, I, p.373: l'eau surabondante concédée à des particuliers peut devenir nécessaire à la satisfaction des besoins des habitants et en vertu de l'intérêt public qui s'y attache il est possible de résilier les concessions ; Req., 10 juin 1884, Crts Faure et Delle Marty c/ Ville de Montpellier, *D.* 188, I, p.165 : possibilité pour une commune de résilier une concession particulière pour alimenter une borne fontaine publique ; CA Lyon, 14 janvier 1881, Commune d'Ambierle c/ Allier, *D.* 1882, II, p.182 : pour révoquer les concessions des eaux superflues, la commune doit prouver que les eaux sont devenues nécessaires à l'alimentation des habitants.

[21] Dans un rapport sur un projet de loi - qui n'a pas abouti - pour la distribution d'électricité en 1896, on pouvait lire : " les services rendus par une distribution d'énergie, quelque étendue quelle soit, ne profitent jamais qu'à un certain nombre d'industriels, d'ouvriers, en un mot, à une certaine catégorie d'abonnés. Il ne s'agit que de desservir des entreprises nombreuses, respectables, utiles, mais non d'utilité publique générale", cité par E. Bordier et S. Deglaire *Electricité, service public*, Tome.1, *Cadre du service*, Berger-Levrault, 1963 p.29.

§ 2. Un utilisateur en situation d'infériorité.

57. L'utilisateur fait figure d'assujetti obligé de l'exploitant du service (A). On ne peut pas vraiment dire que les collectivités publiques cherchent à rééquilibrer ce rapport de force (B).

A. Une relation clientéliste unilatérale.

58. Du point de vue du concessionnaire, les usagers sont traités comme des clients, mais dans le sens "négatif" du terme. Les compagnies ne cherchent pas à satisfaire par tous moyens les désirs d'une société de consommation de masse, qui n'existe pas, mais poursuivent exclusivement un intérêt financier[22]. Le calcul des tarifs des prestations est à l'image de l'aspect clientéliste de la relation car ils ne sont pas péréqués, mais calculés en fonction de ce que l'utilisateur est prêt à payer pour bénéficier de ces services[23].

59. Cette relation clientéliste et unilatérale se place sous l'empire d'une certaine insatisfaction des usagers, concrétisée par de nombreux procès, dus pour une grande partie aux clauses léonines imposées aux utilisateurs. Les pétitions et les "grèves d'abonnés"[24] se multiplient dans tous les secteurs. Dans le domaine du gaz et de l'électricité, il existe de multiples causes de désaccord entre les compagnies privées et leurs usagers au sujet des abus des colonnards[25], du retard dans les branchements, des avances sur consommation jugées abusives, des coupures intempestives, des agissements brutaux des compagnies[26], ou du coût trop élevé des compteurs[27]. En 1897, à Lyon, deux réclamations reviennent comme un *leitmotiv* : la diminution du prix du gaz et la suppression de la prime fixe payée par chaque usager quelle que soit sa consommation, considérée comme "le symbole du pouvoir exagéré des sociétés gazières sur les simples particuliers, exactement comme la gabelle de l'Ancien Régime"[28]. En matière de responsabilité, il n'est pas rare que les polices prévoient une exonération totale de responsabilité au profit des compagnies[29],

---

[22] M. Rival, "Le chemin de fer industriel des Champeaux, le chemin de fer d'Enghien à Montmorency (1866-1954) et le tramway Montmorency-Enghien-St Gratien (1897-1935) : trois trains pour une ville" in *Les transports par fer et leur clientèle*, préc., p. 73.

[23] En 1850, le Conseil d'Etat, au gré d'une enquête sur les compagnies de chemin de fer, accuse les tarifs d'être antidémocratiques, car différentiels. L'opinion publique se soulève "en face des compagnies qui modulent leurs tarifs en fonction de la logique des affaires et des impératifs des coûts", note F. Caron, "Cent ans de tarification dans les chemins de fer", in *Les transports par fer et leur clientèle*, préc., p.15.

[24] J.-M. Giraud, mémoire préc., p.22.

[25] A. Beltran, *L'énergie électrique dans la Région parisienne entre 1878 et 1946*, Thèse Histoire, Paris IV, décembre 1995, p.222.

[26] Pour le paiement des factures, celles-ci mandatent leurs employés aux heures de bureau, au moment où les usagers sont nécessairement absents, puis procèdent à la coupure, quelques jours après au plus tard. Par exemple en 1906 , Société énergie électrique du Littoral, Archives EDF GDF Blois, société 08 01.

[27] A. Beltran, thèse préc. p.240.

[28] J.-M. Giraud, mémoire préc., p.112. De plus, de multiples abus sont imputés au Gaz de Lyon : un nouvel arrivant doit repayer les frais d'installation du gaz, même si l'immeuble est déjà équipé. Des réparations sont abusivement facturées aux usagers.

[29] A. Beltran, thèse préc., p.222.

ainsi que l'interdiction de toute réclamation au sujet de la qualité de la fourniture ou de la *quantité constatée par le compteur*[30].

60. Les régies ne sont pas en reste dans ce domaine. Par exemple, en 1907, à la suite de nombreuses plaintes et de multiples rapports au conseil municipal, la ville de Paris décide de distribuer son gaz en régie. Il n'en demeure pas moins que le règlement de service[31] prive les usagers d'éventuelles réclamations concernant la qualité du gaz, les interruptions de fournitures ou les quantités constatées par le compteur. De même à Tourcoing, le règlement de service de 1902[32] prévoit que la ville s'octroie des marges bénéficiaires très élevées sur la vente des compteurs et du matériel électrique. Enfin, à Bordeaux[33], la régie installée après la première guerre ne dessert les particuliers que si ceux-ci lui garantissent un minimum de consommation.

61. Plus généralement, les régies de gaz ou d'électricité sont accusées de ne desservir qu'une infime partie de la population, faute d'investissements suffisants pour réaliser les installations[34]. Dans le secteur des télécommunications, après la nationalisation de 1889, les usagers d'affaires se plaignent vivement des grèves, ce qui fournit matière à une succession de rapports parlementaires[35].

62. Cependant, les compagnies concessionnaires de services publics multiplient les initiatives de promotion commerciale et mènent de véritables campagnes de publicité[36], relayées par les ouvrages de vulgarisation scientifique, dont l'objet est de familiariser le grand public avec les nouvelles techniques, telle l'électricité. Cette sorte de "publicité" vise de nouveaux consommateurs, issus de toutes les couches de la population, notamment les masses populaires et non plus seulement les quelques élites qui auparavant bénéficiaient seules des nouveaux services[37]. Une société de consommation de masse est en cours de formation.

63. Le service public de distribution d'eau potable nécessite un traitement à part : en effet, depuis le début du siècle et jusqu'à aujourd'hui, on peut dire que la perception des relations utilisateurs / délégataire n'a guère évolué. De multiples procès sont intentés par les usagers au sujet du prix de l'eau dès 1903 à Orléans[38], de même qu'à la fin du XXème siècle ,à Saint-Etienne. L'enquête du magazine "Le Point" sur "Le scandale du prix de

---

[30] Par exemple à Bordeaux en 1902.
[31] Archives EDF GDF Blois, société 44.08.
[32] C. Porte, *Electrification de Tourcoing jusqu'en 1914*, Mémoire de Maîtrise d'Histoire, Lille, AHEF, 1986, p.22.
[33] Voir A. Fernandez, Thèse préc., p.339.
[34] A. Beltran, thèse préc., p.224 ; A. Fernandez, thèse préc., p.296.
[35] C. Bertho-Lavenir, "Histoire de l'administration des télécommunications : une succession de crises et de réformes" *RFAP* 1989, p.589.
[36] F. Caron et F. Cardot, ouvrage préc., p.154.
[37] F. Caron et F. Cardot, ouvrage préc., p.213 et surtout p.217.
[38] Un syndicat de commerçants et industriels reproche au conseil municipal de la ville d'Orléans l'augmentation du prix de l'eau en termes non équivoques : "cet impôt nouveau constitue une lourde charge qui sera d'autant plus difficile à supporter que depuis quelques années notre industrie est loin d'être prospère", "nous sommes à une époque où les chambres de commerce, les syndicats, réclament aux grands services publics des réductions de prix", Document Lyonnaise des eaux Orléans.

l'eau", du 30 avril 1994, résume bien la situation : les prix de l'eau en France sont accusés de doubler, voire de tripler en peu de temps ; la distribution d'eau potable devient un vecteur de corruption en France depuis la vague de délégations de la gestion de l'eau amorcée en 1984[39] ; les droits d'usage exorbitants réclamés par les communes pèsent sur la facture des utilisateurs[40]. Comment expliquer ce phénomène ? A la différence d'autres services publics industriels et commerciaux, la distribution d'eau potable, à l'instar du ramassage des ordures ménagères ou du chauffage urbain, est restée un service public local en grande partie délégué à des entreprises privées[41] .

B. Le rôle limité des collectivités locales.

64. Les collectivités locales, au XIXème siècle, ne sont pas investies de missions de service public à l'égard de la population. En effet, l'idéologie du service public commence à peine à relayer les théories de l'Etat Gendarme. Si, aujourd'hui, l'action de l'administration hésite entre prestation et réglementation, du XIXème siècle à la seconde guerre mondiale, les collectivités publiques tentent plutôt de trouver un juste milieu entre la voie naturelle de l'action publique qu'est la réglementation et le souci séculaire de protection à l'égard de la population.

65. En effet, depuis le Moyen-Age en France, l'Etat est investi d'une mission de protection à l'égard de la population, même si la justification idéologique de cette protection varie selon les époques[42]. Cette protection, qui était d'ordre militaire ou policier auparavant, se traduit, à partir du XIXème siècle, par l'implication des collectivités publiques dans la fourniture de biens indispensables à tout membre d'une société modernisée et industrialisée. Par la suite, l'axe réglementation / protection, qui qualifie depuis le Moyen-Age les relations entre les collectivités publiques et les usagers, évolue progressivement vers la distinction réglementation / service.

66. L'action de l'autorité administrative, régalienne et protectrice, dès le XIVème siècle se manifeste par l'emploi de méthodes empreintes de puissance publique. Les Français, avant de devenir usagers, c'est-à-dire bénéficiaires de prestations, furent d'abord

---

[39] Après 1984, sur les 43 plus grandes villes françaises, un tiers seulement fonctionne encore en régie dans ce domaine. A titre d'exemple, voir le rapport de la Cour des comptes, pour 1976, qui est également très critique à l'égard des régies directes accusées de fausser le calcul du prix de l'eau par des transferts entre le budget communal et le budget du service des eaux, ainsi que le rapport public particulier de la Cour des comptes intitulé "La gestion des services publics locaux d'eau et d'assainissement", 1997.

[40] Par exemple, 7O millions à Dieppe, 200 à Dijon et 450 à Toulouse.

[41] J.-F Auby, *Les services publics locaux*, Que Sais-je, Puf, 1982, p.115.

[42] M.-P. Deswarte, "Intérêt général et bien commun", *RDP* 1988, p.1289, résume bien cette évolution : depuis le Moyen Âge, le Roi était le protecteur du bien commun, se devait d'aider les habitants à acquérir un certain bien-être en échange de l'assujettissement inconditionnel de ceux-ci. Si la Révolution aspire au même objectif, il lui faut trouver une justification plus rationnelle, détachée de toute idée de droit divin. Ainsi, l'Etat Puissance Publique s'instituera garant de l'intérêt général qui fondera le pouvoir et emportera l'adhésion. Par la suite sous le second Empire, "l'empereur (soutiendra) une doctrine économique ultra-libérale, convaincu que seul le libre échange procurera une vie facile au consommateur, (...), mais aussi, autoritaire dans sa conception de l'Etat, il intervient avec la plus forte attention", partageant "le rêve saint-simonien de répandre le bonheur social par le développement intense de l'industrie". Voir également J.-M. Pontier, "Sur la conception française du service public", *D.* 1996, chron p.9.

destinataires de réglementations, c'est-à-dire assujettis ou administrés. En effet, pour assurer la propreté des villes, les habitants sont devenus auto-prestataires de service, puisqu'ils doivent assurer eux-mêmes le service d'enlèvement des ordures ménagères[43]. Même si des prestations sont prévues, elles dérivent ainsi toutes d'une activité de réglementation, d'autant plus qu'en ce qui concerne l'eau et l'assainissement, c'est l'Etat hygiéniste[44] qui est mis en avant, expression ô combien régalienne. Le service du public est alors placé sur un pied de quasi-égalité avec la nécessité d'assurer le bon fonctionnement de l'Etat et la sécurité de la population, devenant un instrument au service de la puissance publique[45].

67. Plus tard, dès la fin du XIXème et jusqu'au début du XXème siècle, si les obligations de service public ne sont pas absentes des traités de concession ou d'affermage, il faut préciser que ces contrats ne sont pas conclus pour assurer un service public. Ils sont rendus nécessaires par l'appartenance au domaine public de l'eau à distribuer, par exemple, par l'obligation d'installer des canalisations ou des fils électriques, sur ou sous la voie publique, nécessitant l'obtention de permissions ou de concessions de voirie. L'intervention de la collectivité publique est obligatoire et elle en tire parti pour imposer quelques dispositions en faveur de ses administrés[46]. Peu à peu, l'idée d'un véritable service rendu aux populations s'impose, relayée par la tradition républicaine de prise en considération du bien-être des masses populaires longtemps demeurées à l'écart ou ignorées par les pouvoirs publics[47].

68. Des obligations de service public, à l'état embryonnaire pour la plupart, sont donc prévues dès les premiers traités de concession[48]. L'usager dispose ainsi fréquemment

---

[43] Ordonnance du 1er mars 1388 obligeant les habitants à faire ôter les ordures se trouvant devant les maisons, ordonnance sur l'entretien des rues de Paris de novembre 1539, citées par X. Bezançon, *Les services publics en France du Moyen-Age à la Révolution*, Presses des Ponts et Chaussées, 1995, p.154.

[44] Voir J.-P Goubert, ouvrage préc., p.97.

[45] Il en est de même pour le service des postes et télécommunications, d'abord au service du pouvoir royal , avant que le public soit admis à en profiter. Pour une histoire générale des postes, voir J.-D. Ricard, *Le droit et la jurisprudence des services des postes et télécommunications*, 3 tomes, Paris, 1933 ; E. Vaillé, *Histoire des postes depuis la Révolution*, Puf, Que sais-je ?, 1947 ; C. Bertho (sous la direction de), *Histoire des télécommunications en France*, ERES, 1984.

[46] Preuve en est le régime antérieur à la loi du 15 juin 1906 sur l'électricité, Ch. Blaevoet, *Recueil des lois, décrets, arrêtés, circulaires et cahiers des charges relatifs à la production et à la distribution de l'énergie électrique*, Tome 1, 1906-1929, 1930 p.1, soumettant les concessionnaires soit à un régime de permission de voirie, soit à un régime de concession, les obligations de service public et les charges des compagnies étant beaucoup plus légères dans le premier cas. Voir également, P. Vézien, *Les services publics industriels de la région parisienne*, Librairie sociale et économique, Paris, 1940, chapitre sur l'électricité et J.-C. Colli, "Cent ans d'électricité dans les lois", BHE, n° spécial, 1986 : la compilation des textes de 1880 à 1905 en matière de distribution d'électricité conduit à remarquer que l'esprit des textes évolue de la protection du domaine public à l'avènement de l'utilité publique.

[47] A.-S. Mescheriakoff, *Droit des services publics*, préc., p.29 : la IIIème République veut "donner des gages aux couches de la population restées pendant longtemps à l'écart". J. de Soto, *Droit administratif*, tome 1, *Théorie générale du service public*, Montchrestien, 1981, p.14.

[48] J.-L. Mestre, *Introduction historique au droit administratif*, PUF, 1985, p.35 et 36, a démontré que même si les expressions "service public" et "service du public" sont utilisées dès le XVIII ème siècle, la réalité de l'institution est bien plus ancienne. Dès le XIII ème siècle, "se dessinent les grands traits d'un régime juridique des services d'intérêt collectif : le monopole, assorti du paiement d'une redevance, d'un côté, la garantie de la

d'un droit au service public, s'il satisfait aux conditions des règlements administratifs relatifs au service[49] (la qualité de la prestation, pouvoir éclairant, qualité du gaz, durée de l'éclairage) et aux tarifs[50]. Le domaine du transport ferroviaire affiche une rare modernité dans la définition d'obligations de service public. Dès 1858, les cahiers des charges des compagnies comportent non seulement les principes d'égalité, de continuité et d'adaptation constante, mais leur définition est aussi particulièrement favorable à l'usager. Par exemple, la continuité est une obligation collective à la charge de l'ensemble des compagnies, qui sont tenues de s'entendre pour pallier les éventuelles carences de l'une d'entre elles[51].

69. La difficulté que rencontrent les collectivités concédantes dans la recherche du juste équilibre entre les intérêts des concessionnaires et les intérêts des usagers peut également se manifester à travers des mesures maladroites. Par exemple, la lutte de la ville de Paris contre les monopoles jugés néfastes pour l'usager du point de vue tarifaire a empêché toute constitution de réseaux cohérents en matière d'électricité[52]. La durée extrêmement courte des concessions incitait les compagnies à alimenter certains gros industriels, à ne pas construire de canalisations supplémentaires et à ne pas rechercher la clientèle des particuliers, petits consommateurs par définition[53], surtout à l'approche du terme de la concession.

70. Selon certaines interprétations du rôle des doctrines de l'Ecole du service public[54], c'est seulement à partir du moment où les collectivités publiques se sont vu confier un rôle de prestation de service à l'égard de la population, dans l'intérêt général, que les usagers ont pu réellement accéder à certains droits comme l'égalité dans le service ou la continuité de la fourniture. Cependant, on vient de voir que, dès le milieu du XIXème siècle, voire même antérieurement, des obligations de ce type apparaissent dans les traités de concessions à la charge des compagnies, c'est-à-dire avant même la publication des idées de L. Duguit et de ses disciples. L'impératif de protection de l'usager joue un rôle important, alimente une forte pression idéologique sur les collectivités publiques, à l'instar de ce que sera l'impératif du service public plus tard. Cependant, quel

---

continuité du service et de l'égalité de traitement des usagers de l'autre". Voir aussi Ph. Jourdain, "La formation du concept de service public", *RDP* 1987, p.98.

[49] Civ, 25 juin 1884, Compagnie générale des eaux c/ Jouanne, *S.* 1885, I, 201.

[50] Conseil de préfecture des Alpes Maritimes, 27 mai 1880, Ville de Cannes ; CE, 4 avril 1884, Ville de Troyes ; CE, 7 juillet 1876, Ville de Saint Malo, cités dans L. Garnier et P. Dauvert, *Les concessions de gaz et d'électricité devant la juridiction administrative 1823 - 1874*, Paris, 1894, respectivement p.46, 75, et 140.

[51] Par exemple, le cahier des charges de la convention des chemins de fer du Dauphiné des 22 juillet 1858 et 11 juin 1859, approuvée par décret du 11 juin 1859, Bull. Lois., n°709, p.371. Pour un commentaire, voir A. Picard, *Traité des chemins de fer*, Tome 1, Editions J. Rothshild, 1887, p.3 et s. Voir A. Conte, *L'épopée des chemins de fer français*, Plon, 1996, p.74 et s.

[52] F. Caron et F. Cardot, ouvrage préc., p.407 et s.

[53] F. Caron et F. Cardot, ouvrage préc., p.408 et s. ; et E. Bouvier, *L'exploitation collective des services publics. Les régies municipales*, Editions. O. Douin, 1910, p.96.

[54] Voir C. Stoffaës (sous la direction de), *Services publics, question d'avenir*, Rapport du Commissariat général du Plan, la Documentation Française, 1995, p.49 ; J. Chevallier, *Le service public*, Que sais-je ?, PUF, 4ème édition, 1997, p.23 : "l'idée de service entraîne des contraintes nouvelles pour l'administration et des droits nouveaux pour les usagers", et p.26: "la rupture avec le contexte d'assujettissement lié au dogme de la puissance publique se traduit, sur le plan juridique, par l'octroi à l'usager de garanties qui (...) lui donnent un droit de regard, une capacité d'emprise sur le fonctionnement de l'administration."

sera le moyen de pression concret de l'usager sur les collectivités publiques pour faire valoir son "droit à la protection" ?

71. C'est à ce stade qu'il faut noter l'importance du poids électoral des usagers au niveau local, le droit de vote apparaissant ainsi comme le moyen de pression le plus efficace dont disposent les usagers d'un service public local, moyen de pression encore utilisé à la fin du XXème siècle. A ce titre, l'usager se confond avec l'électeur et il n'est pas rare, dès le début du XXème siècle, de voir s'organiser de véritables campagnes "électoralistes" par les usagers. Lorin, dans son rapport au sujet de la municipalisation du gaz à Paris en 1907, fustige le conseil municipal et l'invite à considérer que "les seuls mobiles de son action devraient être le souci des intérêts des *électeurs* de Paris, consommateurs de gaz en immense majorité"[55]. Il souligne l'existence d'une pétition pour la réduction immédiate du prix du gaz et "l'importance (qu') a pris la question dans les dernières élections municipales". Jusqu'à la fin du XXème siècle, ce sont ces facteurs locaux qui régissent les relations usagers / exploitant du service. Le jeudi 21 avril 1994, le maire de Saint-Etienne démissionne à la suite du scandale du prix de l'eau. Le "consommateur n'oublie pas qu'il est citoyen et que les élections peuvent lui donner une occasion de sanctionner le délégataire"[56].

72. On se rend donc compte que l'organisation d'un service public au niveau local transcende les époques. La nationalisation de la distribution de gaz et de l'électricité, le regroupement des lignes de chemin de fer sous l'égide d'une seule compagnie, ont profondément bouleversé les relations avec les usagers. Les phénomènes de "notabilité" au niveau local, l'absence de péréquation tarifaire, le poids électoral des usagers, l'ambiguïté des relations entre les élus locaux et les puissantes compagnies concessionnaires, que l'on ne fait que redécouvrir à travers les récentes "affaires judiciaires", conduisent à démontrer que les critiques émises envers le traitement des usagers pour l'ensemble des services entre le milieu du XIXème siècle et les années quarante sont encore d'actualité pour les services organisés localement aujourd'hui.

73. Il faut cependant nuancer cette assertion au regard de certaines avancées réalisées au tout début du XXème siècle. En effet, au sein de la société française, les contours d'une classe moyenne se dessinent peu à peu. Si les doctrines du service public n'ont pas produit de toutes pièces les droits de l'usager, elles auront certainement contribué à la généralisation d'une série de droits jusqu'alors inégalement consacrés au gré des traités de concession.

---

[55] *La question du gaz à Paris*, Rapport au conseil municipal de la ville de Paris.

[56] M. Long, "La réunion de tous les acteurs de la gestion déléguée au sein de l'Institut de la gestion déléguée", *RFDA* n° spécial, *La gestion déléguée du service public*, 1997, p.77. Voir également M. Limouzin-Lamothe, cité par S. Lagumina, "La gestion déléguée du service public dans les collectivités locales : avantages et inconvénients", *RFDA* n°spécial, *La gestion déléguée du service public*, 1997, p.73.

§ 3. Les tentatives de restauration des intérêts des usagers.

74. L'apparition des doctrines du service public modifie tout d'abord les fondements de la relation usager / exploitant du service. Les juristes de la fin du XIXème siècle et du début du XXème siècle ont conceptualisé certains changements dans la société française et dans la perception de l'Etat : à côté de l'Etat-Puissance ou lui succédant, il existe désormais un Etat prestataire de service. L'usage de la puissance d'Etat ne suffit plus par lui-même à assurer la légitimité de l'action administrative qui est désormais soumise à une contrainte de but : l'organisation de services publics liée au développement de la solidarité sociale[57].

75. Mais qu'en est-il de la notion d'usager ? Sans donner de contenu précis à cette notion pour le moment, il convient de définir la place de l'usager dans ces doctrines. Il n'est pas étonnant de constater qu'est soulignée l'existence de besoins collectifs indispensables[58], en parfaite concordance avec l'avènement d'une masse d'utilisateurs, qui demeure la seule référence. L. Duguit précise l'idée de collectivité à travers celle d'interdépendance sociale : "ce qu'on doit affirmer, ce n'est pas que les hommes naissent libres en droit, mais bien qu'ils naissent *membres d'une collectivité*"[59]. "On aperçoit dès lors la notion de service public : c'est toute activité dont l'accomplissement doit être assuré, réglé et contrôlé par les gouvernants, parce que l'accomplissement de cette activité est indispensable à la réalisation et au développement de *l'interdépendance sociale,* et qu'elle est de nature qu'elle ne peut être réalisée complètement que par l'intervention de la force gouvernante."[60]. A l'origine, seule une masse d'usagers a su s'ériger en intérêt à prendre en compte face à l'intérêt public. Des liens de type horizontal[61] se sont également constitués au fil du temps, tissant une solidarité et une interdépendance entre les usagers, chacun étant traité sur un pied d'égalité vis-à-vis de son prochain.

---

[57] J. Chevallier et D. Loschak, "Rationalité juridique et managériale dans l'administration", *RFAP* 1982, p.704. Voir également pour une excellente analyse des doctrines de l'Ecole du service public, J. Chevallier, "Le service public", Que sais-je ?, PUF, préc., p.18 et 19 : "son rôle (Etat) n'est plus que de fournir des prestations qu'appelle le développement de la solidarité sociale. A ce titre la doctrine du service public se présente comme le prolongement du solidarisme, qu'elle fait pénétrer au coeur du droit public."

[58] M. Hauriou insiste sur le service public défini comme une "organisation créée et soutenue par l'Etat ou l'un de ses membres, (...), en vue de la satisfaction d'un besoin collectif", in *Précis de droit administratif et de droit public*, 3ème édition, Paris, 1897, p.235, et déclare qu' "une quantité de services communs sont bien gérés et deviennent, par les commodités qu'ils fournissent, un élément indispensable de la vie", in *Précis de droit administratif*, 8ème édition, 1913, p.4. Voir également L. Rolland, *Précis de droit administratif*, 5ème édition, Dalloz, 1934, p.16.

[59] *Traité de droit constitutionnel*, 1ère édition, 1907, p.6.

[60] *Traité de droit constitutionnel*, tome 2, *La théorie générale de l'Etat*, 2nde édition, 1923, p.55. Cette idée est confirmée par la suite, p.64 : "puisque la notion fondamentale, qui est au fond de tout service public, est celle d'une obligation juridique s'imposant aux gouvernants d'assurer l'accomplissement ininterrompu d'une certaine activité, qui est d'une importance capitale pour la vie sociale parce que, étant donné les moeurs, les tendances, les besoins d'une époque, il n'est pas un des membres de la société qui n'ait besoin que cette activité soit réalisée".

[61] Sur cette idée de lien social horizontal et l'évolution générale des relations entre l'Etat et les citoyens, voir P. Rosenvallon, *L'Etat en France de 1789 à nos jours*, Editions Seuil, 1990.

76. Quelles sont les réactions concrètes des municipalités en faveur des usagers et de l'affirmation de leurs droits ? En premier lieu, un mouvement de municipalisation[62] des services publics se dessine au début du XXè siècle : les services antérieurement concédés à des compagnies privées, jugées incapables de pourvoir aux besoins vitaux des individus, sont récupérés par la commune pour les exploiter en régie[63].. Le bilan[64] de cette municipalisation (qui n'est pas générale en France et loin de l'être[65]) fait état de quelques améliorations : les procès sont moins nombreux, les tarifs réduits et l'intérêt général est mieux considéré.

77. La prise de conscience des collectivités publiques se matérialise aussi par l'édiction de textes organisant de façon générale les services publics, procédant par là même à une unification du droit. Ces textes, sous forme de cahiers des charges types ou de lois (organisant un service, nationalisant une activité, etc.), s'étalent du début du XXème siècle jusqu'aux années cinquante et marquent un tournant dans l'histoire de l'usager[66]. En effet, la période de clivage constant entre utilisateurs et sociétés privées prend fin par l'arbitrage grandissant des collectivités, ce qui contribue à créer un semblant d'équilibre. Ces nouveaux textes visent indiscutablement à réaffirmer solennellement les principaux droits des usagers. Ceux-ci bénéficient d'un véritable accès au service grâce à l'obligation pour le concessionnaire de consentir des contrats de fourniture sur tout le parcours de la distribution de gaz ou d'électricité[67], ou encore par le biais de l'affirmation du droit au transport en matière ferroviaire. Au sein du service, sont proclamés les principes d'égalité entre les usagers d'une même catégorie, de continuité du service et d'adaptabilité[68]. Les tarifs font également l'objet d'une étroite surveillance et d'un encadrement de la part des

---

[62] Un décret du 30 août 1917 porte possibilité pour les communes de distribuer l'électricité en régie.

[63] A titre d'exemple, on peut citer, pour les chemins de fer, la reprise en régie, en 1907, de l'exploitation de Montmorancy (M. Rival, article préc.), pour l'électricité la régie municipale de la ville de Tourcoing en 1902 (C. Porte, mémoire préc.), et pour le gaz, la reprise en régie de son exploitation par la Ville de Paris en 1907.

[64] E. Bouvier, ouvrage préc., p.113 et s.

[65] Par exemple, dans le domaine de l'électricité, C. Vuillermot, *L'électrification dans le département du Doubs, 1894-1946*, Mémoire de maîtrise d'histoire, Besançon, AHEF, 1985, p.123 note qu'au début du XXème siècle, moins de 5 % de la population française est alimentée par une régie.

[66] Il est normal que ces textes n'interviennent pas tous à la même époque car de multiples facteurs sont à prendre en compte : lorsqu'il s'agit d'un service local se transformant en service national par l'achèvement d'un réseau, il faut attendre une couverture quasi totale du territoire pour envisager une organisation d'ensemble, ce qui dépend donc des évolutions techniques. De plus, les compagnies privées ne se défendent pas toujours avec la même force pour freiner ces évolutions, et les griefs qui leur sont reprochés ne sont pas du même ordre de gravité (moyens insuffisants, mauvais traitement des usagers, incapacité à assurer le service, etc.). Il faut donc combiner un facteur juridique intervenu à une date précise (les doctrines du service public alimentant une pression en faveur de la création ou de l'affirmation de droits unifiés pour tous les usagers) et des évolutions technologiques et économiques qui sont plus étalées dans le temps.

[67] En matière d'électricité, loi du 15 juin 1906 et les cahiers des charges types du 17 mai 1908, 28 juin 1921 et 17 janvier 1928, in Ch. Blaevoet, *Recueil des lois, décrets, arrêtés, circulaires et cahiers des charges relatifs à la production et à la distribution de l'énergie électrique*, Tome 1, préc. Le premier plan Freyssinet de 1879 (loi du 17 juillet 1879) érige un "droit au transport ferroviaire". La desserte intégrale du territoire est réalisée, ou en voie de l'être, par la proclamation d'un principe de solidarité entre les régions. Pour un commentaire voir le *Traité des chemins de fer* d'A. Picard, préc., p.3 et s. La grande loi sur l'hygiène du 15 février 1902 (JO du 19 février) rend obligatoire l'abonnement aux eaux municipales dans toute maison habitée.

[68] Voir les textes cités ci-dessus, ainsi que le cahier des charges type de la SNCF du 31 août 1937 (JO, 1937, p.10065) qui prévoit également une obligation d'information, de ponctualité et de qualité. Voir également la loi de nationalisation des télécommunications de 1889, commentée par C. Bertho-Lavenir, "Histoire de l'administration des télécommunications : une succession de crises et de réformes", article préc., p.589.

pouvoirs publics[69]. Si sont ainsi généralement consacrées certaines obligations qui faisaient l'objet jusqu'alors d'applications inégales au gré des traités de concession, comme le principe de continuité du service public[70], les usagers n'obtiennent pas gain de cause sur leurs principales revendications. En effet, les clauses de consommation minimale, les avances sur consommation ou encore la réduction des tarifs en faveur des établissements communaux[71] sont maintenues.

78. En revanche, certaines clauses particulièrement favorables aux usagers ne sont pas généralisées : à titre d'exemple, la ville de Lyon, dès 1841, obligeait son concessionnaire à retranscrire les clauses du cahier des charges de distribution de gaz et les transmettre aux usagers, lesquels comportaient une obligation absolue de continuité la journée. En 1897, la ville interdit toute augmentation des tarifs dans les trois années suivant leur fixation. En 1913, elle prévoit un système de gratuité pour les colonnes montantes (distribution de gaz), oblige les compagnies de distribution d'électricité en cas d'interruption du service (qui ne doit pas dépasser trois heures) à aviser individuellement les usagers au moins 48 heures à l'avance, et permet à ceux-ci de conserver leur droit à réclamation en cas d'accidents ou de force majeure[72].

79. Les doctrines du service public, l'affirmation de nouveaux droits et l'unification des anciens sont autant de jalons solides posés pour l'avènement d'un usager. La première phase de l'histoire de l'usager s'inscrit dans une sorte de procédé de dichotomie de différentes figures -l'électeur, le contribuable- qui se distinguent progressivement de l'usager. Le contribuable se détache de l'usager à partir du moment où l'intérêt de la collectivité des usagers va peu à peu se différencier de l'intérêt public. L'administré cède la place à l'usager lorsque de la réglementation, l'action publique s'oriente vers la prestation. Quant à l'électeur, il ne se différencie de la figure de l'usager que lorsque le service acquiert une dimension nationale, car localement, le vote constitue encore le moyen de pression le plus efficace à la disposition de l'usager.

80. L'usager ne peut exister qu'au milieu d'une collectivité d'usagers à travers laquelle ses désirs et aspirations sont standardisés. Partant, il est alors facile de le réduire en assujetti.

---

[69] Voir les cahiers des charges précités qui prévoient tous la détermination d'un tarif maximum par les pouvoirs publics. Deux décrets -lois, des 16 juillet et 30 octobre 1935, ont eu pour objet une diminution générale des prix de l'électricité.

[70] Consacrant les grands principes du service public, voir par exemple les cahiers des charges consentis par la ville de Lyon pour la distribution de gaz, en 1841, 1853 et 1855, Archives EDF GDF Blois, société 01 32 ; les contrats des usagers à Paris de 1855 à 1888, Archives EDF GDF Blois, société 44 08. En matière de transport ferroviaire, les conventions de 1859, préc., étaient d'une rare modernité.

[71] Cahiers des charges précités.

[72] La ville de Lyon est décidément exemplaire en ce domaine, Archives EDF GDF Blois, société 01 32.

- SECTION II -
De l'assujetti à l'administré : la lutte contre la bureaucratie

81. Les fondements de la notion d'usager sont étroitement liés aux événements historiques et sociaux qui ont jalonné la première phase de l'évolution de la relation de service public, ce qui permet d'ores et déjà d'envisager une première définition (§1).

82. De nouvelles tensions alimentent le mouvement de balancier qui caractérise l'histoire de l'usager. La gestion publique de certains services nationaux, touchée par les excès d'une bureaucratie tatillonne, réduit les usagers en administrés, dont les intérêts individuels ne se reconnaîtront plus dans une nouvelle définition de l'intérêt général (§2).

§ 1. Les contours de la notion d'usager.

83. La notion d'usager est liée aux transformations d'une société qui ne sont visibles qu'à l'issue de la seconde guerre mondiale (A). Mais définir, c'est aussi différencier l'usager de notions voisines telles que celles d'administré, d'électeur ou de contribuable (B).

A. Les présupposés de la notion d'usager.

84. Si la notion d'usager est la résultante juridique de certaines évolutions clés de la société, il faut en rappeler les principes qui sont l'uniformisation (1°), l'interdépendance (2°) et la légitimité de l'action publique (3°).

1°) L'uniformisation.

85. Pourquoi parler de collectivité d'usagers ? Pour faire valoir son point du vue, l'usager doit invoquer le groupe auquel il appartient et dont l'intérêt est seul pris en compte, grâce à la véritable construction d'un intérêt général, défini comme celui de la collectivité des usagers et différencié de l'intérêt public. Si c'est l'avènement d'une société de consommation de masse, d'une classe moyenne détenant un certain pouvoir d'achat qui forge l'idée d'un groupe, c'est celle d'un Droit égalisateur de par sa généralité et son impersonnalité qui tisse les liens au sein de la collectivité.

86. Les années trente marquent la volonté de créer une société d'abondance, construite par les élites politiques et publiques, à laquelle toutes les couches de la population ont accès, mais il faut attendre les années soixante pour que ce voeu soit exaucé. Peu à peu, l'essor des techniques contribue à la desserte totale du territoire par les services publics industriels et commerciaux comme le transport par fer[73], la distribution d'énergie électrique ou de gaz[74], les communications téléphoniques[75], en même temps que se profile, pour diverses raisons, l'idée d'une gestion au niveau national de ces services.

87. Au sein de cette collectivité, les désirs et les besoins de chacun sont standardisés, réduits à une moyenne. La conception de l'usage des services, dès leur création même, est un facteur déterminant dans cette évolution.

88. Cet essor de la société est relayé par l'idée que le droit auquel sont soumis les usagers est profondément égalisateur : même si chaque individu fait partie d'une masse, il est traité dans son individualité de façon identique à n'importe quel autre usager grâce à l'impartialité, l'objectivité, la généralité des règles de droit qui lui sont applicables. De façon concrète, cette idée se concrétise dans les grandes lois organisant le service public et les cahiers des charges-type qui les complétaient, procédant d'un état d'esprit particulier. Son aspect égalitariste s'analyse "comme un dispositif symbolique jouant un rôle analogue aux dispositifs matériels (équipements) dans l'ordre économique"[76]. "Laïcité (de l'école publique) et technicité (des réseaux de chemins de fer) proposaient sinon l'homogénéité des conditions de fréquentation pour tous les citoyens français, car les inégalités restaient grandes, du moins l'universalité des conditions d'accès. L'unité de l'offre supposait ainsi l'égalité des usagers et la communauté de ceux qui accèdent au progrès."[77] Plus encore, et quelle que soit la valeur juridique de ces thèses, la doctrine de la première moitié du XXème siècle insiste sur l'existence d'un statut légal et réglementaire[78] de l'usager,

---

[73] Exceptionnellement, dans le domaine des transports, dès 1868, 65 % des voyageurs occupent les troisièmes classes et constituent la plus importante source de bénéfice pour les compagnies, même si celles-ci ne se préoccuperont des transports populaires que vers 1890, déplore F. Caron, *Histoire des chemins de fer en France. 1740 - 1883*, tome 1, Fayard, 1997., p.371. Cependant, on ne peut parler de démocratisation de la vitesse qu'à partir des années cinquante, avec l'électrification des lignes, et plus encore en 1970, où les deux classes de voyageurs ont droit à la même vitesse, "SNCF 1938-1982", *La Vie du Rail* 30 décembre 1982. C'est l'apparition du TGV, en 1981, qui a réellement marqué la volonté de permettre l'accès au train rapide à toutes les classes de la population. Voir à ce sujet J.-L. Metzler, "Dix ans de politique commerciale", *RGCF* octobre 1991, p.71.

[74] La pénurie a sévi jusqu'en 1950, année qui marque le début du "rattrapage électrique", la couverture globale du territoire en lignes électriques se situant en 1960 environ, date de l'achèvement de l'électrification rurale entreprise en 1923, grâce à un financement de l'Etat et la création d'un Fonds d'investissement rural en 1937. Dans les années quarante et cinquante, la demande est liée à la modernisation industrielle du pays. Mais dès les années soixante, la consommation des ménages prend la relève. Sur tous ces éléments, voir H. Morsel (sous la direction de), *Histoire de l'électricité en France*, tome 3, Fayard, 1996, p.172 et s., p. 642.

[75] En 1975, est lancé un plan d'action prioritaire, qui aboutit à la desserte totale du territoire à la fin des années 1980, voir C. Bertho-Lavenir, article préc.

[76] Ph. Brachet, "Les usages concrets du droit : la relation à l'usager dans les services publics", in *La relation de service dans le secteur public*, DRI Plan Urbain RATP, Tome 1, 1990, p.69.

[77] J.-P. Gaudin, "La ville dans les plis de l'usage" in M. Chauvière et J.-T. Godbout, *Les usagers entre marché et citoyenneté*, Logiques sociales, L'Harmattan, 1992, p.214.

[78] L. Duguit, "De la situation des particuliers à l'égard des services publics", *RDP* 1907, p.411 ; "De la situation juridique du particulier faisant usage d'un service public", *Mélanges Hauriou*, 1929, p.253 ; M.

marquant ainsi cette époque d'un besoin d'objectivation du droit, d'impartialité, alors que les inégalités sociales du XIXème siècle sont à peine en voie de résorption. Le caractère légal et réglementaire du statut est même ressenti comme l'unique garant de l'égalité entre les usagers[79].

89. L'uniformisation de la société, à défaut de son unification, plus théorique que réelle à cette époque, s'accompagne de son corollaire essentiel, qui en constitue également le moteur et le principe d'action : l'interdépendance entre les membres du groupe.

2°) L'interdépendance.

90. L'usager ne se conçoit pas individuellement, ou, tout du moins, son individualité ne s'exprime qu'à travers l'ensemble de ses congénères. La collectivité des usagers est considérée comme le référent de la relation de service public. La conception des lois de Rolland[80] et le problème particulier de la tarification des services en sont un bon exemple.

91. Quant au principe d'égalité des usagers devant le service public, il n'y a pas besoin de s'y attarder. L'égalité *dans l'accès* au service public tend en fait à la mise en oeuvre de l'universalisation de la desserte. On réalise en droit ce à quoi les inégalités sociales sont incapables de tendre. L'égalité juridique supplante l'inéquité sociale, pour mieux la masquer. Quant à la réalisation de l'égalité *dans le fonctionnement du service public*, c'est-à-dire lorsque l'usager y a été admis, les atteintes portées à ses droits ne peuvent s'apprécier qu'au regard de la masse des autres utilisateurs, et cela est encore plus vrai dans la création de *catégories d'usagers,* véritables productrices d'uniformisation sous l'apparence d'une prise en compte des diversités.

92. En ce qui concerne le principe de continuité, c'est la continuité de l'Etat lui-même, de la collectivité, qui est souvent invoquée comme fondement de la continuité du service public[81]. Par ailleurs, en application de la théorie de l'imprévision en droit administratif, lorsqu'un événement bouleverse le fonctionnement du service, l'exploitant doit en assurer la continuité, même à perte, moyennant par la suite une indemnisation. Mais quelle est la personne qui supporte le financement de l'obligation de poursuivre l'exploitation du service si ce n'est la collectivité toute entière puisque l'indemnité

Hauriou, note sous CE, 21 décembre 1906, Syndicat des propriétaires et contribuables du quartier Croix de Seguey Tivoli, *S.* 1907, III, p.37 ; G. Jèze, *Principes généraux du droit administratif*, Giard, 3ème édition, 1926, p.11 et s. ; R. Bonnard, *Précis de droit administratif*, 3ème édition, LGDJ, 1940 p.763 et s. ; L. Rolland, *Précis de droit administratif*, 5ème édition, préc., p.208 ; P. Laroque, *Les usagers des services publics industriels en France*, Th. Paris, Sirey, 1933, p.193.

[79] R. Bonnard, *Droit administratif*, 4ème édition, LGDJ, 1943, p.88 : "L'égalité ne sera réalisée que si la situation des usagers reste fixée par la loi et par les règlements."

[80] Pour de plus amples développements sur les lois du service public, voir les n°919 et s. sur le principe de mutabilité, les n°1073 et s. pour l'égalité, et les n°1280 et s. sur la continuité. La solidarité au sein du service est examinée aux n°1246 et s.

[81] Voir CE, 7 août 1909, Winkel, *Rec.*, p.826, pour la grève dans les services de la Poste, où il est question de la "continuité essentielle à la vie nationale".

d'imprévision est versée par la personne publique délégante (donc le contribuable)[82], au nom du bien être de cette même collectivité ?

93. Les fondements du principe de mutabilité se rattachent également à un référent emprunté à la projection de l'avenir de la collectivité : il faut adapter le service aux évolutions techniques, économiques et juridiques de la société. Quand la Cour de cassation[83], à la suite de l'arrêt Gaz de Bordeaux du Conseil d'Etat de 1916[84], applique le principe de modification unilatérale (lui-même tiré de celui de mutabilité) au contrat de droit privé unissant l'usager à l'exploitant du service, pour soumettre ce contrat en cours à de nouveaux tarifs, compte tenu de l'augmentation du prix du charbon, c'est en considération d'un principe d'interdépendance sociale. Un service indispensable doit perdurer car il est d'intérêt général. La collectivité entière doit en supporter les frais puisqu'il y va de son intérêt que le service survive.

94. Qu'est-ce que la péréquation des tarifs des services publics à caractère industriel et commercial[85] si ce n'est l'expression d'une solidarité sociale au sein d'un groupe d'individus ?[86] La péréquation est plus évidente pour les services publics nationaux, mais au niveau local, même si le référent est restreint, la péréquation subsiste au sein d'une même collectivité[87]. En plus de leurs modalités de calcul, les fonctions des tarifs ne sont pas neutres. Globalement, on peut considérer que la tarification au coût marginal[88], défini comme le coût de la dernière unité produite, et répandue en matière de services publics, est l'expression même de l'interdépendance. En effet, elle vise à orienter l'usager dans ses choix, par référence à la masse des usagers : il faut montrer à celui-ci qu'au delà d'une certaine consommation, son usage devient trop onéreux pour la collectivité, d'où l'importance du coût de la dernière unité produite. En revanche, en deçà de ce seuil, sa satisfaction doit être pleine et entière au moindre prix. En plus de refléter une solidarité tant géographique que sociale, le prix payé par les usagers commence à intégrer d'autres composantes de l'intérêt général, comme par exemple la sauvegarde de l'environnement

---

[82] Voir sur ce point précis L. Aulagnon, "De la situation juridique des usagers titulaires de polices d'abonnement à l'égard des compagnies concessionnaires de services publics", *RTDC* 1924, p.5 : "à cet effet, il faut maintenir l'accord entre la situation juridique déterminée et le milieu déterminant."

[83] Req, 4 mai 1921, *D.* 1922, I, p.41. Quand l'autorité concédante fixe les tarifs, selon le commissaire du gouvernement Romieu (concl. sur CE, 24 déc. 1905, *D.* 1907, III, p.77), elle agit dans le cadre de sa fonction "en vue des besoins de la *vie collective* auxquels elle est chargée de pourvoir".

[84] CE, 30 mars 1916, Compagnie générale d'éclairage de Bordeaux, *Rec.*, p.125 ; *D.* 1916, III, p. 25, concl. Chardenet ; *RDP* 1916, p.206 et 388, concl. Chardenet et note G. Jèze ; *S.* 1916, III, p. 17, concl. Chardenet, note M. Hauriou.

[85] A titre d'exemple, dans le domaine du gaz, une péréquation est organisée en 1962 ; pour l'électricité, les tarifs sont péréqués à compter de 1971 en basse tension et 1979 en haute tension et les tarifs des chemins de fer sont calculés sur une base kilométrique à partir de 1962.

[86] Rapport C. Stoffaës, (sous la direction de), *Services publics, question d'avenir*, préc., p.239 et p.21.

[87] Par exemple dans le domaine de l'eau, l'habitant du hameau isolé paiera le même tarif que l'habitant du village. De plus, en 1981, le gouvernement avait envisagé une péréquation au niveau national.

[88] M. Boiteux l'a introduite à EDF, "La tarification des demandes en pointe : application de la théorie de la vente au coût marginal", *Revue générale d'électricité*, n°58, août 1949. Voir également à ce sujet, M. Chatellus, "Principes de gestion des entreprises publiques et politique économique" in *L'entreprise publique et la tarification*, Cahiers d'analyse économique, Ed. Cujas, 1969, p.25.

dans le domaine de l'eau[89]. Le prix n'est plus défini en fonction de ce que l'usager est prêt à payer, mais en fonction de ce que, socialement, il est supposé payer.

95. Si les personnes publiques s'érigent en instigatrices et en garantes de ce nouvel ordre social[90], quelle est la contrepartie réclamée en échange ?

3°) La légitimité.

96. En contrepartie de leur action, les dirigeants locaux, symbolisant l'action publique, attendent un vote favorable. C'est pourquoi, au niveau local, l'usager a encore du mal à se distinguer aujourd'hui de l'électeur. Pour ce qui est des services publics nationaux, la contrepartie attendue n'est plus tant le vote (se rattachant à la personnalité concrète des dirigeants) mais le sentiment de légitimité de l'action publique (lié à l'institution en tant que support abstrait). La relation de service public au niveau national implique donc la légitimité de l'action publique.

97. L'usager est placé au centre des doctrines du service public, défini comme le bénéficiaire, la fin, la personne pour laquelle le service a été créé et fonctionne[91]. Il importe désormais de s'intéresser aux manifestations concrètes de ce qui n'est qu'une déclaration d'intention en 1930. La satisfaction de l'usager passe par l'élimination de tout autre objectif parasitant nécessairement la relation de service et conduit naturellement, *via* le modèle administratif de gestion, à l'indifférence vis à vis du profit, voire à l'acceptation du déficit[92].

98. Le conflit inhérent à la notion de service public industriel et commercial n'est pas encore exacerbé. En effet, ce dernier n'est qu'une catégorie de service public, au sens où il s'agit d'un service public exploité dans les mêmes conditions qu'une industrie ordinaire,

---

[89] G. Dejouany, "La Compagnie générale des eaux", in *Le service public industriel et commercial dans la société française aujourd'hui*, Actes du colloque de Rouen, Supplément le Monde, octobre 1980, p.13.

[90] C. Stoffaës (sous la direction de), *Services publics, question d'avenir*, rapport préc., p.41 : "L'Europe de l'après-guerre s'est construite sur un modèle de compromis qui combine un grand espace de liberté pour l'économie de marché avec un Etat dispensateur d'une protection étendue et d'un oligopole social", p.13, les entreprises de réseaux "incarnent la conception républicaine de l'égalité et du lien social" et p.70, l' "ossature d'une société d'abondance dont les élites publiques animeront l'édification".

[91] M. Hauriou, *Précis de droit administratif*, 5ème édition refondue par A. Hauriou, Sirey, 1943, p.114 : "les usagers sont les bénéficiaires de l'institution administrative", "c'est pour eux que sont organisés les services publics" ; P. Laroque, th. préc., p.14 : "l'usager est celui pour qui le service a été créé et fonctionne" ; L. Duguit, "De la situation juridique d'un particulier faisant usage d'un service public", préc., p.253 : "sans eux (les usagers), il (le service public) fonctionnerait dans le vide"; et plus récemment J. Chevallier, "Regards sur l'administré" in M. Chauvière et J.-T. Godbout, *Les usagers entre marché et citoyenneté*, L'Harmattan, Logiques sociales, 1992, p.29 : "d'objet de l'action administrative, il devient sujet en même temps que référent : usager d'un service public, il est celui que l'administration doit satisfaire."

[92] S. Nora, intervention au colloque de Rouen en mai 1980, "La philosophie du service public", in *Le service public industriel et commercial dans la société française aujourd'hui*, préc., p.8. Ainsi, une note interne à EDF du 15 avril 1948 dispose qu' "EDF n'a pas pour rôle ni de rechercher le gain le plus élevé, ni de s'efforcer de vendre le plus de courant possible ; il apparaît que son devoir est de promouvoir la tarification la plus favorable possible à l'économie générale du pays".

pour paraphraser le célèbre arrêt Bac d'Eloka[93]. Cela ne veut pas dire que le service public doit *tendre à tout prix* au profit commercial et aux techniques de marketing. La comparaison peut se limiter à l'aspect positif d'une gestion privée, c'est-à-dire à l'application des règles du droit privé jugées plus souples que celles du droit public, sans supporter les contraintes d'efficience du marketing. Le modèle de gestion privée n'est pas encore mis en concurrence avec le modèle de gestion publique et dans le terme "service public à caractère industriel et commercial", c'est l'expression "service public" qu'il faut retenir. Ainsi, que l'administration intervienne dans le domaine administratif ou dans le domaine commercial, c'est le même esprit de gestion qui prédomine, même si les règles sont différentes. N'oublions pas que les nationalisations de l'après-guerre procèdent du constat d'échec d'une société capitaliste à assurer les besoins les plus nécessaires à une population.

99. Le sentiment de légitimité vis à vis de l'action publique semble alors quasi automatique à l'époque, il est renforcé par une politique de participation des usagers à la gestion des entreprises publiques qui devait, en outre, servir de garde-fou. En effet, quoi de plus légitime qu'une action publique avalisée par ses destinataires avant d'être appliquée[94]?

100. Les présupposés de la relation de service public sont ancrés dans une époque, et partant, susceptibles d'évolution. C'est pourquoi la notion d'usager, qui en est l'une des composantes, ne peut être à son tour que relative.

B. La relativité de la notion d'usager.

101. A ce stade, définir l'usager semble nécessaire et il faut, au moins, dégager le tronc commun qui caractérise la notion. A partir de l'influence de certains facteurs sociaux, juridiques et politiques rencontrés, la notion d'usager se caractérise par une relation de double échange (1°). L'objectif à atteindre ensuite sera de différencier l'usager du service public industriel et commercial de termes qui en sont proches, comme ceux de contribuable (2°) ou d'administré (3°).

1°) La relation de double échange.

102. Quels sont donc les éléments que l'on retrouve systématiquement dès que l'on parle d'usager ? La notion d'usager du service public industriel et commercial s'incorpore dans une évolution de la société en trois temps : alors que la Révolution produit un citoyen et que la IIIème République consacre un usager des services publics administratifs, les IVème et Vème Républiques marquent l'avènement de l'usager du service public industriel et commercial.

---

[93] TC, 22 janvier 1921, Société commerciale de l'Ouest africain, *Rec.*, p.91 ; *D.* 1921, III, p. 1, concl. Matter.

[94] Sur l'aspect légitimant de la participation des usagers, voir Ph. Brachet, "Le partenariat de service public : dix propositions", in P. Bauby et J.-C. Boual, *Pour une citoyenneté européenne: quels services publics ?*, Editions de l'Atelier, 1994, p. 252.

103. Quelle que soit la période, les postulats sont toujours identiques : il faut démocratiser l'accès à certains privilèges, à certaines prestations qui sont considérées comme nécessaires, sachant que le curseur séparant ce qui est nécessaire de ce qui est luxueux se déplace au fil du temps, de telle sorte que l'eau, l'électricité, les transports, le gaz deviennent aussi indispensables que le droit de vote, l'enseignement, la sécurité, etc. A défaut de parvenir à l'universalité dans la *réalité*, l'*uniformisation* de la société, son homogénéité, procèdent de l'idéal à réaliser, de la projection dans l'avenir. Quelle que soit la période considérée, si les progrès ne sont pas véritablement réalisés, de nouveaux droits sont tout de même proclamés juridiquement. Sur le plan civique, la célèbre Déclaration des Droits de l'Homme de 1789 s'analyse comme une charte du citoyen, même si certains droits qui y sont consacrés ne seront réellement mis en oeuvre que bien plus tard. Les grandes lois de la IIIème République (par exemple la loi Jules Ferry de 1884 sur l'accès à l'enseignement pour tous ou les premières lois sociales), ainsi que le préambule de la Constitution de 1946, proclament par certains aspects les droits de ce qu'on appelle aujourd'hui l'usager du service public administratif (éducation, culture, sécurité sociale, etc.).

104. Enfin, la loi de nationalisation de l'électricité et du gaz du 8 avril 1946[95], les cahiers des charges de la SNCF de 1937[96] et 1971[97], ou plus tard la loi d'orientation des transports intérieurs du 30 décembre 1982[98] et celle du 23 octobre 1984[99] en matière de télécommunications, viennent parachever la consécration et l'unification des droits des usagers des services publics industriels et commerciaux, entamée pour les services locaux dès le début du siècle. Les plans civique, social et économique se relayent et nécessitent l'intervention des personnes publiques, préoccupées du sort des masses populaires et architectes d'une société en mutation.

105. Plusieurs postulats sont érigés en dogmes. Le premier est qu'il existe une convergence nécessaire entre les intérêts particuliers et l'intérêt général qui peut alors se définir comme l'intérêt collectif de la masse des usagers, dont l'expression est monopolisée par l'Etat. Mais ce premier postulat repose lui-même sur un second : il existe une interdépendance, sinon naturelle, du moins à réaliser, au sein de la société.

106. La notion d'usager du service public industriel et commercial est une traduction juridique de ces évolutions. En premier lieu, la figure de l'usager est un standard. La standardisation[100] contenue dans la notion d'usager procède de plusieurs impératifs. D'abord, dans la construction d'un intérêt général, le passage obligé par un usager type

---

[95] *D.* 1946, p.161 ; *BLD.* 1946, p.213.

[96] Décret du 31 décembre 1937, JO du 7 janvier 1938.

[97] Décret du 23 décembre 1971, JO du 24 décembre 1971.

[98] JO du 31 décembre 1982.

[99] JO du 25 octobre 1984, voir le commentaire de D. Laffont, "La loi du 23 octobre 1984 sur le service public des télécommunications", *Juris PTT* n°1, 1985, p.4.

[100] A l'heure actuelle, rares sont les auteurs qui insistent encore sur l'aspect abstrait de la notion d'usager, sur sa dimension collective mais on peut citer dans ce cas C. Barbier, "L'usager est-il devenu le client du service public ?", *JCP* 1995, I, 3816 : "l'usager incarne encore un intérêt collectif", il est "membre d'une collectivité et objectivement situé dans l'Etat par le droit en vigueur" ; G. Jeannot, *Les usagers du service public*, Que sais-je ?, PUF, 1998, p.18.

permettait d'évacuer les conflits d'intérêts entre les différents individus, d'alléger les intérêts individuels de leurs charges négatives. L'usager standard est devenu le médiateur obligé entre l'individu et l'intérêt général. Qui plus est, la standardisation se retrouve dans l'élaboration de statuts, de droits préexistant à l'usager, garants de l'égalité qui doit régner au sein du groupe. On peut donc dire que chaque usager dispose des mêmes droits que son prochain et est censé avoir les mêmes désirs, les mêmes intérêts. Ceci influence considérablement la notion même d'intérêt général puisque chaque volonté individuelle est moulée sur une volonté standard qui est celle de l'usager-type. L'intérêt général est donc l'intérêt immanent aux intérêt particuliers : il se contente de les traduire, de les synthétiser, ce qui constitue une opération éminemment aisée car effectuer la moyenne des volontés d'usagers types revient en réalité à découvrir - ou décider - ce que doit être l'intérêt de ce seul usager type[101]. L'expression de la volonté générale, de l'intérêt commun est par ailleurs confiée à l'autorité publique, chargée idéologiquement du bien-être et de la satisfaction des besoins vitaux de la population[102].

107. En second lieu, la relation d'échange entre l'usager et l'autorité administrative présente plusieurs caractéristiques notables. La personne publique exploitant le service ou chargée de son organisation s'impose comme transcripteur de l'intérêt individuel en intérêt général, et détermine les prestations jugées indispensables à la vie de tous les jours. En réalité, l'action des exploitants n'est pas aussi bénévole qu'elle paraît l'être. Il ne s'agit pas de réaliser un bénéfice au sens financier du terme, puisque même si la gratuité n'est pas de mise dans les services publics industriels et commerciaux exploités en régie, la réalisation de bénéfices n'est pas recherchée non plus. En revanche, en contrepartie de son obligation morale, sociologique, politique et juridique, d'assurer la bonne marche du service, l'autorité administrative reçoit soit une intention de vote, soit une reconnaissance de légitimité de son action, soit les deux à la fois.

108. Enfin, la relation entre l'usager pris individuellement et la collectivité de ses congénères s'ébauche sous le signe de l'interdépendance et de la solidarité. En effet, le droit applicable aux usagers est porteur d'une certaine redistribution. La péréquation des tarifs, la théorie de l'imprévision sont autant de preuves que l'usager n'entretient pas seulement un lien individuel avec l'exploitant du service, mais que des liens horizontaux sont également tissés. "La satisfaction de l'usager n'est pas fonction directe de sa

---

[101] Le discours de M. Hauriou est très caractéristique de cette idée d'intérêt général immanent : "il ne faut pas (...) confondre les intérêts du public avec les intérêts individuels. Ce qui est public, c'est ce qui est commun, et ce qui, dans l'intérêt individuel, dépasse la mesure de l'intérêt commun n'est pas représenté par l'administration", *Précis de droit administratif*, 10ème édition, 1921, p.24. "Le service administratif est rendu au public, c'est à dire l'ensemble des habitants du pays considérés d'une façon égale dans leurs intérêts communs", *Précis de droit administratif*, 8ème édition, préc., p.14.

[102] J. Chevallier résume bien ce rôle : "dans cette nouvelle version de l'idéologie de l'intérêt général, la fonction du politique n'est plus de lutter contre un social divisé et hétérogène, mais de traduire de manière tangible son unité constructive, en harmonisant et en intégrant les intérêts particuliers en présence" ,car "l'intérêt général ne saurait en effet résulter de l'ajustement spontané des intérêts particuliers, il passe par la médiation d'une instance capable de réaliser la synthèse des volontés individuelles et de définir un intérêt commun", "Réflexions sur l'idéologie de l'intérêt général", in *Variations autour de l'idéologie de l'intérêt général*, vol. 1, PUF, 1978, p.16 et s.

solvabilité"[103] et on peut même ajouter qu'elle est proportionnelle au degré d'interdépendance qui règne entre les usagers d'une collectivité. Les lois du service public ne se conçoivent elles-mêmes qu'à partir de l'interdépendance qui règne au sein de la collectivité des usagers. La relation de service public se décrit comme une relation entre une masse d'utilisateurs interdépendants et un exploitant.

109. L'usager se définirait ainsi comme le destinataire standard d'une prestation de service individualisée soumise à un double échange : horizontal au sein de la collectivité des usagers, référent de la relation de service, et vertical avec l'autorité publique. La relation de type horizontal se caractérise par l'idée d'interdépendance entre les membres de la collectivité et la prédominance de l'intérêt de la collectivité sur les intérêts individuels de chaque usager. La relation de type vertical impose l'autorité publique comme transcripteur et garant de l'intérêt général en échange d'une contrepartie de nature politique (vote ou légitimité).

110. Partant de cette première ébauche de définition, il est permis de distinguer l'usager de notions qui lui sont proches.

2°) La distinction entre l'usager et le contribuable.

111. Historiquement, l'usager s'est distingué du contribuable en ce que l'intérêt d'une masse de consommateurs a dû s'ériger face à un intérêt public, conçu à l'origine comme celui des contribuables.

112. Comment différencier alors l'usager du contribuable ? Si dans tout usager se trouve en principe un contribuable, la relation du contribuable avec l'autorité publique, unilatérale, ne se dessine pas comme celle qu'entretiennent l'usager et la collectivité publique. En effet, lorsqu'il paye ses impôts, le contribuable ne reçoit rien en retour et même si l'on pourrait objecter qu'en échange il dispose de services à prestation collective (l'enseignement, la construction de routes par exemple) ou bénéficie de l'ordre public, ce n'est pas en tant que contribuable, mais en tant que citoyen ou usager d'un service public administratif.

113. L'étendue de la fonction redistributive n'est pas la même selon que l'on a affaire à un contribuable ou à un usager. La relation d'échange liant l'usager à la collectivité de ses semblables était caractérisée par l'interdépendance. Cependant, le cercle de cette solidarité est restreint et se limite à un service bien défini[104]. Par ailleurs, dans le prix payé par l'usager, une grande partie est consacrée à la prestation dont il bénéficie personnellement. La fonction de redistribution dont est chargée la notion de contribuable se conçoit non seulement à l'échelle de l'Etat tout entier, ou d'une collectivité locale, mais de surcroît la somme versée n'est aucunement réservée à une prestation destinée

---

[103] C. Paradeise, "Usagers et marché" in M. Chauvière et J.-T. Godbout, *Les usagers entre marché et citoyenneté*, préc. p.191.

[104] Voir P. Emaer, "Consommateurs et services publics", in P. Bauby et J.-C. Boual, *Pour une citoyenneté européenne: quels services publics ?*, Editions de l'Atelier, 1994, p.316.

personnellement au contribuable. Le cercle de redistribution de la notion de contribuable s'étend à l'ensemble de la collectivité, alors que celui de l'usager se limite à un service.

3°) La distinction entre l'usager et l'administré.

114. Comment différencier maintenant l'usager de l'administré ? La doctrine a suivi plusieurs pistes pour distinguer l'usager d'une figure qui, en somme, lui est très proche, celle d'administré. Ainsi, l'usager s'oppose à l'administré par la sanction dont disposerait ce dernier (le droit de vote) et dont serait privé l'usager[105], mais l'électeur ne se profile-t-il pas à la fois derrière l'usager et l'administré ? Le vote, on l'a vu, constitue une sanction très efficace à la disposition de l'usager pour ce qui est des services publics locaux. En revanche, au niveau national, tant pour l'usager que pour l'administré, ce n'est pas le vote qui est la sanction adéquate. Viendrait-il seulement à l'esprit d'un usager de la SNCF dont le train est arrivé en retard ou d'un administré insatisfait d'accuser le gouvernement ? Il s'en prend plutôt à la légitimité d'une gestion publique par des "fonctionnaires" !

115. D'aucuns distinguent l'usager de l'administré par leur situation vis-à-vis du service : l'administré, qui se trouve dans une situation générale vis à vis de l'administration, se transforme en usager s'il remplit les conditions nécessaires pour prétendre à la conclusion du lien juridique individualisant la relation de service[106]. Il y a ici, d'une part, une confusion entre la situation de l'administré et la notion d'usager potentiel ou de candidat usager. D'autre part, il ne faut pas confondre l'aspect collectif de la notion d'usager avec l'impossibilité de toute individualisation : limiter la notion d'usager au lien individuel qu'il a avec l'exploitant revient à nier ses propres fondements, de même que la seule prise en considération de la collectivité occulte le caractère divisible de la prestation. Par ailleurs, l'administré soumis à une réglementation peut également être destinataire d'un acte administratif individuel. Dans les deux cas, se superposent un niveau collectif de la relation et un niveau plus individuel.

116. En réalité, deux attitudes sont concevables pour distinguer l'usager de l'administré. Sur un plan purement objectif, on peut poser comme postulat que l'administré est celui qui subit une réglementation alors que l'usager reçoit une prestation[107]. Alors que l'administré serait une figure de l'Etat gendarme, l'usager matérialiserait l'Etat providence ou l'Etat commercial et industriel, si on veut réserver la notion d'Etat Providence aux services publics purement sociaux. Mais il reste un inconvénient : l'usager est lui-même souvent soumis à une réglementation qui lui est

---

[105] M. Sapin, *La place et le rôle des usagers dans les services publics*, Rapport au Premier Ministre , Documentation Française, 1983, p.31.

[106] Voir E. Spiliopoulos, "La participation des usagers à l'élaboration de la réglementation de leurs relations avec les entreprises publiques", in *Les entreprises publiques et l'usager*, IISA, 1985, p.37 et M.-C. Henry-Meininger, "Rapport sur la France", in *Les entreprises publiques et l'usager*, ouvrage préc., p.71.

[107] "L'administré est celui qui en raison de sa nationalité ou de sa situation vis à vis de la République française est soumis à des règles du droit public qui le rendent titulaire de droits et obligations vis à vis des autorités administratives", J.-M. Auby, "Administrés", *Encyclopédie Dalloz*, Droit administratif. Voir également O. Raymundie, *Gestion déléguée des services publics en France et en Europe*, Le Moniteur, 1995, p.73.

unilatéralement applicable, la notion d'administré ne serait donc qu'une sous-catégorie de celle des usagers[108].

117. L'autre solution consiste à se placer sur un plan plus subjectif et à voir dans l'administré un assujetti, une personne contrainte, subissant un corps de règles à la détermination duquel elle ne participe pas, opprimée dans la relation "de guichet", unilatérale et hiérarchisée[109]. Le fonctionnaire, représentant de l'Institution et détenteur du savoir, fait face à l'usager, soumis et reconnaissant du service rendu. Il n'y aurait aucune différence fondamentale entre l'administré et l'usager, si ce n'est que le premier serait un terme péjoratif pour désigner le second.

118. Par un processus de sédimentation, les figures de citoyen, de contribuable et d'usager se croisent, sachant que selon la prétention alléguée et le sens donné à ses réclamations, une même personne peut invoquer à tour de rôle l'une ou l'autre de ces qualifications. Ces figures sont teintées d'un sens fortement chargé psychologiquement, comme la notion d'administré.

119. La figure de l'administré, au sens subjectif du terme, se retrouve concrètement dans l'organisation de certains services au niveau national, véritables bureaucraties, qui placent les relations usagers / exploitant du service sous le signe de la pesanteur, de l'incompréhension et de l'assujettissement.

§ 2. La déviation vers l'administré.

120. L'usager est noyé dans les composantes d'un intérêt général non plus immanent aux intérêts particuliers, mais qui leur est devenu transcendant (A), alors que la standardisation, garante des principes d'égalité et d'universalité, se mue en anonymat. L'usager devient objet aux mains d'entreprises bureaucratiques (B). L'après seconde guerre mondiale avait marqué le désir d'une participation des usagers, via une représentation au sein des instances dirigeantes des nouvelles entreprises publiques. Cette politique, destinée en réalité à museler les revendications des usagers, se solde par un vaste sentiment d'échec, doublé d'une crise de la représentation de l'intérêt général (C).

A. Un intérêt général transcendant.

121. Les notions d'usager et d'intérêt général ont en commun leur caractère contingent et fluctuant. "L'intérêt général a été dénoncé comme un impératif, imposé du dehors, aux individus qui finissent par refuser d'y sacrifier leurs intérêts particuliers, soit qu'il se réduise au seul intérêt de l'Etat, c'est-à-dire à l'intérêt particulier des institutions en place et des hommes qui les dirigent, soit que cet intérêt ne serve finalement qu'à légitimer l'exercice d'une domination politique et devienne l'alibi d'un pouvoir autoritaire

---

108 A.-S. Mescheriakoff, *Droit des services publics*, préc., p.226.

109 S. Regourd, "Service public et productivité. L'usager face au produit", *Cahiers du CNFPT* 1988, n°26, p.174 ; F. Braize, "Les relations des exploitants publics avec les usagers", *Juris PTT*, n° spécial, 1990, p.32.

contestant l'autonomie des intérêts particuliers."[110] Dans le domaine plus restreint du service public, l'intérêt général a été successivement défini comme l'intérêt de la collectivité publique, comme celui des classes dominantes de la population, puis comme celui de la communauté des usagers. A partir de la seconde guerre mondiale, il sera également l'intérêt des entreprises publiques, voire l'intérêt de la Nation toute entière.

122. On peut concevoir différentes définitions de l'intérêt général : soit il exprime la synthèse des intérêts individuels des membres d'un groupe social, c'est l'intérêt général immanent aux intérêts particuliers, ou intérêt commun, que l'on a déjà rencontré ; soit l'intérêt général englobe d'autres composantes, comme l'intérêt public (intérêt de l'autorité administrative elle-même), l'intérêt des générations futures, l'intérêt économique et industriel des grandes entreprises présentes dans un pays, etc. D'immanent, l'intérêt général devient transcendant[111] et dépasse l'intérêt commun d'un groupe donné.

123. Si, à l'origine, c'est l'intérêt commun des usagers d'un service public industriel et commercial qui servait de référent à la relation de service public, les grandes entreprises nationales comme EDF, GDF ou la SNCF se voient assigner des objectifs où l'intérêt commun des usagers n'a plus qu'une place limitée. Il faut relancer l'économie du pays après la guerre, tout en assurant l'approvisionnement en services indispensables, servir la politique économique et industrielle du gouvernement, aménager le territoire, décentraliser, sauvegarder l'environnement[112], etc.

124. Cette notion d'intérêt général transcendant ne peut fonctionner que si elle est affectée d'un postulat aussi fondamental que pervers : ce qui est bien pour le pays est bien pour chaque membre de sa population. Qui plus est, la relation de service public est inversée dans l'opération qui consistait à décharger chaque intérêt individuel de sa charge négative pour définir un intérêt commun. "Le mouvement du subjectif vers l'objectif, c'est-à-dire du besoin vers la satisfaction est inversé : c'est le besoin objectif, comme volonté générale, qui devient un besoin subjectif déterminé, le produit (comme satisfaction) anticipe sur le besoin, le présuppose et le crée"[113], "en donnant ainsi aux individus une représentation sociale de leurs besoins qu'ils prennent pour leur volonté personnelle, l'Etat réalise l'adéquation, que l'individu croit ensuite spontanée, entre son opinion "personnelle" et la volonté générale."[114]

---

[110] Conseil d'Etat, Rapport public pour 1999, *L'intérêt général*, La Documentation française, EDCE, n°50, 1999, p.268.

[111] Les termes d'intérêt général "immanent" et "transcendant" sont empruntés à F. Rangeon, *L'idéologie de l'intérêt général*, Economica, 1986, p.28 et 30, avec toutefois une petite différence, puisque l'intérêt général transcendant pour F. Rangeon est en fait l'intérêt public qui dépasse l'intérêt commun des personnes qui composent une collectivité définie. Voir également une conception plus économique et plus philosophique, Conseil d'Etat, Rapport pour 1999, *L'intérêt général*, préc., p.253 et s.

[112] Selon H. Morsel, *Histoire de l'électricité en France 1946-1987*, ouvrage préc., p.194, le tarif et la stratégie adoptés à EDF "répondent aux intérêts d'EDF, à ceux des clients et aux voeux politiques du gouvernement". La LOTI de 1982, préc., place sur un pied d'égalité le droit au transport, le service public, l'aménagement du territoire, la décentralisation, la sécurité etc.

[113] P. Naville, *Le nouveau Léviathan*, tome II, Editions Anthropos, 1970, p.455 et s.

[114] Ph. Brachet, *L'Etat-patron. Théories et réalités*, Syros, 1973, p.12.

125. Ces théories, uniformisantes au possible, reflètent une perversion du système. Le postulat d'une unicité de l'intérêt général, d'une convergence nécessaire et automatique entre un intérêt public et les intérêts individuels, doit être écarté. N'est-ce pas ce postulat qui, au XIXème siècle, avait engendré de graves difficultés, puisque l'intérêt public se confondait avec l'intérêt des collectivités publiques en tant qu'usager, bénéficiant peut-être au contribuable mais en aucun cas à l'usager ? Et au fond, qu'est-ce que l'intérêt public à part entière ? Est-il réellement légitime ? Les grandes entreprises publiques commettent paradoxalement les mêmes erreurs que les exploitants des services locaux au XIXème siècle, c'est-à-dire ériger en intérêt général l'intérêt de l'Institution publique[115].

126. Le recours à la publicité institutionnelle poursuit un objectif de valorisation de l'image de l'entreprise et la démonstration d'un service public moderne où l'usager individu est oublié, exacerbant un sentiment de malaise. Ainsi, la SNCF, en 1984[116], lance la campagne "Merci le train", mettant en scène un agent SNCF face à un usager satisfait, sur un fond bleu, blanc, et rouge, destinée à promouvoir l'appartenance de la SNCF au patrimoine national[117].

127. La valorisation idéologique de l'Institution s'accompagne d'un détournement des lois de Rolland à son profit. La déviation de l'intérêt commun des usagers en intérêt économique de l'exploitant du service[118] contribue à faciliter le contournement des objectifs initiaux de ces lois, qui s'analysaient comme une charte de droits au profit des usagers. Désormais, le principe d'égalité est utilisé par l'exploitant du service pour créer des discriminations tarifaires au détriment des usagers. Le principe de mutabilité, qui ne donne pas droit à la création d'un service public n'en confère pas non plus pour son maintien[119] et sert ainsi d'alibi à la fermeture de lignes au nom d'une rentabilité minimale du service public. Et que dire du principe de continuité face aux multiples grèves au sein des services publics ?

128. Sur le plan des principes, cette nouvelle construction de l'intérêt général contribue à la substitution de l'anonymat à la standardisation dans la relation de service

---

115 On suit volontiers J. Chevallier pour lequel un intérêt collectif ne va pas toujours dans le même sens que l'intérêt général, "Les droits du consommateur, usager de services publics", *Droit Social* 1975, p.75.

116 La Vie du Rail, 17 mai 1984. Voir également L. Bromberger, "1952-1995 : le retour sur images", *la Vie du Rail* 1er mars 1996, p.16, récapitulant l'ensemble des campagnes SNCF.

117 A la RATP, en 91, le ticket devient l'emblème de l'entreprise dans la campagne "Ticket chic, ticket choc", avec un service public moderne comme toile de fond, visant à démontrer que la RATP est une institution indispensable aux échanges humains. Voir B. Chapelat, A.-L. Masson-Pilet et S. Scemama, *Les spécificités du marketing d'une entreprise de service : l'exemple de la RATP*, Mémoire DESS marketing, Paris I, 1993. A. Mergier, "Bougez avec la Poste, la crédibilité d'une campagne", in *La relation de service dans le secteur public*, Tome 1, ouvrage préc., p.175. P. Cardera, *Histoire de la communication externe à EDF, 1946-1992*, Mémoire DEA histoire économique et sociale, Paris X, 1995, p.62.

118 M.-J. Guédon, "Service public et intérêt économique", in *Sur les services publics*, études coordonnées M.-J. Guédon, Economica, 1982, p.10, dans le même ordre d'idée, J.-F. Lachaume, "L'usager du service public industriel et commercial géré par l'entreprise publique", n° spécial *CJEG*, 1994, p.317. Voir également le rapport du Conseil d'Etat pour 1994, *Service public, services publics : déclin ou renouveau*, EDCE, n°46, 1995, p.32.

119 CE, Section, 27 janvier 1961, Vannier, *Rec* p.60, concl. Kahn ; *AJDA* 1961, p.74, chron. Galabert et Gentot.

public, ce qui, dans les faits, est amplifié par une bureaucratisation croissante des entreprises publiques.

B. La bureaucratisation de l'organisation des services publics nationaux.

129. En premier lieu, il faut savoir que, dans les grandes entreprises nationales, le corps des Ponts et Chaussées est très bien représenté, ce qui a pour effet de faire dévier l'impératif d'excellence et de qualité vers des préoccupations plus techniques que commerciales. "La technique est noble, le commerce ne l'est pas", dit-on à EDF[120]. A la SNCF, alors que l'image technique est plutôt bonne, emblématisée par les prouesses du TGV, l'institution est jugée "administrative, anonyme et froide"[121]. Dans la relation humaine entre l'usager et les agents de l'exploitant, celui-ci est traité avec désinvolture, distance et froideur[122]. Le droit applicable à l'usager, vecteur d'égalitarisme de par sa généralité et son impersonnalité, peut également conduire par son aspect uniformisant ou de standardisation à évacuer toute diversification, supprimant ainsi l'aspect humain de la relation de service[123].

130. En outre, les usagers du service public industriel et commercial sont moins bien protégés que ceux d'une administration classique dont ils ont pourtant à subir les aspects pervers. Ils ne disposent que partiellement de la politique d'amélioration des relations entre l'administration et ses usagers initiée à la fin des années soixante-dix[124], alors qu'ils ne disposent pas non plus des lois du marché (monopole oblige) en guise de sanction[125].

---

[120] H. Morsel, ouvrage préc., p.630 et s. ; idée reprise dans le rapport H. Cuq et D. Bussereau, *Une nouvelle donne pour la SNCF*, Tome I, document AN, 15 juin 94, p.109 : l'attitude trop technicienne de la SNCF est critiquée.

[121] Sondage commandé par la Vie du Rail et publié le 17 mai 1984, où il apparaît que 60 % des Français condamnent le caractère bureaucratique de la SNCF. Voir par exemple le Rapport H. Haenel sur la SNCF, Document Sénat, 1993, JO 3 juin 1993, p.50 : "les mésaventures d'une entreprise publique qui a oublié ses clients."

[122] Rapport H. Cuq et D. Bussereau, préc., tome II, *Auditions*, p.202, audition de J. Sivardière, Président de la FNAUT. Voir aussi un sondage SOFRES de mars 1980, commenté par A. Lancelot, "Le service public industriel et commercial devant l'opinion", in *Le service public industriel et commercial dans la société française aujourd'hui*, préc. p.23.

[123] Voir Ph. Brachet, *L'Etat-patron*, préc., p.158.

[124] On peut citer par exemple le Décret du 28 novembre 1983, concernant l'amélioration des relations entre l'administration et les usagers, JO, 3 décembre 1983.

[125] C. Wiener, "L'usager a-t-il la parole ?", *EDCE* 1991, p.217, "Introduction" in *Les entreprises publiques et l'usager*, préc., p.4 ; F. Hamon, "Les modes de participation des usagers à la gestion de l'entreprise", in *Les entreprises publiques et l'usager*, préc., p.21. Il faut cependant remarquer que l'usager du service public industriel et commercial peut utiliser les procédures des lois du 17 juillet 1978 portant diverses mesures d'amélioration des relations entre l'administration et le public, *BLD* 1978, p.325, du 6 janvier 1978 relative à l'informatique, aux fichiers et aux libertés (JO des 7 et 25 janvier 1978) ou encore saisir le Médiateur de la République.

131. Cette bureaucratisation a engendré une véritable crise de légitimité des entreprises publiques[126], exacerbée par l'échec des politiques de participation des usagers à la gestion de ces mêmes entreprises.

C. L'échec des politiques de participation.

132. La politique de participation des usagers revêt plusieurs aspects. La solution la plus souple consiste à adjoindre aux dirigeants d'entreprises publiques[127], aux organes des collectivités locales ou aux ministres[128], des comités ou conseils d'usagers disposant d'un pouvoir consultatif, afin de les aider dans leurs réformes. Si ces commissions présentent l'avantage de ne pas mêler les intérêts en présence, puisqu'elles pourront faire valoir leur propre point de vue sans être intégrées à un organe public ayant lui-même une position à défendre, il faut constater le peu d'intérêt qu'elles ont suscité. On se souvient de l'échec cuisant des comités d'usagers de 1974 dont les membres étaient désignés par les ministres, leur compétence limitée à des problèmes ponctuels et leur durée de vie réduite à deux ans[129]. La loi du 6 février 1992 et son chapitre sur la participation des citoyens à la vie locale[130] n'a guère produit de résultats concluants pour ce qui est des comités consultatifs d'usagers[131]. Il faut toutefois noter l'utilisation du référendum local en matière d'implantation de services publics locaux[132]. Dans le domaine de la consommation en général, il est à déplorer que le Conseil national de la consommation ne se soit intéressé que tardivement aux services publics[133].

---

[126] J. Chevallier, *Le service public*, préc., p.36 : la légitimation de l'Etat par le service public présente comme inconvénient de "faire dépendre au moins partiellement la légitimité de l'Etat de la réussite des actions qu'il entreprend et de l'efficacité de sa gestion".

[127] Par exemple, dès 1957, sont créés à EDF des Comités régionaux de distribution comportant une représentation des usagers.

[128] Aujourd'hui, on peut citer le Conseil national des transports, créé par la LOTI, préc., ou le Conseil supérieur de l'électricité et du gaz créé en 1946 par la loi de nationalisation préc., ou encore le Conseil national des postes et télécommunications issu de la loi du 2 juillet 1990, préc. (pour un commentaire voir J.-L. Crozafon, "Le Conseil National des postes et télécommunications", *Juris PTT*, n° spécial, 1990, p.62).

[129] Une ordonnance du 24 février 1945 a créé un Conseil national des services publics départementaux et communaux consulté pour l'élaboration des cahiers des charges où aucun représentant des usagers ne siégeait. Voir G. Michel, "Le Conseil national des services publics départementaux et communaux", *EDCE* 1952, p.27.

[130] JO du 8 février et rect. 12 mai 1992. Son article 22 (art. L.2143-2 du CGCT) permet au conseil municipal de créer des comités consultatifs sur tout problème d'intérêt communal, comités pouvant être composés en partie de représentants des usagers et chargés d'établir un rapport annuel communiqué au conseil municipal. L'article 26 (art. L.2143-4 du CGCT) prévoit la création d'une Commission consultative compétente (communes de plus de 3500 habitants) qui doit comprendre "des représentants d'associations d'usagers".

[131] Voir J.-F. Lachaume, "De l'influence de la loi du 6 février 1992 relative à l'Administration territoriale de la République sur les services publics locaux", *RFDA* 1992, p.426. En 1997, un seul comité a été mis en place en Ile de France dans le domaine de l'électricité. Voir également les propositions de M. Long, "La réunion de tous les acteurs de la gestion déléguée au sein de l'Institut de la gestion déléguée", préc. et J.-F. Auby, *La délégation de service public*, Que sais-je ?, PUF, 1995, p.93.

[132] Par exemple à Grenoble en 1983, sur le projet du tramway qui a connu le succès que l'on sait, *La Gazette*, 5 au 18 octobre 1987.

[133] En 1982 seulement, des mesures sont prises par un groupe de travail au sein de ce comité afin d'améliorer les relations entre EDF et ses usagers.

133. Une autre méthode consiste à introduire directement des représentants d'usagers au sein même des entreprises publiques. Les lois de nationalisation de 1946 et 1982 ont pour la plupart organisé une représentation des usagers au sein des organes dirigeants des entreprises publiques[134]. Cette solution souffre d'une crise de la représentation qui affecte la désignation des représentants des usagers. En 1953[135], l'usager est englobé dans la catégorie plus vaste des personnalités compétentes qui sont désignées par le gouvernement, ce qui est déjà singulier en soi, même si des représentants d'associations d'usagers sont fréquemment choisis. Dans tous les cas de figure, compte tenu de leur poids quasi inexistant au sein des conseils d'administration[136], peu importe leur désignation. L'usager est en outre souvent représenté par ses élus locaux. Si ce système a permis par ailleurs aux conseils généraux de lutter contre la fermeture des lignes déficitaires à la SNCF[137], il ne saurait dissimuler l'incompatibilité de principe entre la défense des intérêts des usagers et celle de textes dont les élus sont eux-mêmes les auteurs en tant qu'exploitants ou délégants[138].

134. Un troisième procédé de participation prend la forme d'une concertation avec les associations qui trouve aujourd'hui un regain d'intérêt. Le pionnier en la matière est EDF, qui, dès 1975, entreprend une concertation suivie avec les associations d'usagers. Cette politique a porté ses fruits puisqu'est élaboré quasi-immédiatement un livret de l'usager améliorant la lisibilité des factures ou les modalités de coupure[139]. Dans la plupart des cas, ce type de concertations donne naissance à des conventions entre des associations d'usagers et les entreprises publiques en 1981 pour EDF[140], en 90 à la SNCF[141] et à la Poste[142].

---

134 Par exemple, en 1946, le conseil d'administration d'EDF et de GDF comporte 6 représentants des usagers, à savoir 4 délégués des collectivités locales, un représentant des industries consommatrices et un représentant des associations agricoles, composition modifiée en 1984. Pour la SNCF, il faudra attendre 1982 pour voir apparaître une représentation au sein du conseil d'administration où 5 sièges sont réservés à des personnalités choisies.

135 Décrets des 11 mai et 17 décembre 1953. Cette disposition est maintenue par la loi sur la démocratisation du secteur public du 26 juillet 1983 (*ALD* 1983, p.412), pour un commentaire voir A. Jeammaud, "La démocratisation du secteur public", *AJDA* 1983, p.563.

136 Actuellement, 1 à EDF, 1 à la SNCF, 2 à la RATP, 2 à GDF depuis 1989, 1 à La Poste et France Télécom depuis 1990.

137 M. Sapin, *La place et le rôle des usagers dans les services publics*, Rapport précité, p.63. Voir également P. Emaer, "Aspirations et exigences des utilisateurs", in P. Bauby et J.-C. Boual, *Les services publics au défi de l'Europe*, Editions Ouvrières, 1993, p.49 et J. Pelissier, "La SNCF", in *Le service public industriel et commercial dans la société française aujourd'hui*, préc., p.16.

138 P. Emaer, "Consommateurs et services publics", in P. Bauby et J.-C. Boual, *Pour une citoyenneté européenne: quels services publics ?*, préc., p.313.

139 Les réclamations ont diminué de 25 % à la suite de l'édiction de ce livret en 1976.

140 Convention du 2 juillet 81 conclue avec 9 associations de consommateurs et d'usagers.

141 Accord du 27 juin 1990.

142 Aux PTT, des expériences de consultation avaient été menées depuis 1982 avec la création d'un Haut comité de communication. A la RATP, des contacts avaient été pris avec les associations dès 1958 mais elles ne sont institutionnalisées qu'à partir des années quatre-vingt.

135. La représentativité des associations d'usagers est elle-même critiquée et cela est plus grave. Celles-ci tiennent à leur indépendance, refusent la récupération et s'érigent en groupes de pression plus qu'en partenaire[143]. Les entreprise publiques, quant à elles, réfutent la légitimité des associations, afin de ne pas donner suite à leurs revendications[144]. Les décisions sont prises avant même la concertation et les intérêts des salariés sont fréquemment mis en opposition avec ceux des usagers par les dirigeants[145]. Mais ne seraient-ce pas les fondements mêmes de la politique de participation qui sont faussés ? L'information, la consultation, la concertation ou le partenariat[146] avec les usagers procédaient d'une volonté de légitimation de l'action publique, mais si "l'usager est intégré comme coproducteur, il est neutralisé et perd sa compétence spécifique d'usager, c'est à dire pouvoir porter un jugement"[147].

136. Psychologiquement, l'usager est considéré comme un administré. C'est la conception même de l'intérêt général qui engendre cette évolution. A partir du moment où l'intérêt prédominant recouvre une multiplicité d'intérêts (public, de la Nation, des génération futures, de l'économie du pays, etc.), il est naturel de réduire la considération que l'on porte à l'individu, qui devient tout à fait légitimement une quantité négligeable.

137. L'opération de traduction de l'intérêt général est elle-même en crise puisqu'elle nécessite l'intervention des destinataires des réglementations. Non seulement, tout se passe comme si l'on ne faisait plus confiance aux autorités publiques, mais la participation des usagers eux-mêmes est aussi remise en question.

---

143 M. Sapin, rapport préc. p.71.

144 L. Chenkier, "Les rapports entre les entreprises publiques et les usagers", in *L'évolution des rapports entre l'administration et les usagers*, sous la direction de C. Wiener, Economica, 1987, p.87.

145 P. Emaer, "Consommateurs et services publics", préc., p.326.

146 Sur la distinction entre ces termes, voir Ph. Brachet, *Le partenariat de service public avec usagers, élus, professionnels*, L'Harmattan, 1994, p.7 : la consultation ne vise qu'à une demande d'avis, la concertation aboutit à une prise en compte de cet avis alors que le partenariat institutionnalise la pratique.

147 J.-T. Godbout, "Coproduction et représentation de l'usager", in M. Chauvière et J.-T. Godbout, *Les usagers entre marché et citoyenneté*, ouvrage préc., p.291. Sur cette idée d'un usager-coproducteur, voir L. Rouban, "Droits des usagers et coproduction de services publics" et J.-T. Godbout, "Les ambiguïtés de la notion de co-production", in *La relation de service dans le secteur public*, actes du colloque RATP, Plan Urbain, DRI, tome 5, 1992.

CONCLUSION DU CHAPITRE I

138. Les transformations de la notion d'usager sont intimement liées à l'affrontement des intérêts individuels et de l'intérêt général, quelle que soit la définition que l'on retient de ce terme. Le mouvement de balancier amorcé penche en faveur de la primauté d'un intérêt général conçu en termes différents au cours du temps. Pour s'affranchir de l'intérêt public, l'intérêt général s'est d'abord construit comme l'intérêt de la communauté des usagers. Mais en même temps, l'usager individu y est standardisé, car c'est l'unique façon de traduire la somme des intérêts individuels de chacun qui, considérés à l'état brut, divergent forcément dans la réalité.

139. Les spécificités de la relation de service public en France conduisent à une première ébauche des contours de la notion d'usager, appréhendée à partir d'une relation de double échange fondée sur les postulats d'uniformisation, d'interdépendance et de légitimité. Si le postulat de légitimité implique que l'électeur est une facette importante de l'usager des services publics locaux, le postulat d'interdépendance conçu au sein du cercle restreint du service public permet de différencier l'usager du contribuable.

140. Les fluctuations de la notion d'intérêt général commandent les réajustements de celle d'usager. L'usager se transforme en administré, au sens subjectif du terme, parce que la représentation d'un intérêt général aux allures d'alibi favorise une telle mutation. Un tel système ne peut subsister longtemps face aux mutations de la société, tournée à partir des années soixante vers la mise en avant des valeurs individualistes.

- CHAPITRE II -
LA REDECOUVERTE DES INTERETS INDIVIDUELS

141. De nouvelles tensions commandent le réajustement de la notion d'usager sur les valeurs d'une société en pleine mutation. A partir des années soixante et soixante dix, une vague d'individualisme touche la société française ; le destinataire d'une mesure juridique veut être "sujet" et non plus "objet". Face à la bureaucratisation croissante des entreprises publiques monopolistiques, l'usager veut être traité comme une personne à part entière. Le droit lui-même n'est pas en reste dans cette transformation, puisque la règle de droit se doit d'être acceptée par son destinataire, négociée avec lui, là où auparavant la puissance publique réglementait unilatéralement. Les entreprises publiques, et même les collectivités locales, découvrent les politiques commerciales et l'impératif d'efficience. C'est le modèle privé de gestion qui est mis en avant et son souci de rentabilité économique.

142. La notion d'usager est recalibrée sur ces nouveaux impératifs. La légitimité de la primauté des intérêt individuels sur un intérêt général tant critiqué inverse le mouvement de balancier entamé précédemment. Partant, il n'est pas rare de qualifier l'usager de client ou de consommateur, figures emblématiques de ce nouvel état d'esprit.

143. Cependant, la notion d'usager dégagée et les caractéristiques de la relation de service public en France ont-elles à ce point évolué pour pouvoir dire que l'usager est devenu un client (Section I), puis un consommateur (Section II) ?

- *SECTION I* -
De l'usager au client :
les tentatives d'individualisation de la relation de service

144. Certains facteurs s'inscrivant dans la vague d'individualisme des années soixante et soixante-dix contribuent *a priori* à la transformation de l'usager en client (§1). Cependant, si l'on y regarde de plus près, la mutation de l'usager en client peut-elle vaincre la résistance des fondements de la relation de service public telle qu'elle a été forgée dans les années trente (§2) ?

§ 1. Vers une relation de service individualisée et subjective.

145. A partir des années soixante, et plus encore au cours des trois dernières décennies du XXème siècle, le caractère industriel et commercial d'un service l'emporte sur sa dimension publique. Deux niveaux sont à distinguer dans la relation qu'entretient l'usager avec le service public. D'une part, l'usager entre en contact avec les agents de l'exploitant (politique d'accueil au guichet, au téléphone, politique de communication de l'entreprise, etc.) dans un rapport purement commercial que l'on nommera relation de service ou relation commerciale. D'autre part, la notion d'usager, empreinte de standardisation, se caractérisait par une relation de double échange d'une part, entre les membres de la collectivité des usagers et d'autre part, entre les usagers et l'autorité publique chargée de veiller au bon fonctionnement du service : c'est ce qu'on a appelé la relation de service public.

146. Pourquoi ne pas considérer l'usager comme un client puisque celui-ci réclame la personnification de la relation commerciale qui le lie à l'exploitant ? (A). Face à la politique du client-roi affectant les contacts entre l'usager et les agents de l'exploitant, le dogme de l'individualisme touche-t-il également la relation de service public et, par conséquent, la notion d'usager ? (B).

A. La définition d'une relation clientéliste moderne.

147. Les évolutions générales de la société, qui avaient fortement influencé les origines de l'histoire de l'usager, contribuent désormais à développer un consumérisme individuel. Elles constituent les fondements d'une relation clientéliste (1°) personnifiée (2°).

1°) La mise en place des fondements d'une relation clientéliste.

148. Face à l'échec des méthodes de gestion publique, le management privé fait figure de modèle idéal[1]. Reposant sur le postulat d'une satisfaction automatique du client, il séduit les entreprises publiques, qui doivent par ailleurs faire face à de lourds déficits en plus d'une critique quasi-unanime des usagers. L'entreprise privée apparaît, elle, comme condamnée à la réussite, au meilleur rapport qualité-prix pour des clients qui n'hésiteront pas à faire appel à la concurrence en cas d'insatisfaction. Le rapport Nora, d'avril 1967[2], modèle du tournant commercial des entreprises publiques, relayé par les contrats de plan conclus entre l'Etat et les grandes entreprises publiques[3], leur assigne un objectif de rentabilité, d'efficacité économique et de qualité centré autour du client[4]. L'apologie du management privé touche tous les services publics industriels et commerciaux exploités au niveau national par de grands groupes publics[5], mais aussi les services locaux pour lesquels le discours managérial qui est de mise assimile la ville à une véritable entreprise[6].

149. Le tournant commercial des entreprises publiques chargées de services publics industriels et commerciaux s'accompagne d'une évolution de la demande. Une fois que l'usager bénéficie du service de base grâce à la desserte totale du territoire par les réseaux, plusieurs facteurs entrent en jeu. D'une part, la consommation, saturée, pousse l'exploitant à mener une politique commerciale offensive vers de nouveaux marchés. Cela se traduit par la création, au sein même de l'entreprise, de structures chargées des relations commerciales[7]. D'autre part, l'utilisateur du service manifeste ses aspirations en amont et en aval de ces évolutions. En amont du tournant commercial, d'abord, car la prestation, autrefois considérée comme un luxe, représente désormais le minimum de confort d'une classe moyenne dotée d'un véritable pouvoir d'achat. La demande s'oriente ensuite vers des produits à valeur ajoutée, des services spécifiques et plus personnalisés[8], en relation

---

[1] Voir J. Chevallier et D. Loschak, "Rationalité juridique et managériale dans l'administration", préc., p.678, qui soulignent la substitution d'une rationalité managériale (l'administration devient un vecteur de mutation sociale selon un principe d'efficacité) à une rationalité juridique (l'intérêt général est synonyme de neutralité, de constance, de légalité, de conformité à un droit stable ou encore de conservatisme).

[2] *Rapport sur les entreprises publiques*, Documentation Française, 1968.

[3] Les contrats de programme (1969-1973), les contrats d'entreprise (1976-1981), les contrats de plan (depuis 1983) ou plus récemment les contrats d'entreprise, conclus entre l'Etat et les grandes entreprises publiques engagent une réduction des déficits, prévoient les modalités de participation des entreprises à la politique économique générale. Ils préconisent des objectifs commerciaux et le cas échéant de service public, relayé au second plan. Par exemple, le contrat de plan de la Poste 1995-1997 : "la Poste place la satisfaction des clientèles au premier rang de ses critères de performance".

[4] C. Stoffaës, *Services publics, question d'avenir*, préc., p.27 et p.42.

[5] Pour les postes et télécommunications, voir J.-P. Lukaszewich, "Service public administratif ou entreprise commerciale : la difficile mutation des postes et télécommunications", *AJDA* 1975, p.52. Pour les transports, D. Broussolle, "La réforme de la SNCF", *AJDA* 1984, p.385 ; S. Decreton, "Le service public à l'épreuve de la tarification, l'exemple de la SNCF", *RA* 1995, p.642. Pour l'énergie, H. Morsel, ouvrage préc., p.630 et s.

[6] J. Brener, responsable du département "marketing public" à Havas, contribution au numéro spécial de "L'élu local" en 1987, Supplément au n° 160 de la revue du MNEL, 1er trimestre 1987, p.131.

[7] Pour les télécommunications, des agences commerciales ont été créées en 1972. Pour la SNCF, une nouvelle direction est mise en place en 1983, succédant au département marketing, lui-même créé en 1970.

[8] Au sujet du téléphone, R. Chapelard, "L'usager du téléphone", *RDP* 1984, p.1599.

avec la poussée d'un "consumérisme individuel et d'un consumérisme d'entreprise"[9]. En aval ensuite, car l'idéologie de l'efficacité, se substituant au discours social qui accompagnait la première phase de l'histoire de l'usager, érige la qualité de la fourniture en nouveau référent de la relation de service.

150. L'homme se veut individu, l'usager se désire personnifié. En plus de constituer un phénomène de société, l'individualisme pénètre le droit à travers une sorte d'humanisme juridique. Les principes de négociation de la norme, de contractualisation des relations antérieurement hiérarchiques et unilatérales fondent un nouvel ordre juridique et social, en vertu duquel on ne tire de véritables droits protecteurs que de relations bilatérales, créatrices d'un lien privilégié. Les obligations sont négociées, écrites, pour n'en être que mieux appliquées sous l'égide du critère de la bonne foi. La doctrine de la première moitié du XXème siècle avait réalisé un excellent travail de standardisation des relations entre l'usager et l'exploitant du service à travers l'apologie d'un droit égalisateur. Les juristes de la fin du XXème siècle ne sont pas en reste dans ce travail de confortation[10] : l'usager devrait acquérir des droits subjectifs identiques à ceux du client par la contractualisation des rapports entre l'administration et le bénéficiaire du service[11]. Ainsi, la controverse doctrinale relative au statut a une influence directe sur les réajustements de la notion d'usager.

2°) La personnification de la relation commerciale.

151. La politique d'amélioration de la relation commerciale se traduit par l'utilisation d'un vocabulaire empreint de démagogie et visant à faire du "client" le centre des préoccupations. Dans les cahiers des charges des entreprises publiques le terme "usager" désigne la masse des usagers lorsqu'il est question des principes du service public. Celui de "client" sert à personnifier le lien avec l'exploitant, lorsque les impératifs de qualité de la prestation sont en cause[12]. Les dirigeants d'entreprises publiques adoptent eux-mêmes cette politique du client-roi, à l'instar de M. Le Floch Prigent[13] qui affectionne particulièrement ce type de discours : "le client doit devenir la raison d'être de l'entreprise", "il faut traiter les gens comme des clients, j'ai enlevé le mot usager de mon vocabulaire" et tel le Général de Gaulle s'adressant aux insurgés d'Alger, il assène l'argument final, "Je vous ai compris" ![14]

---

[9] C. Stoffaës, *Services publics, question d'avenir*, préc., p.135.

[10] A.-S. Mescheriakoff, *Droit des services publics*, préc., p.269.

[11] On peut également noter l'importance du contrat pour les usagers des postes et télécommunications, à partir de 1990, selon F. Braize, "Les relations des exploitants publics avec les usagers", préc. Voir L. Denis, "La distribution du téléphone : malaise de l'usager", *Télécommunications* n°45, octobre 1982, p.12 et J.-F. Berry, "Usager ou consommateur ?", *Revue française des télécommunications* janvier 1982, p.18.

[12] A titre d'exemple, on peut citer les modèles de cahiers des charges de 1992 et 1994 pour la distribution de gaz et d'électricité, où l'on peut lire : "il (l'exploitant) personnalisera ces services."

[13] Président de la SNCF en 1996, propos tenus à Tours en juin 1996, extraits de presse juin 96, document SNCF.

[14] A EDF, l'usager cède la place au "client", évoquant une personne individualisée, respectée, dont les plaintes et réclamations sont *a priori* justifiées, et qu'il faut renseigner au mieux de ses intérêts et non de ceux d'EDF, H. Morsel, ouvrage préc., p.653.

152. La personnification de la relation commerciale passe aussi par une amélioration de la politique d'accueil aux guichets et de l'information des usagers. Cette mutation se traduit dans les faits par le recours aux techniques de marketing qui devient le référent obligé de tout exploitant de service public industriel et commercial[15]. La méthode serait infaillible puisqu'au lieu d'adapter la demande à l'offre, défaut dont souffre toute entreprise monopolistique, elle anticipe sur la demande de satisfaction de ses désirs et vise à découvrir les besoins et les impératifs d'une clientèle ciblée afin de mieux les satisfaire. Procédant d'une segmentation du marché, le marketing accompagne les évolutions de la société dans l'expression de besoins plus diversifiés. La mise en oeuvre des techniques du marketing privé passe également par une bonne connaissance des motifs d'insatisfaction de la clientèle, facilitée par de fréquents sondages fondés sur des indicateurs de qualité définis préalablement[16].

153. Les exploitants de services publics s'engagent par ailleurs dans des "Chartes de qualité" adressées à leurs clients. Véritables dérivés de la contractualisation de la relation de service, les mesures prises sont portées à la connaissance de l'usager comme un objectif à atteindre, une sorte de plan pluriannuel entre l'entreprise et le client[17]. Celui-ci n'est plus traité comme une personne anonyme noyée dans la masse de ses congénères, mais comme un individu dont les désirs personnels sont à prendre en compte. Succédant à la publicité institutionnelle, les campagnes d'information sur les services publics industriels et commerciaux prennent l'allure de véritables publicités commerciales destinées non pas à conquérir de nouvelles parts de marché, puisque la situation monopolistique de certaines entreprises publiques ou privées les rendrait inutiles ou presque, mais à faire la démonstration d'un service de qualité. Là encore, les slogans procèdent d'une volonté de contractualiser et d'individualiser le lien avec l'usager. "*Nous vous* devons plus que la lumière", "Toute *notre* énergie est pour *vous*", "A *nous* de *vous* faire préférer le train" affirment respectivement EDF, GDF et la SNCF.

154. Les exploitants privés de services publics industriels et commerciaux, depuis quelques années, se sont également lancés dans des actions de rapprochement avec la clientèle. L'objectif n'est assurément pas de conquérir de nouvelles parts de marché, puisque ce ne sont pas les usagers qui décident du choix du délégataire, mais d'opérer la démonstration d'un recentrage des préoccupations sur le client, longtemps ignoré au profit des élus locaux. On pourrait même penser que le discours tenu autour de la reconstruction d'une légitimité de la gestion déléguée, fait autant appel aux valeurs fondamentales du service public qu'à des procédés commerciaux[18].

---

15 Fleurissent une série de guides appliquant les méthodes du marketing aux entreprises publiques nationales, ainsi qu'aux services locaux. Par exemple, B. de Quaterbarbes, *Usagers ou clients ? Marketing et qualité dans les services publics*, Les Editions d'Organisation, 1996 ; R. Laufer et A. Burlaud, *Management public*, Dalloz, 1980.

16 Pour une analyse, voir L. Chenkier, "Les rapports entre les entreprises publiques et les usagers", in *L'évolution des rapports entre l'administration et les usagers*, préc.

17 La SNCF s'illustre particulièrement dans la production de ces chartes. P. Bruneau, "L'évolution de la politique commerciale des TGV de 1981 à 1996", *RGCF* nov-déc. 1996, p.99. Aux PTT, on citera le contrat "Accueil plus" de 1987. De même à EDF, des engagements sont pris dès 1986.

18 La société Lyonnaise des eaux s'est lancée en 1996 dans un processus d'amélioration de ses relations avec la clientèle.

155. Preuve est faite d'une volonté certaine d'améliorer en surface les relations entre l'usager et l'exploitant du service public industriel et commercial. Mais cela ne touche que la relation commerciale, le niveau du discours entourant l'usager. Les fondements rationnels de la relation de service public en sont-ils pour autant ébranlés ?

B. La redéfinition de la notion d'usager.

156. La vague d'individualisme touche la notion d'usager elle-même jusque dans ses fondements, puisque la relation de service public elle-même est affectée (1°). Cette mutation conduit naturellement à la consécration d'une nouvelle génération de principes du service public, touchant l'usager dans sa singularité (2°).

1°) L'individualisation de la relation de service public.

157. La relation de service public a été définie à partir des concepts de standardisation et d'interdépendance qui ont influencé l'interprétation des principes d'égalité, de continuité et de mutabilité du service. Ces principes sont-ils revisités par une certaine individualisation de la notion d'usager ?

158. L'imbrication des participations de l'usager et du contribuable dans le financement de certains services publics, fondée sur le compromis social issu de la seconde guerre mondiale, se doit d'être réduite aux prestations minimales. Le coût de l'interdépendance est critiqué à travers l'augmentation des impôts[19], critique amplifiée par les effets du débat sur la vérité des prix dans les années soixante. L'interdépendance financière qui caractérisait la relation de service public est touchée à un double niveau. D'une part, les prix payés par les usagers tendent à se rapprocher des coûts de revient, ce qui contribue à financer un service par son prix et non plus par l'impôt[20]. La fonction de redistribution, réduite au minimum, passe par d'autres échanges. On préfère créer des fonds de précarité destinés à aider les usagers dans le besoin, alimentés en partie par les exploitants des services et confiés à des services sociaux, plutôt que de maintenir un tarif bas compensé par les budgets des collectivités publiques. D'autre part, la péréquation géographique est elle-même remise en cause, à l'instar de la modulation temporelle des tarifs du TGV[21]. Ainsi, d'une péréquation géographique ou entre catégories d'usagers, on

---

[19] J. Fournier, Président de la SNCF en 1993, *Le train, l'Europe et le service public*, Editions O. Jacob, 1993, p.195. Voir également P. Reverdy, "La RATP : relever le défi", Administration n°138, janvier 1988, p.82, qui déplore la sous-tarification à la RATP, source de pression fiscale ; C. Stoffaës, *Services publics, question d'avenir*, préc., p.137.

[20] Pour ce qui est du téléphone, la pression de la concurrence pousse tous les exploitants à rapprocher leur structure tarifaire des coûts réels, ce qui conduit à baisser le prix des appels téléphoniques à longue distance ,tout en augmentant le prix de l'abonnement et celui des appels locaux, C. Pautrat et P. Perrot, "Tarifs : réduire le poids des distances", *Revue France Télécom* n°80, avril 1992, p.45 ; voir également G. Pannetier, "Poste, télécommunications. La nouvelle géographie tarifaire des télécommunications : un point final aux disparités géographiques ?", *RA* 1993, p.470.

[21] Voir le cahier des charges de la SNCF de 1971 (décret du 23 décembre 1971, JO du 24 décembre) qui l'oblige à atteindre un équilibre financier dans chacune de ses activités et l'avis du Conseil d'Etat du 24 juin 1993, sur les tarifs du TGV Nord, *EDCE* 1994, p.338.

passe au prix calculé en fonction du coût de revient d'une prestation donnée (neutralité tarifaire), puis au prix déterminé en fonction de l'utilité de la prestation ou de la somme que le client est prêt à payer pour en bénéficier[22]. L'usager se définit donc aujourd'hui comme *un "client solvable*"[23] !

159. La diversification des prestations de service semble remettre en cause le principe d'égalité par la multiplication des catégories d'usagers[24]. Le rapport du Conseil d'Etat pour 1994[25] va plus loin puisqu'il propose une prise en compte du droit à la différence en faveur des usagers. Ce concept ne pourrait se traduire qu'individuellement, puisqu'en raison de ses propres particularités l'usager réclamerait un traitement spécial. Le principe d'égalité est encore battu en brèche par la possibilité de négocier de gré à gré des contrats particuliers pour les gros clients réclamant une offre globale de services plus personnalisés, d'une qualité bien supérieure à celle offerte aux clients domestiques[26].

160. Dans l'appréhension même du principe de continuité, une évolution vers une personnalisation de la relation de service public se fait également pressentir. Il n'est plus question à l'heure actuelle d'invoquer la continuité essentielle à la vie nationale pour justifier un service minimum en cas de grève. N'a-t-on pas remplacé cette notion par une obligation individuelle de "précaution" contre les risques inhérents à la fourniture des services publics ? Par exemple, en cas de grève d'EDF, l'usager dont le commerce ou l'industrie nécessite de l'électricité en permanence doit se procurer un groupe électrogène. Le rapport du Conseil d'Etat pour 1994[27], devant la barrière idéologique que fait peser le personnel des entreprises publiques sur l'idée d'un service minimum, opte pour une solution détournée qui consisterait à assouplir les conditions de responsabilité de l'exploitant en cas de grève, de façon à ce que l'usager obtienne plus facilement l'indemnisation d'au moins une partie de son préjudice. Pour pallier les carences du principe de continuité, alors même que l'idéologie d'interdépendance qui lui servait de fondement ne suffit plus à en assurer l'application satisfaisante, il conviendrait de créer un lien plus individuel entre l'exploitant et l'usager, faisant intervenir un principe de responsabilité rénové. La continuité du service serait assurée par une coopération des parties au contrat (usager et exploitant), chacune astreinte à une obligation de diligence dans l'exécution du contrat.

---

22 Ce qui est le propre d'une modulation temporelle des services utilisée à EDF, France Télécom et enfin à la SNCF.

23 Entretien entre monsieur Tanguy Pouliqnen et monsieur Fève, délégué régional de la SNCF le 23/4/92, cité par Ph. Brachet, *Le partenariat de service public avec usagers, élus, professionnels*, préc., p.60.

24 C. Barbier, "L'usager est-il devenu le client du service public ?", préc., et Ph. Brachet, *Le partenariat de service public avec usagers, élus, professionnels*, préc., p.60.

25 Préc., p.74.

26 A titre d'exemple, le cahier des charges de la SNCF de 1971, préc., permet de négocier plus facilement des contrats particuliers. Pour de tels contrats, l'obligation d'accorder les même avantages à des clients placés dans la même situation est supprimée. A partir de 1992, les "Contrats émeraude" liant les industriels avec EDF reflètent une véritable avancée dans les droits des usagers mais malheureusement, aucun système similaire n'est prévu pour les usagers domestiques.

27 Préc. p.79.

161. Enfin, le principe d'adaptation constante est lui aussi interprété sous un éclairage plus individuel. En effet, la diversification quasi-obligatoire des services ne reflète-t-elle pas l'adaptation de services publics aux besoins individuels des usagers, plus qu'aux évolutions générales de la société[28] ? Il ne s'agit plus, *via* le principe de mutabilité, d'exiger d'un concessionnaire du service public de l'éclairage qu'il procède à la transformation de ses installations dans le but de substituer d'une manière générale l'électricité au gaz, par exemple. L'exploitant doit s'adapter à toute demande particulière, aux désirs et besoins individuels des usagers, ce qui est différent.

162. La légitimité, perçue comme récompense de l'action des exploitants des services publics industriels et commerciaux, subit également une remise en cause. La légitimité de l'action publique reposait en réalité sur un principe de confiance entre les usagers et les exploitants des services publics, qui conférait à ces derniers une marge d'action unilatérale. A la fin du XXème siècle, la conception du droit se modifie. Les règles de droit se doivent d'être négociées avec leurs destinataires dans le but d'être mieux acceptées et appliquées par la suite. Le mercantilisme touche aussi l'unilatéralité du droit, preuve évidente d'une rupture de confiance entre l'auteur de la règle et ses destinataires. En matière de service public industriel et commercial, en plus de la mise en avant croissante de l'aspect contractuel de la situation de l'usager qui permet d'individualiser le lien avec l'exploitant, le statut réglementaire lui-même est parfois négocié, à l'instar des conventions collectives du salariat privé[29]. Ces négociations collectives, à l'état embryonnaire, sont de plus en plus réclamées par les différents acteurs, au nom d'un principe de partenariat ou de co-production du service par l'usager[30]. On voit une sorte d'automaticité entre la satisfaction du client-usager et la commercialité du service par la mise en place d'un usager-régulateur de la relation de service, à l'instar de la relation commerciale[31] .

163. A cette conception plus individualiste des principes traditionnels de la relation de service public, il faut associer l'avènement de nouveaux principes qui font appel eux aussi à un usager considéré dans sa singularité.

---

28 Par exemple chez EDF GDF, des contrats différents sont conclus selon le type de clientèle. Pour les usagers domestiques, l'accent est mis sur le service ; pour les industriels, sur la continuité de la fourniture.

29 EDF et GDF sont précurseurs dans ce domaine. Non seulement la concertation a été poussée à son maximum pour l'édiction des nouveaux cahiers des charges, puisque tous les intérêts en présence ont été consultés ; mais qui plus est, le contrat Emeraude résulte d'un accord entre EDF et les associations d'industriels (voir à ce sujet, P. Sablière, "De nouvelles relations contractuelles pour la fourniture de l'électricité aux clients industriels : le protocole EDF-CNPF-CGPME du 5 février 1992", *CJEG* 1992, dossier, p.1435). La loi du 2 juillet 1990 sur les télécommunications, préc., a été précédée d'un débat public qui a donné lieu au rapport H. Prévot, *L'avenir du service public de la poste et des télécommunications*, La Documentation française, 1989. Dans une moindre mesure, la Lyonnaise des eaux a "négocié" une nouvelle facture-contrat en 1996 avec 400 consommateurs.

30 G. Koubi, "Le principe de neutralité des services publics, un principe corollaire à la modernisation de l'Etat ?", *RA* 1993, p.9 ; J.-F. Lachaume, "L'usager du service public industriel et commercial géré par l'entreprise publique", préc.

31 Pour l'idée d'un usager régulateur, voir M. Crozier, "Une nouvelle forme de régulation de l'offre : la régulation par le client dans les services publics en Europe", Fondation Europe et Société, Cahiers n°9-10, 1988, p.35. ; Rapport du Conseil d'Etat pour 1994, préc., p.87.

2°) Une nouvelle génération de principes du service public.

164. Le 18 mars 1992 est adoptée une Charte des services publics, en tant que sous-produit de la politique de renouveau des services publics. Elle réunit à la fois des "principes fondamentaux" et des "principes d'action" qui font apparaître, à côté des principes traditionnels (égalité, continuité et adaptation) une demi-douzaine d'autres principes. On y retrouve l'obligation de neutralité, de transparence, de responsabilité, de simplicité et d'accessibilité, de confiance, de participation et de fiabilité[32].

165. Ces nouveaux principes sont d'inspiration plus individualiste que les précédents, ce qui n'est pas étonnant. En effet, la personnalisation des relations ne touche pas uniquement l'usager en surface, mais également en profondeur. L'accessibilité, la transparence, la responsabilité et la simplicité peuvent se concevoir bilatéralement. Le principe de responsabilité vient mettre en oeuvre celui de continuité, alors que l'impératif de participation pourrait restaurer la légitimité de l'action publique. Ces principes touchent à la fois la relation commerciale et la relation de service public puisque les impératifs de qualité et d'efficacité, par exemple, n'appartiennent pas exclusivement au domaine commercial, mais deviennent les nouveaux objectifs du droit lui-même[33]. Cela explique pourquoi ils atteignent la relation de service public également en profondeur, car il ne s'agit plus d'afficher une démagogie *commerciale* mais d'envisager la conception *juridique* de l'usager sous un angle nouveau.

166. Face à ces multiples remises en cause des éléments constitutifs de la notion d'usager, une certaine résistance s'est organisée, visant à restaurer le cadre objectif de la relation de service public, voire à redéfinir l'usager sur de nouveaux fondements.

§ 2. Les résistances du cadre objectif.

167. Face aux poussées clientélistes, le discours relatif à l'usager a mis en avant le réel attachement aux principes du service public (A). La notion d'usager ne saurait céder le pas à celle de client, mais subit un réajustement calqué sur les évolutions de la société (B).

A. L'attachement aux principes du service public.

168. M. Stoffaës remarque à juste titre qu'il "n'y a pas de consensus pour reconnaître dans l'utilisateur des services publics un client"[34]. La résistance de la relation de service public s'organise autour de deux axes. D'une part, la combinaison d'objectifs

---

[32] *EDCE* 1994, p.69 pour l'exposé en détail de ces nouveaux principes et M. Long, "Service public, services publics: déclin ou renouveau ?", *RFDA* 1995, p.497.

[33] A. Jeammaud, "La démocratisation du secteur public", préc., p.592.

[34] *Services publics, question d'avenir*, préc., p.72. Voir également J.-P. Bizeau, "Usagers ou clients du service public ? Le discours de l'administration", *RA* 1997, p.209.

commerciaux avec les principes du service public, dans une tentative de recherche d'un compromis acceptable s'est soldée par un échec, n'ayant d'égal que l'impossibilité de concilier les notions d'usager et de client. D'autre part, face aux politiques de commercialisation, les usagers et la doctrine ont réclamé un retour aux sources du service public et ont manifesté un véritable attachement à la cohésion sociale. Si l'usager se reconnaît dans un discours empreint d'un vocabulaire économique, amalgamant efficacité et rentabilité, le citoyen demeure attaché aux valeurs du service public[35].

169. Les lois organisant les grands services publics, les cahiers des charges des exploitants ou les contrats de plan liant l'Etat aux grandes entreprises publiques ont été l'objet d'une certaine incohérence. En effet, si les impératifs commerciaux sont présents, favorisant l'individualisation des relations avec les usagers, assignant des objectifs de qualité de la prestation aux exploitants, ils ne peuvent totalement exclure les principes du service public. La péréquation tarifaire côtoie ainsi la modulation temporelle des tarifs, la personnalisation des services demeure encadrée par la règle de l'égalité de traitement et les impératifs de solidarité sociale accompagnent l'objectif de performance économique[36]. L'intériorisation d'objectifs divergents au sein d'une même structure conduit à résoudre une multitude de conflits au coup par coup[37], et à déplacer la cause du problème sans le résoudre pour autant.

170. Les années 1990 marquent une sorte d'Union Sacrée pour la défense du service public[38]. Les fondements de la relation de service sont mis en avant, comme s'il fallait en préserver un minimum irréductible. La politique commerciale des grandes entreprises publiques est accusée de confondre la performance (exigence de qualité de la fourniture) avec la compétitivité issue d'une logique marchande. Les extrêmes se côtoient puisque la recherche de rentabilité à tout prix succède à l'indifférence au profit. L'efficience économique est engagée à céder le pas à l'efficacité sociale à une époque où les services

---

35 F. Dufay, "Les services publics au banc d'essai", *Le Point* 11 janvier 1992, p.27 : "persuadées que l'important c'est de communiquer, certaines entreprises publiques ont en effet fini par oublier qu'avant de séduire l'usager il fallait le servir."

36 Ainsi la LOTI du 30 décembre 1982, préc. dans ses articles 1, 14 et son chapitre I sur la SNCF, prévoit une sorte d'arbitrage au coup par coup entre les impératifs d'unité nationale, de développement social et de rentabilité de l'entreprise SNCF. Le contrat de plan de 1990-1994 maintient la péréquation géographique, tout en admettant les modulations temporelles des tarifs. Dans le domaine du gaz, le cahier des charges de 1994 dispose dans son article 7 : "dans le respect de la règle de l'égalité de traitement, il (GDF) personnalisera ces services." Le contrat de Plan d'EDF de 1993-1996 procède du même esprit, puisque la péréquation et l'égalité sont réaffirmées mais il faut respecter la vérité des coûts et la diversité des besoins de la clientèle. Le contrat de Plan 1997-2000, *CJEG* 1997, p.252, va encore plus loin : "les clients souhaitent une relation et des services plus personnalisés", alors que les "citoyens expriment de nouvelles attentes envers (...) les services publics" ; la mission de service public est réaffirmée, alors que l'intérêt général englobe la compétitivité des entreprises et la modernisation du pays.

37 La fermeture des lignes déficitaires en est un bon exemple.

38 Le protocole d'accord entre la SNCF et les associations d'usagers, de 1990, dispose que "les partenaires réaffirment leur attachement aux missions de service public de la SNCF". Voir également L. Rouban, "Droits des usagers et coproduction de services publics", colloque RATP, Plan Urbain, DRI, Tome 5, 1992 ; S. Regour, "Service public et productivité. L'usager face au produit", préc. ; G. Johanet, "Morale et service public", *RA* 1995, p.468 ; S. Decreton, "Le service public à l'épreuve de la tarification, l'exemple de la SNCF", préc.; C. Barbier, "L'usager est-il devenu le client du service public ?", préc. ; G. Koubi, "Le principe de neutralité des services publics, un principe corollaire à la modernisation de l'Etat", préc.

publics laissent pour compte les plus démunis. La cohésion sociale et l'aménagement du territoire sont ressentis comme autant de valeurs du service public sacrifiées sur l'autel de la rentabilité.

171. Face à cette perte d'identité du service public, et à travers la valorisation de son éthique, ce sont les composantes de la relation de double échange que ce discours veut préserver.

172. La standardisation qui caractérise la notion d'usager réapparaît également à travers le travail de ré-objectivation du cadre juridique dans lequel évolue l'usager. Sans prendre partie pour le moment sur la distinction du contrat et du statut réglementaire, il n'en demeure pas moins que le choix entre ces deux types de situations procède parfois d'une approche plus idéologique que juridique, qui renvoie à une image de l'usager-objet ou de l'usager-sujet. L'idée d'un statut réglementaire prédéterminé applicable à l'usager avait cédé le pas à celle d'une situation contractuelle, au nom de la vague d'individualisme qui touche la conception même du droit. Un contrat, dont les termes sont négociés et acceptés par l'usager, semblait plus en accord avec les nouvelles valeurs de la société. Certains juristes, au début des années quatre vingt-dix, sans remettre en cause l'idée d'un contrat, tentent de réintégrer les aspects du statut. En effet, il apparaît que si contrat il y a, ce n'est qu'un contrat d'adhésion où le rôle de la volonté des parties est très réduit[39], de même que les grands principes du service public contenus dans un statut seraient incompatibles avec les règles du droit de la consommation[40].

173. Face à la résistance idéologique des présupposés de la notion d'usager, il semble désormais difficile de parler d'une mutation de l'usager en client, ces deux notions procédant de logiques inconciliables entre elles.

B. L'impossible mutation de l'usager en client.

174. Si les présupposés de la relation de service public sont revus à la lumière du dogme de l'individualisme, cela ne signifie pas qu'ils aient complètement disparu. Reconsidérer la relation de double échange à partir de nouveaux fondements ne signifie pas sa disparition : au contraire, c'est autour des notions d'interdépendance ou de solidarité que s'articule toujours le discours propre à l'usager.

175. Les partisans de la mutation de l'usager en client[41] avancent en premier lieu des arguments tirés de l'évolution de ce que l'on a appelé la relation commerciale, comme le renforcement de la commercialité des services publics industriels et commerciaux, l'amélioration quasi-automatique de la qualité de la prestation offerte et l'emploi de

39 J.-F. Lachaume, "L'usager du service public industriel et commercial géré par l'entreprise publique", préc.

40 J.-F. Auby, "Services publics locaux. Les grandes mutations du secteur", *AJDA* 1990, p.755.

41 Voir C. Barbier, "L'usager est-il devenu le client du service public ?", préc. ; J.-F. Lachaume, "L'usager du service public industriel et commercial géré par l'entreprise publique", préc. ; E. Guillaume, "La réforme des postes et télécommunications : le passage du statut d'usager d'un service administratif à celui de client d'un service public industriel et commercial", *RFDA* 1991, p.239 ; A. Cocâtre-Zilgien, "L'usager du service public industriel ou commercial en droit français", *RTDCom.* 1960, p.265.

techniques de management. Si ces évolutions sont bien réelles, elles se situaient en surface et concernaient la relation commerciale, ce qui ne saurait affecter la relation de service public. Elles procèdent de l'ordre du discours et non des fondements rationnels de la notion d'usager. En second lieu, la "percée du client"[42] serait également due à l'application du droit privé en général, et plus particulièrement du droit de la consommation, aux usagers du service public industriel et commercial. On peut objecter à ces arguments que le droit privé des obligations est applicable dès le XIXème siècle à l'usager des services publics industriels et commerciaux : pourquoi la mutation de l'usager en client est-elle alors décrite comme une évolution récente ? L'application du droit de la consommation aux usagers n'est non seulement pas une certitude, mais fait aussi l'objet d'une controverse : en effet, ne risquerait-on pas de sanctionner des mesures d'intérêt général, pourtant nécessaires, parce qu'on les aura assimilées à des abus de puissance économique ? Par ailleurs, comment expliquer que les techniques du marketing sont également appliquées aux services publics administratifs depuis une dizaine d'années[43], ce qui contribuerait à clientéliser également la relation commerciale avec leurs usagers, alors que ni le droit de la consommation ni les règles de la concurrence ne leur sont applicables ? Qui plus est, ce n'est pas parce que l'on applique le droit privé à l'usager qu'il devient un client ou un consommateur, mais c'est parce que l'usager est un client ou un consommateur qu'il faudrait lui appliquer le droit privé. Ce n'est pas le régime applicable qui détermine l'appartenance du sujet de droit au champ d'application de la règle de droit, mais l'inverse.

176. Avant de pouvoir confirmer ou infirmer la mutation de l'usager en client, on raisonnera directement sur les notions et leurs fondements. Alors que la notion d'usager se veut neutre, elle est en réalité chargée psychologiquement par un processus de sédimentation[44] qui fait intervenir les notions d'administré, d'assujetti et maintenant de client. Pourquoi ne peut-on pas trouver un compromis et pourquoi les différentes notions s'excluent-elles finalement l'une de l'autre ?

177. La notion d'usager reposait sur une relation de double échange entre chaque usager et la collectivité des usagers, d'une part, et l'autorité publique, d'autre part. Ces caractéristiques sont absentes de la relation clientéliste bilatérale. L'usager individu, dans la satisfaction de ses désirs, subit des contraintes dues à la présence de cet intérêt collectif et de la nécessité d'assurer une cohésion sociale et géographique. En retour, il bénéficie de l'assurance d'une certaine solidarité qui se traduit pour lui-même par une créance qu'il détient sur la collectivité de ses congénères, et que l'autorité publique doit honorer, celle de ne pas être laissé lui-même pour compte en cas de difficultés. Dans sa relation avec l'autorité publique, l'usager individu fournit sa propre adhésion à la légitimité[45] de l'action publique en échange d'un progrès social garanti.

---

42 Terme emprunté à C. Barbier, "L'usager est-il devenu le client du service public ?", préc.

43 B. de Quaterbarbes, ouvrage préc.

44 A titre d'exemple, intervention de M. Le Clainche, délégué du Médiateur, in *L'avenir du service public de la Poste et des télécommunications*, Rapport H. Prévot, préc., p. 23.

45 L'idée d'une participation des usagers procède de la nécessité d'une approbation explicite de l'action publique. Ainsi, dans le Rapport du Conseil d'Etat de 1994, préc., p.81 : "derrière le client ne se profile pas le citoyen, derrière l'usager, si."

178. Pour le client, ces postulats font défaut. D'une part, le client échange la satisfaction d'un désir personnel avec un profit d'ordre monétaire et non politique. D'autre part, aucune contrainte de redistribution n'est assignée à l'entrepreneur privé, contrairement à l'exploitant, même privé, d'un service public industriel et commercial. En effet, l'exploitant du service public doit s'empresser, s'il réalise des bénéfices sur les usagers, d'en faire profiter intégralement la collectivité. Ainsi, si les services publics industriels et commerciaux sont aujourd'hui soumis à la loi de la rentabilité, ce n'est que dans le but d'envisager des investissements futurs au profit de la collectivité toute entière[46]. Même lorsque le service est géré par une entreprise privée, la recherche du profit est perçue comme une anomalie, preuve en est l'ensemble des procès sur le prix de l'eau où sont pourchassés les éléments de la facture ne correspondant pas strictement au service rendu aux usagers[47]. La satisfaction de l'usager reste un but, celle du client un moyen[48].

179. Au rapport qualité prix de l'échange commercial est ensuite opposé le rapport individu / intérêt général de la relation de service. Il n'y a strictement aucun discours sur la solidarité ou sur l'interdépendance des clients d'une même entreprise ; aucune égalité, même minimale, ne doit être mise en oeuvre. Il ne faut pas confondre l'individualisation des fondements de la relation de service public avec le dogme de la personnification qui affecte la relation clientéliste. En effet, l'usager est un standard, ce qui présuppose qu'il soit traité juridiquement de la même façon que ses congénères placés dans la même situation, même si la diversification des services et la prise en compte de besoins plus individualisés multiplient les catégories d'usagers. S'il n'est envisageable de former une catégorie d'usagers ne comportant qu'un seul usager[49], le droit à la différence ne semble toujours pas reconnu[50]. L'usager ne pourra jamais obtenir un traitement de faveur sous prétexte qu'il est un bon client et que l'exploitant veut s'attacher sa clientèle, car cela contreviendrait au principe d'égalité. Si la relation de service public peut être individualisée, ce n'est pas dans le sens d'une personnification de l'usager[51] qui doit rester le référent anonyme de la relation de service. Le terme "anonyme" ne doit pas être perçu péjorativement, mais plutôt comme une composante de la standardisation, garante du principe d'égalité.

180. On est surpris par la persistance de certaines valeurs dans l'histoire de l'usager, tant les compromis sociaux de l'après-guerre demeurent eux-mêmes résistants, alors qu'ils sont ébranlés par la vague d'individualisme, l'aspect mercantile du droit et la rupture de

---

46 J. Rivero, "Les deux finalités du service public industriel et commercial", *CJEG* 1994, p.375.

47 D. Broussolle, note sous TA Lyon, 14 décembre 1993, Paul Chomat, *AJDA* 1994, p.349, définit les services publics industriels et commerciaux comme "un compromis entre l'éthique de l'intérêt général et la logique de l'entreprise. Il leur est interdit, non pas de faire des bénéfices (il faut d'ailleurs le cas échéant, en laisser à leurs gestionnaires privés de manière à les motiver), mais d'en faire un but, de les rechercher pour eux-mêmes".

48 Voir à ce propos S. Regourd, "Service public et productivité. L'usager face au produit", préc. : "l'usager est inassimilable (...) au client, en relation avec les activités strictement commerciales et lucratives."

49 CE, 24 avril 1964, société LIC, *Rec.*, p.239 ; CE, 14 janvier 1991, Bachelet, *CJEG* 1991, p.164, concl. Stirn.

50 CE,13 février 1970, Dame Vigan et sieur Krasnik, *Rec.*, p.110.

51 I. Joseph, "La relation de service dans le secteur public", in *A quoi servent les usagers ?*, RATP, Plan Urbain, DRI, tome 1, 1989-1990.

confiance envers l'action publique. Cependant, on ne saurait proposer[52] une réforme qui s'inscrirait dans la nostalgie du compromis social de l'après-guerre, enjambant le vingtième siècle sans tirer de conséquences de la vague d'individualisme des années soixante-dix. On ne peut pas assurer à la fois la rentabilité financière et la cohésion sociale, ni concilier l'intérêt collectif des usagers, l'intérêt public et l'intérêt économique des entreprises publiques. Il faut délibérément choisir des priorités.

181. La notion d'usager doit être reconstruite sur les fondements individualistes qui semblent la caractériser à l'heure actuelle, tout en tenant compte des limites inférieures irréductibles à une nouvelle conception de la solidarité. En premier lieu, le principe d'égalité peut se concevoir avec des catégories d'usagers les plus restreintes possibles, compte tenu des impératifs de diversification des services. La limite minimale réside dans l'obligation d'accorder les mêmes avantages à toutes les personnes placées dans la même situation et dans le respect du sentiment qu'a l'usager d'être traité de façon identique à son prochain. En effet, même si une catégorie d'usagers ne peut contenir qu'un seul usager[53], cela ne saurait s'analyser en un droit à la différence.

182. En second lieu, la limite minimale du principe de continuité consisterait à définir exactement le contenu de l'obligation de diligence de l'usager, au sens où c'est l'usager lui-même et non la collectivité qui doit se prémunir contre les risques inhérents à toute rupture de continuité. Il existe un seuil en deçà duquel le risque doit être supporté par la collectivité toute entière sans pour autant y faire appel à chaque rupture de la continuité du service. Les obligations des parties au contrat s'inscrivent dans un devoir de coopération et se répondent mutuellement.

183. Enfin, le principe d'adaptation, au lieu de constituer un droit au profit de l'exploitant et une obligation à la charge de l'usager, devrait s'articuler autour d'une obligation de progrès technique et juridique mutuellement négocié, en fonction des besoins de chaque type d'utilisateurs.

184. Par ailleurs, comment trancher l'épineux débat tarifaire ? Il semble nécessaire de prévoir un réel accès de tous aux biens et services de première nécessité mais pour cela, plusieurs options sont ouvertes. La vérité des tarifs est critiquée en ce qu'elle profite uniquement à une demande solvable. Mais n'y a-t-il pas d'autres moyens d'aider les plus défavorisés, ne serait-ce qu'en généralisant la création de fonds de précarité destinés à entretenir une certaine solidarité ? Le problème du financement demeure entier puisque ce qui ne serait pas payé par l'usager serait ponctionné sur le contribuable. Lorsque certains services de transport, notamment, sont financés par le contribuable, est-ce la pression fiscale qui s'ensuit qui est insupportable, où est-ce le fait de ne pas être informé et consulté sur l'étendue de la redistribution ? Dans le même ordre d'idée, la péréquation des tarifs au sein de la masse des usagers est jugée financièrement très lourde par ceux qui pourraient bénéficier de prix plus avantageux si l'on abandonnait la péréquation. Là encore, deux

---

[52] Voir à ce sujet le rapport C. Stoffaës, *Services publics, question d'avenir*, préc. Les recommandations visent à considérer un "nouveau compromis entre efficacité, équité et participation", p.233, ou à "regarder les arbitrages entre efficacité et cohésion sociale sous un autre angle", en arbitrant entre "les solidarités indispensables et celles qui sont discutables", p.262.

[53] CE, 24 avril 1964, Société anonyme LIC, Rec., p.239.

anomalies sont à souligner. D'une part, la réalisation d'objectifs sociaux est confiée aux exploitant des services publics industriels et commerciaux eux-mêmes. D'autre part, sur la facture des usagers, le poids (positif ou négatif) de la péréquation sur chaque usager n'est pas précisé. Ce n'est pas aux entreprises publiques ou aux exploitants privés de services publics qu'il revient de définir la politique sociale incombant aux gouvernants. Si on envisageait une péréquation à un niveau local, ceux-ci, ainsi que les élus locaux, pourraient mener de véritables politiques de services publics et en prendre la responsabilité en fonction du poids accordé dans leurs communes à la politique d'aide aux plus démunis. Plus une solidarité est indispensable, moins elle doit être confiée à un exploitant de service public industriel et commercial, ce qui ne veut pas dire qu'il ne faut pas la prendre en compte.

185. Pourquoi ne pas faire jouer le principe de transparence, lettre morte à l'heure actuelle, pour différencier dans la facture le coût de revient du service et le "supplément social de péréquation" ? En effet, si les usagers devaient continuer à supporter le coût d'une certaine péréquation sociale et géographique, pourquoi ne pas en faire apparaître clairement le coût pour chacun ? L'aspect le plus problématique du système actuel réside dans une sorte de confusion des rôles alimentée par l'absence de politique claire. La détermination des solidarités indispensables ne doit pas relever de la volonté de certaines élites, mais d'un choix politique des citoyens, arbitrant entre la pression financière qu'ils estiment pouvoir supporter et leur sentiment de solidarité.

186. Qu'en est-il de la relation d'échange avec l'autorité publique dans cette conception individualiste de la notion d'usager ? Le principe de responsabilité pourrait trouver une expression plus politique que juridique dans la question de la prise en main des services publics par les élus locaux. Une forte demande de décentralisation[54] des prises de décision se fait ressentir au sein des services publics nationaux, voire même une aspiration à une organisation plus locale[55]. Il faut également rappeler la réelle implication des collectivités locales dans la lutte contre la fermeture des lignes ferroviaires ou aériennes non rentables[56]. C'est dans son rôle d'électeur que l'usager dispose d'un véritable contre-pouvoir : par exemple, après la démission d'un maire due à un scandale sur le prix de l'eau, viendrait-il seulement à l'esprit de son successeur de ne pas se préoccuper activement du problème ? La mise en cause de l'équipe politique dirigeante d'une collectivité est également un moyen de pression indirect sur les exploitants du service lorsqu'il est délégué, mais néanmoins efficace, car l'enjeu est de taille pour l'élu - son renouvellement à la tête des affaires - , alors qu'aucune pression de ce type ne peut être exercée sur l'exploitant privé.

---

[54] Pour la SNCF, le rapport Haenel préc., p.172 propose une prise en compte des demandes locales. G. Dejouany, "La Compagnie générale des eaux", in "Le service public industriel et commercial dans la société française aujourd'hui", préc., p.13, fait état d'un courant d'opinion vers une décentralisation des décisions, confirmé par un sondage SOFRES de mars-avril 1980.

[55] Ainsi, à la SNCF, la rapport Haenel préc., p.173, préconisait une régionalisation du service public, régionalisation entamée à l'heure actuelle.

[56] En Italie, les lignes non rentables peuvent être "achetées" par les collectivités et financées par leur budget. Voir S. Cassese, "L'expérience italienne", in *Le service public. Unité et diversité*, *AJDA*, n°spécial, juin 1997, p.145.

187. Les services publics locaux deviendront un véritable enjeu électoral au XXIème siècle, tout en érigeant l'usager en arbitre. En outre, le droit de vote, par son aspect individualiste est en accord avec les nouvelles conceptions de l'usager et évite les écueils d'une autorité publique monopolisant l'expression d'un intérêt général qui finit par s'éloigner de l'intérêt collectif des usagers. Pour définir véritablement l'intérêt collectif des usagers, qui a-t-il de plus pratique qu'un vote ? Il a le mérite de mettre en évidence une conception individuelle de l'usager sur les projets en matière de services publics émis par des futurs élus. Il ne faut avoir aucun scrupule à politiser les choix de gestion des services publics, car, d'une part, cela fait longtemps qu'ils le sont déjà (délégation du service au niveau local, nationalisation, privatisation, etc.) et, d'autre part, les fondements mêmes de la relation de service (interdépendance et solidarité) ont intrinsèquement une connotation politique.

188. L'implication de l'usager *via* un système de représentation peut aussi passer par la négociation de conventions collectives qui matérialiserait le principe de participation. Compte tenu de leur relative inefficacité dans le secteur privé, on est en droit de douter d'un tel système. Si l'usager peut devenir le véritable régulateur de la relation de service public, il n'est pas aisé de l'imaginer en co-auteur, car il demeure le destinataire de la prestation.

189. Pourquoi tenter de revenir à un système local tant décrié au XIXè siècle ? Il ne faut pas oublier que la société entre temps a évolué vers une homogénéisation, que l'usager a conquis de nouveaux droits et que la conception de l'action publique s'est orientée dans le même temps vers le service public. La corruption n'est pas nécessairement l'apanage d'une organisation locale. Enfin, l'organisation de proximité risque de devenir, paradoxalement, l'enjeu clé de la construction communautaire. Cependant, la latitude des collectivités locales dans l'ouverture des réseaux à la concurrence est fortement encadrée. Si les collectivités locales peuvent agir en tant que délégataires, les activités de prestataire direct leur sont quasiment interdites. On est encore loin de la gestion des villes comme des entreprises. Un jugement du tribunal administratif de Nancy a eu à juger de la légalité de la constitution par une communauté urbaine de son propre réseau local de télécommunications[57]. La communauté urbaine soutenait que le service qu'elle offrait était beaucoup moins cher que celui de France Télécom. Cet argument n'a pas suffit au tribunal qui a jugé que la création du réseau était contraire au principe de liberté du commerce et de l'industrie, qui interdit aux collectivités locales toute activité industrielle et commerciale en dehors d'une carence de l'initiative privée. Le niveau élevé des tarifs ne constitue donc pas une carence de l'initiative privée. Aujourd'hui, l'article L. 1511-6 du CGCT, issu de la loi du 25 juin 1999 d'orientation pour l'aménagement du territoire, dispose que les collectivités locales peuvent "dès lors que l'offre de services ou de réseaux de télécommunications à haut débit qu'ils demandent n'est pas fournie par les acteurs du marché à prix abordable ou ne répond pas aux exigences techniques et de qualité qu'ils attendent, créer des infrastructures destinées à supporter des réseaux de télécommunications pour les mettre à disposition des exploitants". Les collectivités locales

---

[57]TA Nancy, 18 mars 1999, Communauté urbaine du Grand Nancy, *D.* 1999, J, p.617, note Y. Ladié, "Libéralisation des télécommunications et aménagement du territoire : les collectivités locales entre Charibde et Scylla" ; P. Cambot, "Collectivités locales et initiatives privées en matière de télécommunications", *AJDA* 1999, p.965.

ne peuvent toujours pas exploiter des services, mais elles peuvent créer des réseaux inactivés. Dans l'ouverture de réseau électrique, les distributeurs non nationalisés (122 régies, 21 sociétés d'intérêt collectif agricole et 5 SEM desservant 2791 communes) sont exclus de l'éligibilité. Cela signifie que les communes qui désirent fournir directement leurs habitants ne peuvent pas avoir accès au marché[58].

190. Pour résumer, la relation de service public se conçoit à deux niveaux, reflétant l'éternelle confrontation de l'intérêt général et des intérêts particuliers. Au niveau de la collectivité des usagers, les principes du service public s'interprètent, ou devraient s'interpréter, en fonction de l'intérêt collectif des usagers. La raison en est simple : solidarité et interdépendance sont le ciment de la relation de service public en France. Le principe d'égalité ne doit pas contrevenir à l'impératif d'interdépendance, la mutabilité se conçoit comme l'amélioration du service tout entier et la continuité comme celle de la Nation. A côté de ce premier cadre de réflexion, la relation de service public peut prendre l'aspect d'une relation bilatérale fondée sur des valeurs plus individualistes. Les catégories d'usagers peuvent rendre compte de la diversité des désirs individuels, la mutabilité peut se concevoir comme l'obligation de la recherche de progrès nécessaires pour chaque type d'usagers et la continuité comme un équilibre entre une obligation -de moyens ou de résultat- de fournir la prestation et une obligation de diligence dans la réception de cette prestation. La légitimité de l'action publique peut passer par la sanction d'un vote individuel. La cohésion sociale et géographique peut demeurer présente, tout en prenant garde à ce que la pression financière sur chacun ne soit pas insupportable.

191. Partant de là, on peut affirmer que la notion d'usager se conçoit à travers un cadre plus individualiste qui ne saurait être celui du client, puisqu'il s'agit simplement d'un réajustement de la notion d'usager. Dans la conception de la notion d'usager, sur la relation "globale" construite après-guerre vient se greffer une relation individuelle, issue des mutations de la société à partir des années soixante.

192. L'ouverture des réseaux à la concurrence pose une nouvelle question , celle de la mutation de l'usager en consommateur. Les évolutions sont-elles les mêmes que pour le client, ou bien procèdent-elles d'une problématique différente ?

---

[58] Loi du 10 février 2000 sur l'électricité, JO du 11 février 2000, art. 22 et s., commentaire de L. Richer, *AJDA* 2000, p.239.

- *SECTION II* -
De l'usager au consommateur : la découverte d'un compromis ?

193. Depuis le début des années quatre-vingt dix, les institutions de l'Union européenne s'évertuent à démanteler les entreprises publiques constituées sous forme de monopole, exploitant des services publics en réseaux, tels que les transports, les télécommunications, la poste ou la distribution d'énergie. Ce mouvement de libéralisation est justifié par les conséquences bénéfiques qu'il aurait nécessairement sur les utilisateurs, comme l'amélioration de la qualité des services ou la baisse des tarifs. Il s'accompagne d'une juridicisation de certains objectifs jusqu'alors purement commerciaux, ce qui pourrait s'interpréter comme la découverte d'un compromis entre les attributs de l'usager et ceux du consommateur, ce qui pose la question de la mutation de l'usager en consommateur (§1).

194. Dans les années quatre-vingt dix, le discours élaboré en réaction face à ce processus, qui s'inscrit dans la défense d'un "service public à la française", a contribué en fin de compte à l'infléchissement des positions des institutions de l'Union européenne. C'est pourquoi les tentatives de restauration d'une certaine éthique du service public pourraient, après la vague d'individualisme qui caractérisait la période précédente, faire basculer à nouveau le balancier vers une retour à la primauté de l'intérêt général (§2).

§ 1. La consécration juridique de valeurs consuméristes.

195. L'ouverture des réseaux à la concurrence est censée produire un certain nombre d'effets bénéfiques sur l'utilisateur. Mais ce dernier, placé à l'origine comme le moteur prépondérant de la réforme, se trouve vite supplanté par les intérêts des nouveaux opérateurs sur la marché. Il en résulte que les conséquences escomptées de l'ouverture des réseaux (A) doivent faire face à une réalité différente (B).

A. Les conséquences escomptées de l'ouverture des réseaux à la concurrence.

196. Le marketing commercial avait remplacé le modèle de gestion administratif, encouragé par le postulat de l'automaticité de la satisfaction d'un usager devenu client. Aujourd'hui, ce sont les vertus de la concurrence qui sont chargées de la réalisation de cet objectif (1°), dont les effets bénéfiques seraient vérifiés dans certains pays étrangers, précurseurs en ce domaine (2°).

1°) L'anticipation des effets sur les usagers.

197. "Les entreprises et les consommateurs communautaires ne retireront pas tout le profit possible du marché unique si les secteurs réglementés ne sont pas pensés à l'échelle de celui-ci, afin de maximaliser les gains d'efficacité potentiels. Or, un tel résultat ne peut être atteint que par la création dans toute la Communauté d'un environnement concurrentiel permettant d'augmenter à la fois le volume et la diversité de l'offre et de la demande." Aujourd'hui, "les consommateurs n'ont pas la possibilité de choisir leurs fournisseurs", le système "limite l'information du public sur l'efficience et la qualité" des produits. Ces extraits du rapport de 1993 de la Commission[59] sur la politique de la concurrence illustrent bien la position originaire des institutions de l'Union européenne[60]. Plusieurs types d'avancées sont pressenties en faveur du consommateur : d'une part, la concurrence sur le marché devrait pousser les opérateurs à proposer un choix plus diversifié de services et d'une meilleure qualité ; d'autre part, les tarifs devraient s'inscrire dans un mouvement de baisse généralisée.

198. Le thème de la concurrence est nouveau dans ce domaine, et comme celui du marketing appliqué aux entreprises publiques, il est d'abord accueilli avec enthousiasme[61]. Cependant, la critique d'un écrémage systématique du service, son orientation vers les parts de marché les plus rentables et les craintes de voir la notion de service public perdre son fondement essentiel, à savoir la cohésion sociale, sont quelques peu désamorcées par le concept de service universel, émanant de la Commission[62]. On peut le définir comme "un service de base offert à tous, dans l'ensemble de la communauté, à des conditions tarifaires abordables et avec un niveau de qualité standard"[63]. Certains voient même dans cette définition du service universel une reprise pure et simple des classiques lois de Rolland, voire l'occasion de les améliorer[64]. Ainsi, les principes d'égalité, de continuité

---

[59] Commission des communautés européennes, 22ème *Rapport sur la politique de la concurrence*, 5 mai 1993.

[60] La Cour de justice des communautés européennes, dans l'affaire Höfner et Elser du 23 avril 1991, *Rec.*, p.1979, accusait un monopole de n'être "manifestement pas en mesure de satisfaire la demande que présente le marché à cet égard". Le Comité économique et social, dans un avis du 21 septembre 1993, affirmait lui aussi que pour offrir aux consommateurs un service public efficace et de qualité, il fallait réaliser un véritable marché intérieur, seul à même de fournir le plus grand choix de marchandises.

[61] J. Lessourne, "Pour une Europe des réseaux", *Le Monde* 10 janvier 1994 ; N. Belloubet-Frier, "Service public et droit communautaire", *AJDA* 1994, p.270.

[62] Pour la première fois dans le Livre Vert sur les télécommunications de 1987.

[63] L'article 86 (anc. art. 90-2) du Traité de Rome prévoit l'existence de services d'intérêt économique général, qui sont définis par la Cour de justice des communautés européennes dans les affaires Paul Corbeau du 19 mai 1993 (*AJDA* 1993, p.865, note F. Hamon ; *LPA* 15 mars 1995, p.4, note O. Raymundie ; *Rev. Europe* juillet 1993, p. 13, note L. Idot) et Commune d'Almelo du 27 avril 1994 (*AJDA* 1994, p.637, note F. Hamon ; *CJEG* 1994, p. 623, concl. M. Darmon ; *D.* 1995, p. 17, note J. Dutheil de la Rochère) comme un service offert à tous les usagers, sur l'ensemble du territoire, à tout moment, à des tarifs uniformes et à des conditions de qualité similaires, sans égard aux situations particulières et au degré de rentabilité économique de chaque opération individuelle.

[64] M. Voisset, "De quelques effets du droit communautaire sur le droit français des services publics industriels et commerciaux", *RFDA* 1995, p.304 ; D. Truchet, "Unité ou diversité des "grands principes" du service public", in *Le service public. Unité ou diversité*, *AJDA* n° spécial juin 1997, p.38 ; R. Denoix de Saint-Marc, *Le service public*, Rapport au Premier ministre, La Documentation Française, 1996, p.70 et s. ; Rapport Borotra, rapport de la Délégation pour l'Union européenne, *Faut-il défendre le service public ?*, Assemblée nationale,

ou d'adaptation constante pourraient se concevoir en fonction des particularités propres à chaque secteur et non plus de façon globale. Il serait par ailleurs envisageable d'inclure l'impératif de sécurité des approvisionnements dans le principe de continuité. Le principe d'adaptabilité, dit encore flexibilité, pourrait se concevoir comme une recherche permanente de la meilleure satisfaction des besoins des usagers[65].

199. D'aucuns voient dans la définition du service universel des garanties supplémentaires de qualité par rapport aux classiques lois de Rolland[66]. Le caractère universel du service permettrait de réaliser une véritable cohésion communautaire grâce à une politique d'aménagement du territoire envisagée à une échelle supra-nationale. L'aspect "abordable" du prix conduirait automatiquement à son rapprochement avec les coûts de revient (politique de la vérité des tarifs), voire même à une harmonisation tarifaire au niveau européen. L'édiction de normes de qualité, même si l'exigence d'une qualité standard semble réalisée en France, peut constituer la "garantie d'un service aux qualités incompressibles", et même un butoir aux fermetures de lignes non rentables par exemple. Enfin, le principe d'universalité, en privilégiant l'égalité dans l'accès au service, pourrait relancer les politiques d'aménagement du territoire et de lutte contre l'exclusion qui sont de réelles priorités en France.

200. A côté de cette relecture des classiques lois de Rolland, on remarque que des impératifs auparavant purement commerciaux sont transformés en principes juridiques. Au même titre que les principes d'universalité et de transparence mis en place par les autorités européennes, un "principe d'efficacité" est mis en avant[67]. Facteur fondamental de la lecture des nouveaux textes applicables aux services publics, nul n'en doute. Mais qu'en est-il de sa traduction juridique ? Le principe d'efficacité, qui recoupe déjà partiellement ceux de continuité ou de mutabilité, pourrait également regrouper les exigences de qualité et de prix abordable. Le meilleur "rapport qualité-prix" du langage commercial s'inscrirait alors dans ce mouvement de juridicisation d'un marketing éminemment démagogique jusqu'alors. La sanction d'une défaillance en matière de qualité ne serait plus la perte du client au profit d'une société concurrente, mais l'invocabilité par le consommateur de son droit à l'efficacité du service.

201. Cependant, certains continuent à s'interroger. La baisse des tarifs, considérée à l'origine comme un effet certain, est désormais soumise à deux interrogations. Concernera-t-elle tous les usagers ou seulement quelques catégories ? Le "décroisement" des subventions n'entraînera-t-il pas une augmentation des tarifs ? Le rapport de M. Oudin au Sénat en 1993 prévoit que les baisses de tarifs profiteront davantage aux entreprises, par exemple dans le domaine du téléphone ou dans celui de l'énergie où seuls les plus gros

---

n°2260, 6 octobre 1995, p.48 et s. Voir également, S. Rodriguez, "Comment intégrer les principes du service public dans le droit positif communautaire", *RFDA* 1995, p.335.

65 J.-L. de Corail, "L'approche fonctionnelle du service public : sa réalité et ses limites", in *Le service public. Unité et diversité, AJDA* n°spécial, juin 1997, p.20.

66 C. Boiteau, "Concept communautaire de service public et services publics locaux", *RFDA* 1995, p.320.

67 M. Voisset, "La reconnaissance, en France, d'un droit des citoyens à la qualité dans les services publics", *RFDA* 1999, p.743.

consommateurs, dits éligibles, pourront négocier leur prix[68]. Les institutions de l'Union européenne incitent fortement à une dépéréquation[69] des subventions croisées. A titre d'exemple, et pour mieux comprendre à quel point la France est sujette à ce genre de pratique, il apparaît que, dans le domaine du téléphone, le prix de l'accès est compensé par celui du trafic, les appels longue distance compensent les appels locaux, les communications des ménages celles des professionnels, et le réseau des villes celui des campagnes[70]. Une dépéréquation de ces subventions croisées conduira donc automatiquement à une augmentation des tarifs pour les catégories d'usagers ou de services bénéficiant d'une facturation inférieure au coût réel[71]. Ne faut-il pas craindre[72], une fois la dépéréquation réalisée, l'apparition de diversifications tarifaires économiquement justifiées (en fonction de la proximité des lieux de production, de la densité du peuplement, de l'état des installations), mais socialement défaillantes (augmentation des prix pour les clientèles captives afin de compenser les réductions accordées aux gros consommateurs[73] ; éviction des plus démunis conduisant à "privatiser les profits et socialiser les pertes" grâce aux compensations étatiques) ?

202. Que peut-on d'ores et déjà répondre à cette série de critiques ? Une dépéréquation n'est pas forcément synonyme de hausse des tarifs. Il suffit pour cela que chaque usager puisse bénéficier de tous les décroisements : par exemple, les risques d'augmentation de l'abonnement résidentiel en matière de télécommunication peuvent être compensés par la baisse du prix des communications longue distance[74]. France Télécom a consenti à plusieurs reprises des baisses généralisées des tarifs des communications locales.

203. Par ailleurs, la réalisation du service universel ne réduit pas toujours l'usager à un "smicard" du service public[75]. L'achèvement des réseaux en France entre les années soixante et soixante dix, ainsi que l'existence des lois de Rolland, donnent l'impression que le service universel est déjà réalisé. Le niveau des garanties offertes par le service universel aux usagers serait également inférieur à celui du service public à la française, ce qui aurait pour conséquence de "dé-juridiciser" certaines attentes dont les usagers bénéficient avec l'organisation française, mais qui ne sont pas prises en compte au niveau communautaire. Que penser alors dans ce cas des multiples fermetures de lignes non rentables, de l'impossibilité qu'ont certains usagers d'obtenir un service à valeur ajoutée,

---

[68] Voir également F. Borotra, "Les projets européens de déréglementation du marché du gaz et de l'électricité", Assemblée nationale, Documents d'information, 30 mai 1995, p.13.

[69] A titre d'exemple, la Directive 96/19/CE de la Commission du 13 mars 1996 concernant la pleine concurrence sur le marché des télécommunications, JOCE L 27/20 du 30 janvier 1997, ou le Livre Vert sur le développement du marché unique des services postaux de 1991.

[70] D. Encaoua et L. Flochel, "La tarification : du monopole à la concurrence régulée", *AJDA* 1997, p.254.

[71] S. Rodriguez, "Le marché intérieur, entre concurrence et utilité publique", *RAE* 1994, p.65.

[72] "Les projets européens de déréglementation du marché du gaz et de l'électricité", Rapport préc., p.14 et s.

[73] Voir également à ce sujet, J. Doaken, "Le point de vue d'un régulateur", in *L'Europe à l'épreuve de l'intérêt général*, sous la direction de C. Stoffaës, ASPEurope, 1994, p.285.

[74] D. Encaoua et L. Flochel, "La tarification : du monopole à la concurrence régulée", préc.

[75] Rapport du Conseil d'Etat pour 1994, préc., p.115 : s'agit-il d'un service minimal, réduisant les stratégies de service public à des stratégies "de type assistanciel" ?

correspondant à des besoins plus exigeants que ceux du consommateur domestique ? L'ouverture des réseaux à la concurrence n'a-t-elle pas spécifiquement pour objectif de répondre à ces besoins nouveaux et diversifiés[76] ?

204. Face à ces belles déclarations de principe, on s'est vite rendu compte que ce sont les intérêts des futurs opérateurs sur le marché qui ont monopolisé les discussions et la plus grande partie des directives. L'usager semble dépassé par la mise en oeuvre des moyens[77] qui lui assureront probablement (ou peut-être) le bien être. Il est immergé dans le flou juridique de la réforme, comme une raison d'être progressivement désincarnée.

205. Si l'influence des institutions européennes a conduit à amplifier certains principes du statut de l'usager déjà présents, voire même en dégager de nouveaux, les spéculations sur les effets définitifs des réformes demeurent monnaie courante. Afin de dissiper les doutes, il semble désormais indispensable d'examiner la situation des pays étrangers.

2°) Les effets de l'ouverture des réseaux sur les usagers des pays étrangers.[78]

206. Pour ce qui est de la baisse escomptée des tarifs, les effets sont en réalité très inégaux. Dans le secteur aérien américain, aucune baisse significative des tarifs ne s'est fait ressentir, ni aucune pénétration du marché par des compétiteurs étrangers. En France, Air France Europe a tout de même diminué ses tarifs[79], mais on peut se demander si ce n'est pas plus la concurrence du TGV que celle des autres compagnies qui en est l'origine. Si, dans le secteur des télécommunications, les tarifs sont sensiblement plus bas qu'auparavant[80], le prix des communications locales et des abonnements semble au contraire avoir augmenté[81]. Dans le secteur de l'électricité, la qualité de client éligible conférée aux plus gros consommateurs dans un premier temps ne permet pas aux clients domestiques de bénéficier immédiatement d'une baisse des tarifs[82]. En Suède, les opérateurs ont profité de la libéralisation pour capter une clientèle grâce à l'obligation de paiement d'une somme exorbitante en cas de changement de compteur.

---

76 H. Lepage, "Que peut apporter la dérégulation des monopoles en Europe?", in *L'Europe à l'épreuve de l'intérêt général*, préc., p.201.

77 N. Belloubet-Frier, "Service public et droit communautaire", préc. : "Les bénéficiaires de ce système ne sont pas toujours les usagers mais parfois certains producteurs qui tirent les avantages particuliers de ces mécanismes".

78 Deux études seront ici particulièrement utilisées. L'une concerne l'ouverture du réseau des télécommunications, il s'agit du *Rapport du groupe d'expertise économique sur l'interconnexion et le financement du service universel dans le secteur des télécommunications*, DGPT, 1996. L'autre est réalisée par D. Attias pour le Commissariat général du Plan et s'intitule *Concurrence et régulation des services publics. Comparaison internationale*, mai 1997.

79 En Espagne également on constate une baisse des tarifs de 30 à 50%.

80 Etats Unis et Grande Bretagne.

81 En Suède par exemple.

82 Situation de la Grande Bretagne.

207. Pour ce qui est de l'amélioration de la qualité du service offert, le bilan est encore plus mitigé. Au lieu de moderniser le matériel volant, les compagnies aériennes aux Etats Unis se sont livrées à une véritable guerre des prix, engendrant de multiples faillites et des conséquences désastreuses en matière de sécurité aérienne. En Suède, les lignes aériennes déficitaires ont été abandonnées. C'est dans le domaine des télécommunications qu'une amélioration de service s'est réellement faite ressentir. Aux Etats-Unis et en Grande-Bretagne, les services offerts se sont diversifiés, les cabines téléphoniques sont plus nombreuses, les facturations plus claires et les équipements plus récents et plus fiables.

208. Ces constats conduisent naturellement à s'interroger sur le rôle de l'autorité de régulation chargée à la fois de protéger le consommateur et de combattre les abus de position dominante commis par les opérateurs sur le marché. A titre d'exemple, les autorités de régulation des télécommunications et de l'électricité en Grande Bretagne fixent des critères de performance ainsi que les tarifs, publient les résultats des opérateurs, veillent au respect des principes du service public (continuité, qualité, etc.) et règlent amiablement les conflits pouvant survenir sur les discriminations tarifaires. Cependant, ce système de régulation atteint vite ses limites[83] : le régulateur est impuissant face à l'insuffisance du renouvellement des équipements par des compagnies accusées de réaliser des profits très confortables, ou face aux ententes abusives. Souvent capturée par les opérateurs, l'autorité de régulation est fortement soupçonnée de ne pas se préoccuper des usagers.

209. Les conséquences de la libéralisation, très variables selon les pays examinés, ne peuvent répondre de façon certaine aux questions posées, là où l'expérience est nécessaire. Cependant, le commencement de libéralisation en France est d'ores et déjà riche d'enseignements.

B. Les effets certains de l'ouverture des réseaux à la concurrence.

210. Malgré les prévisions et les critiques adressées à la notion de service universel, l'ouverture des réseaux à la concurrence se concrétise par une véritable avancée des droits des usagers (1°). Mais peut-on encore parler d' "usagers", quand le droit communautaire ne s'adresse qu'à un "consommateur" ? (2°)

1°) L'avancée des droits des usagers dans les textes.

211. Les dispositions de droit communautaire, puis les lois de transposition françaises et les nouveaux cahiers des charges des opérateurs, réalisent une véritable avancée des droits des usagers. Ce phénomène concerne des droits qui faisaient l'objet de revendications latentes jusqu'alors, ou qui étaient insuffisamment assurés, ce qui est surprenant. Il s'agit de la qualité du service (a), de la transparence (b), de la participation des usagers (c), du règlement des litiges (d) et du sort des usagers en situation de précarité (e).

---

83 C. Stoffaës, *Entre monopole et concurrence. La régulation de l'énergie en perspective historique*, Editions P.A.U., 1994, p.90.

a) Les obligations de qualité.

212. L'exigence de qualité est l'une des composantes du service universel et les dispositions communautaires se bornent parfois simplement à rappeler l'objectif de qualité des services[84]. Dans d'autres cas, les textes communautaires ou les mesures de transposition sont beaucoup plus prolixes. La qualité se décline en fonction de plusieurs aspirations : elle peut signifier l'efficacité ou la fiabilité technique[85], la célérité dans la délivrance de la prestation, la proximité ou la régularité du service, surtout dans les zones rurales.

213. Par exemple, la directive du 15 décembre 1997, concernant des règles communes pour le développement du marché intérieur des services postaux de la Communauté et l'amélioration de la qualité du service[86], prévoit dans son article 3 que le service devra fonctionner pas moins de cinq jours par semaine et comporter au minimum, chaque jour ouvrable, une levée ainsi qu'une distribution au domicile de chaque personne physique ou morale. Le cahier des charges de France Télécom dispose que l'opérateur doit implanter un publiphone par tranche de 1500 habitants au dessus du premier millier[87]. Si ces principes semblent réalisés en France aujourd'hui, bien qu'il faille encore le vérifier dans les zones rurales, il n'en est pas de même en ce qui concerne leur sanction.

. 214. L'usager se trouvait réellement désarmé lorsqu'il fallait opposer à l'exploitant le non respect des normes de qualité promises. Les textes communautaires confient aux usagers les moyens juridiques de se défendre, ce qu'aucun texte français n'avait encore réalisé. La directive du 13 décembre 1995[88], relative à l'application d'un réseau ouvert de téléphonie vocale, est un modèle du genre. Elle se préoccupe des délais de fourniture des services ainsi que des normes de qualité ; prévoit que "les autorités réglementaires nationales veillent à ce que les utilisateurs aient un contrat précisant le service à fournir par un organisme de télécommunication. Elles doivent exiger comme règle générale l'établissement d'arrangement d'indemnisation et/ou de remboursement en cas de non respect des niveaux de qualité du service *prévus* dans le *contrat*" ; "les organismes de télécommunication répondent *sans tarder* à une demande de raccordement au réseau téléphonique public, *fixent et notifient à l'utilisateur la date envisagée"*[89].

---

[84] Directive 96/92/CE du Parlement européen et du Conseil du 19 décembre 1996 concernant les règles communes pour le marché intérieur de l'électricité, JOCE, L 27/20 du 30 janvier 1997 ; directive 98/30/CE du Parlement européen et du Conseil du 22 juin 1998 concernant les règles communes pour le marché intérieur du gaz naturel, JOCE L n°204/1 du 21 juillet 1998.

[85] Directive 96/92/CE du Parlement européen et du Conseil du 19 décembre 1996 concernant les règles communes pour le marché intérieur de l'électricité, JOCE, L 27/20 du 30 janvier 1997 : l'efficacité revient constamment dans les obligations des opérateurs ; directive du Conseil du 29 juillet 1991 relative au développement des chemins de fer, 91/440/CEE, JOCE L 237 du 24 août 1991.

[86] Directive n°97/67/CE, JOCE L n°15 du 21 janvier 1998. Pour un commentaire, voir M. Lombard, chron de législation, *AJDA* 1998, p.716.

[87] Approuvé par décret du 27 décembre 1996, JO du 31 décembre 1996, article 6.

[88] Directive 95/62/CE du Parlement européen et du Conseil, JOCE L n°1/321/6 du 30 décembre 1995.

[89] Pour une transposition, voir le cahier des charges de France Télécom, approuvé par décret du 27 décembre 1996, JO du 31 décembre 1996.

b) La transparence.

215. L'obligation de transparence[90] ne concerne pas exclusivement les usagers, mais aussi les opérateurs sur le marché. La transparence comptable des opérateurs anciennement monopolistiques vise avant tout à la réalisation d'une saine concurrence.

216. Les usagers bénéficient d'une transparence réaffirmée en ce qui concerne les tarifs, puisque l'opérateur doit tenir les usagers informés des prix pratiqués. Il arrive que la transparence déborde la question des prix. Par exemple, on peut lire dans le cahier des charges de France Télécom[91] : "France Télécom met à la disposition du public une information relative à ses offres de service universel et à leurs conditions techniques, tarifaires et contractuelles de fourniture dans les conditions prévues par les autorisations qui lui sont délivrées et le Code de la consommation."

c) La participation des usagers.

217. La participation des usagers s'organise autour d'obligations de concertation entre l'opérateur et les représentants des usagers. La libéralisation du secteur des télécommunications a été précédée en mars 1994 d'une consultation publique, en même temps qu'il avait été proposé avec insistance que les usagers soient représentés au sein d'offices indépendants d'évaluation de la qualité et des coûts des services[92]. France Télécom est astreint à une obligation de concertation avec les associations d'usagers et "ne peut supprimer une prestation ou en modifier les conditions matérielles d'utilisation qu'après information des utilisateurs et des organisations d'utilisateurs concernées et recueil de leurs remarques éventuelles"[93].

218. Ces obligations de concertation ne sont pas nouvelles dans ce domaine et on peut douter que les difficultés rencontrées jusqu'alors dans les tentatives de participation des usagers se résorbent miraculeusement. Toutefois, les associations d'usagers ne sont pas considérées comme les interlocuteurs uniques de l'opérateur et il semble que l'usager en tant qu'individu peut être amené à exprimer son opinion sans le passage obligé par une association.

d) Le règlement des litiges.

219. Des procédures de règlement amiable des litiges sont organisées. Toutefois, certaines entreprises publiques avaient déjà organisé ce type de recours. La SNCF et La Poste disposent en effet d'un médiateur dont le rôle est de régler les litiges en équité. Peu

---

[90] Voir n°1444 et s.

[91] Approuvé par décret du 27 décembre 1996, JO du 31 décembre, article 11.

[92] O. Raymundie, *Gestion déléguée des services publics en France et en Europe*, préc., p.327 ; M. Long, "Service public, services publics : déclin ou renouveau ?", préc. et C. Stoffaës, *Services publics, question d'avenir*, rapport préc., p.270.

[93] Article 11 du cahier des charges approuvé par décret du 27 décembre 1996, JO du 31 décembre.

de litiges leur sont soumis et, dans tous les cas, l'usager doit d'abord s'adresser à une association d'usagers qui est seule habilitée à saisir le médiateur[94].

220. La directive du 13 décembre 1995[95] relative à l'application d'un réseau ouvert de téléphonie vocale prévoit que "les contrats entre utilisateurs et organismes de télécommunication comportent en résumé, les modalités selon lesquelles une procédure du *règlement des litiges* peut être engagée", "les Etats membres veillent à ce que les utilisateurs soient habilités à former un recours contre un organisme de télécommunication". La procédure de coupure peut être réglementée par les Etats membres, mais selon "un processus de décision transparent et respectant les droits des parties" où "la décision n'est prise que lorsque les deux parties ont eu l'occasion de faire valoir leurs arguments". "Elles est dûment motivée et notifiée aux parties au cours de la semaine qui suit son adoption." Il est prévu, par ailleurs, que des restrictions comme le refus d'accès, l'interruption du service ou sa limitation soient encadrées par les Etats membres[96].

221. Les nouvelles autorités de régulation ont également un rôle à jouer dans le traitement des litiges entre usagers et exploitants. La loi de transposition du 26 juillet 1996[97] dans le domaine des télécommunications crée l'Autorité de régulation des télécommunications[98], qui se voit attribuer un pouvoir de conciliation, sa saisine étant ouverte aux associations d'usagers qui n'y sont toutefois pas représentées. La Commission de régulation de l'électricité est, quant à elle, compétente pour régler les litiges survenant entre les clients éligibles et les opérateurs sur le marché[99].

e) Les usagers en situation de précarité.

222. On parle beaucoup de l'accès des plus démunis aux services publics et des risques que comporteraient les réformes communautaires à ce sujet. Il faut tout de même souligner le peu de cas que les règles de droit français font de ce problème. Jusqu'à présent, la pauvreté n'est envisagée que sous l'angle de la différence de situation au regard du principe d'égalité, qui permettrait un traitement particulier des plus démunis[100], mais seulement en matière de services publics administratifs. Le principe communautaire d'universalité, en mettant l'accent sur les conditions d'accès au service public, conduit à

---

94 Ces informations proviennent d'entretiens accordés par les médiateurs en question.

95 Directive 95/62/CE du Parlement européen et du Conseil, JOCE L n°1/321/6 du 30 décembre 1995. Dans le secteur postal, pour des dispositions similaires, voir la directive 97/67/CE du Parlement européen et du Conseil du 15 décembre 1997, JOCE L n°15 du 21 janvier 1998.

96 Voir le cahier des charges de France Télécom, décret du 27 décembre 1996, JO du 31 décembre, article 12 qui est moins détaillé que la directive.

97 JO 27 juillet 1996, p.11384.

98 Sur le rôle de l'ART, voir l'article de B. Lasserre, "L'Autorité de Régulation des Télécommunications", *AJDA* 1997, p.224.

99 Loi du 10 février 2000 sur l'électricité (JO 11 février), article 38.

100 CE, 20 novembre 1964, Ville de Nanterre, *Rec.*, p.563 ; CE 18 mars 94 Dejonckeere, LPA, 4 novembre 1994, p.19.

s'interroger sur les usagers en situation de précarité. Jusqu'à présent, les exploitants participaient à des fonds de solidarité qui permettaient aux plus démunis de ne pas être complètement exclus des services de première nécessité. La loi de 1984[101] sur le service public du téléphone consacre un droit au service, mais sous réserve du paiement des dettes antérieures à l'opérateur !

223. Il convient donc de souligner que les seules réelles avancées dans ce domaine sont consécutives à l'ouverture des réseaux à la concurrence. Par exemple, dans la loi du 26 juillet 1996 de réglementation des télécommunications[102], sont incluses des mesures à l'égard des plus démunis[103]. En cas de défaut de paiement, un service restreint est maintenu, comportant la possibilité de recevoir des appels et de recourir aux services d'urgence. Le poste téléphonique est inscrit sur la liste des biens insaisissables[104]. Par ailleurs, si un opérateur offre des tarifs spécifiques à des catégories d'usagers du fait de leur handicap ou de leur bas niveau de revenus, le coût de cette offre est déduit de sa contribution au service universel[105]. Dans d'autres secteurs, les Etats membres sont incités à prendre des précautions visant à garantir l'accès du service à certaines catégories d'usagers, socialement ou géographiquement défavorisés[106]. Ainsi, des fonds de service universel se mettent progressivement en place, afin de permettre l'accès aux services des couches sociales les plus défavorisées[107]. La loi de transposition du 10 février 2000 sur l'électricité intègre le dispositif pauvreté-précarité permettant aux plus défavorisés d'obtenir un minimum d'électricité et prévoit un tarif spécial pour les usagers dont le revenu est inférieur à un certain plafond[108]. On se demande donc aujourd'hui lequel des deux systèmes -français ou communautaire - réalise la plus grande avancée des droits des usagers en situation de précarité.

224. Quelles réflexions appellent ces textes communautaires ? Un premier élément peut sans doute frapper le lecteur. Alors que l'on pensait que le service universel était acquis en France, on se rend compte que les institutions communautaires mettent l'accent sur certains défauts du droit applicable aux usagers français. La transparence de l'information, le principe de participation, la définition du standard de qualité, les

---

101 Préc.

102 JO 27 juillet 1996, p.11384.

103 Voir le commentaire de H. Maisl, "La nouvelle réglementation des télécommunications", *AJDA* 1996, p.762.

104 Voir les propositions du sénateur Larcher, JO, déb. Sénat 1996, p.3378.

105 Voir le décret n°99-162 du 8 mars 1999, relatif au service universel des télécommunications, JO du 9 mars 1999.

106 Par exemple la directive 96/19/CE de la Commission du 13 mars 1996, concernant la pleine concurrence sur le marché des télécommunications, JOCE L 74/13 du 22 mars 1996 ; la directive 96/92/CE du Parlement européen et du Conseil du 19 décembre 1996 concernant les règles communes pour le marché intérieur de l'électricité, JOCE L 24 du 10 janvier 1997, *CJEG* mai 1997, p.192 ; la directive 98/30 du Parlement européen et du Conseil du 22 juin 1998 concernant les règles communes pour le développement du marché intérieur du gaz naturel, JOCE L 204 du 21 juillet 1998 ; ou la directive 97/67/CE du 15 décembre 1997 sur le secteur postal, JOCE L n°15 du 21 janvier 1998, qui prévoit dans son article 12 que "les prix doivent être abordables et doivent être tels que tous les utilisateurs aient accès aux services offerts".

107 Loi du 10 février 2000 sur l'électricité (JO 11 février) ; Loi n°96-659 du 26 juillet 1996, JO du 27 juillet.

108 Loi du 10 février 2000 sur l'électricité (JO 11 février), articles 2-III et 4.

problèmes de continuité du service, de coupure de la fourniture et de règlement des litiges sont abordés de façon simple par le droit communautaire. L'accès des plus démunis au service constituait une revendication latente en France depuis longtemps et il semble que, paradoxalement, seul le droit communautaire a permis à certaines réformes d'aboutir. Les préoccupations de cohésion sociale qui sont aujourd'hui celles des institutions communautaires prennent très certainement leur origine dans les revendications françaises. Il est cependant surprenant de constater que c'est l'ouverture des réseaux à la concurrence qui va servir de tremplin à la France pour entamer de nouvelles réformes, alors qu'à l'origine du mouvement de libéralisation, on était très loin de telles préoccupations sociales. Plus que vers le consommateur, l'usager ne se dirigerait-il pas, au contraire, par certains aspects, vers l'assisté social ?

225. Cependant, le choix des impératifs à assurer n'est pas neutre de la part du droit communautaire qui "juridicise" les attributs d'un réel consommateur.

2°) Vers l'avènement d'un véritable consommateur ?

226. Le Traité de Maastricht dispose que "la Communauté contribue à la réalisation d'un niveau élevé de protection des consommateurs", ce qui donne d'emblée un ton général à l'action des institutions communautaires. "Le droit communautaire reconnaîtrait des consommateurs, des clients, non des usagers."[109] Il est vrai que, sans rentrer pour le moment dans le problème de son impact en droit français des services publics, il s'est établi au niveau européen un véritable droit de la consommation[110]. Cependant, il existe également un droit français de la consommation qui n'a pas affecté en profondeur la notion d'usager. Pourquoi en serait-il autrement aujourd'hui avec le droit communautaire ?

227. Avant tout, quels seraient les critères d'identification du consommateur ? D'aucuns[111] ont tenté de définir le consommateur à partir de ses droits. Serait consommateur celui qui bénéficie du droit à un choix de prestataires pour un même type de services, du droit à la protection de ses intérêts économiques, du droit à la sécurité, du droit à la représentation et à l'assistance et enfin du droit à la réparation ou à l'accès à la justice. Certains de ces droits sont l'apanage de tout justiciable, comme celui d'être représenté, d'obtenir réparation ou accès à la justice. D'autres ne concernent pas exclusivement le consommateur, comme le droit à la sécurité. Le choix d'un prestataire de service ne différencie pas l'usager du consommateur, puisque la qualification de service public d'une activité ne nécessite pas forcément qu'elle soit exploitée sous forme de monopole. Reste le droit à la protection des intérêts économiques du consommateur : il est

---

109 M. Voisset, "De quelques effets du droit communautaire sur le droit français des services publics industriels et commerciaux", préc.

110 Notamment avec l'édiction de la directive du Conseil du 5 avril 1993, JOCE n°L95, 21 avril 1993, p.29, concernant les clauses abusives dans les contrats conclus avec les consommateurs, et dans une moindre mesure les directives du 25 juin 1990 sur la transparence des prix au consommateur final industriel de gaz et d'électricité, n°90-377, *CJEG* janvier 1992, p.6, et du 29 juin 1992 sur la sécurité générale des produits, JOCE n°L228/24 du 11 août 1992.

111 M. Lecerf, *Droits des consommateurs et obligations des services publics*, Editions d'Organisation, 1999, p.49 et s.

vrai que le droit de la consommation vise avant tout à rééquilibrer un rapport de forces en faveur du plus faible dans son activité de consommation de biens ou de services[112]. Pour systématiser cette idée, on peut dire que ce qui qualifie le consommateur, c'est sa possibilité de puiser dans une charte de droits issue d'un phénomène de juridicisation d'un rapport commercial.

228. Que dire de l'usager ? Dans la notion de consommateur, on ne retrouve pas la relation de double échange, comme l'usager ne se retrouvait pas dans la figure du client. Cependant, certains points communs sont à souligner. La notion de consommateur semble paradoxalement plus proche de l'usager que celle du client, car elle nécessite la définition d'une charte de droits, d'un corps de droits spécifiques préexistants, faisant office de référent en cas de litige. Les termes de client ou de consommateur demeuraient jusque dans les années quatre-vingt-dix du ressort d'un vocabulaire démagogique affectant la relation commerciale entre les agents de l'opérateur et l'usager. La construction européenne a engendré de nouveaux droits ou concrétisé des aspirations latentes, définis sous forme de charte et commandant l'interprétation des différents textes précités, déplaçant la relation de service public vers une relation de consommation.

229. C'est la juridicisation des références au consommateur, dans un cadre où préexistent les droits de l'usager, qui contribue à réajuster la notion d'usager sur celle de consommateur. En effet, à côté des exigences de continuité, d'égalité et d'universalité, le rapport qualité-prix est inscrit et défini avec précision dans les textes ; les principes d'information et de transparence sont établis juridiquement et l'usager est censé participer aux relations entre régulateur et opérateurs sur le marché. Or quoi de plus lié aux notions de qualité, d'information transparente et de prix abordable que celle de consommateur ? La quantification juridique de l'impératif de qualité confère un aspect concret à de simples objectifs de publicité commerciale qui se meuvent en véritables droits invocables par l'usager. L'exigence de qualité n'est plus comprise comme le tremplin d'une mutation économique de l'entreprise publique, dont seuls les intérêts prévalent, mais bel et bien au service de l'usager.

230. Les lois de Rolland visaient déjà à rééquilibrer le rapport de forces usager / exploitant. Cet impératif se retrouvait dans l'affrontement de l'intérêt général et des intérêts particuliers. Le réajustement consumériste de la notion d'usager poursuit le même objectif.

231. Il ne faut pas seulement envisager le volet communautaire dans l'éventuelle mutation de l'usager en consommateur, mais aussi certaines avancées du droit français. En effet, jusque dans les années quatre-vingt-dix, les droits des usagers dans les divers cahiers des charges d'exploitants de services publics industriels et commerciaux sont conditionnés et limités. Ils sont sans cesse conciliés avec ceux de l'exploitant. Par exemple, on a l'impression que le droit au service public est "échangé" contre une consommation

[112] J. Calais-Auloy et F. Steinmetz, *Droit de la consommation*, Dalloz, 4ème édition, 1996, ont une conception très générale du consommateur, défini comme "la personne physique ou morale de droit privé qui se procure ou qui utilise des biens ou des services pour un usage non professionnel" (p.4). En revanche, on préférera puiser des éléments de définition dans le droit de la consommation, dont les règles auraient pour but la protection du consommateur dans son activité de consommation (p.13).

minimale ou d'autres sujétions, le droit au transport est limité par son coût pour la collectivité[113], etc. Depuis le tournant des années quatre-vingt-dix, apparaissent dans les cahiers des charges des chapitres complets consacrés aux usagers, où les classiques lois de Rolland sont réaffirmées, complétées par de nouveaux principes comme celui de qualité, de péréquation, de participation, etc. Les droits des usagers y sont absolus, rédigés sous forme de charte et constituent de véritables exposés des motifs orientant la lecture de l'ensemble du texte[114].

232. Ainsi, la charte des droits de l'usager est non seulement complétée, mais surtout réorientée dans une optique consumériste. Les droits comme l'information, la participation, la transparence qui demeuraient flous, et donc neutres, deviennent autant d'attributs du nouveau consommateur dans la quantification juridique de la qualité du service. La notion d'usager a subi un assaut consumériste que l'on ne saurait ignorer, dans la définition de ses droits et dans la sanction qu'il convient d'y apporter. Mais là encore, à chaque fois que sont remis en cause les principes fondateurs de la traditionnelle relation de service public, ce sont les valeurs liées à l'interdépendance, à la solidarité, qui sont mises en avant, comme pour rappeler la solidité des fondements de la relation de service public.

113 Voir par exemple, pour l'électricité, le cahier des charges de 1956 (Décret n°56-1225 du 28 novembre 1956, JO 4 décembre 1956) ainsi que celui de 1960 (Décret n°60-1258 du 22 novembre 1960, JO des 5 et 6 décembre 1960) qui ne furent jamais appliqués. Pour le gaz, un cahier des charges type fut élaboré en 1950 (Décret n°50-1371 du 31 octobre 1950, JO 4 novembre 1950 et commenté par J. de Soto, "Le cahier des charges type des concessions de distribution de gaz (contribution à l'étude de l'influence des nationalisations sur les contrats administratifs)", *JCP* 1950, I, 892 ; remplacé en 1961 (Décret n°61-1191 du 27 octobre 1961 JO 2 et 3 nov. 1961). Voir le commentaire de J. Virole, "Le cahier des charges type pour les distributions publiques d'énergie électrique à EDF", *AJDA* 1961, p.397. Pour le transport, voir les cahiers des charges de la SNCF de 1937 (décret du 31 décembre 1937, JO du 7 janvier 1938), de 1971, (décret du 23 décembre 1971, JO du 24 décembre 1971) et la LOTI du 30 décembre 1982 (JO du 31 décembre 1982). Pour la distribution d'eau potable, voir les cahiers des charges types de 1947 (décret du 13 août 1947 pour les concessions, JO du 21 août 1947) et de 1951 (décret du 6 juillet 1951, pour l'affermage, JO 8 juillet 1951).

114 Notamment en ce qui concerne le cahier des charges d'EDF de 1992 et celui de 1994 pour GDF (commentaire de P. Sablière, "Le nouveau modèle de cahier des charges pour la concession à EDF de la distribution publique d'électricité", *CJEG* 1994, chron., p.1). Voir également les cahiers des charges de la Poste et France Télécom, Décret du 29 décembre 1990, JO du 30 décembre 1990 commenté par C. Courtois, "Le cahier des charges de la Poste", *Juris PTT* 1992, n° 28, p.8 ; R. Salvat et D. Laffont, "Les cahiers des charges de la Poste et de France Télécom", *Juris PTT* 1992, n° 28, p.2 ; G. Drouot, "Le cahier des charges de France Télécom et son domaine d'activité", *Juris PTT* 1992, n° 28, p.15. Dans le domaine de l'eau et dans une moindre mesure, voir la circulaire du 14 avril 1988 (modèle du règlement de service pour la distribution d'eau, JO du 5 mai 1988).

§ 2. La redécouverte d'une collectivité d'usagers solidaires.

233. Les modalités d'ouverture des réseaux à la concurrence, sous la houlette de la Commission européenne, semblent conduire à "l'effacement du service rendu à la Nation au profit du seul service rendu aux usagers"[115]. Le discours relatif à la défense du service public "à la française"[116] vise à restaurer une solidarité qui serait menacée par la perte de vue de la cohésion sociale ou des impératifs d'aménagement du territoire. La viabilité de cette cohérence à long terme s'accommode mal des impératifs immédiats de profit des opérateurs sur le marché libéralisé. La volonté d'une protection adéquate de l'environnement n'autoriserait pas la multiplication matérielle des réseaux[117]. A travers ces critiques, c'est la relation de double échange caractérisant l'usager qui, une fois de plus, résiste implicitement. La notion d'usager peut être individualisée, mais il faut tenir compte d'un seuil minimal de solidarité et d'interdépendance.

234. L'Union européenne peut-elle devenir le théâtre de la reconquête d'une cohésion sociale[118] ? Il faut noter une inflexion récente de l'idée d'un marché pleinement concurrentiel vers la prise en compte d'impératifs de solidarité. Dans les textes d'abord, puisque le Traité de Maastricht comporte comme objectif le renforcement de la cohésion économique et sociale, le développement de réseaux transeuropéens et la protection de l'environnement[119]. La Commission, ensuite, semble avoir modéré ses propos, puisqu'en 1996, elle déclarait que "bâti sur un ensemble de valeurs communes, le projet européen combine les traits de la démocratie avec ceux d'une économie ouverte fondée sur le dynamisme du marché, la solidarité et la cohésion. Au nombre des valeurs figure l'accès des citoyens à des services universels ou à des services d'intérêt économique général,

---

115 C. Boiteau, "Concept communautaire de service public et services publics locaux", préc.

116 N. Belloubet-Frier, "Service public et droit communautaire", préc. ; M. Voisset, "De quelques effets du droit communautaire sur le droit français des services publics industriels et commerciaux", préc. ; C. Boiteau, "Concept communautaire de service public et services publics locaux", préc. ; C. Stoffaës, *Services publics, question d'avenir*, préc., respectivement p.39 et p.260 et s. Même les rapports Denoix de Saint-Marc, *Le service public*, et Borotra, *Faut-il défendre le service public ?*, préc., pourtant optimistes, mentionnent ces préoccupations, respectivement p.53 et s et p.37.

117 Le projet de Charte européenne des services d'intérêt économique général réalisée par la Centre européen des entreprises publiques définit ainsi le SIEG comme "toute activité d'intérêt général exercée en raison de considérations d'efficacité économique, de protection des consommateurs, de cohésion sociale ou de préparation d'un développement durable sous la maîtrise d'un Etat membre ou de la Communauté", *Europe, concurrence et service public*, Masson, 1995, en annexe.

118 S. Rodriguez, "Le marché intérieur entre concurrence et utilité publique", préc. ; C. Stoffaës, *Services publics, question d'avenir*, préc., p.260 est plus pessimiste, puisqu'il en vient à se demander s'il ne faudra pas effectuer un choix entre différentes solidarités, sociales ou géographiques.

119 Respectivement, articles 3j et titre XIV, article 3n et titre XII et article 3k et titre XVI. Voir également l'apport du Traité d'Amsterdam de juin 1997, article 16 : "sans préjudice des articles 77, 90 et 92, et eu égard à la place qu'occupent les services d'intérêt économique général parmi les valeurs de l'Union, la Communauté et ses Etats membres, chacun dans les limites de ses compétences respectives et dans les limites du champ d'application du présent traité, veillent à ce que ces services fonctionnent sur la base de principes et dans des conditions qui leur permettent d'accomplir leurs missions."

contribuant aux objectifs de solidarité et d'égalité de traitement"[120]. Les impératifs d'intérêt général regroupent "la sécurité d'approvisionnement, la protection de l'environnement, la solidarité économique et sociale, l'aménagement du territoire, la promotion des intérêts des consommateurs"[121]. La Cour de justice des communautés européennes dans ses arrêts Paul Corbeau, de 1993, et Commune d'Almelo, de 1994[122], intègre également dans son raisonnement sur la protection du service d'intérêt économique général contre la concurrence des facteurs tels que l'équilibre économique du service et le coût de la protection de l'environnement. N'est-ce pas là le retour de cet intérêt général pléthorique et transcendant qui a déjà montré ses limites ? Si tous ces objectifs sont louables, sont-ils pour autant conciliables entre eux ?

235. Par ailleurs, les vicissitudes de la régulation ne conduisent-elles pas à un retour ou à une réaffirmation de la standardisation dont est empreinte la notion d'usager ? La définition réglementaire systématique[123] des standards de qualité, des obligations d'information, en un mot, du contenu de l'efficacité, produit un service-type, et partant, un usager-type. Le consommateur anonyme est donc soumis à un contrat d'adhésion dont les termes ont été élaborés pour lui entre les Etats membres et les opérateurs, sous le contrôle rigoureux des instances européennes.

---

120 Avis en vue de la Conférence intergouvernementale, COM (96)90, Final, 28 février 1996.

121 Communication *Les services d'intérêt général en Europe*, Office des publications officielles des Communautés européennes, 1996, p.7. C'est également le ton général des directives gaz de 1998 et électricité de 1996, préc. Pour un commentaire, voir les articles de F. Hamon, "Le marché intérieur de l'énergie : les directives électricité et gaz", *AJDA* 1998, p.851 ; A. Fiquet, "Vers une réconciliation entre l'Europe et les services publics : l'exemple de l'électricité", *AJDA* 1998, p.864 ; P. Lombard, "Le service public du gaz sous les feux de l'actualité juridique", *AJDA* 1998, p.873.

122 CJCE, 19 mai 1993, Paul Corbeau, *AJDA* 1993, p.865, note F. Hamon ; CJCE, 27 avril 1994, Commune d'Almelo, *AJDA* 1994, p.637, note F. Hamon.

123 Les directives communautaires sont jalonnées d'expressions comme "les Etats membres veillent", "les Etats membres définissent" (les normes de qualité, les obligations des opérateurs, etc.).

CONCLUSION DU CHAPITRE II

236. La vague d'individualisme qui a touché la société française à partir des années soixante aurait pu être porteuse de profondes mutations de la notion d'usager. Il n'en est rien car elle a conduit tout au plus à des réajustements de cette notion.

237. Si l'on s'en était tenu aux conceptions subjectives des notions de client et de consommateur, qui font appel à l'image du client-roi, on aurait pu conclure que l'usager s'est muté en client, puis en consommateur. Ceci est vrai au seul regard de la relation commerciale, mais ces transformations n'affectent pas la relation de service public. En aucun cas les notions de client et de consommateur n'ont affecté en profondeur la relation de double échange qui caractérise la relation de service public, et partant, celle d'usager qui lui est intimement liée.

238. Toutefois, la relation de service public peut se concevoir à un double niveau : celui de la collectivité des usagers et celui de la relation bilatérale qui unit chaque usager particulier à l'exploitant. Selon les époques, soit la première occulte la seconde, soit au contraire, les aspirations individualistes de la seconde se heurtent aux limites incompressibles de la première. C'est pourquoi la notion d'usager est susceptible de réajustements en fonction des valeurs en vogue dans une société.

239. Les aspirations clientélistes des usagers ont permis de revoir la notion d'usager en fonction de valeurs plus individuelles. Le droit de la consommation a permis de concevoir à côté des traditionnelles lois du service public, une série de droits issus de la juridicisation d'une relation commerciale.

240. Le mouvement de balancier entre l'intérêt général et les intérêts particuliers est réamorcé en faveur du premier, en raison des excès d'individualisme pressentis par certains lors de l'ouverture des réseaux à la concurrence.

CONCLUSION DU TITRE I

241. Le conflit ne se résume pas à un choix entre des termes tels qu'assujetti, administré, client ou consommateur, qui ne se comprennent pas à un même degré d'analyse, qui sont colorés psychologiquement et par là même dénués de tout intérêt juridique. Seul le degré de standardisation de la notion d'usager, qui se suffit à lui-même, et qui finalement détermine les points d'inflexion du mouvement de balancier entre intérêt général et intérêts particuliers, est à prendre en considération.

242. Dès que l'individualité de l'usager commence à poindre à l'horizon du droit, les clichés de la cohésion sociale sont brandis, conduisant à considérer la notion d'usager dans sa plus grande généralité, voire dans sa plus parfaite abstraction. Les phobies de l'excès d'individualisme ou de standardisation rendent impossible la découverte d'un compromis. Plutôt que de définir un seuil où la pertinence de l'intérêt général conduirait à envisager la collectivité des usagers dans sa globalité, on préfère s'en tenir à l'amoncellement de considérations destinées à promouvoir le contenu de cet intérêt général, qui en devient insaisissable. La solidarité sociale n'a jamais été compatible avec l'efficacité économique et ne le sera jamais, car elles procèdent d'impératifs opposés et inconciliables. Plutôt que de vouloir trouver un semblant de compromis, il faut prendre conscience des termes du débat et définir les zones d'influences des différentes tendances.

243. La preuve de l'*existence* d'un intérêt général (quelles que soient ses déclinaisons concrètes) suffit à l'application de nombreuses règles de droit public. En droit privé des obligations, la manifestation de volonté individuelle commande bon nombre de solutions. Au confins des deux systèmes, pourquoi ne pas envisager plutôt un seuil défini par la *pertinence* de l'intérêt général ? Ici, l'intérêt de l'usager individuel serait affecté d'une présomption de prédominance sur l'intérêt collectif. Seule la mise en danger de ce dernier, sa survie, en un mot sa pertinence, ferait basculer le droit applicable. C'est dans ce schéma que s'inscrivent, ou devraient s'inscrire, les termes de ce débat sur la notion d'usager. Les excès d'individualisme sont combattus par la référence à la nécessité *impérieuse* de tenir compte d'une solidarité et d'une interdépendance au sein de la collectivité. On est plus facilement enclin à penser que l'unique prise en compte de la collectivité, au détriment de son unité standard qu'est l'individu, est une grave perversion. En revanche, l'unique prise en compte de l'individu n'est pas une erreur, à condition d'assurer une solidarité suffisante (et non minimale).

244. Quoi qu'il en soit, la notion d'usager a démontré sa plasticité et son adaptabilité aux valeurs d'une société en mouvement. On retrouve ces mêmes caractéristiques dans un domaine qui n'est plus celui du discours autour de la notion d'usager, mais celui de la qualification jurisprudentielle et textuelle de l'usager.

- TITRE II -

L'identification juridique de l'usager : entre critères objectifs et critères subjectifs

245. L'approche sociologique, historique et politique de l'usager s'articulait autour de deux grandes tendances, génératrices des tensions alimentant un conflit. D'une part, des impératifs de cohésion sociale, d'homogénéité de la société et d'interdépendance, tendent à la vision d'un usager standard, objectivé. D'autre part, une conception individualiste de l'usager, selon laquelle seuls les désirs particuliers et les spécificités naturelles des besoins de l'individu sont générateurs d'obligations à la charge de l'exploitant, montre un usager sujet. Ce clivage pourrait s'inscrire dans l'opposition plus vaste du droit public et du droit privé dont les idéologies "généraliste" et "individualiste" respectives sont ici volontairement résumées, afin de simplifier leurs tensions. L'identification de l'usager en droit positif, sur laquelle il faut désormais s'attarder, suit parfaitement ce schéma, mais l'éclaire cependant sous un angle nouveau.

246. A qui concrètement la jurisprudence et les textes accordent-ils la qualité d'usager du service public industriel et commercial ?[1] La question n'est plus de savoir qui, de l'individu ou de la collectivité, s'érige en référent mais, qu'est-ce qui, de la volonté du sujet ou des éléments de son environnement extérieur, lui confère la qualité d'usager. En premier lieu, l'usager peut être défini de manière standardisée comme la personne remplissant certaines conditions imposées par les textes relatifs à l'organisation du service et indépendantes de sa volonté. A l'opposé, seule la volonté de l'usager serait à même de lui conférer une telle qualité et faire naître les droits qui y sont attachés. Cette volonté est elle-même appréciée soit à l'état brut, en se limitant à la recherche de l'unique intention de l'usager, soit en considération de ses manifestations concrètes, matérielles, comme la conclusion d'un contrat ou la consommation effective de la prestation de service.

---

[1] Pour une méthode différente, fondée sur les notions d'usage et de prestation, voir Y. Dumarque, *Contribution à une définition de la notion d'usager en droit administratif français*, Th. Lille II, 1997, p.201 et 254.

247. Le jeu de ces deux critères, conclusion d'un contrat et consommation effective de la prestation de service, suit une évolution qui peut se décomposer en deux phases. D'une part, le critère contractuel est abusivement sollicité par la jurisprudence qui y assimile des situations en marge de la période contractuelle, à tel point que s'y est substituée la notion de "lien de droit privé", aux contours certes plus maniables, mais également beaucoup plus incertains. D'autre part, le critère de la consommation effective du service, qui, à l'origine, se conçoit comme le complément du critère contractuel, vient de plus en plus souvent pallier les carences de ce dernier : lorsqu'aucun contrat n'est conclu, l'utilisation effective de la prestation peut également être à l'origine du lien de droit lui-même.

248. Plus que l'intention de l'usager, ne faudrait-il pas également prendre en compte son mobile ? En effet, une personne qui acquiert la prestation de service, non pour sa consommation personnelle, mais dans le but de la "recommercialiser" sur le même marché, peut-elle être qualifiée d'usager ? Si cette qualification semble anodine dans certains cas, il n'en est rien lorsqu'un exploitant fournit une personne publique qui cherche à alimenter sa propre population, puisque le contrat passé pourra être un marché public.

249. Les critères de la passation d'un contrat ou de l'utilisation effective du service sont relatifs au noyau dur de la notion d'usager, mais celle-ci se conçoit également à l'aide de cercles concentriques qui s'en éloignent peu à peu. En effet, avant de devenir usager effectif, l'utilisateur est tour à tour usager potentiel, puis candidat usager. Quelles sont les implications juridiques de ces différentes notions ? Par ailleurs, comment définir la limite extérieure du plus large des cercles concentriques, qui distingue l'usager potentiel du simple bénéficiaire ?

250. L'usager peut donc s'appréhender de façon objective : il remplit des conditions qui sont indépendantes de sa volonté, objectivement définissables, extérieures à sa personne (Chapitre I). Puis, au moment où l'approche sociologique et historique de l'usager est touchée par une vague d'individualisme, la notion jurisprudentielle est affectée de critères volontaristes et subjectifs : sont usagers les personnes qui ont accompli une démarche individuelle, signé un contrat ou utilisé effectivement le service, en toute connaissance de cause, pour leur consommation personnelle (Chapitre II).

251. Identifier l'usager à travers la multitude de manifestations de sa présence conduit à constater l'absence d'unité de la notion. Chaque règle de droit abordée consacre sa propre définition de l'usager, recoupant son champ d'application. De ce fait, la notion d'usager devient relative et contingente, car à partir du moment où l'usager se définit en fonction du régime qui lui est applicable, l'hétérogénéité prévaut. La méthode proposée mérite alors d'être affinée : au delà de la forme prise par les différents critères de la notion d'usager, ne faudrait-il pas s'intéresser à leur contenu et tâcher d'en appréhender les traits communs ? C'est dans cette optique que se dessine une notion d'usager unifiée, claire et saisissable (Chapitre III).

- CHAPITRE I -
LES CRITERES OBJECTIFS DE LA NOTION D'USAGER

252. Dans les étapes de l'accès de l'usager au service public, avant que celui-ci ne devienne un usager effectif, le service est objectivement conçu pour répondre hypothétiquement aux besoins de l'ensemble de la population, ou tout du moins au plus grand nombre. Avant même de prendre contact avec l'exploitant du service, le futur usager est déjà pris en considération si ses éventuels besoins sont susceptibles d'être satisfaits un jour par le service : il est un usager virtuel (Section I).

253. Par la suite, au moment où l'usager prend contact avec l'exploitant, il doit plus précisément satisfaire aux conditions légales et réglementaires d'accès au service (Section II).

- SECTION I -
Le critère virtuel

254. "L'usager est celui pour qui le service public est créé et fonctionne."[2] Cette définition pourrait être à l'origine du critère virtuel de la notion jurisprudentielle d'usager. Pourquoi "virtuel" ? Le service public va à la rencontre de ses usagers potentiels, éventuels, non encore désignés, mais qui sont hypothétiquement censés exister[3].

255. Les implications de la notion d'usager potentiel sont de deux ordres : théoriquement d'abord, pour distinguer le simple bénéficiaire de l'usager potentiel, afin de poser les limites du plus large des cercles concentriques de la notion d'usager (§1). Au contentieux ensuite, car c'est la notion d'usager potentiel qui confère qualité pour agir à l'encontre de certains actes d'organisation du service, en raison de la forte probabilité que ces usagers éventuels utilisent un jour le service (§2).

---

[2] Voir notamment, P. Laroque, thèse préc., p.15.

[3] P. Laroque, thèse préc., p.64.

§ 1. La distinction entre l'usager et le simple bénéficiaire.

256. Ainsi, si l'on peut dire que l'ensemble de la population est le bénéficiaire du service, les usagers s'en distinguent par le lien personnel (A) et direct (B) qui les unit au service.

A. Un lien personnel et individuel.

257. La doctrine[4] distingue l'usager du bénéficiaire[5] en ce que seul l'usager reçoit des prestations individualisées de la part de l'exploitant du service public. Même si l'on peut affirmer qu'un service public profite à l'ensemble de la communauté, il ne faut pas confondre le but et l'objet du service. Si le but vise la satisfaction de l'intérêt général et le bien être de la population qui est bien le bénéficiaire du service ; l'objet se définit, quant à lui, à travers chaque prestation offerte à un individu-usager[6]. C'est généralement parmi les services publics administratifs que sont choisis les exemples de services ne connaissant que des bénéficiaires indirects mais pas d'usagers (police, pompiers etc.). Rien n'empêche de concevoir un service public industriel et commercial sans usager !

258. A titre d'exemple, l'éclairage public semble ne pouvoir satisfaire que des bénéficiaires qui n'ont aucune relation personnelle avec l'exploitant[7]. Plus intéressant est la cas de certains organismes ayant eu, à partir des années cinquante, des activités de régulation de l'économie, à l'instar de l'Office national interprofessionnel des céréales (ONIC[8]), du Fonds d'orientation et de régularisation des marchés agricoles (FORMA[9]), de la Société interprofessionnelle du lait ou du Fonds d'intervention et d'organisation des

---

[4] R. Bonnard, *Précis de droit administratif*, 4ème édition, préc., p.84 ; J. de Soto, *Droit administratif*, tome 1, *Théorie générale du service public*, préc., p.63 ; A.-S. Mescheriakoff, *Droit des services publics*, préc., p.225 ; J.-F. Lachaume, *Grands services publics*, préc., p.334 ; L. Richer, "Identification du service public", in *Droit des services publics locaux*, préc., I.100.1, p.7.

[5] Alors que G. Braibant et B. Stirn, *Le droit administratif français*, Presses de Sciences Po et Dalloz, 5ème édition, 1999, p.155, définissent les usagers comme "les bénéficiaires du service", ou p.286 comme ceux "qui en bénéficient d'une façon ou d'une autre".

[6] L. Richer, "Identification du service public", préc.

[7] Cependant, il semble que l'éclairage public soit un service public administratif selon R. Savignat et C. Dufaur, "L'éclairage public", *CJEG* 1996, p.249. Cette position, est confortée par la jurisprudence sur les dommages dus au défaut d'éclairage, subis par les usagers de la voie publique qui sont également les bénéficiaires de l'éclairage public, soumis au juge administratif. S'il s'était agit d'un service industriel et commercial comportant de véritables usagers, la compétence aurait été judiciaire (voir à ce propos les arrêts cités dans l'article précité). Par ailleurs, le Conseil d'Etat dans un arrêt du 8 décembre 1997, Société Sotracer, *Rec.*, Tables, p.925, refuse la qualification de METP à un marché conclu pour l'éclairage public en raison de l'absence d'exploitation sur des usagers.

[8] Loi du 15 août 1936 pour l'ONIC.

[9] Décret du 29 juillet 1961 pour le FORMA.

produits de la pêche maritime (FIOM[10]). Leur mission a pour but la préparation et l'exécution des textes relatifs aux interventions de l'Etat sur ces marchés, la modernisation et l'orientation de la production, la transformation et la commercialisation des produits, et enfin la réalisation d'opérations d'achat, de vente et de stockage des denrées concernées. Ces organismes rencontrent trois types de personnes : des collaborateurs, des bénéficiaires et peut-être de véritables usagers. Tout d'abord, dans l'exercice de leur mission, ils contractent avec des intermédiaires, courtiers ou négociants, qui apparaissent comme des collaborateurs à l'exécution du service public[11], dans la mesure où ils ne reçoivent aucune prestation de service mais un avantage, le plus souvent pécuniaire, en échange d'un certain comportement sur le marché ou d'un service rendu à l'organisme en question. La qualification d'usager est d'ailleurs clairement écartée par les commissaires du gouvernement[12] et les commentateurs[13] des arrêts rendus à propos de litiges concernant ces collaborateurs.

259. Dans certains cas, de véritables prestations de service sont rendues aux intermédiaires ou aux négociants, qui bénéficient d'avals ou de garanties de créance par exemple. Dans l'arrêt de 1982, Préfet de Paris, l'ONIC[14] était accusé d'avoir causé un préjudice aux créanciers d'un négociant à qui il avait donné son aval et avait ainsi facilité la survie artificielle. Dans l'arrêt Interfrost[15] de 1984, il était reproché au FIOM d'avoir au contraire refusé de garantir une créance. Dans les deux cas, les requérants créanciers se présentaient évidement comme des tiers mais qu'en était-il des négociants, véritables destinataires d'une prestation de service ? Dans l'arrêt Interfrost, le Tribunal des conflits mentionne l'absence de prérogative de puissance publique au sein de l'engagement du FIOM, ce qui laisserait penser qu'il ne s'agissait pas d'un usager. En effet, depuis les

---

10 Décret du 30 décembre 1975 pour le FIOM.

11 CE, 23 novembre 1959, Société mobilière et immobilière de meunerie et autres, *Rec.*, p.870, *AJDA* 1960, p.102, observations R. Pinto. CE, Ass., 20 décembre 1985, Syndicat national des industriels de l'alimentation animale, *Rec.*, p.381 : "que le fait que certaines des activités auxquelles l'office est habilité à se livrer *pour l'exécution de sa mission* revêtent un caractère industriel et commercial" ; TC, 24 juin 1968, Soc. d'approvisionnement alimentaire, *Rec.*, p.18 : "les contrats qu'il conclut dans les conditions ci-dessus définies ont pour objet l'exécution même du service public dont il est investi" ; TC, 14 novembre 1960, Société coopérative agricole de stockage de la Région d'Ablis, et du même jour, Société Vandroy - Jaspar, *AJDA* 1961, p.89, note A. de L. : l'ONIC est "habilité, pour l'accomplissement de sa mission, à procéder à des opérations dans les conditions du droit commun et pour lesquelles il peut faire appel à tous intermédiaires, agents commerciaux et courtiers".

12 Concl. Gégout sous TC, 24 juin 1968, Société d'approvisionnement alimentaire, *JCP* 1969, II, 15764 : "si on examine maintenant les relations de cet organisme avec les exportateurs, il faut bien constater que ceux-ci ne sont pas les usagers d'un service public industriel et commercial." Voir également les conclusions Kahn sur TC, 3 mars 1969, Interlait, *AJDA* 1969, p.307, qui n'envisage pas la présence d'un usager et mentionne l'arrêt de la cour d'appel de Paris du 25 juin 1968 qui fait appel à la notion de tiers ; concl. Genevois sur TC, 12 novembre 1984, Interfrost, *RFDA* 1985, p.250, qui à aucun moment n'a mentionné l'éventualité de la présence d'un usager.

13 Note J. Chevallier sous TC, 24 juin 1968, Société d'approvisionnement alimentaire, *D.* 1969, J, p.116 ; note J. Dufau sous le même arrêt, *JCP* 1969, II, 15764 ; note L. Fernandez sous TC, 12 novembre 1984, Interfrost, *JCP* 1986, II, 20577.

14 TC, 8 novembre 1982, Préfet de paris, *AJDA* 1983, p.199, chron. Lasserre et Delarue.

15 TC, 12 novembre 1984, Interfrost, *JCP* 1986, II, 20577.

arrêts Etablissements Campanon Rey et Dame Bertrand du début des années soixante[16], la présence de clauses exorbitantes du droit commun n'ôte pas au contrat liant l'usager au service son caractère de droit privé. S'il s'agissait d'usagers, une telle recherche aurait été inutile pour qualifier le contrat.

260. Cependant, dans l'arrêt Etablissements Campanon Rey de 1961, où il est clairement fait état de la présence d'un *usager* d'une régie d'achat et de vente d'alcools, le commissaire du gouvernement Heumann[17] avait établi une distinction entre les contrats de cession d'alcool, conclus avec des *usagers*, et les contrats de livraison d'alcool, conclus avec des *fournisseurs*[18]. Cette distinction est critiquable au regard de la jurisprudence qui précède, puisque tant les acquéreurs d'alcool que les fournisseurs peuvent recommercialiser les produits. Ne s'agit-il pas plutôt de collaborateurs au service public ?

261. Enfin, la troisième catégorie de personnes rencontrées par ces organismes regroupe les bénéficiaires, c'est-à-dire l'ensemble de la population française qui tire avantage du but du service, à savoir la régulation de l'économie. Ainsi, plus la mission d'un service public industriel et commercial est définie *objectivement* comme un service rendu à la Nation, moins les usagers seront identifiables. Lorsque le but n'est pas réellement distingué de l'objet du service dans la mission de l'exploitant, il est juridiquement difficile d'en appréhender les usagers sans les confondre avec les bénéficiaires.

B. Un lien direct.

262. La prestation, en plus d'être individualisée, doit profiter *directement* à l'usager[19]. Dans un arrêt de 1991, rendu par la cour d'appel de Paris[20], le magasin "Le Printemps" invoquait sa qualité d'usager pour se plaindre d'une baisse de fréquentation de sa clientèle qui était due à l'interruption prolongée de la ligne RATP qui desservait le magasin. La cour d'appel a jugé que "la société demanderesse n'(avait) pas la qualité d'usager de la RATP dès lors que c'est seulement de façon indirecte qu'elle bénéfici(ait) du transport du public qui se rend dans ses magasins ; d'autre part, le fait de contribuer en tant qu'employeur au financement de la RATP ne lui confère pas non plus la qualité d'usager". On retrouve dans cet arrêt l'esprit de l'article 7 de la LOTI[21] qui distingue usager et bénéficiaire : "le financement des services de transport public (...) est assuré par les

---

[16] CE, Section, 13 octobre 1961, Etablissements Campanon Rey, *Rec.*, p.567, *AJDA* 1962, p.98, concl. Heumann, note A. de Laubadère, *CJEG* 1963, note A.C. et TC, 17 décembre 1962, Dame Bertrand, *Rec.*, p.831, concl. Chardeau, *AJDA* 1963, p.88, chron. Gentot et Fourré, *CJEG* 1963, p.114, note A.C.

[17] Concl. sur CE, 13 octobre 1961, *AJDA* 1962, p.98. Voir également la note de A. de Laubadère, *AJDA* 1962, p.98.

[18] CE, 2 mai 1958, Distillerie de Magnac Laval, *Rec.*, p.246.

[19] Voir la doctrine citée précédemment pour le lien individuel. Voir également J.-F. Lachaume, *Grands services publics*, préc., p.328.

[20] CA Paris 5 décembre 1991, Société France Printemps c/ RATP, *JCP* 1992, IV, 1069.

[21] Loi d'orientation des transports intérieurs, n°82-1153 du 30 décembre 1982, JO du 31 décembre 1982, p.4004.

usagers, le cas échéant par les collectivités publiques en vertu de dispositions législatives particulières, les autres *bénéficiaires* publics ou privés qui, sans être des usagers des services en retirent des avantages directs ou indirects."

263. Les contours externes de la notion d'usager sont désormais définis à partir de l'appréhension de l'utilité de la prestation, globale et indirecte pour le bénéficiaire, personnelle et directe pour l'usager. Il faut maintenant se rapprocher du noyau et envisager la notion d'usager éventuel ou potentiel, non pas sur le plan de l'utilité de la prestation, mais plutôt en fonction de la probabilité qu'il deviendra usager.

§ 2. L'usager potentiel.

264. L'usager potentiel se distingue du candidat-usager, dans le mesure où il ne désire pas encore profiter des prestations proposées par l'exploitant. L'usager potentiel conteste les mesures d'organisation du service, en tant qu'elles pourraient lui être applicables un jour, compte tenu de sa situation vis à vis du service. Au contentieux, il s'agit de savoir si ces usagers potentiels ont qualité pour agir[22] contre ces mesures, car c'est sur ce terrain que sont résolues les difficultés.

265. Le critère retenu est celui du degré de probabilité dans l'utilisation future du service. Ce degré de probabilité n'est pas mesuré en fonction de la manifestation du désir d'entrer en contact avec l'exploitant (critère subjectif), mais à partir de la comparaison entre la situation objective de l'usager et les conditions matérielles de fonctionnement du service. Deux situations sont envisageables : soit il existe une certitude que l'usager éventuel deviendra candidat-usager puis usager effectif (A), soit il n'existe qu'une simple probabilité (B).

A. La certitude que l'usager potentiel deviendra usager effectif.

266. Lorsqu'il est certain -ou quasiment certain- que l'usager potentiel deviendra, par la force des choses, un usager effectif, il dispose d'une qualité pour agir contre les mesures d'organisation du service. Pour illustrer cette idée, l'arrêt du Conseil d'Etat de 1912, Marc et Bérenger[23], est particulièrement explicite : "en fait, tout propriétaire qui voudra s'assurer ou assurer aux locataires de son immeuble la possibilité de faire usage du gaz, dont la fourniture constitue un service public, devra *nécessairement* traiter avec la société du gaz de Paris et, pour cela, se soumettre aux conditions de l'arrêté attaqué ; que, dès lors, les requérants sont recevables à déférer cet arrêté au Conseil d'Etat." Le commissaire du gouvernement Heilbronner[24] avait pris un soin particulier à démontrer les fortes implications de cette mesure sur la situation juridique des requérants : "la Ville de Paris

---

[22] Pour une définition de ce terme, on se reportera à l'article de P. Charlot, "L'actualité de la notion de "qualité donnant intérêt à agir"", *RFDA* 1996, p.481 : le requérant invoque une qualité, "un titre particulier", une "appartenance à une catégorie limitée et définie", en fonction de l'objet même de l'acte qui est attaqué.

[23] CE, 19 janvier 1912, *DP* 1914, III, p.24.

[24] Conclusions citées par G. Jèze dans son commentaire sur l'arrêt, in "Essai d'une théorie sur le fonctionnement des services publics", *RDP* 1912, p.43 et s.

leur (aux requérants) oppose le défaut d'intérêt. Elle dit qu'ils n'ont aucun intérêt à obtenir l'annulation de l'arrêté ; il ne leur fait pas grief en l'état ; il se borne à des prévisions (...) tout est subordonné à la passation de contrats, que les propriétaires sont libres de passer ou de ne pas passer (...) Si l'on s'en tient à la théorie pure, il est certain que l'argumentation de la Ville est exacte. Mais en fait, il en est tout autrement. Les propriétaires à Paris ne peuvent guère (de quelque catégorie de maisons qu'il s'agisse) se passer de gaz. Or la Société du gaz a, en fait, le monopole de fourniture du gaz à Paris. L'arrêté fixe définitivement les conditions auxquelles devront se soumettre les propriétaires désirant la fourniture du gaz. Or, les propriétaires, ne pouvant se passer de gaz, devront forcément traiter aux conditions posées par cet arrêté. Ils ont donc un intérêt certain."

267. Qu'en est-il de la contestation de la suppression d'un service public ? En effet, l'usager n'est plus potentiel mais devient hypothétique car il ne sera un usager effectif que s'il parvient à faire rétablir le service supprimé. Dans ce cas, le juge doit examiner la probabilité -voire la certitude- d'utilisation du service si celui-ci existait. Dans le célèbre arrêt Syndicat des propriétaires du quartier Croix de Seguey Tivoli[25], où il était question de la fermeture d'une ligne de tramways, le commissaire du gouvernement Romieu, dans ses conclusions, a mentionné l'intérêt de tous les habitants du quartier pour le service des tramways, ainsi que son utilité pour les fournitures de première nécessité en direction des "consommateurs dont les droits sont restreints par le monopole"[26].

268. Ainsi, bon nombre d'arrêts fondent la qualité pour agir de l'usager sur le fait qu'il est propriétaire d'une habitation desservie par un service organisé en réseau sous forme de monopole[27]. Les qualités de propriétaire, d'habitant et de contribuable recoupent de ce fait celle d'usager des services publics locaux[28]. La formulation de l'arrêt De Roche du Teilloy, de 1936[29], est particulièrement explicite puisqu'il est jugé que "le sieur de Roche (...) habite la ville de Nancy et est usager du réseau des tramways, qu'il a dès lors intérêt personnel à demander l'annulation de l'arrêté attaqué (homologuant une augmentation de tarifs)".

269. La qualité d'habitant d'une commune est un critère objectif dans la détermination de la qualité d'usager lorsque le service public local, organisé en réseau, dessert matériellement des habitations (eau, électricité, gaz). Il en est de même lorsque le service est simplement organisé en trajet (ordures ménagères, transports locaux). Qu'en est-il des services publics industriels et commerciaux ne desservant pas forcément des habitations bien identifiables ? L'appréciation de la qualité d'usager semble alors plus subjective et le degré de certitude d'utilisation future du service moins exigeant.

---

[25] CE, 21 décembre 1906, note Hauriou, *S.* 1907, III, p.33.

[26] *DP* 1907, III, p.41.

[27] CE, 26 février 1936, Baltazar, *Rev. concess.* 1937, p.60 ; CE, 11 décembre 1963, Syndicat de défense en vue du rétablissement de la voie ferrée Bort-Eygurande, *JCP* 1964, II, 13753, note J. Dufau et *AJDA* 1964, p.238 note P. Laporte.

[28] CE, 14 mai 1930, Truité de Varreux, *Rec.*, p.495 : Truité agissait en son nom personnel et en tant que président de la Chambre syndicale des propriétaires immobiliers de la ville de Paris contre un arrêté augmentant les tarifs de l'électricité. De même CE, 23 décembre 1931, Godfrin, *Rec.*, p.1152 ; CE, 10 janvier 1930, Schmid, *Rec.*, p.31.

[29] CE, 4 décembre 1936, De Roche du Teilloy, *Rec.*, p.1061.

B. La simple probabilité que l'usager potentiel deviendra usager effectif.

270. Les conclusions de M. Combrexelle sur l'arrêt Wajs et Monnier, de 1996[30], sont édifiantes pour l'examen du degré de probabilité dans l'utilisation du service. Il s'agissait ici d'un recours pour excès de pouvoir contre des décrets approuvant des documents contractuels relatifs aux concessions conclues avec la Société des autoroutes du sud de la France et la Société des autoroutes du nord et de l'est de la France. La solution retenue, quant à la qualité pour agir des usagers de ce service administratif, serait bien entendu transposable à un service industriel et commercial, notamment à la SNCF. M. Combrexelle note que "Mme Wajs (...) habite dans la région parisienne et *utilise fréquemment* l'autoroute du sud pour se rendre dans sa résidence secondaire du Lavandou dans le Var. En sa qualité d'usager de l'autoroute A7 (...) elle justifie d'un intérêt pour contester le décret". La situation de M. Monnier, habitant de Metz, est plus délicate puisqu'il conteste le décret portant extension des autoroutes du Nord. "Or M. Monnier, ni par sa résidence ni par une quelconque circonstance particulière ne justifie d'un intérêt personnel concernant l'utilisation des portions d'autoroute étendues par ce décret" conclut le commissaire du gouvernement, en précisant que si "tout un chacun est usager potentiel de l'autoroute, il faut éviter de multiplier les occasions pour n'importe qui de contester le cahier des charges"[31].

271. Si, à l'origine, c'est encore le lieu d'habitation qui fait office de point d'ancrage objectif dans l'appréciation du juge, ce qui est tout à fait normal étant donné que les autoroutes ou les lignes SNCF peuvent tout de même se concevoir comme desservant un ensemble d'habitations, le caractère national du trajet suivi par les services en question conduit le juge à tenter d'affiner son appréciation à l'aide d'éléments plus subjectifs, comme le mode de vie particulier du requérant qui l'amène à *effectivement* emprunter l'autoroute.

272. Qu'en est-il dans ce cas des services publics industriels et commerciaux qui ne sont pas implantés en réseau ou en trajet ? Chaque personne peut être utilisateur potentiel de ce type de services. Ainsi, comment définir la catégorie des usagers des cabines de téléphone autrement qu'en y englobant l'ensemble de la population[32] ? Dans l'arrêt Meyet, de 1979, le Conseil d'Etat semble avoir admis facilement la qualité pour agir d'une personne qui contestait le montant de la taxe téléphonique portant sur les communications établies à partir de postes publics et qui avait minutieusement démontré sa qualité d'utilisateur[33].

---

[30] CE, 30 octobre 1996, Mme Wajs et M. Monnier, *CJEG* 1997, p.52.

[31] Cette affaire rappelle celle du sieur Abisset, CE, Section, 14 février 1958, *Rec.*, p.98, conclusion Long : il s'agissait d'un campeur attaquant la décision d'un maire de réglementer l'activité du camping dans sa commune. Pour admettre sa qualité pour agir, M. Long remarque que le requérant appartient au Groupe des randonneurs pédestres du Touring Club de France, qu'il pratique effectivement et assidûment le camping en région parisienne, où il habite, et où se situe la commune en question.

[32] R. Salvat, "La recevabilité de l'action de l'usager d'un service public national", *Juris PTT* n°7, janvier 1987, p.10.

[33] CE, 19 décembre 1979, Meyet, *D.* 1980, p.124, note P. Delvolvé.

273. Ainsi, la notion d'usager potentiel fait apparaître deux attitudes du juge. Dans certains cas, il se fonde *in abstracto* sur le monopole de l'exploitant et sur le caractère de première nécessité du service pour reconnaître automatiquement la qualité d'usager à tout habitant[34], qu'il soit contribuable ou propriétaire dans la zone concernée[35]. Lorsque le service est localement organisé en réseau, il semble davantage desservir une habitation, un quartier ou une profession, que des personnes considérées subjectivement[36]. Dans d'autres cas, la situation du requérant est examiné *in concreto* et il suffit à l'usager de démontrer qu'il pourrait être amené à utiliser le service, en fonction de son mode de vie particulier. Enfin, le juge peut combiner les deux attitudes, comme pour les usagers de la SNCF.

274. Faut-il pour autant en conclure avec M. Moderne[37] que, du début du siècle jusqu'à l'arrêt Agnesi[38] , qui consacre pour lui l'avènement du candidat usager, le requérant agissait uniquement en qualité d'habitant ou de contribuable, mais pas d'usager ? Il semble que la réponse soit négative car il ne faut pas confondre les éléments objectifs de démonstration de la qualité d'usager et la qualité elle-même. En effet, trois critères objectifs ont été rencontrés : le lieu d'habitation, qui engendre les développements les plus importants, le caractère intrinsèquement nécessaire du service et la situation monopolistique, au moins sur le secteur concerné, de l'exploitant. Ces éléments ont pour particularité de pouvoir être appréciés *in abstracto*, sans tenir compte de désirs personnels et particuliers de l'usager potentiel. Néanmoins, il ne faut pas résumer la qualité d'usager à celle d'habitant, qui n'en serait tout au plus que l'une des composantes. Il convient de se préserver d'une sollicitation abusive des qualités de contribuable et d'habitant : lorsqu'un service fonctionne en réseau et dessert l'ensemble d'une commune, la qualité de contribuable suppose celle d'habitant, qui induit à son tour celle d'usager[39]. Mais si la qualité d'habitant équivalait à celle d'usager, elle serait invocable au niveau national, ce qui n'est pas le cas. La jurisprudence elle-même a posé les limites d'un tel raisonnement, qui assimilait usager et citoyen. Le Conseil d'Etat, en 1992, dans l'arrêt Ferret[40], a rejeté un recours pour excès de pouvoir contre une mesure d'organisation du service des ordures

---

[34] CE, 20 décembre 1933, Chamfrault, *Rec.*, p.1202 : le requérant agit en "qualité d'intéressé domicilié au chef lieu" contre le service de distribution d'électricité.

[35] Voir note A. Heilbronner sous CE, 4 décembre 1936, de Roche du Teilloy, *DP* 1937, III, 4 : "pour établir sa qualité d'usager, celui-ci ne paraît pas tenu d'apporter des justifications précises, soit que sa qualité n'ait jamais à être discutée soit qu'elle résulte suffisamment du seul fait que l'intéressé habite la ville où fonctionne le service public considéré, et procède ainsi de la qualité d'habitant".

[36] M. Mignon dans son article "Une évolution inachevée : la notion d'intérêt ouvrant le recours pour excès de pouvoir", *D.* 1953, chron., p.121, montre la progressive objectivation de la notion d'intérêt à agir au début du siècle où l'intérêt est reconnu dès lors que le requérant appartient à un groupe nettement identifiable au sein de la collectivité (propriétaires, contribuables, électeurs) ou dont les contours sont plus flous (consommateurs).

[37] "De nouvelles difficultés pour la notion de "rapports de droit privé" comme critère de compétence judiciaire (à propos de la responsabilité des services publics de transport)", *AJDA* 1970, p.538.

[38] CE, 21 avril 1961, Agnesi, *Rec.*, p.253, *D.* 1962, p.535, note F.-B. Cet arrêt est interprété comme étendant la compétence du juge judiciaire au candidat usager.

[39] Voir par exemple dans le domaine du chauffage, CE, 12 juillet 1918, Lefebvre, *Rec.* p.698 : "qu'en sa qualité de contribuable de la ville de Blois et d'habitant usager des services municipaux, le sieur Lefebvre est intéressé à l'observation des règles auxquelles la loi subordonne la validité des délibérations du conseil municipal."

[40] CE, 16 octobre 1992, Ferret, req. n°99329.

ménagères, au motif que le requérant ne remplissait pas les conditions pour être considéré comme un usager et qu'il se prévalait seulement de sa qualité de citoyen.

275. Lorsque l'usager potentiel prend contact avec l'exploitant du service afin de bénéficier effectivement de la fourniture, il devient candidat usager. La notion de candidat usager ne fait plus appel au degré de certitude de l'utilisation du service, ce qui ne servirait à rien, mais procède des conditions légales et réglementaires d'organisation du service.

- *SECTION II* -
La soumission aux conditions légales et réglementaires d'organisation du service

276. Il arrive que la démarche volontariste du candidat qui sollicite l'accès au service soit occultée par les conditions objectives réglant l'organisation du service. On trouve ces types de situations dans l'approche du candidat usager : soit celui-ci entre en contact avec le service et prétend remplir les conditions légales et réglementaires d'organisation du service (§1), soit il revendique le branchement obligatoire de l'usager pour certains services (§2).

§ 1. Le candidat usager.

277. Deux éléments se combinent dans l'appréhension du candidat usager : celui-ci effectue une démarche volontariste de prise de contact avec l'exploitant, démarche qui dans un second temps doit rencontrer les conditions objectives d'accès au service. Loin de nier l'aspect volontariste du processus, la doctrine l'a sciemment réduit à son strict minimum. Sans rentrer dans une critique des conceptions de la situation du candidat-usager, elles reflètent tout de même pour l'observateur la prédominance de critères objectifs sur des critères subjectifs. En effet, cette démarche est assimilée à un acte-condition par L. Duguit[41]. Même dans une optique plus privatiste, le contrat liant l'usager à l'exploitant est parfois qualifié de contrat d'adhésion, ce qui réduit considérablement le rôle de la volonté[42]. Ainsi, la volonté du candidat usager serait réduite à une simple faculté de se placer dans un cadre prédéfini en dehors de sa volonté, à condition toutefois de satisfaire aux conditions objectives d'accès au service.

278. Dès la fin du XIXème siècle, le candidat-usager est celui qui remplit les conditions posées par les cahiers des charges ou par les règlements de service[43]. Dans un arrêt de 1884, la Cour de cassation[44] sanctionne la Compagnie générale des eaux qui a refusé un contrat à la Veuve Jouanne, alors qu'elle "le demandait dans les conditions déterminées par les règlements administratifs"[45]. Le cahier des charges est considéré

---

[41] "De la situation des particuliers à l'égard des services publics", préc. ; "De la situation du particulier faisant usage d'un service public", préc..

[42] Voir n°553 et s.

[43] Selon M. Hauriou, *Précis élémentaire de droit administratif*, 5ème édition, préc., p.116 : le candidat usager est celui qui dispose du droit de se faire appliquer les "règles objectives qui commandent le fonctionnement du service à condition (...) qu'il possède lui-même le statut nécessaire pour en bénéficier".

[44] Cass. civ, 25 juin 1884, Vve Jouanne, *S.* 1884, I, p.440. De même, Cass. civ, 15 mai 1912, Soc. d'éclairage, chauffage et force motrice c/ Boyer, *S.* 1913, I, p.20 ; Cass.civ, 28 juin 1923, Andrieu c/ Feydel et Lalis, *S.* 1924, I, p.29 ; CA Rouen, 5 mai 1846, Pauwels et Visinet c/ Marinier-Lamy, *DP* 1846, II, p.175. Voir également, CE, 29 octobre 1926, Gay, *D.* 1926, III, p.4.

[45] Par la suite, aussi bien les juges judiciaires que les juges administratifs ont adopté cette attitude. Par exemple, CA Paris, 12 juin 1903, Soisson, *Rev. concess.* 1903, p.385 ; CE, 16 décembre 1932, Sieur R., *Rev. concess.*

comme une disposition d'ordre général, une règle de droit objectif, que le public peut invoquer dans les mêmes conditions qu'une loi. L'aspect contractuel et volontariste de la notion de candidat usager est considéré comme une source d'inégalités, d'abus de la part des compagnies, alors que le règlement du service est vecteur d'égalitarisme, au nom des valeurs du service public et des dangers du monopole[46]. Pour conforter cette tendance, il est admis par l'arrêt Tondut, de 1931[47], que les candidats usagers peuvent exercer un recours pour excès de pouvoir, recours objectif, devant le tribunal administratif à l'encontre du refus de l'exploitant de les admettre comme usagers effectifs.

279. Le groupe des candidats usagers ne se définit donc pas à cette époque comme l'ensemble des personnes en situation précontractuelle vis à vis de l'exploitant, mais bel et bien comme les sujets d'un corps de droits d'origine réglementaire. Sans vouloir préjuger de la nature du lien qui unit l'usager à l'exploitant, la conception de celui-ci influence au fil du temps la notion elle-même.

280. Si l'émission de la volonté du candidat usager peut être réduite à son strict minimum, elle existe néanmoins, alors que dans certains cas la qualité d'usager dépend exclusivement de dispositions légales et réglementaires.

1933, p.164 ; CA Dijon du 17 mars 1913, Bouzereau c/ Société d'éclairage des villes de Chalon-sur-Saône et Mâcon, *S.* 1917, II, p.105.

[46] CA Rouen, 5 mai 1846, Pauwels et Visinet c/ Marinier-Lamy, *DP* 1846, II, p.175 : "l'éclairage est devenu une sorte de service public et la compagnie ne peut s'affranchir à l'égard d'aucun consommateur pourvu qu'il se conforme au règlement municipal", "si habituellement il y a eu des abonnements, ils ne sont pas même reconnus et encore moins rendus obligatoires par le règlement."

[47] CE, 6 mai 1931, Tondut, *Rec.*, p.477; *S.* 1931, III, 81, note P. L.

§ 2. Le branchement obligatoire.

281. La qualité d'usager est parfois entièrement déterminée par des textes qui rendent obligatoire pour certaines catégories de personnes le branchement au réseau d'assainissement. La réalisation même du branchement ne peut faire l'objet d'un contrat et procède d'une décision unilatérale de l'administration.

282. La circulaire du 12 décembre 1978[48] définit les usagers du service d'assainissement comme "toutes les personnes raccordées au réseau d'assainissement" et assimile aux usagers "toutes les personnes raccordables au réseau d'assainissement dans les conditions fixées par l'article L.33[49] du Code de la santé publique et astreintes de ce fait au paiement des sommes prévues à l'article L.35-5[50] du même Code". Ainsi, l'usager serait celui qui paye la redevance d'assainissement ou bien le propriétaire d'un immeuble raccordé ou raccordable, ce qui revient au même du fait de la superposition des critères[51].

283. Cependant, cela n'est pas aussi simple qu'il y paraît et certaines divergences jurisprudentielles sont à souligner lorsqu'il s'agit de qualifier un propriétaire non raccordé, mais qui paye la somme de l'article L.35-5. Le juge peut adopter deux types de raisonnements :soit il s'en tient à la nature de la somme à payer en vertu de l'article L.35-5 et détermine directement le juge compétent sans passer par la qualification d'usager[52], soit il passe par la qualification d'usager. Le Tribunal des conflits a qualifié d'usager une personne non raccordée au réseau communal d'assainissement, mais qui payait tout de même la somme prévue à l'article L.35-5[53]. A l'inverse, la cour administrative d'appel de Paris[54] a jugé que "l'habitation de monsieur Bernard n'était pas raccordée au réseau d'assainissement de la commune ; qu'ainsi, monsieur Bernard n'avait pas la qualité d'usager de ce service". Dès lors le litige portant sur le recouvrement de la somme due en vertu de l'article L35-5 du Code de la santé publique était de la compétence du juge administratif. Cette dernière jurisprudence ne semble pas en accord avec la circulaire qui superposait les qualités d'usager et de redevable des sommes en question, que ces

---

48 Concernant les modalités d'application du décret n°67-945 du 24 octobre 1967 portant institution, recouvrement et affectation des redevances dues par les usagers des réseaux d'assainissement et des stations d'épuration, dans son commentaire de l'article 4 du décret, JO du 6 mars 1979.

49 "Le raccordement des immeubles aux égouts disposés pour recouvrer les eaux domestiques est obligatoire".

50 Il s'agit des propriétaires non raccordés mais raccordables, qui doivent payer une somme au moins équivalente à la redevance d'assainissement qu'ils auraient payée s'il avaient été raccordés.

51 Pour une application récente, Cass. com, 21 janvier 1997, Société Rousselot, pourvoi n°94-19.580 : "les redevances d'assainissement d'eau sont dues par toute personne rattachée à un réseau d'assainissement, du seul fait de ce rattachement au réseau." *A contrario*, Cass. com., 4 juin 1991, Blot, *D.* 1991, p.457, concl. Jéol ; Cass. com., 9 novembre 1993, Bull. civ, IV, n°387.

52 TC, 19 décembre 1988, SDEI, req. n°2549, *DA* 1989, p.269 (compétence du juge administratif) ; Cass. com., 7 avril 1998, Mendes c/ Commune de Juillan, n° 908 (compétence du juge judiciaire).

53 TC, 16 juin 1997, Thierry c/ Commune de Bétaucourt, Rec., Tables, p.708.

54 CAA Paris, 26 septembre 1991, M. Bernard, req. n°89PAO1158. Voir également, *TI Lyon*, 15 mai 1996, Marquet c/ SDEI (inédit) : Marquet a souscrit un contrat de fourniture d'eau mais n'est pas raccordé à l'égout alors qu'il paye la taxe d'assainissement. Le tribunal admet que soit remboursé à M. Marquet le trop perçu et écarte la qualification d'usager.

personnes soient raccordées ou non, puisqu'elles ne peuvent, sauf exception, s'affranchir des sommes dues. On commence alors à apercevoir les limites d'un raisonnement qui limite la compétence du juge judiciaire à la qualité d'usager. Soit la notion d'usager devient une notion "fourre-tout" afin de ne pas entraver la constitution d'un bloc de compétence au profit du juge judiciaire, soit on tente de restreindre les critères de la notion d'usager et c'est le bloc de compétence judiciaire qui en pâtit.

284. La jurisprudence, pour conférer la qualité d'usager au propriétaire d'un immeuble, procède soit à l'appréciation de la nature de l'immeuble en cause et de l'activité qui y est exercée[55], soit à l'examen objectif de ses installations afin de déterminer si celles-ci sont raccordées au réseau[56]. La notion de raccordement peut aussi être interprétée non plus sous l'angle du branchement, mais en fonction de la nature du cours d'eau dans lequel l'immeuble déverse ses eaux usées et qui détermine son appartenance au réseau d'assainissement[57].

285. Le critère de la passation d'un contrat est complètement occulté par un jugement du tribunal administratif de Bordeaux de 1996[58], où il est jugé que "l'exécution des branchements au réseau d'assainissement auquel le raccordement des immeubles est rendu obligatoire par la loi, intervient par décision unilatérale de la collectivité et ne peut donner lieu à la passation d'un contrat négocié avec les propriétaires intéressés". De même, la Cour de cassation, en 1997[59], a jugé que la redevance d'assainissement est due par toute personne rattachée matériellement au réseau, sans que celle-ci puisse invoquer pour s'en libérer l'absence de contrat la liant à l'exploitant du service. Ainsi, le critère contractuel ne conditionne ni la qualité de candidat usager, ni celle d'usager effectif pour le service public de l'assainissement.

---

[55] Il faut savoir que le domaine d'application des articles L33 et L35-5 s'apprécie en fonction de la nature de l'immeuble et de l'activité qui y est exercée (distinction eaux domestiques / eaux industrielles). Les exceptions concernent les immeubles insalubres, frappés d'un arrêté de péril, et les immeubles difficilement raccordables.

[56] CE, 21 novembre 1975, La Grande brasserie moderne c/ Communauté urbaine de Lille, *Rec.*, p.584. Dans le même ordre d'idée, le Conseil d'Etat dans un arrêt du 11 mars 1977, Commune d'Acher (*DA* avril 1977, 158), interprète la notion de raccordement à l'égout pour déterminer la qualité d'usager du propriétaire de l'immeuble. Dans l'arrêt du Conseil d'Etat du 13 janvier 1992, Société Rousselot, *Rec.*, Tables, p.840, la société est regardée comme raccordée au réseau, le litige portant sur la redevance concerne donc un service public industriel et commercial et sa rémunération et doit être porté devant les tribunaux judiciaires.

[57] Evoquant cette question, TC, 2 décembre 1991, *Gaz. Pal.* 1992, 2, panor. adm., p.109.

[58] TA Bordeaux, 22 février 1996, Gaubert c/ Communauté Urbaine de Bordeaux et LDE (inédit).

[59] Com., 21 janvier 1997, Société Rousselot, pourvoi n° 94-19.580.

CONCLUSION DU CHAPITRE I

286. Définir l'usager à partir de critères purement objectifs est une démarche décevante. La "notion" se confond parfois avec la délimitation du champ d'application d'une règle bien particulière du droit, ce qui conduit à circonscrire la notion au régime juridique qui lui est applicable, et partant, à multiplier dans le cas présent les définitions possibles de l'usager. En effet, est usager celui qui a qualité pour agir, celui qui est soumis à certaines redevances (ou taxes) ou bien celui qui remplit les conditions objectives d'accès au service. Comme les critères de la notion d'usager se confondent avec les critères de l'intérêt à agir, du champ d'application d'une redevance ou d'un texte, aucune homogénéité ne peut être dégagée. Par ailleurs, il faudrait commencer par définir ce qu'est un candidat usager, puis ce qu'est un usager effectif, avant de lui appliquer le régime juridique qui lui convient, alors que c'est souvent l'inverse qui est pratiqué.

287. Enfin, les critères objectifs sont souvent appréciés *in concreto* par le juge. Si le critère objectif a été défini comme un critère relatif à des éléments extérieurs à la volonté de l'usager, l'appréciation même de ces critères fait parfois intervenir indirectement cette volonté. Plus encore, si l'aspect volontariste de la situation de l'usager est parfois minimisé, il ne peut être complètement occulté. On a beau dire, par exemple, que le candidat usager est celui qui est soumis à un statut réglementaire, il n'en demeure pas moins que c'est bien sa propre volonté qui l'a placé dans cette situation. Rares sont donc les cas où la qualification d'usager dépend d'éléments totalement extérieurs à la volonté de l'usager. C'est pourquoi il est absolument nécessaire d'envisager désormais cette volonté comme critère à part entière.

- CHAPITRE II -
LES CRITERES SUBJECTIFS DE LA NOTION D'USAGER

288. Les critères subjectifs de la notion d'usager procèdent de la volonté de l'usager : est usager celui qui a manifesté son intention de l'être. Si ces critères dépendent par définition de la seule volonté de l'usager, l'administration de leur preuve évolue. Alors que des critères intrinsèquement objectifs pouvaient s'apprécier *in concreto*, les critères par nature subjectifs peuvent souffrir une matérialisation objective, comme la présence d'un contrat ou l'utilisation effective du service. La volonté de l'usager ne sera alors pas directement envisagée comme telle, mais indirectement déduite de ses manifestations concrètes.

289. C'est le jeu de deux critères classiques, la conclusion d'un contrat et la consommation effective du service, qui constitue l'aspect fondamental du volet volontariste de la notion d'usager. La question est de savoir si le lien contractuel unissant l'usager à l'exploitant se suffit à lui-même ou bien s'il doit être accompagné d'une utilisation effective de la prestation de service. Par ailleurs, l'utilisation seule en l'absence de contrat peut-elle conduire à la qualification d'usager ? Le critère contractuel souffre de nombreuses imperfections, dont l'une est relative à la notion de contrat verbal. S'il est admis que l'usager puisse conclure un contrat verbal avec l'exploitant, encore faut-il en démontrer l'existence. Il est alors surprenant de voir que l'utilisation effective du service intervient alors en amont pour fonder un lien de droit entre l'usager et l'exploitant. Le critère contractuel, pour des raisons pratiques, a également été sollicité à tort et à travers dans le but d'y inclure des situations où aucun contrat n'était réellement conclu. Face à la grossièreté de cette fiction, la jurisprudence lui a substitué la notion de "lien de droit privé". Si la présence d'un usager pouvait être décelée grâce à l'existence tangible d'un contrat, comment délimiter maintenant la notion d'usager qui ne procède plus du lien de droit privé, mais qui, au contraire, semble l'engendrer ?

290. La solution consisterait à s'attacher à l'unique recherche de l'intention de l'usager en franchissant un pas de plus dans l'approche purement subjective de la notion d'usager. Peut-on aller encore plus loin, car de l'intention de l'usager à son mobile, il n'y a qu'un pas à franchir. En effet, ce sont bien les fins poursuivies par l'usager, qui consomme pour son propre compte, qui vont le distinguer des éventuels intermédiaires sur le marché, acquérant la prestation dans le but de la "recommercialiser". Quelles seraient les implications de l'assimilation de cet intermédiaire à un usager ou au contraire à un exploitant ?

291. Dans la prise en compte des éléments rattachés à la personne de l'usager, les critères relatifs à la matérialisation de la volonté de l'usager sont réunis sous la vocable de "critères volontaristes" (Section I). Ils viennent compléter les mobiles affichés par l'usager, qui procèdent de critères "finalistes" (Section II).

- SECTION I -
Les critères volontaristes

292. Dans la plupart des cas, la manifestation de la volonté d'une personne d'entrer en contact avec le service est présumée par la conclusion d'un lien de droit écrit et l'utilisation effective du service, qui suffisent à conférer la qualité d'usager à cette personne (§1). Parfois, en l'absence de contrat écrit ou d'utilisation effective du service, il faut apprécier différemment, et sans doute plus subjectivement, l'intention de l'éventuel usager (§2).

§ 1. La volonté présumée de l'usager.

293. On peut définir l'usager comme la personne liée par contrat au service, qui reçoit effectivement et normalement sa prestation, à partir du moment où elle a conclu son contrat et jusqu'au moment où elle l'a régulièrement résilié. L'utilisation effective du service se confond avec l'exécution du contrat, ce qui permet aux deux critères classiques (conclusion d'un contrat et utilisation du service) d'intervenir cumulativement (A).

294. Peuvent-ils également jouer alternativement ? Seraient alors usagers les personnes qui utilisent le service en l'absence de contrat (B), ainsi que les personnes qui n'utilisent pas le service tout en étant liées par contrat (C).

295. On réserve le cas du candidat usager, qui n'est pas titulaire d'un contrat et qui ne consomme pas encore la prestation (D).

A. Les critères cumulatifs originels : conclusion et exécution d'un contrat.

296. L'exigence du cumul des deux critères classiques dans la qualification de l'usager ne touche que deux domaines bien particuliers : celui de la responsabilité pour dommage de travaux publics subis par les usagers des services publics industriels et commerciaux (1°) et celui de la responsabilité du transporteur pour non respect de son obligation de sécurité (2°).

1°) La distinction du tiers et de l'usager du service public dans le contentieux des dommages de travaux publics.

297. Le contentieux des dommages de travaux publics révèle une double distinction. En premier lieu, au sein même du domaine de compétence du juge administratif, le régime de responsabilité applicable va différer selon que l'on est en présence d'un usager de l'ouvrage public ou d'un tiers par rapport à cet ouvrage. De cette première distinction, on ne retiendra que la situation des usagers de l'ouvrage public, qui se dédouble elle-même en

deux cas : si l'usager de l'ouvrage public est également un usager du service public industriel et commercial auquel est affecté l'ouvrage public, le juge judiciaire sera compétent pour connaître du litige ; si l'usager de l'ouvrage public est un tiers vis à vis du service, le juge administratif demeurera compétent. Ainsi, la notion d'usager du service public industriel et commercial peut être abordée indirectement à travers les arrêts qui, partant de l'usage de l'ouvrage public, reconnaissent également à la victime la qualité d'usager du service public industriel et commercial pour déclarer le juge judiciaire compétent.

298. Dès lors, deux options sont envisageables. La première consiste à assimiler l'usager de l'ouvrage public affecté à un service public industriel et commercial à l'usager du service lui-même. La seconde tend à distinguer l'usager de l'ouvrage et l'usager du service : pour qu'un usager de l'ouvrage public soit également considéré comme un usager du service, il faut qu'il satisfasse à certaines conditions supplémentaires. C'est cette seconde option qui semble avoir été choisie, du moins dans un premier temps, puisque deux critères cumulatifs vont permettre d'ériger au rang d'usager du service la victime d'un dommage causé par l'usage d'un ouvrage public affecté au service : la présence d'un contrat conclu avec l'exploitant et la survenance du dommage lors de la fourniture de la prestation, c'est-à-dire lors de l'exécution du contrat. La non assimilation de l'usager de l'ouvrage affecté au service à l'usager du service lui-même (a) induit une notion d'usager du service limitée dans ses dimensions matérielle (b) et personnelle (c).

a) La non assimilation de l'usager de l'ouvrage affecté au service à l'usager du service.

299. Ainsi, c'est en vertu de la présence d'un contrat de droit privé liant l'usager à l'exploitant du service que la compétence du juge judiciaire l'emporte sur la compétence du juge administratif, qui aurait normalement été entraînée par l'existence d'un dommage de travaux publics. En 1954, le Tribunal des conflits[1] met fin à une divergence jurisprudentielle entre le Conseil d'Etat[2] et la Cour de cassation[3] en posant comme principe "qu'eu égard aux rapports juridiques qui naissent du contrat d'abonnement liant

---

[1] TC, 24 juin 1954, Guyomar c/ EDF, *D.* 1955, J, p.544, note J.-M. Auby, *JCP* 1954, II, 8355, note J. Dufau ; du même jour Sieur Minodier, *JCP* 1954, II, 8355 ; Dame Galland et Société Lozérienne d'énergie électrique, *CJEG* 1954, p.155, note A. Carron.

[2] Les dommages subis par les abonnés sont du domaine de compétence du juge judiciaire, car le litige se rattache à l'exécution d'un contrat de droit privé, CE, 14 mai 1937, Société des forces motrices de la Tarde, *S.* 1937, III, p.70 ; CE, 19 mars 1948, Société Lozérienne d'énergie électrique, *S.* 1949, III, p.16 ; les tribunaux judiciaires n'ayant en revanche pas à connaître des dommages subis par un futur abonné "qui n'avait encore souscrit aucun contrat d'abonnement avec la société concessionnaire, CE, 21 janvier 1949, Société Grand combienne d'éclairage et d'énergie, *Rec.*, p.32 ; la compétence judiciaire ne s'étend pas non plus aux dommages subis par les tiers qui se trouvaient au domicile de l'abonné, CE, 25 janvier 1952, Nougaret, *Rec.*, p.62. Par ailleurs, le commissaire du gouvernement J. Donnedieu de Vabres dans ses conclusions sur l'affaire Gain (CE, 18 décembre 1953, *Rec.*, p.570 ; *Rev. Prat. Droit Adm.*, 1954, p.29) précise que "le juge du contrat n'est compétent que si le dommage est causé à l'abonné directement à l'occasion des prestations qui lui sont dues".

[3] Dans le cas de dommages subis par des personnes liées par contrat au service, la Cour de cassation avait retenu la compétence du juge administratif, dès lors que les fautes alléguées étaient "par nature inséparables de la conception technique de l'ouvrage public et des conditions de son exploitation", Civ., 21 novembre 1949, *JCP* 1950, II, 5517, note M. Cavarroc.

le distributeur d'énergie électrique et l'usager, ce dernier ne peut valablement, en cas de dommage subi par lui à l'occasion de la fourniture de courant, exercer d'autre action contre son cocontractant que celle qui procède dudit contrat, (...), l'action motivée par l'inexécution de l'une quelconque de ces stipulations ne peut être en effet utilement portée que devant les tribunaux judiciaires".

300. Abondamment commentée par la doctrine[4], cette jurisprudence superpose les qualités de cocontractant de l'exploitant et d'usager. Cependant, si la qualité de cocontractant est une condition nécessaire dans la qualification de l'usager, elle ne saurait être suffisante. Dans le cas particulier des victimes d'un dommage de travaux publics, la qualité d'usager du service est limitée matériellement aux litiges relatifs à l'exécution du contrat. Une fois de plus, les données du régime applicable à l'usager circonscrivent considérablement la notion.

301. Malgré le caractère laconique de certains arrêts qui se contentent sans plus d'explication de qualifier le requérant d'usager[5], existe-t-il des éléments précis de définition ? Pour répondre à cette question, il faut se rapprocher de la distinction établie par M. Moderne[6] entre le tiers et l'usager dans le contentieux des dommages de travaux publics. En premier lieu, la notion générale d'usage est définie comme la combinaison d'un élément de fait, l'utilisation effective de l'ouvrage public et d'un élément de droit, la présence d'un contrat[7]. A ce stade, force est de constater que rien ne différencie l'usager de l'ouvrage public affecté à un service public industriel et commercial de l'usager du service lui-même. C'est aux caractères particuliers de la situation de l'usager relative au domaine des dommages de travaux publics qu'on se référera. D'une part, il faut que le dommage ait été subi à l'occasion de l'exécution du contrat[8] ou à l'occasion de la fourniture des prestations dues à l'usager[9], ce qui revient au même tant que l'usager est aussi le titulaire du contrat, puisque la fourniture de la prestation recoupe alors l'exécution du contrat. D'autre part, il faut que le dommage ait été subi personnellement par le titulaire du contrat.

---

[4] F. Moderne, "La distinction du tiers et de l'usager dans le contentieux des dommages de travaux publics", *CJEG* 1964, p.154 (1ère partie) et p.179 (2nde partie), "Responsabilité administrative et utilisation des ouvrages publics affectés à un service public industriel et commercial", Partie II, *CJEG* 1969, p.217, note sous TC, 13 décembre 1976, Epoux Zaoui, *D.* 1977, J, p.434. M. Durupty, note sous TC, 17 octobre 1966, Dame Veuve Canasse, *D.* 1967, J, p.252. J.-M. Auby, note sous TC, 24 juin 1954, Guyomar c/ EDF, *D.* 1955, J, p.544. J. Dufau, note sous TC, 24 juin 1954, Sieur Minodier c/ EDF, *JCP* 1954, II, 8355. A. Bockel, "Sur le rôle de la distinction du tiers et de l'usager dans le droit de la responsabilité publique", *AJDA* septembre 1968, p.437. Pour un article plus récent, A. Benkais-Benbrahim, "La notion d'usager dans le contentieux du chemin de fer : usager du service, usager de l'ouvrage public", *LPA* 11 août 1995, p.19.

[5] Selon F. Moderne, "La distinction du tiers et de l'usager dans le contentieux des dommages de travaux publics", précité, p.180. A titre d'exemple voir TC, 4 février 1974, Epoux Di Vita, *AJDA* 1974, p.439.

[6] " La distinction du tiers et de l'usager dans le contentieux des dommages de travaux publics", préc.

[7] La présence d'un contrat est également soulignée par J.-M. Auby, note préc.; M. Durupty, note préc. et J. Dufau, note préc.

[8] Voir également M. Durupty, note préc. Pour une formulation identique, voir note C.P. sous TA Caen, 6 juillet 1954, Consorts Célestins c/ Société d'électricité du littoral normand, *AJDA* 1954, p.340.

[9] Voir également J. Donnedieu de Vabres, conclusions sur l'arrêt du CE, 18 décembre 1953, Gain, préc. :, J.-M. Auby, note préc. et F. Moderne, "La distinction du tiers et de l'usager dans le contentieux des dommages de travaux publics", article préc.

302. Ainsi, pour en revenir à la notion générale d'usager des services publics industriels et commerciaux, celle-ci n'est pas absolue et définitive, mais plutôt relative et contingente. Il faut considérer la position matérielle et géographique précise de l'utilisateur vis à vis du service au moment où survient le litige. La notion d'usager serait limitée "matériellement" à l'exécution de la prestation, et "personnellement" au seul titulaire du contrat.

b) La dimension matérielle.

303. En ce qui concerne la dimension "matérielle" de la notion d'usager du service, la jurisprudence ne reconnaît la compétence du juge judiciaire et la qualification d'usager du requérant que lorsque le litige porte sur l'exécution même du contrat[10]. Des difficultés sont apparues lorsque la jurisprudence a dû traiter du cas des utilisateurs liés par un contrat à l'exploitant du service, usagers d'un ouvrage public affecté au service, mais considérés comme non usagers du service public lui-même. L'arrêt Société lyonnaise des eaux et de l'éclairage, de 1959[11], vient illustrer cette particularité dans le domaine des dommages subis du fait de la canalisation principale et des dommages imputables au branchement particulier ou subis par son intermédiaire : "si les dégâts imputables à une fuite de la canalisation principale sont dépourvus de lien avec le contrat d'abonnement et s'ils constituent ainsi dans tous les cas des dommages de travaux publics relevant de la compétence de la juridiction administrative, les préjudices subis par un usager par suite de l'existence ou du fonctionnement du branchement particulier qui dessert son immeuble se rattachent à l'exécution du contrat qu'il a passé avec le distributeur."

304. Les conclusions du commissaire du gouvernement Fournier sur l'arrêt Gladieu, de 1960[12], pourraient fournir un élément de généralisation à travers la notion d'utilisation directe. En effet, "lorsque le dommage prend sa source dans la conduite principale il constitue toujours un dommage de travaux publics, que la victime ait ou non la qualité d'abonné (au gaz). La canalisation principale ne fait l'objet d'aucune *utilisation directe* et il n'existe, à son égard que des tiers"[13].

---

[10] A titre d'exemples, CE, 23 mai 1960, Chambre de commerce de la Rochelle, *Rec.*, p.356 ; CE, 8 février 1961, Société Le Lido, *CJEG* 1963, p.15, note A. C. ; CE, 2 décembre 1964, Sieur Rigault, *CJEG* 1965, p.178 ; CE, 8 décembre 1965, Etablissements Guillaumet, *Rec.*, p.667 ; TA Lille, 31 juillet 1979, Mme Delebecque c/ EDF, *CJEG* 1980, p.7 ; CE, 27 janvier 1986, Société électrique du littoral normand, Rec., p.639 ; CE, 24 juillet 1987, Société Carfos, Rec., p.274 ; TA Limoge, 21 janvier 1993, Moyen, *CJEG* 1994, p.504. Pour les juges judiciaires, Cass.civ II, 2 février 1955, Romeuf et CA Paris, 6 janvier 1955, Cathala, *AJDA* 1955, p.397, note R. Pinto ; TGI Toulouse, 14 novembre 1968, *Gaz. Pal.* 1969, 2, som., p.28.

[11] CE, 13 mars 1959, *Rec.*, p.182. De même, TGI Paris, 4 mars 1970, Auger, *CJEG* 1971, p.220 et la note. Cette jurisprudence consacre une application positive de ce qui était déjà en germe dans les arrêts du Tribunal des conflits de 1954.

[12] CE, 22 janvier 1960, Gladieu, *CJEG* 1960, p.92 et plus particulièrement p.95.

[13] Le Conseil d'Etat a reconnu la qualité d'usager au propriétaire et au locataire d'un immeuble sinistré, à la société propriétaire d'un magasin occupant le rez de chaussée de l'immeuble (bien que la rupture se soit produite sur un branchement ne desservant pas directement le magasin, circonstance qui avait conduit le commissaire du gouvernement à le considérer comme tiers), et la qualité de tiers à un passant blessé, à une cliente du magasin, aux gérants associés de ce magasin, aux locataires et propriétaires des immeubles contigus.

305. La jurisprudence demeure constante sur cette distinction entre les dommages provenant de la conduite principale, subis par des tiers vis à vis du service[14], et ceux transmis par l'intermédiaire du branchement particulier[15], touchant les usagers et se rattachant à l'exécution du contrat conclu avec l'exploitant[16].

c) La dimension personnelle.

306. La dimension "personnelle" restrictive de la notion d'usager conduit à considérer comme des tiers les personnes non liées par un contrat avec l'exploitant, mais qui subissent tout de même un dommage dans le cadre de la fourniture de la prestation de service à l'usager. Ainsi, sont tiers par rapport au service un électricien venu travailler au domicile de l'usager[17], les employés de l'usager car ils ne sont pas les bénéficiaires du contrat[18], l'associé d'une société contractante[19], le gérant d'une société en nom collectif ayant signé ès qualité le contrat de la société au motif que ce contrat n'engageait en tant qu'usager que la société[20], le propriétaire de l'immeuble qui a subi un dommage, qui n'est lié par aucun contrat avec l'exploitant, qui n'habite pas l'immeuble et qui ne paye aucune redevance[21], voire même les parents de l'usager[22]. Cependant, les critiques de cette jurisprudence restrictive de la catégorie des usagers en faveur du développement corrélatif de celle des tiers ne tardent pas[23].

307. Si l'on pressent d'ores et déjà l'extension des deux critères cumulatifs de la notion d'usager du service dans le domaine des dommages de travaux publics, il faut ouvrir une courte parenthèse dans cette évolution afin de mentionner les solutions acquises dans un autre domaine, celui du contrat de transport.

---

[14] CE, 25 juin 1954, Anro, *Rec.*, p.390 ; CE, 18 novembre 1970, Picard, *RDP* 1972, p.497 ; CE, 25 janvier 1975, Seguin, *RDP* 1975, p.534 ; CA Paris, 6 janvier 1955, *AJDA* 1955, II, p.397, note J. Dufau.

[15] La notion de branchement particulier retenue par le juge peut être différente de la notion technique exacte de branchement particulier, voir par exemple, TGI Carcassonne, 3 octobre 1989, Curbière c/ EDF, *CJEG* 1990, p.315.

[16] CE, 18 juin 1980, OPHLM des Pyrénées - Atlantiques, *RDP* 1981, p.519 ; TC, 27 juin 1988, Walrave - Bertheaume, *DA* 1988, n°530 ; TC, 14 mai 1990, Epx Laperrouze, MAIF c/ Courly, *DA* 1990, n°385.

[17] Trib. com. Figeac, 22 mai 1956, Mas c/ EDF, *CJEG* 1956, J, 176 ; CE, 14 juin 1961, EDF c/ Bayer, *Rec.*, p.406.

[18] CE, 25 avril 1958, Veuve Barbaza, *CJEG* 1959, J, p.28, note A. Carron, *AJDA* 1958, II, p.222, chron. Fournier et Combarnous ; CE, 11 mai 1960, Dame veuve Noël Frelat, *CJEG* 1961, I, 3 ; CE, 11 juillet 1958, EDF et autres, *CJEG* 1959, II, 19 ; CE, 7 juillet 1976, Sieur Michel c/ SNCF, *CJEG* 1976, p.140.

[19] CE, 22 juin 1956, EDF, *RDP* 1956, p.1357.

[20] CE, 22 juin 1956, Consorts Depery, *Rec.*, p.264, *AJDA* 1956, p.368, note F. Coulet.

[21] TC, 2 mars 1987, Cie La Lutèce c/ EDF, *AJDA* 1987, p.774, note J.-B. Auby ; *CJEG* 1987, p.685, note P. Sablière ; *LPA* 26 septembre 1987, p.20, note J. Morand-Deviller.

[22] TA Caen, 26 octobre 1954, Solo c/ Soc. d'électricité du littoral normand, *AJDA* 1954, p.439 et la note C.P. qui précise que le fils de la victime n'était pas partie au contrat et qu'il doit donc être considéré comme tiers. De même, CE, 19 janvier 1938, Sieur Rossetti, *Rec.*, p.59 ; A. Carron, note sous Cass. crim., 23 juin 1954, Veuve Sequer, *CJEG* 1955, J, p.113.

[23] A. Carron, note sous CE, 13 mars 1959, Société lyonnaise des eaux et de l'éclairage, *CJEG* 1959, p.142, note 1 ; J. Dufau, *AJDA* 1954, p.24, note 29.

2°) La notion d'usager dans le domaine du contrat de transport.

308. Le régime de responsabilité au sein même du contrat de transport conduit à mettre en évidence plusieurs phases, dont l'une d'elle est l'exécution proprement dite du contrat, sur laquelle pèse une obligation de sécurité[24]. Il s'avère que le voyageur ne sera réellement considéré comme un usager du service du transport que pendant cette unique période. Là encore, la notion d'usager est relativisée dans sa dimension temporelle cette fois-ci, à l'aide des mêmes critères : conclusion d'un contrat et exécution de celui-ci.

309. Compte tenu des possibilités pour un éventuel usager d'acquérir son titre de transport à l'avance, il serait anormal de lui reconnaître la qualité d'usager alors qu'il possède son billet mais ne l'utilise pas. Le tribunal de grande instance de Paris, en 1982[25], a jugé que l'achat d'un billet de transport était un simple acte précontractuel, tandis que le compostage transforme le billet en un titre contractuel donnant à son porteur les droits d'un voyageur. La qualité d'usager est même totalement dissociée du paiement du titre de transport[26]. Dans ce cas, à quel moment exact une personne devient-elle usager ?

310. Il suffit pour répondre à cette question de prendre en considération les limites de l'exécution du contrat de transport, au cours duquel les détenteurs de billets auront véritablement la qualité d'usager. Etant donné que le contrat de transport est affecté d'une obligation dite de sécurité pesant sur l'exploitant, les limites temporelles de cette obligation de sécurité devraient fournir des indices intéressants sur la notion même d'usager. Il faut se référer à l'arrêt de la Cour de cassation qui, en 1969[27], met un terme aux divergences concernant les limites de l'obligation contractuelle de sécurité à la charge du transporteur, largement étendue jusqu'alors[28]. Celle-ci désormais couvre seulement l'exécution proprement dite du transport, c'est-à-dire à partir du moment où le voyageur commence à monter dans la voiture et jusqu'au moment où il achève d'en descendre[29]. La notion d'usager semblerait donc confortée dans l'adéquation des critères de la conclusion du contrat et de son exécution.

---

24 Pour plus de détails sur ce point, M. Allégret, "Transport ferroviaire interne. Contrat de transport de voyageurs", Jurisclasseur commercial, fasc. 660, 1994 ; "Responsabilité de la SNCF en cas d'accident corporel", fasc 665, 1995 et B. Mercadal, "Contrat de transport", Rép. Com., Dalloz, 1995, p.52. Voir n°1410 et s.

25 TGI Paris, 5 mai 1982, Diallo c/ SNCF, *RTDC* 1982, p.604. Cependant, une jurisprudence récente de la Cour de cassation vient contredire cette position. La Cour a jugé en effet que "le contrat de transport se forme par la délivrance du billet" (Civ. I, 6 octobre 1998, Derollepot c/ SNCF, *Bull.* n°26, *JCP* 1999, II, 10186, note Y. Aubrée). Compte tenu du caractère critiquable de cette jurisprudence, qui confond les conditions de formation du contrat et ses effets -l'exécution réciproque des obligations - (voir note de Y. Aubrée), on préférera continuer à s'appuyer sur la position du TGI de Paris.

26 CE, 17 avril 1953, Régie municipale des tramways de Béziers, *Rec.*, p.180.

27 Cass. civ I, 1er juillet 1969, SNCF c/ Caramello, *JCP* 1969, II, 16091, concl. Lindon, note M.B. et A.R. ; *D.* 1969, p. 640, note G.C.M. ; *Gaz. Pal.* 1969, 2, p. 154 ; *RTDC* 1970, p. 184, obs. G. Durry.

28 Avant 1969, l'obligation de sécurité commençait au moment où, sur présentation de leurs billets, les voyageurs avaient pénétré dans la gare, autrement dit au moment où ils franchissaient le portillon d'entrée (Cass. civ I, 12 février 1964, *JCP* 1964, II, 13650, note R. Rodière) et prenait fin au moment où le voyageur franchissait le portillon de sortie (Cass.civ, 17 octobre 1945, JCP, 1946, II, 13650).

29 Cette jurisprudence harmonise les solutions retenues en matière de transport avec celles s'appliquant au contrats de remonte-pente ou aux contrats passés avec les établissements thermaux : voir n° 1410 et s.

311. Cependant, qu'en est-il des accidents de quai ? Le compostage a eu lieu mais l'exécution du contrat n'est pas encore entamée. Doit-on considérer le voyageur comme un usager ? Les accidents de quai, en dehors de l'exécution du contrat, sont soumis à un régime de responsabilité délictuelle[30], sans qu'il soit fait de différence avec les tiers venus accompagner le voyageur ou l'attendre. Si une personne subit un dommage sur le quai, ce n'est pas en tant qu'usager du service public de transport[31], mais en tant que victime d'une éventuelle faute du gardien du quai, dont elle pourra obtenir réparation sur le fondement de l'article 1884 alinéa 1er du Code civil.

312. Si la jurisprudence judiciaire en matière de contrat de transport semble avoir restreint dans le temps l'obligation de sécurité, et partant la notion d'usager, les juridictions administratives et le Tribunal des conflits ont adopté la solution inverse[32], en substituant à la notion de contrat celle plus générale de "liens de droit privé".

B. La consommation effective de la prestation en l'absence de contrat.

313. La Cour de cassation a admis, en 1985[33], que "la qualité d'usager n'est pas subordonnée à l'existence d'un contrat mais doit être reconnue à celui qui bénéficie des prestations du service en cause". Pour ce faire, le juge reconnaît l'existence d'un lien de droit différent du contrat et utilise une notion fédératrice de son cru, celle de "lien de droit privé", qui est censée regrouper des situations atypiques (1°).

314. Cependant, deux situations sont à distinguer. La première est celle de l'usager qui bénéficie de la prestation de service sans être lié par un contrat, alors qu'il devrait normalement bénéficier d'un contrat (2°). La seconde reflète la tendance jurisprudentielle qui, pour des raisons pratiques, veut étendre la notion d'usager à des utilisateurs qui ne sont pas liés contractuellement à l'exploitant, sans que cette situation soit anormale. Ainsi est usager la victime d'un dommage causé par l'utilisation d'un ouvrage public affecté à un service public industriel et commercial, alors qu'elle n'est pas liée par contrat (3°).

315. L'absence de contrat conduit à se demander si la notion de lien de droit privé va recouvrir l'ensemble des situations possibles, qu'elles soient réglementaires, quasi-contractuelles, voire même délictuelles, ou bien si à côté de l'usager caractérisé par un lien de droit il existe des usagers de pur fait ? (4°)

316. Normalement, le lien qui caractérise l'usager est un lien de droit privé. Cependant, il existe des situations exceptionnelles où l'usager peut se définir à partir du lien de droit public qui l'unit au service (5°).

---

[30] Cass, civ I, 7 mars 1989, Valverde, *Bull.* n°118 ; *Gaz. Pal.* 1989, somm. ann., p. 469, obs. F. Chabas ; *RTDC* 1989, p. 548, obs. P. Jourdain ; *D.* 1991, p. 1, note Ph. Malaurie ; *BT* 1989, p. 334, chron. A. Chao ; *Gaz. Pal.* 1989, 2, p. 632, note G. Paire.

[31] Voir TC, 15 mars 1999, Pristupa c/ Aéroports de Paris, *JCP* 1999, IV, 2195 : au moment de l'accident, la victime, qui "attendait son embarquement", "n'était pas usager d'un service public industriel et commercial".

[32] F. Moderne, "Nouvelles difficultés pour la notion de "rapports de droit privé" comme critère de compétence judiciaire (à propos de la responsabilité des services publics des transports)", préc.

[33] Civ. I, 1er octobre 1985, Société Silvaco et autre, *JCP* 1985, IV, p.352, *CJEG* 1986, p.364, note J.-L. Gégout, *Bull.*, n°240, p.215.

1°) La théorie des "liens de droit privé".

317. Le Tribunal des conflits et le Conseil d'Etat ont substitué à la notion de contrat la notion plus générale de "liens de droit privé". En 1961, dans l'arrêt Département du Bas Rhin[34], le Conseil d'Etat juge qu' "en raison de la nature juridique des liens existant entre les services publics industriels et commerciaux et leurs usagers, lesquels sont des liens de droit privé, les tribunaux judiciaires sont seuls compétents pour connaître de l'action formée par l'usager contre les personnes participant à l'exploitation du service". Le commissaire du gouvernement Fournier[35] est à l'origine de cette conception extensive de la notion d'usager, libérée de son carcan contractuel : "ce n'est pas la passation d'un contrat qui justifie la compétence des tribunaux judiciaires. Cette compétence résulte du caractère même du service. Elle est antérieure au contrat ; elle est indépendante de lui. Elle existe donc même lorsque l'usager, n'ayant pas signé le contrat se trouve encore placé dans une situation réglementaire. Elle s'étend par ailleurs aux actions que l'usager peut former sur le terrain de la responsabilité quasi délictuelle."

318. La substitution de la notion de "lien de droit privé" à celle de contrat est affectée d'un handicap majeur. Si auparavant l'existence tangible, concrète d'un contrat était un indice de la présence d'un usager, on ne peut en dire autant du "lien de droit privé". C'est désormais la qualité d'usager qui semble déterminer la compétence du juge judiciaire, la notion de "lien de droit privé" n'étant que la conséquence de la présence d'un usager. Par ailleurs, la notion de "lien de droit privé" n'étant elle-même pas définie par la jurisprudence, il est impossible de "remonter" par induction jusqu'à l'usager, comme on pouvait le faire avec le contrat.

319. Si critiquable qu'elle soit, l'utilisation du lien de droit privé n'en est pas moins à l'origine d'une conception extensive de la notion d'usager, voire d'une sollicitation abusive[36]. Il suffit au juge d'affirmer la présence d'un usager, et de la situation de droit privé qui en découle, pour étendre comme bon lui semble le bloc de compétence du juge judiciaire. C'est notamment ce qui est fait lorsqu'un contrat aurait dû être conclu.

2°) Les situations dans lesquelles un contrat aurait dû être conclu.

320. Les personnes qui utilisent effectivement la prestation de service sans être liées par un contrat avec l'exploitant pourront néanmoins être qualifiées d'usagers, si l'absence de contrat est "accidentelle" et dans la mesure où d'autres personnes, placées dans une situation identique, bénéficient d'un contrat. La jurisprudence, dans toutes les situations où cela est possible, tente de faire apparaître un lien juridique de droit privé qui unirait l'usager à l'exploitant. C'est le cas lorsque l'utilisateur est l'auteur d'un délit (a) ou lorsqu'il rencontre des difficultés pour conclure son contrat (b).

---

[34] CE, Section, 13 janvier 1961, *Rec.*, p.38. Cette position est confirmée par le Tribunal des conflits dans un arrêt du 17 décembre 1962, Dame Bertrand, *Rec.*, p.831 concl. Chardeau ; *AJDA* 1963, p.88, chron. Gentot et Fourré; *CJEG* 1963, p.114, note A. C.

[35] *AJDA* 1961, p.235.

[36] F. Moderne, "Responsabilité administrative et utilisation des ouvrages publics affectés à un service public industriel et commercial", préc.

a) La commission d'un délit.

321. Il en est ainsi notamment en cas de fraude. Le célèbre arrêt Niddam du Tribunal des conflits rendu en 1983[37] en est un excellent exemple, puisqu'un jeune garçon avait été victime d'un accident, alors qu'il voyageait sans titre de transport sur les lignes de la SNCF. Il avait "la qualité d'usager", "alors même qu'il n'avait pas encore acquitté le prix du transport". Ainsi, "en raison des liens existant entre un tel service et ses usagers, lesquels sont des liens de droit privé, les tribunaux de l'ordre judiciaire sont seuls compétents".

322. Dans un domaine différent, une personne a été jugée débitrice de sommes dues à EDF[38] correspondant à une consommation de courant. Elle avait profité d'une erreur commise par EDF, qui avait continué à fournir du courant alors que l'ancien usager avait résilié son contrat et que cette personne n'avait pas encore conclu le sien. Le vol de courant, qualifié de délit, peut être à l'origine du lien de droit privé unifiant l'usager à l'exploitant.

b) La recherche d'un lien juridique.

323. Peuvent également être qualifiés d'usagers les utilisateurs de fait à la recherche d'un lien juridique. Il s'agit de personnes qui n'ont pas encore signé leur contrat, bien qu'elles ne soient plus candidats usagers du fait de la perception effective de la prestation. De même, doivent aussi être considérés comme usagers, ceux dont le contrat est venu à expiration et qui sont en train de négocier un nouveau contrat ou qui bénéficient encore effectivement de la prestation du fait d'une erreur de l'exploitant.

324. Ainsi, se posait la question de savoir quel ordre de juridiction était compétent pour juger de l'accident de Monsieur Pichon, nouvellement acquéreur d'une propriété, et électrocuté par son branchement EDF. Le commissaire du gouvernement Franc[39], suivi par le Conseil d'Etat, conclut à la reconnaissance de la qualité d'usager à la victime, "même s'il résulte de l'instruction qu'il n'était pas encore titulaire d'un contrat d'abonnement personnel au jour de l'accident". Cet "abonné potentiel" était "utilisateur d'un branchement particulier" et a subi un dommage "à l'occasion de la fourniture du courant", arguments qui ne surprendront pas dans la détermination de la compétence du juge judiciaire. Sont enfin considérées comme usagers les personnes dont le contrat est expiré alors qu'elles sont en train de renégocier de nouveaux accords[40].

325. Plus épineux est le problème de la personne qui refuse de signer sa police individuelle, mais qui accepte de recevoir les prestations. Bien qu'elle n'ait pas émis la

---

[37] TC, 5 décembre 1983, Niddam, *Rec.*, p.541 ; Cass.civ II, 4 mai 1955, SNCF c/ Veuve Kretschmer, *D.* 1955, J, p.593.

[38] Cass. civ. I, 2 juin 1993, Van Poucke, pourvoi n° 91-17.451. Voir également TI Villejuif, 10 novembre 1997, Delhotal c/ EDF, *CJEG* 1998, p.348.

[39] Concl. sur CE, 30 juin 1976, EDF c/ Dame Veuve Pichon, *CJEG* 1976, p.170.

[40] CA Paris, 20 juin 1961, RATP c/ EDF, *CJEG* 1962, p.15.

volonté de *conclure un contrat*, et en considération du fait qu'il ne peut s'agir que d'une situation temporaire, en recevant les prestations, la personne semble avoir émis la volonté de devenir *consommateur de la prestation*. A ce sujet, on suivra A. Mestre qui préconise l'application du cahier des charges, "à tous ceux qui auront à user du service concédé, abonnés ou consommateurs sans abonnement"[41].

326. Ainsi, à chaque fois qu'un contrat aurait normalement dû être conclu et que la personne perçoit effectivement la prestation, elle est considérée comme usager. La notion de lien de droit privé ne devient-elle pas alors une sorte de fiction contractuelle ? Dans tous les cas où l'utilisation effective de la prestation de service est certaine mais que le cadre juridique est encore flou, cet usage va fonder un lien juridique de droit privé entre l'usager et l'exploitant. Le critère factuel de l'usage effectif de la prestation, qui était utilisé à l'origine en parallèle, intervient aujourd'hui comme fondement même du critère juridique.

327. La notion de liens de droit privé est également sollicitée lorsqu'aucun contrat n'est conclu ou ne doit être conclu. Le juge ne rétablit pas une situation juridique qui aurait dû exister, mais étend volontairement la zone contractuelle. Il sait parfaitement qu'il est normal qu'aucun contrat n'ait été conclu et pour ne pas employer le terme "contrat", qui serait impropre, il utilise une formule plus générale.

3°) L'utilisation de la théorie du lien de droit privé dans le domaine des dommages de travaux publics subis par les usagers des services publics industriels et commerciaux.

328. En matière de dommages de travaux publics subis par les usagers d'un service public industriel et commercial, l'extension de la notion d'usager[42] suit deux directions. L'usager du service public industriel et commercial était une notion relative et contingente puisqu'il fallait non seulement qu'un contrat soit conclu, mais qu'en plus le litige opposant les deux contractants porte sur l'exécution même de ce contrat. Aujourd'hui, la notion de liens de droit privé remplace celle de contrat et il suffit désormais que le litige porte sur la fourniture de la prestation, notion qui ne recoupe plus celle d'exécution du contrat.

329. L'utilisation de la notion de lien de droit privé permet d'abord l'extension de la dimension personnelle de la notion d'usager. Dans l'arrêt du Conseil d'Etat Département du Bas-Rhin de 1961[43], une abonnée au service de l'eau avait subi un dommage dont elle demandait réparation non pas à la commune exploitante, à qui elle était contractuellement

---

[41] Note sous Cass.civ., 20 février 1923, Grandin c/ Soc. l'électrique d'Anjou, *S* 1923, I, 193.

[42] M. Durupty, note sous TC, 17 octobre 1966, Dame veuve Canasse, préc. ; F. Moderne, "Nouvelles difficultés pour la notion de "rapports de droit privé" comme critère de compétence judiciaire", préc. ; A. Bockel, "Sur la rôle de la distinction du tiers et de l'usager dans le droit de la responsabilité publique", préc. ; J.-F Lachaume, *Grands services publics*, préc., p.333 et s. ; A. Cocatre Zilgien, "L'usager du service public industriel ou commercial en droit français", préc. ; B. Jeanneau, *Droit des services publics et des entreprises nationales*, Dalloz, 1984, p.431.

[43] CE, 13 janvier 1961, *CJEG* 1962, p.113.

liée, mais au département collaborant à l'exploitation du service en vertu d'un contrat passé avec la commune. D'après les commentateurs de l'arrêt[44], cette jurisprudence admet qu'une victime d'un dommage de travaux publics soit considérée comme usager d'un service public industriel et commercial alors qu'il n'y a aucun contrat entre elle et l'auteur du dommage, le département.

330. Si la postérité de l'arrêt donne raison à ses commentateurs, les particularités de l'espèce auraient pu conduire à la même solution en faisant usage du critère contractuel. En effet, il semble que pour reconnaître la qualité d'usager à la requérante, le Conseil d'Etat utilise le critère contractuel : "considérant que la dame Dolligner avait passé avec la commune (...) un contrat d'abonnement au service de distribution d'eau de cette commune et qu'elle avait ainsi la qualité d'usager de ce service." La référence à la notion de lien de droit privé ne désigne en aucun cas la qualité d'usager, qui résulte ici du contrat, mais elle justifie la compétence du juge judiciaire lorsque la responsabilité quasi délictuelle d'une personne contribuant à l'exploitation du service est invoquée. Ainsi, en 1978, le Conseil d'Etat[45] a jugé que "les tribunaux judiciaires sont seuls compétents pour connaître de l'action formée par l'usager contre les personnes participant à l'exploitation du service".

331. L'extension de la qualité d'usager dans sa dimension personnelle a également permis de considérer comme usager les membres de la famille du signataire du contrat vivant sous son toit[46], ainsi que la personne non contractuellement liée au collaborateur de l'exploitant. L'extension de la dimension matérielle de la notion d'usager autorise à considérer comme usager le propriétaire de l'immeuble ayant subi le dommage ou la société à qui le gaz ayant provoqué un dommage n'était pas destiné[47].

332. A l'origine était usager la personne non seulement liée contractuellement à l'exploitant, mais de surcroît cette qualité se limitait aux litiges survenus lors de l'exécution même du contrat. Dans un second temps, la catégorie des usagers s'étend à toute personne en contact avec l'exploitant, *via* un lien de droit privé, et dans ses fonctions de récepteur de la fourniture d'une prestation. Dans le domaine des dommages de travaux publics subis par les usagers des services publics industriels et commerciaux, on a dit qu'à l'aide de critères restrictifs, la jurisprudence avait pu distinguer l'usager de l'ouvrage public affecté au service de l'usager du service lui-même[48]. Ne peut-on pas dire qu'avec l'assouplissement des critères, c'est vers une autre voie que se dirige la jurisprudence, une voie qui consisterait à assimiler l'usager de l'ouvrage affecté au service à l'usager du service lui-même ?

---

[44] Ainsi, la note anonyme au CJEG (référence préc., p.115).

[45] CE, 16 juin 1978, Entreprise Peperiot, *RDP* 1979, p.945 où il s'agissait de travaux que l'entreprise Peperiot effectuait pour le compte de la Régie municipale du gaz de Bordeaux.

[46] TA Orléans, 11 avril 1955, Briseux Bravy c/ EDF, *CJEG* 1955, J, 107 ; TA Paris, 7 décembre 1966, Dame veuve Laurens, *CJEG* 1967, J, 255 ; CE, 29 janvier 1975, Dame Seguin, *RDP* 1975, p.535, *a contrario*.

[47] CE, 22 janvier 1960, Gladieu, *CJEG* 1960, p.92 : ont été considérés comme usagers le propriétaire de l'immeuble, un locataire, ainsi qu'une société abonnée, usager du branchement particulier de l'immeuble mais pas de la partie du branchement rompu, alors que le commissaire du gouvernement Fournier (voir note au *CJEG* 1960, p.97) la considérait comme tiers. Voir également TA Lyon, 2 mai 1995, Fayard, *CJEG* 1996, p.317.

[48] Voir n°298 et s.

333. Le commissaire du gouvernement Dutheillet de Lamothe, dans ses conclusions sur l'arrêt Dame Veuve Canasse[49], avait invité le Tribunal des conflits à considérer que tout usager normal d'un ouvrage public affecté à un service public industriel et commercial soit "présumé" usager du service auquel est affecté l'ouvrage. Ainsi, M. Durupty, dans son commentaire sous l'arrêt[50], remarque que la notion d'usager du service public industriel et commercial recoupe celle d'usage normal des ouvrages publics affectés au service. "C'est l'utilisation de l'ouvrage qui devient désormais déterminante dans la mesure où elle suppose automatiquement une volonté de retirer un avantage des prestations habituellement fournies par le service public auquel est affecté l'ouvrage." Le commissaire du gouvernement Baudouin[51], dans l'affaire Demoiselle Labat, remarque donc que la condition d'usage de l'ouvrage public "qui servait traditionnellement à fonder la compétence de la juridiction administrative" est muée "en un simple élément qui contribue, au contraire, désormais à marquer l'existence d'un lien juridique de droit privé entre le particulier et le service public industriel et commercial"[52].

334. De même, on concevait auparavant que la personne liée par contrat au service public industriel et commercial pouvait être dissociée de l'usager de l'ouvrage public lorsque le dommage provenait d'une canalisation principale. Mais à l'heure actuelle, l'extension des cas où le dommage est considéré comme transmis automatiquement par le branchement particulier, alors qu'il provient clairement d'une canalisation principale[53], ne tend-elle pas à inverser le processus ?

335. Ces évolutions jurisprudentielles mènent à plusieurs conclusions. D'une part, ne se dirige-t-on pas vers une notion d'usager définitive et absolue, libérée du carcan de chaque régime applicable ? D'autre part, il apparaît clairement que là où le lien juridique demeure flou, la notion de lien de droit privé repose sur un élément de fait : la consommation effective de la prestation ou l'intention de la consommer. Peut-on aller jusqu'au bout de ce raisonnement et faire disparaître toute idée de lien juridique ?

4°) Existe-t-il un usager de pur fait ?

336. Même si ce cas de figure est rare, le juge judiciaire prend parfois en compte la situation de fait de l'usager, sans la rattacher systématiquement à un lien juridique contractuel ou assimilé. Cela qui est mis en évidence par la non application des prix réglementaires ou contractuels et le recours à la théorie de l'enrichissement sans cause

---

[49] TC, 17 octobre 1966, *JCP* 1966, II, 14899.

[50] Note préc.

[51] Concl. sur CE, 27 novembre 1967, Delle Labat, *RDP* 1968, p.663.

[52] Voir la critique de F. Moderne, article préc., *AJDA* 1970, p.523.

[53] Voir à ce sujet, TC, 15 décembre 1980, Tettard, *Rec.*, p.643 et CE, 16 octobre 1985, OPHLM de la Mayenne, *DA* 1985, n°531. Dans un autre domaine, Civ I, 9 décembre 1986, AGP c/ EDF, *Bull.* n°288, p.274 : un branchement désaffecté ayant causé un incendie n'apportait aucune fourniture et la victime n'était pas abonnée. Cependant, la Cour de cassation a étendu l'obligation de sécurité à ce branchement, tout en s'estimant implicitement compétente.

quand il s'agit de faire payer à cet usager de fait ses consommations[54]. L'utilisateur se situe donc dans une situation quasi contractuelle, ce qui constitue encore un lien de droit. Mais est-ce bien en tant qu'usager que le débiteur aura à s'acquitter des sommes générées par sa consommation ? L'application de la théorie de l'enrichissement sans cause, au lieu des prix réglementaires, conduirait à répondre plutôt par la négative.

337. M. du Bois de Gaudusson[55] fait appel à la notion de fait-condition, par opposition à celle d'acte condition, pour qualifier l'accès au service d'un usager qui place son courrier dans une boîte aux lettres. Bien qu'une telle expression paraisse signifier qu'il puisse exister des usagers de pur fait, il semble que, du côté du droit public, le fait-condition déclenche un statut réglementaire alors que le droit privé l'assimilerait plutôt à une manifestation de volonté à l'origine d'un contrat.

338. La notion d'usager du service public industriel et commercial pose la question de la distinction du fait et du droit. Il semble que la notion de lien de droit privé englobe des situations pré-contractuelles, quasi-contractuelles, délictuelles et quasi-délictuelles. La consommation effective de la prestation de service, loin d'être à l'origine d'une situation de fait, sert au contraire à fonder un lien de droit distinct du contrat.

339. Jusqu'à présent on a parlé d'un lien de droit privé, notion "fourre-tout", éminemment fonctionnelle, destinée à rendre compte de l'absence d'unité de la notion d'usager du service public industriel et commercial. Peut-on envisager le cas où il s'agirait exceptionnellement d'un lien de droit public ?

5°) Un lien de droit public.

340. Envisager l'existence d'un lien de droit public en matière d'usagers des services publics industriels et commerciaux peut paraître surprenant de prime abord. Il s'agit d'une situation exceptionnelle où l'usager accède au service grâce à une manifestation des pouvoirs de police de l'autorité administrative.

341. L'exploitation des halles et marchés est un service public industriel et commercial, qui peut éventuellement être déléguée à une personne privée. Elle se définit comme "l'attribution et la perception des droits de place, voire la totalité de la gestion de la halle ou du marché"[56]. De ce fait, les usagers sont les commerçants à qui sont attribuées les places. Les habitants de la commune, et plus généralement les personnes qui fréquentent les marchés pour y faire leurs achats, apparaissent alors comme de simples bénéficiaires. La répartition des places dans les halles et marchés fait partie des pouvoirs de police du maire[57]. L'attribution des places est une autorisation administrative

---

54 Cass. com., 4 novembre 1982, CGE c/ SEMVI, *Bull.* IV, n°331.

55 *L'usager du service public administratif*, Thèse, LGDJ, 1974, p.39.

56 J.-J. Bienvenu, "Approvisionnement", in *Droit des services publics locaux*, préc., novembre 1996, dossier n°VI 70.

57 CE, 17 février 1992, Syndicat des marchands forains de Carcassonne, *DA* 1992, n°189.

unilatérale[58], voire un contrat[59] qui peut être verbal[60]. La suspension de l'autorisation est également une mesure de police[61].

342. La présence d'un tel pouvoir de police, associé aux contraintes de la gestion du domaine public, a pour effet de désunir encore davantage les différentes facettes du lien qui unit l'usager à l'exploitant. Jusqu'à présent on pouvait les fédérer sous le vocable "lien de droit privé", mais l'apparition du droit public dans ce domaine laisse perplexe.

343. Peut être usager la personne qui consomme effectivement la prestation et qui est liée par un lien de droit avec l'exploitant, sachant que cette consommation est à l'origine du lien de droit et qu'il peut revêtir de multiples formes. La situation inverse est-elle également admissible ? Seraient alors usagers les personnes liées par contrat, mais qui ne consomment pas la prestation de service.

C. La qualité d'usager liée à la conclusion d'un contrat en l'absence de consommation effective de la prestation.

344. De la même façon que l'utilisateur effectif de la prestation, qui n'était pas lié par un contrat avec l'exploitant, alors qu'il aurait dû l'être, pouvait tout de même être qualifié d'usager, il existe des cas où il est anormal que le titulaire d'un contrat ne soit pas l'utilisateur effectif de la prestation. Ainsi, doit être considérée comme usager la personne qui est titulaire d'un contrat, mais qui rencontre des difficultés pour obtenir la prestation qui lui est due. Le juge judiciaire est bien entendu compétent pour juger du litige en vertu de l'arrêt du Conseil d'Etat, Commune de Luzerch, de 1953[62]. Est également qualifié d'usager le titulaire d'un contrat conclu "en vue de l'alimentation électrique d'un ensemble immobilier"[63]. On ne confondra pas cette situation où l'usager effectif est titulaire d'un contrat mais utilisateur potentiel avec celle du candidat usager, à la fois contractant potentiel et utilisateur potentiel[64].

345. Il existe, cependant, d'autres situations dans lesquelles il est tout à fait normal que le titulaire d'un contrat avec l'exploitant du service ne soit pas consommateur de la prestation. Le consommateur effectif peut ne pas être directement lié à l'exploitant par un contrat, mais à une tierce personne, qui est bien le titulaire officiel du contrat. Il est procédé volontairement à une dissociation entre le titulaire du contrat et l'utilisateur effectif. Il s'agit de relations à trois acteurs liés deux à deux par contrat : le consommateur de la prestation, le titulaire du contrat et l'exploitant. Le consommateur de la prestation, qui n'est pas lui-même titulaire du contrat, peut néanmoins être considéré comme usager,

---

58 CE, 27 mars 1931, Crouzat, *Rec.*, p.386.

59 CE, 4 janvier 1954, Leroy, *D* 1954, J, p.647, note F. M.

60 TA Bordeaux, 17 octobre 1962, Froment, *D* 1963, J, p.575.

61 CE, 16 octobre 1981, Epoux Mattéucci, *Rec.*, p.579.

62 CE, 15 juillet 1953, Commune de Luzerch c/ Labruyère, *Rec.*, p.371.

63 TA Nice, 14 mai 1985, Soc. immobilière Bernard c/ EDF, *CJEG* 1986, J, p. 285.

64 J. Dufau, note sous l'arrêt Commune de Luzerch, *AJDA* 1954, p.479, n°436.

dès lors qu'il est lié par contrat avec le titulaire du contrat de fourniture de la prestation de service.

346. C'est le cas des immeubles en copropriété lorsque le syndicat conclut un unique contrat avec l'exploitant par l'intermédiaire d'un syndic et qu'il répartit ensuite les charges selon le règlement de copropriété. Ainsi, les copropriétaires sont les utilisateurs effectifs, mais seul le syndicat est titulaire du contrat. Le tribunal administratif de Clermont Ferrand[65], saisi d'une question préjudicielle sur la légalité d'un règlement de service en matière de distribution d'eau potable, a jugé que ce règlement était "opposable à toutes les personnes intéressées, qui ne sauraient conventionnellement en paralyser ou suspendre l'application", et ainsi applicable aux relations existant entre la société fermière et les usagers "directs ou indirects", sachant que les usagers directs sont " les personnes ayant souscrit un contrat d'abonnement prévu par les cahiers des charges régissant l'affermage du service en cause, et que doivent être considérées comme des "abonnés indirects" les personnes intéressées au fonctionnement de ce service, en particulier en raison de ce qu'ils sont en situation contractuelle par rapport à un abonné, mais n'ayant pas conclu eux-mêmes un tel contrat".

347. Il arrive fréquemment que l'exploitant doive faire face à deux interlocuteurs. Le premier, que l'on qualifiera d'usager apparent, est le titulaire du contrat de fourniture de la prestation. Le second, l'usager réel, est le consommateur effectif de la prestation. En règle générale, à moins qu'il ne s'agisse d'un vol de la prestation de service, comme lors d'un piratage de ligne téléphonique, l'usager réel est lié à l'usager apparent par un lien de droit. Le plus souvent il s'agit d'un contrat qui porte sur l'occupation d'un local appartenant à l'usager apparent. On peut être en présence d'un contrat de vente d'immeuble, de location d'appartement, de gérance d'un fonds de commerce, etc. La question qui se pose est de savoir si le lien de droit unissant l'usager réel à l'usager apparent peut transmettre la qualité d'usager. Pour y répondre, il faut distinguer deux types d'obligations contenues dans le contrat : l'obligation de payer la prestation consommée qui demeure attachée au titulaire du contrat (l'usager apparent) et les autres obligations contenues dans le contrat, qui, dans certains cas, sont transmissibles avec l'usage de l'habitation qui fait l'objet du contrat unissant l'usager réel à l'usager apparent.

348. Ainsi, il est de jurisprudence constante que seul le titulaire du contrat, et jusqu'à résiliation de son contrat, est responsable des consommations effectuées par l'intermédiaire de son branchement et imputables à un étranger, alors qu'il peut prouver qu'il n'est pas le consommateur[66]. Il appartient ensuite à l'usager apparent de se retourner

[65] TA de Clermont Ferrand, 23 juin 1987, SNC CAGI c/ SIVOM de la Région d'Issoire - Société Lyonnaise des Eaux, n°5691.

[66] En matière d'électricité, voir TI Saint Germain en Laye, 17 novembre 1977, EDF c/ Dame Gros, *CJEG* décembre 1979, J, 173 ; TGI Toulouse, 21 octobre 1975, Crts Brunet, *CJEG* février 1976, J, 23 ; TI Chalon sur Saône, 10 juin 1986, EDF c/ Mme Chevillot-Chagnoux, *CJEG* juillet 1987, p.756 ; Cass.civ I, 17 mai 1993, Cohen, pourvoi n°90-15.034. Bien que dans le domaine des télécommunications, la Cour de cassation ait confirmé en 1995, Cass.civ I, 11 avril 1995, France Télécom c/ Detoc, *LPA* 24 novembre 1995, p.4, que seul le signataire de la police est responsable des communications effectuées sur la ligne, même si elle desservait un local commercial appartenant à une autre personne, la position des juridictions inférieures semble plus nuancée car il est permis à l'usager titulaire de la police de démontrer l'existence d'un piratage de ligne pour s'exonérer

contre l'usager réel pour obtenir le remboursement des sommes payées[67]. Ces solutions, dont l'intérêt pratique pour l'exploitant du service est évident, peuvent également et principalement s'expliquer par le droit privé des obligations, et notamment par l'effet relatif des conventions[68].

349. La qualité de débiteur ne peut se transmettre de l'usager apparent à l'usager réel, ou de l'usager réel à l'usager apparent qu'en vertu des règles du droit civil des obligations, et plus particulièrement selon les règles applicables au transfert de dette (articles 1271 et suivants du Code civil[69]) ou au transport de créance (articles 1689 et suivants du Code civil[70]). En matière de fourniture de services publics industriels et commerciaux, il a été jugé que pour qu'un tel transfert ait lieu, il faut que l'exploitant en soit informé[71] et qu'il ait accepté la substitution ou que la transmission ait été prévue par le contrat initial[72]. L'usager réel peut être simplement déclaré tiers payeur auprès de l'exploitant[73], mais, en cas de défaillance, l'exploitant peut de toute façon se retourner contre l'usager apparent pour réclamer les sommes dues[74]. A l'inverse, l'exploitant ne peut pas procéder d'office au transfert du contrat sans l'accord du titulaire[75].

350. Si le transfert de la qualité de débiteur relève de règles strictes et précises, qu'en est-il du transfert des autres obligations contenues dans le contrat ? Le principe soulevé dans ce cas par la jurisprudence est que les contrats sont établis en considération des locaux auxquels le courant est fourni et non pas *intuitu personae*[76]. Cette position s'applique, par exemple, lorsque l'exploitant promet dans la police de modifier à ses frais l'installation électrique de l'usager en cas de changement de tension du réseau général. Un

---

du paiement des communications (à titre d'exemples récents, Trib. com. Paris, 8 avril 1994, Société Serai c/ France Télécom ; CA Pau, 14 septembre 1995, Martial c/ France Télécom, *LPA* 24 novembre 1995).

67 CA Rennes, 17 avril 1963, Langlais, *CJEG* février 1964, J, 46 ; TI de Saint Die, 17 septembre 1974, EDF c/ Verdonk, *CJEG* 1975, p.45 ; TI Béthune, 25 juillet 1991, EDF c/ Piret, *CJEG* 1992, p.391.

68 C. cass., 22 décembre 1970, SARL Les Tuileries et Briqueteries de Lamillarié, confirmant CA Toulouse, 15 octobre 1968, *CJEG* septembre-octobre 1971, J, 209. De même, CA Aix, 14 décembre 1966, *CJEG* juillet 1967, J, 161. En revanche, le Conseil d'Etat, quant à lui, semble avoir rendu l'exploitant débiteur d'une obligation de vérification de la qualité de son interlocuteur, du moins de son apparence. C'est ce que déduisent F. Baquiast et P. Warlouzet de la formulation de l'arrêt du 24 juillet 1987, Durieu de Lacarelle, *Juris PTT* 1988, n°12, p.49.

69 Sur ce point, voir la note anonyme sous CA Paris, 6 juillet 1972, Galepides, *CJEG* janvier 1974, J, p.14.

70 Sur ce point, voir la note anonyme sous CA Aix, 14 décembre 1966, Martinod, *CJEG* 1967, J, p.161.

71 TI de Sannois, 5 juillet 1978, Société ODH c/ EDF, *CJEG* 1979, p.59 ; TI Juvisy sur Orge, 4 septembre 1996, EDF c/ Mme Ait El Ahnech, *CJEG* 1997, p.315, ou CA Grenoble, 4 décembre 1986, Bertrand - Gassier - Bénichou, *CJEG* 1987, p.759.

72 Cour cass., 22 décembre 1970, Société Tuileries et Briqueteries de Lamillarie c/ EDF, *CJEG* septembre-octobre 1971, J, 209 ; TI Montceau Les Mînes, 3 novembre 1994, Guérin, *LPA* 24 novembre 1994, p.4.

73 Pour une solution particulière voir TI Condom, 25 juillet 1995, EDF c/ Salaberry, *CJEG* septembre 1996, p.316.

74 TA Strasbourg, 1er février 1990, Mattei, *Juris PTT* 1990, n°20, p.35 ; TI Montceau Les Mînes, 3 novembre 1994, Guérin, *LPA* 24 novembre 1994, p.4.

75 TA Strasbourg, 6 juin 1989, Mme Baur, *JCP* 1990, IV, p.79.

76 A titre d'exemples, CA Caen, 15 février 1911, Compagnie d'éclairage d'Alençon, *Rev. concess.* 1912, p.323 ; CA Toulouse, 1er mai 1926, Société pyrénéenne d'énergie électrique, *Rev. concess.* 1926, p.203 ; CA Rennes, 17 avril 1963, Sieur Langlais, *CJEG* 1964, J, p.46. Plus récemment, TI de Châteaudun, 28 novembre 1995, EDF-GDF c/ Pasquet, *CJEG* septembre 1996, p.318.

usager n'avait pas pu bénéficier de cette promesse dans un quartier qui n'avait pas encore fait l'objet de travaux en vue du changement de tension. Il achète un appartement dans un quartier où l'ancien propriétaire de l'appartement a lui-même bénéficié de la promesse de l'exploitant pour ses propres installations. Comme l'obligation en question est rattachée à l'habitation et non à la personne de l'usager, le requérant ne peut exiger de l'exploitant qu'il transforme ses propres installations électriques, même si en fin de compte il n'a pu bénéficier à aucun moment de la promesse de l'exploitant[77]. Ainsi, ces obligations, liées à la qualité d'utilisateur, peuvent se transmettre avec certains contrats ayant pour objet l'occupation du logement qui reçoit la prestation[78] ou par succession, si une habitation fait partie d'un héritage[79]. Le juge peut également ordonner le transfert d'usager dans le cas particulier du plan portant cession d'entreprises en liquidation judiciaire[80].

351. La théorie de la stipulation pour autrui permet aussi à une personne qui n'est pas encore utilisatrice d'acquérir la qualité d'usager. La stipulation pour autrui est une exception à l'effet relatif du contrat. L'article 1121 du Code civil permet à un tiers de se retrouver créancier d'une obligation par l'effet d'un contrat auquel il est étranger. Dans une affaire où une SCI avait commandé des travaux de raccordement à EDF pour l'alimentation du lotissement qu'elle construisait, il a été jugé[81] que "soit que l'on admette que la SCI a stipulé pour les futurs abonnés, soit que l'on admette qu'elle a stipulé pour elle-même en sa qualité d'usager, elle est légalement tenue de se conformer à la clause du cahier des charges applicable, qui lui fait obligation de payer la totalité des frais". Ici, en demandant à EDF d'alimenter un groupe d'habitations, le constructeur est censé avoir implicitement stipulé pour autrui, en l'espèce au profit des acquéreurs éventuels des pavillons, ceux-ci devant prendre nécessairement la qualité d'usager[82]. Une telle stipulation était possible dès l'instant où les conditions propres à la stipulation pour autrui étaient remplies[83] : le constructeur et EDF avaient la volonté de stipuler pour les futurs

---

77 CA Rennes, 17 avril 1963, Sieur Langlais, *CJEG* 1964, J, p.46. De même, CA Toulouse, 1er mai 1926 *Rev. concess.* 1926, p.203.

78 Par exemple, la Cour d'appel de Toulouse, dans un arrêt du 1er mai 1926, Société pyrénéenne d'énergie électrique, *Rev. concess.* 1926, p.203. De même, les contrats de fourniture suivent le fonds de commerce alimenté par ces fournitures (Cass. com., 2 février 1971, *Bull.* IV, n°32). Voir également plus récemment, Cass. com., 12 mai 1998, *JCP* 1998, IV, 2483 : la cession de bail commercial emporte cession du contrat de fourniture d'électricité et s'impose au concessionnaire en raison de l'amortissement des investissements de la fourniture d'électricité.

79 Trib. civil de la Seine, 22 mai 1956, Consorts Viala, *CJEG* 1956, p.173.

80 Le cas des contrats de fourniture de biens ou de services est expressément prévu par l'article 86 de la loi n°85-98 du 25 janvier 1985, relative au redressement et à la liquidation judiciaire des entreprises, JO du 26 janvier, p.1097.

81 TGI de Lisieux, 24 février 1971, SCI Parc Clairefontaine, *Gaz. Pal.* 1971, 2, p.481 ; confirmé par CA Caen, 11 avril 1972, *CJEG* 1972, p.167.

82 Voir également la note A. C. sous l'arrêt du Tribunal des conflits, 28 mai 1962, Sieur Vitiello, *CJEG* 1963, p.113, où il s'agissait d'un entrepreneur construisant un immeuble. Bien que l'arrêt ne mentionne pas l'existence d'une stipulation pour autrui, son commentateur envisage une telle situation au profit des futurs acquéreurs des appartements construits.

83 H. L. et J. Mazeaud, F. Chabas, *Leçons de droit civil*, Tome II, premier volume, *Obligations. Théorie générale*, Montchrestien, 9ème édition, 1998, par F. Chabas, n° 777 et s. ; F. Terré, Ph. Simler, Y. Lequette, *Droit civil. Les obligations*, Dalloz, 7ème édition, 1999, n° 486 et s. ; J. Ghestin, *Traité de droit civil. Les effets du contrat*, LGDJ, 2nde édition, 1994, par J. Ghestin, avec le concours de C. Jamin et M. Billiau, n° 601 et s.

usagers ; le constructeur avait un intérêt personnel évident à la construction des travaux par EDF ; les tiers bénéficiaires (futurs usagers) étaient facilement déterminables au moment où le contrat devait être exécuté.

352. Ainsi, l'affirmation de M. Moderne selon laquelle la qualité d'usager ne peut pas se transmettre par contrat[84] doit être nuancée. Il est vrai que le Conseil d'Etat, dans un arrêt de 1961, Dame Bayer[85], a jugé que "le sieur Bayer exécutait des travaux de réparation en vertu d'un contrat conclu avec le sieur Fourey (le titulaire du contrat de fourniture d'électricité), ce contrat, qui ne concernait que les relations entre les deux contractants, n'a pas eu pour conséquence de donner au sieur Bayer la qualité d'usager du service de distribution d'électricité"[86]. Pour que la qualité d'usager puisse être transmise par contrat, il faut se référer à l'objet même du contrat, qui doit satisfaire à deux conditions. D'une part, le contrat doit concerner la transmission de droits afférents à un local desservi par un service industriel et commercial et d'autre part, il faut que l'utilisation de la prestation de service y soit prévue, expressément ou implicitement. La jurisprudence précitée s'explique donc très bien par le fait que le contrat de travail qui lie l'usager à son employé ne satisfait pas à ces conditions.

353. Est usager celui qui consomme la prestation sans être titulaire d'un contrat, celui qui est à la fois titulaire d'un contrat et qui consomme la prestation et enfin, celui qui est titulaire d'un contrat sans consommer effectivement la prestation. Un quatrième cas de figure est envisageable : serait usager celui qui n'est ni titulaire d'un contrat, ni consommateur de la prestation. C'est le cas du candidat usager, qualifié souvent d'usager, là encore pour les besoins de la formation d'un bloc de compétence au profit du juge judiciaire.

D. Le candidat usager.

354. Au fil du temps, la perception du candidat usager a évolué et les manifestations de sa présence varient en fonction de plusieurs critères. En premier lieu, le candidat usager s'appréhende à travers le contrat ayant pour objet la réalisation du branchement et que d'aucuns ont assimilé à tort au contrat de fourniture de la prestation, sollicitant ainsi abusivement le critère contractuel (1°). La théorie du lien de droit privé a ensuite permis d'unifier le contentieux du candidat usager et de l'usager du point de vue de la compétence juridictionnelle (2°). Ne faudrait-il pas, plutôt que chercher à définir le candidat usager grâce à un contrat qui n'existe pas, ou par une notion aux contours incertains, tenter de délimiter les limites d'une période de pourparlers qui qualifierait le candidat usager ? (3°)

---

84 "La distinction du tiers et de l'usager dans le contentieux des dommages de travaux publics", 2nde partie, préc.

85 CE, 14 juin 1961, *Rec.*, p.406.

86 CE, 10 février 1984, CPAM des travailleurs salariés de Valenciennes c/ SNCF, *CJEG* 1984, p.339, note D. Delpirou.

1°) Le candidat usager lié par le contrat ayant pour objet la réalisation des travaux de branchement.

355. Dans les années quarante, le problème du candidat-usager était envisagé à travers le contrat de droit privé le liant à l'exploitant du service, non pour l'obtention de la fourniture , mais en vue de la réalisation des travaux de branchement.

356. Cette jurisprudence, illustrée par les arrêts Union hydroélectrique de l'ouest constantinois de 1937[87], Sieur Cazenave de 1955[88], ou Commune de Golbey de 1957[89], est interprétée à tort par la doctrine[90] comme reflétant la situation précontractuelle du candidat usager quant à la fourniture de la prestation de service. Il s'agissait en réalité de contrats conclus pour l'exécution des travaux de branchement, juridiquement distincts du contrat ayant pour objet la fourniture de la prestation de service[91].

357. Il est vrai que, dans ces affaires, les litiges portaient globalement sur des refus de raccordement au réseau émanant des exploitants publics ou privés[92] chargés du service, qui auraient pu s'interpréter tout simplement comme des refus d'accès à la prestation. Cependant, dans l'arrêt Union hydroélectrique de l'ouest constantinois et Cazenave, c'est bien les travaux qui étaient en cause.

358. L'arrêt Commune de Golbey est beaucoup plus ambigu, dans le sens où il s'agissait d'un recours pour excès de pouvoir contre le refus d'un maire d'autoriser un candidat usager à se raccorder au réseau de distribution d'eau. Le Conseil d'Etat a choisi de se placer une fois de plus sur le terrain du contrat de droit privé en vertu duquel l'exploitant exécute les travaux de branchement. Mais les termes mêmes de l'arrêt semblent sous-entendre que c'est le requérant lui-même qui se proposait d'exécuter ces travaux : il se plaignait d'une absence d'autorisation de branchement, mais pas du refus de la commune d'exécuter ces travaux. Plus tard, dans l'arrêt Dame Agnesi, de 1961[93], un tel refus de branchement a été interprété comme un refus d'accès au service, donc comme un

---

87 CE, 5 novembre 1937, Union hydro électrique de l'ouest constantinois, *Rec.* p.896.

88 CE, 25 mai 1955, Sieur Cazenave, *Rec.*, p.280.

89 CE, 18 décembre 1957, Commune de Golbey, *Rec.*, p.686.

90 Pour l'exposé de l'évolution, voir J. Dufau, "Services publics à caractère industriel et commercial", préc., p.16 et s. ; J.-F. Lachaume, *Grands services publics*, préc., p.333 et F. B., note sous CE, 21 avril 1961, Dame Agnesi, *D.* 1962, J, p.535.

91 Il est clairement précisé que "les conventions par lesquelles la collectivité publique qui exploite le service ou le concessionnaire s'engagent envers des particuliers à effectuer certaines installations en vue de la fourniture de l'eau (ou du courant), sont des contrats de droit commun". La réaction de la jurisprudence est identique, même après 1961, s'agissant de la compétence du juge judiciaire pour les contrats formés préalablement à la conclusion du contrat de fourniture proprement dit. Ainsi en est-il du litige opposant un requérant à l'administration des monnaies et médailles au sujet d'un médaillon endommagé alors qu'il avait été déposé en vue de l'établissement d'un devis, CE, 9 janvier 1981, Maurise Bouvet, *RDP* 1981, p.1466.

92 Dans les arrêts Union hydroélectrique de l'ouest constantinois et sieur Cazenave, préc., les requérants demandaient au juge d'obliger l'exploitant à raccorder leur propriété. Dans l'arrêt Commune de Golbey, préc., il s'agissait d'un recours pour excès de pouvoir contre le refus du maire de la commune d'autoriser le requérant à raccorder sa propriété.

93 CE, 21 avril 1961, *Rec.*, p.253 ; *D.* 1962, p.535, note F. B.

refus de contracter avec l'usager. Cependant, à compter du moment où le Conseil d'Etat choisit, même arbitrairement, de se placer sur le terrain du contrat de droit privé portant sur des travaux de raccordement, on ne peut pas confondre celui-ci avec le contrat de fourniture de la prestation lui-même. Le Conseil d'Etat a préféré interpréter, quelquefois audacieusement, les faits qui lui étaient soumis, plutôt que de s'en remettre à une fiction qui consisterait à étendre abusivement le domaine d'un contrat qui n'existait pas. Seul l'arrêt des Villettes, de 1944, pourrait peut-être faire état d'un statut précontractuel du candidat, mais la situation du sieur des Villettes était plus qu'ambiguë et il semble bien qu'il était bénéficiaire effectif de la prestation et non candidat usager[94].

359. Cependant, le problème demeurait entier. D'une part, il était indispensable en pratique d'assimiler le candidat usager à l'usager effectif du point de vue de la compétence juridictionnelle. D'autre part, il était juridiquement impossible de considérer que le candidat usager est lié à l'exploitant par le contrat de fourniture de la prestation de service, puisque celui-ci n'était pas encore conclu par définition. Enfin, le passage par le contrat ayant pour objet l'exécution des travaux de branchement ne saurait non plus être généralisé[95].

2°) L'utilisation du lien de droit privé pour qualifier le candidat usager.

360. L'utilisation de la théorie du lien de droit privé par le Conseil d'Etat, dans les arrêts Etablissements Campanon Rey[96] ou Dame Agnesi[97] de 1961, va donc permettre d'inclure dans le domaine de compétence du juge judiciaire les candidats usagers, sans se référer à la présence du contrat de fourniture qui n'existe pas encore et sans interpréter la présence d'un contrat relatif aux travaux comme indice d'une situation précontractuelle vis à vis de la fourniture elle-même.

361. Cependant, si la notion de lien de droit privé est pratique lorsqu'il s'agit d'unifier le contentieux, elle l'est beaucoup moins lorsqu'il s'agit de définir le candidat usager. Là encore, l'équation lien de droit privé / compétence du juge judiciaire / notion d'usager est pernicieuse car elle ne comporte aucun élément de définition et se contente de renvoyer les termes les uns aux autres. Le candidat usager devrait se distinguer de l'usager potentiel et de l'usager effectif à l'aide d'autres critères.

---

94 CE, 18 février 1944, Sieur des Villettes, *Rec.* p.58 : le sieur des Villettes possède des moteurs électriques et le Conseil d'Etat précise que ses "immeubles étaient et doivent rester desservis", avant de constater "que le litige se rattache ainsi au contrat d'abonnement intervenu ou à intervenir entre le requérant ou ses fermiers et le sieur Ledos ; qu'il appartient dès lors, à l'autorité judiciaire seule d'en connaître".

95 Toutefois, le juge administratif accepte encore de s'y référer pour décliner sa compétence. Voir par exemple TA Paris, 19 décembre 1972, SARL Sogrimo, *CJEG* 1973, J, p.65, ou TC, 28 mai 1962, Sieur Vitiello, *CJEG* 1963, J, p.113, note A. C.

96 CE, 16 octobre 1961, *CJEG* 1963, p.15, note A. C. ; *D.* 1962, J, p.506, note P. Vergnaud ; *AJDA* 1962, p.98, concl. Heumann et note A. de Laubadère.

97 CE, 21 avril 1961, *Rec.*, p.253 ; *D.* 1962, p.535, note F. B.

3°) Le candidat usager en situation de pourparlers.

362. La référence au contrat relatif à la réalisation des travaux de branchement est loin d'être inutile. L'erreur est sans doute de vouloir étendre abusivement dans le temps un contrat de fourniture qui n'existe pas encore. En revanche, la conclusion du contrat relatif aux travaux de branchement manifeste sans équivoque la volonté d'une personne de devenir usager, et peut constituer le point de départ d'une période de pourparlers à laquelle on appliquera les règles civilistes relatives à la période précontractuelle[98].

363. Dans la situation juridique du candidat usager, pourquoi ne pas mettre en évidence sa démarche volontariste de prise de contact avec l'exploitant, dont la conclusion d'un contrat en vue de la réalisation de travaux de branchement serait simplement un indice ? Ainsi, le tribunal administratif de Nancy, dans l'affaire Comas, de 1980, a qualifié une telle personne d'usager[99]. Un arrêt du Tribunal des conflits, de 1995[100], définit les limites de cette période de pourparlers, puisqu'un simple "échange de lettres entre la SCI propriétaire d'un immeuble et EDF relatif aux conditions de réalisation du branchement particulier et destiné à desservir les futurs habitants de l'immeuble ne confère pas à la société la qualité d'usager d'un service public à caractère industriel et commercial"[101].

364. La Cour de cassation, en 1972[102], attribue la qualité d'usager à une personne ayant subi un dommage, alors qu'elle effectuait des travaux de remise en état de ses locaux, travaux réclamés par EDF, "en vue de la conclusion d'un contrat d'abonnement". La Cour prend en compte la période de pourparlers entre l'usager et l'exploitant, car il faut le remarquer ici, l'usager avait pris contact avec EDF et s'était entendu avec l'établissement pour procéder à des réparations sans lesquelles le courant ne serait pas fourni.

365. La référence au contrat ayant pour objet la réalisation des travaux de branchement ne doit être retenue que parce qu'elle limite dans le temps la période de négociation du contrat ayant pour objet la fourniture de la prestation. Elle seule est une véritable période précontractuelle dans la qualification du candidat usager. A l'heure actuelle, le Tribunal des conflits a fait état de cette situation "précontractuelle" du candidat

---

[98] Voir par exemple TA Paris, 19 décembre 1972, SARL Sogrimo, *CJEG* 1973, J, p.65. De même, dans un jugement du tribunal administratif de Nice, 9 juillet 1980, Mendelson c/ EDF, *CJEG* 1980, J, p.146, le requérant réclamait la restitution de la participation financière imposée par EDF pour l'extension du réseau préalablement à la passation d'un contrat, ce qui lui a valu d'être qualifié de "futur usager" et d'entraîner ainsi la compétence judiciaire.

[99] TA Nancy, 20 novembre 1980, Comas et autres et Association syndicale des acquéreurs du lotissement du Hameau de la grande Haie c/ EDF, *JCP* 1982, II, 19805, note J. Virole.

[100] TC, 3 juillet 1995, SCI du 138 rue Victor Hugo à Clamart c/ EDF, *Rec.*, p.498.

[101] De même, CA Paris, 26 octobre 1979, SCI Verdun Sainte Marie c/ Société Lyonnaise des eaux et de l'éclairage, *JCP* 1980, II, 19468, note J. Evesque : "La gérante de la SCI dans sa lettre se bornait à demander l'étude de l'alimentation en eau de l'ensemble immobilier qu'elle se proposait alors d'édifier, ainsi que des renseignements sur le montant de ses participations ; qu'une telle lettre ne peut aucunement être considérée comme ayant noué des liens contractuels entre la SCI et la société concessionnaire."

[102] Cass.civ I, 25 avril 1972, Alonso, *Bull.* n° 287 ; *JCP* 1974, II, 17726, note P. Comte.

usager[103], ce qui tendrait à démontrer que même postérieurement à l'arrêt Dame Agnesi[104], qui consacre l'utilisation de la notion de lien de droit privé dans le domaine du candidat usager, toute référence au contrat n'est pas exclue.

366. Ainsi, on peut dire que les critères cumulatifs de la présence d'un contrat et de la consommation de la prestation subissent un élargissement dans leurs dimensions temporelle, personnelle et matérielle. Le candidat usager, à la fois contractant potentiel et utilisateur potentiel, est considéré du point de vue de la compétence juridictionnelle comme un usager effectif.

367. Les critères que l'on a qualifiés d'intrinsèquement subjectifs (conclusion d'un contrat, utilisation effective du service) dans la détermination de la notion d'usager s'apprécient en réalité à partir d'éléments objectifs (présence matérielle d'un contrat, utilisation effective de la prestation, considération des caractéristiques d'une habitation, etc.). Les éléments tirés de l'intention même de l'usager ne sont pas réellement pris en compte. Cependant, il est des cas, comme celui du candidat usager, où, en définitive, la qualification d'usager pourrait implicitement dépendre de la certitude de l'intention de devenir usager à travers la délimitation d'une période de pourparlers. Peut-on apprécier la volonté de l'usager à l'état brut ?

§ 2. La recherche de l'intention de l'usager.

368. Le critère de la prise en considération de l'intention de l'usager se manifeste à travers une relecture des critères classiques (conclusion d'un contrat et consommation effective de la prestation de service) lorsque l'administration de leur preuve se révèle délicate. En effet, à travers la notion de contrat verbal, c'est la volonté d'une personne de devenir usager qui va devoir être démontrée (A). Le critère "intentionnel" (attachement à l'unique intention de l'usager) suit le même schéma que les critères classiques puisque, lorsqu'il n'y a pas de contrat, la simple intention d'utiliser effectivement le service peut suffire à conférer la qualité d'usager (B).

A. Le contrat verbal, révélateur du consentement de l'usager.

369. Pour le moment, il ne s'agit pas ici d'étudier le régime juridique qui est applicable au contrat verbal, mais de savoir dans quelle mesure l'admission, dès le début du siècle[105], puis la multiplication des recours à cette pratique, influencent la notion même

---

[103] TC, 2 mars 1987, Compagnie "La Lutèce", *AJDA* 1987, p.774, note J.-B. Auby ; *CJEG* 1987, p.685, note P. Sablière ; *LPA* 26 septembre 1987, p.20, note J. Morand-Deviller.

[104] Préc.

[105] A titre de simples exemples, Cour cass., 19 juillet 1920, *S* 1922, I, p.65 ; Cass.civ, 20 février 1923, *S.* 1923, I, p.193 ; Req., 17 mai 1938, Cayla, *DH* 1938, p.419. Plus récemment, voir TI d'Issoudun, 9 juin 1995, EDF c/ Grinchois, *CJEG* 1996, p.317.

d'usager. D'une manière générale, l'administration de la preuve d'un contrat verbal conduit à s'interroger sur la réalité du consentement de l'usager, et partant, de sa volonté de devenir usager. La volonté devient de ce fait l'élément central de la définition, alors qu'en présence d'un contrat écrit déjà conclu, elle est simplement présumée.

370. Comme le critère contractuel se combine généralement avec celui de l'utilisation de la prestation, deux situations peuvent se présenter : soit l'usager est utilisateur du service (1°), soit il ne l'est pas (2°). A travers l'examen de ces situations, on s'aperçoit que la pratique du contrat verbal en matière de services publics industriels et commerciaux s'inscrit parfois en marge des règles civilistes concernant les manifestations tacites de volonté. Est-ce justifiable ? (3°)

1°) Le consommateur de la prestation de service lié par contrat verbal avec l'exploitant.

371. Dans le cas où une personne est utilisatrice du service, pour savoir si elle possède la qualité d'usager, sa volonté n'est pas prise en compte de la même façon selon qu'elle est utilisatrice passive ou active. L'utilisation active se définit comme la consommation en toute connaissance de cause, désirée par l'utilisateur, alors que l'utilisateur passif est celui qui reçoit la prestation alors qu'il ne l'a pas réclamée.

372. Ce dernier cas (utilisateur passif) s'est rencontré dans l'arrêt Agrimo, de 1966[106], où il s'agissait d'un lotisseur ayant réalisé des installations électriques alimentées spontanément par EDF, alors qu'aucune demande n'avait été faite en ce sens et qu'aucun compteur n'avait été posé. Par la suite, la situation a été régularisée mais il restait la question du paiement des consommations effectuées. La cour d'appel de Bordeaux n'a pas admis la présence d'un contrat verbal et le litige a été résolu sur le terrain de l'enrichissement sans cause. L'enrichissement sans cause[107] fait partie des quasi-contrats : une personne s'enrichit au détriment d'une autre sans fondement, sans cause légitime. Pour rétablir l'équilibre injustement rompu, l'appauvri disposera d'une créance contre l'enrichi. Parmi les cinq conditions de l'enrichissement sans cause (enrichissement, appauvrissement corrélatif, absence de cause, absence d'intérêt personnel chez l'appauvri, caractère subsidiaire), on ne retiendra que la dernière (caractère subsidiaire). Elle signifie, notamment, que l'appauvri ne dispose d'aucune autre action, notamment contractuelle. L'exploitant ne peut donc pas être lié avec l'usager par un contrat écrit ou verbal. Le lotisseur n'a pas été considéré comme un usager, puisqu'il a été fait application de la théorie de l'enrichissement sans cause[108] à la place du droit applicable à l'usager, à savoir le tarif réglementaire du cahier des charges. On peut donc en déduire que lorsqu'au moins

---

[106] CA Bordeaux, 16 mars 1966, EDF c/ Agrimo, *CJEG* 1967, p.147.

[107] *Obligations. Théorie générale*, 9ème édition, par F. Chabas, préc., p.820 et s. ; F. Terré, Ph. Simler, Y. Lequette, *Droit civil. Les obligations*, préc., n°968 et s.

[108] Le lotisseur a dû payer environ un tiers de la facture. Voir également Cass. com., 4 novembre 1982, CGE c/ SEMVI, *Bull.* n°331 : la Cour de cassation reproche aux juges du fond de ne pas avoir fait application de la théorie de l'enrichissement sans cause dans un litige où il y avait apparemment eu consommation d'eau, sans que l'on sache réellement dans quelles circonstances, alors qu'aucun lien de droit n'était établi.

l'un des deux critères classiques n'est pas absolument vérifié (ici il n'y a pas de contrat écrit et la consommation est non intentionnelle), il ne peut y avoir reconnaissance de la qualité d'usager[109].

373. Lorsque la consommation est active, c'est-à-dire effectuée volontairement, en toute connaissance de cause, il faut encore démontrer l'intention de conclure le contrat, le consentement de l'usager. Ce sont les règles relatives à la forme de l'acceptation de l'offre que l'on appliquera. On distingue généralement[110] la manifestation tacite de volonté, qui peut tout à fait être à l'origine d'un contrat, du silence le plus absolu, dont la valeur est beaucoup plus problématique. En principe, le silence ne vaut pas acceptation du contrat[111].

374. Le domaine de l'usager du service public industriel et commercial est d'abord une illustration des phénomènes d'acceptation de l'offre par des manifestations tacites de volonté. Le contrat verbal était réputé exister dès le paiement de la première facture. La jurisprudence fait également appel à une méthode de faisceau d'indices. Ainsi sont pris en considération la profession de l'usager[112], sa venue en personne dans les locaux de l'exploitant afin de demander son raccordement, l'absence de poursuites pénales contre les personnes accusées d'être les utilisateurs effectifs par celui qui conteste l'existence d'un accord verbal, l'inscription dans l'annuaire au nom de l'usager verbal en matière de télécommunications, l'identité entre le nom de l'usager prétendu et celui figurant sur l'adresse postale, le témoignage de l'entreprise ayant effectué le branchement[113], etc.

375. La consommation effective de la prestation peut aussi être constitutive d'une manifestation tacite de volonté. La consommation de la prestation de service pouvait être à l'origine d'un lien de droit privé entre l'exploitant et l'usager. Ce lien peut-il être un contrat verbal ? La cour d'appel de Paris, en 1979[114], a jugé que "le contrat de fourniture d'eau (...) est formé par la pose du branchement qui constitue une offre, la consommation d'eau étant l'acceptation : l'existence du contrat est donc certaine dès l'entrée des copropriétaires dans les lieux, la signature de l'abonnement n'étant qu'une régularisation administrative destinée à formaliser par écrit l'accord antérieur des parties". Ainsi, la consommation du service en toute connaissance de cause est une preuve de l'existence d'un contrat[115].

---

[109] Désapprouvant la solution, voir la note anonyme, *CJEG* 1967, p.147.

[110] A titre d'exemple, voir F. Terré, P. Simler, Y. Lequette, *Droit civil. Les obligations*, préc., n° 118 ; J. Ghestin, *Traité de droit civil. La formation du contrat*, LGDJ, 3ème édition, 1993, par J. Ghestin, p.352 et s. ; *Obligations. Théorie générale*, par F. Chabas, préc., n°136.

[111] Voir Civ., 25 mai 1870, *S.* 1870, I, p.341, *D.* 1870, I, p. 257 ;Trib. civil de la Seine, 19 avril 1893, *Gaz. Pal.* 1893, 2, p. 162.

[112] CA Dijon, 14 janvier 1904, Borias c/ Bourdon, *Rev. concess.*, 1905, p.68.

[113] CAA Bordeaux, 13 juin 1994, Fournaise, *Juris PTT* 1994, n°37, p.55 ; TI de Bergerac, 4 avril 1995, France Télécom c/ Mme Jubé, *Juris PTT* 1995, n°42, p.48 ; Trib. com. Roubaix-Tourcoing,, 7 décembre 1995, France Télécom c/ El'Mdaghri, *LPA* 10 juillet 1996, n°83, p.10.

[114] CA Paris, 27 novembre 1979, Syndicat des copropriétaires de la Résidence Offenbach c/ CGE, *JCP* 1981, IV, p.374.

[115] Position confirmée plus récemment, TI Saint Etienne, 12 mars 1998, Gaulon c/ Stéphanoise des Eaux, inédit : "attendu que lors de son entrée dans les lieux, Melle Gaulon n'a pas fait couper l'approvisionnement en

376. En matière de distribution d'électricité, la cour d'appel de Lyon, en 1989[116], retient également l'acceptation du contrat attestée par la consommation effectuée par l'usager. L'appréciation peut également se déplacer de la consommation effective de la prestation vers l'intention non équivoque de consommer. Dans le domaine des télécommunications, le tribunal de grande instance d'Aix en Provence, en 1997[117], prend acte de cette méthode, puisqu'un contrat a pu se former à partir du moment où "la volonté de contracter s'est manifestée dans la demande d'attribution d'une ligne téléphonique (...) et dans la mise en service de cette ligne par France Télécom". Cette solution avait été admise depuis longtemps en droit des transports, et plus particulièrement pour les autocars ou les bus où le paiement du billet s'effectue à l'intérieur du moyen de transport. Il a été jugé que "le transporteur en faisant stationner son car au point de départ habituel, porte ouverte, manifestait son intention d'accueillir des clients" et que ceux-ci, "en voulant monter dans le véhicule, répondaient à cette offre"[118].

377. Ces solutions pourraient se rattacher à la distinction établie par M. Godé[119] entre la manifestation tacite directe de volonté résultant de l'exécution du contrat (consommation) et la manifestation tacite indirecte de volonté[120], qui pourrait justement recouper la méthode précédemment décrite du faisceau d'indices.

378. Concernant le silence absolu de l'usager, la Cour de cassation a modéré l'évolution jurisprudentielle qui admettait qu'un contrat soit conclu en l'absence de protestation du destinataire à réception de la première facture[121]. Dans un arrêt de 1990,

---

eau ; qu'en acceptant cet approvisionnement, elle a donné son consentement au contrat d'abonnement la liant à la SA Stéphanoise des Eaux." CA Bordeaux, 16 juin 1998, SLE c/ Andion, inédit : il n'y a pas d'obligation de soumettre à la signature de l'usager le document attestant du branchement du compteur posé en exécution de la demande d'accès, la consommation comptabilisée était seule constitutive de la livraison de la fourniture et du lien contractuel qui liait les parties.

116 CA Lyon, 20 avril 1989, EDF-GDF c/ Mme Gabriel et Mme Michard, *CJEG* 1989, p.292, note P.-E. About et R. Latreille.

117 TGI Aix, 20 janvier 1997, France Télécom c/ Meimon, *LPA* 2 juin 1997, p.9, note J. Huet.

118 Pour une formulation explicite bien que la solution soit plus ancienne, CA Grenoble, 14 avril 1958, Delle Beau, *D.* 1958, J, p.414, note R. Rodière. Voir également R. Rodière, "Le régime légal de l'obligation de sécurité due par les transporteurs à leurs voyageurs", JCP, 1952, I, p.997.

119 *Volonté et manifestations tacites,* Th. Lille, PUF, 1977, p.43 et s., p.51 et s.

120 Th. préc., p.51 : "Schématisant, nous avons avancé, pour justifier le rôle des manifestations tacites et directes, qu'elles étaient l'application des principes suivants : "l'on veut ce que l'on fait ; l'on veut, puisque l'on fait". De même à propos des manifestations indirectes, on pourrait dire que l'on veut ce qui doit accompagner ce que l'on fait. Je ne peut agir comme je le fais que si j'ai voulu les effets sans lesquels mon action ne se concevrait pas. En cela réside toute la différence entre manifestations directes et manifestations indirectes. Les premières ne font que révéler le lien qui existe nécessairement entre l'action et la volonté de faire. Les secondes tendent à faire apparaître un lien moins évident entre l'action et la volonté de faire autre chose. En d'autres termes, les premières révèlent la volonté parce que celle-ci fait partie de l'action, alors que les secondes manifestent une volonté dont la relation avec l'action n'est qu'indirecte".

121 CA Caen, 1er juin 1910, *CSFH* 1912, p.291, n°197. Pour une formulation très explicite, TI Gonesse, 7 février 1990, Compagnie des eaux de Goussainville c/ Cojean et autres, *CJEG* décembre 1990, p.421 : "pour qu'il y ait un contrat verbal, il faut, certes, que les prestations aient été fournies, mais également qu'il n'y ait pas eu de contestation."

Bucher[122], il a été jugé que "sans rechercher de quel élément résultait la preuve de l'engagement de M. Bucher, lequel soutenait ne pas avoir souscrit d'abonnement, la production par la demanderesse de la facture et le fait que son destinataire n'a pas protesté lors de sa réception étant insuffisant à cet égard, le tribunal n'a pas donné de base légale à sa décision"[123]. Ainsi, il faut distinguer le paiement de la première facture, qui peut être considéré comme un manifestation tacite de volonté dans la conclusion d'un contrat[124], de l'unique absence de protestation, procédant d'un silence qui ne saurait être à l'origine du moindre contrat.

379. Il semble qu'en matière de contrat verbal, les deux critères classiques suivent le même schéma qu'en présence d'un contrat écrit. En effet, la conclusion d'un contrat et la consommation du service interviennent cumulativement dans la détermination de la qualité d'usager, à cette différence près que c'est l'intention de l'usager qui commande réellement l'appréciation de ces critères. L'intention de consommer la prestation de service peut également être utilisée en amont comme critère même de l'existence d'un contrat verbal.

380. Le critère "intentionnel" s'inscrit-il également dans le mouvement d'assouplissement des critères classiques, au point que l'on puisse qualifier d'usager une personne titulaire d'un contrat verbal, alors qu'elle ne consomme pas la prestation de service ?

2°) La conclusion d'un contrat verbal en l'absence de consommation effective de la prestation.

381. Dans ce cas, il n'y a ni contrat écrit, ni consommation de la prestation. La simple conclusion d'un contrat écrit en l'absence de consommation de la prestation pouvait suffire à qualifier le titulaire du contrat d'usager. Mais il ne semble pas que cette solution puisse être étendue au contrat verbal.

---

122 Cass. civ I, 6 novembre 1990, Bucher c/ EDF, *Bull.*, n°234 ; *D.* 1990, IR, p. 274. Dans un autre domaine que le service public industriel et commercial, Cass. com, 3 juillet 1990, Société As. Eco., *Bull.*, n°201.

123 Voir le commentaire de D. Everaert, "La valeur du silence en droit des contrats. A propos d'un arrêt de la Cour de cassation du 6 novembre 1990", *LPA* 8 mars 1993, n°29, p.14.

124 P. Sablière dans sa note sous CE, 24 juillet 1987, Durieu de Lacarelle, *CJEG* décembre 1987, p.891, remarque que "la personne qui règle sans protestation le montant des factures qui lui sont adressées doit être regardée comme le titulaire du contrat verbal d'abonnement". TA Bordeaux, 8 juin 1990, Feuillade, *JCP* 1991, IV, p.166 : "la personne qui accomplit les démarches en vue d'un raccordement téléphonique et règle la première facture manifeste sa complète adhésion au contrat d'abonnement, alors qu'aucun document écrit n'a constaté son engagement" ; TI de Charolles, 10 avril 1986, EDF c/ Inacio, *CJEG* juillet 1987, p.785 : "deux règlements successifs ont été adressés à EDF à la suite de factures établies au nom de M. Inacio ; que ce dernier n'a pas fait rectifier les intitulés des factures payées ; qu'il a ainsi implicitement reconnu être tenu au paiement". Cass. civ. II, 1er février 1995, Lancry c/ France Télécom, *LPA* 24 novembre 1995, p.11, note J. Huet : les premiers paiements par chèque sont considérés par J. Huet comme des commencements de preuve par écrit, complétés par l'inscription dans l'annuaire de l'usager à son nom. Voir également, TI d'Issoudun, 9 juin 1995, EDF c/ Grinchois et Tagrand, *CJEG* 1996, p.317.

382. Le tribunal de commerce de Toulouse, en 1988[125], avait à juger du cas d'une personne ayant effectué un premier règlement à EDF avant que son fonds de commerce ait été pris en location par quelqu'un d'autre. On se souvient que lorsqu'il existe un contrat écrit, l'usager apparent est considéré comme débiteur jusqu'à résiliation de son propre contrat, nonobstant un contrat de location en faveur d'un autre utilisateur[126]. On se souvient également que le paiement de la première facture peut valoir conclusion d'un contrat verbal[127]. Le tribunal a cependant écarté ces deux règles et jugé qu'en l'absence d'un contrat écrit, il est tenu compte de la présence d'un usager réel, consommateur effectif. Il a également été jugé que ce premier règlement était insuffisant pour établir que l'usager apparent avait bien souscrit un contrat[128].

383. Dans l'affaire Durieu de Lacarelle, de 1987[129], une concierge avait souscrit au nom de la propriétaire de l'immeuble qu'elle occupait et à son insu un contrat verbal auprès du service des télécommunications. Le Conseil d'Etat a jugé que la propriétaire ne pouvait être liée par ce contrat, au motif qu'elle avait protesté dès réception de la première facture et que la concierge ne pouvait produire aucun mandat. Le tribunal administratif de Strasbourg, en 1990[130], a suivi une voie différente dans une affaire similaire : un concessionnaire automobile avait souscrit un contrat verbal au nom de la société concédante en produisant un extrait du registre du commerce au nom de cette société. Bien que le concessionnaire ait payé ses consommations durant un certain temps, c'est la société concédante qui a été déclarée débitrice des consommations. Le tribunal s'est fondé sur la possibilité pour l'exploitant de conclure un contrat à partir de la production de documents officiels sans aller plus loin dans les vérifications de l'identité de son interlocuteur, d'autant plus que certains détails de l'affaire confortaient la solution admise. Les noms des deux sociétés étaient semblables et la prétention de l'exploitant était confortée par une clause du contrat de concession qui prévoyait des obligations réciproques des parties quant à l'abonnement téléphonique.

384. La jurisprudence concernant la qualification d'usager en matière de contrat verbal suit une logique qui lui est propre, au gré d'un jeu subtil faisant intervenir certains critères bien identifiés.

---

[125] Trib. com. Toulouse, 5 janvier 1988, Galland c/ EDF, *CJEG* juillet-août 1989, p.244.

[126] Voir n°348.

[127] Voir n°378.

[128] *A contrario*, CA Paris, 10 juin 1988, Cazabone et Rodriguez, *CJEG* avril 1989, J, 131 : cas d'un contrat verbal souscrit à l'insu du nouveau locataire d'un garage et couvrant une période antérieure à son entrée dans les lieux. Le nouvel occupant est condamné à payer les consommations antérieures à son arrivée sur les lieux au motif que sa protestation est trop tardive étant donné qu'il en avait déjà payé une partie et s'était engagé à payer le reste de façon échelonnée.

[129] CE, 24 juillet 1987, Melle Durieu de Lacarelle, *Juris PTT* 1988, n°12, p.49, note F. Baquiast et P. Warlouzet.

[130] TA Strasbourg, Mattei, *Juris PTT* 1990, n°20, p.35.

3°) L'appréciation critique des critères retenus.

385. La pratique du contrat verbal en matière de services publics industriels et commerciaux pose deux questions. En premier lieu, faut-il interpréter la jurisprudence citée en fonction des règles propres à la manifestation de volonté dans la conclusion d'un contrat ou en fonction des principes relatifs à la preuve du contrat ? En second lieu, les critères retenus par le juge s'inscrivent-ils dans ce qui est couramment admis en matière de manifestation tacite de volonté ?

386. Il faut opérer une distinction entre l'existence même du contrat, dépendant ici de la réalité du consentement de l'usager, et l'administration de sa preuve. On sait qu'en matière civile, on ne peut prouver un contrat portant sur plus de cinq mille francs que par écrit[131]. Comme le souligne Mme Littmann[132], "le silence valant acceptation est donc exclu de ces contrats dans la mesure où, faute d'acceptation de convention expresse, il sera impossible à la partie qui se prévaut du contrat d'en prouver l'existence. Or, qu'importe un contrat dont on ne parvient pas à prouver la réalité ? Inversement, l'exigence d'une preuve écrite du contrat conduit naturellement à la constatation écrite de volontés". Ces règles de preuve sont toutefois assouplies, notamment par l'admission du commencement de preuve par écrit[133] ou par la liberté de preuve en matière commerciale lorsque le défendeur a procédé aux opérations litigieuses dans l'intérêt de son commerce[134]. Cependant, même si ces assouplissements ne sont pas négligeables, la facture émanant de l'exploitant ne saurait constituer un commencement de preuve par écrit, puisqu'elle émane de celui qui s'en prévaut. En revanche, M. Huet[135] remarque que le chèque destiné à payer la première facture, et émanant du débiteur, peut constituer un commencement de preuve par écrit, complété par des témoignages et présomptions. Il faudrait alors distinguer le cas où l'usager prétendu a *reçu* la première facture sans protester, ce qui n'équivaudrait pas à la conclusion d'un contrat verbal, du cas où le prétendu usager a *payé* sa première facture par chèque, commencement de preuve par écrit qui, accompagné d'autres indices, aurait pour effet de prouver l'existence du contrat[136].

387. Les critères retenus par les juges et précédemment décrits (paiement de la première facture, faisceau d'indices) peuvent donc s'interpréter soit, à un premier niveau, comme l'expression d'une manifestation tacite de volonté (ensemble de comportements destinés à démontrer l'existence d'un consentement) ; soit, à un second niveau, comme

---

131 Article 1341 du Code civil.

132 *Le silence et la formation du contrat*, Th. Strasbourg, 1969, p.122.

133 Article 1347 du Code civil.

134 Faisant application de ce principe en matière de contrat téléphonique, Trib. com. Roubaix-Tourcoing, 7 décembre 1995, France Télécom c/ El'Mdaghri, *LPA* 10 juillet 1996, n°83, p.10, note V. Bessou.

135 Note sous TI Paris, 23 juin 1992, France Télécom c/ Ballatreche, LPA, 5 avril 1993, n°41, p.7.

136 Dans une grande confusion, le tribunal de commerce de Paris, dans un jugement du 24 juin 1975, *Rev. juris. com.* 1976, p.19, note E. Massin, affirme que "les contrats d'abonnement EDF-GDF sont aujourd'hui oraux, souvent téléphoniques. Comme ils sont enregistrés par la machine électronique ainsi que les résiliations et les facturations qui en résultent, les facturations sont la preuve de l'existence d'un contrat. La personne à laquelle le paiement est demandé doit faire la preuve qu'elle n'était plus abonnée ou qu'elle n'était pas abonnée lorsque les facturations à son nom ont été payées ou reçues par elle sans protestation".

l'application des règles du Code civil en matière d'administration de la preuve (commencement de preuve par écrit complété par des témoignages et présomptions).

388. La pratique du contrat verbal, dans le domaine des services publics industriels et commerciaux, s'inscrit en marge des solutions admises en matière de manifestations tacites de volonté, puisque la simple consommation de la fourniture permet de conclure le contrat. Dans le domaine de l'édition, le fait de ne pas retourner une publication qui a été envoyée à un consommateur, et donc de consommer la prestation, n'équivaut pas à la conclusion d'un contrat, même s'il est clairement précisé que l'absence de renvoi dans un certain délai équivalait à la conclusion de ce dernier[137].

389. La conclusion de contrats verbaux dans le domaine des services publics industriels et commerciaux procède le plus souvent de phénomènes de manifestations tacites de volonté, c'est-à-dire de comportements d'où l'on peut raisonnablement induire la volonté de contracter. En effet, il ne faut pas oublier que l'exploitant du service public industriel et commercial n'est pas un tiers qui vient inopinément troubler la quiétude de l'usager ! Ce dernier participe à l'élaboration de l'offre, il prend contact avec l'exploitant par téléphone et il doit, dans certains cas, être présent pour l'exécution des travaux de branchement. Il ne faut pas oublier non plus que l'exploitant exécute une mission de service public, dans l'intérêt des usagers et non dans un intérêt purement commercial. Ses tarifs et les clauses des contrats sont réglementés, ce qui le distingue de certaines professions à l'origine de la jurisprudence sur la valeur du silence en droit privé, qui pratiquent "la fourniture sauvage".

390. Quant aux exceptions traditionnellement admises au principe suivant lequel le silence absolu ne vaut pas acceptation, ne faudrait-il pas les examiner de plus près au regard de la situation de l'usager ? Trois des exceptions communément admises en la matière retiennent l'attention dans le domaine du service public industriel et commercial[138]. La première exception résulte de l'existence d'un usage particulier à une profession ou d'un usage commercial. Cependant, M. Ghestin[139] fait état d'un arrêt de la Cour de cassation[140], qui a admis de façon très générale que le silence de la cliente d'une banque valait acceptation, alors même qu'elle effectuait l'opération bancaire litigieuse pour la première fois. Il n'est pas besoin que le client connaisse les pratiques de la profession ou en fasse lui-même partie. Cette solution pourrait tout à fait s'étendre au service public industriel et commercial.

391. La seconde exception concerne le cas des relations d'affaires antérieures entre les parties, toujours dans le domaine commercial[141]. Si pour certains, l'antériorité des

---

137 Req., 14 avril 1942, *S* 1942, I, p.123. Depuis, la vente par envoi forcé fait l'objet de sanctions pénales (art. R. 635-2 du nouveau Code pénal).

138 Voir les ouvrages généraux cités, n°373.

139 *Traité de droit civil. La formation du contrat*, préc., p.360.

140 Cass. com., 9 décembre 1986, *Bull.*, n°234.

141 Dans les autres domaines, comme le souligne J. Ghestin, *Taité de droit civil. La formation du contrat*, préc., p.362 : "il n'est pas permis de déduire de la seule existence d'une négociation en cours que le silence sur une offre vaille nécessairement acceptation."

relations d'affaires combine durée et permanence[142], en revanche la conception de M. Godé[143] permettrait une extension de cette exception à l'usager du service public industriel et commercial. Ce qui importe pour lui, c'est la participation du destinataire à l'offre et le respect de deux conditions : d'une part, il ne faut pas rendre efficace le silence de celui que ne connaissait pas l'offrant et d'autre part, il ne faut pas rendre efficace le silence de celui qui ne connaissait pas suffisamment l'offre. La limitation de cette exception au domaine commercial résulte du fait que ces deux conditions y sont plus facilement vérifiables, mais l'esprit même du système s'applique parfaitement à l'usager du service public industriel et commercial. Aujourd'hui, quels sont ceux qui ignorent encore les pratiques d'EDF, de la SNCF, ou de France Télécom ?

392. Enfin, la troisième exception vise à prendre en compte l'offre *in favorem*, c'est-à-dire l'offre faite exclusivement dans l'intérêt de son destinataire qui est réputé l'accepter même silencieusement. Si l'exploitant du service poursuit ses propres intérêts commerciaux, les contraintes de service public attachées à l'activité et son caractère indispensable pour tous induisent que l'offre, si elle n'est pas effectuée dans l'intérêt exclusif de l'usager, lui est tout de même très utile. Cette condition semble suffisante à Demogue[144] pour admettre la possibilité d'une acceptation passive.

393. Les spécificités du service public industriel et commercial et de ses relations avec les usagers pourraient expliquer cette consécration pour le moins libérale des manifestations tacites de volonté. Cependant, ces arguments valent tant que l'exploitant est en situation de monopole et qu'il poursuit, du moins en apparence, davantage des objectifs de service public que des objectifs commerciaux. Ne faudrait-il pas renforcer les exigences de la jurisprudence citée avec l'apparition de nouveaux opérateurs sur le marché et la poursuite de l'ouverture des réseaux ? La concurrence risque d'être vive pour s'attribuer de nouveaux usagers et, si on conçoit mal aujourd'hui qu'un exploitant puisse raccorder un usager qui n'aurait formulé aucune demande par téléphone, tout simplement parce que l'usager y a plus intérêt que l'exploitant, il en ira différemment demain.

394. On peut tirer maintenant plusieurs conclusions quant à la notion d'usager. En premier lieu, lorsqu'aucun contrat écrit n'a été signé, l'utilisation seule demeure insuffisante, contrairement à ce qui est admis en matière de contrats écrits. En revanche, le consentement au contrat verbal peut être déduit de l'utilisation en toute connaissance de cause de la prestation. La différence est que l'on demeure dans le domaine du contrat, avec ses particularités juridiques quant à l'expression du consentement, sans que la consommation effective fonde un "lien de droit privé". En second lieu, si la notion de lien de droit privé a remplacé celle de contrat lorsque l'intention de l'usager était simplement supposée, pourquoi ne pas franchir une étape supplémentaire et envisager isolément l'intention de consommer la prestation de service ? Elle serait alors elle-même à l'origine d'un "lien de droit privé", sans qu'il y ait besoin de passer par la formation d'un contrat verbal.

---

142 P. Diemer, *Le silence et le droit*, Th. Bordeaux I, 1975, p.84.

143 Th. préc., p.212, 224 et s.

144 *Les sources des obligations*, Tome 1, 1923, p.307 : "le silence peut valoir manifestation positive de volonté dans tous les cas où cela est utile à une personne et où d'autres ne peuvent gravement se plaindre."

395. Le critère de l'intention d'utilisation du service, considéré indépendamment d'un contrat, est déjà exploité, du moins pour ce qui est des dommages de travaux publics subis par les usagers des services publics industriels et commerciaux.

B. L'intention d'utiliser la prestation de service en l'absence de contrat.

396. Lorsque le critère du contrat a perdu son hégémonie pour être remplacé par une notion aux contours incertains, celle du lien de droit privé, l'intention d'utiliser le service n'est plus considérée comme la preuve d'une manifestation de volonté formatrice d'un contrat, mais comme un critère à part entière de la qualité d'usager. On remarquera donc que c'est toujours l'intention de l'usager qui est primordiale, lorsqu'elle sert à prouver l'existence d'un contrat ou directement la qualité d'usager.

397. Ainsi, c'est le commissaire du gouvernement Dutheillet de Lamothe, en 1966[145], qui s'interroge, pour la première fois, sur l'intention du sieur Canasse, victime d'une chute dans l'escalier d'une gare. S'appuyant sur deux témoignages portant sur les intentions mêmes de la victime, le commissaire du gouvernement en déduit que "le sieur Canasse s'est *certainement* rendu à la gare pour y expédier un colis". Dans ses conclusions sur l'arrêt Sebie[146], de 1967, il s'interroge sur le fait de savoir si le jeune Sebie, venu accompagner son père qui désirait profiter de l'offre faite par la commune de boire l'eau d'une source dont l'exploitation avait été confiée à une association, avait l'intention d'user lui aussi de ce service, ce qui lui aurait conféré la qualité d'usager. La réponse fut positive, le sort de l'enfant ayant sans doute été assimilé à celui qui aurait été réservé aux parents[147]. Quelques jours plus tard, le commissaire du gouvernement Baudouin[148], dans ses conclusions sur l'arrêt Demoiselle Labat, utilise un raisonnement similaire. Il s'agissait d'un accident dû à l'effondrement de la marquise surplombant le quai de la gare de Vic-en-Bigorre sur les spectateurs d'une manifestation folklorique, qui se déroulait dans l'enceinte de la gare. M. Beaudouin se demande lui aussi si les victimes avaient "la volonté de se comporter et de faire acte d'utilisateur du service, que cette intention ait pu se matérialiser ou que (...) cette volonté n'ait pas pu se traduire dans les faits". Ainsi, la détermination de la qualité d'usager se place sous la coupe d'un critère unique, celui de l'intention de l'utilisateur de se conduire en usager, alors même qu'aucun contrat n'est encore conclu.

398. Si une partie de la doctrine semble avoir intégré ce nouveau critère dans la définition de l'usager[149], certains demeurent sceptiques quant à son caractère réellement

---

[145] Concl. sur TC, 17 octobre 1966, Dame Veuve Canasse, *JCP* 1966, II, 14899.

[146] TC, 6 novembre 1967, Sieur Sebie, *CJEG* 1968, p.215.

[147] En ce sens, voir la note anonyme sous l'arrêt, *CJEG* 1968, p.215.

[148] CE, Section, 27 novembre 1967, Delle Labat, *RDP* 1968, p.663, concl. Baudouin ; *AJDA* 1968, p.100, chron. Massot et Dewost.

[149] Ainsi, pour J.-F. Lachaume, *Grands services publics*, préc., p.333 ; R. Chapus, *Droit administratif général*, Tome 1, Montchrestien, 14ème édition, 2000, n°1060, p.801 et J. de Soto, *Droit administratif. Théorie générale du service public*, préc., p.63 et s.

décisif. En effet, M. Durupty[150] remarque que "l'usage de l'ouvrage public a été dans cette affaire (dame Canasse) beaucoup plus déterminant (...) que le lien existant entre l'usager et les prestations habituellement fournies par le service", et ce, d'autant plus que "l'intention du sieur Canasse n'était pas évidente[151]" ; "l'intention dans laquelle l'ouvrage est utilisé ne peut alors servir qu'à écarter les hypothèses dans lesquelles l'utilisation est manifestement contraire à la destination de l'ouvrage et des prestations pour lesquelles le SPIC est conçu"[152]. Le critère intentionnel interviendrait en quelque sorte comme complément de celui de l'utilisation normale de l'ouvrage affecté au service.

399. L'analyse comparative effectuée par M. Moderne[153] des décisions de la Cour de cassation en matière de transport ferroviaire et des arrêts précités du Conseil d'Etat et du Tribunal des conflits est riche en enseignements. En effet, avant la décision précitée de la Cour de cassation de 1969 réglant la question de l'étendue de l'obligation de sécurité[154], la jurisprudence s'était orientée vers l'appréciation de la volonté de la victime. Ainsi, en 1964, la Cour de cassation[155], dans une affaire similaire à l'arrêt Dame Veuve Canasse, puisqu'il s'agissait d'un accident survenu dans l'escalier du métropolitain, a refusé de faire application de l'obligation de sécurité, au motif que la victime "n'avait pas manifesté irrévocablement sa volonté d'utiliser le titre de transport". Parallèlement à la condition d'irrévocabilité de l'intention de l'usager, son caractère certain a été posé dans une décision de 1960[156]. La décision rendue en 1963[157], dans la même affaire, est encore plus explicite : il a été jugé que "l'absence, même lorsqu'il (la victime) est entré dans l'enceinte du chemin de fer, d'une telle intention, élément essentiel de la formation d'un nouveau contrat de transport, suffit à faire écarter la responsabilité contractuelle de la SNCF".

400. Cette jurisprudence des années soixante peut aujourd'hui être complétée par deux affaires mettant en cause la RATP. Dans une première affaire de 1988, le Conseil d'Etat[158] a refusé au requérant la qualité d'usager au motif qu'au moment où il avait été blessé, il "tentait simplement de rejoindre une personne à l'intérieur de la station". En 1993, la cour administrative d'appel de Paris[159] reconnaît au contraire la qualité d'usager à une personne qui avait manifesté son "intention d'utiliser l'une des lignes desservant la station, quand bien même elle n'avait pas encore acquitté le prix de son billet".

---

[150] Note préc. sous TC, 17 octobre 1966, Dame Veuve Canasse.

[151] En effet, le sieur Canasse, victime de l'accident dans l'escalier alors qu'il n'avait pas encore atteint l'endroit où il pouvait s'adresser aux agents de la SNCF pour envoyer son colis, aurait pu changer d'avis.

[152] Par exemple, CE, 5 mars 1980, Mauro, *Rec.* Tables, p.918.

[153] "Responsabilité administrative et utilisation des ouvrages publics affectés à un service public industriel et commercial", préc. ; "Nouvelles difficultés pour la notion de "rapports de droit privé" comme critère de compétence judiciaire (à propos de la responsabilité des services publics de transports)", préc.

[154] Voir n°1410 et s.

[155] Cass.civ I, 12 février 1964, *Bull.* n°83 ; *JCP* 1964, II, 13650, concl. R. Lindon, note R. Rodière ; *D.* 1964, J, p.358, note P. Esmein ; *S* 1964, p.209, note A. Plancqueel ; *RTDC* 1964, p.547, obs. A. Tunc ; *CJEG* 1964, J, p.362, note L. Renaud.

[156] Cass. civ. I, 29 juin 1960, *Bull.* n°354, p.291.

[157] Cass. civ. I, 10 juin 1963, *Bull.* n°301, p.256.

[158] CE, 25 mai 1988, M. Michel, req. n°8720.

[159] CAA Paris, 8 juin 1993, Postic, n°92PA00964.

401. Certitude et irrévocabilité de l'intention de l'utilisateur sont autant d'éléments de la notion d'usager dont l'importance est grandissante au fil des années. Ils agissent en amont des critères classiques, suivent la même évolution, mais surtout constituent un point d'ancrage fédérateur pour des critères dont la combinaison semblait anarchique.

402. Certes la volonté du sieur Canasse était certaine, mais pourquoi utilisait-il l'escalier ? Non comme intermédiaire, pour obtenir un tarif avantageux pour d'autres personnes, mais bel et bien *dans le but* d'utiliser la prestation de service *pour son propre compte.* Cet élément, apparemment évident en l'espèce, pourrait constituer dans d'autres cas un indice de définition, fondé sur le mobile de l'usager.

- SECTION II -
Le critère finaliste

403. Si la volonté de devenir usager d'un service public industriel et commercial est à prendre en compte dans la qualification de l'usager, peut-on pousser l'appréciation subjectiviste plus loin et envisager le mobile poursuivi par celui qui se veut usager ? Ne faudrait-il pas n'accorder la qualité d'usager qu'à celui qui réclame la fourniture du service pour sa consommation personnelle, à la différence de celui qui désire la recommercialiser sur le marché ? Pour répondre à cette question, il est nécessaire d'examiner la qualification juridique des différents intermédiaires s'interposant entre l'exploitant et les usagers finals, qu'ils soient des personnes privées (§1) ou des personnes publiques (§2).

§ 1. L'usager intermédiaire, personne privée.

404. Deux cas de figure se rencontrent généralement : soit l'intermédiaire personne privée vise à faciliter la consommation des usagers finals qu'il représente, soit il désire recommercialiser la prestation de service.

405. La première situation a déjà été rencontrée : il s'agit des lotisseurs et des syndicats de copropriété[160]. Juridiquement, il était fait appel à la stipulation pour autrui, à la théorie du mandat ou bien encore à la notion d'usagers directs ou indirects pour qualifier ces cas de figure. La reconnaissance de la qualité d'usager pour ces intermédiaires ne semble pas poser de problème particulier. Cela s'explique, d'une part, par la présence d'un lien de "représentation" entre l'intermédiaire et l'usager final et, d'autre part, par le fait que l'intermédiaire ne *revend* pas la prestation de service, ne la *re-commercialise* pas avec bénéfice, mais la *facture* uniquement aux usagers finals. Si ceux-ci rémunèrent l'intermédiaire, c'est au titre d'un ensemble de services, d'une prestation (une gestion comptable par exemple) distincte de l'activité d'un exploitant de services publics industriels et commerciaux.

406. Qu'en est-il de l'intermédiaire privé qui désire recommercialiser la même prestation que celle de l'exploitant du service vers des consommateurs finals ? Cette situation se rencontrait avant l'exploitation des services industriels et commerciaux en monopole et elle pourrait se rencontrer à nouveau avec l'ouverture des réseaux à la concurrence. Une jurisprudence de la chambre des requêtes de la Cour de cassation de 1921[161] fait état d'un problème de facturation du gaz fourni par la Compagnie générale d'éclairage de Bordeaux, concessionnaire de la ville de Bordeaux, à une société qui alimentait les communes suburbaines. Le relèvement de tarif adopté réglementairement

---

[160]Voir respectivement n°371 et n°346.

[161] Req., 4 mai 1921, Soc. intercommunale d'éclairage c/ Cie générale d'éclairage de Bordeaux, *D.* 1922, 1, p.41, note J. Appleton.

pour les usagers finals a été appliqué par le juge à la société intermédiaire[162]. Si celle-ci n'avait pas été considérée comme un usager[163], n'aurait-on pas dû faire intervenir la théorie de l'enrichissement sans cause et non les tarifs réglementaires destinés aux usagers ?

407. Aujourd'hui, le phénomène d'ouverture des réseaux à la concurrence serait-il le catalyseur de l'apparition de nouveaux intermédiaires sur le marché ? On pourrait en effet concevoir que certaines sociétés décident d'acheter de l'électricité, de l'eau ou du gaz en gros aux exploitants anciennement monopolistiques, ou à l'étranger, dans le but de les revendre aux clients finals. Cette hypothèse est prévue dans les règlements et directives communautaires qui font état de l'existence d'éventuels intermédiaires. Par exemple, la directive du 19 décembre 1996, concernant les règles communes pour le marché intérieur de l'électricité[164], semble placer sur le même terrain, et sous le vocable de "client", "les *clients grossistes* ou finals d'électricité *et les compagnies de distribution*"[165]. Dans tous les cas, l'utilisateur final est défini comme la personne achetant la prestation *pour sa propre consommation.*

408. Comme aucune jurisprudence n'a encore expressément qualifié ces intermédiaires d'usagers, doivent-ils être juridiquement considérés comme des usagers finals, ou bien faut-il les envisager comme des exploitants à part entière, concurrents de l'opérateur anciennement monopolistique ? Dans le cas où ces intermédiaires seraient qualifiés d'usagers, ils pourraient profiter des impératifs de qualité ou des obligations de service public à la charge de l'exploitant historique, sans eux-mêmes dépenser les frais afférents ! La meilleure solution consisterait, là encore, à considérer ces intermédiaires comme de véritables exploitants, liés à l'exploitant anciennement monopolistique par un contrat particulier, distinct du contrat passé par les usagers finals.

409. Sur la question de la qualification de l'intermédiaire, vient se greffer le problème relatif à la notion de délégation de service public. On sait, principalement, que le marché public se distingue de la délégation par la provenance de la rémunération du prestataire. Si celui-ci perçoit une redevance sur les usagers, il est titulaire d'une délégation. Si, en

---

162 Il est vrai que pour l'équilibre même de la concession de la Compagnie générale d'éclairage de Bordeaux, ainsi que pour assurer l'égalité entre les usagers finals après les problèmes dus à la hausse du prix du charbon, une telle solution était indispensable.

163 On peut également prendre en compte une jurisprudence de la cour d'appel de Paris, du 18 juillet 1951, EDF c/ Société des transports en commun de la région toulousaine, *D.* 1951, J, p.627, qui qualifie un concessionnaire de "particulier" au sens de l'article 19 § 2 de la loi du 8 avril 1946, autorisant EDF, après la nationalisation,à résilier les contrats conclus par les sociétés nationalisées avec des "particuliers".

164 Directive 96/92/CE du Parlement européen et du Conseil, *CJEG* mai 1997, p.192.

165 Dans la proposition de Directive du Parlement européen et du Conseil concernant les règles communes pour le développement des services postaux communautaires et l'amélioration de la qualité du service du 22 novembre 1995, *Service public et droit communautaire. Les grands textes*, sous la direction de R. Kovar et D. Simon, Documentation Française, 1996, p.206, l'intermédiaire est défini comme "l'opérateur économique qui agit entre l'expéditeur et le prestataire du service universel par la collecte, l'acheminement des objets postaux avant de les insérer dans le réseau postal public du même pays ou d'un autre pays". Mais dans le texte final, plus laconique, (Directive n° 97/67/CE du Parlement européen et du Conseil du 15 décembre 1997, JOCE L 15 du 21 janvier 1998), l'utilisateur est défini comme "toute personne physique ou morale bénéficiaire d'une prestation de service universel en tant qu'expéditeur ou destinataire".

revanche, c'est la collectivité publique qui paye un prix, il s'agira d'un marché public[166]. En matière d'eau par exemple, on oppose les activités de production et de distribution. Si un intermédiaire distributeur se glisse entre le producteur et l'usager final, peut-on qualifier l'activité de production de délégation de service public, en dépit du fait que le producteur traite avec un intermédiaire et non avec des consommateurs finals ? Avec l'arrêt Préfet des Bouches du Rhône, de 1996[167], qui fonde *a contrario* la notion de délégation de service public sur la rémunération tirée substantiellement des résultats d'exploitation, la présence d'un intermédiaire ne devrait plus constituer un obstacle à la qualification de délégation du contrat liant le producteur et la collectivité publique.

410. L'ouverture des réseaux à la concurrence, en multipliant la présence d'intermédiaires, risque de susciter des problèmes juridiques relatifs à la qualité d'usager. A côté des situations où l'intermédiaire est une personne privée, il existe des cas où l'intermédiaire est une personne publique, ce qui pose encore plus de difficultés dans la qualification du contrat la liant à l'exploitant.

§ 2. L'intermédiaire, personne publique.

411. Lorsqu'une collectivité locale se fournit, dans certains cas, auprès de l'exploitant d'un service public industriel et commercial dans le but de satisfaire la consommation personnelle de ses habitants, elle ne représente pas ses contribuables[168], elle ne se borne pas à leur facturer une prestation commandée collectivement, mais elle gère un service public. Il peut s'agir de régies s'alimentant en électricité auprès d'EDF, de contrats de vente d'eau en gros ou d'apport de déchets, conclus entre un syndicat intercommunal et des communes extérieures au périmètre de ce syndicat. La question est donc de savoir si ces contrats sont des marchés publics, ou si, du fait de la qualification d'usager d'un service public industriel et commercial de l'une des deux parties, ils peuvent se soustraire au Code des marchés publics[169].

---

166 CE, 11 décembre 1963, Ville de Colombes, *Rec.*, p.612 : est un marché d'entreprise de travaux publics le contrat d'enlèvement des ordures ménagères qui prévoit une rémunération forfaitaire par la commune. CE, section, 26 novembre 1971, SIMA, *RDP* 1972, p.239, concl. Gentot : est un marché public le contrat portant sur l'exploitation d'une usine de traitement des ordures ménagères moyennant une redevance payée par la ville. CE, 10 avril 1970 Beau et Lagarde, *Rec.*, p.243 : un contrat qui comporte une rémunération par les usagers ne peut pas être un marché.

167 CE, 15 avril 1996, Préfet des Bouches du Rhône, *Rec.*, p.137 : est un marché public le contrat prévoyant une rémunération qui "n'est pas substantiellement assurée par les résultats de l'exploitation" ; *AJDA* 1996, p.729, chron. D. Chauvaux et T.-X. Girardot ; *CJEG* 1996, p. 267, concl. C. Chantepy, note R. Savignat ; *DA* 1996, n° 355, obs. J.B.A. ; *JCP* 1997, I, n° 4019, chron. J. Petit ; *JCP* éd. E, 1997, n° 929, note Y. Delaire ; *LPA* 12 juillet 1996, p. 30, note D. Préat ; *RFDA* 1996, p. 715 concl., note P. Terneyre. Voir également les concl. Bergeal sur CE, 30 juin 1999, Synd. mixte du traitement des ordures ménagères centre-ouest seine-et-marnais, *AJDA* 1999, p.714, avec la note J.-M. Peyrical.

168 La collectivité publique ne peut pas exercer d'action au nom de ses habitants contre l'exploitant, voir n°683 et s.

169 L. Richer, "L'usager intermédiaire", *CJEG* 1996, p.371 a analysé en détail les quelques arrêts relatifs à cette question.

412. Pour ce qui est des régies ayant contracté avec EDF, la cour d'appel de Grenoble, le 3 mai 1961[170], a admis la compétence du juge judiciaire pour juger d'un litige opposant la ville de Grenoble à EDF, le contrat qui les liait n'ayant pas été qualifié d'administratif. D'autres indices peuvent permettre de dire que la ville est considérée comme un usager. La cour qualifie la ville d' "abonnée", terme qui s'apparente à celui d'usager dans le vocabulaire du juge judiciaire. Par ailleurs, même s'il est fait état de "l'activité commerciale" de la régie qui "achète du courant à EDF pour le revendre à ses propres clients", lorsque le juge examine dans le contrat les clauses que la ville qualifie d'exorbitantes, il s'agit des clauses qui concernent principalement la livraison du courant aux services et bâtiments communaux ! N'y aurait-il pas une confusion entre la personne publique usager, consommatrice à des fins personnelles, et la personne publique usager intermédiaire, de la même façon que, dans un contrat de concession entre une collectivité publique et EDF, sont prévus à la fois la distribution au public et les propres besoins du concédant ? Quoi qu'il en soit, si la ville est qualifiée d'usager, ce n'est pas dans ses fonctions d'intermédiaire, mais dans la satisfaction de ses propres besoins. Cet arrêt n'est donc pas concluant. A l'inverse, lorsqu'EDF achète de l'énergie à un autre service public et qu'il se trouve alors en position d'intermédiaire, il a été jugé[171] que le contrat conclu était de nature administrative, car "relatif à la coordination de leurs missions respectives de service public".

413. Qu'en est-il des contrats de vente d'eau en gros ou d'apport de déchets, conclus entre des communes extérieures à un regroupement intercommunal et les services de distribution d'eau ou d'incinération des déchets de ce groupement ? Le juge administratif s'est parfois estimé compétent pour juger de litiges relatifs à ces contrats, qualifiés d'administratifs[172]. Cependant, la cour administrative d'appel de Bordeaux[173] a jugé qu'un contrat de vente d'eau en gros ne "fait naître que des rapports de droit privé" entre les parties, ce qui tendrait à faire croire que l'une des deux parties est bien un usager. Le tribunal de grande instance de Niort[174], dans la même affaire, à propos d'une action en paiement, applique la théorie de l'enrichissement sans cause et écarte les tarifs réglementaires, ce qui laisserait supposer que la commune intermédiaire n'est pas pour autant usager, malgré le caractère privé de son contrat. Le Conseil d'Etat semble avoir définitivement tranché la question, le 14 juin 2000, puisqu'il admet sa compétence pour résilier un contrat de vente d'eau en gros conclu entre la société Lyonnaise des eaux et une commune[175].

414. On est donc en mesure de conclure que la jurisprudence penche plutôt du côté de la compétence administrative pour juger de tels litiges, ce qui tendrait à démontrer que

---

[170] Ville de Grenoble c/ EDF, *CJEG* 1961, p.108.

[171] TC, 6 janvier 1995, Préfet de la Région Ile de France, CNR c/ EDF, *CJEG* 1995, p.259, concl. Martin.

[172] CE, 4 mai 1984, Commune des Aubiers, *RDP* 1985, p.839, note J. de Soto ; CE, 15 février 1993, Commune de Nay-Bourdettes, *RFDA* 1994, p.493, note J.-F. Lachaume, *D.* 1994, J, p.4, note V. Haïm ; TA Poitiers, 5 juillet 1991, req. n°87320 et 88787, et TA Bastia, 18 février 1994, req. n°92500.

[173] CAA Bordeaux, 8 février 1994, Commune d'Ardin, *Gaz. Pal.* 1994, panor. droit adm., p.42. Appel du jugement du tribunal administratif de Poitiers cité ci-dessus.

[174] TGI Niort, 26 juin 1995, Commune d'Ardin, inédit.

[175] CE, 14 juin 2000, Commune de Staffelfelden, *D.* 2000, IR, p.196.

l'intermédiaire ne peut être qualifié d'usager. Lorsque la compétence du juge judiciaire est admise, soit l'intermédiaire agit en réalité en tant qu'usager final, puisqu'il combine plusieurs rôles, soit on écarte l'application du droit relatif aux usagers. Malgré cette jurisprudence quelque peu hésitante quant à l'ordre juridictionnel compétent, il est certain que l'intermédiaire n'est pas qualifié d'usager. Venant confirmer cette position, un arrêt de la cour d'appel de Paris, datant du 3 juillet 1998[176], refuse la qualification de consommateur[177] à un syndicat intercommunal, au motif que celui-ci était intervenu pour subdéléguer une mission de service public confiée aux communes et pour satisfaire, non ses besoins propres, mais ceux des habitants des communes syndiquées. On ne peut donc que se ranger à l'opinion de la doctrine selon laquelle la commune intermédiaire n'agit pas en tant qu'usager, mais en tant que tiers qui revend la prestation aux véritables usagers, à savoir les habitants[178]. De plus, les prérogatives des collectivités locales ne sauraient être comparées à celles d'un simple usager individuel. Selon M. Richer[179], c'est donc d'un marché public que les contrats de vente d'eau en gros ou d'apport de déchets se rapprochent le plus.

415. Les contrats conclus entre un exploitant et un intermédiaire personne publique sont-ils soumis au Code des marchés publics ? L'Instruction de 1972, prise pour l'application du Code des marchés publics, exclut du champ d'application du Code les contrats d'adhésion de droit commun passés pour l'utilisation des services industriels et commerciaux. La situation de l'intermédiaire n'entre justement pas dans cette exception, puisque telle est la conséquence de la jurisprudence précitée, qui confère une nature administrative au contrat conclu et exclut toute qualification d'usager final. Une réponse ministérielle semble assimiler les achats d'eau en gros réalisés par une collectivité locale auprès d'une autre personne publique à un marché de fourniture, dès lors que la personne qui achète n'est pas destinataire final du service et ne peut se voir reconnaître la qualité d'usager[180]. *A fortiori*, il en irait de même si l'eau était achetée à une société privée. L'arrêt Communauté de communes du Piémont-de-Barr, de 1998, crée une exception à la soumission au Code des marchés publics des contrats conclus entre deux personnes publiques : le contrat conclu entre un établissement public de coopération intercommunale avec un autre établissement public de même nature dont il est adhérent, en vue de la gestion de son service d'assainissement, n'entre pas dans le champ d'application du

---

176 CA Paris, 3 juillet 1998, SA moderne d'assainissement et de nettoiement (SMA) c/ SA Monin, *Dalloz affaires*, n°132, jeudi 1er octobre 1998. Un syndicat intercommunal avait conclu un marché avec la société SMA, retenue comme mieux disante après une procédure d'appel d'offres. Le préfet a déféré ce contrat au juge administratif en s'appuyant sur le fait qu'une société concurrente à la SMA, la société Monin, avait fait une offre d'un montant nettement inférieur au cours de la même procédure. La société SMA a saisi le Conseil de la concurrence des pratiques de la société Monin qu'elle qualifie de pratiques anti-concurrentielles. La cour d'appel de Paris hérite donc du dossier en appel.

177 Au sens de l'article 10.1 de l'ordonnance du 1er décembre 1986 qui prohibe "les offres de prix ou pratiques de prix de vente aux consommateurs abusivement bas".

178 Opinion de J.-F. Lachaume, note sous CE, 15 février 1993, Commune de Nay-Bourdettes, préc. *Contra*, V. Haïm, note préc. sous CE, 15 février 1993, Commune de Nay-Bourdettes.

179 Dans le même sens, O. Raymundie, *Gestion déléguée des services publics en France et en Europe*, préc., n°178.

180 Rép. min. n°1089, JOAN (Q) 1er septembre 1997, p.2791.

Code[181]. Tout dépend de l'importance accordée à la particularité de l'espèce : la non application au Code concerne-t-elle tous les contrats conclus entre personnes publiques, et par là même toutes les situations où une collectivité intermédiaire contracte avec une autre personne publique, ou bien la non application du Code n'est-elle limitée qu'aux seuls cas où l'une des personnes publiques est "adhérente" de l'autre, auquel cas une partie des contrats conclus par les collectivités publiques intermédiaires serait soumise au Code ? La soumission de tels contrats au droit communautaire des marchés publics semble répondre aux principes inverses. L'arrêt Communauté de communes de Piémont-de-Barr soumet le contrat conclu à la directive "services" du 18 juin 1992, alors que les ventes d'eau en gros sont exclues du champ d'application de la directive "secteurs spéciaux" du 17 septembre 1990 par la loi du 11 décembre 1992.

CONCLUSION DU CHAPITRE II

416. Les critères subjectifs ont en commun avec les critères objectifs qu'ils rendent compte de la formidable diversité de la notion d'usager. Parmi les manifestations de la présence d'un usager, le délit côtoie la théorie du mandat, le contrat verbal, la stipulation pour autrui, ou encore la notion d'usage normal d'un ouvrage public.

417. La diversité se mue parfois en insaisissabilité lorsque, dans certains cas, il est exigé que l'usager soit à la fois le titulaire d'un contrat et le consommateur effectif de la prestation, alors que dans d'autres cas il suffit qu'il soit simplement consommateur effectif sans être titulaire d'un contrat, ou encore titulaire d'un contrat sans consommer effectivement la prestation, voire aucun des deux.

418. La notion de lien de droit privé ne résout rien, puisqu'elle ne fait que fédérer en apparence un ensemble de critères fortement hétérogène, sans comporter ses propres éléments de définition. Elle ne saurait être qu'une simple liste non exhaustive.

419. Le critère finaliste est un critère en gestation, la consommation pour son propre compte, ou pour le compte de ses membres lorsqu'on est un groupement, est finalement opposée à l'achat d'une prestation en vue de sa commercialisation. Néanmoins, la jurisprudence devra être précisée et il faut espérer qu'elle le sera bientôt dans le domaine de l'intermédiaire privé avec l'ouverture des réseaux à la concurrence.

420. Quoi qu'il en soit, force est de constater que la combinaison des critères dits objectifs avec les critères subjectifs n'offre pas de définition claire et générale de l'usager. Face à une telle divergence, ne faudrait-il pas dégager les critères fédérateurs d'une notion d'usager jusqu'à présent insaisissable ?

---

[181]CE, Sect. 20 mai 1998, *RFDA* 1998, p.609, concl. Savoie, *AJDA* 1998, p.632, chron. F. Raynaud et P. Fombeur.

- CHAPITRE III -
LA SOLUTION PROPOSEE

421. Face à l'hétérogénéité du contenu de la notion d'usager (Section I), la recherche d'une définition générale s'appliquant à tout type de situations s'impose (Section II).

- SECTION I-
Le constat de l'absence de critères décisifs de la qualité d'usager

422. Un court résumé des solutions rencontrées semble ici nécessaire (§1). L'utilisation, par la jurisprudence et les textes, des différents critères conduit à une impasse car aucun critère décisif n'est mis en évidence (§2).

§ 1. Le jeu des critères rencontrés.

423. A la différence du simple bénéficiaire, serait usager la personne liée par un lien personnel, individuel et direct avec l'exploitant.

424. L'usager potentiel se définit, quant à lui, en fonction de la certitude qu'il utilisera un jour le service, alors qu'il n'a pas encore pris contact avec l'exploitant. Cette certitude est nuancée, elle s'apprécie en fonction d'éléments objectifs tirés du trajet du service, du lieu d'habitation de l'usager potentiel et de son mode de vie particulier. Pour les services publics locaux, les qualités d'habitant et de contribuable sont des indices de la qualification d'usager.

425. Le candidat usager a été abordé à de multiples reprises, puisqu'il peut être celui qui remplit des conditions légales et réglementaires d'accès au service, le critère de la manifestation de sa volonté étant résumé à son strict minimum. Dans d'autres cas, on a sollicité le critère contractuel pour l'identifier, puis la notion de lien de droit privé. Il est apparu que la meilleure solution consistait à définir une période de pourparlers en fonction du critère de l'irrévocabilité et de la certitude de son intention de devenir usager, matérialisée par certains actes. En vertu de cette dernière solution, l'intention du candidat usager devient essentielle, et occulte à son tour la nature exacte du lien qui l'unira à l'exploitant, lequel est pour l'instant hors de propos.

426. L'usager effectif est en règle générale celui qui satisfait à deux critères : la conclusion d'un contrat et la consommation effective de la prestation de service. Cependant, la conclusion d'un contrat écrit peut suffire en l'absence de consommation effective de la prestation de service et inversement, la consommation effective de la

prestation de service peut se passer de la conclusion d'un contrat. En effet, là encore, la notion de lien de droit privé fédère une série de situations où le contrat faisait défaut. En revanche, en matière de contrat verbal, les deux critères demeurent cumulatifs, sachant que la consommation de la prestation de service doit être volontaire.

§ 2. L'impasse.

427. La détermination de la qualité d'usager souffre plusieurs imperfections. En premier lieu, elle est souvent affectée des particularités du régime applicable à l'usager. Ces régimes, très disparates, ont évolué indépendamment les uns des autres, sans qu'une notion définitive et absolue d'usager ne se soit dégagée. Le jeu des critères rencontrés reflète alors une notion d'usager fluctuante et insaisissable, jusque dans son noyau dur.

428. En second lieu, les imperfections du critère contractuel ont conduit la jurisprudence à élaborer la notion de "lien de droit privé". La difficulté tient à ce que cette notion est avant tout élaborée pour conforter le bloc de compétence judiciaire. Du fait de l'équation notion d'usager / compétence du juge judiciaire / lien de droit privé, la notion d'usager elle-même s'en trouve affectée car les termes se renvoient les uns aux autres. Parfois, on peut se demander si c'est la présence d'un usager qui induit le lien de droit privé ou si c'est de l'existence d'un lien de droit privé qu'il faut déduire la qualité d'usager. Si l'on adoptait cette dernière solution, il faudrait alors garder constamment en mémoire les diverses manifestations de ce lien de droit privé, et on a vu qu'il pouvait recouvrir des situations contractuelles, précontractuelles, réglementaires, quasi-délictuelles, voire même délictuelles. C'est pourquoi on préférera briser l'équation décrite précédemment : l'usager doit avoir ses propres critères de définition et la compétence du juge judiciaire ne doit pas être fondée sur la notion d'usager.

429. Les critères choisis sont également susceptibles d'empiéter sur une autre question, qui est celle de la nature de la situation de l'usager (contractuelle ou réglementaire). Là encore, il faudrait dégager des critères d'identification de l'usager qui ne préjugent pas de la nature de son statut.

430. En les admettant déterminés, l'appréciation des critères classiques est tout aussi problématique. En effet, les critères qualifiés d'intrinsèquement objectifs, parce qu'indépendants de la volonté de l'usager s'apprécient parfois *in concreto*. Les critères dits subjectifs, du fait de leur dépendance *a priori* de la volonté de l'usager, se démontrent à partir d'éléments objectivement appréciables, laissant simplement supposer l'existence d'une volonté préexistante. Seuls certains cas précis font état de la volonté de l'usager, appréciée de façon purement subjective.

431. Cette série de critiques reflète aussi le formidable pouvoir d'adaptation de la notion d'usager à son environnement juridique, voire même à son environnement social, sociologique et économique. C'est le propre d'une notion dont l'essence est la plasticité. Tout en préservant cette faculté, n'y aurait-il pas moyen de déterminer les critères essentiels de la notion d'usager, qui constitueraient le noyau dur autour duquel s'organiseraient les réajustements successifs ?

432. La volonté de l'usager pourrait donc être le dénominateur commun de la notion d'usager, car c'est elle qui agit en amont de la conclusion d'un contrat ou de l'utilisation effective du service. Si on la retenait comme critère unique de définition, il ne serait plus nécessaire de s'efforcer de hiérarchiser ce qu'on a appelé les critères classiques, ni de savoir s'ils jouent cumulativement ou alternativement. De même qu'une vague d'individualisme a frappé la conception sociologique de l'usager, un raz de marée volontariste influencerait la notion juridique d'usager. Peut-on cependant se contenter d'une définition de l'usager telle que : "l'usager est celui qui désire, de façon certaine et irrévocable, consommer la prestation de service" ?

- SECTION II -
Vers une nouvelle définition ?

433. Au lieu de s'intéresser à la nature du lien qui unit l'usager à l'exploitant du service, ne faudrait-il pas plutôt s'interroger sur les caractéristiques de son contenu ? Lors de l'examen des différentes situations de l'usager, certaines constantes ont été rencontrées à l'ombre des critères étudiés. En effet, quelle que soit la forme prise par le lien unissant l'usager et l'exploitant (réglementaire, contractuelle, délictuelle, ...), quatre caractéristiques sont omniprésentes. Le mobile de l'usager est en adéquation avec l'objet immédiat du service public (§1), l'usager vise à satisfaire un besoin personnel (§2), il est en relation directe avec l'exploitant (§3) et son intention de consommer est fortement probable (§4).

§ 1. Un mobile en adéquation avec l'objet immédiat du service public.

434. Le caractère adéquat du lien qui unit l'usager au service public industriel et commercial se rencontre dans plusieurs domaines : la distinction de l'usager et du bénéficiaire, la distinction du consommateur final et de l'usager intermédiaire et certaines solutions particulières retenues pour distinguer le tiers de l'usager dans le domaine des dommages de travaux publics.

435. Pour distinguer l'usager du simple bénéficiaire, la doctrine utilisait la notion de lien direct et personnel. Or, il existe des cas où des personnes ont des liens personnels et directs avec les exploitants des services publics industriels et commerciaux, sans pour autant être des usagers. Si on reprend l'exemple des organismes de régulation de l'économie, les courtiers ou intermédiaires sont bien en relation directe et personnelle avec l'exploitant mais ils ne sont pas considérés comme des usagers. A l'inverse, certains usagers n'ont justement pas de liens directs et personnels avec l'exploitant, mais cela ne leur ôte pas leur qualité d'usager. Par exemple, on se souviendra des cas où le consommateur de la prestation de service n'était pas relié directement à l'exploitant par un

contrat, mais était relié à une tierce personne, effectivement titulaire d'un contrat. Force est donc de constater qu'il faut trouver un autre critère pour distinguer les usagers des simples bénéficiaires.

436. Si l'on s'intéresse aux mobiles respectifs de l'usager et du bénéficiaire, que recherchent-ils en fin de compte ? L'usager réclame une fourniture de services précise pour son propre compte, tandis que le bénéficiaire n'attend pas réellement une fourniture de services précise, mais plutôt les avantages que procure indirectement l'ensemble des prestations fournies. Par exemple, l'usager d'EDF attend la livraison de courant chez lui, pour sa propre consommation, alors que le bénéficiaire recherche plutôt le progrès technique que procure l'électrification des campagnes, des rues des villes, etc. Si l'usager du service de distribution d'eau potable désire la fourniture de l'eau chez lui dans le but de la consommer, le bénéficiaire profite, quant à lui, des progrès hygiénistes qu'un tel service réalise. L'exemple des transports est encore plus explicite. L'usager désire être transporté d'un point A à un point B, alors que les commerçants qui se situent sur le trajet des lignes de bus, de métro ou de tramways, ne cherchent pas à être transportés, mais bénéficient de l'aménagement d'une ville en moyens de transport, ce qui leur procure indirectement des bénéfices commerciaux.

437. Ne faudrait-il pas envisager les choses sous un angle différent ? Lorsqu'on parle d'aménagement du territoire par les services publics industriels et commerciaux, de progrès techniques ou économiques réalisés, il s'agit du *but général à long terme* recherché par ces services. Lorsqu'on mentionne la fourniture de courant électrique à une personne déterminée, le transport d'un usager d'un point A à un point B, on se réfère en réalité à l'*objet immédiat et à court terme* des services publics. Ainsi, l'accumulation des services rendus aux usagers contribue à réaliser l'objectif qu'attendent les bénéficiaires.

438. A la lumière de ce qui vient d'être dit, on peut affirmer que le mobile affiché par l'usager doit être en relation d'adéquation avec l'objet immédiat du service. En revanche, le mobile du bénéficiaire est en relation d'adéquation avec le but à long terme du service.

439. L'usager final se distingue également des éventuels intermédiaires sur le marché par son mobile : il recherche sa propre consommation, en adéquation avec l'objet du service géré par l'exploitant. L'intermédiaire poursuit un but commercial, qui est celui de "re-commercialiser" la prestation : il ne peut être qualifié d'usager en raison de la non adéquation entre son mobile et l'objet immédiat du service qui sous-entend donc la fourniture d'une prestation déterminée et précise, mais également la consommation immédiate de cette prestation pour son propre compte.

440. Dans le domaine des dommages de travaux publics, la victime qui est liée par contrat avec l'exploitant, mais qui subit le dommage dans la rue en rentrant chez elle à cause de la rupture de la canalisation principale par exemple, ne consomme pas la prestation pour son propre compte. Elle n'est pas usager car son mobile ne rencontre pas l'objet immédiat du service.

§ 2. La satisfaction d'un besoin personnel.

441. Dire que l'usager est celui qui bénéficie personnellement et individuellement d'une prestation ne permet pas d'identifier avec exactitude le cercle des usagers. Les adverbes "personnellement" et "individuellement" sont polysémiques. Si l'on se réfère à la nature du lien qui unit l'usager à l'exploitant, celui-ci peut revêtir un caractère personnel, au sens où deux personnes sont reliées entre elles. L'usager peut également être identifié en fonction du cercle de personnes défini par un lieu d'habitation ou de travail. Enfin, c'est le besoin que l'usager tente de satisfaire qui peut être personnel.

442. La présence d'un *lien personnel* peut signifier que l'usager doit non seulement être personnellement lié à l'exploitant, mais aussi que les obligations des parties doivent s'attacher à l'unique personne de l'usager. Si c'est le cas pour certains services publics industriels et commerciaux comme le transport de personnes, il n'en va pas de même à chaque fois que l'exploitant dessert un lieu d'habitation ou de travail. On a alors l'impression que le lien unit plutôt un lieu à l'exploitant du service. La notion d'habitation est fondamentale pour les services organisés en réseau, voire en trajet, comme c'est le cas pour les transports, et circonscrit souvent un cercle d'usagers, ayant tous un intérêt personnel à utiliser le service. A côté des termes "personnel" et "individuel" on pourrait tout aussi bien ajouter ceux de "lieu" et de "collectivité", permettant d'identifier également l'usager. Il s'agit d'un lien conclu entre deux personnes, certes, mais dont les effets s'apprécient en fonction d'un bien, "le contrat n'est pas souscrit à titre personnel par le client mais pour les besoins d'un immeuble"[1].

443. En effet, on a vu que l'appréciation de la qualité pour agir de l'usager éventuel d'un service public organisé en réseau prend en considération l'habitation du requérant. Les contrats d'EDF sont conclus non pas *intuitu personae* mais "*intuitu loci*", pourrait-on dire. Les obligations s'apprécient en considération d'un local et sont transmissibles sous certaines conditions par des contrats relatifs à ce local.

444. A la lumière de cette jurisprudence, on ne peut pas dire que le lien qui unit l'usager à l'exploitant soit véritablement un lien personnel, car il s'apprécie en considération de l'habitation desservie.

445. Le terme "personnel" peut-il aider à circonscrire un cercle d'usagers, au sens où même si les consommations passent par la desserte d'une habitation, celle-ci ne sert en réalité qu'à déterminer une fédération d'intérêts personnels à la consommation d'une fourniture de services ? Un arrêt de la cour d'appel de Grenoble, de 1990[2], illustre cette idée, puisqu'il est jugé une fois de plus que le contrat liant EDF à ses usagers n'est pas conclu *intuitu personae*. Il s'agissait de sanctionner les agissements d'un groupe de personnes exploitant collectivement une ferme et qui, les unes après les autres, contractaient avec EDF pour l'alimentation de leur installation. Lorsque l'un des

---

[1] A.-M. Mirabel et R. Latreille, note sous CA Grenoble, 8 novembre 1990, EDF c/ Veyret, *CJEG* avril 1991, J, p.129.

[2] CA Grenoble, 8 novembre 1990, EDF c/ Veyret, *CJEG* avril 1991, J, p.129, note A.-M. Mirabel et R. Latreille.

exploitants ne payait plus sa facture, ce qui justifiait une coupure, l'un des autres associés prenait alors contact avec EDF pour l'établissement à son nom d'un nouveau contrat. Le juge a retenu en l'espèce qu'il suffisait "qu'EDF constate que des impayés (quelles que soient leur origine et leur débiteur) correspondent à une installation déterminée pour que celle-ci puisse, en application du contrat, être coupée", ce qui rendait ainsi les requérants solidaires de leurs agissements respectifs, en considération de ce cercle d'intérêts. La jurisprudence concernant l'usager du téléphone constitue un autre exemple de la prise en compte de cette communauté d'intérêts. En effet, elle explique que le cocontractant est responsable pécuniairement des communications effectuées à son insu par les personnes vivant sous son toit, alors qu'il peut s'exonérer du paiement des appels si sa ligne a été piratée de l'extérieur.

446. Pour identifier les usagers, on peut affirmer que ceux-ci manifestent un intérêt personnel à la consommation d'une prestation, ce cercle d'intérêts étant circonscrit par un lieu d'habitation, ou de travail, qui sert à apprécier certaines obligations.

447. Cette explication ne rend pas compte de toutes les subtilités de la jurisprudence. En matière de dommages de travaux publics, comment expliquer que les parents du titulaire du contrat de fourniture, victimes d'un dommage, soient considérés comme des usagers, alors que les employés d'une société titulaire du contrat demeurent des tiers ? Pourtant, de prime abord, il y a bien deux cercles d'intérêts personnels apparemment identiques. Comment exclure du cercle d'intérêts personnels le titulaire d'un contrat de fourniture de gaz qui se trouve dans la rue au moment même où la conduite générale du gaz explose et qui subit un dommage en tant que tiers, malgré la présence d'un contrat le liant à l'exploitant ? On choisira la troisième formulation du terme "personnellement". Il faut aller plus loin et s'intéresser au mobile du consommateur. Le mobile de ces deux catégories des personnes n'est pas le même. Dans le premier cas, les parents du titulaire du contrat, ou toutes les personnes vivant ou invitées au foyer, ont le même mobile que le titulaire du contrat dans leur consommation, *satisfaire un besoin personnel.* Dans le second cas, le mobile premier des victimes est l'exécution de leur contrat de travail. La victime de l'explosion de gaz ne satisfaisait pas non plus un besoin personnel grâce à une fourniture de service public en côtoyant la canalisation du gaz lors de la survenance du dommage.

448. C'est la notion de besoin personnel qui va servir à circonscrire exactement le cercle des usagers ayant un lien avec une habitation, car on peut y introduire des considérations tirées du mobile de l'usager. Seront donc usagers ceux qui satisfont un besoin personnel dans leur consommation, sachant qu'une habitation peut servir à circonscrire un cercle d'intérêts personnels.

§ 3. Un lien direct avec l'exploitant.

449. Cette caractéristique signifie que le lien doit relier directement l'usager au service. Cela ne pose aucun problème dans la plupart des cas, mais il y a des situations où

force est de constater que le lien n'est qu'indirect[3]. En effet, la prise en compte d'un cercle d'intérêts personnels conduit à admettre comme usagers des personnes n'ayant conclu aucun contrat avec l'exploitant, mais ayant une relation avec l'habitation en cause. Le lien ne semble qu'indirect dans la mesure où aucun *contrat* ne lie ces personnes à l'exploitant, mais si, comme on l'a supposé plus haut, la forme du lien est indifférente, doit-on s'arrêter à l'examen du contrat ? Le lien devient direct si l'on n'envisage que la *consommation* de la fourniture, élément de fait liant directement une habitation à un service, consommation à laquelle les personnes définies par la communauté d'intérêts ont régulièrement droit. En règle générale, cette consommation effective est à l'origine du fameux “lien de droit”, à l'emploi si pratique. On ne voit pas pourquoi les non titulaires du contrat, qui consomment la prestation pour la satisfaction d'un besoin personnel, ne seraient pas liés à l'exploitant par ce fameux lien de droit privé et qualifiés d'usagers.

450. Quant aux situations où trois personnes sont présentes, des liens de droit unissent les trois acteurs deux à deux, qu'il s'agisse des cas où le titulaire du contrat et l'utilisateur effectif sont dissociés, ou lorsque l'usager cède sa qualité par contrat à une tierce personne. Ces liens de droit doivent en outre présenter certaines caractéristiques et avoir notamment pour objet la consommation du service explicitement ou implicitement, par un transfert de droits réels portant sur l'habitation desservie. La consommation effective de la prestation pourrait encore être à l'origine d'un lien direct entre “la tierce personne” et l'exploitant. Des contrats unissent par transitivité les protagonistes et, tout au plus, peut-on parler d'un lien de droit “semi-direct”, le second contrat pouvant apparaître comme la prolongation juridique du premier, du point de vue des relations avec l'exploitant.

451. L'usager est donc défini par le lien direct qui l'unit à l'exploitant, qu'il s'agisse d'un contrat ou de la consommation effective de la prestation.

§ 4. Une consommation fortement probable.

452. C'est la caractéristique qui sollicitera le plus souvent l'intention de l'usager. On aurait pu ajouter la condition d'irrévocabilité, mais celle-ci n'est-elle pas déjà comprise dans la certitude de l'intention ?

453. Cette condition se rencontre dans la qualité pour agir de l'usager potentiel, qui exige une utilisation certaine du service, même si est également admise la forte probabilité de la future consommation. Par ailleurs, en matière de dommages causés par un ouvrage public affecté au service et subis par les usagers, on rencontrait aussi ce critère.

454. De surcroît, il pourrait également être employé dans l'appréciation de la distinction entre l'usager potentiel et le candidat usager. L'usager potentiel serait celui dont la rencontre future avec l'exploitant est fortement probable, le candidat usager celui dont la rencontre avec l'exploitant est d'ores et déjà certaine.

---

[3] Voir à ce propos la note J.-L. Gégout sous Civ. I, 1er octobre 1985, Silvaco, *CJEG* 1986, p.364.

CONCLUSION DU CHAPITRE III

455. Pour résumer, l'usager effectif final serait celui qui 1°) retire un avantage en adéquation avec l'objet immédiat du service ; 2°) consomme pour satisfaire un besoin personnel ; 3°) est relié directement à l'exploitant par sa consommation et/ou par la conclusion d'un lien de droit.

456. Le candidat usager est celui 1°) ayant pris contact de façon certaine et non ambiguë avec l'exploitant en vue de recevoir la prestation de service, ce qui définit une période de pourparlers ; 2°) veut retirer un avantage en adéquation avec l'objet immédiat du service.

457. L'usager potentiel est celui qui 1°) veut retirer un avantage en adéquation avec l'objet immédiat du service ; 2°) dont la rencontre avec le service est fortement probable.

CONCLUSION DU TITRE II

458. La définition proposée a l'avantage d'abandonner l'équation usager / lien de droit privé / compétence du juge judiciaire. L'usager n'est plus identifié à partir du critère de compétence du juge judiciaire, ce qui implique que la notion de lien de droit privé puisse acquérir une certaine autonomie et qu'il faille la définir à l'aide de critères propres. Cela suppose également que la compétence du juge judiciaire peut ne pas recouper celle d'usager et être fondée sur d'autres considérations. La notion d'usager est également détachée de son statut, puisque les critères précédemment décrits ne préjugent en rien de la nature de la situation -réglementaire ou contractuelle- de l'usager.

459. Quant au régime de l'usager du service public industriel et commercial, la notion d'usager l'implique, mais n'en est plus déduite. Les critères que l'on a retenus ne dépendent pas du champ d'application d'une multitude de questions de droit indépendantes les unes des autres. L'aspect fédérateur de ces critères permet d'envisager qu'une personne puisse acquérir la qualité d'usager de façon définitive et absolue. Aborder les différents litiges à partir de ces critères ne changerait rien à leur issue, mais les éclairerait sous un angle nouveau. Une fois la qualité d'usager reconnue, elle permettra de déclencher le régime applicable à l'usager, c'est-à-dire ses droits et obligations pendant la phase d'accès au service pour le candidat usager, puis les droits relatifs à la consommation du service pour l'usager effectif.

460. Trois des quatre critères retenus font appel à la volonté de l'usager définie très subjectivement, la quatrième l'implique. En effet, la relation d'adéquation et la satisfaction d'un besoin personnel commandent que l'on s'intéresse au mobile de l'usager. La certitude ou la forte probabilité d'utiliser le service mettent l'accent sur l'intention de l'usager. La consommation de la prestation ou la conclusion d'un lien de droit supposent une manifestation de volonté. La vague d'individualisme qui frappe les transformations de la notion d'usager est donc accompagnée d'une subjectivisation des critères qui servent à l'identifier.

CONCLUSION DE LA PARTIE I

461. L'ambivalence propre au domaine du service public industriel et commercial a pris les allures d'un conflit, qui ne sera que difficilement dépassé. Compte tenu des fortes influences des choix de société, et de la conception même du droit, sur la notion d'usager du service public industriel et commercial, on peut se demander si le propre de cette dernière n'est pas précisément d'être mouvante et évolutive, à l'instar de ses points d'ancrage. A des principes qui s'opposaient, la notion d'usager a su répondre par des réajustements successifs. Le conflit entre l'intérêt général et les intérêts particuliers des usagers considérés individuellement est à l'origine du discours qui voyait successivement dans l'usager un assujetti, un administré, un client ou un consommateur. Même si la relation de service a évolué au cours du temps, ses composantes ne sont pas celles d'une relation purement commerciale. La relation de service public peut se dédoubler en deux relations qui se côtoient et interfèrent : la relation entre l'exploitant et la collectivité des usagers et la relation entre l'exploitant et chaque usager. Les besoins de l'individu s'opposent à l'interdépendance qui qualifie le groupe. Partant, la notion d'usager subit des réajustements successifs en fonction des valeurs qui dominent à une période donnée. L'usager n'est pas un client ou un consommateur, mais la relation de service public est assez souple pour permettre certaines réorientations vers plus d'individualisme.

462. La multiplication et l'indépendance des questions de droit abordées sont à l'origine de la multiplication des critères de la notion d'usager en droit positif. Cette hétérogénéité rend également compte du caractère évolutif de la notion d'usager, qui sait s'adapter aux évolutions du droit lui-même.

463. Tout en conservant cette faculté d'adaptation, certaines constantes ont été remarquées. Comme la relation de service public sur le plan du discours, la notion d'usager en droit positif doit présenter certains point d'ancrage. Ces points d'ancrage, quel que soit le plan sur lequel on se place, vont constituer le noyau dur à partir duquel les réajustements successifs vont pouvoir intervenir.

464. Une fois l'usager identifié, de nombreuses questions subsistent. A partir du moment où la notion d'usager est isolée de la compétence du juge judiciaire, et partant du statut de l'usager, on se demandera maintenant ce qu'il en est de ces deux dernières questions. Si l'ambivalence propre au domaine du service industriel et commercial prenait des allures de conflit jusqu'à présent, on entre maintenant dans une autre zone, celle du compromis entre une situation contractuelle et un statut réglementaire.

SECONDE PARTIE

La mixité du statut

INTRODUCTION

465. Après avoir examiné la notion d'usager, il est normal de s'intéresser à son statut, objet d'une controverse doctrinale. L'usager serait-il dans une situation réglementaire de droit administratif, ou au contraire, dans une situation contractuelle de droit privé ?

466. La situation de l'usager se caractérise par un phénomène de mimétisme juridique. Les droits et obligations prévus dans les cahiers des charges ou dans les règlements de service sont reproduits dans les contrats types puis dans les contrats particuliers conclus avec les usagers. Cela constitue une mini-pyramide d'actes, qui puisent leur contenu dans l'acte immédiatement supérieur.

Ainsi, raisonner à partir d'une coupe transversale de la pyramide des actes est inutile : étant donné que ce sont les mêmes obligations que l'on retrouve dans les différents actes, on ne peut pas dire, par exemple, qu'un acte placé à un certain niveau de la pyramide est un acte réglementaire et que celui qui lui est immédiatement inférieur est un contrat. Cela reviendrait à affirmer qu'une même obligation, qui a fait l'objet d'une reproduction, a, tantôt une nature contractuelle de droit privé, tantôt une nature réglementaire et administrative, selon le niveau de la pyramide sur lequel on se place.

On préférera opérer une coupe longitudinale fondée sur les droits et obligations eux-mêmes, en oubliant l'appellation de l'acte qui les contient. C'est la nature de l'obligation qui importe et cette nature transcende celle des différents actes qui la reproduisent.

467. On se demandera si c'est le droit conventionnel privé ou le droit administratif statutaire qu'il faut appliquer à chaque type d'obligations. L'objet de cette étude n'est donc pas de définir quel est le *contenu* du régime juridique applicable, mais de savoir *quel est le type* de régime applicable.

Dans la situation de l'usager, quelle est la part des obligations contractuelles de droit privé et quelle est celle du statut administratif ? On se situe donc en amont du contenu du régime : il ne s'agit pas de démontrer comment on applique telle ou telle règle, mais pourquoi on l'applique.

468. Répondre à cette question revient en réalité à aborder, comme une liste, une série d'interrogations. Les dispositions applicables à l'usager et provenant des cahiers des charges ou des règlements de service sont-elles qualifiées de "statut réglementaire" ou de "conditions générales d'un contrat de droit privé" ? Les droits et obligations sont-ils consentis par l'usager ou lui sont-ils imposés autoritairement ? En cas de modification du contenu des obligations, le principe de mutabilité attaché aux actes administratifs réglementaires l'emporte-t-il sur le principe d'intangibilité des conventions de droit privé ? En cas de contradiction entre les règles d'exécution des contrats du Code civil et les actes administratifs d'organisation du service, qu'applique-t-on en priorité ? En cas de non exécution par l'une des parties de ses obligations, engage-t-elle sa responsabilité contractuelle ou quasi-délictuelle ? Plus généralement, l'usager peut-il contester les dispositions qui lui sont applicables à l'aide de recours objectifs de droit public, où par le biais des recours que lui offrirait une situation contractuelle de droit privé ? Quel est le juge compétent pour apprécier la validité des obligations imposées à l'usager ? Pour les interpréter, fait-on appel aux méthodes d'interprétation de la loi ou à la commune volonté des parties ?

469. Le premier constat qui s'impose est que les règles se regroupent autour de deux pôles d'attraction : le statut réglementaire de droit public et le contrat de droit privé. Cette dualité comporte des conséquences contentieuses, tant du point de vue des divers recours que de la répartition des compétences au sein des deux ordres de juridiction.

470. Le second constat est que dès que ces règles entrent en action, elles s'emboîtent les unes dans les autres. Deux idées majeures vont alors traduire ces phénomènes d'interconnexion : d'une part, des principes propres au droit administratif s'incorporent dans une analyse privatiste et, d'autre part, le droit privé va subir des inflexions au nom de l'intérêt général. C'est pour cette raison que l'idée qui illustre ce phénomène sera moins celle de conflit que celle de compromis.

Normalement, les règles propres au statut et au contrat sont exclusives les unes des autres, incompatibles entre elles, ce qui impliquerait une situation de conflit. Cependant, l'objectif poursuivi, en fin de compte, est toujours le même : il s'agit d'assurer le bon fonctionnement du service public dans le respect des intérêts individuels des usagers. Dès lors, si au départ, les termes du conflit sont inconciliables, l'objectif commun qu'ils poursuivent rend un compromis envisageable.

471. En réalité, parmi les dispositions d'origine administrative applicables à l'usager, deux groupes se dégagent à partir des questions que l'on a précédemment posées. Les premières s'inscrivent dans le régime du statut administratif, alors que les secondes sont considérées comme l'énoncé des conditions générales d'un contrat de droit privé.

Une fois le contrat conclu, le régime des obligations contractuelles de droit privé leur est applicable. De ce fait, on pourra en conclure que la nature du lien qui unit l'usager à l'exploitant est mixte.

472. Le compromis qui illustre la question de la situation juridique de l'usager tend ainsi vers la mixité du statut, qui révèle la dynamique qui en résulte.

473. La question de la bipolarisation des règles (titre I) et celle de leurs interférences mutuelles (titre II) sont donc les deux étapes du raisonnement qui permettra de conclure le débat doctrinal latent sur la nature du lien juridique qui unit l'usager à l'exploitant et qui mènera à la constatation de la mixité du statut.

- TITRE I -
La bipolarisation des règles autour du statut et du contrat

474. Déterminer la nature du lien qui unit l'usager à l'exploitant, c'est d'abord commencer par trier ce qui procède du contrat et ce qui procède du statut (chapitre I). Le regroupement des règles autour de deux pôles d'attraction suppose l'existence d'une interface où la détermination de leur nature ne sera pas aisée à établir.

475. Cette opération est d'autant plus importante que sa traduction contentieuse (chapitre II) comporte des enjeux fondamentaux. En effet, de la nature de la situation de l'usager dépendent les types de recours (objectifs ou subjectifs, de droit privé ou de droit public) à la disposition de l'usager, ainsi que les juges compétents pour en connaître, autant d'indices d'une situation contractuelle de droit privé ou statutaire de droit administratif.

- CHAPITRE I -
LA DUALITE DES REGLES

476. Il existe deux types de règles applicables à l'usager, chacun d'entre eux étant accompagné du corps de droits (conventionnel ou statutaire) qui lui correspond naturellement.

477. Parmi les questions qui ont été posées, on commencera par s'attacher à la qualification des obligations procédant des actes administratifs composant le statut de l'usager. Ce pourrait-il que certaines d'entre elles constituent une simple prédétermination du contenu d'un contrat de droit privé, alors que d'autres procèdent réellement d'un statut réglementaire de droit public ? Du volet contractuel, il faut retenir plusieurs indices : le juge qualifie de "contrat" le lien qui unit l'usager à l'exploitant et il lui applique les règles du Code civil. Que ce passe-t-il lorsqu'il s'agit d'interpréter les obligations contenues dans le contrat : le juge judiciaire fait-il appel à la volonté des parties ou bien se réfère-t-il aux méthodes d'interprétation de la loi ?

478. On distinguera donc l'ensemble des actes administratifs que l'usager peut invoquer ou qui lui sont applicables, composant son statut (Section I), et le contrat de droit privé accompagné de ses règles (Section II).

-SECTION I -
Le statut réglementaire de droit administratif

479. Normalement, au sein du contrat de délégation de service public, on distingue les clauses contractuelles et les clauses réglementaires. Ces clauses réglementaires ont-elles toutes la même fonction dans la détermination des droits des usagers ? Dans les actes administratifs unilatéraux relatifs à l'organisation du service, on pourrait croire que toutes les dispositions sont à mettre sur le même plan. Là encore n'y a-t-il pas des distinctions à établir ?

480. C'est le caractère administratif de l'acte unilatéral, par opposition à son caractère privé, qui est à l'origine de la zone floue de l'interface (§1). On dégagera ensuite, au sein des contrats administratifs relatifs à l'organisation d'un service public, les clauses réglementaires invocables par l'usager (§2).

§ 1. Les actes administratifs unilatéraux relatifs au statut de l'usager.

481. On distinguera les actes émanant d'autorités administratives non exploitantes du service (A) et ceux pris par les autorités publiques ou privées exploitantes du service (B).

A. Les actes pris par des autorités administratives non exploitantes du service.

482. Qu'ils soient individuels ou réglementaires, les actes des autorités de tutelle ou des personnes publiques concédantes sont toujours des actes administratifs[1], à partir du moment où ils répondent aux critères classiques de l'acte administratif, ce qui ne saurait être difficile, compte tenu de la présence déterminante du critère organique.

483. Lorsque le service est confié à une personne privée, se pose la question de la détachablilité des actes du contrat de délégation de service public[2]. Ainsi, les usagers ont pu attaquer par la voie du recours pour excès de pouvoir les actes d'homologation de

[1] Voir le commentaire des auteurs des *Grands arrêts de la jurisprudence administrative*, Dalloz, édition 1999, sous TC, 15 janvier 1968, Epoux Barbier, p.621, n° 95.

[2] En vertu de la jurisprudence du Conseil d'Etat, 4 août 1905, Martin, *Rec.*, p.749, concl. Romieu, *RDP* 1906, p.249, note G. Jèze, *S.* 1906, III, p.49, note M. Hauriou, les tiers au contrat administratif ne peuvent attaquer par la voie du recours pour excès de pouvoir que les actes détachables d'un contrat, relatifs à sa conclusion ou à son exécution.

tarifs[3] ou de taxes[4], les actes d'approbation des conventions de délégation de service public ou de leurs avenants[5], les actes décidant de la suppression ou de la modification de l'exploitation déléguée d'un réseau[6], et plus généralement tous les arrêtés préfectoraux[7] (avant 1982) ou toutes les délibérations des conseils municipaux relatives à l'organisation du service[8].

484. Depuis le célèbre arrêt de 1906, Syndicat des propriétaires et contribuables du quartier Croix- de-Seguey-Tivoli[9], est considéré comme un acte administratif susceptible de recours pour excès de pouvoir de la part des usagers le refus opposé par l'autorité de tutelle à leur demande visant à ce que cette autorité oblige le concessionnaire d'un service public à respecter les obligations dérivant du cahier des charges[10]. L'arrêt Beaudouin, de 1935[11], admet ce type de recours contre le refus de l'autorité concédante, et non plus seulement de tutelle. Cette solution, rapidement étendue par la jurisprudence administrative, souligne l'existence d'un contentieux, aussi bien détachable des rapports contractuels de droit public existant entre le délégant et le délégataire, que des rapports de droit privé nés du contrat liant l'usager à l'exploitant[12]. Elle offre l'avantage d'une facilité

---

[3] CE, 14 mai 1930, Truité de Varreux, *Rec.*, p.495 ; CE 4 décembre 1936, De Roche du Teilloy, *Rec.*, p.1061, *D.* 1937, III, p.4, note A. Heilbronner ; CE, 24 juin 1955, Ville de Paris, *CJEG* 1955, J, p.220 et la note ; CE, 8 mai 1961, Société immobilière de Couéron, *CJEG* 1961, p.118 et la note ; CE, 1er février 1985, Union départementale des consommateurs de Paris, *CJEG* 1985, p.129 ; CE, 26 juin 1989, Association Etudes et Consommation CFDT, *CJEG* 1990, p.189, note J.-F. Lachaume ; CE, 24 mai 1991, Mme Carrère, *RFDA* 1991, p.683 ; CE, 22 janvier 1993, Meyet, *D.* 1994, somm. comm., p.289, note H. Maisl.

[4] CE, 24 avril 1942, Compagnie Air France, *Rec.*, p.134.

[5] CE, 1er juillet 1936, Veyre, *S.* 1937, III, p.105, note J. L'Huillier ; CE, 12 décembre 1913, Syndicat des distillateurs et parfumeurs de Grasse, *S.* 1920, III, p.58 ; CE, Section, 10 janvier 1930, Schmid, *Rec.*, p.31 ; CE, Section, 23 décembre 1931, Sieur Godfrin, *Rec.*, p.1152 ; CE, 20 décembre 1933, Sieur Chamfraudt, *Rec.*, p.1202 ; CE, 30 septembre 1996, Société Stéphanoise des Eaux, *D.* 1996, IR, p.251.

[6] CE, 26 février 1937, Balthazar, *Rev. Concess.* 1937, p.60 ; CE, 15 novembre 1907, Poirier, *RDP* 1909, p.48, note G. Jèze ; CE, Section, 18 mars 1977, Chambre de commerce de la Rochelle, *Rec.*, p.153.

[7] CE, 6 mars 1903, Sieur Ardisson, *Rec.*, p.96 ; CE, 3 février 1905, Storch, *DP* 1906, III, p.84 ; CE, 23 septembre 1991, Commune de Narbonne, *AJDA* 1992, p.154, note J. Moreau.

[8] CE, 12 juillet 1918, Lefevre c/ Ville de Blois, *Rev. concess.* 1919, p.288 ; CE, 18 janvier 1924, Laperche, *Rec.*, p.56 ; CE, Section, 10 juillet 1954, Brouillard, *D.* 1954, som., p.65 ; CE, 18 mars 1988, Ville de Poggio-Mezzana, *DA* 1988, n°220.

[9] CE, 21 décembre 1906, *Rec.*, p.962 concl. Romieu ; *S.* 1907, III, p.33 note M. Hauriou ; *DP* 1907, III, p.41 concl. Romieu ; GAJA, 1999, n° 17, p.98.

[10] Ici, il s'agissait d'obliger le concessionnaire d'un réseau de tramways électriques à reprendre l'exploitation d'une ligne prétendument indûment supprimée par lui. Voir également, CE, Section, 7 novembre 1958, Société "Electricité et eaux de Madagascar" c/ Sieur Nicola, *Rec.*, p.530, concl. Heumann : recours pour excès de pouvoir contre le refus de l'autorité de tutelle de contraindre le concessionnaire à effectuer certains travaux pour l'usager ; CE, 19 novembre 1943, Régie municipale de distribution d'énergie électrique de la ville de Nérac, *Rec.*, p.263 : recours pour excès de pouvoir contre un arrêté préfectoral mettant en demeure la régie de fournir le courant à un usager.

[11] CE, 27 novembre 1935, Beaudouin, *Rec.*, p.1105 ; *D.* 1936, III, p.74, note Ch. Blaevoet ; *Rev. concess.* 1936, p.5, note R. B.

[12] CAA Paris, 24 janvier 1995, Syndicat des copropriétaires de la résidence des Aulnoys sise à Maurepas, *Rec.*, p.777 : refus opposé par le président du syndicat intercommunal des eaux d'enjoindre à une compagnie non concessionnaire de restituer aux habitants la différence entre le prix par elle pratiqué et le prix pratiqué par le concessionnaire.

d'accès au contentieux pour l'usager, qui implique l'autorité administrative concédante ou de tutelle et qui fait sanctionner les éventuelles illégalités auxquelles elle se livre[13].

485. Qu'en est-il plus précisément des cahiers des charges types, qui sont des documents élaborés unilatéralement par l'autorité administrative et incorporés au contrat de délégation de service public sous forme de cahiers des charges particuliers ? Pour le moment, on se contentera de les envisager avant leur incorporation, sachant qu'avant 1982, ceux-ci revêtaient un caractère obligatoire pour les contrats de délégation de service public des collectivités locales, alors que depuis la loi du 22 juillet 1982[14] modifiant celle du 2 mars 1982[15], ils ne sont plus que de simples modèles. C'est ainsi que le commissaire du gouvernement Braibant, suivi par le Conseil d'Etat, dans ses conclusions sur l'arrêt Ville de Lyon de 1961[16], propose d'admettre le recours pour excès de pouvoir contre les cahiers des charges types pour deux raisons. D'une part il s'agit d'actes réglementaires de l'autorité de tutelle, et d'autre part ils ont une force obligatoire, ou au moins une valeur de préjugé. Ainsi, en 1962, le Conseil d'Etat reçoit un recours pour excès de pouvoir dirigé contre le cahier des charges type relatif à la concession à EDF du réseau d'alimentation général en énergie électrique[17], alors qu'en revanche n'est pas recevable un recours formé contre un tel document établi par voie de circulaire[18], mesure d'ordre intérieur dénuée de toute force obligatoire[19]. Selon M. Delvolvé[20], un recours pour excès de pouvoir contre les cahiers des charges types serait toujours recevable, même après 1982, car ceux-ci, même s'ils ne sont plus que des modèles, "gardent une unilatéralité dans leur adoption et une généralité dans leur application possible".

486. Cependant, dans un autre domaine, il a été jugé, en 1993, que le document contenant des indications sur les politiques futures des prix et de la gestion des tarifs SNCF n'était qu'un document d'information, qu'une déclaration d'intention insusceptible de recours pour excès de pouvoir[21]. Faut-il alors distinguer des degrés dans la valeur de préjugé de ce type de documents ?

487. On peut aussi s'interroger sur la nature juridique réelle des chartes de droits des usagers. Leur caractère d'acte administratif décisoire semble plus que douteux. Soit les

---

[13] Voir à titre d'exemples, CE, 24 mars 1922 Favatier, *Rec.*, p.263 ; CE, Section, 22 octobre 1937, Sieur de Scey, *Rec.*, p.840 ; CE, 13 mars 1953, Dame Sugère, *Rec.*, p.131 ; CE, 4 juin 1975, Bocholier, *Rec.*, p.332 ; CE, 1er décembre 1971, Société des Etablissements Dubreuil, *Rec.*, p.735.

[14] JO du 23 juillet 1982, p.2347.

[15] JO du 3 mars 1982, p.730.

[16] CE, 5 mai 1961, Ville de Lyon, *CJEG* 1961, p.175, note P. Teste et L. Chaudouard. La solution était déjà proposée par P. Laroque, *Les usagers des services industriels en droit français*, Th. préc., p.69.

[17] CE, 2 mai 1962, EDF c/ Syndicat départemental d'électrification des Côtes du Nord, *CJEG* 1963, J, p.41.

[18] CE, 16 février 1977, Galosiaux, *RDP* 1977, p.877.

[19] Arrêts cités par J. Dufau, *Les concessions de service public*, Editions du Moniteur, 1979, p.35 et s.

[20] "Le recours pour excès de pouvoir contre les dispositions réglementaires d'un contrat. Note sous CE, Ass., 10 juillet 1996, Cayzeele", *RFDA* 1997, p.89. Il cite en exemple l'arrêt du Conseil d'Etat du 2 juillet 1982, Conseil national de l'Ordre des architectes, *Rec.*, p.255, *AJDA* 1983, p.30 concl. Pauti, *CJEG* 1983, p.381, note F. Moderne.

[21] CE, 19 mai 1993, Beauval, *Rec.*, p.1056 ; *DA* 1993, n°361.

objectifs qu'elles prévoient sont repris dans le règlement de service ou le cahier des charges d'un exploitant, soit il est prévisible que les usagers ne puissent pas invoquer les droits contenus dans les chartes.

488. Si, en ce qui concerne les actes pris par les autorités administratives non exploitantes du service public, le critère organique joue pleinement son rôle dans la qualification de l'acte administratif, celui-ci a-t-il avec la même force lorsqu'il s'agit d'une personne publique exploitante d'un service public industriel et commercial ?

B. Les actes administratifs réglementaires pris par les autorités exploitantes du service.

489. Deux critères, au demeurant relativement proches, semblent cependant s'opposer dans la détermination du caractère administratif de ce type d'actes. En effet, faut-il s'attacher à la portée de l'acte, générale et impersonnelle (2°) ou à son objet, relatif à l'organisation du service public (1°) pour qualifier un acte d'administratif et pour le soumettre au juge administratif ?

490. Le réponse est donnée par l'arrêt de principe, Epoux Barbier, de 1968[22] : sont de la compétence du juge administratif, en ce qui concerne l'appréciation de leur légalité, "les règlements émanant du conseil d'administration (de la compagnie Air France, société de droit privé) qui, touchant à l'organisation du service public, présentent un caractère administratif". La principale ligne de démarcation se situe entre les actes réglementaires touchant à l'organisation du service, qui demeurent administratifs, et les relations individuelles soumises au droit privé. Cependant, l'incursion du critère de l'objet de l'acte (organisation du service) aux côtés de celui de sa portée (générale et impersonnelle) est critiquable (3°).

1°) Le critère de l'objet de l'acte.

491. Pour ce qui est des actes réglementaires émanant de personnes publiques gérant un service public industriel et commercial, on pouvait se demander si la présence du critère organique (acte pris par une personne publique) suffisait, ou s'il fallait de surcroît prendre en considération le contenu de l'acte (organisation du service public).

492. Le Conseil d'Etat, dans un arrêt de 1989, Association "Etudes et consommation CFDT"[23], lève l'incertitude que sa jurisprudence antérieure faisait peser sur l'utilisation

---

[22] TC, 15 janvier 1968, Epoux Barbier, *Rec.*, p.789, concl. Kahn ; *RDP* 1969, p.142, concl. Kahn ; *D.* 1969, p.202, note J.-M. Auby ; *RDP.* 1968, p.893, note M. Waline ; *AJDA* 1968, p.225, chron. Massot et Dewost ; *Droit social* 1969, p.51, note J. Savatier ; *CJEG 1969* J, p.119, note A. C. ; *Droit ouvrier* 1969, p.177, concl. Kahn, note Boitel.

[23] CE, 26 juin 1989, Rec., p. 544 ; *CJEG* 1990, p.180, note J.-F. Lachaume.

du critère de l'organisation du service public[24], puisque le caractère administratif d'un acte réglementaire (recueil des tarifs de la SNCF) pris par une personne publique exploitant un service public industriel et commercial tient principalement au fait que son contenu touche à l'organisation du service public[25] . Le Tribunal des conflits, quant à lui, semble du même avis, puisque dans l'arrêt Abella de 1992, il qualifie une décision d'EDF relative à l'organisation du service public de réglementaire et administrative[26].

493. Pour ce qui est de la jurisprudence judiciaire, il faut constater avec M. Lachaume[27] qu'une relative incohérence est de mise. En effet, certains arrêts reconnaissent un acte administratif au fait qu'il a été approuvé ou homologué par une autorité administrative[28], alors qu'une telle procédure est sans incidence sur la nature d'un acte[29]. Quoi qu'il en soit, le juge civil a parfois adopté un raisonnement proche de celui du juge administratif puisque dans l'affaire Abella, le conseil des prud'hommes de Bordeaux[30] qualifie une décision d'EDF d'acte administratif en combinant trois éléments : EDF est un EPIC, la décision en cause possède un caractère général et elle est relative "à la défense et à l'organisation du service public"[31].

2°) Le critère de la portée de l'acte.

494. Un autre courant jurisprudentiel ne préfère s'attacher qu'à la portée de l'acte, générale et impersonnelle, ou au contraire manifestant l'existence d'une relation individuelle entre l'usager et l'exploitant. Ainsi, que faire des actes dont le contenu est défini en termes généraux, mais qui en réalité ne sont destinés à s'appliquer qu'à un seul

---

[24] En effet, le Conseil d'Etat s'était tantôt référé au critère de l'organisation du service public (CE, Section, 13 juin 1969, Commune de Clefcy, *Rec.*, p.308 ; CE, 23 février 1968, Picard, *Rec.*, p.131 ; CE, Section, 18 mars 1977, Chambre de commerce de la Rochelle, *Rec.*, p.153.), tantôt pas (CE, 10 novembre 1961, Missa, *Rec.*, p.636).

[25] Voir également les conclusions Stirn sur CE, 14 janvier 1991, Bachelet, *RFDA* 1991, p.164. Sont cités comme exemples les arrêts du Conseil d'Etat, 4 juin 1975, Bocholier, *Rec.*, p.332 et 28 janvier 1983, Paraïso, *Rec.* Tables, p.606. Cependant, dans un arrêt récent, CE, 30 octobre 1996, Assoc. "SOS Défense" et Bertin, Rec., p. 417, une note de service portant sur l'organisation de la distribution de formulaires d'envoi de lettres recommandées ressort de la compétence du juge judiciaire. Il s'agit d'une application tout à fait critiquable du transfert de compétence au juge judiciaire des relations entre les usagers et la Poste.

[26] TC, 22 juin 1992, Abella, *DA* 1992, n°414 ; TC, 26 octobre 1981, Grostin c/ SNCF, *Rec.*, p.656.

[27] "Compétence juridictionnelle et réglementation du droit de grève dans les services publics industriels et commerciaux", *CJEG* 1993, p.481. Est également citée dans cet article la thèse de M. Garbar, *Les relations individuelles de travail dans les entreprises publiques*, Th. Paris II, LGDJ, 1993, p.404 et s.

[28] CA Paris, 7 février 1989, RATP c/ Prezeau, *JCP* 1989, II, 21360 ; Cass soc., 14 juillet 1984, SNCF c/ Delpech, *Droit Social* 1985, p.122, note J.-F. Lachaume.

[29] Voir CE, 18 juin 1954, Basgeix, *Rec.*, p.361 ; TC, 12 juin 1961, Rolland, *RDP* 1961, p.1104, et P. Delvolvé, "Acte administratif", Répertoire Dalloz, contentieux administratif, n°122 et 523 : "l'homologation, l'approbation ou l'agrément donnés par une autorité administrative aux actes adoptés par une personne privée ne suffisent pas à en faire des actes administratifs."

[30] Décision du 1er juin 1990, citée par J.-F. Lachaume, "Compétence juridictionnelle et réglementation du droit de grève dans les services publics industriels et commerciaux", préc.

[31] Plus récemment, voir Civ. I, 30 mars 1999, Conseil supérieur consultatif des Comités mixtes à la production, *JCP* 1999, IV, 1972, qui fonde la nature de l'acte sur son objet, l'organisation du service public.

usager ou à un petit nombre d'usagers facilement identifiables ? En vertu de leur rédaction même, ne faisant apparaître que des règles de droit générales et impersonnelles, le juge administratif reste compétent pour en connaître[32]. En revanche, si l'acte est relatif à une obligation concernant un seul usager, représente un lien de droit particulier entre l'usager et le service qui ne s'appliquerait pas forcément à un autre usager placé dans la même situation, le juge judiciaire retrouve sa compétence[33].

495. Pour ce qui est des tarifs, la même distinction est faite entre leur détermination par voie générale et leur application particulière, comme le démontre l'arrêt Vincent de 1959[34]. Un peu plus délicat est le problème posé par une requête qui tend à obtenir certains tarifs ou au contraire qui réclame la non application d'une grille tarifaire pour une catégorie d'usagers représentée par une association ou un groupement.

496. On peut dire que la compétence dépend ici fortement de la rédaction de la requête elle-même. Ainsi, dans l'affaire du Modulopass, qui est un type d'abonnements proposé par la SNCF, les usagers ont pu à la fois attaquer par la voie du recours pour excès de pouvoir devant le juge administratif les dispositions tarifaires générales du Modulopass[35] et demander au juge judiciaire d'apprécier leur applicabilité aux contrats particuliers qui les liaient à la SNCF[36].

497. Ainsi, lorsque des groupements ou associations forment des requêtes de ce genre, la présence d'un intérêt collectif semble tirer le contentieux vers le juge administratif, car à travers la défense d'une catégorie d'usagers, ce sont des règles générales et impersonnelles qui sont contestées. M. Lachaume[37] critique la compétence du juge judiciaire dans ce domaine, au motif que, dans ce cas, le juge judiciaire ne raisonne pas sur un contrat liant l'exploitant à un usager, mais sur des règles générales applicables à toute une catégorie d'usager. Mais dans ce cas, n'est ce pas l'intérêt à agir des associations devant le juge judiciaire qui serait remis en question ? Ainsi, les critères retenus ne semblent pas exempts de critiques.

---

[32] CE, 30 mai 1962, Parmentier, *Rec.*, p.912 : délibération d'un conseil municipal refusant la prolongation du réseau d'alimentation d'eau jusqu'à un hameau isolé ; CE, 14 janvier 1991, Bachelet, *CJEG* 1991, p.164, concl. Stirn : délibération du conseil municipal au sujet de la redevance annuelle de consommation d'eau pour les propriétaires de piscines, qui ne s'appliquait en réalité qu'à un seul usager, mais qui était rédigée en termes généraux selon le Conseil d'Etat ; CE, 27 juin 1994, Charpentier, *Rec.*, p.334 : décision de ne pas raccorder au réseau d'eau potable les terrains non constructibles ; CE, 27 novembre 1996, Syndicat nat. ultra-sonologistes diplômés, *DA* 1997, n°71, note R.S. : décision de suppression d'une rubrique dans l'annuaire.

[33] CE, 23 mai 1980, Carpentier, *RDP* 1981, p.1466.

[34] CE, 21 janvier 1959, *Rec.*, Tables, p.942. Voir également CE, 15 juillet 1957, Société industrielle des oléagineux, *Rec.*, p.489 ; CE, 9 octobre 1959, Hôpital hospice de Dax, *CJEG* 1960, p.109, *AJDA* 1959, p.295 ; Civ. I, 7 février 1989, Syndicat des copropriétaires du "parc de la Noue", pourvoi n°89-15.192,. Dans un arrêt du 13 mars 1998, Mme Vindevogel, *D.* 1998, IR, p.108, le Conseil d'Etat à qui il est demandé de faire usage de ses pouvoirs d'injonction, précise que l'annulation d'une délibération instituant une redevance n'implique pas qu'il soit compétent pour enjoindre la restitution des sommes versées par les usagers. Pour le Tribunal des conflits, voir TC, 7 octobre 1996, Préfet de l'Essonne, *RFDA* 1997, p.189.

[35] CE, 26 juin 1989, Association "Etude et consommation CFDT", *CJEG* 1990, p.189.

[36] TGI Paris, 28 octobre 1987, Coudurier et Union fédérale des consommateurs c/ SNCF, *CJEG* 1990, p.190.

[37] "Adaptation dans le temps des tarifs voyageurs de la SNCF", *CJEG* 1990, p.180.

3°) L'appréciation critique des critères.

498. La détermination du caractère administratif d'un acte, et partant, de la compétence du juge administratif, semble reposer sur une double distinction concernant, d'une part, le contenu de l'acte (organisation / fonctionnement du service) et, d'autre part, la portée de l'acte (générale et impersonnelle / individuelle). Ainsi, quel est le véritable rôle du critère tiré de l'organisation du service public ? Qualifier un acte d'administratif, de réglementaire ou les deux à la fois[38] ? La première interprétation conduit, à l'instar d'un bon nombre d'éminents juristes[39], à remarquer le caractère tautologique du critère de l'organisation du service public par rapport à la qualification d'un acte réglementaire : en effet, organiser un service public, c'est édicter une norme générale et impersonnelle, définition même du règlement. L'organisation du service public serait assurée à l'aide d'actes réglementaires et son fonctionnement à l'aide d'actes individuels. Les deux critères se recouperaient donc.

499. La seconde interprétation ferait du critère de l'organisation du service public un complément face au critère principal relatif à la portée générale et impersonnelle de l'acte. M. Lachaume[40] propose d'"*utiliser en priorité pour qualifier un acte de réglementaire*, le critère tiré de la portée de ses dispositions normatives, à savoir leur généralité et leur caractère impersonnel surtout, lorsque (...) ce critère est d'application aisée et de réserver le recours au critère prenant en considération l'organisation du service public pour les actes ne pouvant que difficilement être qualifiés de réglementaires à partir de leur seule portée, alors *qu'ils le sont - ou doivent* l'être - par le rôle majeur qu'ils jouent dans l'organisation du service public". Ainsi, on éviterait de faire de l'organisation du service public à la fois le critère de l'acte administratif (en le substituant au critère organique) et de l'acte réglementaire (en le substituant à une analyse de la portée des dispositions de l'acte).

500. M. Lachaume lui-même, qui constate qu'une majeure partie de la jurisprudence continue à utiliser à mauvais escient le critère de l'organisation du service public, en préconise[41] finalement une troisième clé de lecture. Il ne viendrait pas au secours du critère de la porté de l'acte, mais bel et bien comme un critère cumulatif dans la détermination de l'administrativité de l'acte. Ainsi il faudrait opérer un tri au sein des actes réglementaires des personnes publiques exploitant un service public industriel et commercial, entre ceux ayant un lien suffisant avec l'organisation du service public et possédant ainsi une nature administrative, et les actes réglementaires des EPIC sans rapport avec cette organisation qui relèveraient du droit privé. Le critère organique s'en trouverait complètement neutralisé dans ce cas. En effet, sur le plan des principes, il a été

---

38 Les deux à la fois, pour les auteurs du *GAJA*, note sous l'arrêt Barbier préc. et P. Delvolvé, "Acte administratif", préc., n°243 et s.

39 M. Waline, note sous l'arrêt Barbier, préc.; P. Delvolvé, "Acte administratif", préc.; J.-F. Lachaume, "Compétence juridictionnelle et réglementation du droit de grève dans les services publics industriels et commerciaux", préc.

40 "Compétence juridictionnelle et réglementation du droit de grève dans les services publics industriels et commerciaux", préc.

41 J.-F. Lachaume reprend ici la théorie des commentateurs du GAJA sous l'arrêt Barbier, préc.

avancé[42] que, de par ses particularités juridiques, l'EPIC fonctionne comme une société industrielle et commerciale et qu'il serait inconcevable que tous ses actes réglementaires soient qualifiés d'actes administratifs, seuls ceux se rapportant à l'organisation du service devant demeurer "publicisés".

501. Cependant, à l'instar de M. Waline[43], on peut se demander ce que signifie réellement le terme "organisation" du service public, surtout lorsqu'il est opposé au "fonctionnement" du service. De plus, il faudrait que, corrélativement, la compétence du juge judiciaire soit fondée sur le critère du fonctionnement du service public industriel et commercial, et rien n'est moins sûr. Par ailleurs, dans les cas délicats, le juge préfère s'attacher à la portée de l'acte plutôt qu'à sa relation avec l'organisation du service. Ne faudrait-il pas en fin de compte choisir la proposition de M. Lachaume, qui réduit le critère de l'organisation du service à une sorte de roue de secours à la disposition du juge dans les cas où la portée de l'acte n'est pas aisée à déterminer, mais qu'il apparaît que soit le juge administratif, soit le juge judiciaire, a intérêt à connaître du litige ?

502. Quelles que soient les critiques adressées à l'égard de l'emploi du critère de l'organisation du service public dans la détermination du caractère administratif des actes unilatéraux pris par les exploitants du service, il faut constater que c'est le même critère qui est utilisé dans la définition de la clause réglementaire du contrat de délégation de service public.

§ 2. Les dispositions administratives issues de relations contractuelles et relatives au statut de l'usager.

503. Plusieurs types de documents issus des relations contractuelles entre une personne publique délégante et son délégataire intéressent l'usager. Il s'agit des cahiers des charges particuliers aux contrats de délégation de service public, et plus généralement des clauses dites réglementaires (A), applicables à l'usager et invocables par lui, bien qu'il ne soit pas partie au contrat.

504. Une place à part doit être réservée à la police type (C) : c'est un document élaboré d'un commun accord entre le délégataire et le délégant et dont le contenu sera repris, par individualisation, dans la plupart des cas, dans le contrat de droit privé unissant l'usager à l'exploitant du service.

505. Un troisième type de documents, appelé règlement de service (B), intéresse aussi les usagers : dans les cas les plus fréquents, il est émis par une collectivité publique

---

[42] J.-F. Lachaume, "Compétence juridictionnelle et réglementation du droit de grève dans les services publics industriels et commerciaux", préc.

[43] Note sous TC, 15 janvier 1968, Epoux Barbier, préc.

exploitant un service en régie, auquel cas par définition aucun contrat ne peut intervenir pour son élaboration. Il sera cependant étudié ici à cause du rapprochement établi par la jurisprudence entre le cahier des charges et le règlement de service, tous deux considérés comme les chartes du service public délégué ou exploité en régie. Il arrive aussi qu'un tel document soit également émis dans le cadre d'une gestion déléguée.

506. Enfin, on a parlé des contrats de délégation de service public, mais qu'en est-il des contrats de plan ? Certaines dispositions des contrats de plan entre des entreprises publiques et l'Etat intéressent l'usager mais sont-elle pour autant invocables par lui ? (D)

507. Au delà de la détermination même de ces actes, on peut les schématiser sous forme de pyramide, ce qui conduit à s'interroger sur leur hiérarchie (E).

A. Les clauses réglementaires des contrats de délégation de service public.

508. La notion de clause réglementaire trouve son origine chez d'éminents juristes du début du siècle[44], qui fondent son caractère invocable et applicable aux usagers sur la constatation que, dans un contrat de concession, la personne publique en contractant émet un titre en faveur des usagers. Elle insère dans son contrat de concession des clauses qui auront à l'égard des usagers la valeur de véritables règlements.

509. Les clauses réglementaires sont souvent dites "opposables" aux usagers. Ce vocabulaire ne correspond pas à la réalité de l'influence de la clause réglementaire sur le droit applicable à l'usager. En effet, l'opposabilité de la clause réglementaire à l'usager signifierait que sa "valeur comme élément de l'ordre juridique ne peut être méconnue par les tiers, lesquels, n'étant pas directement obligés par ce qui leur est opposable, n'en sont pas moins tenus d'en reconnaître et d'en respecter l'existence et même d'en subir les effets"[45]. Dire que la clause réglementaire est "opposable" à l'usager reviendrait à assimiler le contrat de délégation de service public à n'importe quel contrat. C'est le principe de l'effet relatif du contrat. Le propre de l'acte mixte est précisément de créer des droits et obligations envers les tiers, au sens d' "applicabilité" et non de simple "opposabilité".

510. La définition même de la clause réglementaire fait apparaître une divergence de point de vue entre le juge administratif et le juge judiciaire. Le premier en retient une définition matérielle, fondée sur l'objet et le contenu de la clause, alors que le second préfère une définition purement formelle, fondée sur l'origine administrative de la clause et son apparition dans un acte administratif, approuvé ou homologué par l'administration

---

[44] Concl. Romieu sur CE, 21 décembre 1906, Syndicat des propriétaires et contribuables du quartier de la Croix de Seguey Tivoli, *DP* 1907, III, 41 ; note M. Hauriou sous CE, 3 février 1905, Storch et CE, 21 décembre 1906, Syndicat des contribuables et propriétaires du quartier Crois de Seguey Tivoli, *S.* 1907, III, p.33 ; G. Jèze, note sous CE, 3 février 1905, Storch, *RDP* 1905, p.346 ; Ch. Blaevoet, note sous CE, 27 novembre 1935, Beaudouin, *D.* 1936, III, p.74 et sous Civ., 10 février 1932 et 24 octobre 1933, *DP* 1935, I, p.33.

[45] Association Henri Capitant, *Vocabulaire juridique*, sous la direction de Gérard Cornu, PUF, 6ème édition, 1996.

(1°). Cependant, malgré ces divergences, se dessinent trois groupes de clauses réglementaires, distinction qui aura des répercussions fondamentales sur la nature du lien qui unit l'usager à l'exploitant (2°).

1°) L'opposition entre une définition matérielle et une définition formelle de la clause réglementaire.

511. Dans les définitions de la clause réglementaire du contrat de délégation de service public, la doctrine[46] et la jurisprudence[47] semblent s'attacher à la fois à son objet, qui couvrirait l'organisation ou le fonctionnement du service public, et sa portée, générale et impersonnelle[48]. On rencontre parfois des définitions plus larges, selon lesquelles les clauses réglementaires seraient tout simplement celles qui sont stipulées en faveur du public[49], ce qui rejoindrait le critère tiré de l'organisation du service[50].

512. Quoi qu'il en soit, on remarquera que dans la définition de la clause réglementaire, l'organisation du service est évoquée au même titre que son fonctionnement ou sa gestion. Pour la délimitation des actes unilatéraux susceptibles de recours pour excès de pouvoir, il était question de limiter la compétence du juge administratif aux seuls actes touchant l'organisation du service. Il semble en revanche que pour la définition de la clause réglementaire, qui nécessitera un appel fréquent au juge administratif par voie de question préjudicielle, ce qui compliquera d'autant le contentieux, on admet aux côtés du critère de l'organisation du service public d'autres critères.

513. La question se complique avec la définition de la clause réglementaire retenue par le juge judiciaire. On s'est rendu compte[51] que la Cour de cassation voyait dans l'approbation de ces clauses par décret[52] un critère déterminant de leur nature réglementaire. Ainsi, force est de constater que si la doctrine et le juge administratif ont

---

[46] G. Jèze, note sous CE, 3 février 1905, Storch, *RDP* 1905, p.346, note sous CE, 31 mai 1907, Deplanque, *RDP* 1907, p.678 ; Romieu, concl. sur CE, 21 décembre 1906, Syndicat des propriétaires et contribuables du quartier Croix de Seguey Tivoli, *Rec.*, p.962 ; concl. Odent sur CE, 5 mars 1943, Compagnie générale des Eaux et Syndicat des communes de la banlieue de Paris pour les eaux, *DC* 1944, J, p.121 ; concl. Braibant sur CE, 5 mai 1961, Ville de Lyon, *CJEG* 1961, p.175 ; concl. Massot sur CE, Section, 18 mars 1977, Chambre de Commerce de la Rochelle, *Rec.*, p.153 ; concl. Dutheillet de Lamothe sur CE, Ass., 16 avril 1986, CLT, *RDP* 1986, p.857 ; F. Moderne, P. Delvolvé et A. de Laubadère, *Traité des contrats administratifs*, Tome 1, LGDJ, 2nde éd., 1983, p.107 ; J.-C. Douence, "La gestion du service public local. Dévolution contractuelle du service", in Répertoire Dalloz, *Collectivités locales*, (sous la direction de F.-P. Bénoit), vol. V, 1983.

[47] CE, Section, 24 avril 1942, Compagnie Air France, *Rec.*, p.134 ; CE, Section, 18 mars 1977, Chambre de Commerce de la Rochelle, *Rec.*, p.153.

[48] A. Mestre, note sous CA Dijon, 17 mars 1913, Bouzereau c/ Société d'éclairage des villes de Chalon sur Saône et Mâcon, *S.* 1917, II, 105.

[49] CE, 3 février 1905, Storch, *RDP* 1905, p.346.

[50] Ch. Blaevoet, note sous Civ, 1er février 1932 et 24 octobre 1933, *D.* 1935, I, p.33.

[51] L. Richer, *Droit des contrats administratifs*, LGDJ, 2nde édition, 1999, n° 265.

[52] Civ., 25 juin 1924, Société Gondrant, *S.* 1924, I, p.384 : "un tarif de chemin de fer homologué par le ministre des travaux publics constitue dans son ensemble une disposition réglementaire, il participe ainsi du caractère de la loi" ; TGI Paris, 28 octobre 1987, Coudurier, *CJEG* 1990, p.190 : "même si l'acte d'homologation des tarifs par le ministre des transports confère à ceux-ci un caractère réglementaire, ..."

une conception matérielle de la clause réglementaire (définition par rapport à son objet), le juge judiciaire s'attache à une définition formelle qui prend en considération l'origine de la clause. Si celle-ci est contenue dans un acte administratif ou homologuée par l'administration, elle a une portée réglementaire ; si au contraire elle n'apparaît que dans le contrat conclu par l'usager, il faut lui reconnaître un caractère contractuel.

514. Cette position entre en contradiction avec la division des clauses réglementaires en trois groupes, en fonction de leur objet.

2°) La division des clauses réglementaires en trois groupes.

515. Le premier groupe est composé de clauses destinées à la collectivité des usagers et consacrant les grands principes du service public (égalité, mutabilité, continuité). Le second groupe est composé de clauses comportant des obligations de nature privée à la charge des compagnies et des usagers. Elles auraient aussi bien pu ne figurer que dans le contrat proposé à l'usager, mais elles se situent dans les règlements, soit parce que le délégataire voulait être certain de l'équilibre financier de sa délégation, de sa marge de manoeuvre, soit parce qu'au contraire c'est le délégant qui a voulu prémunir les usagers contre les éventuels abus d'un opérateur monopolistique. Enfin, les clauses réglementaires du troisième groupe concernent l'intervention de tiers à la délégation de service public, ou certaines relations purement bilatérales entre le délégataire et le délégant, mais qui intéressent indirectement les usagers.

516. Ainsi, les clauses tarifaires, appartenant au premier groupe, sont les principales garantes de l'égalité des usagers devant le service public et sont évidemment invocables par ceux-ci[53], de même que les stipulations relatives au principe d'égalité lui-même, comme les limitations des conventions dérogatoires, ou l'obligation d'accorder les mêmes avantages aux usagers situés dans la même catégorie[54]. Le principe de mutabilité est envisagé sous ses deux angles, qu'il s'agisse de la possibilité pour une compagnie délégataire de supprimer une ligne[55], un service, de réorganiser ses prestations[56] ; ou au contraire qu'il s'agisse de l'obligation faite au concessionnaire de se conformer aux nouvelles découvertes technologiques[57], de respecter l'accès normal des usagers au service dans le choix des horaires. Le principe de continuité du service se décline, quant à lui, dans le temps et dans l'espace : dans le temps, grâce aux clauses sur les interruptions

---

[53] CE, 15 novembre 1907, Poirier, *RDP* 1909, p.48 ; CE, 11 avril 1919, Compagnie générale du gaz pour la France et l'étranger, *Rec.*, p.377 ; CE, 20 décembre 1933, Chamfraudt, *Rec.*, p.1202 ; CE, 4 décembre 1936, De Roche du Teilloy, *D.* 1937, III, p.4 ; CE, 5 juillet 1957, Société industrielle des oléagineux, *Rec.*, p.489 ; TC, 2 mai 1977, Paraïso, *Rec.*, p.739.

[54] CE, 1er décembre 1971, Société des Etablissements Dubreuil, *Rec.*, p.735.

[55] CE, 21 décembre 1906, Syndicat des propriétaires du quartier Croix de Seguey Tivoli, *Rec.*, p.962 ; CE, 11 décembre 1963, Syndicat de défense en vue du rétablissement de la voie ferrée de Bort-Eygurande, *JCP* 1964, II, 13753, note J. Dufau.

[56] CE, 3 février 1905, Storch, *RDP* 1905, p.346 ; TGI Meaux, 13 janvier 1965, "Le verre de laboratoire", *CJEG* 1966, J, p.186.

[57] CA Dijon, 17 mars 1913, Bouzereau c/ Société d'éclairage des villes de Chalon sur Saône et Mâcon, *S.* 1917, II, p.105, note A. Mestre.

de service et, dans l'espace, avec les obligations d'effectuer certains travaux sur la voirie[58] ou chez les usagers[59], ou de fournir la prestation sur un parcours défini[60].

517. Dans le second groupe de clauses réglementaires, reflétant en réalité des obligations d'ordre purement privé, on trouve l'obligation de consommation minimale[61], les limitations de responsabilité des exploitants en cas de cessation de fourniture[62] ou d'accident[63], l'accès des agents des compagnies aux installations de l'usager[64], les avances sur consommation[65] ou toutes autres obligations des usagers, telle l'obligation d'utiliser des sacs ou containers pour le ramassage des ordures ménagères[66] et l'obligation d'information de l'usager en cas de cessation de fourniture[67].

518. La troisième catégorie est d'un abord plus délicat, puisque normalement les relations bilatérales entre le délégataire et le délégant sont réglées par des clauses purement contractuelles de la convention de délégation de service public. Cependant, ont été jugées réglementaires les clauses relatives aux modalités de contrôle de l'exécution du contrat de concession par l'autorité délégante[68], à la sous traitance[69], ou encore aux homologations des tarifs ou d'autres actes par le ministre compétent[70]. En revanche, la clause d'exclusivité accordée au concessionnaire n'est pas invocable par les usagers[71].

519. Les relations financières entre le délégant et le délégataire ont posé davantage de problèmes car, s'il ne s'agit pas de dispositions intéressant directement les usagers, elles

---

[58] Civ, 23 juin 1909, *S.* 1909, I, p.440 ; Civ I, 20 février 1951, EDF c/ Vimal-Vialis, *Bull.* 1951, p.56, n°69 ; CE, 11 décembre 1963, Syndicat de défense en vue du rétablissement de la voie ferrée de Bort-Eygurande, *JCP* 1964, II, 13753, note J. Dufau.

[59] Civ., 15 mai 1912, Boyer, *S.* 1913, I, p.20.

[60] Civ. I, 20 février 1951, EDF c/ Vimal Vialis, *Bull.* n°69, p.56.

[61] Civ I, 22 novembre 1994, Syndicat intercommunal des Eaux de Croix, *CJEG* 1995, p.266, note P. Sablière.

[62] CA Paris, 20 juin 1961, RATP c/ EDF, *CJEG* 1962, J, p.14

[63] Civ, 23 juin 1909, *S.* 1909, I, p.440 ; Civ I, 24 février 1976, Société hôtelière du grand hôtel de Champagne, *D.* 1976, somm., p.51.

[64] TI Saint Etienne, 8 novembre 1995, EDF c/ M. Legat, *CJEG* 1996, p.321.

[65] Cass. civ. I, 23 octobre 1990, Association SOS Défense et Bertin c/ EDF GDF, *CJEG* 1991, p.64, note N. R.

[66] CE, Ass., 10 juillet 1996, Cayzeele, préc.

[67] TGI Nantes, 27 avril 1988, Charpentier CMRA c/ EDF, *CJEG* 1989, p.133, note R. Savignat : clause sur l'interruption de fourniture, l'obligation d'en avertir les usagers et de prendre certaines mesures.

[68] TA Marseille, 12 avril 1994, Porelli, req. n°924729, infirmé par le Conseil d'Etat, 29 décembre 1999, Commune de Port-Saint-Louis-du-Rhône, *LPA* 7 juin 2000, note S. Nicinski.

[69] CE, 29 avril 1981, Etablissement Fine Frères, *Rec.*, p.201 ; CE, 24 janvier 1990, Martinette, *RDP* 1990, p.288.

[70] CE, Section, 24 avril 1942, Compagnie Air France, *Rec.*, p.134 : intervention du ministre pour l'homologation des taxes ; CE, 11 décembre 1963, Syndicat de défense en vue du rétablissement de la voie ferrée de Bort-Eygurande, *JCP* 1964, II, 13753, note J. Dufau: clause prévoyant le pouvoir du ministre sur la mutabilité d'une ligne de transport par chemin de fer ; CE, Section, 19 janvier 1973, Sieur Le Vavasseur, *Rec.*, p.46 : clause du cahier des charges prévoyant l'intervention du ministre en cas de désaccord entre EDF et un producteur autonome d'électricité ; CE, Section, 18 mars 1977, Chambre de commerce de la Rochelle, *Rec.*, p.153 : clause sur le pouvoir d'autorisation du ministre en matière de suppression de lignes.

[71] TA Dijon, 9 mai 1995, Bessis, *AJDA* 1995, p. 941, note L. Richer.

ont cependant des conséquences indirectes sur les tarifs pratiqués. Le juge administratif, dans l'affaire Bessis[72], a jugé que les stipulations contractuelles relatives à la fixation de la redevance à la charge du concessionnaire n'avaient pas de caractère réglementaire, à la différence du tarif lui-même, quelle que soit l'influence des relations financières entre le concédant et le concessionnaire sur le tarif.

520. M. Terneyre[73] propose de reconnaître un caractère réglementaire aux clauses relatives à la durée des contrats de délégation de service public. Cette proposition ne peut être que saluée, car comme on l'a vu récemment dans l'arrêt Million et Marais de 1997[74], il existe désormais un contentieux public de la concurrence, pour l'appréciation duquel la durée des conventions de délégation de service public entre en ligne de compte. Pourquoi ne pas envisager du côté des usagers un droit public de la consommation, pour lequel l'invocabilité de telles clauses serait décisive dans la démonstration d'un abus de puissance économique généré à la fois par le délégataire et le délégant ?

521. De ces trois groupes de clauses, on ne retiendra que les deux premiers, puisque c'est essentiellement la distinction entre ces deux premiers groupes qui est fondamentale. Chaque groupe de clauses n'a pas la même importance, pas la même utilité. Le premier concerne le noyau dur de la relation de service public, ses fondements, alors que le second n'apparaît que comme une simple prédétermination du contenu du contrat de droit privé. Plus on se rapproche du contrat de droit privé, plus ce pressentiment devrait se concrétiser.

B. Le règlement de service.

522. *A priori*, le règlement de service est un acte unilatéral adopté par une collectivité locale exploitant un service public en régie, cependant rien n'empêche de rencontrer ce document en matière de délégation de service public[75]. Les effets du règlement de service sur les usagers sont exactement les mêmes que ceux des clauses réglementaires du cahier des charges, il est invocable par les usagers et leur est applicable. Tantôt il fait partie intégrante d'un statut réglementaire de droit administratif (1°), tantôt il apparaît comme l'énoncé des conditions générales d'un contrat de droit privé (2°).

1°) Un statut réglementaire de droit administratif.

523. La qualification du règlement de service semble faire appel aux multiples sens que peut recouvrir le terme "réglementaire". D'abord, en droit administratif, l'acte réglementaire s'oppose au contrat, et c'est pourquoi, lorsqu'il est question de savoir si l'usager peut exercer un recours pour excès de pouvoir à l'encontre du règlement de

---

[72] TA Dijon, 9 mai 1995, Bessis, préc., confirmé par CE, 29 décembre 1997, Bessis, *AJDA* 1998, p. 287.

[73] Note sous CE, Ass., 10 juillet 1996, Cayzeele, *CJEG* 1996, p. 382.

[74] CE, Section, 3 novembre 1997, *RFDA* 1997, p.1228, concl. Stahl ; *AJDA* 1997, p.1012, chron. T.-X. Girardot et F. Raynaud ; *AJDA* 1998, p.247, note O. Guézou ; *RDP* 1998, p. 256, note Y. Gaudemet.

[75] Par exemple, TA Clermont Ferrand, 23 juin 1987, SNC CAGI c/ SIVOM de la Région d'Issoire - Société Lyonnaise des Eaux, req., n°6691.

service, celui-ci pourra être qualifié d'acte administratif réglementaire et unilatéral. Ensuite, si le règlement de service est intégré au contrat de délégation de service public, le terme "réglementaire" est destiné à distinguer, au sein des clauses, celles qui ont une nature réglementaire et celles qui ont une nature contractuelle. On peut se demander si la jurisprudence du juge judiciaire n'ajoute pas un sens de plus au terme "réglementaire", puisque lorsqu'il qualifie une disposition de "réglementaire", cela signifie qu'il oppose une disposition de nature administrative à un contrat de droit privé. "Réglementaire" signifierait avant tout "administratif" dans ce dernier cas.

524. Les usagers des services publics industriels et commerciaux peuvent-ils exercer un recours pour excès de pouvoir contre un règlement de service[76] ? Il est tout d'abord certain que, depuis le début du siècle, le règlement de service peut être contesté par voie d'exception[77]. Dans l'arrêt Favatier, de 1922[78], on se rapproche de plus en plus du recours pour excès de pouvoir contre le règlement de service lui-même, puisqu'était attaquée la délibération du conseil municipal qui l'établissait. Le Conseil d'Etat examine un à un les articles du règlement de service et en annule plusieurs, ce qui permet d'affirmer, sans prendre de trop gros risques, que le recours pour excès de pouvoir est recevable à l'encontre d'un tel document. L'exercice d'un tel recours est admis par un jugement du tribunal administratif de Nice, en 1993[79]. On peut donc en conclure qu'il s'agit d'un acte administratif unilatéral et décisoire.

525. Le juge judiciaire a reconnu une nature administrative au règlement de service, par assimilation au cahier des charges particulier[80]. Ainsi, la cour d'appel de Dijon, en 1992[81], précise que "le règlement de service des eaux, élaboré, adapté et modifiable suivant les mêmes modalités que le contrat d'affermage, a la même nature réglementaire que celui-ci", confirmant ainsi une jurisprudence plus ancienne du juge administratif[82]. La Cour de cassation semble avoir une position plus nuancée, puisque dans l'arrêt de 1988,

---

76 En faveur d'un tel recours, P. Laroque, *Les usagers des services publics industriel en droit français*, Th. préc., p.19, au motif qu'un tel acte édicte des règles générales et permanentes.

77 CE, 26 décembre 1913, Brosson, *Rec.*, p.1298 ; CE, 16 mai 1919, Bezançon, Morin et Ville de Montmorency, *Rec.*, p.433. Dans cette lignée jurisprudentielle, CE, Section, 22 octobre 1937, Sieur de Scey, *Rec.*, p.840 : recours pour excès de pouvoir contre le refus du préfet de déclarer nulle une délibération du conseil municipal modifiant le règlement de service.

78 CE, 24 mars 1922, Favatier, *Rec.*, p.263.

79 TA Nice, 23 mars 1993, OPHLM du Var, *Rec.* Tables, p.578.

80 Sur la question de savoir si un règlement de service a une valeur réglementaire ou contractuelle, P. Sablière, note sous Cass, civ. I, 22 novembre 1994, Syndicat intercommunal des eaux de Croix, préc. ; L. Richer, note sous TGI Mâcon, 25 février 1991, *CJEG* 1991, p.401.

81 CA Dijon, 2 juillet 1992, Société de distribution d'eau intercommunale c/ Union fédérale des consommateurs, JCP, *1993* IV, 1587 ; *Rev. jur. droit des aff.*, 1993, n°11. Cette jurisprudence ne fait que confirmer un arrêt de la Cour de cassation, du 23 juin 1909, Berluque, *D.* 1910, I, p.23 : "le règlement des abonnements participe au caractère du traité dont il doit être considéré comme faisant partie intégrante."

82 TA Clermont Ferrand, 23 juin 1987, SNC CAGI c/ Sivom de la Région d'Issoire - Société Lyonnaise des Eaux, req., n°6691: "(...) que ce document (règlement de service annexé au cahier des charges) constitue un ensemble de dispositions à valeur réglementaire" ; TA Dijon, 16 juillet 1991, Cainaud, req., n°905131 : "ledit règlement doit être regardé comme un document d'essence contractuelle (il est fait ici référence au contrat liant le fermier au délégant) même si les clauses qu'il contient, relatives au fonctionnement du service public confié au fermier présentent un caractère réglementaire dès lors qu'elles sont opposables au usagers."

Société des eaux de l'Essonne c/ Chable[83], elle ne fait mention que des clauses du règlement de service se référant au cahier des charges type. En 1994, dans l'arrêt Syndicat intercommunal des eaux de Croix[84], elle reproche aux juges du fond, qui ont déclaré abusives certaines clauses contenues dans le règlement de service, de n'avoir pas recherché si elles n'avaient pas un caractère réglementaire.

526. Faut-il en déduire que le règlement de service n'a pas nécessairement un caractère réglementaire, qu'il peut s'agir d'un acte mixte, comprenant des clauses générales à insérer dans les polices particulières et qui auront une nature contractuelle de droit privé, et des clauses purement réglementaires de droit administratif ?

2°) L'énoncé des conditions générales d'un contrat de droit privé.

527. Dans un arrêt de 1996, Société Tourres et compagnie[85], où il était question d'une clause exonératoire de responsabilité contenue dans un règlement de service, la Cour de cassation refuse de faire application de la législation sur les clauses abusives, non pas au motif qu'elle ne serait pas compétente au regard du caractère réglementaire de la clause, mais parce qu'il a été considéré que le contrat avait un objet en relation directe avec l'activité professionnelle de l'usager. Si l'usager n'avait pas contracté pour les besoins de sa profession, il semble que la Cour aurait accepté de connaître de la légalité de cette clause du règlement de service.

528. Un jugement du tribunal de grande instance de Bordeaux, du 21 février 1995, confirme à plusieurs reprises le caractère de droit privé du règlement de service, qualifié de "conditions générales du contrat proposé aux usagers"[86].

529. Le caractère contractuel de droit privé du règlement de service[87] avait déjà été admis par une jurisprudence isolée du Tribunal des conflits de 1914[88] : "les dispositions du règlement municipal (...) constituent simplement l'énoncé des conditions générales auxquelles doivent se référer les traités relatifs aux concessions particulières (au sens de polices particulières)." Ne faudrait-il pas comprendre que plus on se rapproche des

---

[83] Civ. I, 31 mai 1988, *D.* 1988, somm. comm., p.406, obs. J.-L. Aubert, *Bull.*, n°161, p.111, *CJEG* 1988, J, p.418, note P.S. : "les dispositions du cahier des charges type (...) ont un caractère réglementaire, de sorte que les tribunaux de l'ordre judiciaire ne peuvent, sans méconnaître le principe de la séparation des pouvoirs, déclarer que des clauses figurant dans ce décret ou reprises dans un règlement de service d'eau sont abusives."

[84] Cass. civ. I, 22 novembre 1994, *CJEG* 1995, p.266, note P. Sablière.

[85] Civ I, 3 janvier 1996, Société Tourres et compagnie, Verrerie de Graville, *CJEG* 1996, p.189, note T. Perrin et *D.* 1996, Somm. comm., p.325, note D. Mazeaud.

[86] TGI Bordeaux, 21 février 1995, Lyonnaise des Eaux-Dumez c/ Résidence Maison de la Forêt III, inédit : le règlement de service est jugé "de droit privé" et comme étant "la loi des parties". Voir également dans ce sens, Civ. III, 18 novembre 1992, CISE c/ Dubois, pourvoi n°90-19.273.

[87] En ce sens, recommandation de la Commission des clauses abusives, n°85-01, *BOSP* 17 janvier 1985 : "les relations entre les usagers et le service des eaux résultent d'un contrat d'abonnement appelé règlement du service d'eau ; que ce contrat se trouve du fait de sa nature même, soumis, en ce qui concerne l'ensemble de ses stipulations, au régime de droit privé."

[88] TC, 14 mars 1914, Vianes, *Rec.*, p.357.

conditions générales qui pourraient s'appliquer à n'importe quel contrat de droit privé, en laissant au cahier des charges lui-même le soin de préciser les obligations relatives au grands principes du service public, moins le juge administratif ne ressent le besoin de les contrôler ? On pourrait ainsi envisager sous un angle nouveau les jurisprudences considérées comme dissidentes du tribunal de grande instance de Paris de 1990, Caisse d'épargne et de prévoyance de Paris c/ SA CGE[89], et du tribunal de grande instance de Mâcon de 1991, Union fédérale des consommateurs de Saône et Loire[90], qui ont accepté d'apprécier la validité de clauses du règlement de service, reproduisant des cahiers des charge types ou approuvées par décret. Les clauses concernaient la limitation de responsabilité de l'exploitant, l'imposition d'une facturation d'avance, la coupure de fourniture ou la fermeture du branchement sans mise en demeure préalable et la mise à la charge du nouvel usager des dettes de l'ancien. Où se trouve l'organisation du service public ici ? Conférer un caractère réglementaire à de telles clauses ne reviendrait-il pas en fait à approuver la jurisprudence du juge judiciaire qui ne s'attache pas au contenu de la clause, mais à son origine ou sa forme ?

530. Quoi qu'il en soit, les juges judiciaires adoptent encore une définition formelle de la clause réglementaire, comme d'aucuns[91] le remarquent à juste titre. En effet, pour qualifier une clause d'un règlement de service de réglementaire, les juges de l'ordre judiciaire se sont attachés à sa présence dans un cahier des charges type approuvé par décret[92]. Cependant, cette conception formelle des clauses réglementaires du règlement de service est en contradiction avec un autre aspect de l'attitude du juge judiciaire, qui consiste à considérer certaines d'entre elles comme l'énoncé des conditions générales du contrat de droit privé. Il s'agit essentiellement des clauses du second groupe, c'est-à-dire des clauses que l'on pourrait retrouver dans n'importe quel contrat de droit privé. Ainsi, certains arrêts se fondent implicitement sur une conception matérielle de la clause réglementaire, puisque, par leur contenu, ces clauses, proches des contrats de droit privé, semblent éliminer les scrupules du juge judiciaire dans la qualification de leur nature.

531. Le phénomène de reproduction des obligations s'accompagne également d'une diversification des obligations. Plus on se rapproche du contrat particulier conclu par l'usager, plus les clauses du second groupe seront nombreuses et l'emporteront sur les clauses du premier groupe. Cette tendance devrait se confirmer lors de l'examen de la police-type, qui serait *a fortiori* l'énoncé des conditions générales du contrat de droit privé.

---

[89] 17 février 1990, *D.* 1990, p.289, note J. Ghestin.

[90] 25 février 1991, *CJEG* 1991, p.401, note L. Richer ; *Rev. concurrence et consommation* 1991, n°62, p.39. Ce jugement a été censuré par l'arrêt de la cour d'appel de Dijon préc. qui revient ainsi sur la solution adoptée par le tribunal et déclare les clauses en question réglementaires.

[91] L. Richer dans sa note sous TGI de Mâcon, préc., critique la position de la jurisprudence judiciaire : "il est sans importance que telle ou telle clause soit issue d'un acte type, seul l'objet compte". Voir également J.-L. Aubert, note sous Cass. civ. I, 31 mai 1988, Société des Eaux et de l'Essonne, préc.

[92] En ce sens, TGI Mâcon préc. et Cass., 31 mai 1988, Société des Eaux et de l'Essonne, préc. A l'inverse, TGI Paris, Caisse d'épargne et de prévoyance, préc. : "même si certaines clauses insérées dans le règlement des eaux sont similaires à celles contenues dans le cahier des charges type d'affermage, ou encore de concession, elles ne présentent pas, sauf preuve contraire (...) un caractère réglementaire."

C. La police type.

532. La police type cherche à définir, "dans les limites des clauses de principe insérées au cahier des charges, des détails d'application de ces clauses dans chaque cas d'espèce"[93]. Quand elle existe formellement, elle se trouve dans le cahier des charges particulier du contrat de délégation de service public ou dans le règlement de service. Il ne semble pas nécessaire de la traiter différemment de ces documents, mais en tant qu'énoncé des conditions générales d'un contrat de droit privé, sur lesquelles la volonté des parties s'accordera, la police type a parfois été traitée comme un ensemble de dispositions contractuelles s'insérant dans la police particulière.

533. Lorsque les juges judiciaires ont à apprécier la légalité d'une clause figurant dans une police particulière mais qui résulte en réalité de la police type, celle-ci est traitée comme n'importe quelle condition générale figurant dans un contrat de droit privé et il lui est reconnu en plus un caractère contractuel[94], même si les requérants invoquent la présence de ce contrat type dans le cahier des charges ou dans le règlement de service[95]. Plus on se rapproche de la convention particulière liant l'usager à l'exploitant du service, plus les scrupules du juge judiciaire à connaître d'une clause figurant formellement dans un acte administratif sont amoindris.

534. Cependant, le juge administratif s'est lui aussi accordé le droit d'apprécier la légalité des clauses de la police type, insérée dans le règlement de service ou le cahier des charges particulier, qui lui ont été soumises. Dans les arrêts de 1919, Compagnie générale du gaz pour la France et l'étranger[96] et Bezançon, Morin et Ville de Montmorency[97] la légalité de certains articles de la police-type était soumise au Conseil d'Etat : "il est déclaré que le règlement de service et *le modèle de police y annexé* sont valables." N'aurait-il pas fallu s'en tenir à la jurisprudence de 1914, Vianès[98], du Tribunal des conflits, selon laquelle "les dispositions du règlement municipal (...) constituent simplement l'énoncé des conditions générales auxquelles doivent se référer les traités relatifs aux concessions particulières" ?

---

[93] J. Gosset, *Distributeurs et usagers du gaz et de l'électricité*, Thèse, Paris, 1935, p.44.

[94] Req., 2 juillet 1941, Société d'énergie électrique de la Sorgue et du Tarn, *Gaz. Pal.* 1941, 2, p.353 : "la police d'abonnement (...) distincte et indépendante du traité de concession, était destinée à établir un lien d'obligations réciproques entre la société et son abonné, et avait par là même un caractère essentiellement civil et d'intérêt purement privé" (une clause d'irresponsabilité de la compagnie était contestée) ; CA Paris, 15 avril 1969, EDF c/ Société anonyme des anciens établissements Bouillot et fils, *CJEG* 1970, p.169, note M. Le Galcher-Baron : clause limitative de responsabilité figurant dans les conditions générales du contrat ; CA Toulouse, 27 novembre 1984, EDF c/ Société de mégisserie de Saint Pierre et SARL Many Larquier, *CJEG* 1985, p.98 et note JPA : "attendu qu'il convient de rappeler que le contrat type pour la fourniture de l'énergie électrique en haute tension proposé aux usagers, tel que celui souscrit par la mégisserie (...) dispose (...) (clause limitative de responsabilité)" et plus loin : "il est de jurisprudence établie que les clauses restrictives de responsabilité (...) doivent être considérées comme licite" (le juge judiciaire apprécie donc la validité de cette clause).

[95] Req., 2 juillet 1941, Société d'énergie électrique de la Sorgue et du Tarn, *Gaz. Pal.* 1941, 2, p.353.

[96] CE, 11 avril 1919, *Rec.*, p.377.

[97] CE, 16 mai 1919, *Rec.*, p.433.

[98] TC, 14 mars 1914, *Rec.*, p.357.

535. Si les contrats de délégation de service public contiennent les chartes des droits et obligations des usagers, qu'en est-il des contrats de plan qui intéressent aussi les usagers ?

D. Les contrats de plan.

536. Les contrats de plan conclus entre l'Etat et certaines entreprises publiques comme EDF, GDF, France Télécom et la SNCF contiennent souvent des dispositions en faveur des usagers, notamment en matière de qualité du service, de continuité ou d'égalité. Cependant, à l'inverse des contrats de délégation de service public, les usagers ne peuvent pas en invoquer les clauses à leur profit.

537. Ce type de contrats administratifs n'est réputé contenir que des clauses contractuelles[99], qui ne sont pas susceptibles d'être invoquées à l'appui d'un recours pour excès de pouvoir[100]. Dans un avis de la section des travaux publics du Conseil d'Etat, du 7 juillet 1994[101], sur la diversification d'EDF, il est affirmé que "s'il est loisible à l'Etat et aux établissements publics de préciser dans les stipulations du contrat de plan (EDF) ou du contrat d'objectif (GDF) une conception commune des critères et modalités de développement de ces activités, de telles dispositions n'ont pas la portée de normes dont les tiers peuvent invoquer l'application".

538. On ne peut que regretter cette solution, en parfaite contradiction avec l'ouverture aux usagers de nouvelles voies de droit, telle la contestation d'actes ayant simplement la valeur de préjugé, comme les modèles de cahiers des charges.

539. Une autre question subsiste : comment se résolvent les conflits entre les diverses dispositions que l'on vient d'énumérer ?

E. La hiérarchie des dispositions au sein du statut de droit administratif.

540. On a rencontré trois différents types de documents, ayant au moins en partie un contenu réglementaire : les contrats de délégation de service public, les règlements de service et les polices types. Comment les hiérarchiser ? La jurisprudence, aussi peu abondante que précieuse en ce domaine, a envisagé trois combinaisons : que se passe-t-il lorsqu'un cahier des charges approuvé par décret entre en opposition avec un autre décret ; qui, du règlement de service ou du contrat de délégation l'emporte en cas de contradiction ; et enfin, la police type doit-elle être toujours conforme au cahier des charges ?

---

[99] Loi n°82-653 du 29 juillet 1982 portant réforme de la planification, article 12, JO du 30 juillet, p.24314.

[100] CE, Ass., 8 janvier 1988, Ministre chargé du plan et de l'aménagement du territoire, *RFDA* 1988, p.28.

[101] *RFDA* 1994, p.1157.

541. Si les tarifs de chemin de fer anciennement approuvés par décret ont force de loi, une convention conclue entre deux compagnies au début du siècle, elle-même approuvée par décret, et qui prévoit un tarif différent, peut-elle prévaloir sur les tarifs généraux en vigueur ? La Cour de cassation, dans un arrêt Delatigny et Larcher, de 1908[102], a traité la convention particulière conclue entre les compagnies comme une disposition spéciale l'emportant sur la disposition générale, à savoir le tarif en vigueur. Cependant, cette solution résulte du fait qu'ici, tout se passe comme si deux décrets entraient en opposition, alors qu'en règle générale les conventions particulières conclues entre les compagnies ou avec les usagers ne prévalent pas sur les tarifs qui ont force de loi, à moins que ceux-ci le prévoient[103]. Cet arrêt illustre la position du juge judiciaire qui préfère, lorsqu'il y a conflit, voir une règle de droit spéciale dérogeant aux textes généraux, plutôt qu'une disposition contraire qu'il faut sanctionner.

542. Qu'en est-il des relations entre le règlement de service contenant la police type et le contrat de délégation de service public ? En règle générale, le règlement de service et la police type se bornent à préciser les détails d'application des cahiers des charges sans y apporter de modifications, comme l'indique l'arrêt Bezançon du Conseil d'Etat[104]. C'est exactement ce qu'illustrent les arrêts Brosson[105] et Compagnie générale du gaz pour la France et l'étranger[106]. Dans l'arrêt Brosson, le traité de concession comportait des éléments tarifaires très détaillés, puisqu'il y était précisé qu'au delà de la fourniture de 200 litres d'eau par 24 heures, l'usager paierait un supplément de 0,65 F/ m^3. Le règlement de service, dans le même cas, prescrivait en outre la souscription d'un minimum de consommation, ce qui a entraîné sa sanction par le Conseil d'Etat. En revanche, dans l'arrêt Compagnie générale du gaz pour la France et l'étranger, la seule condition imposée par le cahier des charges était de ne pas faire payer un prix pour le gaz supérieur au tarif maximal. Le règlement de service et la police type ont donc valablement pu introduire une précision supplémentaire, validée par le Conseil d'Etat, au motif que "rien dans le traité n'interdisait à la compagnie de prendre une précaution fréquemment prise en la matière (...) et consistant dans le paiement d'une avance". Toute la subtilité consiste à distinguer entre apporter une précision au cahier des charges sans le contredire et déroger à ce dernier, ce qui est interdit.

543. La police type et le règlement de service, s'ils doivent être conformes aux dispositions réglementaires du contrat de délégation de service public, peuvent en revanche déroger à ses clauses purement contractuelles. En effet, le conseil de préfecture de la Seine, en 1926[107], a jugé que les dispositions de la police type, concernant l'obligation de distribuer l'électricité sur tout le parcours de la concession, l'emportaient

---

102 Civ., 2 mai 1908, Delatigny et Larcher c/ Chemins de fer du Nord, *S.* 1912, I, p.53.

103 Cass., 3 novembre 1909, *S.* 1910, I, p.44.

104 CE, 16 mai 1919, *Rec.*, p.433 ; CE, 15 janvier 1868, *Rec.*, p.20. Voir également une circulaire du 1er juin 1913 qui impose aux préfets de veiller à la stricte concordance de la police type avec le cahier des charges ; J. Gosset, Th. préc., p.44 ; Ch. Blaevoet, note sous Civ 10 février 1932 et 24 octobre 1933, *D.* 1935, I, p.33.

105 CE, 26 décembre 1913, *Rec.*, p.1298.

106 CE, 11 avril 1919, *Rec.*, p.377.

107 Jugement du 12 février 1926, Foucault c/ Compagnie parisienne de distribution d'électricité et ville de Paris, *Gaz. Pal.* 1926, I, p.750, concl. Babaud-Lacroze.

sur les dispositions financières incluses dans le traité de concession et intéressant les relations entre la compagnie et la ville. Ces clauses, relatives au plafond de dépenses pour les travaux d'extension, étaient interprétées par la compagnie comme une non obligation d'extension une fois ce plafond atteint. Elles ont été jugées inapplicables aux usagers, car "étrangères aux conditions de fonctionnement du service public".

544. L'usager tire ses droits d'une série d'actes d'origine administrative, composant son statut, mais il conclut également un contrat de droit privé avec l'exploitant du service.

- SECTION II -
Le contrat de droit privé

545. Outre le fait que le juge judiciaire qualifie, depuis plus d'un siècle, le lien qui unit l'usager à l'exploitant de contrat de droit privé, encore faut-il savoir de quel type de contrat il s'agit (§1), avant de s'intéresser aux éventuelles conséquences d'une telle qualification, notamment quant à l'application des règles du Code civil propres au contrat (§2).

§ 1. La nature du contrat.

546. Le juge judiciaire[108], le juge administratif[109] et le Tribunal des conflits[110] qualifient le lien unissant l'usager à l'exploitant de contrat, et même de contrat d'adhésion ou d'abonnement[111]. Ces différents termes n'ont cependant pas la même signification.

547. La durée dans l'exécution du contrat a des effets sur son régime et les contrats conclus par les usagers peuvent être aussi bien des contrats à exécution instantanée que

108 On ne saurait évidemment être exhaustif ici et on se contentera de donner une série d'exemples sur plus d'un siècle. Pour le juge judiciaire, Civ, 16 décembre 1878, *DP* 1879, I, p.118 ; Civ., 14 avril 1885, *DP* 1886, I, p.30 ; Req., 2 juillet 1941, *Gaz. Pal.* 1941, 2, p.353 ; Civ. I, 26 octobre 1964, SLEE c/ Société des établissements Nécobas, *Bull* n°362 ; Civ I, 18 novembre 1975, Maire de la Commune d'Ersa, *Bull.* n°277 ; Civ I, 13 novembre 1996, UFC c/ France Télécom, *LPA* 22 décembre 1997, n°153, p.17.

109 Pour le juge administratif, CE, 5 février 1886, B. Escoffier, *Rec.*, p.107 ; CE, 4 mars 1938, Société La Teinturerie de l'Est, *D.* 1938, p.374 ; CE, 25 mai 1955, Cazenave, *Rec.*, p.280 ; CE, 18 octobre 1957, Brébant, *Rec.*, p.541 ; CE, 13 mars 1959, SLEE, *Rec.*, p.182 ; CE, 8 février 1961, Société Le Lido, *Rec.*, Tables, p.964.

110 Pour le Tribunal des conflits, TC, 20 mars 1943, *Gaz. Pal.* 1943, I, p.202 ; TC, 24 juin 1954, *CJEG* 1954, J, p.151 ; TC, 28 mars 1955, *CJEG* 1955, J, p.149 ; TC, 17 janvier 1972, Dame de Ganay et sieur Ballestra, *CJEG* 1972, p.462 ; TC, 19 février 1990, Thomas c/ Commune de Francazal, *AJDA* 1990, p.558, note J.-P. Théron.

111 A propos de "contrat d'adhésion", voir par exemple TC, 7 mars 1994, Préfet des Hautes Pyrénées, *D.* 1994, IR, p.129, *JCP* 1994, IV, p.1356. A propos de "contrat d'abonnement", voir par exemple, TC, 17 janvier 1972, *CJEG* 1972, p.462.

des contrats à exécution successive (A). En plus de cette première distinction, certains arrêts qualifient le contrat conclu par l'usager de contrat d'adhésion (B) ou de contrat de vente (C). Comme ces qualifications entraînent, elles aussi, des conséquences sur le régime applicable, il convient d'en vérifier la pertinence.

A. Le rôle de la durée.

548. "Le contrat est généralement qualifié à exécution instantanée lorsque les obligations s'exécutent en un trait de temps." "Le contrat est à exécution successive lorsque les deux parties, ou l'une d'elles, sont assujetties à des prestations continues, ou répétées à intervalles continus, pour un temps déterminé ou indéterminé."[112] Certains auteurs perçoivent l'existence d'une sous-catégorie de contrats au sein des contrats à exécution successive, celle des contrats à exécution échelonnée : l'exécution de celui-ci, sans être nécessairement continue, se réalise, par la répétition de prestations successives pendant une certaine période[113].

549. Les contrats conclus par les usagers des services publics industriels et commerciaux peuvent être des contrats à exécution instantanée. Par exemple, celui qui désire être conduit d'un point A à un point B par la SNCF et qui achète un unique billet à cet effet conclut un contrat de transport dont l'exécution s'effectue en un trait de temps. Certains contrats peuvent être classés dans la catégorie des contrats à exécution successive dont les prestations sont continues. Par exemple, le contrat conclu par un commerçant désireux d'occuper un emplacement dans une halle ou un marché s'apparente au contrat de location d'un appartement, qui est l'exemple type du contrat à exécution successive dont les prestations sont continues. En règle générale, les contrats conclus pour la fourniture d'eau, d'électricité, de gaz, ou pour la fourniture du service du téléphone, sont cités par les juristes comme appartenant à la catégorie des contrats à exécution échelonnée[114]. Cependant, cette dernière qualification conduit à s'interroger sur les notions de contrat cadre et de contrat par abonnement.

---

[112] Ces définitions sont empruntées à Planiol, Ripert et Esmein, *Traité prat. de droit civil français*, Tome 4, *Obligations*, 1ère partie, LGDJ, 2nde édition, 1952, n°45, p.48. Elles sont reprises par les manuels de droit privé des obligations, B. Starck, *Droit civil. Les obligations*, Tome 2, *Contrat*, Litec, 6ème édition, 1998, par H. Roland, L. Boyer, p.45 et s., n°132 et s. ; J. Ghestin, *Traité de droit civil. Les effets du contrat*, LGDJ, 2nde édition, 1994, par J. Ghestin, C. Jamin et M. Billiau, n°142 et s. ; H, L et J Mazeaud, F. Chabas, *Leçons de droit civil*, Tome II, premier volume, *Obligations. Théorie générale*, Montchrestien, 1998, 9ème édition, par F. Chabas, p.77 ; F. Terré, P. Simler, Y. Lequette, Droit civil. Les obligations, Dalloz, 7ème édition, 1999, n°66.

[113] C'est Demogue qui est le premier auteur à avoir envisagé cette catégorie (*Traité des obligations en général*, Librairie A. Rousseau, Paris, 1923, T. 2, 917 *quinquies*). Elle est reprise par J. Carbonnier qui n'en fait qu'une variété de contrats à exécution successive (*Droit civil*, t. 4, *Les obligations*, PUF, coll. Thémis, 11ème édition, *1982*, n°64, p.244 ; B. Starck, *Droit civil. Les obligations*, Tome 2, *Contrat*, par H. Roland, L. Boyer, préc., n°136). D'autres y voient une catégorie à part entière (voir Planiol, Ripert et Esmein, ouvrage préc., p.48.). M.-L. Cros, "Les contrats à exécution échelonnée", *D.* 1989, Chron., p.49, émet certains doutes quant à la spécificité du régime qui leur est applicable.

[114] M.-L. Cros, article préc.; J. Ghestin, *Traité de droit civil. Les effets du contrat*, par J. Ghestin, C. Jamin et M. Billiau, préc., n°142 ; B. Starck, *Droit civil. Les obligations*, Tome 2, *Contrat*, par H. Roland, L. Boyer, préc., n°136.

550. Le contrat par abonnement est une sous-catégorie du contrat à exécution échelonnée. Il se définit comme le contrat par lequel "une personne s'engage de manière échelonnée à livrer des fournitures ou à exécuter des prestations de service au profit d'une autre personne, appelée l'abonné, moyennant le versement d'un prix fixé d'avance mais indexable et le plus souvent réduit par rapport au coût additionné des différentes fournitures ou prestations prises isolément"[115]. Les contrats de fourniture d'eau, de gaz, d'électricité ou de téléphone sont improprement qualifiés d'abonnement, car le prix payé n'est pas global et aucune réduction n'est consentie par rapport à ce que payerait l'usager s'il commandait la prestation au "coup par coup". Il en va de même pour l'achat d'un carnet de tickets dans le cadre des transports urbains ou suburbains, qui ne remplacent en réalité que les espèces. On ne saurait ranger dans cette catégorie que certains abonnements dans le domaine des transports de personne (carte orange pour la RATP, carte Kiwi pour la SNCF, etc.[116]).

551. La notion de contrat-cadre semble poser plus de difficultés. Le contrat-cadre est la "convention par laquelle les parties fixent les principales règles qui gouverneront leurs contrats ultérieurs, dits souvent contrats d'application, au moyen desquels elles exécuteront les engagements précédemment pris"[117]. Le contrat de fourniture de services téléphoniques a été qualifié par certains auteurs de contrat-cadre[118]. On pourrait, d'ailleurs, être tenté d'y inclure également les contrats de fourniture d'eau, de gaz ou d'électricité. En prenant contact avec l'exploitant, l'usager conclurait en réalité un contrat-cadre, qui s'accompagnerait d'une série de contrats d'application identiques, par lesquels l'usager commanderait certaines prestations qui lui seraient par la suite facturées par l'exploitant.

552. M. Gatsi[119] a établi très précisément la différence entre un contrat-cadre et un contrat à exécution successive. Si on applique ces critères au contrat conclu par l'usager, on se rend compte que la qualification de contrat-cadre est abusive. Le contrat à exécution successive fait naître les obligations au jour du contrat, alors que les obligations des parties au contrat-cadre ne naissent qu'avec la conclusion des contrats d'application. Lorsque M. Gatsi parle d'obligations, on supposera qu'il s'agit des obligations finales, que recherchent les parties en définitive, c'est-à-dire la prestation elle-même, et non pas la définition d'obligations simplement relatives au cadre des futures relations (exclusivité du fournisseur par exemple). L'obligation de fournir de l'eau, du gaz ou de l'électricité et celle corrélative de payer un prix naissent dès la conclusion du contrat, et non pas postérieurement. Le rôle de la durée varie également : dans le contrat-cadre, elle sert à préparer la naissance des contrats d'application, alors que dans le contrat à exécution successive elle sert à exécuter le contrat. Dans le domaine du service public industriel et commercial, la durée est nécessaire à l'exécution du contrat. Le contrat à exécution

---

115 Définition de B. Gross, "Observations sur les contrats par abonnement", *JCP* 1987, I, 3282. L'ouvrage de référence sur cette notion demeure celui de R. de Raemy, *Le contrat par abonnement*, Th. Lausanne, 1960.

116 Position de B. Gross, article préc. et R. de Raemy, Th. préc., p.41.

117 F. Terré, P. Simler, Y. Lequette, *Droit civil. Les obligations*, préc., n°186.

118 M.-L. Cros, article préc. ; G. Champy, "Analyse du contrat d'abonnement au service téléphonique", *Rev. de la recherche juridique, droit prospectif*, 1993, n°1, p.13 et s.

119 J. Gatsi, *Le contrat-cadre*, Th., LGDJ, 1996, p.182 et s.

successive ne nécessite pas un double consentement et les conditions de validité du contrat sont appréciées au jour de sa conclusion. On verra que l'usager n'a pas à exprimer deux fois son consentement et que le juge apprécie la validité du prix au jour de la conclusion du contrat[120]. La loi nouvelle ne s'applique pas aux contrats à exécution successive, mais peut s'appliquer en revanche aux contrats d'application conclus postérieurement à son entrée en vigueur. L'usager a eu à souffrir d'une application des nouveaux tarifs aux contrats en cours. Cependant, cela n'a jamais été justifié par la théorie du contrat-cadre. La difficulté provenait justement de la qualification de contrat à exécution successive à durée indéterminée[121]. Enfin, dans de sa thèse consacrée au contrat-cadre, M. Gatsi ne mentionne jamais les contrats conclus par les usagers des services publics industriels et commerciaux. On en déduira que le contrat conclu par l'usager n'est pas un contrat-cadre.

B. Le contrat d'adhésion.

553. Qu'il soit à exécution instantanée ou à exécution successive, le contrat conclu par l'usager serait un contrat d'adhésion, formule que l'on doit à Saleilles[122]. Le contrat d'adhésion est entièrement prérédigé par l'un des contractants ; l'autre n'a guère la possibilité d'en obtenir la modification ; il est simplement libre d'accepter ou de ne pas accepter. L'offre est impersonnelle, réglementaire, unilatérale et émane d'une personne qui jouit d'une puissance économique, puissance qui provient le plus souvent d'un monopole de droit ou de fait. Aujourd'hui, le contrat d'adhésion est considéré comme un véritable contrat[123], mais sa spécificité réside dans le fait que la partie la plus faible fait l'objet de mesures de protection[124].

554. Les relations entre les exploitants de service public et les usagers sont particulièrement propices à la multiplication des contrats d'adhésion. L'offre est prérédigée par l'exploitant public ou, d'un commun accord, par l'exploitant privé et la collectivité publique délégante. L'usager n'a pas le choix, car l'exploitant est souvent en situation monopolistique. Le principe d'égalité peut en outre constituer un obstacle à la négociation individuelle des contrats, dans le mesure où l'exploitant sera dans l'obligation de proposer les mêmes avantages aux usagers placés dans la même situation. Enfin, l'usager dispose d'une protection accrue, grâce aux lois du service et à l'application de certaines règles du droit de la consommation[125].

---

[120] Voir les passages consacrés à la théorie des vices du consentement (n°1161 et s.) et au prix de l'eau à Saint-Etienne (n°1028 et s.).

[121] Voir n°785 et s.

[122] R. Saleilles, *De la déclaration de volonté*, 1901, n°891, p.229. Voir aussi également G. Dereux, "De la nature juridique des contrats d'adhésion", *RTDC* 1910, p.593 ; G. Berlioz, *Le contrat d'adhésion*, Th. Paris, 1976.

[123] La thèse anticontractualiste déniait au contrat d'adhésion le caractère d'un contrat, voir R. Saleilles, ouvrage préc., n°89 ; L. Duguit, *L'Etat, le droit objectif et la loi positive*, 1901, pp. 55 et 432.

[124] Sur tous ces points, voir B. Starck, *Droit civil. Les obligations*, Tome 2, *Contrat*, par H. Roland, L. Boyer, préc., n°153 et s. ; F. Terré, P. Simler, Y. Lequette, *Droit civil. Les obligations*, préc., n°188 et s. ; J. Ghestin, *Traité de droit civil. La formation du contrat*, préc., n°94 et s.

[125] Voir n°1403 et s.

C. Le contrat de vente.

555. Peut-on qualifier de vente le contrat par lequel l'usager se fournit en eau, électricité, gaz, services téléphoniques, etc. ? La vente nécessite la réunion de trois éléments : une chose, un prix et un transfert de propriété[126]. Elle est "le contrat par lequel un vendeur s'oblige à transférer à un acheteur un droit patrimonial, tandis que l'autre s'oblige à lui en payer la valeur en argent"[127]. A plusieurs reprises, le juge judiciaire a qualifié de vente le contrat conclu par les usagers et EDF ou GDF[128], ou entre les usagers et les distributeurs d'eau[129]. On pourrait aussi admettre que le contrat liant l'usager aux opérateurs dans le domaine du téléphone est un contrat de vente d'unités téléphoniques. L'enjeu est de taille dans la mesure où la qualification de vente permettrait d'appliquer le régime juridique propre à la vente, comprenant par exemple l'obligation de délivrer une chose conforme (article 1604 du Code civil), la garantie contre les vices cachés (article 1641 du Code civil), etc. L'obligation de délivrance de la chose deviendrait également une obligation de résultat, ce qui serait très contraignant pour l'exploitant et aurait des répercussions sur le principe de continuité du service public[130].

556. M. Sablière[131] conteste cette qualification au motif que le produit n'existe que par le service et que c'est le service qui fait le produit, car les coûts de transformation, de transport et de distribution représentent en moyenne au moins la moitié du prix payé par l'usager. On serait donc en présence d'un service à qui il serait inopportun d'appliquer les règles du contrat de vente. Cette critique ne saurait être retenue, dans le mesure où les éléments tirés du coût de revient de la chose vendue n'interviennent pas dans la qualification du contrat. A partir du moment où l'on peut qualifier de "choses" des produits tels l'eau, l'électricité ou le gaz, rien n'empêche que le contrat soit qualifié de vente.

557. Non seulement le juge qualifie le lien qui unit l'usager à l'exploitant de contrat, mais loin de s'arrêter à une simple qualification, il applique aussi les règles du Code civil relatives au contrat.

---

126 J. Ghestin, *Traité de droit civil. Les principaux contrats spéciaux*, par J. Huet, LGDJ, 1996, p.45.

127 J. Ghestin, *Traité de droit civil. La vente*, LGDJ, 1990, par J. Ghestin et B. Desché, p.1.

128 TGI Nice, 5 mai 1987, Société Somedis Intermarché c/ EDF, *CJEG* 1988, p.248 ; CA Angers, 16 décembre 1987, EDF c/ Briant, *CJEG* 1988, J, p.178, note P. Sablière, confirme TGI Angers, 11 mars 1986, *JCP* 1987, II, 20789, note J.-P. Gridel ; CA Nîmes, 8 mars 1990, EDF c/ SA Payen, *JCP* 1990, II, 21573, note G. Paisant ; Trib. com. Paris, 23 octobre 1989, Cabinet B. Granger c/ EDF, *JCP* 1990, II, 21573, note G. Paisant.

129 En matière de distribution d'eau potable, voir Civ. I, 26 mai 1994, Ville de Concarneau, *JCP* 1994, IV, p.248, *CJEG* 1994, p.593.

130 Voir la partie consacrée au principe de continuité, n°1280 et s.

131 Note sous CA Angers, 16 décembre 1987, Briant, *CJEG* 1988, J, p.178. En faveur de la qualifiaction de contrat de vente, voir P. Teste, *Les services publics de distribution d'eau, de gaz et d'énergie électrique*, Th., Dalloz, 1940, p.340 et s.

§ 2. L'application des règles du Code civil.

558. La démonstration n'a pas pour objet un examen attentif de toutes les règles du droit des contrats qui sont applicables à l'usager du service public industriel et commercial, puisque bon nombre d'entre elles seront développées par la suite.

559. Il s'agit simplement de les énumérer comme autant d'indices relatifs à la présence d'une situation contractuelle. On distinguera donc les règles relatives à la formation du contrat (A) des méthodes d'interprétation des obligations en cause (B).

A. Les règles relatives à la formation du contrat.

560. Il serait inutile de détailler les règles du droit privé des obligations relatives à la formation du contrat, qui sont largement utilisées dans le domaine de l'usager du service public industriel et commercial. La simple démonstration de leur présence suffit pour le moment. On a vu qu'étaient admises les manifestations tacites de volonté pour la conclusion de contrats verbaux[132]. Il est également fait application des règles relatives à la protection du consentement, puisqu'il est admis qu'un usager peut se prévaloir d'un vice du consentement pour échapper à ses obligations ou pour demander la nullité de son contrat[133].

B. L'interprétation des obligations.

561. De deux choses l'une : soit l'usager est en situation réglementaire et dans ce cas les méthodes d'interprétation de ses droits procéderont de l'interprétation des lois en général ; soit l'usager est dans une situation contractuelle de droit privé et dans ce cas, ce sont aux principes du Code civil en matière d'interprétation des contrats que le juge se référera.

562. La pratique jurisprudentielle fait apparaître que le contrat, même s'il comporte des clauses d'origine réglementaire, est interprété comme n'importe quel autre contrat (1°). Cependant, quelques arrêts font appel à des considérations d'intérêt général, qui ne sauraient se rattacher exclusivement au domaine contractuel (2°).

1°) L'utilisation des méthodes d'interprétation du contrat.

563. "L'ensemble de la doctrine contemporaine constate que l'interprétation du contrat ne peut se ramener à la recherche d'une commune volonté des parties qui n'existe pas

---

[132] Voir n°369 et s.

[133] Voir par exemple, CA Limoges, 29 octobre 1991, *LPA* 1er octobre 1993, p.8, note J. Huet ; Cass. civ. I, 31 janvier 1995, Soc. savoisienne de cataphorèse, pourvoi n°92-18.628.

toujours. En conséquence, l'interprète doit, certes, rechercher la commune intention, car le contrat reste l'oeuvre des contractants ; mais il doit aussi se référer à d'autres critères, comme la bonne foi et les usages, lorsque la commune volonté n'est qu'une fiction (...) il est désormais acquis que deux méthodes d'interprétation coexistent. Il y a d'un côté une *interprétation subjective* (purement volontariste) et, de l'autre, une *interprétation objective* (extérieure à la volonté)"[134]. Le contrat liant l'usager à l'exploitant d'un service public industriel et commercial est interprété en fonction de deux méthodes, l'une subjective (a) et l'autre objective (b).

a) Les méthodes subjectives.

564. D'une manière générale, le juge se réfère fréquemment à la commune volonté des parties et donc à une méthode subjective d'interprétation. Comme précédemment, le juge judiciaire interprète "selon la commune volonté des parties" des clauses qui figurent pourtant expressément dans les cahiers des charges ou dans les règlements de service. Ainsi en est-il essentiellement des clauses relatives à la responsabilité de l'exploitant en cas de manquement à ses obligations[135], ou des clauses relatives aux travaux à effectuer par l'exploitant[136], ou encore des clauses prévoyant une obligation de diligence à la charge de l'usager[137]. Pour l'avocat général Schmelck[138], dans un domaine où pourtant il s'agissait d'apprécier la responsabilité de l'administration des postes en cas de perte ou de vol d'objets à valeur déclarée en vertu de l'article L.10 du Code des postes et télécommunications, c'est-à-dire dans un domaine où la réglementation est très présente et le contrat quasiment inexistant[139], "ce n'est pas seulement la loi qui (...) entend limiter la garantie fournie par l'administration. Telle est aussi la commune intention des parties (...) au lieu de voir dans les dispositions (...) du Code des P et T une limitation de la responsabilité on peut y voir la détermination des conditions du contrat et des obligations des parties".

---

[134] J. Ghestin, *Traité de droit civil. Les effets du contrat*, par J. Ghestin, avec le concours de C. Jamin et M. Billiau, préc., p.10 ; F. Terré, Ph. Simler, Y. Lequette, *Droit civil. Les obligations*, préc., n°431 et s. ; H., L. et J. Mazeaud, F. Chabas, *Obligations. Théorie générale*, par F. Chabas, préc., n°339 et s ; B. Starck, *Droit civil. Les obligations*, Tome 2. *Contrat*, par H. Roland et L. Boyer, préc., n°189 et s.

[135] CA Montpellier, 16 mars 1988, SA Mines et Produits chimiques de Salsigne c/ EDF, *CJEG* 1988, J, p.280 : interprétation d'une clause limitative de responsabilité en fonction de la commune intention des parties, alors que la cour remarque explicitement l'origine réglementaire de la clause en question. Voir également, Req., 29 juin 1932, Société des forces motrices de la Haute Creuse c/ Vermot, *S.* 1932, I, p.335 et Cass. com., 7 novembre 1978, Miramar c/ EDF, *CJEG* 1979, J, p.8, *JCP* 1979, IV, p.21.

[136] Cass. civ I, 5 décembre 1998, Domofrance, pourvoi n°93-21. 466.

[137] Cass. civ. III, 18 novembre 1992, CISE c/ Dubois, pourvoi n°90-19.273. Voir également, pour une clause sur les demandes d'expertise amiable, Cass. com., 22 décembre 1969, *Bull.* n°389.

[138] Concl. sur ch. mixte, 23 mars 1973, *D.* 1973, J, p.305.

[139] Il faut avoir de l'imagination pour voir dans l'apposition d'un timbre poste et la remise d'une missive dans une boîte aux lettres la conclusion d'un contrat.

565. Le juge utilise fréquemment les directives subjectives en matière d'interprétation, fondées sur les articles 1156 à 1158[140] et 1161 à 1164 du Code civil[141]. Ainsi, les juges du fond, dans l'affaire Société sablaise des eaux c/ M. Dumont de 1981[142], ont interprété deux clauses l'une par rapport à l'autre (article 1161 du Code civil)[143], en choisissant parmi les différents sens envisageables, celui qui faisait produire des effets aux clauses en question (article 1157 du Code civil).

566. On pourrait même ajouter que le juge judiciaire tend à interpréter les clauses réglementaires du contrat de délégation du service public reproduites dans la police, non pas comme une loi, en vertu de l'intérêt général, mais comme les clauses contenues dans les contrats d'adhésion, favorisant la partie la plus faible[144]. On peut lire dans un arrêt de la Cour de cassation[145] que "si généraux que soient les termes de la clause d'exonération de responsabilité de l'Etat insérée dans le contrat d'abonnement, il y a lieu, pour la combiner avec d'autres stipulations de la même convention et en préciser la portée, de l'interpréter (...) les parties n'avaient pu vouloir autoriser l'un des cocontractants (l'exploitant en l'occurrence) à s'abstenir volontairement et sans raison possible d'exécuter ses engagements".

567. L'emploi de méthodes subjectives d'interprétation implique l'absence de contrôle de cassation sur l'interprétation de la volonté des parties par les juges du fond[146]. En effet,

---

[140] Article 1156 : "On doit dans les conventions rechercher quelle a été la commune intention des parties contractantes, plutôt que de s'arrêter au sens littéral des termes" ; article 1157 : "Lorsqu'une clause est susceptible de deux sens, on doit plutôt l'entendre dans celui avec lequel elle peut avoir quelque effet, que dans le sens avec lequel elle n'en pourrait produire aucun" ; article 1158 : "Les termes susceptibles de deux sens doivent être pris dans le sens qui convient le plus à la matière du contrat".

[141] Article 1161 : "Toutes les clauses des conventions s'interprètent les unes par les autres, en donnant à chacune le sens qui résulte de l'acte entier" ; article 1162 : "Dans le doute, la convention s'interprète contre celui qui a stipulé et en faveur de celui qui a contracté l'obligation" ; article 1163 : "Quelque généraux que soient les termes dans lesquels une convention est conçue, elle ne comprend que les choses sur lesquelles il paraît que les parties se sont proposées de contracter" ; article 1164 : "Lorsque dans un contrat on a exprimé un cas pour l'explication de l'obligation, on est pas censé avoir voulu par là restreindre l'étendue que l'engagement reçoit de droit aux cas non exprimés".

[142] Civ I, 20 octobre 1981, *Bull.* n°298, p.250. Pour une application de l'article 1157 du Code civil, voir également Req., 22 mars 1937, Etat français c/ Vimal-Desaignes, *DH* 1937, p.235 ; Req., 29 juin 1932, Société des forces motrices de la Haute Creuse c/ Vermot, *S.* 1932, I, p.335.

[143] Voir également TI de Villeneuve-sur-Lot, 13 juin 1997, EDF c/ Akitol, *CJEG* 1998, p.346 : interprétation d'un avenant en fonction des conditions générales du contrat.

[144] A rapprocher de l'article 1162 du Code civil ,qui préconise une interprétation en faveur du débiteur et, dans le droit communautaire, de l'article 5 de la directive CEE du Conseil n° 93-13 du 5 avril 1993, qui dispose : "en cas de doute sur le sens d'une clause, l'interprétation la plus favorable au consommateur prévaut". Voir également X. Testu, "Le juge et le contrat d'adhésion", *JCP* 1993, II, 3673, qui fait état de méthodes spéciales appliquées par le juge aux contrats d'adhésion, dont l'une d'elle est l'interprétation favorable à l'adhérent.

[145] Req., 22 mars 1937, Etat Français c/ Vimal-Desaignes, *DH* 1937, p.235 : il s'agissait ici également de pallier la sévérité du régime d'irresponsabilité des services postaux, qui a été modifié depuis. Voir également Req., 24 avril 1901, Compagnie d'éclairage électrique du secteur des Champs Elysées, *DP* 1903, I, p.347, au sujet d'une clause d'irresponsabilité en cas de coupure de courant due à un cas de force majeure ou à l'exécution de travaux publics, dont la sévérité est atténuée par le juge, au motif que les travaux en question étaient prévus depuis longtemps.

[146] C. cass, ch. réunies, 2 février 1908, *S.* 1908, I, 183, concl. Merlin. La Cour de cassation exerce un contrôle en cas de fausse qualification ou de dénaturation de la volonté des parties.

le contrat, qui fait la loi des parties, n'est pas une norme susceptible d'applications répétées dont il faut assurer l'uniformité. La Cour de cassation ne peut connaître du fond d'une affaire, ce qui l'empêche d'ordonner des mesures d'instruction ou d'apprécier la pertinence des preuves alléguées par les plaideurs. Par conséquent, il lui serait difficile de rechercher la commune intention des parties. Cependant, ce principe souffre des exceptions qui pourraient concerner le domaine du service public industriel et commercial, compte tenu de la particularité de la rédaction des contrats soumis aux usagers. En premier lieu, la Cour de cassation contrôle l'interprétation de la commune volonté des parties par les juges du fond dans le cas des contrats homologués par les pouvoirs publics, comme pour les tarifs de chemins de fer[147]. Mais comme le soulignent MM. Ghestin, Jamin et Billiau[148], il ne s'agit là que de l'interprétation d'un acte réglementaire qui entre dans le domaine de compétence du juge judiciaire, depuis la jurisprudence Septfonds de 1923[149]. Une éventuelle exception en matière de contrats types est beaucoup plus délicate. En effet, une partie de la doctrine civiliste[150] s'exprime en faveur d'un contrôle par la Cour de cassation de l'interprétation de contrats d'adhésion établis sur un modèle type, applicables à une série de personnes à qui des interprétations divergentes risqueraient de porter préjudice. Cependant, la Cour de cassation refuse toujours de contrôler les contrats types[151]. Enfin, en plus d'un besoin d'unification du droit, il faut remarquer qu'en raison de leur caractère quasi normatif et de leur stabilité, la Cour de cassation accepte de contrôler l'interprétation des conventions collectives, sans distinguer si elles sont étendues ou non par arrêté ministériel[152]. De ce point de vue, les clauses réglementaires des contrats de délégation de service public reproduites dans les contrats des usagers sont tout à fait comparables.

568. Les objections émises à l'encontre de l'admission d'un contrôle de cassation sur l'interprétation des contrats d'adhésion ne sont pas transposables dans le domaine des contrats des usagers des services publics industriels et commerciaux. M. Boré[153] avance quatre arguments : les contrats d'adhésion n'offrent pas l'unité de rédaction d'un texte législatif ou réglementaire ; de nombreux contrats types contiennent de multiples variantes et sont adaptables aux situations particulières, de sorte qu'ils ne revêtiraient pas la généralité d'une règle légale ; le contrat est essentiellement temporaire et enfin, le contrat type n'émane pas de l'autorité publique. En matière de services publics industriels et commerciaux, on peut précisément avancer le caractère d'origine réglementaire de certaines clauses[154], dont la rédaction fait principalement sinon exclusivement intervenir

---

[147] Cass., 8 décembre 1891, *DP* 1892, I, p.304 ; Cass., 10 février 1896 et 13 janvier 1897, *DP* 1897, I, p.187.

[148] *Traité de droit civil. Les effets du contrat*, préc., p.15.

[149] TC, 16 juin 1923, Rec., p.498, *S.* 1923, p.49, note M. Hauriou ; *D.* 1924, III, p.41, concl. Matter.

[150] P. Esmein, in *Traité pratique de droit civil* de Planiol et Ripert, n° 375, p.488 ; l'avocat général Lindon, "A chaque tribunal sa vérité", *JCP* 1967, I, p.2081 ; R. Houin, note sous req., 26 octobre 1942, *S.* 1944, I, p.23.

[151] Cass. com., 18 juin 1991, *Bull.* n°221 ; 17 décembre 1991, *Bull.* n°396.

[152] Voir la jurisprudence et les commentaires de J. Ghestin, C. Jamin et M. Billiau, *Traité de droit civil. Les effets du contrat*, préc., p.17.

[153] *La cassation en matière civile*, Sirey, 1980, n°1273 et s.

[154] Sur l'attitude plus souple du Conseil d'Etat quant à l'interprétation des clauses des contrats de délégation de service public, voir les conclusions C. Bergeal, sur CE, Section, 27 mars 1998, Société d'assurances La Nantaise et l'Angevine, *RFDA* 1998, p.732 et la note A. Bourrel.

l'autorité publique. Quant au caractère non général et non perpétuel des contrats, il faut mettre en évidence l'aspect réglementaire qui précède à leur conclusion. Par ailleurs, les conventions collectives, à l'instar des contrats types proposés aux usagers des services publics, ont aussi un caractère temporaire et limité, certes moins que d'autres contrats, mais plus qu'une norme purement légale, ce qui n'empêche pas la Cour de cassation d'exercer son contrôle.

569. Quoi qu'il en soit, la Cour de cassation refuse obstinément de contrôler l'interprétation par les juges du fond des contrats liant les usagers et l'exploitant du service public industriel et commercial et se limite donc à un contrôle de la dénaturation de la volonté des parties[155]. Cette attitude renforce l'idée que l'on est en présence d'une situation purement contractuelle de l'usager. Comme dans d'autres domaines, la Cour aurait pu étendre les exceptions rencontrées, qui s'y prêtaient facilement, et encore une fois se situer à la limite de ce qui est admissible en droit privé, en considération des particularités de la situation de l'usager. Cependant, cette avancée n'est pas réalisée.

570. En revanche, ces particularités ont trouvé un terrain de prédilection dans les méthodes objectives d'interprétation des contrats.

b) Les méthodes objectives.

571. Existe-t-il des cas où il est fait application dans le domaine des services publics industriels et commerciaux des méthodes d'interprétation objective, c'est-à-dire des méthodes fondées sur des éléments extérieurs à la volonté des parties comme la bonne foi, l'équité, l'usage ou la loi[156] ? La réponse est positive, puisque le juge judiciaire utilise l'article 1134 al. 3 du Code civil, qui dispose que les conventions doivent être exécutées de bonne foi par les parties. La bonne foi se définit comme une "règle de conduite qui exige des sujets de droit une loyauté et une honnêteté exclusive de toute intention malveillante"[157]. Il s'agit d'une norme de comportement qui peut être appréciée *in abstracto*[158]. Ainsi, le tribunal de grande instance de Clermont-Ferrand, en 1991[159], retient "une faute imputable à EDF qui a contracté (...) avec légèreté en s'engageant à effectuer les branchements et à fournir le courant dans un délai dont il savait, dès la formation du contrat, qu'il ne pourrait pas l'observer. EDF a manqué ainsi à la bonne foi

---

155 Pour des exemples récents, voir Cass. com., 23 octobre 1978, SA de Construction coopérative "Lou Mistralet" c/ GDF, *Gaz. Pal.* 1979, I, p.41 ; Civ. I, 20 octobre 1981, Société sablaise des eaux, *Bull.* n°298, p.250 ; Civ. I, 17 novembre 1987, CGE c/ Demont, *Bull.* n°299.

156 Article 1135 : " Les conventions obligent non seulement à ce qui y est exprimé, mais encore à toutes les suites que l'équité, l'usage ou la loi donnent à l'obligation d'après sa nature" ; article 1160 : "on doit suppléer dans le contrat aux clauses qui y sont d'usage, quoiqu'elles n'y soient pas exprimées".

157 P. Jourdain, "Rapport français", in *La bonne foi*, Travaux de l'association H. Capitant, Tome XLIII, 1992, p. 120.

158 Il s'agit d'une bonne foi "standard", en fonction des valeurs sociales dominantes de la société pourrait-on dire, ce qui place cette méthode d'interprétation dans la catégorie des méthodes objectives. Pour une discussion sur ce point, voir J. Ghestin, C. Jamin et M. Billiau, *Traité de droit civil. Les effets du contrat*, préc., p.17 et s.

159 TGI de Clermont Ferrand, 24 juillet 1991, Malet c/ EDF, *CJEG* 1992, p.388.

qui doit présider à toutes les relations contractuelles". La cour d'appel de Reims[160] a également sanctionné, sur le fondement de la bonne foi dans l'exécution du contrat, un usager qui payait ses fournitures systématiquement en retard[161].

572. Les méthodes d'interprétation objective conduisent également à un renforcement du contenu du contrat opéré par le juge. L'opération de "forçage" du contrat, selon l'expression de Josserand[162], permet au juge d'inclure dans le contrat des obligations non prévues initialement par les parties, pour des motifs d'équité[163]. Se fondant sur les articles 1135 et 1147[164] du Code civil, les juges judiciaires ont inclus, dans certains contrats proposés aux usagers des services publics industriels et commerciaux, une obligation de sécurité[165], notamment en matière de transport, mais également dans d'autres domaines[166]. Il en va de même pour l'obligation générale de renseignement et de conseil due par tout fournisseur professionnel à ses clients[167]. Ne pourrait-on pas y ajouter le devoir de prudence[168] à la charge de l'usager, qui l'obligerait à se prémunir contre la rupture de la continuité du service public ?

2°) La prise en compte de l'intérêt général.

573. Quand la mise en oeuvre des lois de Rolland est en cause, le juge judiciaire ne peut les interpréter qu'en fonction de l'intérêt général qui s'y attache. En effet, lorsque le juge judiciaire doit interpréter une clause tarifaire au regard du principe d'égalité, il prend en compte l'intérêt de l'ensemble des usagers[169]. De même, il faut distinguer l'appréciation du principe de continuité du service public, qui doit satisfaire aux exigences

---

[160] CA Reims, 12 janvier 1984, Hérisson c/ GDF, *CJEG* 1984, p.188, note P. R.

[161] Voir également Cass. civ. I, 23 janvier 1996, CGE c/ OPHLM du Val d'Oise, *Bull.* n°205.

[162] L. Josserand, doyen de la faculté de Lyon, emploie pour la première fois cette expression dans une chronique intitulée, "Le contrat dirigé", *DH* 1933, p.89.

[163] L. Leveneur, "Le forçage du contrat", *Droit et patrimoine* n°58, mars 1998, p.69.

[164] Article 1147 : "Le débiteur est condamné, s'il y a lieu, au paiement de dommages et intérêts, soit à raison de l'inexécution de l'obligation, soit à raison du retard dans l'exécution, toutes les fois qu'il ne justifie pas que l'inexécution provient d'une cause étrangère qui ne peut lui être imputée, encore qu'il n'y ait aucune mauvaise foi de sa part."

[165] Voir n°1410 et s.

[166] EDF - GDF se voient ainsi assigner une obligation de sécurité pesant sur leurs installations, voir par exemple Civ. I, 9 décembre 1986, AGP c/ EDF, *Bull.* n°288, p.274.

[167] Voir par exemple Civ I, 20 février 1996, Spézia c/ EDF, *CJEG* 1996, p.437, note P. Blanchard ; CA Rennes, 2 mai 1973, Le Querre c/ EDF, *CJEG* juin 1974, J, p.131 ; CA Nîmes, 11 juillet 1960, EDF c/ Société Coopérative "Les Producteurs de Céréales du Gard", *CJEG* 1960, J, p.171 ; CA Limoges, 29 octobre 1991, *LPA* 1er octobre 1993, p.8, note J. Huet ; TI de Villeneuve-sur-Lot, 13 juin 1997, EDF c/ Akitol, *CJEG* 1998, p.346: obligation d'information à la charge d'EDF sur les dépassements dans les tarifs EJP.

[168] Voir par exemple, TGI d'Albertville, 20 octobre 1987, Pépin c/ EDF, *CJEG* 1988, p.19, note P.S.

[169] Voir par exemple, tribunal de commerce de Lyon, 10 juin 1998, Syndicat intercommunal de distribution d'eau Rhône Loire Nord, inédit.

d'intérêt général[170], et l'obligation de moyens ou de résultat à la charge des exploitants à l'égard de chaque usager pris individuellement.

574. Si l'on observe les clauses en question, on se rend compte que les clauses du premier groupe sont interprétées au regard de l'intérêt général dont elles procèdent. Les clauses du second groupe sont interprétées à l'aide des méthodes d'interprétation du contrat.

[170] Voir par exemple, Cass. soc., 27 janvier 1956, Blanc c/ SNCF, *D.* 1956, p.242 : la Cour apprécie la limitation du droit de grève au regard de "la vie économique du pays".

CONCLUSION DU CHAPITRE I

575. Parmi les divers actes administratifs composant le statut de l'usager du service public industriel et commercial, toutes les dispositions ne sont pas considérées comme étant de nature administrative. Cela confirme l'idée qu'il faut raisonner en termes d'obligations et non en termes d'actes. La bipolarisation intervient au sein même des actes administratifs, puisque certaines dispositions sont en réalité l'énoncé des conditions générales du contrat de droit privé.

576. Cependant, la simple qualification des dispositions est insuffisante, le problème du régime juridique qui leur est applicable demeure. On entrevoit alors ce régime à travers l'interprétation des obligations : les clauses relatives à l'organisation du service au sens strict sont interprétées en fonction de l'intérêt général qui a présidé leur élaboration, alors que les clauses qui ne sont que l'énoncé des conditions générales des contrats de droit privé sont interprétées en fonction de la commune volonté des parties. On retrouve ici ce que les transformations de la notion d'usager avaient mis en évidence. La relation de service public se conçoit à deux niveaux le niveau de la communauté des usagers et des lois du service et celui des relations individuelles entre chaque usager et l'exploitant. Une obligation pouvant se rattacher aux deux niveaux peut se scinder en deux. La disposition prévoyant la continuité générale du service est à interpréter en fonction de l'intérêt de la communauté des usagers, alors que la clause limitative de responsabilité en cas d'interruption de fourniture s'apprécie au regard de la commune volonté des parties.

577. On parle d'organisation du service même si ce terme nécessite des précisions. Le juge a tendance à réduire l'organisation du service à son noyau dur lorsqu'il qualifie les actes réglementaires d'administratifs. En revanche, l'appréciation des clauses réglementaires tend au contraire à élargir le plus possible le contenu de l'organisation du service. Compte tenu de la division des clauses réglementaires en deux groupes, on ne saurait que trop pencher du côté d'une appréciation restrictive de l'organisation du service, ce qui aurait un effet d'homogénéisation et qui comporterait l'avantage de clarifier la distinction entre les deux groupes de clauses. Les premières, relatives à l'organisation du service au sens strict auraient une nature administrative, alors que les secondes ne constitueraient que l'énoncé des conditions générales de contrats de droit privé.

578. La bipolarisation des règles se traduit contentieusement par une répartition des compétences entre les deux ordres de juridiction et la mise à disposition de l'usager d'une panoplies de recours pour faire valoir ses droits.

- CHAPITRE II -
LA TRADUCTION CONTENTIEUSE

579. La formation d'un bloc de compétence au profit du juge judiciaire, si elle n'est pas toujours la preuve d'une situation contractuelle de droit privé, est au moins l'indice d'une situation de droit privé, réglementaire ou contractuelle. Les recours dont dispose l'usager - objectifs ou subjectifs, de droit public ou de droit privé - contribuent également à définir la nature de la situation de l'usager.

580. De la bipolarisation des règles du droit applicables à l'usager autour du statut de droit administratif et du contrat de droit privé, naît une répartition des compétences entre les deux ordres de juridiction (Section I). De ce fait, l'usager disposera d'une panoplie de recours pour faire valoir ses droits, tant devant le juge administratif que devant le juge judiciaire (Section II).

- SECTION I -
La répartition des compétences entre les deux ordres de juridiction

581. Un véritable bloc de compétence s'est constitué au profit du juge judiciaire, formation à laquelle ont concouru non seulement les juges de l'ordre judiciaire, mais aussi le Tribunal des conflits et le juge administratif, ce dernier refusant de se préoccuper de tels litiges, jugés sans importance (§1). Quant aux relations individuelles entre l'usager et le service, certaines règles du droit administratif ont dû être contournées afin de parfaire le bloc de compétence du juge judiciaire. En revanche, ce dernier demeure en deçà de sa compétence en matière d'interprétation (§2) et d'appréciation de validité (§3) des actes administratifs portant droits et obligations des usagers.

§ 1. La formation d'un bloc de compétence au profit du juge judiciaire.

582. Irrémédiablement, le juge judiciaire a tissé sa toile autour de l'usager du service public industriel et commercial, à tel point que l'on parle aujourd'hui d'un bloc de compétence, dont l'élaboration, marquée par quelques étapes décisives (A), s'est achevée dans les années soixante. Cependant, de même que la compétence du juge administratif s'attache à l'organisation du service, au caractère général et impersonnel des actes contestés, quel est le critère de délimitation du champ de compétence du juge judiciaire : le critère du fonctionnement du service, la nature des liens unissant l'usager au service ou encore la qualification de l'une des parties au litige, à savoir l'usager ? (B)

A. Les étapes de la formation du bloc de compétence du juge judiciaire.

583. On ne reviendra pas sur ce qui a été déjà abordé lors de l'examen de la notion d'usager, particulièrement lors de l'étude de la distinction du tiers et de l'usager dans le contentieux de la responsabilité pour dommages de travaux publics[1]. Néanmoins, il est indispensable de rappeler la sollicitation originelle de la notion de contrat pour pouvoir inclure dans le domaine de compétence du juge judiciaire des situations où le contrat n'était en réalité pas conclu (1°), puis l'emploi de la notion de "liens de droit privé" (2°). Pour achever la constitution du bloc de compétence, les juges ont eu recours à une véritable entorse aux critères du contrat administratif, puisqu'un contrat liant l'usager du service public industriel et commercial à l'exploitant doit être soumis au juge judiciaire,

[1] Voir n°297 et s.

nonobstant la présence de clauses exorbitantes du droit commun (3°). On peut aussi se demander si la présomption d'administrativité des contrats entre personnes publiques est renversée pour les contrats conclus entre un exploitant public et un usager personne publique (4°).

584. D'aucuns ont fortement critiqué l'étendue de la compétence du juge judiciaire, au détriment de celle du juge administratif. Ces critiques sont-elles fondées ? (5°)

1°) La sollicitation du lien contractuel.

585. On se contentera d'appeler "sollicitation", ce que d'aucuns[2] ont nommé "sollicitation abusive" du lien contractuel. En effet, pour ce qui est des services gérés en régie, il était normal que les litiges opposant un candidat usager à l'exploitant du service soient soumis au juge judiciaire, car le contrat conclu entre eux, non pas pour la fourniture de la prestation, mais pour l'établissement d'un branchement, était qualifié de contrat de droit privé[3]. Il en va de même lorsque la situation du candidat usager est qualifiée de "pré-contractuelle". Le lien contractuel est encore sollicité quand les voyageurs en situation irrégulière sont réputés avoir tout de même conclu un contrat avec l'exploitant du service[4].

586. Depuis un arrêt du Conseil d'Etat de 1954, sieur Rodriguez[5], où le service est exploité en régie, la décision de résiliation d'une police, "se rattache aux conditions d'exécution d'un contrat de droit commun" et ne peut faire l'objet d'un recours pour excès de pouvoir[6]. Il en est de même des décisions unilatérales prises par l'autorité administrative à l'encontre des usagers effectifs, au cours de l'exécution du contrat. Dans l'arrêt du Conseil d'Etat Société Le Lido de 1961[7], la décision du maire, ordonnant la fermeture du branchement de la piscine exploitée par ladite société, est jugée "non détachable du contrat d'abonnement"[8].

587. Quant à la Cour de cassation, en 1957[9], elle avait déjà admis sa compétence au sujet d'un état exécutoire émis par une commune gérant un service de distribution d'eau à l'encontre d'un usager effectif. En 1986[10], elle accepte de connaître d'un litige relatif au refus de rétablissement du raccordement d'un usager à un réseau de distribution d'eau. Ce

---

[2] M. Durupty, note sous TC, 17 octobre 1966, Dame Veuve Canasse, préc.

[3] CE, 5 novembre 1937, Union hydroélectrique de l'ouest constantinois, *Rec.*, p.896 ; CE, 25 mai 1955, Cazenave, *Rec.*, p.280 et CE, 18 décembre 157, Commune de Golbey, *Rec.*, p.280.

[4] CE, 17 avril 1953, Régie municipale des tramways de Béziers, *Rec.*, p.180

[5] CE, 24 février 1954, Sieur Rodriguez, *Rec.*, p.121, *AJDA* 1954, p.131.

[6] Cette solution est confirmée quelques années plus tard dans un arrêt du CE, 11 juillet 1958, Commune de l'Entre-Deux, *AJDA* 1958, p.400.

[7] CE, 8 février 1961, Société Le Lido, *CJEG* 1963, p.115, note A. C., *AJDA* 1961, p.268 et les obs. Voir également, TC, 5 décembre 1983, SARL Hôtel Palmeria c/ Société Lyonnaise des Eaux, *DA* 1984, n°8 : rattachement d'un refus de branchement au contrat.

[8] Voir également, CE, 5 mai 1995, Deyres, *Rec.*, p.688.

[9] Civ I, 21 mai 1957, Ville de Bougie c/ Consorts Cololli, *Bull.* n°229, p.189.

[10] Civ I, 16 juillet 1986, SIVOM de la région d'Aigues Mortes, *Bull.* n°211, p.202.

litige est relatif au "fonctionnement" d'un service public industriel et commercial, malgré la nature publique de l'auteur de la décision. Sont jugés intervenus "en exécution", ou "en application" du contrat, certains actes collectifs, telle que la décision du chef du service des relations commerciales EDF Nancy, qui refuse aux propriétaires d'un hameau une avance prévue par arrêté du ministre de l'industrie[11].

588. Lorsque le service public industriel et commercial est exploité par une personne privée, les contrats la liant à ses usagers sont des contrats de droit privé soumis au juge judiciaire, et ce depuis le XIXème siècle, aucun élément de droit public n'étant venu perturber l'attribution de cette compétence[12]. Quant aux actes unilatéraux pris par les compagnies privées à l'égard de leurs usagers, le contentieux appartient également au juge judiciaire depuis la création des services publics industriels et commerciaux. Une jurisprudence très ancienne de la Cour de cassation admet la compétence du juge judiciaire pour connaître des actions intentées par les usagers contre les actes unilatéraux pris à l'encontre des candidats usagers, tels le refus de contracter[13]. Il en va de même des actes unilatéraux pris à l'encontre des usagers effectifs, telle une obligation de raccordement à un réseau[14], le refus d'établir le branchement[15], le refus de fournir la prestation une fois le contrat conclu[16], la décision de cesser la fourniture[17], ou encore la résiliation de leur contrat par les compagnies[18].

589. Les juges judiciaires ont une conception extensive du contrat liant l'usager aux compagnies privées et y rattachent le contentieux des actes précontractuels et postcontractuels, parfois très explicitement, comme en témoigne un arrêt de la Cour de cassation de 1878[19] : "le débat judiciaire qui s'est élevé entre les parties a eu pour cause la police d'abonnement que la compagnie *prétendait faire souscrire* aux défendeurs, (...), que le contrat, objet de ce dissentiment, étant destiné à établir un lien d'obligations réciproques entre une compagnie (...) et des particuliers, avait par là même un caractère civil". On glisse ainsi implicitement du litige précontractuel au contrat lui même, dont c'était le contenu qui était, en fin de compte, l'unique objet du différend.

---

[11] TA Nancy, 20 novembre 1980, Comas, *JCP* 1982, II, 19805, note J. Virole.

[12] A titre d'exemples, CE, 30 janvier 1868, *DP* 1869, III, p.19 ; CE, 23 juin 1911, Larnaudie, *DP* 1913, III, p.117 ; CE, 28 juillet 1916, Société générale du gaz du Midi, *Rec.*, p.330 ; Civ., 10 janvier 1849, *DP* 1849, I, p.19 ; Civ., 7 juillet 1852, *DP* 1852, I. p.204 ; Civ., 21 janvier 1857, *DP* 1857, I, p.169 ; Req., 5 février 1861, *DP* 1861, I, p.564 ; Civ., 16 décembre 1878, *S.* 1879, I, p.106 ; Civ., 19 janvier 1885, *S.* 1886, I, p.104 ; Civ., 14 avril 1885, *S.* 1886, I, p.63 ; Civ., 18 avril 1885, *S.* 1886, I, p.63 ; Civ., 21 juin 1890, *S.* 1890, I, p.159 ; Civ., 6 février 1899, *DP* 1899, I, p.280 ; Civ., 8 décembre 1899, *S.* 1902, I, p.375 ; Civ., 30 juillet 1908, *DP* 1908, I, p.453.

[13] Civ, 25 juin 1884, Vve Jouanne, *S.* 1885, I, p.201 ; CE, 31 mai 1895, Compagnie Générale des Eaux c/ Michel, *Rec.*, p.467.

[14] CAA Paris, 8 juillet 1993, Centre Hospitalier Louise Michel, *Rec.*, Tables, p.682.

[15] CE, 15 juillet 1953, Commune de Luzerch, *AJDA* 1954, J, p.479.

[16] CE, 23 décembre 1904, Millet c/ Société des forces motrices du Rhône, *DP* 1906, III, p.66 et *Rec.*, p.882 ; Civ, 28 juin 1923, Andrieu c/ Feydel et Lalis, *S.* 1924, I, p.29.

[17] TA Nice, 12 mai 1954, Deporta c/ EDF ,*CJEG* 1955, p.444, note A.C., *AJDA* 1954, p.479, note J. Dufau.

[18] Civ., 13 juillet 1910, Compagnie Générale des Eaux c/ Ville de Lyon, *DP* 1913, 5, p.34.

[19] Civ, 16 décembre 1878, Société du gaz de Bordeaux c/ Blanché, *S.* 1878, I, p.795. Voir également Civ., 10 décembre 1919, Société du gaz et de l'électricité de Bergerac c/ Giraudel-Mareille, *D.* 1920, I, p.7.

590. Il n'est pas nécessaire de revenir sur cette jurisprudence, qui demeure fondée juridiquement sur une extension de la période contractuelle, afin d'unifier, dans un premier temps, la compétence du juge judiciaire. Cependant, il existe des situations beaucoup plus délicates, où admettre la compétence du juge judiciaire à partir de la notion de contrat est en complète contradiction avec la réalité des faits, ce qui nécessitait l'adoption d'un nouveau critère.

2°) La référence à la notion de "lien de droit privé".

591. Si les actes réglementaires concernant l'organisation du service public sont administratifs, quelle que soit la nature de l'exploitant, les actes individuels émis à l'encontre des usagers posent des problèmes plus délicats. Lorsqu'ils émanent d'exploitants publics et qu'il ne procèdent pas forcément du contrat, surtout si celui-ci n'existe pas encore, faut-il, en considération de la nature de leur auteur, admettre leur caractère administratif et par conséquent autoriser le recours pour excès de pouvoir à leur encontre ; ou bien faut-il les rattacher à un contentieux de droit privé et admettre l'existence d'une situation non contractuelle de droit privé ?

592. Avant les années cinquante et soixante, période charnière, un usager pouvait exercer un recours pour excès de pouvoir contre le refus au bénéfice du service public de distribution d'eau potable opposé par le maire à un candidat usager[20], ou le refus opposé à un usager des postes de lui délivrer son courrier à domicile[21].

593. Pour ce qui est du contentieux relatif aux actes unilatéraux adressés aux candidats usagers, la célèbre jurisprudence Dame Agnesi de 1961[22] renforce le bloc de compétence du juge judiciaire. Il a été jugé, à propos du refus d'un maire d'autoriser la requérante à se raccorder au réseau communal de distribution d'eau potable, que "le litige qui oppose la requérante qui demandait à devenir usager du service municipal de distribution d'eau, est relatif au fonctionnement d'un service public industriel et commercial (...) et qu'en raison des liens existant entre les services publics industriels et commerciaux et leurs usagers, lesquels sont des liens de droit privé, les tribunaux judiciaires sont seuls compétents pour (en) connaître"[23].

594. Le Tribunal des conflits rejoint la position du Conseil d'Etat, puisqu'en 1964, dans l'arrêt Demoiselle Pradal c/ Commune d'Homps[24], il est jugé que le dommage causé

---

[20] CE, 6 mai 1931, Tondut, *S.* 1931, III, p.81, note P. L.

[21] CE, 29 décembre 1911, Chomel, *Rec.*, p.1265, *S.* 1914, III, p.102.

[22] CE, 21 avril 1961, Agnesi, *Rec.*, p.253, *D.* 1962, p.535, note F. B.

[23] Voir également, à titre d'exemples, CE, 30 janvier 1963, Cne de Luttenbach, *AJDA* 1963, p.414 ; CE, Section, 18 octobre 1957, Sieur Brébant, *Rec.*, p.541, *AJDA* 1958, II, p.10 et CE, 8 décembre 1965, Société des Etablissements Guillaumet, *Rec.*, p.567 ; CE, 20 janvier 1988, SCI "La Colline" c/ Commune de Bénisson Dieu, *Rec.*, p.21, *RFDA* 1988, p.880, concl. Ch. de la Verpillière, *CJEG* 1988, p.328, note D. Delpirou, *AJDA* 1988, p.407, note J.-B. Auby ; CE, 6 février 1981, Adam, *CJEG* 1982, J, p.249 ; CE, 6 mars 1985, Fischer, *CJEG* juillet 1986, J, p.285 ; CE, 21 octobre 1988, SARL Cetra, *Rec.*, p.364, *RA* 1988, p.229, note P. Terneyre ; CE, 1er juillet 1998, Daniau, n°149207.

[24] TC, 27 janvier 1964, *CJEG* 1964, p. 287, note A. Carron.

par la décision d'un maire de supprimer la fourniture d'eau à un usager relève de la compétence du juge judiciaire. Une jurisprudence de 1987[25] confirme les arrêts Agnesi et SCI "La Colline" sur la compétence du juge judiciaire quant au refus de la personne publique exploitant un service public industriel et commercial d'admettre un candidat usager au bénéfice du service.

595. Cependant, la distinction entre le refus d'accès individuel à un service public industriel et commercial et une mesure réglementaire d'organisation du service peut être difficile à cerner. Ainsi, le Conseil d'Etat a accepté de connaître d'un recours pour excès de pouvoir contre le refus du maire d'aménager un chemin communal pour l'éclairage public et d'organiser une desserte par le service de ramassage des ordures ménagères, alors qu'une seule habitation était desservie par le chemin[26].

596. Résistant à l'attraction du bloc de compétence judiciaire, il restait un cas dans lequel le juge administratif conservait sa compétence, celui où les critères matériels de l'acte administratif s'appliquaient à la situation de l'usager.

3°) La méconnaissance du critère matériel de l'acte administratif.

597. La formation d'un bloc de compétence au profit du juge judiciaire supposait que le juge s'affranchisse des critères classiques du contrat administratif (a). En revanche, les actes manifestant l'exercice d'une prérogative de puissance publique conduisent à des solutions beaucoup plus incertaines (b).

a) Les critères du contrat administratif

598. Lorsque l'exploitant du service public industriel et commercial est une personne publique, les contrats qu'il conclut peuvent contenir des clauses exorbitantes du droit commun et être qualifiés de contrats administratifs[27]. Aucune difficulté de principe n'a été rencontrée lorsqu'a été admis le caractère de droit privé des contrats liant les usagers aux personnes publiques exploitant des services en régie, ou selon un mode public d'exploitation[28]. En revanche, le bloc de compétence judiciaire ne s'étendait cependant pas aux cas où "des clauses spéciales ou les conditions particulières du fonctionnement du

---

[25] De même, TC, 22 juin 1992, Berger, *RDP* 1993, p.554.

[26] CE, 30 juillet 1997, Parisse, n°160935.

[27] Un contrat conclu entre une personne publique et une personne privée est de nature administrative s'il contient des clauses exorbitantes du droit commun, CE, 31 juillet 1912, Société des granits porphyroïdes des Vosges, *Rec.*, p.909, concl. Blum, *D.* 1916, III, p. 35, concl., *RDP* 1914, p. 145, note G. Jèze.

[28] TC, 14 mars 1914, Vianes, *Rec.*, p.357 ; CE, 6 mai 1931, Tondut, *S.* 1931, III, p.81, note P. L. ; CE, Section, 4 mars 1938, Société "La teinturerie de l'Est", *S.* 1938, III, p.49 ; CE, 21 octobre 1942, Ville de Grasse, *Rec.*, p.277 ; CE, 17 avril 1953, Régie municipale des tramways de Béziers, *Rec.*, p.180 ; CE, 18 juillet 1953, Commune de Luzerch, *Rec.*, p.371 ; CE, Section, 18 octobre 1957, Sieur Brébant, *Rec.*, p.541. Solution constamment confirmée depuis, voir par exemple TC, 19 février 1990, Thomas c/ Commune de Francazal, *AJDA* 1990, II, p.558, note P. Théron ; CE, 8 février 1961, Société "Le Lido", *AJDA* 1961, p.268 ; Civ. I, 12 juin 1974, Centre thermal et kinésithérapique municipal de Lamalou Les Bains, *JCP* 1974, IV, p.256.

service donnent aux accords passés avec lesdits usagers le caractère de contrats administratifs"[29].

599. Le Conseil d'Etat, dans l'arrêt de Section du 13 octobre 1961, Etablissements Campanon Rey[30], opère un revirement de jurisprudence visant à consolider le bloc de compétence judiciaire puisque rappelant que les rapports entre un service public industriel et commercial et ses usagers sont des rapports de droit privé, il précise qu'il "n'appartient dès lors qu'à l'autorité judiciaire de connaître des litiges auxquels ils peuvent donner lieu, quelles que soient d'ailleurs les clauses insérées par le service dans les contrats passés entre les intéressés". En 1962, le Tribunal des conflits, dans un arrêt Dame Bertrand[31], confirme la position du Conseil d'Etat, au motif que les liens unissant l'usager au service "sont les liens de droit privé, alors même que le contrat contiendrait une clause exorbitante du droit commun"[32].

600. Il reste un domaine où les critères classiques du contrat administratif sont respectés et n'ont pas fait l'objet d'un contournement au profit de l'unification du bloc de compétence judiciaire. Il s'agit des contrats conclus entre les usagers et l'exploitant, dont l'objet est la réalisation de branchements ou d'installations pouvant constituer des travaux publics[33].

b) Les actes unilatéraux.

601. Le critère organique de l'acte administratif est largement inhibé, puisque certains actes unilatéraux émanant de personnes publiques exploitantes du service sont

---

29 TC, 15 février 1935, Société française de constructions mécaniques, *Rec.*, p.20 ; CE, Section, 20 octobre 1950, Stein, *Rec.*, p.505 ; TC, 14 novembre 1960, Société Vandroy Jaspar, *AJDA* 1961, p.89 ; CE, 23 décembre 1949, Société électrométallurgique de Saint Léger, *Rec.*, p.569 ; CE, 8 février 1961, Société Le Lido, *AJDA* 1961, p.268 ; Civ., 9 mai 1956, *Bull.* n°148 ; Civ., 25 février 1957, *CJEG* juin 1957, J, p.132 ; Civ., 21 janvier 1959, *Bull.* n° 37.

30 *Rec.*, p. 567, *AJDA* 1962, p.98, concl. Heumann et note A. de Laubadère, *D.* 1962, p. 506, note J. Vergnaud.

31 TC, 17 décembre 1962, Dame Bertrand, *Rec.*, p.831, concl. Chardeau, *AJDA* 1963, p.88, chron. Gentot et Fourré; CJEG, 1963, p.114, note A.C.

32 Voir cependant un arrêt dissident de la Cour de cassation, Civ. I, 18 novembre 1975, Maire de la commune d'Ersa, *Bull.* n°335.

33 CE, 26 novembre 1986, Lelong, *Rec.*, Tables, p.448 : le refus d'une commune d'exécuter des travaux pour raccorder un habitant au réseau d'eau communal s'analyse comme un refus d'exécuter un travail public et non comme un refus de contracter ; *contra* CA Paris, 30 septembre 1988, Ville de Moret-sur-Loing c/ EDF, *D.* 1988, IR, p.250 : les contrats relatifs aux travaux de raccordement sont les accessoires des contrats de fourniture (de droit privé), même si les travaux sont exécutés sur le domaine public et portent sur des ouvrages publics ; Cass. civ. I, 16 juin 1992, SARL Ceba Verdier c/ CGE, *JCP* 1992, IV, 2366 : un contrat conclu entre deux sociétés et la CGE pour la réalisation d'un branchement sur le réseau de distribution d'eau ne portant pas sur la réalisation d'un ouvrage public est un contrat de droit privé ; TC, 3 juillet 1995, SCI 138 rue Victor Hugo à Clamart, *Rec.* p.498 : les branchements particuliers "constituent des dépendances des conduites principales auxquelles ils sont reliés et font partie de la concession d'EDF ; que, par suite, ces branchement présentent la caractère d'un ouvrage public et que les travaux réalisés pour leur installation (...), même s'ils sont effectués par une entreprise privée, doivent être regardés comme effectués pour le compte de l'établissement concessionnaire", il s'agit donc de travaux publics, sauf s'ils sont réalisés à l'initiative et au bénéfice exclusif de l'abonné (CE, 6 mars 1987, GDF, *CJEG* 1987, p.821).

insusceptibles de recours pour excès de pouvoir, ce qui était l'objet de la jurisprudence Agnesi.

602. Généralement, les actes pris par les personnes publiques exploitantes du service et mettant en oeuvre des prérogatives de puissance publique (critère matériel) demeurent du domaine de compétence du juge administratif[34]. L'utilisation de ses pouvoirs de police par le maire à l'égard des usagers des abattoirs et des halles et marchés est un bon exemple[35].

603. Cependant cette assertion souffre des exceptions, dans la mesure où le contentieux des états exécutoires pris par les collectivités publiques exploitant un service public industriel et commercial en régie demeure de la compétence du juge judiciaire[36].

604. Demeure le cas particulier de l'usager personne publique face aux critères classiques du contrat administratif, puisque le contrat pourra réunir deux personnes publiques.

4°) Les contrats conclus avec des usagers personnes publiques.

605. Qu'en est-il maintenant des contrats conclus avec un usager personne publique ? Il faut évacuer[37] le cas des usagers personnes publiques qui sont également délégantes du service. En effet, les modalités de la fourniture du service pour les besoins de la personne publique étant incluses dans le contrat de concession, l'ensemble a longtemps été considéré comme un contrat administratif[38]. Cependant, ne vaudrait-il pas mieux scinder le contrat en deux, une partie devant être considérée comme le contrat de délégation, l'autre partie comme le contrat conclu par l'usager. De ce fait, en vertu de la jurisprudence Campanon Rey, il n'y a aucune raison pour que cette seconde partie ne soit pas un contrat de droit privé[39].

---

[34] TC, 26 juin 1988, Soc. de distribution d'eau intercommunale, *AJDA* 1989, p.269, obs. J.-B. Auby ; Cass. civ. I, 13 décembre 1994, Dame Monnet, *Gaz. Pal.* 21-23 mai 1995, p.25. Cependant, dans le sens contraire, voir CE, 16 juin 1950, Soc. Alba La Source, *Rec.*, p.374.

[35] Voir par exemple, CE, 16 octobre 1981, Epoux Mattéucci, *Rec.*, p.579 ; CE, 1er juillet 1938, Syndicat des bouchers en gros de la ville de Lyon, *Rec.*, p.609 ; CE, 6 juillet 1967, Faillit Prat Madonna, *Rec.*, p.719.

[36] TC, 8 novembre 1982, Soc. Maine Viande, *D.* 1983, J, p.69, concl. Picca ; CE, 26 mars 1990, Comptoir lyonnais des viandes, *DA* 1990, n°275.

[37] Voir à ce propos J. Dufau, "Nature juridique des contrats de fournitures d'électricité passés avec les administrations publiques", *CJEG* 1957, p.31. Voir également, G. Vedel, "Détermination de la compétence judiciaire en cas de difficultés relatives à la validité des contrats de droit privé passés par les personnes publiques", *CJEG* 1956, p.63.

[38] Par exemple, CE, 30 novembre 1894, Compagnie générale des eaux c/ Ville de Nice, *Rec.*, p.639 ; CE, 24 janvier 1896, Ville de Saint Etienne c/ Compagnie du Gaz, *DP* 1897, III, p.9 ; CE, 22 mai 1914, Rougier-Labergerie, *Rec.*, p.626.

[39] Voir les arrêts cités plus loin, en application de la jurisprudence UAP. Au XIXè siècle, la Cour de cassation refusait de scinder les contrats en deux : Civ., 5 février 1889, *DP* 1889, I, p.198 ; Req., 7 décembre 1898, *DP* 1899, I, p.474.

606. Cependant, certaines procédures de passation de ces contrats suscitent des interrogations. En effet, dans le domaine des télécommunications, après l'ouverture du réseau à la concurrence, les contrats conclus entre les collectivités locales et les opérateurs sont considérés comme des marchés publics, y compris pour la satisfaction des propres besoins de ces collectivités[40]. La procédure d'appel d'offre qui pourrait être utilisée pose un problème de compatibilité avec celle de l'homologation des tarifs de France Télécom par le ministre. La seule solution serait que l'opérateur puisse proposer aux collectivités locales ce qu'on appelle une OSM (offre sur mesure). Cela est-il concevable au regard du principe d'égalité, dans la mesure où les collectivités locales restent en tout état de cause des usagers comme les autres ? La question reste en suspens.

607. Le Conseil d'Etat a jugé que la gérance était un marché public[41]. Si le contrat de gérance contient aussi des dispositions pour la satisfaction des propres besoins de la collectivité publique, le contrat de fourniture du service public sera également un marché public. Cela posera sans doute moins de difficultés, puisque la Cour de cassation a décidé qu'un marché public pouvait être un contrat de droit privé[42]. Un usager peut être lié à l'exploitant par un marché public si les critères sont satisfaits. En revanche, la présence de clauses exorbitantes du droit commun n'aura aucun effet sur la nature du contrat, qui sera de droit privé si la collectivité publique est qualifiée d'usager. Les problèmes posés par l'interférence marché public / contrat de droit privé conclu par l'usager tiennent donc davantage à la compatibilité des procédures de passation et au respect du principe d'égalité qu'à la détermination du juge compétent, qui demeurera le juge judiciaire.

608. Pour ce qui est des usagers personnes publiques distinctes de l'autorité délégante, l'état du droit était assez fluctuant avant la mise en place définitive des critères du contrat administratif, dans les années cinquante.

609. A partir des années cinquante, de tels contrats peuvent être qualifiés d'administratifs, soit s'ils confient à l'exploitant l'exécution même d'un service public, soit s'ils contiennent des clauses exorbitantes du droit commun[43]. Les contrats de fourniture d'eau, d'électricité ou de gaz n'ont pas directement comme but l'exécution du service public, même s'ils sont conclus pour les besoins du service, ce qui ne saurait être suffisant. C'est au critère de la clause exorbitante que la jurisprudence s'est rattachée : "les contrats intervenus entre un concessionnaire de fourniture d'énergie électrique et les usagers sont des contrats de droit privé, sauf dans l'hypothèse particulière où, s'agissant d'un usager ayant la qualité de personne publique, des clauses spéciales donneraient à l'accord individuel passé avec lui le caractère d'un contrat administratif"[44].

---

[40] Décret n°98-113 de modification du Code des marchés publics, 27 février 1998, JO du 28 février, p.3120.

[41] CE, 7 avril 1999, Commune de Guilherand-Granges, *AJDA* 1999, p.517, concl. Bergeal.

[42] Cass. civ. I, 17 décembre 1996, Société Locunivers, *Bull.* n°464 ; confirmé par TC, 5 juillet 1999, Commune de Sauve c/ Société Gestetner et Union des groupements d'achats publics c/ Soc. SNC Activ CSA (2 espèces), *AJDA* 1999, p.626, chron. F. Raynaud et P. Fombeur.

[43] L. Richer, *Droit des contrats administratifs*, préc., n°109 et s.

[44] TC, 28 mars 1955, EDF c/ Compagnie des Chemins de Fer de Bayonne à Biarritz, *CJEG* juillet 1955, J, p.149, *Rec.*, p.615. Dans le même sens, Civ I, 25 février 1957, Société de Production et de Distribution d'Electricité de la Guadeloupe c/ Ville de Pointe-à-Pitre, *CJEG* 1957, p.132, *Bull.* n°95, p.80 ; CE, 9 octobre 1959, Hôpital Hospice de Dax, *CJEG* 1960, p.110 ; CA Aix en Provence, 30 janvier 1961, EDF c/ Hôpital -

610. Faut-il néanmoins réserver, à l'instar de M. Dufau[45], le cas des contrats ayant pour objet les fournitures d'électricité aux installations d'éclairage public, ayant à n'en pas douter un caractère administratif puisqu'ils confient au distributeur d'électricité "l'exécution même d'un service public" ? Le tribunal administratif de Bastia, en 1988[46], semble être d'un avis contraire, puisqu'il opte non pas pour le critère du service public, mais pour celui de la recherche de clauses exorbitantes dans le contrat : la clause mettant à la charge d'EDF l'allumage des lampes d'éclairage public ne comporte pas de prérogative de puissance publique et, de ce fait, n'est pas qualifiée de clause exorbitante du droit commun. Le litige, qui portait sur l'application d'un tarif, relève donc de la compétence du juge judiciaire.

611. Aujourd'hui, malgré l'arrêt UAP du Tribunal des conflits de 1983[47] inaugurant la présomption d'administrativité des contrats conclus entre deux personnes publiques, il est certain que de tels contrats, conclus pour la fourniture d'une prestation de service entre une personne publique non délégante et un exploitant personne publique, eu égard à leur objet, ne font naître que des rapports de droit privé entre les parties, renversant ainsi la présomption[48].

612. Le bloc de compétence du juge judiciaire s'est considérablement élargi au fil du temps, au mépris de critères qui constituaient souvent l'indice de la compétence du juge administratif. Est-ce légitime ?

5°) L'appréciation critique de la création d'un bloc de compétence au profit du juge judiciaire

613. A l'origine, le juge administratif ne souhaitait pas se préoccuper des litiges entre les exploitants de services publics industriels et commerciaux, jugés sans grande importance. Aujourd'hui, c'est la nature industrielle et commerciale du service qui commanderait l'intervention du juge de droit commun, dans la mesure où l'exploitant - public ou privé - est censé agir comme un industriel ordinaire.

614. Pour justifier le renforcement du bloc de compétence judiciaire, le commissaire du gouvernement Heumann[49], dans ses conclusions sur l'arrêt Etablissements Campanon

---

hospice de Brignoles, *CJEG* février 1962, J, p.30, note A. Carron ; CA Grenoble, 3 mai 1961, Ville de Grenoble c/ EDF, *CJEG* février 1962, J, p.34, note A. Carron ; CA Paris, 20 juin 1961, EDF c/ RATP, *CJEG* 1962, J, p.15 ; CE, 25 mars 1977, Soc. coopérative de construction du domaine de Lagarde, *Rec.* p. 169. Voir l'arrêt très particulier CE, 16 avril 1969, SNCF, *Rec.*, p.194.

45 "Nature juridique des contrats de fournitures d'électricité passés avec les administrations publiques", préc.

46 TA Bastia, 8 juillet 1988, Commune de Santa-Maria, *CJEG* 1989, p.247.

47 TC, 21 mars 1983, *Rec.*, p.537, *AJDA* 1983, p. 356, concl. Labetoulle, *D.* 1984, note J.-B. Auby et H.-G. Hubrecht, *RA* 1983, p. 368, note B. Pacteau.

48 Qu'il s'agisse des usagers personnes publiques délégantes ou pas : CA Paris, 30 septembre 1988, Ville de Moret-sur-Loing c/ EDF, *D.* 1988, IR, p.250 ; TA Rouen, 23 mars 1989, Région de Haute Normandie c/ EDF, *CJEG* 1990, p.315 ; TGI d'Auch, 18 octobre 1989, EDF c/ Association syndicale des serres géothermiques, *CJEG* 1990, p.315 ; Cass. civ. I, 5 novembre 1991, Commune de Cébazat c/ EDF, *CJEG* 1992, p.398.

49 Concl. préc.

Rey, évoque le risque de faire dévier petit à petit vers le juge administratif de nombreux contrats passés avec des usagers dans des conditions qui sont rarement conformes à celles du droit privé. Si la détermination d'un bloc de compétence judiciaire procède du souci de faciliter à l'usager l'accès au juge sans qu'il ait à se préoccuper sans cesse de l'ordre juridictionnel compétent, il serait maladroit de créer des exceptions. Cependant, à l'inverse, les commentateurs de la jurisprudence Dame Bertrand[50] ont dénoncé la fiction qui consiste à admettre que les liens unissant un exploitant de service public, doté de prérogatives de puissance publique, ayant le pouvoir d'insérer dans les contrats des clauses qui seraient considérées comme nulles dans les contrats de droit privé, et les usagers, sont toujours considérés comme des liens de droit privé.

615. Mais est-ce réellement une fiction ? Le commissaire du gouvernement Heumann, dans l'affaire Etablissements Campanon Rey, avait d'abord examiné les clauses litigieuses, pour en déduire qu'elles n'avaient rien d'exorbitant, puisqu'elles portaient sur caractère monopolistique de la régie exploitant le service, sur la fixation unilatérale des tarifs par l'administration, sur la part "subvention" des tarifs, ou encore sur la définition des droits et obligations des parties dans des textes réglementaires. Dans l'arrêt Dame Bertrand, le litige concernait une clause d'exonération totale de responsabilité. Les arrêts relatifs aux contrats conclus avec un usager personne publique font état de clauses relatives aux indemnisations en cas de résiliation du contrat[51], aux réductions tarifaires pouvant être consenties[52], etc. Ces types de clauses se rencontrent couramment dans des contrats de droit privé et n'encourent pas forcément la nullité. Confier tous les contrats liant un usager à l'exploitant public d'un service public industriel et commercial au juge judiciaire, c'est également admettre que les clauses qui les composent sont en grande partie des clauses pouvant figurer dans n'importe quel contrat de droit privé !

616. La nature même de certaines clauses contenues dans les dispositions réglementaires du droit applicable à l'usager légitimise l'étendue de la compétence du juge judiciaire, mais peut-on définir un critère qui permette de délimiter les compétences du juge judiciaire et du juge administratif ?

B. Le fondement de la compétence judiciaire.

617. Si on peut dire que la compétence du juge judiciaire est justifiée par l'existence même du service public industriel et commercial, cela ne met pas pour autant en évidence le critère exact qui déclenchera l'intervention du juge judiciaire.

618. Le caractère administratif des actes composant le statut de l'usager, et partant la compétence du juge administratif, semble fondé sur l'aspect réglementaire de l'acte, ainsi que sur son contenu, puisque celui-ci touche à l'*organisation* du service. A l'inverse, on s'attend à ce que le juge judiciaire intervienne en matière de *fonctionnement* du service. Si quelques arrêts fondent globalement la compétence du juge judiciaire sur le

---

[50] Chron. Gentot et Fourré, préc.

[51] TC, 28 mars 1955, EDF c/ Chemins de Fer de Bayonne à Biarritz, *CJEG* juillet 1955, J, p.149, *Rec.*, p.615.

[52] CE, 9 octobre 1959, Hôpital-hospice de Dax, *CJEG* 1960, p.110.

fonctionnement du service[53], force est de constater que la jurisprudence majoritaire utilise, quant à elle, d'autres critères.

619. En effet, c'est la notion de contrat qui fondait, durant le XIXème siècle et pendant la première moitié du XXème siècle, la compétence du juge judiciaire et encore aujourd'hui, car lorsqu'il existe un contrat liant l'usager au service, le juge préfère s'y référer[54], abandonnant l'expression de "liens de doit privé" aux cas plus délicats.

620. Quoi qu'il en soit, les commissaires du gouvernement Fournier[55] et Heumann en 1961[56] avaient été très clairs sur les relations entre le critère contractuel et l'étendue de la compétence du juge judiciaire qui "est antérieure aux contrats susceptibles d'être passés avec l'usager et indépendante de ces contrats car elle résulte de la nature du service et non de son mode d'organisation qui ont pour conséquence de placer le candidat dans une situation de droit privé". Aujourd'hui, les commentateurs de l'extension du bloc de compétence du juge judiciaire fondent cette compétence sur la notion de liens de droit privé[57], dépendant elle-même de la qualification de l'une des parties au litige, l'usager[58]. Si la présence d'un contrat de droit privé portant sur la fourniture de la prestation commandait à la fois la qualification d'usager du cocontractant et la compétence du juge judiciaire, la notion de lien de droit privé est d'une utilisation beaucoup moins aisée. En effet, c'est la qualité d'usager qui apparaît en premier dans la jurisprudence de principe[59], servant à la fois à qualifier le lien de lien de droit privé et à reconnaître la compétence du juge judiciaire.

621. Si le contentieux des dommages de travaux publics causés lors de l'usage d'un service public industriel et commercial fait appel à la distinction tiers / usager, faut-il pour autant fonder globalement le domaine de compétence du juge judiciaire sur cette distinction ? On aperçoit aussitôt les failles d'un tel raisonnement : pourquoi, dans ce cas, le juge administratif demeure compétent dans les litiges où les usagers contestent des actes administratifs portant organisation du service, alors que les demandeurs sont précisément

---

[53] En doctrine, voir B. Jeanneau, *Droit des services publics et des entreprises nationales*, préc., p.431. En jurisprudence voir par exemple, Civ I, 16 juillet 1986, SIVOM de la Région d'Aigues Mortes, *Bull.* n°211, p.202 ; concl. Ch. de la Verpillière sur CE, 20 janvier 1988, SCI "La Colline", préc. ; concl. F. Bourrachot sur TA Lyon, 30 novembre 1993, M. Paul Chomat, préc.

[54] Voir par exemple, CE, 23 juin 1976, Dame Dol, *RDP* 1977, p.871 ; TA Nancy, 20 novembre 1980, Comas, *JCP* 1982, II, 19805 ; CE, 14 mars 1986, EDF c/ Nérot, *DA* 1986, n°200 ; TC, 17 janvier 1972, Dame de Ganay et sieur Ballestra, *AJDA* 1972, p.562, note F. Moderne ; TGI Toulouse, 14 novembre 1968, *Gaz. Pal.* 1969, 2, som., p.28.

[55] Concl. sur CE, 13 janvier 1961, Département du Bas Rhin, *AJDA* 1961, p.235.

[56] Concl. sur CE, 13 octobre 1961, Etablissements Campanon Rey, *AJDA* 1962, p.98.

[57] Concl. Fournier sur CE, 13 janvier 1961, Département du Bas Rhin, préc. ; F. Moderne, note sous TC, 17 janvier 1972, Dame de Ganey et Sieur Ballestra, préc.

[58] P. Laporte, note sous TC, 27 janvier 1964, Dlle Pradal c/ Commune d'Homps, *AJDA* 1964, p.431 ; Ch. Blaevoet, note sous TC, 27 janvier 1964, Dlle Pradal c/ Commune d'Homps, *D.* 1965, J, p.376 ; concl. M. Franc sur CE, 30 juin 1976, Dame veuve Pichon, préc. ; note M. Durupty sous TC, 17 octobre 1966, Dame veuve Canasse, préc. ; F. Moderne, note sous TC, 13 décembre 1976, Epoux Zaoui, *D.* 1977, J, p.434, "Nouvelles difficultés pour la notion de rapports de droit privé comme critère de compétence judiciaire", préc., "La distinction du tiers et de l'usager dans le contentieux des dommages de travaux publics", 1ère partie, préc.

[59] Voir les arrêts de principe précités sur la notion de lien de droit privé, n°591 et s.

des usagers ? Le contentieux des dommages de travaux publics causés à l'usager est doublement trompeur car, d'une part, il fait appel à une distinction qui intervient en amont du véritable critère de compétence du juge judiciaire et, d'autre part, il sous-entend ce vrai critère. En effet, si l'on admet comme postulat que les relations du service public industriel et commercial avec ses usagers sont des relations de droit privé, l'usager apparaît alors comme le critère premier de la compétence, la présence d'un contrat n'étant qu'un indice. Il n'y a pas eu de substitution du critère de l'usager à celui du contrat car, dès l'origine, c'est l'usager qui importe. Il ne faut pas confondre le fondement de la compétence avec les différents indices ou critères mis en oeuvre. Si, par la force des choses, il apparaît que là où il y a un contrat il y a un usager[60], c'est l'usager qui est le fondement de la compétence du juge judiciaire, le contrat n'étant que l'indice qui démontre la présence d'un usager. Mais lorsqu'on est certain d'être en présence d'un usager, il faut également se rendre compte de l'insuffisance de ce critère. La distinction tiers / usager est suffisante lorsqu'est en cause un litige portant nécessairement sur des relations individuelles entre l'usager et le service, ce qui est toujours le cas en matière de dommages de travaux publics. En revanche, elle n'est strictement d'aucune utilité pour expliquer la compétence du juge administratif en matière de relations générales et impersonnelles entre le service et les usagers.

622. Le véritable critère permettant de différencier les compétences administratives et judiciaires est celui de la portée de l'acte en cause. Si la mesure est générale et impersonnelle, le juge administratif est compétent ; si la mesure est individuelle, c'est au juge judiciaire qu'il revient de l'apprécier[61]. Que penser alors de la distinction organisation / fonctionnement ? En ce qui concerne les actes administratifs réglementaires d'organisation du service, dès qu'un cas délicat se présentait, notamment lorsqu'il s'agissait d'une mesure comportant une formulation générale mais qui ne concernait en réalité qu'un seul usager, c'est à la portée de l'acte que le juge se référait. Si le terme "organisation" peut rappeler la portée générale d'un acte, l'expression "fonctionnement" n'est pas synonyme de "relations individuelles", ce qui justifierait son élimination du langage contentieux. Le terme organisation peut aussi prêter à confusion dans la mesure où, parmi les clauses réglementaires figurant dans le contrat de délégation, qui sont toutes censées concerner l'organisation du service, on distingue différents groupes. Il y a plusieurs degrés dans l'organisation du service et s'il fallait continuer à utiliser le terme "d'organisation", celui-ci ne devrait être employé que dans son sens le plus strict.

623. Enfin, fonder la compétence judiciaire sur la portée de l'acte et non sur la notion d'usager comporte l'avantage de s'opposer à une notion d'usager trop relative et trop contingente. C'est l'équation qualité d'usager / lien de droit privé / compétence du juge judiciaire qui était souvent pernicieuse, ces les termes se renvoyaient les uns aux autres. Si on brise l'équation pour ne retenir comme critère que le lien individuel de droit privé, la notion d'usager s'émancipe. Dès lors, la compétence du juge judiciaire ne recouvre plus la notion d'usager, ce qui est conforme à la réalité. En revanche, le critère tiré de la portée de l'acte permet de rendre compte des deux niveaux de la relation de service : celui des relations générales et impersonnelles et celui des liens individuels avec chaque usager.

---

60 Bien que l'on ait justement démontré que cette adéquation est loin d'être parfaite, voir n°293 et s;

61 En ce sens, J.-F. Lachaume, "Nature du service public d'enlèvement des ordures", *CJEG* 1992, p.480.

624. A côté de sa sphère de compétence fondée sur les relations individuelles qu'entretiennent l'usager et l'exploitant du service public industriel et commercial, le juge judiciaire est également compétent pour interpréter certains actes procédant du statut réglementaire de l'usager.

§ 2. La compétence du juge judiciaire en matière d'interprétation des actes administratifs composant le statut de l'usager.

625. Depuis l'arrêt Septfonds de 1923, du Tribunal des conflits[62], le juge judiciaire est compétent pour interpréter les actes administratifs réglementaires, mais il doit renvoyer au juge administratif l'interprétation des actes individuels, de même que l'appréciation de légalité des actes aussi bien individuels que réglementaires.

626. En matière d'interprétation, les juges de l'ordre judiciaire ont accepté, depuis le XIXème siècle, leur rôle concernant les actes administratifs réglementaires unilatéraux intervenant dans la détermination des droits de l'usager du service public industriel et commercial, comme en témoigne l'abondante jurisprudence en matière de tarifs de chemin de fer[63]. En revanche, les clauses réglementaires des contrats de délégation de service public sont traitées comme des actes individuels, dont le juge judiciaire refuse d'assurer l'interprétation[64].

627. Faisant application de la théorie de l'acte clair, certains arrêts ont parfois interprété de telles clauses[65]. Cette tendance est rapidement censurée par la Cour de cassation[66], au motif que "les tribunaux de l'ordre judiciaire étant incompétents pour interpréter les actes administratifs, il ne dépend pas d'eux de se soustraire à cette règle en appliquant comme clairs et précis des actes obscurs et ambigus qu'ils ne font qu'interpréter".

---

62 TC, 16 juin 1923, *Rec.*, p.498; *S.* 1923, III, p.49, note M. Hauriou, *D.* 1924, III, p.41, concl. Matter.

63 Req., 31 janvier 1859, Salvalète c/ Parent, *S. 1859*, I, p.740 ; Civ, 9 novembre 1921, Danus c/ Chemin de fer du midi, *D.* chron., 1922, p.2. Depuis l'arrêt Septfonds, Civ., 19 juillet 1929, Durand c/ Barthe, *DH.* 1929, p.541.

64 Jurisprudence très ancienne, Civ., 30 juillet 1906, *BU* 1911, p.164 ; Civ., 13 juillet 1910, *BU* 1912, p.67 ; Civ., 28 juin 1922, 10 juillet 1922 et 28 juin 1923, *D.* 1926, I, p.179. Après l'arrêt Septfonds, TGI Meaux, 13 janvier 1965, Le Verre de Laboratoire, *CJEG* juillet 1966, J, p.186 ; Civ., 26 mai 1965, Société Marseillaise de Crédit c/ Ville de Toulon, *CJEG* novembre 1965, J, p.277 ; CE, 7 janvier 1907, Compagnie universelle d'éclairage et de chauffage c/ Soisson, *S.* 1909, III, p.57 ; CE, 24 janvier 1934, Société française de distribution d'eau, *Rec.*, p.109 ; CE, 15 juillet 1957, Société industrielle des oléagineux, *Rec.*, p.489.

65 Par exemple, Req., 8 mars 1922, Société du gaz de Condé-sur-Noireau c/ Ruault, *D.* 1922, I, p.160.

66 Civ., 28 juin 1923, Andrieu c/ Feydel et Lalis, *S.* 1924, I, p.29.

628. Peut-on valider une telle répartition des compétences depuis l'arrêt Cayzeele[67], qui assimile la clause réglementaire du traité de délégation de service public à n'importe quel acte unilatéral ? A l'instar de M. Hauriou, ne faut-il pas considérer que "les questions préjudicielles, grande complication des procédures, doivent être évitées autant que possible dans l'intérêt des plaideurs"[68] ? L'un des arguments du commissaire du gouvernement Matter[69], dans ses conclusions sur l'arrêt Septfonds, tenait au caractère réglementaire de l'acte que le juge judiciaire était encouragé à interpréter, comportant des règles de droit générales et impersonnelles, participant du caractère de la loi. La portée de la norme devrait, ici aussi, l'emporter sur son origine contractuelle.

629. Cependant, une jurisprudence plus récente[70] admet la compétence du juge judiciaire pour interpréter les "conditions générales du contrat d'abonnement", formule qui rattache les clauses en question formellement à la police, mais qui matériellement procèdent du règlement de service, lui-même inclus dans le contrat de délégation. Dans l'arrêt CGE c/ Demont, de 1987[71], la Cour de cassation fait preuve d'une certaines témérité puisqu'elle semble valider l'interprétation du règlement de service par les juges du fond ! Un revirement de jurisprudence serait-il en vue ?

630. Le domaine de l'appréciation de la légalité des dispositions administratives du statut de l'usager a aussi subi certaines évolutions.

§ 3. L'appréciation de la légalité des actes administratifs composant le statut de l'usager.

631. S'agissant de l'appréciation de légalité, aussi bien des actes administratifs unilatéraux que des clauses réglementaires des contrats de délégation de service public, le juge judiciaire est tenu de saisir le juge administratif, seul compétent. Ceci est confirmé clairement par le Tribunal des conflits, en 1977, dans l'arrêt Paraïso[72] : "les litiges découlant de l'une quelconque de ses stipulations (contrat de droit privé) sont de la compétence des juges judiciaires sous réserve des questions préjudicielles relevant des juges administratifs, dans l'éventualité notamment où la solution du litige dépendrait de l'appréciation de légalité de l'une des stipulations intervenues entre la commune et son concessionnaire".

632. Les dispositions réglementaires des actes administratifs composant le statut de l'usager se scindaient en deux groupes. Il y a une différence de nature entre ces deux types

---

[67] Voir n°658 et s.

[68] Note préc. sous l'arrêt Septfonds.

[69] Concl. préc.

[70] Civ I, 20 octobre 1981, Soc. sablaise des eaux c/ Dumont, *Bull.* n°298, p.250.

[71] Civ. I, 17 novembre 1987, *Bull.* n°299.

[72] TC, 2 mai 1977, Rec., p.739.

de clauses. Les premières conservent leur nature administrative, alors que les secondes apparaîtraient comme l'énoncé des conditions générales du contrat de droit privé. Cette distinction a-t-elle également des répercussions sur la répartition des compétences entre les deux ordres de juridiction ?

633. On distinguera donc l'appréciation de la légalité des tarifs (A), qui sont des clauses appartenant au premier groupe, et l'appréciation de la légalité des clauses du second groupe (B).

A. L'appréciation de la légalité des tarifs.

634. Certains jugements semblent admettre implicitement la compétence du juge judiciaire pour apprécier la légalité des tarifs applicables aux usagers, provenant de délibérations de conseils municipaux ou de contrats de délégation de service public. A propos des surtaxes, qui sont des sommes revenant à la collectivité délégataire, le tribunal de grande instance de Bordeaux, en 1996, a jugé que les "surtaxes critiquées (avaient) pour le moins une apparence de légalité", se fondant sur le fait que des textes récents admettaient le paiement de surtaxes par l'usager[73]. Le tribunal de commerce de Lyon, à partir de l'examen du sérieux d'une éventuelle question préjudicielle, en a profité pour apprécier la dégressivité d'un tarif au regard de la règle de la proportionnalité entre le prix payé et le service rendu[74]. On peut supposer que c'est la simplicité de l'appréciation de légalité dans ces cas qui a motivé le juge judiciaire. En effet, est-il bien nécessaire de renvoyer le justiciable devant le juge administratif, avec toutes les conséquences que cela comporte en matière de durée de la procédure, alors qu'il suffit de constater que certains textes prévoient la pratique critiquée ou que manifestement le prix payé correspond au service rendu ? Quoi qu'il en soit, la Cour de cassation a mis un terme définitif à cette tendance, en jugeant, en février 1999, que la légalité d'une surtaxe devait être appréciée par le juge administratif par voie de question préjudicielle[75].

635. La technique adoptée par la Cour de cassation, dans l'arrêt SAUR c/ Bensetti du 10 février 1998[76], est plus astucieuse, mais aussi plus critiquable[77]. Une commune avait conclu avec la SAUR un contrat d'affermage pour l'assainissement et un contrat de concession ayant pour objet la construction d'une station d'épuration. Quelques années plus tard, les parties renoncent à la construction de la station d'épuration, ce qui cause aussitôt une baisse des tarifs pour les usagers. L'un d'entre eux refuse de payer le tarif correspondant à la période antérieure, fondé sur la construction future de la station, tarif élevé qui n'avait pas lieu d'être selon l'usager. Saisie d'un pourvoi fondé sur le fait que les

---

73 Référé, 16 octobre 1996, Elie, req., n°2288 / 96.

74 Jugement du 18 juin 1998, n°97JO5423. Voir également TI Bordeaux, 1er juillet 1994, Syndicat des copropriétaires de la résidence "Les jardins de Lacanau", req., n°3199193.

75 Cass., 16 février 1999, SA Agur, req. n°W97-10.205. Les juges du fond avaient opté pour une attitude inverse.

76 Civ I, 10 février 1998, *D.* 1998, J, p.422, note B. Seiller ; *JCP* du 2 décembre 1998, n°49, 2126, note J.-G. Mahinga.

77 Voir la critique dans la partie consacrée au prix du service public et son volet judiciaire, n°1244.

juges du fond auraient apprécié la légalité d'une clause réglementaire (tarif), la Cour de cassation le rejette au motif que "le tribunal d'instance, en retenant, sans se livrer à aucune appréciation de légalité, que le montant des redevances dues par les usagers tenait compte des charges assurées par la SAUR pour construire la station d'épuration, a jugé, à bon droit, que les usagers étaient fondés à invoquer l'inexécution d'une partie des obligations souscrites par la SAUR". Ainsi, la théorie de l'exception d'inexécution[78] permettrait indirectement au juge judiciaire de connaître de la légalité d'un tarif qui ne correspondrait plus au service rendu.

636. Il serait normal que ce soit le juge administratif qui conserve l'appréciation de la validité des clauses tarifaires, que l'on a classées dans le premier groupe de clauses. Cependant, faut-il blâmer le juge judiciaire de faire prévaloir la bonne administration de la justice en accélérant les procédures, au détriment de la répartition des compétences juridictionnelles ? Qu'en est-il du second groupe de clauses ?

B. L'appréciation de la légalité des clauses réglementaires du second groupe.

637. Beaucoup de décisions, dont certaines sont très anciennes, sont autant d'exemples de la tendance du juge civil à apprécier la légalité des clauses des contrats conclus par les usagers, notamment celles relatives aux limitations de responsabilité de l'exploitant du service en cas d'interruption de fourniture ou d'accident[79], mais aussi les clauses interdisant à l'usager de céder du courant sans autorisation de la compagnie[80], permettant à la compagnie de cesser la fourniture en cas de non paiement[81], les clauses de fluctuation des tarifs en fonction du coût de la vie[82], ou de minimum de consommation[83]. On sait que quasiment tous les cahiers des charges prévoient de telles clauses, ce qui n'empêche pas le juge d'en apprécier la validité, y compris lorsqu'elles sont explicitement invoquées par les parties comme des clauses réglementaires du cahier des charges[84].

638. Plus récemment, le contentieux relatif aux clauses abusives imposées aux consommateurs, et sans rentrer pour le moment dans les détails, met en évidence cette

---

[78] Elle se définit comme le droit qu'a chaque partie à un contrat synallagmatique de refuser d'exécuter la prestation à laquelle elle est tenue tant qu'elle n'a pas reçu la prestation qui lui est due. Voir par exemple, F. Terré, Ph. Simler et Y. Lequette, *Droit civil. les obligations.*, préc. , n°609.

[79] Antérieurement à la loi du 10 janvier 1978, relative à la protection et l'information des consommateurs de produits et de services, Civ., 18 janvier 1933, *DH* 1933, p.115 ; TGI Saint Brieuc, 17 juin 1960, Tanvez, *CJEG* avril 1961, J, p.75 ; Cass., 28 octobre 1963, Régie du syndicat intercommunal du Département de la Vienne, *CJEG* 1964, p.74 ; CA Grenoble, 8 novembre 1967, SCI du Vercors, *CJEG* avril 1969, J, p.359 ; Cass. com., 11 mai 1971, *CJEG* 1971, J, p.225 ; CA Toulouse, 27 novembre 1984, Société de Mégisserie, *CJEG* novembre 1985, J, p.58 ; TGI Carcassonne, 16 novembre 1984, *CJEG* 1985, J, p.143.

[80] Cass., 30 janvier 1929, *BU* 1929, p.61.

[81] Trib. civ. de Versailles, 12 mai 1905, *D.* 1907, 2, p.238.

[82] Cass., 24 juin 1929, *BU* 1930, p.89.

[83] CA Montpellier, 21 mars 1930, *Mon. jud. midi* 1930, p.118.

[84] Par exemple, Civ., 28 juin 1909, CGE c/ Laporte, *DP* 1910, I, p.23 ; CA Lyon, 1er décembre 1982, EDF c/ SA Aciéries du Furan, *CJEG* 1983, p.108, note P. Lonnoy.

attitude. Les juges judiciaires acceptent de déclarer certaines clauses non écrites en application de la législation sur les clauses abusives, en se fondant sur leur apparition dans le contrat de l'usager[85]. Dans cette situation, le juge insiste sur le caractère privé du contrat liant l'usager à l'exploitant et ne fait strictement aucune référence au cahier des charges. Cela lui est facile lorsque n'est pas soulevé l'argument selon lequel la clause de la police n'est que la reproduction d'une clause réglementaire du contrat de délégation de service public.

639. En revanche, on peut citer l'attendu de principe d'un arrêt de Cour de cassation, de 1908[86], ayant à juger de la légalité d'un article de la police (sur la résiliation du contrat), alors que le moyen soulevé arguait que l'article en question était la reproduction exacte d'une clause du contrat d'affermage déclarée illicite par la cour d'appel : "attendu que si, pour trancher un débat sur les conditions d'un abonnement né entre le concessionnaire d'un service de distribution d'eau et un abonné, les tribunaux judiciaires sont amenés, non pas seulement à statuer sur la police d'abonnement, contrat de droit commun, mais aussi à se référer aux dispositions du cahier des charges, intervenu entre la commune et le concessionnaire, pour apprécier leur légalité, ils doivent surseoir à statuer". De même, dans l'arrêt de 1994 de la Cour de cassation, Syndicat intercommunal des eaux de Croix[87], le contrat reproduisait les clauses du règlement de service et les juges du fond avaient accepté d'appliquer la législation sur les clauses abusives à ces clauses, qu'ils avaient eux-mêmes qualifiées de "contractuelles". La haute juridiction censure l'arrêt d'appel, en jugeant qu'il aurait fallu rechercher si les clauses en question n'avaient pas un caractère réglementaire[88]. Il s'agissait pourtant d'une clause obligeant l'usager à un minimum de consommation, clause qui, si on suit la tendance tracée précédemment, n'aurait dû poser aucun problème au juge judiciaire.

640. Demeure cependant une jurisprudence dissidente du tribunal de commerce de Paris, datant de 1985[89], à propos des contrats verbaux : "il n'est pas contesté que dans le présent litige, les dispositions ci-dessus rappelées (article 20 du cahier des charges sur la responsabilité en cas de coupure de courant) ne sont pas reprises dans un contrat écrit, (...), puisqu'il n'y a pas de contrat écrit. Or, même s'il n'y a pas de contrat écrit, EDF entend faire application de l'exonération de l'article 20 du cahier des charges dans ses rapports contractuels avec le cabinet Granger. Le tribunal constate qu'une telle application serait

---

[85] TGI Angers, 11 mars 1986, Briant c/ EDF, *CJEG* novembre 1986, J, p.411, *JCP* 1987, II, 20789, note J.-P. Gridel ; CA Angers, 16 décembre 1987, SARL Horti Jardin c/ EDF, *CJEG* 1988, p.179, note P. Sablière ; Civ I, 24 janvier 1995, Société Héliogravure c/ EDF, *CJEG* 1995, p.270, note J. Nénert ; CA Amiens, 21 novembre 1996, Gout c/ EDF, *CJEG* 1997, p.316 ; Civ I, 13 novembre 1996, Union fédérale des consommateurs c/ France Télécom, *D.* 1996, IR, p.262, Contrats, concu. et consom., février 1997, p.21, note G. Raymond.

[86] Civ., 30 juin 1908, Société des eaux d'Oran c/ Drougnon, *DP* 1908, I, p.458.

[87] Civ I, 22 novembre 1994, *CJEG* 1995, p.266, note P. Sablière, à propos d'une clause de consommation minimale. voir également, CA Dijon, 2 juillet 1992, Société de distribution d'eau intercommunale c/ Union fédérale des consommateurs, *JCP* 1993, IV, 1587, *Rev. jur. droit des aff.* 1993, n°11. Cette jurisprudence ne fait que confirmer un arrêt de la Cour de cassation, du 23 juin 1909, Berluque, *D.* 1910, I, p.23.

[88] Dans l'arrêt de la première chambre civile, du 31 mai 1988, Société des eaux de l'Essonne c/ Chable, *CJEG* 1988, p.418, note P. S., elle ne fait état que des clauses du règlement de service se référant au cahier des charges type.

[89] 23 octobre 1985, Granger c/ EDF, *JCP* 1990, II, 21573, note G. Paisant.

contraire à l'article 2 du décret du 24 mars 1978"[90] (décret d'application de la loi du 10 janvier 1978). Cette position est à la fois antérieure et contraire à celle de la Cour de Cassation, qu'il faut retenir, mais elle semble plus logique, dans la mesure où comme le souligne M. Paisant[91], "ce sont les clauses du contrat et non celles de l'acte qui les a inspirées qu'il importe de confronter à la législation sur les clauses abusives".

641. Les oeillères du juge judiciaire, que celui-ci règle à volonté semble-t-il, occasionnent des incohérences juridiques, puisqu'un même type de clauses sera tantôt jugé par un juge civil, tantôt par un juge administratif, en fonction de règles mystérieuses qui s'attachent plus à l'origine de la clause et à son approbation par l'autorité administrative qu'à son contenu ! Là encore, on reconnaît la définition formelle de la clause réglementaire adoptée par le juge judiciaire. Cependant, une seconde constatation s'impose : le juge judiciaire s'est montré généralement beaucoup plus à l'aise avec les clauses du second groupe qu'avec les clauses du premier lorsqu'il s'agit d'en apprécier la validité. Cela est tout à fait normal, car il s'agit en réalité de clauses que l'on retrouve dans n'importe quel contrat de droit privé, l'acte administratif ne jouant qu'un rôle de prédétermination du contenu des futurs contrats.

642. Pourquoi ne pas approfondir cette seconde tendance au détriment de la première ? Si le juge judiciaire retenait une définition matérielle de la clause réglementaire et non plus formelle, rien ne s'opposerait à ce qu'il soit compétent pour apprécier la validité des clauses du second groupe, sans que l'argument selon lequel elles procèdent d'un acte administratif puisse avoir le moindre effet.

643. Le bloc de compétence du juge judiciaire est très étendu, et devrait encore s'étendre, ce qui éviterait de fréquentes questions préjudicielles.

644. Si l'étendue de la compétence du juge judiciaire se définit à partir de la constitution d'un bloc de compétence, celle du juge administratif s'appréhende au contraire par le biais des divers recours offerts à l'usager.

---

90 Dans le même sens, CA Lyon, 1er décembre 1982, EDF c/ SA Aciéries du Furan, *CJEG* 1983, p.108, note P. Lonnoy.

91 Note sous le jugement, préc.

- *SECTION II* -

La panoplie de recours à la disposition de l'usager

645. D'ores et déjà, certains recours dont dispose l'usager ont été mis en évidence au cours de l'identification des dispositions administratives du statut de l'usager, car souvent, la nature administrative d'un acte, ou de la clause d'un contrat, se déduisait de l'admission d'un recours pour excès de pouvoir à son encontre, ou de son invocabilité à l'appui d'un tel recours. Il s'agit désormais de répertorier l'ensemble des moyens de droit dont dispose l'usager pour faire valoir ses prétentions, mais surtout on mettra en évidence les obstacles contentieux dressés devant les usagers pour faire valoir leurs droits. La constitution d'un bloc de compétence au profit du juge judiciaire souffrait parfois de la nécessité de poser des questions préjudicielles au juge administratif, ce qui engendrait un allongement de la procédure. Faut-il par ailleurs se réjouir de la multiplication des recours devant le juge administratif, indépendants de toute action devant le juge judiciaire, et visant à impliquer l'autorité administrative organisatrice du service ? D'un côté la compétence du juge administratif est lourde à gérer et de l'autre, c'est le seul moyen d'impliquer une autorité administrative : ce paradoxe est-il admissible ?

646. La nature des recours à la disposition de l'usager est un indice de la nature de sa situation. Dispose-t-il de recours objectifs ou subjectifs ? L'action en responsabilité devant le juge judiciaire est-elle de nature délictuelle ou contractuelle ?

647. On adoptera une présentation classique des recours en distinguant les recours devant le juge administratif (§1) et les recours devant le juge judiciaire (§2).

§ 1. Les recours devant le juge administratif.

648. Il n'est pas nécessaire de revenir sur deux recours dont il a déjà largement été question : premièrement, l'usager peut exercer un recours pour excès de pouvoir contre les actes administratifs unilatéraux, réglementaires et relatifs à l'organisation du service et deuxièmement, depuis les années cinquante / soixante, la constitution d'un bloc de compétence au profit du juge judiciaire impliquait que le recours pour excès de pouvoir contre des actes individuels pris par l'autorité administrative exploitante du service à l'encontre de l'usager n'était plus recevable.

649. Deux problèmes distincts sont soulevés quant aux recours dont dispose l'usager[92]. Un premier type de recours concerne l'accès des usagers au contentieux du contrat de délégation de service public (A). Actuellement, l'usager, en tant que tiers au contrat de délégation, voit pourtant son accès à ce type de contentieux élargi. On étudiera donc ce contentieux en mettant en évidence les obstacles qui demeurent ou, au contraire, les facilités accordées à l'usager. Le second type de recours s'inscrit dans une problématique très différente. Il s'agit du contentieux pouvant survenir entre l'usager et

---

[92] Pour un résumé, voir L. Renaud, note sous CE, 7 novembre 1958, Société électricité et eaux de Madagascar c/ Sieur Nicola, *CJEG* 1959, p.113.

l'autorité administrative délégante ou de tutelle (B). Ici, on abordera la question de la légitimité des facultés offertes à l'usager d'impliquer systématiquement une autorité administrative, alors que le contentieux le plus "naturel" est celui opposant l'usager à l'exploitant.

A. L'accès des usagers au contentieux du contrat de délégation.

650. L'accès des usagers au contentieux du contrat de délégation tourne essentiellement autour de l'utilisation contentieuse des clauses réglementaires par l'usager. De telles clauses sont à la fois invocables à l'appui d'un recours pour excès de pouvoir et d'un recours en responsabilité, quel que soit l'ordre de juridiction saisi (1°). On s'est également demandé si une clause réglementaire pouvait faire l'objet d'un contrôle de légalité par voie d'exception (2°). Aujourd'hui, cette question n'est plus d'actualité dans la mesure où le recours pour excès de pouvoir est admis à l'encontre de telles clauses (3°).

651. Cependant, si ce n'est plus la présence des clauses réglementaires dans un ensemble contractuel qui pose problème pour l'accès des usagers à ce contentieux, la difficulté semble s'être déplacée vers le contentieux des clauses contractuelles (4°). On mentionnera ensuite un contentieux tombé en désuétude, qui est celui de l'accès des tiers au juge du contrat de concession, action de plein contentieux (5°). Enfin, la question particulière de l'intérêt à agir des groupements d'usagers sera traitée à part, car elle fera l'objet, par la suite, d'une comparaison avec l'action des associations d'usagers devant le juge judiciaire (6°).

1°) L'invocabilité de la clause réglementaire à l'appui d'un recours.

652. Sans en contester la légalité même, les usagers des services publics industriels et commerciaux peuvent, à l'appui d'une action en responsabilité ou d'un recours pour excès de pouvoir contre un acte administratif, invoquer la contrariété de la position de l'autorité chargée du service, de l'autorité délégante ou de tutelle, avec une clause réglementaire du contrat de délégation ou du règlement de service.

653. Cette possibilité est inaugurée[93] dans le célèbre arrêt du Conseil d'Etat de 1906, Syndicat des propriétaires et contribuables du quartier de la Croix de Seguey Tivoli, où des usagers ont pu se prévaloir d'un article du cahier des charges de la concession à l'appui d'un recours contre le refus du préfet d'obliger la compagnie concessionnaire à rétablir une ligne de tramways. Malgré la célébrité de cette jurisprudence de principe, il faut préciser que les tribunaux de l'ordre judiciaire avaient admis les moyens tirés de la méconnaissance des stipulations des cahiers de charges à l'appui des diverses réclamations des usagers dès le XIXème siècle[94].

---

[93] Un arrêt du Conseil d'Etat du 3 février 1905, Storch, *RDP* 1905, p.346 avait déjà admis cette possibilité, mais le requérant n'était pas un usager du service public. Dans l'arrêt CE, 6 mars 1903, Ardisson, *Rec.*, p.196, il s'agissait de la décision de l'autorité concessionnaire qui était attaquée et non le refus de l'autorité de tutelle comme dans l'arrêt Croix de Seguey Tivoli.

[94] Civ, 25 juin 1884, Veuve Jouanne, *DP* 1884, I, p.441.

654. Ainsi, les clauses réglementaires des contrats de délégation de service public ont pu être invoquées fréquemment à l'appui de recours pour excès de pouvoir contre des actes individuels ou réglementaires émanant de l'autorité de tutelle, puis de l'autorité concédante[95] ou de la personne chargée de l'exploitation du service public[96]. De même, l'invocabilité de clauses réglementaires semble tout à fait admise à l'appui d'une action en responsabilité contre l'autorité concédante[97].

655. Jusqu'à présent, bien qu'invoquée à l'appui de divers recours, ce n'était pas de l'illégalité de la clause réglementaire dont il était question, seule sa contrariété avec l'acte de l'autorité administrative était en cause. Pourrait-on, par voie d'exception, contester la légalité de telles clauses ?

2°) L'illégalité de la clause réglementaire par voie d'exception.

656. Il y a plus de dix ans, M. Moderne[98] a observé qu'il n'existait aucun arrêt venant confirmer la possibilité pour les tiers d'invoquer à l'appui d'un recours pour excès de pouvoir l'illégalité des clauses réglementaires d'un contrat de délégation de service public. Cependant, comme le remarque à juste titre M. Richer[99], il est beaucoup plus fréquent que le juge administratif se livre à l'appréciation de légalité des clauses réglementaires des contrats de délégation de service public sur renvoi préjudiciel de l'autorité judiciaire. C'est ainsi que le Conseil d'Etat, dans l'arrêt Chartier de 1924[100], a apprécié la validité d'une clause d'un contrat de concession au regard de la loi du 15 juin 1906 sur les distributions d'électricité. La validité des polices types est également appréciée de cette manière[101]. Aujourd'hui, c'est à propos de litiges concernant des factures adressées aux usagers, et soumises à la compétence du juge judiciaire, que ces derniers contestent la légalité des clauses tarifaires contenues dans les contrats de délégation de service public, par le biais de questions préjudicielles adressées au juge administratif[102].

---

[95] CE, 15 novembre 1907, Poirier, *RDP* 1909, p.48, note G. Jèze ; CE, 27 novembre 1935, Beaudouin, *D.* 1936, III, p.74, note Ch. Blaevoet ; CE, 4 décembre 1936, De Roche du Teilloy, *D. 1937, III*, p.4, note A. Heilbronner; CE, 26 février 1937, Balthazar, *Rev. concess.* 1937, p.60 ; CE, Section, 24 avril 1942, Compagnie Air France, *Rec.*, p.134 ; CE, 1er décembre 1971, Etablissements Dubreuil, *Rec.*, p.735 ; CE, Section, 18 mars 1977, Chambre de commerce de la Rochelle, *Rec.*, p.153.

[96] CE, 6 mars 1903, Ardisson, *Rec.*, p.196.

[97] CE, Section, 7 novembre 1958, Société "Electricité et eaux de Madagascar" c/ Sieur Nicola, *Rec.*, p.530, concl. Heumann.

[98] "Les arrêts et le contentieux de la concession de service public", *RFDA* 1987, p.11. Du même avis, chron D. Chauvaux et T-X. Girardot sous CE, Assemblée, 10 juillet 1996, Cayzeele, *AJDA* 1996, p.734. L'arrêt Picard du 23 février 1968, *Rec.*, p.131, semblait admettre que des tiers puissent se prévaloir à l'appui d'un recours pour excès de pouvoir de l'illégalité de la convention passée entre l'Etat et Air France, mais dans leur chronique à l'*AJDA* (1968, p.224), J. Massot et J.-L. Dewost ont fait remarquer que la solution n'était pas fondée sur le fait que certaines clauses de la convention auraient eu un caractère réglementaire, mais sur le fait que le contrat présentait dans son intégralité un caractère réglementaire.

[99] Note sous la jurisprudence Bessis, préc.

[100] CE, 14 novembre 1924, *Rec.*, p.892.

[101] CE, 11 avril 1919, Compagnie générale du gaz pour la France et l'étranger, *Rec.*, p.377 et 16 mai 1919, Bezançon, *Rec.*, p.433.

[102] Par exemple, voir TA Bordeaux, 11 juin 1998, SLEE-Dumez, n°9501349.

657. Le contentieux de la clause réglementaire a subi un bouleversement en 1996, puisque désormais sont recevables les recours pour excès de pouvoir à son encontre.

3°) Le recours pour excès de pouvoir à l'encontre des clauses réglementaires.

658. Depuis l'arrêt Cayzeele de 1996[103], le recours pour excès de pouvoir contre les clauses réglementaires des contrats de délégation de service public est admis[104], homogénéisant par la même le contentieux des actes administratifs réglementaires relatifs au statut de l'usager.

659. Le délai de recours joue en faveur des usagers lorsqu'ils attaquent par la voie du recours pour excès de pouvoir les clauses réglementaires d'un contrat de délégation. En effet, de tels contrats sont rarement publiés, comme le montre l'arrêt Cayzeele[105], où le recours à l'encontre du contrat avait été formé plus de trois ans après sa conclusion : "il ne ressort d'aucune pièce du dossier que ce contrat ait fait l'objet d'une mesure de publicité (...) que la circonstance que M. Cayzeele a, sur sa demande, obtenu une copie du contrat dont il s'agit n'est pas de nature à faire courir le délai de recours contentieux à son encontre ; que, dès lors, la requête (...) n'était pas tardive." Cependant, l'article L. 2121-24 du CGCT dispose que le dispositif des délibérations approuvant une convention de délégation de service public fait l'objet d'une insertion dans une publication locale diffusée dans la commune.

660. Le recours en appréciation de validité ou en interprétation doit être aussi évoqué. Le principe applicable est que les usagers ne disposent pas de la possibilité d'exercer un recours direct en interprétation ou en appréciation de légalité d'un acte administratif entrant dans la composition de leur statut, en l'absence d'un renvoi préjudiciel du juge judiciaire. Ainsi, ils doivent s'adresser d'abord au juge judiciaire pour le règlement d'un litige particulier et si celui-ci nécessite une appréciation de validité ou l'interprétation d'une clause réglementaire, alors seulement le juge administratif sera saisi d'une question préjudicielle[106].

661. Si les voies de droit à l'encontre des clauses réglementaires se multiplient, les obstacles se dressent lorsqu'il s'agit de contester les clauses contractuelles.

---

103 CE, Ass., 10 juillet 1996, Cayzeele, RFDA. 1997, p.89, note P. Delvolvé, *AJDA* 1996, p.807, chron. D. Chauvaux et T. -X. Girardot, *CJEG* 1996, p.382, note P. Terneyre, *JCP* 1997, I, n°4019, chron. J. Petit.

104 Auparavant, le recours pour excès de pouvoir n'était pas admis à l'encontre des cahiers des charges particuliers des contrats de concession ; CE, 26 décembre 1913, Brosson, *Rec.*, p.1298 ; CE, 20 décembre 1933, Chamfrault, *Rec.*, p.1202 ; CE, Ass., 16 avril 1986, Compagnie Luxembourgeoise de Télédiffusion, *RDP* 1986, p.857, concl. Dutheillet de Lamothe ; *AJDA* 1986, p.284, chron. Azibert et Fornacciari ; CE, 17 décembre 1986, Société Hit TV, *AJDA* 1987, p.125, chron. Azibert et de Boisdeffre.

105 Préc.

106 Cons. préf. Seine, 9 décembre 1929, Compagnie parisienne de distribution d'électricité, *JCP* 1930, p.379 ; CE, 3 juin 1937, Dame Veuve Belloc, *Rec.*, p.574 ; CE, 5 novembre 1937, Union hydroélectrique de l'ouest constantinois, *DH* 1938, p.88, *S.* 1938, III, p.65, note P. Laroque ; CE, 15 juillet 1957, Société industrielle des oléagineux, *Rec.*, p.489, *AJDA* 1958, II, p.3 ; CE, 9 octobre 1959, Hôpital hospice de Dax, *CJEG* 1960, p.109 et la note ; CE, 23 mars 1988, *Gaz. Pal.* 1988, Tables, p.455.

4°) La contestation des clauses contractuelles.

662. A l'appui d'un recours contre un acte d'approbation du contrat, l'illégalité de n'importe quelle clause du contrat est invocable[107]. Les clauses réglant les relations financières entre le délégant et le délégataire sont normalement considérées comme des clauses contractuelles. Cependant, dans l'accès au contentieux de la clause contractuelle, plusieurs obstacles se dressent devant l'usager.

663. En premier lieu, si l'usager veut invoquer l'illégalité d'une clause contractuelle devant le juge judiciaire, il doit au préalable obtenir de ce dernier un renvoi préjudiciel au juge administratif afin qu'il juge de la légalité de la clause en question. Dans ce domaine, le juge judiciaire fait preuve d'une certaine incohérence. Il serait logique de considérer que la légalité du contrat dans son ensemble n'est pas susceptible de faire l'objet d'un renvoi préjudiciel, seules les clauses réglementaires pouvant être contestées par ce biais[108]. Des usagers avaient tenté de contester l'illégalité du contrat de délégation dans son ensemble, lorsque la délibération du conseil municipal autorisant le maire à signer le contrat n'avait été transmise au préfet que postérieurement à la signature elle-même. Malgré la contestation de clauses contractuelles dans le litige, le renvoi préjudiciel a été admis[109]. Paradoxalement, a été jugée irrecevable la demande de question préjudicielle portant sur la légalité même d'un contrat de délégation, alors qu'était en réalité en cause la légalité des clauses tarifaires, qui sont des clauses réglementaires[110]. La difficulté peut aisément être contournée si l'usager décide de contester la légalité de l'acte approuvant le contrat, en invoquant ensuite l'illégalité de clauses contractuelles[111], car on sait qu'à l'appui de la contestation de l'acte approuvant le contrat on peut invoquer tout type de clauses. Néanmoins, si les usagers obtiennent satisfaction sur le plan de la question préjudicielle, d'autres obstacles se dressent.

664. Lors de l'examen de la notion d'usager, seule la qualité pour agir a été évoquée, définie comme la liaison entre la particularité propre au requérant en relation avec l'objet de l'acte attaqué, en laissant de côté l'intérêt à agir, qui se rapporte au droit lésé ou froissé du requérant[112]. En effet, si le simple fait d'être un usager suffit pour admettre une qualité

---

[107] CE, 20 décembre 1933, Chamfrault, *Rec.*, p.1202 ; CE, 1er juillet 1936, Veyre, *S.* 1937, III, p.105, note J. L'Huillier. Plus récemment, CE, 30 septembre 1996, Société Stéphanoise des eaux, *D.* 1996, IR, p.251.

[108] Tribunal de commerce de Lyon, 10 juin 1998, Syndicat intercommunal de distribution d'eau Rhône Loire Nord, inédit.

[109] CA Lyon, 18 décembre 1998, SDEI c/ Abellard, n°97/07939 ; TI de Carpentras, 27 janvier 1998, SDEI c/ Baldelli et UFC, n°56/ML.

[110] Ainsi, dans l'arrêt de la Cour d'Appel de Nîmes du 2 septembre 1998, CISE, n°98/1588, c'est la surtaxe d'assainissement qui était contestée. Pour une position différente, voir Trib. com. de Lyon, 10 juin 1998, Soc. Abellard c/ SDEI, n°97JO5423 : le juge accepte le renvoi préjudiciel, alors que la légalité du contrat d'affermage ou, à titre subsidiaire, celle des clauses tarifaires qui sont réglementaires, était contestée.

[111] TA Dijon, 7 octobre 1997, Segaud c/ Commune de Chalon-sur-Saône, *AJDA* 1998, p.172, note L. Richer : un usager ne peut invoquer l'illégalité des clauses du contrat de concession relatives à la fixation de la redevance d'occupation du domaine public car elles n'ont pas de caractère réglementaire et elles n'influencent nullement le tarif payé par les usagers.

[112] Voir n°264 et s.

pour agir à l'encontre des actes réglementaires d'organisation du service[113], l'intérêt à agir, quant à lui, n'est pas si automatiquement admis.

665. C'est d'abord sur le terrain de l'intérêt à agir que le contentieux des clauses contractuelles s'est déplacé. On aurait pu dire de certaines clauses financières, en raison de leur étroite liaison avec le tarif, qu'elles sont en réalité des clauses réglementaires, ce qui aurait simplifié le contentieux. Il n'en est rien : le lien direct avec le tarif est apprécié au regard de l'intérêt à agir du requérant. Le Conseil d'Etat, dans un arrêt du 30 septembre 1996, Société Stéphanoise des eaux[114], annule une délibération adoptant de nouveaux tarifs car les clauses financières régissant les rapports entre la ville et le concessionnaire, invoquées par les usagers requérants, démontraient clairement que certaines dépenses, "répercutées sur le tarif payé par les usagers", étaient contraires au principe selon lequel les usagers ne doivent payer que la contrepartie du service rendu[115]. En matière de services publics industriels et commerciaux, le tribunal d'instance de Saint Palais, le 8 novembre 1996[116], admet l'invocabilité de la clause du contrat d'affermage concernant la redevance à payer par le fermier au délégant.

666. Dans d'autres cas, l'usager ne dispose pas d'un intérêt à agir. On se contentera de citer un jugement du tribunal administratif de Lyon de 1997[117], des plus explicites à ce sujet : "les autres requérants se prévalent de leur *qualité* d'usager du service de l'eau pour demander l'annulation de la délibération (...) cette délibération approuve une convention qui, en tant que telle se borne à organiser les modalités de compensation entre les dettes et créances respectives des parties (concédant et concessionnaire), n'emporte, en tant que telle, aucune conséquence sur la situation des usagers du service, et notamment sur le tarif applicable à la fourniture d'eau potable ; que les requérants ne justifient pas d'un *intérêt suffisant* pour en demander l'annulation."

667. L'obstacle dressé par l'intérêt à agir permet tout de même aux usagers de contester, dans certains cas, en passant par l'acte approuvant le contrat et en l'occurrence les tarifs, les clauses financières du contrat de délégation. Il s'agirait d'une voie de droit intéressante, dans la mesure où elle permettrait de contourner la distinction clause

---

113 CE, Section, 24 avril 1942, Compagnie Air France, *Rec.*, p.134 ; TA Lyon, 28 mai 1996, Crts Liatier et Poulain c/ Syndicat des Monts du Lyonnais, n°9501996.

114 *D.* 1996, IR, p.251.

115 Voir également CE, 30 octobre 1996, Mme Wajs et M. Monnier, *AJDA* 1996, p.1041, chron. D. Chauvaux et T.-X. Girardot, *CJEG* 1997, p.52, concl. J.-D. Combrexelle : "il existe des clauses dans les cahiers des charges qui sans avoir pour objet l'organisation et le fonctionnement du service affectent celui-ci et la situation des tiers" ; CE, 14 janvier 1998, Porelli, *DA* 1998, n°81.

116 TI Saint Palais, 8 novembre 1996, SA Agur, req. n°19600067.

117 29 janvier 1997, Véricel et Tartary, req. n°9600753, 9600777 et 9600779. Voir également, TA Lyon, 22 décembre 1994, J.-L. Gagnaire, req. n°9402515 : "considérant que les conditions financières dans lesquelles le service de la distribution d'eau potable de la ville de Saint Etienne fournit de l'eau à d'autres collectivités locales est susceptible d'influencer sur le prix réclamé aux usagers de ladite ville, cette circonstance n'est pas suffisante pour conférer auxdits habitants un intérêt pour contester la délibération approuvant la stipulation (...) relative aux conditions de cette fourniture."

réglementaire / clause contractuelle. Le tribunal administratif de Dijon, en 1997[118], a coupé court à ces aspirations contentieuses en jugeant que la décision d'approuver le contrat et la décision de signer prise par le maire n'étaient pas des actes réglementaires, et ainsi que les requérants ne pouvaient en invoquer l'illégalité par voie d'exception plus de trois ans après leur édiction. Ainsi, ce sont la nature de la décision d'approuver le contrat et la règle de l'exception d'illégalité qui constituent de véritables obstacles.

5°) Un contentieux tombé en désuétude : l'action de l'usager devant le juge du contrat de concession.

668. Grâce à la théorie de la stipulation pour autrui, il a été admis dans l'arrêt Gay, de 1926[119], que l'usager disposait d'un recours devant le juge du contrat de concession contre le refus opposé par la commune, autorité concédante, de faire droit à sa demande tendant à obtenir du concessionnaire le bénéfice d'une clause du cahier des charges prévoyant l'installation de l'éclairage sous certaines conditions.

669. Cette jurisprudence est néanmoins demeurée isolée car de nombreuses critiques[120] lui ont été adressées. En effet, aucune des conditions posées par l'article 1121 du Code civil ne semble satisfaite : "on peut (...) stipuler au profit d'un tiers, lorsque telle est la condition d'une stipulation que l'on fait pour soi-même ou d'une donation que l'on fait à un autre. Celui qui a fait cette stipulation ne peut la révoquer, si le tiers a déclaré vouloir en profiter." En premier lieu, les droits et obligations des usagers devraient apparaître comme la cause déterminante de l'engagement du stipulant, à savoir l'autorité publique concédante. Selon L. Aulagnon[121], on ne peut soutenir que les tarifs applicables aux usagers sont la cause déterminante de l'engagement de l'autorité administrative, car cela reviendrait à dire que la commune accepte de payer un tarif élevé pour ses propres besoins, afin que ses administrés bénéficient d'avantages tarifaires. Cependant, cette critique n'est plus pertinente au regard d'une jurisprudence plus récente qui admet jusqu'à l'intérêt simplement moral du stipulant[122]. En effet, si ce n'est l'existence d'un devoir moral, on peut dire que la présence des clauses dites "réglementaires" dans le contrat de délégation de service public répond à un intérêt public[123] dont l'autorité administrative a la charge, ce qui devrait suffire à satisfaire de ce point de vue les conditions de la

---

118 TA Dijon, 7 octobre 1997, Segaud c/ Commune de Chalon-sur-Saône, *AJDA* 1998, p.172, note L. Richer. Position confirmée par le Conseil d'Etat, 29 décembre 1997, Bessis, *AJDA* 1998, p. 287.

119 CE, 29 octobre 1926, Sieur Gay, *Rec.*, p.910, *Rev. concess.* 1927, p.22. Ce type de recours a également été admis en faveur des agents du service, CE, 22 juillet 1927, Syndicat des employés et contremaîtres des secteurs électriques de la Seine, *D.* 1928, III, p.41, note M. Waline.

120 M. Hauriou a pendant un court moment semblé adhérer à la thèse de la stipulation pour autrui, note sous CE, 30 mars 1916, Compagnie générale d'éclairage de Bordeaux, *S.* 1916, III, p.17. Plus tard, voir également, E. Vercier, "Les clauses d'exonération et de limitation de responsabilité dans les polices d'abonnement de gaz et d'électricité", *CJEG* 1950, p.106.

121 "De la situation juridique des titulaires de polices d'abonnement à l'égard des compagnies concessionnaires de service public", préc.

122 Req., 30 avril 1988, *D.* 1988, I, p.291.

123 M. Waline, note sous CE, 4 décembre 1936, de Roche du Teilloy, *D.* 1937, III, p.4.

stipulation pour autrui. Par ailleurs, si d'aucuns ont critiqué le fait que les tiers bénéficiaires, c'est-à-dire l'ensemble des usagers, n'étaient pas déterminables, il faut souligner qu'il doit simplement être possible de les déterminer individuellement le jour où la condition doit recevoir effet, sans qu'il soit nécessaire de les désigner nominativement[124]. C'est bien le cas au moment où l'usager prend contact avec l'exploitant pour bénéficier du service.

670. En revanche, deux autres critiques adressées à la jurisprudence Gay sont beaucoup plus convaincantes. D'une part, après l'acceptation du tiers bénéficiaire, la stipulation pour autrui est irrévocable : dans ce cas, comment expliquer l'application aux usagers effectifs de nouveaux tarifs ?[125] Si la conclusion du contrat par l'usager vaut acceptation, le tarif qui est indiqué dans le contrat de concession à cette époque ne pourrait normalement plus être modifié, ce qui tendrait à démontrer que la stipulation pour autrui est impuissante à justifier l'application du principe de mutabilité tarifaire à l'usager[126]. D'autre part, le tiers bénéficiaire, c'est-à-dire l'usager, ne devrait disposer que d'une action devant le juge du contrat contre le promettant, à l'exclusion de tout autre lien de droit contre celui-ci, ou d'une action contre le stipulant. Or, en premier lieu il faut remarquer que le tiers bénéficiaire et l'exploitant sont juridiquement liés par un contrat et en second lieu, la jurisprudence Gay semble méconnaître elle-même le mécanisme de la stipulation pour autrui, puisque l'usager a pu exercer une action contre le stipulant, à savoir l'autorité municipale[127]. De plus, l'usager dispose d'une voie de droit parallèle, celle du recours pour excès de pouvoir à l'encontre du "stipulant".

671. Ces diverses critiques expliquent pourquoi ce recours est aujourd'hui tombé en désuétude, puisqu'aucun arrêt postérieur à 1926 ne fait état de son utilisation. A côté de l'examen des divers recours, une place à part doit être réservée à une condition de recevabilité particulière, celle de l'intérêt à agir des groupements dans ce domaine.

6°) L'action des groupements devant le juge administratif.

672. Il est admis par le Conseil d'Etat, depuis l'arrêt de 1906, Syndicat des propriétaires et contribuables du quartier Croix de Seguey Tivoli[128], que les associations d'usagers ont intérêt à agir contre les actes de l'autorité de tutelle, dans la mesure où leur

---

124 Civ., 28 décembre 1927, *DH* 1928, p.135.

125 Voir n°785 et s.

126 L. Aulagnon, "De la situation juridique des titulaires de polices d'abonnement à l'égard des compagnies concessionnaires de service public", préc. ; J. Gosset, *Distributeurs et usagers du gaz et de l'électricité*, Th. préc. p.58 et s ; C. Chavanon, *Essai sur la notion et le régime juridique du service public industriel ou commercial*, Th, Sirey, 1949, p.277.

127 Voir A. Heilbronner, note sous CE, 4 décembre 1936, de Roche du Teilloy, préc. ; P. Laroque, note sous CE, 5 novembre 1937, Union hydro-électrique de l'ouest constantinois, préc., sauf si le stipulant apparaît à son tour comme un promettant dans le cas où il s'engagerait également à procurer l'avantage au tiers, voir sa thèse, *Les usagers des services publics industriels*, préc., p.111 et s.

128 Préc.

objet social est en adéquation avec l'objet de l'acte incriminé[129]. Le caractère local de certains services publics et leur organisation en réseau justifient le fait que l'intérêt à agir des associations et groupements est interprété largement. Le groupement peut aussi bien être une association de consommateurs qu'une association d'habitants[130] ou de contribuables qui aurait comme objet social soit la défense de ses membres, soit la défense d'un quartier, l'intérêt urbanistique rejoignant ici l'intérêt consumériste[131]. Il a même été admis que des groupements d'entreprises, invoquant un intérêt commercial, puissent agir contre des mesures prises par l'exploitant concernant aussi bien les professionnels que les usagers domestiques[132]. Le Conseil départemental des associations familiales laïques a également pu attaquer une délibération portant sur le prix de l'eau[133].

673. Cette conception très large de l'intérêt à agir des associations d'usagers est toutefois limitée, puisque dans l'arrêt Association Narbonne Libertés de 1989[134], le Conseil d'Etat dénie tout intérêt à agir à une association ayant pour objet social de "favoriser les libertés publiques et la démocratie" contre la décision de signer un contrat de délégation de service public.

674. Les obstacles qui étaient dressés devant l'usager dans l'accès au contentieux du contrat de délégation se lèvent peu à peu, ce qui est souhaitable. En revanche, c'est à un mouvement inverse qu'obéit le contentieux visant à impliquer l'autorité administrative délégante ou de tutelle.

B. L'implication de l'autorité administrative délégante ou de tutelle.

675. L'usager dispose de deux types de recours à l'encontre de l'autorité administrative délégante : le recours pour excès de pouvoir (1°) et l'action en responsabilité (2°). Compte tenu de la forte implication contentieuse de l'autorité délégante, on peut se demander si le rapport qu'elle entretient avec les usagers, qui sont également les habitants et contribuables de la collectivité, peut être qualifié de représentation (3°).

---

129 Ainsi le Conseil d'Etat vérifie cette adéquation : "cons. que le syndicat (...) s'est constitué en vue de pourvoir à la défense des intérêts du quartier, d'y poursuivre toutes améliorations de voirie, d'assainissement et d'embellissement, que ces objets sont ceux au nombre de ceux qui peuvent donner lieu à la formation d'une association aux termes de l'article 1er de la loi du 1er juillet 1901 ; qu'ainsi, l'association requérante, (...) , a qualité pour ester en justice."

130 CE, 11 mai 1928, Sieur Mehaignery, *Rec.*, p.1049 : association de commerçants et propriétaires.

131 Pour des recours exercés par des associations d'usagers, voir par exemple CE, 16 novembre 1962, Association nationale des usagers de l'électricité, *Rec.*, p.610 ; CE, Ass., 1er février 1985, "Union départementale des consommateurs de Paris", *CJEG* 1985, p.129, concl. Stirn ; CE, 19 juillet 1991, Fédération nationale des association d'usagers des transports, *AJDA* 1991, p.924, note D. Broussolle.

132 TA Saint Denis de la Réunion, 29 novembre 1989, Syndicat national du patronat moderne et indépendant c/ EDF, *CJEG* 1990, p.198, note P. Grégut.

133 TA Lyon, 22 décembre 1994, J.-L. Gagnaire, req., n°9402515.

134 CE, 26 juillet 1996, n°130363-130450. Cette précision figure dans la partie non publiée de l'arrêt.

1°) Le recours pour excès de pouvoir.

676. L'arrêt Croix de Seguey Tivoli, de 1906[135], consacre l'exercice du recours pour excès de pouvoir à l'encontre du refus de l'autorité administrative d'obliger son concessionnaire à respecter les clauses du contrat de concession. On a déjà mentionné la liste des actes de l'autorité délégante ou de tutelle, considérés comme des actes administratifs[136] : le recours pour excès de pouvoir est admis à l'encontre de tous les refus opposés à l'usager.

677. Ce contentieux présente l'avantage d'impliquer l'autorité administrative, chargée originairement d'organiser le service, mais, en contrepartie, est-il réellement efficace ? A plusieurs reprises, le juge a refusé d'accéder à la demande de l'usager, au motif qu'il ne faisait pas état d'un jugement émanant du juge judiciaire faisant droit à ses prétentions et reconnaissant l'obligation de l'exploitant d'agir dans un sens déterminé[137] ! Dès lors, comment sanctionner l'autorité concédante pour ne pas être intervenue afin d'obliger son concessionnaire à respecter une obligation non acquise en faveur de l'usager ? Par ailleurs, l'annulation du refus d'intervention n'équivaut pas automatiquement à l'obligation d'agir, l'administration pouvant, dans certains cas, se contenter de réexaminer la requête. N'est-ce pas là un contentieux réellement parasitaire vis à vis de l'action de l'usager devant le juge judiciaire du contrat de droit privé, puisque de toute façon celui-ci doit au préalable être saisi ? Cette question se pose également en plein contentieux.

2°) L'engagement de la responsabilité de l'autorité délégante ou de tutelle.

678. Si le recours pour excès de pouvoir est admis à l'encontre des actes de ces autorités administratives, il semble normal que l'illégalité dont est entachée la position de l'administration engage sa responsabilité si l'usager a subi un dommage.

679. L'administration, pour avoir refusé d'exercer un contrôle sur l'exploitant privé du service public a vu sa responsabilité pour faute de service quasi délictuelle engagée à plusieurs reprises[138]. Le commissaire du gouvernement Heumann, en 1958, dans ses conclusions sur l'arrêt Société "Electricité et eaux de Madagascar", s'interroge sur le bien fondé d'une telle solution. En effet, une action en responsabilité contre le concédant suppose un dommage bien distinct de celui résultant de l'inobservation de ses obligations par le concessionnaire, ce dernier dommage se rattachant à un contentieux purement privé. Dans l'arrêt Caire, de 1937[139], la responsabilité délictuelle du concédant a été engagée par

---

135 Préc.

136 Voir n°483.

137 Par exemple, CE, 27 novembre 1935, Beaudouin, *D.* 1936, III, p.74, note Ch. Blaevoet.

138 CE, 27 novembre 1935, Beaudouin, *D.* 1936, III, p.74, note Ch. Blaevoet ; CE, 5 novembre 1937, Caire, *Rec.*, p.899 ; CE, Section, 7 novembre 1958, Société "Electricité et Eaux de Madagascar c/ Sieur Nicola, *Rec.*, p.530, concl. Heumann, *CJEG* 1959, p.113, note L. Renaud.

139 CE, 5 novembre 1937, Caire, *Rec.*, p.899.

un voyageur victime d'un accident, que l'exploitant du service de transport n'avait pas pu indemniser faute d'être suffisamment assuré. Or, l'insolvabilité du concessionnaire avait été imputée au concédant qui aurait dû, en exerçant son contrôle, obliger le concessionnaire à respecter la clause du cahier des charges relative à l'obligation de souscrire une assurance. Ici, il y avait bien deux dommages distincts : l'accident imputable au concessionnaire et l'insolvabilité du même concessionnaire, imputable en partie à un défaut de contrôle du concédant.

680. Après avoir émis quelques doutes sur le maintien d'une telle solution[140], le commissaire du gouvernement Heumann s'exprime finalement en sa faveur, et ce pour plusieurs motifs. D'abord, il peut y avoir deux actions distinctes de la part du concédant et du concessionnaire, génératrices de deux responsabilités. Ensuite, le concédant demeure indépendant du délégataire et il est souvent plus solvable que ce dernier. La compétence du juge administratif peut en outre se voir alourdir d'un contentieux supplémentaire sans trop en souffrir. Enfin, l'action en responsabilité est le pendant du recours pour excès de pouvoir contre les actes de l'autorité administrative, et revenir sur l'action en responsabilité équivaudrait à revenir sur l'arrêt Croix de Seguey Tivoli.

681. Ces réflexions sont en parfaite harmonie avec la jurisprudence du Conseil d'Etat. Dans l'arrêt "Electricité et eaux de Madagascar", un usager réclamait une indemnité en raison du refus opposé par l'autorité concédante de contraindre le concessionnaire à effectuer certains travaux. Il a été jugé que "la prétendue existence d'une faute propre de service commise par cette autorité administrative se détache du litige existant entre le particulier et la société concessionnaire et relève de la compétence du juge administratif"[141]. Dans un arrêt plus ancien, de 1944[142], où un usager avait subi un accident du fait du mauvais fonctionnement de l'éclairage public concédé, le recours en responsabilité contre l'autorité concédante en réparation de l'accident lui-même n'a pas été reçu. Si l'arrêt demeure laconique sur ses motifs, on peut avancer l'idée que l'usager ne distinguait pas deux préjudices distincts, l'un résultant de l'action du concessionnaire, l'autre d'un défaut de contrôle du concédant. Enfin, dans une espèce plus récente de 1996[143], la responsabilité de la commune concédante a été engagée au motif qu'elle avait commis une faute envers les usagers en ne provoquant pas la modification du contrat de concession, alors que l'article L.322-2 du Code des communes, antérieurement à son abrogation par la loi du 2 mars 1982, l'y obligeait si le contrat était moins avantageux pour les usagers que les cahiers des charges types. Ici le dommage subi par les usagers est directement causé par l'inaction fautive de la collectivité concédante.

---

[140] Il existe un risque de voir le juge administratif trancher des litiges de la compétence du juge judiciaire. De plus, la voie du recours pour excès de pouvoir n'est plus admise en matière de régie, de même que l'action en responsabilité, pourquoi alors la maintenir en cas de concession ? Enfin, l'autorité concédante apparaît plus comme un cogestionnaire du service dont les fautes devraient être jugées par le juge du contrat de droit privé unissant l'usager à l'exploitant, c'est à dire le juge judiciaire.

[141] De même dans l'arrêt CE, 5 mars 1935, Cloitre, *Gaz. Pal.* 29 mai 1935.

[142] CE, 13 octobre 1944, Ville d'Alfortville c/ Ringuet, *Rec.*, p.266.

[143] CE, 10 juin 1996, Syndicat de copropriété principal "Les nouveaux horizons", *Rec.*, p.217. Voir également TA Limoges, 3 juin 1986, Mutuelle de l'Indre c/ EDF, *CJEG* juillet 1987, J, p.756.

682. Quoi qu'il en soit, le contentieux de la responsabilité présente les mêmes inconvénients que son homologue de l'excès de pouvoir. Dans l'arrêt Société des eaux de Madagascar, le Conseil d'Etat a refusé toute indemnité au requérant qui ne justifiait pas d'une décision de l'autorité judiciaire lui reconnaissant le droit que lui refusait le concessionnaire.

3°) La question de la représentation des usagers par l'autorité administrative délégante.

683. En matière de services publics locaux, la commune est-elle la représentante des usagers ? Il n'est pas facile de répondre à cette question car, sur le plan des principes, l'autorité publique peut sembler représenter les usagers lors de la négociation du contrat de délégation de service public, puisqu'elle agit pour leur procurer des droits et les astreindre à des obligations[144]. Cependant, il ne faut pas confondre l'obligation pour une personne publique d'agir dans l'intérêt général, avec la représentation de l'intérêt collectif des usagers. Ainsi, peut-on parler de représentation au sens de "mandat juridique" ? L'examen de deux types de recours permettra de répondre à cette question : d'une part, l'autorisation de plaider, qui permet à un contribuable d'exercer une action en lieu et place de la commune, et, d'autre part, la possibilité ou pas pour les communes d'exercer une action contre l'exploitant au nom des usagers. En d'autres termes, un usager-contribuable peut-il défendre un intérêt individuel à partir d'une action où il prend fait et cause pour la collectivité toute entière ? La commune, qui est l'incarnation de l'intérêt collectif transcendant, peut-elle agir au nom de la somme des intérêts individuels de ses habitants ?

684. Compte tenu de la superposition des qualités d'usager et de contribuable, principalement au niveau local, certains usagers ont exercé la faculté offerte par l'article 123 de la loi du 5 avril 1884, modifiée le 8 janvier 1905, et refondue en 1992[145] : "tout contribuable inscrit au rôle de la commune a le droit d'exercer, tant en demandant qu'en défendant, à ses frais et risques, avec l'autorisation du conseil de préfecture, les actions qu'il croit appartenir à la commune ou section, et que celle-ci, préalablement appelée à délibérer, a refusé ou négligé d'exercer".

685. P. Laroque, qui consacre quelques pages dans sa thèse[146] à ce sujet, remarque qu'aussi bien les usagers pris isolément que les groupements de contribuables, voire d'usagers, peuvent exercer cette action[147].

686. Pour ce qui est de la portée de l'action du contribuable, P. Laroque adopte une position digne d'intérêt. En effet, si le contribuable peut exiger du concessionnaire le bon fonctionnement global du service, représentant en cela l'intérêt collectif dont la commune a théoriquement la charge lorsqu'elle contracte avec un délégataire, peut-il aussi agir au

---

144 Voir M. Hauriou, note sous CE, 30 mars 1916, Compagnie générale d'éclairage de Bordeaux, préc.

145 R. Chapus, *Droit du contentieux administratif*, Montchrestien, 7ème édition, 1998, n° 557 et s., p.387 et s. Aujourd'hui, cette procédure est codifiée aux articles L. 2132-5 et s. du CGCT.

146 Th. préc., p.104 et s.

147 CE, 26 juin 1922, Mériot, *Rec.*, p.1015; CE, 1er mars 1926, Moreau, c/ Société Lebon, *Rec.*, p.1199.

profit d'un usager considéré individuellement et réclamer au profit de cet usager le bon fonctionnement du service ? La Cour de cassation[148] semble y répondre positivement, en considérant que la disposition de la loi de 1884 "habilite le contribuable à exercer le droit communal, non seulement dans l'intérêt de la collectivité, mais encore dans son intérêt propre, et pour défendre aux actions où il est pris individuellement en sa qualité d'habitant de la commune". P. Laroque reste cependant sceptique quant aux résultats d'une telle action car l'usager, qui agit à la place de la commune, ne pourrait par ce biais qu'obtenir l'application des sanctions contractuelles propres au contrat de délégation (déchéance, mise en régie, minimum de dommages intérêts) qui s'avéreraient bien lourdes si la faute du concessionnaire consiste à avoir refusé des prestations à un seul usager.

687. La distinction entre l'intérêt collectif et l'intérêt individuel des usagers s'exprime aussi dans l'impossibilité qu'ont les autorités concédantes de réclamer au concessionnaire les sommes qui leur auraient été indûment versées par les usagers[149], de même qu'elles ne peuvent réclamer la réparation du préjudice causé aux usagers par l'application tardive de nouveaux tarifs plus avantageux[150]. Outre les raisons pratiques invoquées[151] (comment reverser aux usagers les sommes en question, compte tenu du fait qu'il n'y a pas d'adéquation absolue entre eux et les contribuables qui seuls bénéficieraient des sommes versées au budget), l'origine des droits respectifs du concédant et des usagers justifie cette solution. En effet, la commune tire ses droits de sa qualité d'autorité concédante du contrat de concession, dont le contentieux est soumis au juge administratif. Ainsi, lorsqu'un contribuable bénéficie d'une autorisation de plaider, l'étendue de ses prétentions est soumise à l'étendue des droits dont dispose l'autorité concédante en vertu du contrat de concession. Mais lorsqu'il s'agit de sommes payées indûment par les usagers, ou de dommages qui leur sont causés, les droits en question résultent d'un autre acte, le contrat individuel, dont le contentieux appartient au juge judiciaire. La commune ne peut pas se substituer aux usagers dans ce cas.

688. Ainsi, l'intérêt collectif se distingue nettement des intérêts individuels qui le composent et les recours offerts par le droit administratif tendent principalement à sanctionner des obligations générales et impersonnelles, préalables à tout lien individuel entre l'usager et le service. Par deux fois on a rencontré un recours relatif à des liens individuels : d'une part, dans le contentieux existant entre l'usager et l'autorité concédante ou de tutelle et, d'autre part, en matière d'autorisation de plaider lorsque l'usager pouvait espérer obtenir la sanction d'un droit individuel. Le second cas, outre sa relative rareté, n'est pas d'une force probante évidente car l'usager agit au nom de la commune. Dans le premier cas, l'usager n'obtient satisfaction que si au préalable le juge judiciaire a déclaré fondé le droit invoqué : n'est-ce pas là la démonstration d'un contentieux parasitaire au regard du contentieux "naturel", qui est l'action de l'usager contre l'exploitant devant le juge judiciaire lorsque des liens individuels sont en cause ?

---

148 Civ., 3 juillet 1918, Laherre et Maychine, *S.* 1918, I, p.118.

149 CE, 8 août 1888, Commune de Neuilly, *Rec.*, p.732 ; CE, 24 janvier 1896, Ville de Siant Etienne, *Rec.*, p.68.

150 CE, 6 décembre 1935, Ville de Bergerac, *D.* 1936, III, p.49, note A. H.

151 Note A. H. sous Ville de Bergerac, préc.

689. La question de départ était de savoir s'il existe un véritable contentieux administratif à la disposition de l'usager du service public industriel et commercial. La réponse est affirmative pour tout ce qui concerne l'organisation du service, les relations générales et impersonnelles, et on peut même affirmer qu'il s'agit d'un contentieux exclusif de celui du juge judiciaire. Il existe aussi un contentieux liant l'usager et les autorités chargées du contrôle et de la surveillance du service, mais en aucun cas le juge administratif n'est compétent pour ce qui est des relations individuelles entre l'usager et l'exploitant. Pour ce type de relations, c'est le juge judiciaire qui demeure compétent.

§ 2. Les recours devant le juge judiciaire.

690. L'usager dispose de l'ensemble des recours mis à la disposition de tout contractant de droit privé : action en déclaration de nullité du contrat, exécution forcée et action en responsabilité. Ces deux premières actions ne présentent aucune spécificité particulière et on en rencontrera des exemples au cours des longs développements qui seront consacrés au régime applicable à l'usager[152]. Seule l'action en responsabilité est intéressante dans la recherche de la nature du lien qui unit l'usager à l'exploitant, dans la mesure où se pose la question de savoir si l'usager engage la responsabilité contractuelle ou délictuelle de l'exploitant. S'il s'agit d'une responsabilité contractuelle, c'est un indice important en faveur de la nature contractuelle de la situation de l'usager. S'il s'agit d'une responsabilité quasi-délictuelle, il faudrait plutôt opter pour une situation réglementaire de droit privé, quoique cette assertion soit discutable.

691. Le domaine de responsabilité contractuelle couvre la majeure partie des litiges survenant entre l'usager effectif et l'exploitant (A). Cependant, il existe des cas, notamment lorsque le contrat n'est pas encore formé, ou qu'il n'existe pas, où l'usager ne peut engager la responsabilité de l'exploitant que sur le terrain de la responsabilité quasi délictuelle (B). On avait également émis l'idée d'une comparaison avec le droit public en ce qui concerne l'intérêt pour agir des groupements (C).

A. Le domaine de la responsabilité contractuelle.

692. L'usager effectif ne peut obtenir réparation des dommages causés par l'exploitant du service à son encontre que sur le terrain de la responsabilité contractuelle, à l'exclusion d'une action en responsabilité délictuelle. Si ce principe est admis depuis longtemps[153], la Cour de cassation l'a cependant rappelé en 1961[154], dans un arrêt dont les termes méritent

---

[152] Voir n° 903 et s.

[153] Voir par exemple le contentieux de l'obligation contractuelle de sécurité en matière de transport ferroviaire, Civ., 21 novembre 1911, Compagnie générale transatlantique, *DP.* 1913, I, p.249, note Sarrut, *S.* 1912, I, p.73, note Lyon-Caen. En matière de fourniture de gaz à une pression insuffisante, Civ., 14 avril 1885, Société Lyonnaise des Eaux et de l'éclairage de la Ville de Troyes c/ Société Douine, *S.* 1886, I, p.63. En matière de garantie pour vices de construction des branchements particuliers, Civ., 28 juin 1909, CGE c/ de Laporte, *DP* 1910, I, p.23.

[154] Civ I, 14 janvier 1961, *Bull.* n°28, p.23.

d'être cités : "en raison des rapports contractuels qui existent entre une commune et (...) les usagers ayant souscrit un abonnement, une éventuelle condamnation de la commune à des dommages intérêts pour le préjudice résultant d'une fourniture d'eau inférieure à la quantité prévue par contrat ne pourrait être fondée que sur l'article 1147 du Code civil, en condamnant la commune sur le fondement de l'article 1382 du Code civil à réparer l'entier préjudice qu'elle aurait causé à cet égard à un abonné (...), alors qu'il résulte clairement du cahier des charges une limitation conventionnelle de responsabilité ne permettant d'obtenir (...) que le dégrèvement total des redevances, les juges du fond méconnaissent donc le principe de non cumul des responsabilités et dénaturent les dispositions représentant les droits et obligations des parties." Cette jurisprudence est confirmée en 1995[155], par un arrêt où la Cour précise que "nonobstant le visa erroné de l'article 1384 du Code civil, a fait une exacte application des règles de la responsabilité, le tribunal qui retient à la charge de fournisseur d'eau une obligation contractuelle". Constamment confirmé[156], le principe d'une responsabilité contractuelle de l'exploitant exclut non seulement sa responsabilité délictuelle mais aussi, comme on l'a vu, la responsabilité délictuelle de l'autorité publique concédante ou de tutelle, à moins de démontrer l'existence d'une dommage distinct de celui subi lors de la fourniture de la prestation et résultant d'une faute propre à cette autorité[157].

693. Qu'en est-il lorsque la responsabilité de l'exploitant est directement fondée sur la méconnaissance d'une clause réglementaire du cahier des charges ou du règlement de service, sans nécessairement que celle-ci soit reproduite dans le contrat de l'usager ? De telles clauses, qui ne figurent normalement que dans le statut réglementaire de l'usager, devraient donner lieu à un régime de responsabilité délictuelle. Il n'en est rien. On peut lire dans certains arrêts des formules surprenantes où sont mêlées obligations réglementaires et obligations contractuelles : "le voyageur ne saurait soutenir que la SNCF a violé son obligation *contractuelle* d'information résultant de l'article 11 de son *cahier des charges*, dès lors que les passagers ne peuvent se méprendre sur l'étendue des obligations *contractuelles* de la SNCF qui résultent des textes *réglementaires*"[158]. "La SNCF a l'obligation *contractuelle* d'emmener les voyageurs à destination selon l'horaire prévu, cet impératif de ponctualité figurant à son *cahier des charges*."[159]

694. On ne sera pas surpris de constater que les clauses des cahiers des charges, dont la méconnaissance relève de la responsabilité contractuelle de l'exploitant, sont, outre les clauses relatives à l'obligation d'information de l'usager ou à l'impératif de ponctualité de

---

155 Cass.civ. I, 4 janvier 1995, Société SEREPI c/ M. Clugnet, *JCP* 1995, IV, p.528.

156 Voir par exemple, CA paris, 20 juin 1961, RATP c/ EDF, *CJEG* 1962, J, p.14 ; Civ I, 26 octobre 1964, SLEE c/ Etablissement Necobas, *Bull.* n°362 ; Cass. soc., 4 février 1983, Société OTIC Fisher, *DS* 1983, p.627 ; Civ I, 23 octobre 1984, GDF c/ Compagnie Le Continent, *Bull.* n°275 ; Civ I, 9 décembre 1986, AGP c/ EDF, *JCP* 1987, II, p.20790, note J.-P. Gridel ; TGI Saint Omer, 22 janvier 1988, Pouget c/ EDF, *CJEG* 1988, p.280 (2nde espèce) ; Civ I, 23 février 1994, Société montpelliéraine des transports urbains, *Bull.* n°76 ; TC, 22 mai 1995, Syndicat intercommunal de l'abattoir d'Avignon-Le Pontet, Bull. I, n°9, p.13 ; CA Paris, 4 octobre 1996, SNCF c/ Dauvergne, *D.* 1996, IR, p.243.

157 CE, 13 octobre 1944, Ville d'Alfortville c/ Ringent, *Rec.*, p.266 ; CE, 18 mai 1979, Association judaïque Saint Seurin, *Rec.*, p.218, *RDP* 1979, p.1481, concl. Latournerie.

158 CA Paris, 24 septembre 1996, SNCF c/ Camonis, *D.* 1996, IR, p.234.

159 CA Paris, 4 octobre 1996, SNCF c/ Dauvergne, *D.* 1996, IF, p.243.

l'exploitant, des clauses ayant trait à l'interruption de la fourniture en cas d'aléas techniques[160] et bien entendu à l'étendue de la responsabilité de l'exploitant[161]. Il s'agit donc encore une fois des clauses réglementaires dites du second groupe, c'est-à-dire celles que l'on pourrait retrouver dans n'importe quel contrat de droit privé. L'origine réglementaire des clauses n'est prise en considération qu'en tant que prédétermination du contenu d'un contrat de droit privé. L'origine réglementaire des clauses n'est pas un obstacle à la nature contractuelle de la responsabilité.

695. La question est donc de savoir, de ce point de vue, ce qu'il en est par exemple des clauses tarifaires, puisqu'elles relèvent du premier groupe, c'est-à-dire des principes du service public lui-même ? Le tribunal administratif de Pau, en 1981, dans l'affaire Vidal[162], a admis sa compétence pour une action en responsabilité délictuelle de la part d'un usager contre un syndicat ayant pour fondement les modalités de fixation du prix de l'eau déterminé dans le contrat d'affermage. Plus généralement, le tribunal de grande instance de Rouen[163], la même année, retient une solution qui peut paraître fantaisiste de prime abord : "si les contrats conclus par les services publics industriels et commerciaux avec leurs usagers sont des contrats de droit privé dont le contentieux relève du juge judiciaire et si les actions intentées par une victime contre un service public industriel et commercial relèvent exclusivement des tribunaux judiciaires, qu'il s'agisse de dommages causés à des tiers ou à des usagers, les relations d'un service public industriel et commercial avec ses usagers étant de droit privé, il n'en est ainsi que dès lors que les dommages causés par le service public industriel et commercial l'ont été à l'occasion de son fonctionnement et tel n'est pas le cas s'il est fait grief à un concessionnaire investi d'une mission d'exécution de service public d'avoir violé certaines dispositions du cahier des charges, l'usager devant alors s'adresser à l'autorité concédante pour lui demander de contraindre le concessionnaire à appliquer strictement les clauses du cahier des charges en question et attaquer la décision explicite ou implicite de refus devant le tribunal administratif." La solution contentieuse proposée par le tribunal de grande instance est critiquable, car l'usager est bien fondé à se plaindre du non respect des clauses du cahier des charges par l'exploitant devant le juge du contrat de droit privé qui les lie. En revanche, cette jurisprudence met en évidence la distinction persistante entre les relations générales et impersonnelles, que l'exploitant entretient avec l'ensemble de ses usagers effectifs ou éventuels, et l'élaboration de liens individuels avec chacun d'entre eux.

696. En effet, si l'exploitant méconnaît les clauses du cahier des charges dans l'édiction d'une mesure générale et impersonnelle, le contentieux appartiendra naturellement au juge administratif. Lorsque l'exploitant méconnaît ces mêmes clauses dans la relation contractuelle qu'il entretient avec un usager particulier, il ne s'agit plus de la méconnaissance d'un texte administratif réglementaire, mais du non respect d'une obligation contractuelle particulière. Par exemple, il faut distinguer les irrégularités commises lors de l'édiction d'une nouvelle grille tarifaire et la faute que commet

160 Cass. Com., 22 décembre 1969, EDF c/ Minnesota de France, *CJEG* 1971, J, p.78.

161 Civ I, 23 octobre 1984, GDF c/ Compagnie Le Continent, *Bull.* n°275 ; Civ. III, 16 décembre 1987, GDF c/ Mme Norroy, *Bull.* n°207, p.122.

162 2 juin 1981, *Rec.*, p.530.

163 5 novembre 1981, *Gaz. Pal.* 1983, I, som., p.27.

l'exploitant en ne proposant pas à un candidat usager le tarif réglementaire : dans les deux cas, il y a méconnaissance du cahier des charges, mais dans le premier cas le litige sera porté devant le juge administratif, alors que dans le second, ce n'est pas le fait d'avoir pris une mesure irrégulière qui constituera l'objet du litige (contentieux objectif de droit public) mais la faute commise en ayant voulu l'appliquer à un individu (contentieux subjectif de la responsabilité civile).

697. Ainsi, les clauses réglementaires dites du premier groupe, c'est-à-dire les clauses relatives aux principes du service public, sont d'une appréhension plus délicate sur le terrain de la responsabilité devant le juge judiciaire, car elle ne sont jamais présentées sous leur forme première qui tend à la généralité : la composition d'un tarif, le principe de continuité et le principe d'égalité. Elles sont envisagées sous une forme individualisée, incluse dans le contrat : le tarif devient l'obligation de proposer à chaque individu appartenant à une catégorie d'usagers le tarif correspondant à cette catégorie, la continuité du service public se transforme en obligation particulière de ponctualité, en obligation individuelle de desserte, etc.

698. On ne peut reprocher à l'exploitant, sur le terrain de la responsabilité civile, l'*édiction* d'une mesure générale illégale, à moins de passer par le biais de la faute qui a consisté à l'*appliquer*. Sur le terrain du droit administratif, si l'irrégularité peut être contestée, c'est grâce au recours pour excès de pouvoir, contentieux objectif. L'exploitant ne peut être attaqué en *responsabilité* devant le juge administratif pour l'illégalité qu'il aurait commise en édictant une mesure générale irrégulière, car il faut apporter la preuve d'un préjudice si on se trouve dans ce type de contentieux. Or le préjudice ne peut résulter que de l'application au requérant de la mesure irrégulière. Le contentieux sera alors immédiatement confié au juge judiciaire, puisqu'on sera alors en présence d'une relation individuelle. La répartition des compétences aboutit à ce que certaines actions ne peuvent être intentées sans réorienter la requête. Ainsi, si le commissaire du gouvernement Boutet, dans ses conclusions sur l'arrêt Denoyez et Chorques de 1974[164], avait conclu au rejet pour incompétence de la requête qui contestait l'*application individuelle* des tarifs aux requérants. Le Conseil d'Etat a rattaché les prétentions des requérants au problème de la *légalité* du tarif dans son ensemble pour pouvoir connaître de l'affaire.

699. Ainsi, les clauses dites du premier groupe ne peuvent être contestées en matière de responsabilité que devant le juge judiciaire par le biais de leur application et en tant qu'obligation contractuelle particulière. Il s'agira d'une responsabilité contractuelle. En revanche, ce contentieux n'admet pas de pendant devant le juge administratif, puisque les règles relatives au préjudice, qui ne peut pas être certain tant que l'acte n'a pas été appliqué à l'usager, ne permettent pas aux usagers d'engager la responsabilité de l'exploitant pour l'édiction d'une mesure réglementaire illégale devant le juge administratif.

700. Cependant, on l'a vu, le contrat n'accapare pas toutes les relations juridiques existant entre l'usager et l'exploitant, c'est pourquoi il est nécessaire d'envisager les cas de responsabilité quasi-délictuelle de droit privé, formant une catégorie résiduelle.

---

[164] Cité par P. Tedeschi, note sous CE, 10 mai 1974, D. 1975, J, p.394.

B. La catégorie résiduelle des actions en responsabilité délictuelle.

701. Au cours des relations précontractuelles entre l'usager et l'exploitant, ce dernier peut refuser de fournir la prestation, proposer à l'usager un contrat dont les clauses méconnaissent celles du cahier des charges alors que rien ne le justifie, ou encore accorder la prestation avec retard. De telles fautes ne peuvent être réparées que sur le terrain de la responsabilité quasi-délictuelle, puisqu'aucun contrat n'est encore conclu[165].

702. Ainsi, la célèbre dame veuve Agnesi, devant le juge judiciaire[166], a engagé la responsabilité délictuelle de la commune ayant commis un abus de droit en refusant de raccorder la requérante au réseau de distribution d'eau. De même, dans une espèce moins connue de 1987[167], la grève du personnel d'un port avait causé un grave préjudice aux propriétaires de navires marchands usagers du port. Le juge a écarté l'application des règles de la responsabilité contractuelle au motif qu'aucun contrat n'avait pu être conclu, l'information divulguée par les autorités portuaires quant à la grève équivalant au retrait de l'offre permanente de remorquage des bateaux. Il a ensuite réparé le préjudice sur le terrain de la responsabilité délictuelle (article 1384-5 du Code civil) et sur le fondement des principes de continuité et d'égalité de traitement des usagers. Dans une espèce plus ancienne, une convention avait été déclarée nulle en raison du vice dont le consentement de l'usager était entaché (erreur), puisque l'exploitant avait effectué d'importants travaux de branchement alors qu'une solution beaucoup moins coûteuse pour l'usager eut été envisageable. Le juge judiciaire répare alors le préjudice subi par l'usager à cause du refus injustifié de fourniture de courant de la part de l'exploitant sur le fondement de la responsabilité délictuelle[168].

703. Bien évidemment, l'usager en situation frauduleuse ne peut mettre en cause la responsabilité contractuelle de l'exploitant puisqu'aucun contrat n'est conclu, et doit se contenter d'actions en responsabilité quasi-délictuelle[169].

704. Le domaine de l'action en responsabilité quasi-délictuelle est restreint, mais cela ne signifie en aucun cas que l'usager est dans une situation réglementaire de droit privé, puisqu'en même temps le juge définit les périodes en question par rapport à un contrat : il s'agit des périodes pré-contractuelle et post-contractuelle.

---

165 Voir à ce sujet, J. Ghestin, *Traité de droit civil. Introduction à la responsabilité*, LGDJ, 2nde édition, 1995, par G. Viney, p.356 et s. pour un exposé complet de jurisprudence et de doctrine au sujet de la responsabilité pré-contractuelle.

166 Civ.I, 26 janvier 1970, Agnesi, *Bull.* n°32. Voir également, TC, 27 janvier 1964, Dlle Pradal c/ Commune d'Homps, *D.* 1965, J, p.375, note Ch. Blaevoet ; CA Colmar, 15 mars 1961, Soc. des produits Prinel, *CJEG* 1961, J, p.31 ; CA Montpellier, 9 février 1993, Commune de Puiserquier c/ Epoux Moreau, *JCP* 1994, IV, p.945.

167 CA Douai, 15 janvier 1987, Société Dunkerquoise de remorquage et de sauvetage, req. n°3616/85 et 4778/85.

168 Req., 19 janvier 1925, Société Normande du gaz, d'électricité et d'eau c/ Jolly, *DH* 1925, p.77. Voir également CA Dijon, 17 mars 1913, Bouzereau, *S.* 1917, II, p.105, note A. Mestre, *D.* 1914, II, p.39 et Civ., 3 août 1922, Alriq, S, 1923, I, p.38 : abus de monopole envers l'usager en lui refusant la fourniture de la prestation.

169 Civ. I, 22 février 1989, *BT* 1989, p.335 dans le domaine des transports.

705. Comme en ce qui concerne les recours auprès du juge administratif, la question de l'intérêt à agir des groupements mérite d'être soulevée.

C. L'intérêt pour agir des groupements d'usagers.

706. L'appréciation du juge judiciaire semble plus restrictive que celle du juge administratif quant à l'intérêt pour agir des associations. En droit judiciaire privé, une association n'a pas qualité pour défendre les intérêts collectifs ou généraux qu'énonce son objet social. Le groupement doit avoir précisément pour objet la défense de l'intérêt commun de ses membres, défini comme la somme des intérêts individuels et non comme un intérêt collectif distinct[170]. L'appréciation du juge est très sévère, puisqu'il vérifie si l'intérêt tout entier de la profession est en cause et non pas seulement l'intérêt de quelques uns de ses membres[171]. On peut douter, dans ce cas que le juge judiciaire admette l'action de groupements ayant pour objet la défense d'un quartier, ou encore de groupements de PME, sachant que seulement une partie des entreprises adhérentes subira un dommage, alors que le juge administratif recevait de telles actions[172].

707. Parmi les exceptions à ce principe, la loi du 5 janvier 1988[173] relative aux actions en justice des associations agréées de consommateurs définit dans son article 1er le type de préjudices que peuvent défendre les associations en question : il s'agit des préjudices directs ou indirects causés à l'intérêt collectif des consommateurs. La cour d'appel de Paris, en 1996, à propos d'une action destinée à réparer les préjudices causés aux usagers de la SNCF par les retards fréquents des trains, a admis à agir une association agréée de consommateurs, mais pas une association locale d'usagers, celle-ci ne disposant pas d'un agrément[174].

708. Les différences d'appréciation entre les deux ordres de juridiction s'expliquent sans doute par le fait qu'en droit administratif, les groupements agissent surtout pour faire annuler un acte et moins souvent pour réclamer des dommages et intérêts ou se constituer partie civile dans un procès. De ce fait, pourquoi ne pas interpréter l'intérêt pour agir très largement lorsqu'il est simplement question de faire respecter la légalité ? En revanche, lorsqu'il s'agit de réparer pécuniairement un préjudice, on comprend qu'il faille préférer les actions individuelles aux actions collectives.

---

[170] Voir à ce sujet L. Cadiet, *Droit judiciaire privé*, Litec, 2nde édition, 1998, n°729. Pour une jurisprudence plus ancienne, voir P. Teste, *Les services publics de distribution d'eau, de gaz et d'énergie électrique*, préc., p.419 et s : distinction entre les syndicats professionnels qui peuvent défendre un préjudice propre et les associations qui ne peuvent défendre que la somme des intérêts individuels de leurs membres.

[171] Trib. de Remiremont, 22 janvier 1925, Syndicat des hôteliers de Plombières-les-Bains, *Rev. concess.* 1925, p.282 ; CA Riom, 5 février 1923, *Rev. concess.* 1923, p.152 et Req., 1er mai 1924, Veysseyre, *Rev. concess.* 1924, p.64 ; TGI Montargis, 3 décembre 1998, ordonnance de référé, Comité de défense des usagers des eaux Douchy-Montcorbon, n°9801529.

[172] Voir n°672 et s.

[173] Loi n°88-14 du 5 janvier 1988, JO du 6 janvier, p.219.

[174] CA Paris, 4 octobre 1996, SNCF c/ Association des usagers des services publics d'Elancourt, *JCP* 1997, II, 22811.

CONCLUSION DU CHAPITRE II

709. La relation de service public se conçoit à deux niveaux distincts. Le premier est celui des relations générales et impersonnelles entre, d'une part, l'exploitant et la personne publique chargée de l'organisation du service si elle n'est pas elle-même exploitante et, d'autre part, les usagers considérés dans leur généralité, comme une masse d'éléments anonymes. Au contentieux, cette première relation se traduit par l'intervention du juge administratif dont c'est le domaine d'action de prédilection. Le second niveau est celui des relations individuelles entre chaque usager et l'exploitant, soumises au juge judiciaire et au régime du contrat. Les quelques exemples d'actions en responsabilité quasi délictuelle que l'on a rencontrés ne signifient pas que l'usager est dans une situation réglementaire de droit privé. Ils reflètent simplement la non adéquation entre la notion d'usager, qui couvre les périodes pré-contractuelle et post-contractuelle, et la distinction des deux régimes de responsabilité en droit privé.

710. L'emploi du critère de l'organisation du service est pour le moins sujet à caution. En effet, la distinction entre les deux groupes de dispositions composant le statut administratif de l'usager s'accommoderait bien d'un critère fondé sur l'organisation du service au sens strict, c'est-à-dire définie comme le reflet des lois du service. Mais n'est-il pas plus simple alors de parler de relations générales et impersonnelles ? Un autre argument plaide en faveur de l'abandon du critère de l'organisation du service, c'est celui du bloc de compétence judiciaire fondé sur les relations individuelles qu'entretiennent les usagers avec l'exploitant. Si, pour ce qui est du fondement de la compétence du juge administratif, on hésitait entre deux critères, il n'y a plus à hésiter, il faut choisir celui tiré de la portée de l'acte. Enfin, un troisième argument rencontré concerne les lois du service, qui peuvent se concevoir à l'échelle du service tout entier ou être conceptualisées à un niveau plus individuel. Le principe de continuité peut servir à apprécier l'étendue du service minimum (échelle du service) mais aussi à apprécier au niveau individuel les obligations de moyens ou de résultat à la charge de l'exploitant, lorsqu'il s'agit de fournir un usager bien identifié. Le critère de l'organisation du service n'est d'aucun secours pour exprimer cette distinction, qui se réfère plutôt à la portée de l'acte, car s'il peut refléter les lois du service, il n'est pas apte à rendre compte d'une distinction au sein même de ces lois.

711. A travers ces deux niveaux de la relation de service public, on retrouve les transformations de la notion d'usager au fil du temps, considéré tantôt comme fondu dans une masse, tantôt comme un individu ayant des besoins personnels, exprimant sa propre volonté. Cette ambivalence sur le plan des principes trouve à s'exprimer sur le terrain contentieux.

CONCLUSION DU TITRE I

712. De la dualité des règles du droit applicable à l'usager, on tire certains enseignements relatifs à la nature du lien qui unit l'usager à l'exploitant. Si on raisonne à partir des obligations et non des actes, les dispositions réglementaires de droit administratif applicables à l'usager sont à diviser en deux groupes. Le premier groupe, qui comporte les clauses à portée générale et impersonnelle, c'est-à-dire consacrant les lois du service, subit le régime des actes administratifs dans le sens où les dispositions ont une nature administrative et réglementaire et sont soumises à la juridiction du juge administratif. Le second groupe est composé des clauses qu'on retrouve dans n'importe quel contrat de droit privé : elles n'ont d'administrative et réglementaire que l'origine et sont en réalité l'énoncé les conditions générales d'un contrat de droit privé. Elles sont soumises à l'appréciation du juge judiciaire et engendrent la responsabilité contractuelle des parties au contrat en cas de non respect.

713. La persistance de la qualification de contrat de droit privé du lien qui unit l'usager à l'exploitant et l'application du régime contractuel tendrait à confirmer que pour la partie privée du lien qui unit l'usager à l'exploitant, il s'agit d'un contrat.

714. Cela ne constitue que la première étape du raisonnement, alors que l'on se trouve face à la dualité des règles, c'est-à-dire dans des cas où on peut séparer ce qui est contractuel et privé de ce qui est réglementaire et administratif. Ces conclusions doivent maintenant être confrontée au cas où il y a interférence entre le droit statutaire et le droit contractuel, ce qui permettra de répondre aux autres questions posées au commencement.

- TITRE II -
Les influences réciproques des droits statutaire et conventionnel

715. La bipolarisation des règles impliquait une séparation entre ce qui était administratif et réglementaire et ce qui était contractuel et de droit privé, avec la question de la zone d'interface. Lorsque les règles s'emboîtent les unes dans les autres, la difficulté tient à l'application du droit conventionnel ou du droit statutaire. Le terrain de prédilection des influences réciproques des deux droits est celui de l'applicabilité à l'usager des dispositions provenant originairement de son statut administratif. Les divers aspects du conflit s'articulent alors autour du couple consentement / autorité. Les règles administratives sont-elles applicables autoritairement ou par le biais du consentement ? S'imposent-elles à l'usager ou celui-ci est-il libre de les modifier, voire de les écarter ? Procèdent-elles de l'intangibilité des conventions ou de la mutabilité des actes administratifs réglementaires ?

716. Si l'usager est dans une situation légale et réglementaire, les règles administratives s'imposeront à lui avec la force d'un règlement, sans que le contenu, voire même la présence du contrat qui le lie au service, aient une influence majeure. En effet, un acte administratif est immédiatement exécutoire. Si l'usager est dans une situation contractuelle, les règles administratives ne lui seront applicables qu'après l'expression de son consentement qui est l'une des conditions de formation du contrat.

717. Cependant, il ne faut pas confondre la conclusion d'un véritable contrat avec l'adhésion à un statut réglementaire, qui fait également intervenir le consentement de l'adhérant, en vertu de la théorie de l'acte-adhésion. Pour distinguer ces deux situations (contrat et adhésion à un statut réglementaire), on se demandera ce qu'il advient si les règles administratives sont modifiées alors que le contrat de droit privé est déjà conclu. Si l'usager a simplement adhéré à un acte réglementaire, il devrait subir de ce fait les modifications ultérieures en vertu du principe de mutabilité des actes administratifs réglementaires. S'il a conclu un véritable contrat, il faudra contourner le principe de l'intangibilité des conventions.

718. Les influences réciproques des droits statutaire et conventionnel se caractérisent par l'incorporation de principes de droit public dans une analyse privatiste des situations. Cette tendance contribue à la prise en compte de l'intérêt général dans le cadre bilatéral du contrat (Chapitre I).

719. Mais faut-il préférer cette nouvelle dynamique, procédant d'un compromis entre des principes apparemment exclusifs les uns des autres et provenant de deux droits différents qui entrent en conflit dans ce domaine, ou bien faut-il opter pour une solution tranchée, appuyée sur la distinction élaborée entre les divers types de dispositions administratives ? Concilier ou choisir, c'est l'enjeu de la détermination de la véritable nature du lien qui unit l'usager à l'exploitant. On préférera choisir une répartition claire des dispositions entre les deux types de régimes, c'est l'idée d'un statut mixte (Chapitre II).

- CHAPITRE I -
L'INCORPORATION DE PRINCIPES DE DROIT PUBLIC DANS UNE ANALYSE PRIVATISTE

720. L'émergence d'une dynamique propre procède de la transformation d'un conflit en compromis entre deux régimes, celui du contrat et celui du statut. On applique aux diverses étapes de la rencontre entre l'usager et l'exploitant à la fois le régime du contrat et celui du statut. La rédaction des arrêts est parfois surprenante, car pour assurer les impératifs supérieurs de bon fonctionnement et de viabilité du service, des principes inconciliables de prime abord sont étroitement mêlés et assouplis pour la poursuite d'un objectif commun.

721. Les droits et obligations de l'usager procèdent d'abord d'une série de dispositions administratives, puis d'un contrat type et enfin d'un contrat particulier. Ce sont en réalité les mêmes dispositions qui sont successivement reproduites dans cette série d'actes. Par conséquent, on partira de l'analyse du phénomène d'applicabilité des dispositions administratives à l'usager, puisque c'est ce phénomène qui est à l'origine des difficultés. L'applicabilité des règles administratives se conçoit de deux manières différentes : à l'instant T où l'usager accède au service, il se voit appliquer un corps de droits préexistants, c'est l'applicabilité statique (section I).

722. Puis, un certain temps après l'accès de l'usager au service, les dispositions administratives qui ont prédéterminé le contenu de son contrat (ou qui ont fait l'objet de son adhésion) peuvent être modifiées. On se demandera alors si, à côté de l'applicabilité statique, il existe une applicabilité dynamique des règles administratives, qui implique que l'usager subisse ces nouvelles règles (section II).

- SECTION I -
L'applicabilité statique des dispositions administratives

723. On distinguera les contrats particuliers de droit privé conformes aux règles administratives (§ 1) de ceux qui y dérogent (§ 2).

§ 1. Les contrats de droit privé conformes au statut administratif.

724. Si l'applicabilité des règles de droit administratif ne fait *a priori* aucun doute en ce qui concerne les polices conformes, il n'en va pas de même pour sa justification : faut-il faire appel au caractère impératif des règlements administratifs d'organisation du service ou bien à l'adhésion de l'usager à ces règles par le biais de la théorie du consentement ? (A) Par ailleurs, s'agissant d'un contrat de droit privé, que faire lorsque les règles du droit privé des obligations entrent en contradiction avec le cahier des charges ou le règlement de service ? (B) Enfin, faut-il accorder le même poids à l'ensemble des dispositions réglementaires, ne peut-on pas établir certaines distinctions en fonction des deux groupes de dispositions administratives que l'on a rencontrés ? (C)

A. La justification de l'applicabilité.

725. Pour qu'un acte réglementaire administratif s'applique, il suffit qu'il ait été régulièrement publié, sans que le consentement des sujets de droit soit requis. Il en va différemment concernant certaines clauses réglementaires des contrats de délégation de service public et les règlements de service, qui doivent avoir été portés à la connaissance individuelle de chaque usager (1°), qui y adhérera (2°).

1°) La connaissance du contenu du statut administratif.

726. La jurisprudence hésite entre deux attitudes pour ce qui est de l'information des usagers sur les dispositions administratives qui leur seront applicables. Une première tendance procède du pur droit administratif : les actes réglementaires dûment publiés "s'imposent" aux usagers sans que le juge ait à rechercher si l'usager en a été individuellement informé. Ainsi en est-il des tarifs des chemins de fer qui, dûment publiés et homologués, ont force de loi[1] et dont "toute modification (...) ne devient obligatoire que

---

[1] Civ., 25 octobre 1886, DP 1887, I, p.472 ; Civ., 13 août 1888, *DP* 1889, I, p.442 ; Crim., 27 octobre 1900, *DP* 1900, I, p.341 ; Civ., 2 mai 1908, *DP* 1910, I, p.250 ; Civ., 7 janvier 1918, *DP* 1919, I, p.51 ; 14 mai 1941, *DA* 1941, som., p.9 ; Req., 26 novembre 1945, *D.* 1946, p.92.

si elle a, dans le délai prescrit avant (sa) mise en perception, fait l'objet d'un affichage"[2]. On retrouve ce type de formulations plus tard, à propos des tarifs de France Télécom qui sont applicables aux usagers après simple publication[3].

727. En revanche, les contrats de délégation de service public ne sont pas forcément tous publiés. La jurisprudence semble imposer comme préalable à l'applicabilité des clauses du cahier des charges leur notification à l'usager ou une référence expresse dans le contrat de droit privé. Cette seconde tendance est particulièrement nette en matière de distribution d'eau potable. En 1981, la Cour de cassation[4] écarte l'applicabilité d'un article du traité de concession pour défaut de *notification* à l'usager. En 1987[5], elle invoque l'absence de *référence* du cahier des charges dans le contrat. En 1988[6], précisant sa position, elle juge que si les clauses du règlement de service ne doivent pas nécessairement être reproduites dans la police particulière, celles-ci doivent en revanche être *remises* à l'usager[7]. Même lorsque la compagnie délégataire invoque la publication suffisante du règlement des eaux pour le rendre applicable aux usagers, la Cour exige encore que celui-ci soit porté à la connaissance personnelle de l'usager[8].

728. D'aucuns[9] ont objecté que loin de constituer une exception aux règles générales applicables en matière de publicité des actes administratifs réglementaires, pour lesquels une simple publication suffit à les rendre applicables aux destinataires, cette jurisprudence s'expliquerait en réalité par l'obligation faite par le cahier des charges type aux distributeurs d'eau de porter à la connaissance des usagers les règlements de service[10]. Pour dénier cette explication, il faut rappeler que les cahiers des charges types ne sont plus que des modèles et qu'une telle obligation ne pourrait résulter que des cahiers des charges particuliers. Ensuite, comment expliquer que le juge judiciaire exige également une information personnelle en matière de distribution de gaz[11] ou d'électricité[12] ?

---

[2] Civ., 22 mars 1932, Lamy c/ Chemin de Fer du Nord, *DH* 1932, p.234. Plus récemment, voir CE, Section, 19 mai 1993, Poirrez, req. n°129621.

[3] CA Nancy, 2 juillet 1992, France Télécom, *LPA* 18 novembre 1992, n°139, p.9, note E. Brochard.

[4] Civ I, 20 octobre 1981, Société sablaise des eaux c/ Dumont, *Bull.* n°298, p.250.

[5] Civ. I, 17 novembre 1987, CGE c/ Demont, *Bull.* n°299, p.214.

[6] Civ. I, 10 mai 1988, Société SADE-CGTH c/ M. Lassalle, *Bull.* n°136, p.95.

[7] Civ. I, 31 mai 1988, Société des eaux de l'Essonne c/ Chable, *CJEG* 1988, p.418 ; Civ I, 10 mai 1988, Société SADE c/ Lassalle, *Bull.* n°136, p.95 : les juges du fond avaient estimé que "le système de renvoi à d'autres dispositions ne figurant pas clairement dans le contrat n'établissait pas clairement la connaissance de l'usager de telles mentions", ce qui fut censuré au motif que "le règlement de service doit seulement être remis à l'abonné".

[8] Civ I, 19 mai 1987, CGE c/ Epoux Feldzer, *Bull.* n°156, p.120. Voir également Civ I, 22 novembre 1988, Gaz de Strasbourg, *Gaz. Pal.* 1989, I, panor., p.9 : la "connaissance (du règlement de service) (...), circonstance dont dépendait son opposabilité à ce dernier (l'usager)."

[9] Note P.S. sous Civ I, 31 mai 1988, Société des eaux de l'Essonne, *CJEG* 1988, p.418.

[10] Cette obligation incombe également à France Télécom, article 12 du cahier des charges (décret du 27 décembre 1996, JO, du 31 décembre).

[11] TGI Meaux, 13 janvier 1965, "Le Verre de laboratoire" c/ GDF, *CJEG* 1966, J, p.186 qui exige la référence des clauses du cahier des charges dans le contrat de droit privé.

[12] TI Saint Etienne, 8 octobre 1991, Mme Fournel c/ EDF, *CJEG* 1992, p.336, note P. R. : à propos des conditions générales de fourniture, "dont Mme Fournel ne prétend pas qu'elle n'en a pas eu connaissance" ; CA

Fin 1999[13], la Cour semble amorcer un revirement de jurisprudence, dans son arrêt Association de consommateurs de Fontaulières : un règlement de service (délégué) est rendu opposable aux usagers en raison de la publicité suffisante dont il a fait l'objet. Cependant, au préalable, la Cour prend bien soin de remarquer que le contrat d'abonnement se réfère expressément au règlement de service. S'agit-il réellement d'un revirement de jurisprudence, dans la mesure où, comme en 1987, c'est l'exigence de la référence au règlement de service qui compte ? Tout au plus, on peut affirmer que le juge judiciaire exige une double publicité : si le contrat d'abonnement fait seulement référence au règlement de service, celui-ci pour être applicable aux usagers doit faire l'objet d'une publicité suffisante. C'est la modalité de la publicité des actes administratifs de référence qui change, elle peut aujourd'hui être collective. Mais l'origine et la nature de la connaissance demeure individuelle (référence dans le contrat d'abonnement).

729. Si le juge judiciaire considérait les clauses réglementaires des contrats de délégation de service public comme des actes administratifs individuels, il ne ferait alors qu'appliquer les règles du droit administratif en exigeant une notification. Il devrait alors avoir une position différente pour ce qui est des règlements de service des régies, qui sont bel et bien des actes unilatéraux réglementaires, mais ce n'est pas le cas. On peut donc interpréter ce phénomène comme une obligation d'information individuelle sur les conditions générales d'un contrat. Il faut cependant rester prudent, dans la mesure où l'on verra que la théorie de l'acte-condition[14], qui permettrait à l'usager d'adhérer à un statut réglementaire, peut faire appel à des mécanismes identiques.

730. Le consentement de l'usager procède de deux opérations distinctes : non seulement les règles qui lui seront applicables doivent avoir été portées à sa connaissance, mais encore il faut qu'il y ait adhéré.

2°) L'adhésion des usagers au statut administratif.

731. Si le droit administratif peut supporter quelques entorses aux règles de publicité des actes administratifs, un administré n'est pas censé avoir adhéré à des règles édictées en dehors de sa volonté et ayant précisément pour particularité d'être immédiatement exécutoires. Ainsi, de nombreux arrêts évoquent le caractère réglementaire de la clause à appliquer pour déclarer son caractère applicable à l'usager, en dehors de son consentement, et ce dans la plus pure tradition administrative[15]. Ainsi, les dispositions du

---

Grenoble, 18 janvier 1996, Augier c/ EDF, *CJEG* 1997, p.320 : "Attendu que sont opposables à l'abonné les Dispositions générales de fournitures rappelées dans chaque facture adressée à l'abonné."

[13]Civ. I, 3 novembre 1999, Assoc. des consommateurs de Fontaulières, n°1756.

[14]Voir n°842 et s.

[15] Trib. civil de Saint Girons, 27 mai 1958, EDF c/ Méric, *CJEG* avril 1959, J, p.68 ; CA Lyon, 1er décembre 1982, EDF c/ SA Aciéries du Furan, *CJEG* 1983, J, p.107 : les dispositions du cahier des charges, de nature réglementaire "s'imposent à la société bien qu'elle y fut demeurée étrangère" ; CA Paris, 26 octobre 1979, *JCP* 1980, II, 1948, note J. Evesque : les avenants au traité de concession d'eau "sont incontestablement applicables aux liens contractuels établis entre le concessionnaire et son usager" ; TGI Nantes, 27 avril 1988, Charpentier c/ EDF, *CJEG* 1989, p.89, note R. Savignat : "le règlement de service s'impose aux distributeurs comme aux usagers" ; Cass. Civ. I, 11 janvier 1989, EDF c/ Verbrugge, pourvoi n°87-17.855 ; TI Saint Etienne, 8 novembre

règlement de service sont "opposables à toutes les personnes intéressées, qui ne sauraient conventionnellement en paralyser ou en suspendre l'application"[16], sachant qu'il peut s'agir des usagers effectifs, des candidats usagers[17] ou des usagers dits indirects, c'est-à-dire liés à l'exploitant par l'intermédiaire d'une tierce personne[18]. Les tarifs sont jugés exécutoires et la contestation d'une facture d'eau auprès du juge judiciaire ne dispense pas l'usager de la payer, quitte à en demander le remboursement par la suite[19].

732. Une jurisprudence plus soucieuse de la volonté de l'usager fait dépendre l'applicabilité des dispositions administratives du consentement de l'usager donné au contrat particulier le liant à l'exploitant : "un cahier des charges relatif à la distribution publique d'eau (...) n'est rendu applicable aux usagers que par les contrats d'abonnement qui s'y réfèrent."[20] Ainsi, par la conclusion d'un contrat écrit, le consentement exprimé par l'usager vaut adhésion aux clauses réglementaires qui sont portées à sa connaissance. La jurisprudence de la Cour de cassation de 1999, Association de consommateurs de Fontaulières[21], rend un règlement de service (pris dans le cadre d'une convention de délégation du service de distribution d'eau) opposable aux usagers en se fondant sur son caractère administratif, exécutoire et de portée collective. Cependant, au préalable, elle vérifie que l'usager, par la signature de son contrat d'abonnement s'est "engagé" à se conformer au règlement de service. De même que pour vérifier que le contenu du règlement a été porté à la connaissance de l'usager, la Cour fait usage d'un raisonnement à double détente, fondé sur la théorie civiliste du consentement et le caractère exécutoire de l'acte administratif.

733. En revanche, la pratique des conventions verbales pose plus de difficultés, puisque pour appliquer les clauses du cahier des charges et du règlement de service à l'usager, il faut faire la preuve d'un double consentement, à la fois au contrat "verbal" et aux dispositions du statut. La preuve de l'existence d'un contrat verbal vaut-elle également adhésion à l'ensemble des règles administratives du statut de l'usager ? Une partie de la jurisprudence semble l'affirmer, au motif que "les cahiers des charges constituent des

---

1995, EDF c/ Legat, *CJEG* 1996, p.321: "(...) article 20 du cahier des charges pour la concession d'une distribution publique d'énergie électrique, qui est de nature réglementaire, et qui s'impose donc aux clients d'EDF ..."

16 TA Clermont Ferrand, 23 juin 1987, SNC Cagi c/ SIVOM de la Région d'Issoire - Société Lyonnaise des eaux, req. n°6691.

17 CA Rouen, 5 mai 1846, Pauwels c/ Visinet, *DP* 1846, II, p.175 ; Civ, 25 juin 1884, Veuve Jouanne, *S.* 1885, I, p.201 ; CA Dijon, 17 mars 1913, Bouzereau, *S.* 1917, II, p.105, note A. Mestre ; Civ, 10 décembre 1919, Société du gaz et de l'électricité de Bergerac c/ Giraudel, *D.* 1920, I, p.7. Plus récemment, CA Colmar, 15 mars 1961, Société des Produits Prinel c/ Régie municipale de l'usine d'électricité de Metz, *CJEG* 1961, p.31.

18 TA Clermont Ferrand, 23 juin 1987, SNC Cagi c/ SIVOM de la Région d'Issoire - Société Lyonnaise des eaux, req. n°6691, pour les copropriétaires d'un immeuble dont seul le syndic est lié au service par un contrat ; CA Caen, 11 avril 1972, SCI Parc de Clairefontaine, *CJEG* 1972, J, p.167 pour les futurs propriétaires des maisons d'un lotissement.

19 TGI Lyon, 3 octobre 1994, Badoil et Fourchet c/ SDEI, inédit ; TI Lyon, 27 mars 1995, Ibanez c/ SDEI, inédit ; TI Lyon, 27 novembre 1997, L. Mathis c/ SDEI, inédit.

20 Civ I, 17 novembre 1987, CGE c/ Demont, *Bull.* n°299, p.214 ; Cass. com., 27 mars 1990, CGE c/ Pronier promotion, pourvoi n°88-19.827. Pour une jurisprudence plus ancienne, voir CE, 23 mars 1906, Dlle Chauvin, *S.* 1908, III, p.17, note M. Hauriou.

21 Civ. I, 3 novembre 1999, Assoc. des consommateurs de Fontaulières, n°1756.

dispositions réglementaires qui s'imposent à tous les usagers, qu'ils soient abonnés par écrit ou verbalement"[22]. Certains arrêts recherchent en revanche l'adhésion de l'usager aux clauses que l'exploitant entend lui imposer. La Cour de cassation, en 1923[23], dans l'arrêt Grandin c/ Société l'électrique d'Anjou, pose le principe suivant lequel "la société ne peut exiger l'exécution d'une clause que son marché l'autorise à imposer aux usagers de l'électricité qu'à la condition de justifier de l'adhésion de l'intéressé, laquelle ne saurait résulter que de la signature d'une police d'abonnement se référant au traité, ou de toute autre manifestation non équivoque d'une acceptation". En 1938, dans l'arrêt Cayla[24], il est admis que par la conclusion d'un contrat verbal, l'usager a accepté également de payer le prix de la fourniture au tarif prévu par le cahier des charges, mais n'a pas donné son accord à la clause concernant le minimum de consommation.

734. Enfin, lorsqu'une personne reçoit la fourniture, mais qu'elle n'est pas qualifiée d'usager en l'absence de contrat écrit ou même verbal, on ne saurait bien évidemment lui appliquer les clauses du cahier des charges ou du règlement de service, notamment pour le calcul du prix à payer, et il est fait application de la théorie de l'enrichissement sans cause[25].

735. Le consentement au contrat verbal est donc une condition nécessaire, mais pas suffisante, pour l'applicabilité des règles administratives du statut de l'usager. Ce dédoublement du consentement en matière de contrat verbal vient compliquer considérablement ce qui l'était déjà, lorsqu'on se souvient des développements qui précèdent sur le sujet[26]. P. Teste avance que l'adhésion de l'usager lié par un contrat verbal pourrait procéder du caractère usuel de la clause que l'on entend lui appliquer, si celle-ci se retrouve dans toutes les polices conclues avec les autres usagers[27]. Mais le

---

22 CA Douai, 23 mars 1936, Noirhomme, *Rev. concess.* 1936, p.108 ; CA Paris, 20 juin 1961, RATP c/ EDF, *CJEG 1962*, J, p.14 : "la fourniture de courant électrique était faite à la RATP en vertu d'un accord de volontés tacite régi, en l'absence de stipulation particulière, par le cahier des charges susvisé" ; TGI Paris 4ème arr., 20 mars 1986, Steuer, *CJEG* novembre 1986, J, p.14 : "à ce titre, il (acte de concession) a un caractère réglementaire et les dispositions qui concernent les relations entre le concessionnaire et les usagers s'imposent à ceux-ci", "que M. Steuer ne saurait dès lors le méconnaître au motif qu'il n'a pas signé le contrat d'abonnement individuel qui reprend ladite clause" ; Cass.civ. 1, 23 octobre 1990, Association SOS Défense et Bertin c/ EDF - GDF, *CJEG* 1991, p.64.

23 Civ., 20 février 1923, Grandin c/ Société l'électrique d'Anjou, *S.* 1923, I, p.193, note A. Mestre.

24 Req., 17 mai 1938, *DH* 1938, p.420.

25 CA Bordeaux, 16 mars 1966, EDF c/ Agrimo, *CJEG* 1967, p.147 et note ; Cass. com., 4 novembre 1982, CGE c/ SEMVI, *Bull.* n°331 ; TI Gonesse, 7 février 1990, Compagnie des eaux de Goussainville c/ Cojean, *CJEG* 1990, p.421, note D. Delpirou.

26 Voir n°369 et s.

27 *Les services publics de distribution d'eau, de gaz et d'énergie électrique*, préc., p.381 et s : "le contrat verbal est donc nettement indépendant du cahier des charges ; il n'est pas placé sous son influence directe, il n'en est pas l'accessoire." Sont cités Trib. com. Evreux, 19 mars 1932, *Bull.* 1934, p.123 : "il est raisonnable d'appliquer à ce sujet les dispositions du cahier des charges (...) on peut admettre avec vraisemblance que les parties ont entendu s'y référer tacitement sur ces points précis (qualité de la fourniture et obligation d'en payer le prix) ; on peut voir dans ces stipulations implicites des clauses usuelles qu'il est aisé de sous entendre" ; CA Dijon, 14 janvier 1904, *Rev. concess.* 1905, p.68 : lorsque le concessionnaire a l'habitude de percevoir sur tous les usagers sans distinction une redevance spéciale pour l'entretien des branchements, l'usager placé sous le régime du contrat verbal est tenu de l'acquitter, mais il faut que le caractère d'usage de la clause soit bien établi. Voir également J. Gosset, *Distributeurs et usagers du gaz et de l'électricité*, préc., p.53, cite CA Grenoble, 31

caractère usuel d'une clause ne saurait être retenu comme critère de l'adhésion de l'usager au cahier des charges, compte tenu du peu de maniabilité d'une telle référence. En outre, le principe de liberté contractuelle permettrait de toute façon à l'usager et à l'exploitant d'exclure de telles clauses de leur contrat. Si l'on se reporte à ce qui a été dit au sujet du consentement au contrat verbal, ne faudrait-il pas se référer à l'absence de protestation de l'usager à réception du premier document comportant les conditions générales de fourniture ? Mais comment admettre dès lors que l'absence de protestation à réception de la première facture ne vaut pas forcément conclusion du contrat verbal alors que la même attitude vaudrait adhésion au règlement de service ? Ainsi, il a été jugé que le paiement d'une première facture d'électricité n'équivalait pas au consentement de l'usager en faveur de l'application du tarif dit "EJP"[28]. En revanche, la qualité d'usager est reconnue au requérant qui paiera l'électricité en fonction du tarif habituel du cahier des charges (pas d'application de la théorie de l'enrichissement sans cause).

736. Le respect de certaines obligations pendant un certain temps peut-il constituer un indice ? S'il s'agit des obligations contenues dans le cahier des charges, il serait sécurisant pour les parties de les considérer liées par ces obligations. En revanche, que faire s'il s'agit d'obligations dérogatoires au cahier des charges ? D'un côté, le consentement de l'usager semble acquis s'il exécute les clauses litigieuses, mais n'a-t-il pas été vicié (erreur) au regard des règles du Code civil[29], au détriment également du principe d'égalité des usagers devant le service public, s'il était plus avantageux pour l'usager d'exécuter un contrat conforme à la police type ? D'un autre côté, l'usager et l'exploitant ont pu s'entendre sur certaines obligations dérogatoires et en vertu de la force obligatoire des conventions, il faut exécuter le contrat selon ces principes. Le tribunal d'instance de Foix a jugé qu'un usager ayant réglé ses factures d'électricité correspondant au "tarif jaune" doit exécuter les autres obligations procédant du contrat type "tarif jaune" et notamment le paiement d'indemnités en cas de résiliation anticipée[30]. Cet exemple autorise une généralisation : l'exécution d'une obligation dérogatoire suppose l'adhésion aux autres obligations dérogatoires procédant du même type de contrats.

737. La solution idéale serait une publication systématique de la police type, doublée de son envoi au dos de la première facture, ce qui semble être fait aujourd'hui, la consommation de la fourniture selon les règles du cahier des charges suffisant à démontrer l'adhésion aux règles contenues dans ce document, même si à l'origine le contrat est verbal.

738. Si les cahiers des charges et règlements de service commandent l'exécution des contrats particuliers, que se passe-t-il en cas de conflit avec les principes du droit privé ?

---

janvier 1922, *La Loi*, 17 mars 1922 : un usager voulait appliquer ce qu'il considérait comme le droit commun, c'est-à-dire ce qui était contenu dans les autres polices, car il soutenait que le concessionnaire avait porté ces conditions à la connaissance du public et que le contrat tacite exécuté dans les mêmes conditions révélait l'acceptation par l'usager, argumentation non retenue par la cour.

[28] TI Lisieux, 22 mars 1993, EDF c/ SCI La Folletière, *CJEG* 1994, p.503.

[29] Par exemple, CA Douai, 23 mars 1936, Noirhomme, *Rev. concess.* 1936, p.108. L'usager avait payé pendant un certain temps un prix plus élevé que le tarif prévu au cahier des charges. Le Conseil d'Etat a ordonné la restitution du surplus alors qu'on aurait très bien pu démontrer l'accord de volonté sur ce prix.

[30] TI Foix, 24 mai 1991, Mege Marie-Thérèse c/ EDF, *CJEG* 1992, p.394.

B. La contradiction entre les règles du statut administratif et les règles du droit privé des obligations.

739. Le statut de droit administratif applicable à l'usager s'interpose entre le contrat de droit privé et les règles du Code civil, tendance particulièrement nette dans le silence du contrat.

740. Le juge judiciaire n'admet d'appliquer les règles du Code civil que dans le silence du cahier des charges, démontrant par là même le caractère prioritaire de ce dernier. Ainsi, en 1924, la cour d'appel de Paris[31], confrontée à un contrat particulier ne garantissant pas un minimum de pression pour le gaz distribué, a déclaré que “c'est aux clauses du cahier des charges qu'il convient tout d'abord de se reporter”, mais devant le silence du cahier des charges en la matière, l'exploitant a été jugé “tenu seulement en vertu des principes généraux du contrat”. Cela vient confirmer un principe énoncé antérieurement par la cour d'appel de Rennes[32], en vertu duquel le “cahier des charges énonce bien, en effet, l'ensemble des obligations imposées aux compagnies concessionnaires, mais qu'il ne peut entrer dans tous les détails des garanties à prendre pour l'entière sécurité de l'exploitation, et qu'on ne saurait déduire de son silence à cet égard que la compagnie ne se trouvait pas astreinte, ne fût-ce que par des obligations d'ordre purement général, à la sécurité de ses voyageurs”. Dans le silence du cahier des charges, le juge a mis à la charge de la compagnie une obligation de sécurité dont on sait qu'elle est tirée du droit privé applicable aux contrats[33] .

741. Il arrive également que, lorsque le contrat et le cahier des charges sont muets sur un point, certains actes unilatéraux émanant de l'autorité concédante, ou de tutelle, s'appliquent, de préférence aux règles du Code civil. La cour d'appel de Paris, en 1943, alors que le contrat ne prévoyait rien sur la coupure d'électricité en cas de non paiement et que le règlement de service comportait une disposition proche de celles du Code civil en la matière, puisqu'il renvoyait les parties devant le juge, fait application d'un décret-loi du 30 octobre 1935 qui autorisait la coupure de courant en cas de non paiement pendant deux trimestres consécutifs et après mise en demeure. En 1964, la Cour de cassation[34] fait application d'un arrêté ministériel prévoyant des redevances mensuelles pour la location des compteurs, alors que celle-ci n'est même pas mentionnée dans le contrat.

742. On peut donc dire pour résumer que, dans le silence du contrat, celui-ci est présumé soumis aux règles administratives, les dispositions spéciales l'emportant sur les dispositions générales. Seront donc appliquées en premier lieu les dispositions des cahiers des charges particuliers ou des règlements de service, dans la mesure bien entendu où ils ne sont pas illégaux, sachant qu'ils peuvent préciser les actes administratifs qui leur sont supérieurs mais pas les contredire, à moins, comme les cahiers des charges types, qu'il ne s'agisse que de modèles. Si les dispositions administratives du statut de l'usager (qu'elles

---

[31] 7 janvier 1924, Violette c/ Société du gaz de Maubeuge, *D.* 1924, II, p.143.

[32] 16 juin 1903, Compagnie des tramways de la Sarthe c/ Héritiers Collet, *S.* 1904, II, p.60.

[33] Voir n°1410 et s. sur l'obligation de sécurité.

[34] Civ I, 11 avril 1964, Dame Péquin c/ EDF, *Bull.* n°181, p.140.

émanent de l'exploitant ou de toute autre autorité administrative) sont silencieuses sur une question particulière, alors seulement on appliquera le droit privé des obligations.

743. Comment expliquer les diverses contradictions que l'on vient d'exposer ?

C. La solution proposée.

744. Ne faudrait-il pas examiner plus précisément les clauses en question dans la jurisprudence précitée ? En effet, on se rend compte que les clauses tarifaires, qu'elles soient contenues dans un acte administratif unilatéral ou dans les clauses réglementaires d'un contrat de concession, sont applicables aux usagers après simple publication ou affichage. Pour ce qui est de la volonté de l'usager et de l'expression de son consentement à de telles clauses, celles-ci sont réduites à leur strict minimum, puisque les contrats verbaux y sont quasi automatiquement soumis[35]. Ainsi, dans l'arrêt Cayla, de 1938[36], une distinction est établie entre la clause tarifaire, applicable à l'usager, et la clause relative au minimum de consommation pour l'application de laquelle l'exploitant doit justifier l'adhésion de l'usager verbal. Dans la jurisprudence concernant les contrats écrits, ces clauses sont jugées applicables sans aucune référence à l'adhésion de l'usager. On peut associer aux clauses tarifaires les clauses relatives à la continuité du service public[37] et les clauses portant avance sur consommation ou prévoyant les frais d'installation[38], applicables à l'usager du simple fait de leur caractère réglementaire.

745. En revanche, l'exploitant doit à la fois démontrer la notification individuelle à l'usager et l'adhésion de celui-ci à des clauses relatives à la responsabilité de l'exploitant en cas d'accident dû aux installations[39] ou de coupure de fourniture[40], aux factures intermédiaires[41], à l'attitude à prendre en cas de fonctionnement défectueux du compteur[42], aux frais de remplacement d'un compteur gelé[43], aux précautions à prendre par l'usager en cas de gel[44], au minimum de consommation[45], à la redevance pour l'entretien du branchement[46], etc.

---

[35] CA Paris, 20 juin 1961, RATP c/ EDF, *CJEG* 1962, J, p.14 ; Cass com., 11 juin 1951, SNCF, *JCP* 1951, IV, 122.

[36] Req., 17 mai 1938, *DH* 1938, p.420.

[37] TGI Saint Omer, 22 janvier 1988, Pouget c/ EDF, *CJEG* 1988, p.280, note P. Sablière.

[38] Cass.civ. I, 23 octobre 1990, Association SOS Défense et Bertin, *CJEG* 1991, p.64, note N. R.

[39] Civ I, 19 mai 1987, CGE c/ Epoux Feldzer, *Bull.* n°156 ; Civ I, 10 mai 1988, Société SADE c/ Lassalle, *Bull.* n°136, p.95.

[40] Civ I, 31 mai 1988, Société des eaux de l'Essonne, *CJEG* 1988, p.418, note P. S. ; CA Lyon, 1er décembre 1982, SA Aciéries du Furan, *CJEG* 1983, J, p.107, note P. Lonnoy.

[41] TI Saint Etienne, 8 octobre 1991, Mme Fournel, *CJEG* 1992, p.336, note P. R.

[42] Civ I, 22 novembre 1988, Gaz de Strasbourg, *Gaz. Pal.* 1989, I, panor., p.9.

[43] Civ I, 17 novembre 1987, CGE c/ Demont, *Bull.* n°299, p.214. Voir également Cass. com., 27 mars 1990, CGE c/ Pronier Promotion, pourvoi n°88-19.827.

[44] Civ I, 20 octobre 1981, Société sablaise des eaux c/ Dumont, *Bull.* n°298, p.250.

[45] Civ., 20 février 1923, Grandin, *S.* 1923, I, p.193, note A. Mestre.

[46] CA Dijon, 14 janvier 1904, *Rev. concess.* 1905, p.68.

746. A quelques détails près, ne retrouve-t-on pas la distinction précédemment établie au sein des dispositions administratives composant le statut de l'usager ? Un premier groupe de dispositions, dont faisaient partie les clauses tarifaires, concernait les grands principes du service public et il avait été suggéré que ces clauses demeurent de la compétence du juge administratif. Maintenant, conformément à l'évolution jurisprudentielle dont l'arrêt Cayzeele constitue une étape primordiale, il est proposé de conférer à ces clauses l'ensemble des effets des actes administratifs réglementaires : leur publication suffit à les rendre applicables aux destinataires, sans nécessiter leur adhésion. Pour ce qui est des clauses réglementaires des contrats de délégation de service public, une publication s'imposera donc, ce qui ne saurait avoir que des avantages, puisque le délai de recours contre de telles clauses pourrait courir à l'encontre d'usagers dûment informés des règles de droit qui leur sont applicables.

747. Le second groupe de dispositions administratives comporte les clauses habituellement présentes dans les contrats de droit privé. Ces clauses doivent être personnellement portées à la connaissance de l'usager, qui doit y adhérer pour qu'elles lui soient applicables. Quoi de plus naturel, puisqu'on se rapproche du contrat de droit privé qui unit l'usager à l'exploitant, et donc des règles civilistes du consentement ! Le récent raisonnement à double détente de la Cour de cassation est donc à bannir.

748. Cependant, l'appartenance de certaines clauses au premier ou au second groupe peut susciter des difficultés : faut-il rattacher les frais d'installation au tarif, lui-même procédant du principe d'égalité devant le service public, ou aux clauses purement contractuelles de droit privé ; faut-il rattacher les clauses d'irresponsabilité de l'exploitant en cas de coupure au principe de continuité du service public ou les traiter comme n'importe quelle clause limitative de responsabilité, fréquente en droit privé ? Une réponse à cette question pourrait être trouvée dans les développements qui précèdent concernant les transformations de la notion d'usager[47]. La relation de service public se conçoit à deux niveaux : la collectivité des usagers et chaque relation individuelle usager / exploitant.

749. Lorsqu'il est affirmé que le juge administratif doit rester maître des principes de continuité et de mutabilité du service public, cela ne se conçoit qu'à l'échelle du service tout entier, car le juge administratif est gardien de la solidarité et de l'intérêt général au sein du service. Les problèmes concernant les relations générales et impersonnelles entre les usagers et l'exploitant (suppression de lignes, obligation d'étendre le réseau, service minimum) sont distincts des difficultés posées par les clauses limitatives de responsabilité, qui n'ont qu'un lointain rapport avec la continuité du service.

750. Pour poursuivre l'analyse, il serait juste que les parties au contrat ne puissent déroger au premier type de dispositions que de façon extrêmement limitée, alors que la liberté contractuelle retrouverait toute sa latitude pour le second groupe.

---

[47] Voir n°115.

§ 2. Les contrats de droit privé dérogatoires.

751. Dans quelle mesure l'usager et l'exploitant du service peuvent-ils, d'un commun accord, déroger aux dispositions du cahier des charges ? (A) Les règles du statut administratif de l'usager sont-elles, au moins en partie, applicables à ces conventions dérogatoires ? (B)

A. L'étendue de la liberté contractuelle des parties.

752. La liberté contractuelle des parties s'analyse dans deux situations différentes : dans le silence des dispositions administratives portant droits et obligations des usagers (1°) et à travers les éventuelles dérogations du contrat particulier aux dispositions administratives (2°).

1°) L'étendue de la liberté contractuelle des parties dans le silence des dispositions administratives.

753. En premier lieu, les contrats particuliers peuvent suppléer au silence du cahier des charges, du règlement de service ou de la police type, ce qui ne saurait se concevoir comme une dérogation, mais plutôt comme un complément à des documents qui ne peuvent pas tout prévoir. Ainsi, la cour d'appel de Rouen, en 1846[48], est interrogée sur la faculté pour une compagnie concessionnaire d'imposer une durée minimale au contrat d'une année aux usagers, dans le silence du règlement de service. Elle estime que dans le silence de l'autorité municipale, les contrats de droit privé "dérivent du consentement libre et variable des consommateurs auxquels le cahier des charges laisse la faculté de restreindre la durée de leurs engagements à moins d'une année, pourvu que cette durée ne descende pas jusqu'à des limites qui ne seraient ni justes ni raisonnables". Plus on approche des conditions essentielles de fonctionnement du service, plus la liberté contractuelle des parties, et des exploitants surtout, est surveillée par le juge. De la part de l'exploitant cette fois-ci, il n'accepte qu'une compagnie cesse sa fourniture de gaz à un usager, qui refuse de signer la contrat comportant certaines obligations nouvelles dans le silence du cahier des charges, qu'au motif que le gaz n'est pas une nécessité et que l'usager peut s'éclairer différemment au XIXème siècle, la compagnie devant bien entendu lui laisser un certain délai avant de suspendre la fourniture[49].

754. L'ancienneté de cette jurisprudence s'explique par la très faible loquacité des cahiers des charges et règlements de service du XIXème siècle, alors qu'aujourd'hui, compte tenu de leur contenu relativement détaillé, c'est sur la question des éventuelles dérogations qu'il faut plutôt s'attarder.

---

[48] CA Rouen, 5 mai 1846, Pauwels et Visinet, *DP* 1846, II, p.175.

[49] CA Aix, 19 février 1846, Meyer, *DP* 1846, II, p.175.

2°) Les dérogations aux dispositions administratives.

755. L'exploitant et l'usager n'ont qu'une faible marge de manoeuvre pour déroger au tarif (a), alors que leur liberté contractuelle reste entière pour ce qui est des clauses du second groupe (b).

a) Les clauses tarifaires.

756. Peut-on déroger aux clauses tarifaires d'un cahier des charges par des conventions particulières ? On envisagera deux situations : dans le premier cas, l'usager réclame une prestation prévue au cahier des charges et ne fait preuve d'aucune particularité dans sa demande. Dans la seconde situation, soit l'usager veut obtenir une prestation non prévue au cahier des charges ou au règlement de service (il se situe en dehors de la zone concédée par exemple ou bien ses installations nécessitent une puissance électrique supérieure au maximum prévu, etc.), soit l'usager est prêt à accepter certaines sujétions particulières.

757. Pour ce qui est du premier cas, les tarifs s'imposent à l'usager comme à l'exploitant, qui ne peuvent y déroger[50]. Le Conseil d'Etat, dans le célèbre arrêt Compagnie générale des eaux, de 1943[51], a jugé que des conventions particulières, majorant de 20% le prix prévu au cahier des charges sans raison apparente, n'ont "pu valablement déroger aux prescriptions (...) des conventions qui sont intervenues entre la ville et le concessionnaire à l'effet d'assurer l'organisation et le fonctionnement d'un service public (...) et qui ont déterminé les obligations imposées à cette fin par le concédant à la compagnie".

758. Le commissaire du gouvernement Odent[52], dans cet affaire, avait précisément vérifié si la demande de l'usager entrait dans les prestations prévues au cahier des charges, auquel cas la convention particulière encourait la nullité pour fraude et non respect du principe d'égalité, ou si, au contraire, la prestation particulière réclamée se situait en dehors de la concession, auquel cas elle demeurait parfaitement valable. Ceci est confirmé par la Cour de cassation[53] quelques mois plus tard, à propos d'une convention particulière pour l'établissement d'un câble souterrain et d'une canalisation facturée à l'usager en dehors du tarif prévu au cahier des charges. Il a été jugé que la part du prix afférente aux travaux prévus par le cahier des charges devait être soumise au tarif réglementé, alors que le surplus régulièrement réclamé avait trait à des travaux "pour lesquels la liberté des conventions entre les parties demeuraient entière". Cette tendance jurisprudentielle n'est

---

[50] Civ., 19 janvier 1858, *DP* 1858, I, p.62 ; 31 décembre 1873, *DP* 1874, I, p.242 ; 18 janvier 1905, *DP* 1908, I, p.71 ; Req., 26 novembre 1945, Etablissement Dautreville c/ SNCF, *D.* 1946, p.92; Cass. com., 7 janvier 1965, *Bull.* n°18, p.17 ; 20 mai 1967, *Bull.* n°194, p.186.

[51] CE, 5 mars 1943, *DC* 1944, J, p.121.

[52] Concl. au *DC* 1944, J, p.121.

[53] Civ., 17 mai 1943, Société immobilière Pilat Plage c/ Compagnie du gaz et de l'électricité d'Arcachon, *DC* 1944, J, p.116, note Ch. Blaevoet, qui distingue le service public des services "privés". La cour d'appel de Lyon le 12 novembre 1931, Société d'électricité du Burguey c/ Merle, *S.* 1932, II, p.57, note J. L'Huillier, avait déjà fait application de cette solution.

que la confirmation de l'entière liberté des parties, dans le silence du cahier des charges ou du règlement de service.

759. La jurisprudence sur les services dits "privés", c'est-à-dire en dehors des prévisions du cahier des charges, est en voie de disparition. En effet, les cahiers des charges prévoient de plus en plus souvent le cas des gros consommateurs, tel le contrat émeraude pour EDF et la reconnaissance par voie de circulaire en 1981 des conventions de déversement industriel.

760. Un usager, qui réclamerait la prestation de service prévue dans les conditions du cahier des charges ou du règlement de service, peut bénéficier d'avantages tarifaires ou de tout autre avantage s'il accepte de subir des sujétions spéciales, ou si son activité peut profiter en retour à l'ensemble des usagers, telle la société SVP dans le domaine du téléphone[54]. Selon M. Blaevoet[55], "il faut que les sujétions qui aggravent celles du cahier des charges soient compensées par des avantages spéciaux ou par des conditions de services extraordinaires".

761. Une convention dérogatoire aux clauses tarifaires conclue avec un usager, dont la demande entre dans les conditions du cahier des charges et qui ne subit aucune sujétion particulière, risquerait, selon certains, la nullité pour vice du consentement[56]. Une partie au contrat peut avoir donné son consentement à la suite d'une erreur : "il y a une inadéquation entre la représentation intellectuelle que se fait l'un des contractants d'une qualité substantielle de la chose objet du contrat, d'une part, et la réalité d'autre part."[57]. Si l'usager signe un contrat comportant un prix différent de celui prévu au cahier des charges, son consentement serait vicié puisqu'il commettrait une erreur sur le prix.

762. Cependant, même si elle est d'apparence simple, la mise en oeuvre effective d'une telle théorie pose quelques difficultés. L'erreur sur le prix est utilisée dans des cas très différents de celui de l'usager, puisqu'en général il s'agit d'une confusion entre anciens et nouveaux francs[58], d'une erreur matérielle d'étiquetage[59], etc. L'usager n'est

---

[54] CE, Section, 24 avril 1964, Société LIC, *Rec.*, p.239, *AJDA* 1964, p.308, concl. Combarnous, *AJDA* 1964, p.293, chron. Fourré et Puybasset : "aucune disposition législative ou réglementaire n'interdit à l'administration des postes et télécommunications de conclure avec les usagers du téléphone des conventions particulières", sachant que dans ce cas, il a été tenu compte que SVP s'engageait à rembourser les frais d'installation des équipements, à payer à l'Etat des redevances calculées en fonction des services rendus, moyennant quoi elle obtenait un indicatif à trois lettres ainsi que le recouvrement par l'administration des sommes dues par ses propres usagers.

[55] Note sous Civ., 10 février 1932, Beaudouin et 24 octobre 1933, Cocheril, *D.* 1935, I, p.33.

[56] Concl. Odent, préc., note J. L'Huillier, préc. et Ch. Blaevoet, préc.

[57] Définition empruntée à J. Ghestin, *La formation du contrat*, préc., n°490. Voir également *Obligations. Théorie générale*, par F. Chabas, préc., n°161. Voir également F. Terré, Ph. Simler, Y. Lequette, *Droit civil. Les obligations*, préc., n°205. L'erreur fait l'objet de l'article 1110 du Code civil : "l'erreur n'est une cause de nullité de la convention que lorsqu'elle tombe sur la substance même de la chose qui en est l'objet. Elle n'est point une cause de nullité, lorsqu'elle ne tombe que sur la personne avec laquelle on a l'intention de contracter, à moins que la considération de cette personne ne soit la cause principale de la convention."

[58] Com. 14 janvier 1969, *D.* 1970, p. 458, note M. Pédamon, *RTDC* 1969, p. 556, obs. Y. Loussouarn.

[59] Civ. III, 23 janvier 1970, *Gaz. Pal.* 1970, I, p.210 ; TGI Pau, 7 janvier 1982, *JCP* 1983, II, 19999, note N. Coiret.

pas victime d'une "appréciation économique erronée effectuée à partir de données exactes"[60]. Comment affirmer le caractère réglementaire du tarif, son applicabilité à l'usager du seul fait de sa publication, le consentement de ce dernier n'étant nullement requis, puis affirmer par la suite que toute dérogation sera sanctionnée par une théorie fondée exclusivement sur le consentement de l'usager, à savoir l'erreur sur le prix ? Une telle convention dérogatoire doit plutôt être déclarée nulle en raison de sa non conformité aux clauses réglementaire du cahier des charges ou du règlement de service. C'est la solution retenue par la Cour de cassation, en 1943, qui distingue, au sein d'une convention de travaux, ceux qui sont prévus par le cahier des charges et les travaux exécutés en dehors de ses prévisions. En ce qui concerne les premiers, si le prix prévu est plus élevé que celui du cahier des charges, la convention est entachée d'une "nullité d'ordre public pour violation des tarifs imposés par le cahier des charges"[61].

763. Les clauses tarifaires sont représentatives du premier groupe de dispositions administratives. Qu'en est-il des autres clauses ?

b) Les dispositions administratives du second groupe.

764. La liberté contractuelle des parties est très étendue dans le domaine du second groupe de dispositions administratives. Nonobstant les dispositions des cahiers des charges et des règlements de service, les parties peuvent décider librement de la compétence juridictionnelle territoriale en cas de litige[62], d'un minimum de consommation[63], d'un forfait[64], d'une fourniture au compteur à la place d'un robinet à jauge[65], etc.

765. Ne serait-ce pas l'occasion d'appliquer la théorie des vices du consentement ? En effet, un usager à qui on aurait fait signer un contrat comportant de réelles sujétions, alors que d'autres personnes placées dans la même situation n'y seraient pas assujetties, pourrait invoquer l'erreur qu'il aurait commise si elle porte sur un élément substantiel. Ainsi, dans l'arrêt Société Normande du gaz, d'électricité et d'eau c/ Jolly de 1925[66], une contrat particulier a été déclaré nul pour erreur de l'usager sur le mode de branchement qui constituait un élément essentiel de la convention.

766. Dans le cas où des négociations aboutissent entre l'usager et l'exploitant et se concrétisent par la conclusion d'une convention dérogatoire, dans quelle mesure les dispositions du statut administratif lui seraient-elles applicables ?

---

60 Formule de J. Ghestin, *La notion d'erreur en droit positif actuel*, LGDJ, 2nde éd., 1971, n°74. L'erreur sur le prix se différencie de l'erreur sur la valeur.

61 Civ., 17 mai 1943, Société immobilière Pilat-Plage c/ Compagnie du gaz et de l'électricité d'Arcachon, *DC* 1944, p.116.

62 CA Paris, 9 janvier 1930, Société Nord lumière c/ Meytraud, *DH* 1930, p.169.

63 Civ., 24 octobre 1933, Société L'électrique de Bretagne c/ Cocheril, *DH* 1933, p.570, *D.* 1935, I, p.33.

64 Trib. com. Chambéry, 10 juin 1927, *Rev. concess.* 1928, p.69.

65 CE, 3 mars 1893, Commune de Clichy, *Rec.*, p.194.

66 Req., 19 janvier 1925, *DH* 1925, p.77.

B. L'applicabilité du statut administratif.

767. Dans les cas où il ne peut être dérogé au tarif habituel, les contrats particuliers non conformes aux clauses tarifaires du cahier des charges se voient appliquer immédiatement le prix réglementaire. Par exemple, la SNCF peut réclamer un supplément en cas d'erreur commise par ses agents dans les tarifs[67], de même que l'usager ayant effectué une demande dans les conditions du cahier des charges et qui s'est vu appliquer un tarif supérieur à celui habituellement pratiqué est en droit de réclamer le trop perçu[68].

768. Pour ce qui est du second groupe de dispositions administratives, il est de tendance constante que le juge judiciaire applique en priorité la volonté des parties, exprimée clairement dans un contrat dérogatoire, de préférence au cahier des charges, lorsque ces dérogations sont parfaitement licites. Ce raisonnement est fondé sur l'article 1134 du Code civil, qui dispose que les conventions tiennent lieu de loi à ceux qui les ont faites. Ainsi, en 1930, la cour d'appel de Paris[69] pose le principe que "le juge doit se référer au contrat qui lie les deux parties", position confirmée par la Cour de cassation en 1933, à propos d'une clause de minimum de consommation[70]. Dans la mesure où un usager a eu connaissance des clauses du cahier des charges et qu'il a accepté d'y déroger, il doit exécuter son contrat, même si l'application du cahier des charges s'avérait finalement plus avantageuse[71], contrairement aux règles applicables en matière tarifaire.

769. Dans tous les cas où cela lui est permis, le juge préférera voir une dérogation autorisée au cahier des charges plutôt qu'une contradiction entraînant la nullité de la police individuelle, selon le principe en vertu duquel "lorsqu'il y a contradiction entre les stipulations du cahier des charges général et les dispositions du devis particulier, il convient de rechercher la volonté effective des parties"[72].

770. L'influence des règles administratives procédant du statut de l'usager est désormais certaine. Cependant, la justification de cette influence statique fait aussi bien appel à des arguments d'autorité, procédant du caractère impératif de dispositions, qu'à des arguments tirés de la théorie civiliste du consentement. On peut néanmoins remarquer que si les méthodes divergent, l'objectif final est toujours le même : il s'agit d'appliquer au contrat de droit privé liant l'usager et l'exploitant les règles du statut administratif dont il est issu, et cela dans la plus large mesure, le respect de la volonté et du consentement de l'usager venant quelquefois tempérer une applicabilité trop brutale des règles

---

[67] Civ., 19 janvier 1858, *DP* 1858, I, p.62 ; 31 décembre 1873, *DP* 1974, I, p.242 ; 18 janvier 1905, *DP* 1906, I, p.71.

[68] CA Douai, 23 mars 1936, Noirhomme, *Rev. concess.* 1936, p.108.

[69] 9 janvier 1930, Société Nord lumière c/ Meytraud, *DH* 1930, p.169 : l'usager "a pris connaissance du cahier des charges, (...), il a en tout cas renoncé immédiatement à cette faculté (clause du cahier des charges), puisqu'il a accepté les termes de l'article 14 de la police, bien qu'il lui fut permis d'en discuter".

[70] Civ., 24 octobre 1933, Société l'électrique de Bretagne c/ Cocheril, *DH* 1933, p.570, *D.* 1935, I, p.33 ; CA Pau, 17 novembre 1933, Société hydro électrique des Basses Pyrénées, *Rev. concess.* 1934, p.85 ; Civ., 10 février 1932, Société Nord lumière c/ Beaudouin, *DH* 1932, p.177.

[71] CA Pau, 17 novembre 1933, Société hydro-électrique des Basses Pyrénées, *Rev. concess.* 1934, p.85.

[72] CE, 18 février 1955, Société auxiliaire de distribution d'eau, *AJDA* 1955, II, p.174, *CJEG* 1955, p.148.

administratives. Mais que se passe-t-il en matière d'applicabilité dynamique ? Le principe d'intangibilité des conventions entre alors explicitement en conflit avec le principe de mutabilité des règlements administratifs.

- *SECTION II* -
L'applicabilité dynamique des dispositions administratives

771. Les règles d'organisation des services publics industriels et commerciaux sont susceptibles de modification au cours du temps, ne serait-ce qu'en vertu des principes d'adaptabilité constante du service public et de mutabilité des actes administratifs réglementaires. Ainsi, la question est celle de savoir si les modifications apportées aux cahiers des charges et règlements de service sont applicables aux usagers liés par des contrats de droit privé les unissant à l'exploitant du service. Les contrats dont l'exécution s'étale dans le temps (service de distribution d'eau, de gaz, ou d'électricité par exemple) et qui sont conclus postérieurement aux modifications subiront bien entendu ces modifications[73]. Cette applicabilité dynamique n'engendrera de réelles difficultés que pour ce qui est des contrats particuliers conclus antérieurement aux modifications et dont l'exécution est en cours lors de la modification du cahier des charges ou du règlement de service.

772. Le cas le plus fréquent en matière de modification des règles d'organisation du service est celui de l'augmentation des tarifs. Après la première guerre mondiale, les distributeurs de gaz ont dû faire face à une augmentation considérable du coût de l'une de leurs matières premières, le charbon. Du point de vue des relations entre les concessionnaires et les communes concédantes, le Conseil d'Etat est intervenu en 1916, dans le très célèbre arrêt Gaz de Bordeaux[74], pour appliquer la théorie de l'imprévision. Les compagnies concessionnaires ont eu droit à une indemnité d'imprévision, compensant les frais engagés pour assurer la continuité du service malgré les graves déficits que l'augmentation du coût du charbon avait occasionnés. Cette indemnité, versée par l'autorité concédante, est en réalité imputée au contribuable. Cependant, cette situation ne pouvait pas perdurer sans augmentation générale des tarifs, de façon, en fin de compte, à faire supporter à l'usager le coût du rééquilibrage financier du service, ce qui semble normal puisque c'est bien l'usager qui en profite. Ainsi, à la suite d'accords entre les concédants et les concessionnaires décidant d'augmentations généralisées des tarifs du gaz, certains usagers engagèrent dans les années vingt et trente des procès en invoquant le principe d'intangibilité applicable à leurs contrats en cours d'exécution, conclus sous l'empire de l'ancien tarif. Si ces procès sont à l'origine des solutions adoptées par la Cour de cassation en matière d'applicabilité dynamique, d'autres arrêts, plus récents, sont venus les compléter dans le domaine des transports, lorsque l'usager est titulaire d'une carte d'abonnement valable sur une longue durée et dont il faut modifier le contenu, ou dans le domaine de la distribution d'eau, qui est également au coeur d'un conflit tarifaire.

---

[73] Tribunal de Bourg en Bresse, 23 février 1969, Neyroud c/ EDF, *CJEG* avril 1969, J, p.362, note M.L.G.B. ; CA Paris, 26 octobre 1979, *JCP* 1980, II, 1948, note J. Evesque.

[74] CE, 30 mars 1916, *Rec.*, p.125, concl. Chardenet, *RDP* 1916, p. 206, concl. Chardenet et p. 388, note G. Jèze, *S.* 1916, III, p. 17, concl. Chardenet, note M. Hauriou.

773. La question de l'applicabilité dynamique est l'exemple type d'un conflit particulièrement marqué entre les droits statutaire et conventionnel (§ 1). En définitive, il faut justifier, du point de vue des règles du droit privé des contrats, et notamment la règle de l'intangibilité des conventions, une modification unilatérale du contenu du contrat. Cette modification est certes équitable et d'intérêt général, mais *a priori* parfaitement inconciliable avec le droit privé des obligations. Qui plus est, la jurisprudence en la matière est très originale, puisqu'au lieu de justifier les solutions apportées à l'aide de règles du droit privé des contrats ou à l'aide d'arguments tirés du droit public, elle procède d'une savante interaction des deux. Ainsi, la commune volonté des parties rencontre le principe de mutabilité (§ 2). Enfin, face à une jurisprudence quelque peu ancienne, ne faudrait-il pas se demander si, aujourd'hui, le principe de mutabilité appliqué à des contrats de droit privé en cours ne pourrait pas se justifier plus clairement ? (§ 3)

§ 1. Les principes en présence.[75]

774. *A priori*, l'intangibilité des conventions de droit privé est inconciliable avec le principe mutabilité du service public (A). Cependant, la doctrine et le juge ont découvert des justifications possibles dans le droit privé des obligations (B).

A. Des principes contradictoires.

775. Les contrats de droit privé sont soumis au principe d'intangibilité des conventions, issu de l'article 1134 du Code civil : "les conventions légalement formées tiennent lieu de loi à ceux qui les ont faites. Elles ne peuvent être révoquées que par leur consentement mutuel, ou pour des causes que la loi autorise."[76] Les cahiers des charges et les règlements de service, contenus dans les contrats liant les compagnies concessionnaires et les communes concédantes ne sauraient avoir un quelconque effet à l'égard des usagers qui sont des tiers vis à vis de ces contrats, en vertu de l'effet relatif des conventions, qui fait l'objet de l'article 1165 du Code civil : "les conventions n'ont d'effet qu'entre les parties contractantes ; elles ne nuisent pas aux tiers, et elles ne leur profitent que dans le cas prévu par l'article 1121."

776. L'article 1121, relatif à la stipulation pour autrui, dispose qu' "on peut pareillement stipuler au profit d'un tiers, lorsque telle est la condition d'une stipulation

---

[75] Voir pour de plus longs développements, A. Decencière Ferrandière, *De l'effet, à l'égard des tiers, des augmentations de tarif dans les concessions de gaz et d'électricité*, Th. Paris, 1926, p.21 et s. ; *C. Chavanon, Essai sur la notion et le régime juridique du service public industriel et commercial*, préc., p.277 et s. ; J. Gosset, *Distributeurs et usagers du gaz et de l'électricité*, préc., p.58 et s. ; L. Aulagnon, "De la situation juridique des usagers titulaires de polices d'abonnement à l'égard des compagnies concessionnaires de services publics", préc. ; P. Laroque, *Les usagers des services publics industriels*, préc., p.170 et s. ; J. Appleton, note sous req., 19 juillet 1920 et 4 mai 1921, *D.* 1922, I, p.41.

[76] Faisant application du principe d'intangibilité des conventions dans le domaine des télécommunications, voir un arrêt très ancien de la cour d'appel de Nancy, 9 mai 1896, Etat c/ Colin, *S.* 1898, II, p.281, qui refuse d'appliquer les modifications du cahier des charges aux contrats en cours.

que l'on fait pour soi-même ou d'une donation que l'on fait à un autre. Celui qui fait cette stipulation ne peut la révoquer, si le tiers a déclaré vouloir en profiter". Outre les vives critiques qu'engendre son éventuelle application à la situation des usagers, l'acceptation par le tiers bénéficiaire rend la promesse irrévocable, ce qui s'oppose à l'applicabilité aux usagers des augmentations de tarifs[77]. Même s'il semble admis que l'usager a adhéré, en signant la police, aux clauses réglementaires du cahier des charges ou du règlement de service, cela ne saurait s'interpréter comme un blanc seing au concessionnaire, libre d'en modifier à sa guise les conditions : l'usager a adhéré au cahier des charges tel qu'il est et non tel qu'il pourrait devenir.

777. En revanche, il faut admettre qu'à la suite des désordres créés par l'augmentation du coût du charbon, c'est la viabilité toute entière du service de distribution du gaz qui était mise en danger. Les références solidaristes de la relation de service public sont reprises dans les exigences de l'intérêt général, de la continuité du service et de son bon fonctionnement. En fin de compte, ce n'est pas seulement la faillite du concessionnaire qui est en jeu, mais aussi l'équilibre financier et économique du service, et partant les intérêts mêmes des usagers. Par ailleurs, le caractère réglementaire de certaines clauses, en particulier des clauses tarifaires, qui avait conduit à les rendre applicables aux usagers telles qu'elles étaient lors de l'admission de l'usager, devrait également les rendre applicables aux usagers, même modifiées. Le principe d'égalité des usagers dans le fonctionnement du service public s'opposerait à ce que les titulaires de contrats en cours puissent bénéficier d'un tarif plus avantageux que les nouveaux usagers, qui à eux seuls supporteraient le redressement financier du service tout entier. Enfin, les destinataires d'un acte administratif réglementaire d'organisation du service ne tiennent aucun droit acquis à son maintien, en vertu du principe de mutabilité[78].

778. Ainsi, la volonté commune des parties s'oppose aux arguments d'autorité, mis en avant avec encore plus de vigueur que lorsqu'il était question de l'applicabilité statique. Si l'on admet que les parties ont entendu se soumettre à certaines règles en vigueur dont elles avaient connaissance, il est plus difficile d'en dire autant pour des règles qui ne sont pas connues d'elles au moment où elles se rencontrent. Cependant, certains principes du droit privé des contrats peuvent faire office de justification possible de la modification des contrats en cours.

B. Des justifications possibles.

779. En premier lieu, la théorie du contrat accessoire a été avancée comme pouvant justifier que l'on modifie les contrats en cours, en application de la maxime *accessorium sequitur principale.* En effet, deux personnes contractant entre elles peuvent stipuler que leurs relations réciproques seront régies d'après les clauses d'une convention antérieure, à laquelle l'une d'elle n'a pris aucune part. Cependant, là encore, il serait bien artificiel de

---

[77] Voir la note A. Mestre sous Req., 19 juillet 1920 et 4 mai 1921, *S.* 1922, I, p.65. Voir également CA Douai, 7 février 1938, Béthunoise d'éclairage et d'énergie c/ Bernard, *DH* 1938, p.17 et *D.* 1940, II, p.19, note M. Waline.

[78] CE, Section, 27 janvier 1961, Vannier, *Rec.*, p.60, concl. Kahn ; *AJDA* 1961, p.74, chron. Galabert et Gentot.

considérer que les parties ont entendu se soumettre à l'avance aux modifications futures du contrat principal. Le consentement a été donné en fonction du contenu originel du contrat principal sans que l'usager, qui n'est justement pas partie à ce contrat principal, ait donné un blanc seing à l'exploitant du service, qui peut, lui, tout à fait maîtriser les modifications du cahier des charges[79].

780. Ensuite, il a été avancé que l'exécution de bonne foi de toute convention de droit privée, fondée sur l'article 1134 al. 3 du Code civil, pouvait permettre d'inclure dans la volonté des parties des éléments tirés de l'intérêt général, de l'équilibre économique du service ou encore de la continuité du service public[80]. Cependant, comment pourrait-on affirmer que l'usager qui demande la fourniture de la prestation de service au prix stipulé dans son propre contrat est de mauvaise foi ?[81]

781. Enfin, l'article 1135 du Code civil, aux termes duquel “les conventions obligent non seulement à ce qui y est exprimé, mais encore à toutes les suites que l'équité, l'usage ou la loi donnent à l'obligation d'après sa nature”, serait peut-être à l'origine des arguments les plus convaincants. Effectivement, il faut savoir adapter le contrat à son environnement socio-économique lorsque les contraintes d'intérêt général sont non seulement présentes, mais aussi d'une extrême pertinence[82]. En effet, il ne s'agit plus d'invoquer un simple motif d'intérêt général pour que les intérêts individuels soient malmenés, mais il est indispensable de faire prévaloir une contrainte d'intérêt général, afin que les intérêts individuels eux-mêmes puissent continuer à être satisfaits[83].

782. L'incorporation de principes de droit public dans une analyse privatiste procède de la mutation même de la conception du contrat en droit privé. Demogue[84] constatait que le “fétichisme de la volonté individuelle qui a encombré le droit civil au XIXème siècle” n'est plus de mise. “Le contrat est respectable en fonction de la solidarité humaine.” “Une convention qui ne peut aboutir qu'à des conséquences en contradiction certaine avec l'intérêt général cesse, telle qu'elle est, de mériter une force obligatoire (...) l'intérêt général à l'exécution d'un contrat peut exceptionnellement se trouver plus faible que cet autre intérêt général qui ne veut pas qu'un contrat mal adapté aux circonstances

---

[79] Voir plus précisément A. Decencière Ferrandière, Th. préc., p.38 et s et P. Laroque, Th. préc., p.170 et s.

[80] Voir A. Bénabent, "Rapport français", in *La bonne foi*, Travaux de l'association H. Capitant, Tome XLIII, 1992, p.290 : "le contrôle de la bonne foi apparaît donc, d'une manière générale, comme un instrument permettant aux juges de jouer un rôle correcteur par rapport à la sécheresse des clauses du contrat, en permettant tantôt d'ajouter à la lettre du contrat, tantôt de venir la tempérer, de l'assouplir et de l'adapter."

[81] Voir plus précisément A. Decencière Ferrandière, Th. préc., p.43 et s.

[82] Voir J. Gosset, Th. préc., p.58 et s. : “lorsque le débat existe, comme dans les matières administratives, entre un intérêt général et un intérêt particulier, l'intérêt général a, au premier abord, trop de prépondérance pour qu'il ne soit pas bon et prudent de se rappeler les règles de la justice privée et de s'y conformer autant que faire se peut” ; L. Aulagnon, “De la situation juridique des usagers titulaires de polices d'abonnement à l'égard des compagnies concessionnaires de services publics”, préc. : “l'intérêt le plus important devant, comme l'intérêt public, nécessairement prévaloir sur les intérêts particuliers” ; “il faut maintenir l'accord entre la situation juridique déterminée et le milieu déterminant”, “il convient d'adapter l'acte juridique au but de continuité du service public, but qu'il poursuit en vue des besoins de la collectivité.”

[83] Comme le note J.-F. Lachaume, “Adaptation dans le temps des tarifs voyageurs de la SNCF”, préc.

[84] *Sources des obligations*, 1923, T 1, p.64 et s. et T 2, p.352 et 867, cité par L. Aulagnon, article préc.

s'exécute." Le droit privé des contrats semble subir certaines inflexions dues à l'influence grandissante des considérations économiques dans son exécution[85] .

783. Ainsi, tout en demeurant dans le cadre du droit privé, ont été avancées des théories proches des principes d'autorité procédant du droit public, théories qui commanderaient l'application immédiate des tarifs réglementaires aux contrats en cours. On pourrait donc concevoir des contrats modifiables par la seule volonté de l'une des parties, en vertu d'un "droit issu de la nécessité", d'un droit qui complète et corrige "le principe d'autonomie de la volonté par celui des exigences impératives du milieu social"[86]. La théorie du contrat de réglementation[87], proche de celle de l'acte-condition[88], permettrait d'expliquer, en demeurant dans le droit privé, que le contrat de concession est un contrat dont la conséquence va être de régir toute une série de contrats subséquents à la manière d'une loi. Le contrat de réglementation se différencie de la théorie du contrat accessoire en ce qu'il procède de l'idée d'une situation institutionnelle, alors que la théorie du contrat accessoire demeure enfermée dans un cadre purement contractuel. Le contrat de réglementation participe de l'autorité de la loi, ce qui n'est pas le cas du contrat principal.

784. La jurisprudence s'est fortement inspirée de ces théories, maniant avec force les arguments d'autorité et la commune volonté des parties.

§ 2. Les solutions jurisprudentielles.

785. Une place à part doit être faite à la jurisprudence des années vingt, réglant les litiges qui ont opposé les usagers aux concessionnaires, postérieurement à l'augmentation des tarifs due à celle du prix du charbon. En effet, c'est pendant cette période que la Cour de cassation a posé les principes régissant l'applicabilité dynamique des clauses tarifaires des cahiers des charges (A). En étendant ces solutions à d'autres domaines, des arrêts plus récents ont cependant adopté les mêmes justifications que celles retenues par la jurisprudence en matière gazière, qui procèdent d'un savant maniement de la commune volonté des parties et de l'autorité des clauses réglementaires du cahier des charges (B).

A. La modification des contrats en cours.

786. Il faut distinguer trois cas de figure : les contrats particuliers conformes à la police type se référant explicitement au cahier des charges, les contrats conformes ne s'y

---

[85] Voir par exemple, F. Terré, Ph. Simler, Y. Lequette, *Droit civil. Les obligations*, préc., n° 9 ; *Obligations. Théorie générale*, par F. Chabas, préc., n° 32.

[86] L. Aulagnon, "De la situation juridique des usagers titulaires de polices d'abonnement à l'égard des compagnies concessionnaires de services publics", préc.

[87] L. Aulagnon, "De la situation juridique des usagers titulaires de polices d'abonnement à l'égard des compagnies concessionnaires de services publics", et surtout Demogue, ouvrage préc.

[88]Voir n°842 et s.

référant pas et enfin, les conventions dérogatoires. Dans les deux premières situations, l'usager se voit appliquer les modifications tarifaires futures du cahier des charges, alors que dans la troisième, aucune applicabilité dynamique ne semble admise[89].

787. Les juges du fond ont admis, dès 1916, que lorsque le contrat comportait une référence expresse au cahier des charges, les augmentations tarifaires étaient applicables à l'usager[90]. Lorsque le contrat ne contient aucune référence expresse au cahier des charges, la Cour de cassation[91] a refusé, dans un premier temps, d'appliquer à l'usager l'augmentation de tarif : "attendu dans ces conditions que la convention intervenue entre la compagnie et l'abonné, dans les limites de ce maximum et sans aucune référence au cahier des charges, continuait à régir les rapports des parties et qu'elle n'était nullement modifiée par l'élévation du maximum au dessous duquel le contrat restait valable ; que sans doute, cette élévation du prix maximum permettait au concessionnaire de demander, dans une nouvelle convention, un prix supérieur à l'ancien, et de cesser la fourniture du gaz à l'abonné qui refusait d'accepter le nouveau prix ; mais qu'elle ne l'autorisait pas, à elle seule, tant que la convention en cours subsistait, à exiger un prix supérieur à celui prévu au contrat". Cependant, une année plus tard, en 1921, la Cour de cassation[92] opère un revirement de jurisprudence, au motif que les "relèvements provisoires de tarif, régulièrement approuvés par l'autorité administrative, s'imposent à tous ceux auxquels le gaz est fourni". C'est à l'autorité de l'acte administratif que fait appel la Cour de cassation.

788. La cour d'appel de Lyon, en 1921[93], justifie une solution identique à l'aide de l'idée d'une référence tacite au cahier des charges, qui lierait celui-ci au contrat de droit privé : l'usager "ne peut feindre d'ignorer (le) cahier des charges et il doit se rendre compte que le contrat intervenu en dehors de lui, entre la puissance publique et la compagnie concessionnaire peut aussi être modifié, en dehors de lui, par le seul accord des parties contractantes"[94]. On se demande alors ce qu'il faut entendre par "référence tacite au cahier des charges". Le simple fait d'être titulaire d'une police conforme à la police type suffit-il à rendre le contrat dépendant du cahier des charges ou d'autres conditions sont-elles nécessaires ? L'avocat général Laroque, dans ses conclusions sur l'arrêt de la cour d'appel de Lyon, se fonde sur une jurisprudence antérieure, qui admet que

---

89 Les arrêts qui seront cités comme exemples sont tirés de la thèse préc. d'A. Decencière Ferrandière, exhaustive sur cette question, complétée par celle de J. Gosset, préc.

90 Trib. civil de la Seine, 10 mai 1916, Société d'éclairage, chauffage et force motrice c/ Delille, *RDP* 1916, p.239, note G. Jèze ; *Gaz. Trib.* 1916, II, p.38, concl. Regnault ; Trib. Pontoise, 7 décembre 1916, Compagnie française d'éclairage par le gaz c/ Amé, *Rev. concess.* 1917, p.113 ; Trib. Pontoise, 5 avril 1917, Société d'éclairage c/ Choiseau, *Rev. concess.* 1917, p.85 ; Trib. Pontoise, 12 décembre 1917, Société d'éclairage c/ Haas, *Rev. concess.* 1918, p.84; CA Paris, 15 mai 1919, Choiseau, *S.* 1921, II, p.93, *Rev. concess.* 1919, p.101.

91 Req., 19 juillet 1920, Consorts de Rodellec du Porzic c/ Briand, *S.* 1922, I, p.65, note A. Mestre, *D.* 1922, I, p.42, note J. Appleton.

92 Req., 4 mai 1921, Compagnie générale d'éclairage de Bordeaux, *S.* 1922, I, p.65, note A. Mestre et *D.* 1922, I, p.42, note J. Appleton.

93 CA Lyon, 25 juillet 1921, Trolliet, D. 1922, II, p.19, *Rev. concess.* 1922, p.135, concl. Laroque. L'idée de référence tacite avait déjà inspiré un jugement du tribunal de Villefranche du 11 mai 1921, cité par A. Decencière Ferrandière, Th. préc., p.92.

94 La Cour de cassation confirme dans cette affaire, qui a fait l'objet d'un pourvoi, l'idée de référence tacite, Req., 15 avril 1924, *DH* 1924, p.393.

l'exécution des clauses du cahier des charges par l'usager constitue à elle seule une acceptation tacite[95] ou encore que la simple signature de la police vaut adhésion au cahier des charges[96].

789. Les conventions dérogatoires ne subissent pas les augmentations tarifaires du cahier des charges, puisqu'elles sont précisément conclues en dehors de celui-ci. Ce principe résulte d'un arrêt de la Cour de cassation, du 13 juillet 1925[97] : "attendu que l'arrêt attaqué déclare que cet avenant ne pouvait modifier les conventions particulières formellement réservées par le cahier des charges et, en conséquence, a décidé que la Compagnie électrique et l'Usine à gaz seront tenues solidairement envers (l'usager) d'exécuter le contrat du 30 novembre 1916 ; qu'en statuant ainsi il ne méconnaît pas que les augmentations de tarif prescrites par les pouvoirs publics s'imposent en principe à tous les usagers." Etant donné que le cahier des charges ne fixe qu'un tarif maximum, qu'advenait-il des contrats où une simple réduction de tarif était accordée, sans que le reste de leur contenu diffère des règles posées par le cahier des charges ? Le Conseil d'Etat[98] a semblé admettre qu'il fallait augmenter les prix stipulés proportionnellement à l'augmentation générale du tarif, mais cette solution n'a pas rencontré l'aval des tribunaux judiciaires[99].

790. Cependant, une jurisprudence plus récente de la cour d'appel de Lyon[100], datant de 1969, pourrait être à l'origine d'un revirement. Il a été jugé que "s'il est vrai que les dispositions contenues dans un nouveau cahier des charges s'imposent à tous les usagers, comme elles leur profitent, les conventions particulières, régulièrement passées sous un régime antérieur entre un usager et le concessionnaire, en sont pas pour autant frappées, *ipso facto*, de caducité, à la condition toutefois que les dispositions nouvelles ne soient pas incompatibles avec les contrats antérieurs et n'entraînent de plein droit leur résiliation". Ainsi, même s'il faut, en règle générale, se garder des interprétations *a contrario*[101], il semblerait tout de même que les conventions dérogatoires, qui ne seraient plus compatibles avec les dispositions nouvelles d'un cahier des charges, doivent être résiliées.

---

95 CA Bordeaux, 16 juin 1920, cité par P. Laroque, Th. préc., p.170 et s.

96 Trib. Villefranche, 11 mai 1921, cité par P. Laroque, Th. préc., p.170 et s.

97 Civ., 13 juillet 1925, *S.* 1925, I, p.294, *DH* 1925, I, p.590, confirme CA Lyon, 14 novembre 1921, Minoterie stéphanoise c/ Compagnie électrique de la Loire et du Centre, *Gazette judiciaire de Lyon* 3 et 7 juin 1922. Dans d'autres affaires, position identique de la cour d'appel de Lyon, 19 janvier 1922, *Moniteur jud. de Lyon* 8 septembre 1922 ; 22 juin 1922, *Monit.* 11 décembre 1922 ; 11 décembre 1922 et 31 janvier 1924, *Monit.* 15 juillet 1924; CA Caen, 15 novembre 1916, *D.* 1918, II, p.4.

98 CE, 16 décembre 1925, Compagnie Lebon c/ Granville, *BU* 1925, p.178 ; CE, 8 mai 1925, Ville de Besançon, *BU* 1925, p.120.

99 De telles polices sont assimilées à des conventions particulières, Trib. com. Nantes, 2 juin 1921, *BU* 1923, p.25 ; CA Lyon, 14 novembre 1921, *BU* 1921, p.54 et 2 janvier 1922, *BU* 1922, p.86.

100 2 octobre 1969, *Gaz. Pal.* 1969, 2, som., p.44.

101 Dans la présente affaire, une interprétation *a contrario* est d'autant plus aisée que les premiers juges, tribunal de Bourg en Bresse du 23 février 1968, *CJEG* avril 1969, J, p.362, note M. L. G.-B., avaient décidé que la modification s'imposait "de façon égale à tous les usagers non bénéficiaires de conventions particulières passées postérieurement à son entrée en vigueur". Si la cour d'appel n'avait pas voulu restreindre l'indépendance des conventions particulières à l'égard du cahier des charges, il lui suffisait de reprendre l'argumentation du tribunal, ce qui n'est pas le cas, puisqu'elle se donne la peine de poser un principe différent.

791. Une fois ces principes posés, il convient désormais de s'intéresser à leur justification.

B. Une justification ambivalente.

792. On distinguera les cas où la modification des dispositions administratives n'était pas prévue (1°) de ceux où elle pouvait l'être (2°).

1°) Les modifications imprévues.

793. La jurisprudence relative aux conséquences des affaires d'imprévision (b) contraste avec les arrêts les plus récents (a).

a) La jurisprudence relative aux conséquences sur l'usager des affaires d'imprévision.

794. Certains arrêts utilisent, pour justifier l'applicabilité des modifications des cahiers des charges aux contrats en cours, des arguments tirés du droit privé des obligations. Cependant, force est de constater que la plupart d'entre eux unissent, dans le même considérant, la commune volonté des parties, qui aurait intégré les modifications futures des clauses du cahier des charges, et le caractère réglementaire de certaines clauses des cahiers des charges s'imposant à tous avec la force d'une loi impérative.

795. Dans un premier temps, lorsque le contrat comportait une référence expresse au cahier des charges, les tribunaux de première instance n'ont utilisé que des techniques de droit privé fondées sur la théorie du contrat accessoire pour faire entrer les modifications futures du cahier des charges dans la commune intention des parties. Celles-ci auraient consenti par avance, en rattachant leur contrat au cahier des charges, à toutes les modifications dont ce dernier pourrait faire l'objet[102]. Le tribunal de Pontoise, en 1916 et 1917, juge "qu'en acceptant et en signant la police, (l'usager) a en même temps accepté de se conformer à toute modification qui viendrait à être apportée à une disposition de règlement général du cahier des charges"[103]. "La police dont se prévaut (l'usager) comme étant la seule loi des parties, ne doit pas être séparée du traité de concession intervenu entre la commune et la société gazière ; elle en est le complément et l'accessoire ; que par conséquent, et de même que les clauses de ce traité se sont, depuis l'origine de la concession, imposées tant à la société qu'à l'abonné lui même (...), de même toute modification régulièrement apportée au tarif primitif aura pour l'abonné un caractère obligatoire et deviendra la nouvelle loi des parties."[104]

---

102 Trib. civ. de la Seine, 10 mai 1916, Société d'éclairage, chauffage et force motrice c/ Delille, *RDP* 1916, p.239, note G. Jèze.

103 5 avril 1917, Société d'éclairage c/ Choiseau, *Rev. concess.* 1917, p.85.

104 Tribunal de Pontoise, 12 décembre 1917, Société d'éclairage c/ Haas, *Rev. concess.* 1918, p.84.

796. La jurisprudence concernant les contrats conformes à la police type, mais ne comportant pas de référence expresse au cahier des charges, semble faire appel à la fois au régime du statut et à celui du contrat de droit privé. En effet, la cour d'appel de Bordeaux dans un arrêt de 1919[105], à côté de la théorie du contrat accessoire, invoque indirectement le principe de mutabilité propre aux actes administratifs réglementaires[106], ainsi que l'équité qui commande que les mêmes tarifs soient appliqués à tous les usagers[107]. La cour d'appel de Lyon, intervenant dans l'affaire Trolliet en 1921[108], utilise un faisceau d'arguments procédant à la fois du droit privé et du droit public. Concernant le droit privé, il est encore une fois supposé que l'usager ne pouvait ignorer le contenu du cahier des charges qui domine l'application et l'interprétation des contrats de droit privé. Cependant, l'originalité de l'arrêt tient à une utilisation de l'article 1135 du Code civil (usage) qui corrige les effets de l'intangibilité des conventions de l'article 1134 du même Code : "que spécialement il importe de rappeler, en ce qui concerne l'usage que, lorsqu'en 1917, une première augmentation du prix du gaz a été consentie par modification du cahier des charges, cette augmentation a été acceptée par tous les abonnés, sans protestation ni réserve, et que Trolliet lui-même, après quelques velléités de résistance, a consenti à signer une nouvelle police comportant l'application des nouveaux prix." Concernant le droit public, il est fort intéressant de remarquer l'incorporation de la théorie privatiste du contrat accessoire dans l'autorité réglementaire du cahier des charges : "que cette prédominance du cahier des charges s'explique et se justifie par des nécessités d'ordre public, notamment lorsqu'il s'agit d'assurer la continuation du service assuré par la compagnie concessionnaire". Enfin, après l'évocation du principe de continuité du service public, c'est à des considérations d'intérêt général que la cour s'attache puisqu'il est fait mention des conséquences désastreuses sur l'équilibre financier du service qu'entraînerait l'acceptation de la thèse de l'usager[109].

797. La Cour de cassation, dans ses arrêts de principe en la matière, bien que faisant référence à la théorie du contrat accessoire, utilise surtout l'argument tiré de l'autorité du cahier des charges : "mais attendu que ces relèvements, régulièrement approuvés par l'autorité administrative, s'imposent à tous ceux auxquels le gaz est fourni par la Compagnie concessionnaire au moyen de canalisations établies dans la commune de Lyon et en vertu d'un contrat en cours d'exécution"[110]. Le relèvement de tarif est ainsi assimilé à une loi impérative, ce qui ne va pas sans rappeler la jurisprudence dans le domaine des chemins de fer[111].

---

[105] CA Bordeaux, 26 juin 1919, *Rev. concess.* 1919, p.114.

[106] "Que si la clause qu'il s'agit d'interpréter n'obligeait la Société intercommunale à payer le gaz distribué qu'au prix de 10 centimes le mètre cube, ce prix n'était pas fixé, aussi bien pour elle que pour les autres consommateurs d'une manière définitive et irrévocable."

[107] Mentionnant également l'égalité entre les usagers, CA Douai, 13 janvier 1938, Compagnie générale boulonnaise d'électricité c/ Alexandre, *D.* 1940, II, p.19, note M. Waline.

[108] CA Lyon, 25 juillet 1921, *D.* 1922, II, p.19, *Rev. concess.* 1922, p.135, concl. Laroque.

[109] Voir également, faisant état de considérations identiques, CA Douai, 13 janvier 1938, Compagnie générale boulonnaise d'électricité c/ Alexandre, *D.* 1940, II, p.19, note M. Waline.

[110] Req., 15 avril 1924, Trolliet, *DH* 1924, p.393.

[111] Voir par exemple Civ I, 22 mars 1932, Lamy, *S.* 1932, I, p.182 ; Civ., 23 mai 1905, Compagnie générale parisienne de Tramways c/ Adenis, *S.* 1907, I, p.185, note A.

798. La jurisprudence du début du siècle était parvenue à concilier le régime du statut et celui du contrat de droit privé, à l'origine exclusifs l'un de l'autre, au nom du bon fonctionnement du service. Qu'en est-il aujourd'hui ?

b) La jurisprudence actuelle.

799. Dans d'autres domaines que la distribution du gaz, une jurisprudence plus récente apporte quelques précisions quant aux effets des modifications du cahier des charges. Le transport, qu'il s'agisse du transport par fer assuré au niveau national par la SNCF ou des compagnies de transport locaux, connaît deux types de contrats conclus avec les usagers : des contrats à exécution instantanée et des contrats à exécution successive. Pour ce qui est des premiers, les modifications tarifaires s'appliquent avec la force d'une loi impérative à tout contrat conclu postérieurement à leur publication. Un arrêt récent précise que le "client ne pouvait se prévaloir d'un usage en vertu duquel la SNCF devait le prévenir suffisamment à l'avance des changements de tarif"[112]. A propos de l'achat de carnets de billets de transport à l'avance, on sait qu'aujourd'hui, à l'instar des pratiques suivies par la RATP, aucun prix n'est indiqué sur le carnet[113]. Rien n'empêche donc un consommateur d'acheter une grosse quantité de billets avant l'augmentation et de continuer à les utiliser après.

800. Pour ce qui est des contrats à durée indéterminée et à exécution successive, l'affaire du Modulopass, qui un type d'abonnements proposé par la SNCF, a donné au juge dans les années quatre-vingt l'occasion de se prononcer sur les effets d'une modification complète des règles d'organisation d'un type de contrats. En effet, l'abonnement Modulopass, créé à l'origine pour la clientèle d'affaire, a été détourné de son objectif par une clientèle domestique qui l'utilisait pour des déplacements pendulaires domicile-travail. L'important déficit causé de ce fait à la SNCF[114] l'a conduite à supprimer le Modulopass et à le remplacer par un autre type d'abonnements, tout en proposant à sa clientèle lésée certains avantages pour l'amener à changer d'elle-même de type d'abonnements. Cependant, l'Union fédérale des consommateurs a néanmoins intenté un procès devant le tribunal de grande instance de Paris[115], qui a donné gain de cause à la SNCF, se fondant à la fois sur des motifs tirés du droit public et des considérations de droit privé (possibilité de résilier unilatéralement un contrat à durée indéterminée[116]). "L'abonnement du "Titre 1" est une convention à durée indéterminée comportant, mois par mois, l'exécution successive d'obligations à la charge de chacune des parties. Attendu que l'usager peut faire cesser son abonnement à son gré, par le seul fait de ne plus acheter de coupons mensuels ou peut le résilier, (...) que de même, la SNCF peut à tout moment dénoncer la convention d'abonnement pour lui substituer de nouveaux rapports contractuels, sauf à respecter, à l'égard du public et de ses abonnés, une obligation d'information suffisante et

---

[112] Cass. com., 9 décembre 1986, SNCF c/ Société établissement Le Chevallier, *Bull.* n°237, p.205.

[113] C'est aussi le cas des timbres poste.

[114] Plus de 120 millions de francs par an.

[115] TGI Paris, 28 octobre 1987, Coudurier et Union fédérale des consommateurs c/ SNCF, note J.-F. Lachaume, "Adaptation dans le temps des tarifs voyageurs de la SNCF", préc.

[116] Cass. civ. I, 5 février 1985, *Bull.* n° 54, p.52.

de concertation propre à assurer des conditions raisonnables d'un aménagement dans le temps des effets de la nouvelle politique contractuelle, (...), les impératifs d'une nouvelle politique économique, les contraintes d'une meilleure gestion financière de l'entreprise, et la nécessité de s'adapter aux évolutions techniques et aux comportements des usagers peuvent rendre nécessaires non pas seulement une modification des tarifs mais surtout la mise en place de rapports contractuels nouveaux." La cour d'appel de Paris[117], tout en reprenant l'argumentation des juges de première instance, met en évidence les impérieuses contraintes économiques qui ont poussé la SNCF à agir, ainsi que les efforts commerciaux dont a fait preuve la société envers sa clientèle pour en conclure que la SNCF a agi sans abus. Ainsi, les règles propres au contrat à durée indéterminée et le principe de mutabilité du service public se côtoient.

801. Dans le domaine de l'eau, le principe même d'une augmentation des tarifs n'est plus contesté, compte tenu du caractère réglementaire du tarif, immédiatement applicable aux usagers[118], à moins qu'elle ne s'applique rétroactivement. Le juge vérifie cependant que l'augmentation n'est pas manifestement excessive et qu'elle ne couvre pas des charges qui ne correspondrait pas à un service rendu aux usagers[119].

802. On peut tirer divers enseignements de cette jurisprudence. En premier lieu, on assiste réellement à une forte imbrication du régime du statut dans celui du contrat. Le juge n'opte pas pour un régime précis, mais utilise plutôt un faisceaux d'arguments où les contraintes du service public accompagnent l'utilisation de certaines théories de droit privé, comme celle du contrat accessoire ou du contrat à durée indéterminée. Le régime du contrat subit en outre un assouplissement du fait des impératifs d'intérêt général.

803. Qu'en est-il lorsque la modification est prévue à l'avance par un texte différent des contrats et qu'elle ne résulte pas de l'incapacité des exploitants à faire face à un déficit imprévisible ?

---

117 CA Paris, 13 septembre 1988, *CJEG* 1990, p.192.

118 CA Chambéry, 2 septembre 1997, Lyonnaise des Eaux c/ SONGIP Avoriaz, inédit.

119 Sur le niveau d'augmentation, TA Grenoble, 31 janvier 1997, Préfet de la Drôme, inédit : une augmentation de 65,8% pour l'eau et 46,9% pour l'assainissement est manifestement excessive ; CA Paris, 19 mai 1998, Commune de Saint Michel c/ SLEE, inédit : une augmentation de 4% ne peut constituer une atteinte grave dans la mesure où il reste l'un des plus bas du département ; Conseil de la concurrence, 12 mai 1998, n°98-MC-04, Ministre de l'Economie, des Finances et de l'Industrie c/ SLEE : une augmentation de 25% est justifiée par de nouvelles prestations non antérieurement proposées. Sur le contenu des augmentations, TA Lyon, 22 décembre 1994, Tartary, req. n°9402515 ; TA Marseille, 10 août 1994, Association Avignon Transparence, inédit.

2°) Les modifications prévisibles.

804. Il faut distinguer les textes pris par le gouvernement dans les années trente et quarante sous forme d'ordonnances ou de décrets lois, à l'instar de l'ordonnance de 1945 réglementant les prix, qui semblent s'être imposés sans difficulté aux contrats en cours[120], des cahiers des charges eux-mêmes pouvant prévoir que leurs modifications futures seront applicables aux contrats de droit privé en cours.

805. Le Conseil d'Etat, fréquemment saisi au sujet de la légalité des mesures portant les modifications contestées, n'hésite pas à utiliser l'argument tiré de leur caractère réglementaire afin de conclure à leur application aux contrats en cours[121]. En matière de distribution d'eau, on rencontre souvent dans les cahiers des charges ou dans les règlements de service des formules telles que : "dans l'intérêt général, la collectivité se réserve le droit d'autoriser le service des eaux à procéder à une modification du réseau de distribution, ainsi que de la pression du service, même si les conditions de desserte des abonnés doivent en être modifiées", ou bien "le présent règlement des abonnements pourra être modifié à toute époque après entente entre la ville et la compagnie. Les modifications seront applicables de plein droit aux abonnements en cours à partir de la date fixée d'accord entre la ville et la compagnie"[122].

806. On assiste donc à un mouvement de désamorçage des difficultés en la matière puisque, d'une part, les modifications relatives à la qualité du service lui-même sont prévues dans le cahier des charges, ce qui facilitera sans doute l'appréciation de la commune volonté des parties. Il ne sera plus artificiel de dire que les parties ont entendu se soumettre aux modifications futures du cahier des charges auquel on rattache le contrat. D'autre part, en matière tarifaire, il faut constater qu'aucun prix n'est fixé dans les polices à l'heure actuelle, alors que dans les années vingt, la police prévoyait un prix déterminé. En matière d'eau pas exemple, les exploitants eux-mêmes sont dans l'incapacité de déterminer le montant de la facture à l'avance, puisqu'il est affecté de taxes dont le montant dépend de l'autorité administrative. Cependant, l'article L. 1411-2 du CGCT[123]

---

[120] CA Paris, 11 juin 1943, Isabelle et Luce, *D.* 1945, J, p.324, note Ch. Blaevoet, à propos des décrets lois du 30 octobre 1935 : "que l'application de ces dispositions même aux contrats antérieurs au 30 octobre 1935 ne saurait d'ailleurs être sérieusement contestée" ; CE, Section, 16 novembre 1962, Syndicat intercommunal d'électricité de la Nièvre, *Rec.*, p.612 : "considérant qu'il résulte des dispositions de l'ordonnance du 30 juin 1945 (...) que l'habilitation ainsi accordée au gouvernement est générale et implique nécessairement pour lui le pouvoir d'imposer les prix ainsi fixés à tous les usagers, quelles que soient la nature et les clauses des contrats qui ont pu être passés par les intéressés."

[121] CE, Section, 10 juillet 1954, Sieur Brouillard, *Rec.*, p.453 ; CE, 23 décembre 1959, Sieur Jacquier, *Rec.*, p.705. A l'inverse, pour une application seulement aux nouveaux contrats des redevances pour les compteurs, CE, 26 mai 1930, Société Saint Germain, *Rec.*, p.563 et CE, Ass., 15 juillet 1954, Société des aciéries et forges de Saint-François, *AJDA* 1954, II, p.460, note M. Long.

[122] S. Duroy, *La distribution d'eau potable en France. Contribution à l'étude d'un service public local*, préc., p.195.

[123] Issu de la loi du 29 janvier 1993, dite loi Sapin, relative à la prévention de la corruption et à la transparence de la vie économique et des procédures publiques, art. 40 al. 8, JO du 30 janvier 1993, p.1588. Un arrêté du 10 juillet 1996, JO du 23 juillet, p.11135, dispose dans son article 9 que "tout changement significatif total ou partiel correspondant à une modification des conditions dans lesquelles le service est rendu, doit être mentionné au plus tard à l'occasion de la première facture où le nouveau tarif s'applique".

dispose que "la convention (de délégation de service public) stipule les tarifs à la charge des usagers et précise l'incidence sur ces tarifs des paramètres ou indices qui déterminent leur évolution".

Cette pratique est-elle régulière au regard de la règle de la détermination du prix dans les contrats de droit privé ? La détermination du prix est une condition de validité du contrat. Cependant, les parties peuvent convenir non d'un prix déterminé mais d'un prix déterminable, c'est-à-dire un prix dont le mode de calcul est arrêté dès l'origine par les contractants de telle sorte que par application de la clause prévue au contrat, il sera ensuite aisé le moment venu d'en déterminer le montant[124]. Cette règle vise avant tout à ne pas soumettre l'une des parties à la discrétion de l'autre. Dans le domaine de l'usager du service public industriel et commercial, le prix ne peut être déterminé sans l'accord d'une autorité publique : l'aspect réglementaire du prix rend inutile l'application de cette règle. De plus, le prix est bien déterminable lorsque l'usager accède au service, puisqu'il suffit de le calculer en fonction des taxes et de l'indexation prévues. Enfin, en règle générale, seul le contrat de vente est soumis à la règle de la détermination du prix. La jurisprudence en a étendu l'application à d'autres contrats, parmi lesquels celui conclu par l'usager du service public industriel et commercial n'est pas mentionné[125]. La seule question est de savoir si, grâce aux assouplissements récents de la règle de l'indétermination du prix, celle-ci pourrait recouvrir en réalité l'application du principe de mutabilité aux contrats en cours conclus par les usagers. Le contrat conclu par l'usager ne comporte aucun prix, mais fait référence au tarif réglementaire soumis au principe de mutabilité. En effet, à propos du contrat-cadre, la Cour de cassation a jugé, en 1995, que "lorsqu'une convention prévoit la conclusion de contrats ultérieurs, l'indétermination du prix de ces contrats dans la convention initiale n'affecte pas, sauf dispositions légales particulières, la validité de celle-ci, l'abus dans la fixation du prix ne donnant lieu qu'à résiliation ou indemnisation"[126]. Le contrat conclu par l'usager n'est normalement pas qualifiable de contrat-cadre[127]. Cependant, la doctrine s'interroge sur la portée de ce revirement jurisprudentiel : s'applique-t-il à tous les contrats de longue durée ?[128] Si la réponse était affirmative, la difficulté relative à l'application aux contrats en cours des modifications des tarifs se déplacerait sur le terrain de l'abus de droit et du principe de bonne foi.

807. Chaque secteur a évolué indépendamment, avec ses priorités et ses spécificités. Si le juge judiciaire montre une réelle ouverture d'esprit face aux contraintes inhérentes au service public, ses arguments laissent parfois perplexes. Ne faudrait-il pas conserver la tendance générale qui consiste lorsque cela est nécessaire à faire application du principe de mutabilité aux contrats de droit privé, mais la fonder sur des bases plus solides ?

---

[124] F. Terré, Ph. Simler et Y. Lequette, *Droit civil. Les obligations.*, préc., n°275 et s.

[125] F. Terré, Ph. Simler et Y. Lequette, *Droit civil. Les obligations.*, préc., n°277 et s.

[126] Cass. Ass. plén., 1er décembre 1995 (4 arrêts), *JCP* 1995, concl. Jéol, note J. Ghestin, *JCP* 1996, éd. E., II, 776, note L. Leveneur, *RTDC* 1996, p. 153, obs. J. Mestre, *Defrénois* 1996, p.748, obs. Ph. Delebecque.

[127] Voir n°551 et s.

[128] F. Terré, Ph. Simler et Y. Lequette, *Droit civil. Les obligations.*, préc., n°279-3.

§ 3. La découverte de justifications adéquates.

808. L'inclusion des modifications futures des règles générales d'organisation du service dans la commune intention des parties n'est en réalité qu'une justification artificielle de l'application du principe de mutabilité des services publics aux contrats de droit privé en cours. Ne pourrait-on pas envisager, à l'intérieur du droit privé, des justifications plus adéquates ? (A) Une autre solution consisterait à distinguer, au sein des dispositions administratives reproduites dans le contrat de droit privé, ou auxquelles celui-ci se réfère, celles qui seront soumises au principe de mutabilité comme un véritable statut réglementaire de droit public, et celles pour lesquelles l'exploitant aura à respecter le principe de l'intangibilité des conventions (B).

A. La recherche de solutions au sein même du régime du contrat de droit privé.

809. La modification des tarifs s'imposerait aux parties comme une loi nouvelle impérative. Mais en règle générale, lorsqu'un contrat est conclu sous l'empire d'une loi, c'est cette loi ancienne qui continue à régir les relations contractuelles, les lois nouvelles ne s'appliquant en principe pas aux contrats en cours, même s'il s'agit de contrats à durée indéterminée[129]. Cependant, il faut admettre que le principe d'intangibilité des contrats cède de plus en plus souvent le pas à l'image d'un contrat situé dans un environnement socio-économique[130], dont il faut tenir compte. Il faut rééquilibrer la commune volonté des parties en fonction des exigences de l'intérêt général, et ce d'autant plus qu'en matière de services publics industriels et commerciaux, le système entier repose sur une uniformité des situations des usagers vis à vis du service.

810. Ainsi, la loi nouvelle est susceptible de s'appliquer aux contrats en cours dans trois types de situations[131], notamment, dont les similitudes avec celle de l'usager du service public industriel et commercial méritent d'être remarquées. En premier lieu, certaines décisions isolées de la Cour de cassation[132] font référence à un ordre public renforcé, particulièrement impérieux : la sécurité des contractant cède alors devant des raisons sociales ou économiques très graves. Si de telles décisions sont rares et contestées, il n'en demeure pas moins que lorsqu'il s'agissait d'appliquer aux contrats en cours

---

[129] Voir J. Ghestin, *Traité de droit civil. Introduction générale*, LGDJ, 4ème édition, 1994, par J. Ghestin et G. Goubeaux, avec le concours de M. Fabre-Magnan p.361 et s. ; H., L. et J. Mazeaud, F. Chabas, *Leçons de droit civil*, Tome I, premier volume, *Introduction à l'étude du droit*, Montchrestien, 11ème édition, 1996, par F. Chabas, p.230 et s. ; P. Laroque, *Les usagers des services publics industriels*, préc., p.170, très critique à l'égard des justifications données sur ce terrain par la jurisprudence en matière de distribution de gaz.

[130] Voir à ce sujet *Traité de droit civil. La formation du contrat*, par J. Ghestin, préc., n°196 et s.

[131] Voir *Traité de droit civil. Introduction générale*, par J. Ghestin et G. Goubeaux, avec le concours de M. Fabre-Magnan, préc., p.365 et s.

[132] Civ, III, 5 juin 1970, *JCP* 1970, II, 16537 : application d'une loi nouvelle en matière de règlements de copropriété. Il faut souligner qu'en matière économique, la Cour de cassation a refusé d'appliquer immédiatement aux contrats en cours les lois réglementant le taux des intérêts conventionnels (Civ., 9 décembre 1942, *RTDC* 1943, p.123, obs. J. Carbonnier), ou taxant les prix (Civ., 10 décembre 1951, *JCP* 1952, IV, p.22 ; Com., 2 mars 1953, *JCP* 1953, IV, p.61).

l'augmentation des tarifs du gaz, ce sont à d'impérieuses nécessités économiques que les juges judiciaires se référaient[133].

811. En second lieu, lorsque le contenu d'un contrat est fortement réglementé, la volonté des parties se bornerait à se soumettre à un véritable statut, à l'instar des baux commerciaux. Cependant, dans des arrêts de 1989 faisant application de ce principe dans un autre domaine que celui de l'usager, la Cour de cassation a jugé[134] que les parties tiraient certains droits de la loi et non du contrat, ce qui justifierait l'application de la loi nouvelle, sans que le contrat soit lui-même réellement concerné. Cette solution reviendrait, dans le domaine du service public industriel et commercial, à opérer, comme on le verra[135], au sein des obligations de l'usager, une distinction entre des dispositions applicables comme de véritables règlements en dehors du consentement des parties et des clauses purement contractuelles.

812. Enfin, situer le contrat dans son environnement socio-économique exige que l'on choisisse entre le respect des situations contractuelles et le désir d'uniformité de certaines situations : "c'est l'uniformité des dispositions protectrices qui est essentielle et qui doit l'emporter sur les prévisions des parties. Ces dispositions expriment un certain équilibre social qui n'est pas individuel, mais collectif, et dont l'application ne peut dépendre de la date des contrats."[136] Le domaine du service industriel et commercial serait donc concerné à la fois parce qu'il met en cause d'impérieuses nécessités économiques et parce qu'une série de contrats identiques sont interdépendants les uns des autres.

813. Il faut cependant noter l'existence d'un obstacle de taille : lorsqu'on parle de l'application de la loi nouvelle aux contrats en cours, on entend le terme "loi" dans son sens strict, et non pas comme tout acte à portée générale et impersonnelle. En d'autres termes, comme l'a souligné le Conseil d'Etat, il n'appartient pas au pouvoir réglementaire, en l'absence de toute disposition législative l'y autorisant, de décider que les dispositions nouvelles d'un règlement seront applicables aux contrats en cours[137]. On sait que les modifications des cahiers des charges et des règlements de service s'effectuent par voie réglementaire, ce qui limiterait considérablement la justification de la position des juges à l'aide des possibilités d'application des lois nouvelles aux contrats en cours.

814. Le juge faisait également largement appel à la théorie du contrat accessoire. S'il est de principe constant que le sort de l'accessoire suit celui du principal[138], il faut se

---

133 Voir également sur la notion d'ordre public, *Introduction à l'étude du droit*, par F. Chabas, préc., p.232 et 233 : "La sécurité des particuliers cède devant l'intérêt social", "les tribunaux recherchent en fait, si l'ordre public risque d'être sérieusement compromis par la survivance des droits antérieurs." Ch. Blaevoet, note sous CA Paris, 11 juin 1943, Isabelle et Luce, *D.* 1954, J, p.324.

134 Civ. III, 15 mars 1989, *Bull.* n°65, p.37 ; 22 mars 1989, *Bull.* n°69, p.39.

135 Voir n°876 et s.

136 *Traité de droit civil. Introduction générale*, par J. Ghestin et G. Goubeaux, avec le concours de M. Fabre-Magnan, préc., p.370 à propos du contrat de travail.

137 CE, Section, 29 janvier 1971, Emery, *Rec.*, p.80, *AJDA* 1971, II, p.409, concl. Vught ; CE, 3 mai 1972, Syndicat des propriétaires fonciers de la Nouvelle Calédonie, *Rec.*, p.329.

138 Voir G. Goubeaux, *La règle de l'accessoire en droit privé*, Th., LGDJ, 1969 et J. Nénert, *Le sous-contrat*, Th., LGDJ, 1979, n°211.

garder de toute généralisation en matière de contrat. Il existe certains cas, notamment en matière de sûretés, où des tiers sont liés à une convention originelle par un contrat accessoire, qui en subit de ce fait les modifications. Ces cas semblent limités et ne sauraient être généralisés[139].

815. L'influence de l'économie sur le droit des contrats trouve un terrain de prédilection en matière de détermination du prix. Un fournisseur, qui abuserait de son exclusivité pour majorer un tarif dans le but d'en tirer un profit illégitime, serait sanctionné pour avoir manqué à son obligation de bonne foi dans l'exécution du contrat[140]. Une jurisprudence de 1992 de la Cour de cassation[141] est intervenue dans un domaine tout à fait distinct de celui des services publics industriels et commerciaux, puisqu'il s'agissait d'un litige entre un distributeur de carburants et un pompiste, mais elle pourrait être facilement transposée. La société BP fournissait à d'autres revendeurs du carburant à des prix inférieurs à celui qui était convenu dans le contrat qui la liait au requérant, mettant ainsi ce dernier dans l'incapacité de faire face à la concurrence. Afin de résoudre le litige, la Cour a enrichi le contrat de distribution d'une nouvelle obligation, rattachée à l'exécution de bonne foi des conventions : le fournisseur de carburant a l'obligation de renégocier ou d'adapter le contrat afin que le pompiste puisse pratiquer des prix concurrentiels. Ainsi, lorsqu'un contrat à durée indéterminée lie deux parties, chacune d'elles a l'obligation de ne pas acculer son cocontractant à la faillite économique en s'enfermant dans la lettre du contrat, principe qui pourrait être d'une utilité certaine en matière de relations entre l'usager et l'exploitant du service.

816. Aujourd'hui, les contrats de droit privé fondés sur des relations économiques entre les deux parties contiennent de plus en plus souvent des clauses d'adaptation automatique, ou des clauses de renégociation. La clause de *hardship*, ou clause de sauvegarde, permet à l'une des parties de demander un "réaménagement du contrat si un changement intervenu dans les données initiales au regard desquelles (les parties) s'étaient engagées vient à modifier l'équilibre de ce contrat au point de faire subir à l'une d'elles une rigueur injuste"[142]. Il semble que de telles clauses commencent à faire leur apparition dans le droit des usagers des services publics industriels et commerciaux.

817. Quoi qu'il en soit, le contrat de droit privé se dégage peu à peu d'un cadre bilatéral, pour se soumettre aux impératifs de cohésion sociale, d'interdépendance économique. C'est ce qui se passe lorsque le juge utilise l'article 1135 du Code civil dans le domaine de l'applicabilité dynamique des règles administratives. Les méthodes d'interprétation objectives présentent l'avantage de replacer le contrat dans son contexte sociologique, puisque le juge va opter pour une interprétation en fonction de ce qui est socialement le plus utile ou ce que la justice indique comme devant être les conséquences

---

139 Voir pour un examen précis de ces cas, A. Ghozi, *La modification de l'obligation par la volonté des parties*, Th., LGDJ, 1980, p.193 et s. A aucun moment G. Goubeaux et J. Nénert, dans leurs thèses préc. n'envisagent le cas de l'usager.

140 Cass. civ. I, 29 novembre 1994, *JCP* 1995, II, 22371, note J. Ghestin, *Contrats, concu et consom.* 1995, n°24, obs. L. Leveneur.

141 Com., 3 novembre 1992, Société Française des pétroles, *JCP* 1993, II, 22164, note G. Virassamy.

142 B. Oppetit, "L'adaptation des contrats internationaux aux changements de circonstances : la clause de hardship", *Clunet* 1974, p.794.

de l'acte[143]. Ce faisant, l'interprète dégage une "volonté normale (phénomène sociologique de "régression à la moyenne") voire même une volonté morale et conforme aux attentes du corps social (phénomène d'ordre public atténué d'origine juridictionnelle)"[144]. Cette attitude se comprend d'autant mieux que, lorsqu'un contrat est prérédigé par la partie la plus économiquement forte, voire par l'autorité publique elle-même, aucune volonté commune des parties n'est décelable. Il faut cependant parfois rééquilibrer le contrat, et c'est à ce stade que l'emploi de méthodes objectives est souhaitable[145].

818. Cela rappelle les caractéristiques de la relation de service public, où les désirs et la volonté de chaque usager se fondent dans les contraintes inhérentes à l'idée d'interdépendance du corps social. Cependant, une différence majeure demeure : lorsque les méthodes objectives d'interprétation du contrat de droit privé font état d'une "volonté socialement normale", c'est dans une relation à deux parties. On recherche ce que, socialement, deux personnes sont normalement en droit d'attendre l'une de l'autre, sans faire allusion à ce que le corps social tout entier serait en droit d'attendre de l'exécution d'une série de contrats identiques. Même avec l'aide de l'article 1135 du Code civil, il est difficile d'expliquer pourquoi il faut soumettre des contrats, contenant un prix déterminé, à une augmentation générale des tarifs, car l'article 1135 du Code civil ne permet de standardiser qu'une relation à deux personnes.

819. Ne pourrait-on pas concevoir une échelle qui regrouperait plusieurs degrés d'insertion des contrats de droit privé dans leur environnement socioculturel ? Au premier niveau, la volonté des parties dépend d'une interprétation purement subjective, sans tenir compte de leur environnement social. Au milieu, on rééquilibre la volonté des parties calibrée sur une régression à la moyenne, en tenant compte des valeurs dominantes du corps social, de sa conception de la justice et de l'équité, mais en demeurant dans un cadre bilatéral. Au niveau supérieur, lorsque l'exécution du contrat peut avoir une influence sur l'équilibre d'un système composé d'une série de contrats identiques, la commune intention des parties doit être interprétée en fonction des attentes du corps social lui-même. Les contrats des usagers des services publics industriels et commerciaux seraient des exemples de contrats fortement insérés dans leur environnement social. Cette place sur l'échelle est due en grande partie à la conception française de la relation de service public elle-même, dont le référent emprunte pour beaucoup à une idée de groupe.

820. Le problème est que plus on tient compte d'une interprétation faisant intervenir l'intérêt de la société, plus on se rapproche du côté des méthodes d'interprétation de la loi proprement dite, qui doit être interprétée dans le sens qu'exigent les rapports économiques et sociaux en jeu[146]. Lorsque le juge tient compte d'un cadre socio-économique élargi dans lequel le contrat est situé, on peut affirmer qu'il ne sera jamais aussi proche de

143 Voir J. Lopez Santa Maria, *Les systèmes d'interprétation des contrats,* Th. Paris, 1968, p.2.

144 J. Dupichot, "Pour un retour aux textes : défense et illustration du "petit guide-âne" des articles 1156 à 1164 du Code civil", *Mélanges J. Flour,* 1979, p.179 et s.

145 Sur ces considérations, voir *Traité de droit civil. Introduction générale,* par J. Ghestin et G. Goubeaux, avec le concours de M. Fabre-Magnan, préc., p.62 et 63.

146 Voir Saleilles, *La déclaration de volonté,* 1901, p.230.

considérations de droit public, puisque c'est précisément sur le fondement de l'intérêt général et du principe d'égalité que les solutions sont rendues.

821. A côté d'une inflexion du droit privé des contrats due à l'importance grandissante d'impératifs économiques, la relation de service public, faisant intervenir d'autres types de considérations, serait, elle aussi, à l'origine d'une déviation du droit des contrats.

822. Est-il légitime que le droit privé des contrats subisse une inflexion en raison de la présence d'un service public, ou bien faut-il opter pour une solution qui consiste à bien séparer les deux régimes, celui du statut et celui du contrat, au regard de l'objet de l'obligation en cause ?

B. L'utilisation des deux groupes de dispositions administratives.

823. Il existe deux types de dispositions administratives : celles qui sont appliquées comme de véritables règlements et celles qui sont complètement intégrées dans la volonté commune des parties au contrat. Les premières, qui concernent essentiellement les principes d'organisation du service public au sens strict et qui ont surtout une portée générale et impersonnelle, devraient pouvoir être modifiées par l'exploitant et être directement applicables aux usagers, à l'instar des règlements, après simple publication. Le principe de mutabilité des règlements trouverait à s'appliquer on ne peut plus classiquement. En revanche, en ce qui concerne les clauses que l'on retrouve communément dans n'importe quel contrat de droit privé, et qui ont une portée individuelle, celles-ci ne pourraient pas faire l'objet d'une modification unilatérale par l'une des parties. Si un contrat à durée indéterminée est conclu, il faut que l'exploitant qui désire en modifier les clauses respecte la procédure de résiliation, avec délai et mise en demeure. Le juge ne peut pas considérer artificiellement qu'il y a eu résiliation, alors que dans les faits aucune procédure n'est engagée, puis que l'exploitant a proposé un nouveau contrat accepté tacitement par l'usager, comme il l'a fait dans l'affaire du Modulopass ! La possibilité de rompre unilatéralement un contrat à durée indéterminée n'est cependant pas une solution qui offre une très large marge de manoeuvre à l'exploitant car, comme on l'a vu dans l'affaire du Modulopass, une rupture abusive[147] aurait pu engager la responsabilité de l'exploitant.

824. Comment faut-il alors apprécier les formules de modification des clauses que certains services se proposent d'inclure ou ont déjà inclues dans les contrats de droit privé ? Pour ce qui est des clauses communément admises dans les contrats de droit privé, il s'agira d'apprécier la volonté des parties en fonction de ces clauses de modification. Mais qu'en est-il des clauses tarifaires ? Le fait d'intégrer un système de modification dans la commune volonté des parties ne constituera-t-il pas un obstacle à la modification autoritaire des tarifs ? Le tarif a une nature réglementaire et il est inutile de prévoir sa modification dans un contrat, car un contrat n'a pas d'influence sur la mutabilité d'un règlement ou bien il devient un élément contractuel, mais, dans ce cas, les modifications seront strictement limitées à ce qui a été convenu, ce qui risque de restreindre la marge de

---

[147] Si la rupture est constitutive d'une intention de nuire ou démontre une certaine légèreté.

manoeuvre de l'exploitant. En désirant éviter les procès où les usagers invoquent leur propre contrat contre toute tentative de modification, les exploitants se lient par les clauses de modification tarifaire. Ne serait-il pas plus logique de demeurer dans le cadre réglementaire dont procèdent les tarifs ?

CONCLUSION DU CHAPITRE I

825. L'applicabilité des règles administratives du statut de l'usager, tant statique que dynamique, est l'exemple type d'un compromis entre le régime du statut et celui du contrat. Au nom de la "raison du service", comme on dirait la "raison d'Etat", les principes du droit privé des obligations se sont adaptés tant bien que mal au mode de raisonnement du service public et du droit administratif. Loin d'être satisfaisantes, les solutions adoptées procèdent de l'autorité des actes administratifs du statut de l'usager, elle-même calibrée sur l'étendue du consentement de l'usager. Prenant appui sur l'existence d'un corps de droits d'origine réglementaire, dont l'application est conditionnée par la volonté de ses destinataires, certains juristes ont tenté de déterminer la nature du statut de l'usager du service public industriel et commercial.

- CHAPITRE II -
LA SOLUTION PROPOSEE : UN STATUT MIXTE

826. Avant de tirer des conclusions de l'ensemble des questions qui ont été précédemment abordées (section III), on commencera par exposer la controverse doctrinale qui a opposé les partisans de la nature statutaire du lien unissant l'usager à l'exploitant (section I) à ceux de la nature contractuelle de ce même lien (section II)

- SECTION I -
L'éventuelle nature réglementaire de la situation de l'usager

827. Les droits et obligations de l'usager procèdent en grande partie d'une série de dispositions administratives dont le régime est celui d'un statut réglementaire de droit public. De ce fait, ne faudrait-il pas réduire à leur plus strict minimum les effets de la volonté de l'usager, entièrement soumise à un statut administratif ? L'Ecole du service public, dont notamment L. Duguit, mais également de nombreux auteurs contemporains, ont ainsi considéré l'usager comme une personne soumise à un statut légal et réglementaire. Le déclenchement de l'application de ce statut résulterait de l'expression de la volonté de l'usager, matérialisée dans un acte-condition ou accord-condition. Ainsi, le contrat censé lier l'usager à l'exploitant, réduit à son strict minimum, n'interviendrait qu'à l'origine de la relation, pour déclencher l'application d'un statut de droit public (§1). Cependant, cette explication ne semble pas satisfaisante pour d'autres juristes, comme P. Laroque, qui, bien qu'en conservant l'idée générale d'une situation statutaire, ont souhaité rétablir l'importance de la volonté de l'usager (§2).

828. Enfin, ces théories méritent d'être appréciées au regard de la jurisprudence que l'on a décrite précédemment, afin d'en vérifier la pertinence (§3).

§ 1. L'Ecole du service public.

829. Soumettant à une critique rigoureuse la théorie de la situation contractuelle de l'usager (A), L. Duguit et ses disciples préfèrent utiliser la notion d'acte condition, ou d'accord condition, pour expliquer la situation de l'usager dont la volonté doit déclencher l'application du statut comportant ses droits et obligations (B).

A. La critique de la nature purement contractuelle de la situation de l'usager.

830. La doctrine de l'Ecole du service public, massivement suivie, oriente sa critique sur deux fronts, en alliant des arguments purement juridiques à des considérations de politique juridique. D'une part, la définition même du contrat, voire du contrat d'adhésion, ne coïncide pas avec la situation de l'usager (1°). D'autre part les principes qui sont au coeur de la gestion du service public ne sauraient cohabiter avec une situation contractuelle de l'usager (2°).

1°) Un statut juridique incompatible avec la définition même du contrat.

831. L'analyse comparée de la situation de l'usager et de la notion de contrat s'articule autour de deux axes fondamentaux : la volonté des parties et la nature des droits créés. Pour L. Duguit, le contrat se définit comme un "acte volontaire libre et conscient de la part de chaque contractant"[1]. Or, il ne saurait y avoir de liberté en ce qui concerne l'usager et l'exploitant, puisque l'usager se déclare prêt à accepter les obligations contenues dans l'acte de concession et le concessionnaire ne peut refuser l'accès au service[2]. L'engagement du concessionnaire est en outre général et permanent, contrairement au contrat qui ne crée qu'une situation individuelle et temporaire.

832. Un contrat est censé avoir un effet créateur de droits en lui-même[3]. Dans le domaine de l'usager, les obligations auxquelles sont soumises les prétendues "parties au contrat" ne naissent pas du contrat mais lui sont antérieures et procèdent d'un acte unilatéral de puissance publique. Enfin, quand le juge applique l'acte de concession dans les relations entre l'usager et le service, il ne le fait pas comme on appliquerait un contrat auquel se réfère la police, mais comme une loi impérative.

---

1 "De la situation des particuliers à l'égard des services publics", préc. Voir également G. Jèze, *Principes généraux du droit administratif*, préc., p.11 et s.

2 La notion de contrat de L. Duguit semble avoir perduré jusque dans les années soixante où sera soulignée l'importance d'une possible discussion des termes mêmes de l'accord. Voir par exemple, F.-P. Bénoit, *Le droit administratif français*, Dalloz, 1968, p.838 et s. ; P. Rongères, *Le procédé de l'acte-type*, LGDJ, 1968, p.285 et s.

3 M. Hauriou rejoint ici L. Duguit puisque dans sa note sous CE, 23 mars 1906, Delle Chauvin, *S.* 1908, III, p.17, il estime que les pouvoirs habituels de la puissance publique dans la gestion des services "sont rappelés dans le contrat d'abonnement au téléphone mais ils ne procèdent point du contrat". Voir plus récemment J.-F. Lachaume, Grands services publics, préc., p.332 et s.

833. Ce courant doctrinal des années trente nie jusqu'à l'existence même du contrat d'adhésion[4]. En effet, les deux composantes du contrat d'adhésion, tel qu'il est conçu aujourd'hui, (obligations émanant unilatéralement d'une partie et auxquelles l'autre partie ne fait qu'adhérer et déséquilibre des forces en présence) constituaient précisément autant d'éléments en faveur de la thèse réglementaire. L'usager adhère à un ensemble de conditions unilatéralement établies par le pouvoir réglementaire, opération qui ne saurait être assimilée à la conclusion d'un contrat[5]. P. Laroque[6], quant à lui, n'exploite non pas le déséquilibre des forces en présence, qui qualifie aujourd'hui le contrat d'adhésion, mais plutôt leur différence de nature. La rencontre des deux volontés de l'usager et de l'exploitant, qui ne sont pas du même ordre, qui n'ont pas le même objet, indépendantes et de valeur différentes[7], l'une générale et réglementaire, l'autre individuelle provoquant l'entrée dans le statut, ne sauraient être à l'origine d'un contrat.

834. Si aujourd'hui le contrat d'adhésion est considéré comme un véritable contrat[8], les auteurs qui continuent à se réclamer de la conception réglementaire du statut de l'usager fondent leurs arguments sur les différences fondamentales qui distinguent le statut de l'usager et le contrat d'adhésion. Si dans les deux cas une personne adhère en bloc à des conditions juridiques préétablies, l'impossibilité pour l'usager de négocier procède de l'origine publique de certaines clauses, alors que l'impossibilité de négocier les termes d'un contrat d'adhésion résulte plutôt d'un déséquilibre économique entre les contractants. Par ailleurs, une fois conclu, le contrat d'adhésion s'exécute comme n'importe quel contrat, alors que l'usager demeurerait soumis à un statut dont les effets sont ceux d'un acte administratif réglementaire[9].

835. Ainsi, juridiquement, la situation de l'usager ne satisfait pas aux critères de définition du contrat. De surcroît, les intérêts en présence commandent l'établissement d'un statut réglementaire de droit public.

2°) Une situation contractuelle en contradiction avec les principes du service public.

836. Les principes juridiques attachés au service public et les règles de sa bonne gestion semblent supposer l'existence d'un statut réglementaire.

837. L'argument le plus décisif dans la quête du statut réglementaire a trait à l'applicabilité des modifications du statut administratif aux prétendus contrats en cours, en

---

[4] Par exemple P. Laroque, Th. préc., p.135 et s. ; M. Hauriou, note sous CE, 23 mars 1906, Delle Chauvin, préc.; C. Chavanon, Th. préc., p.266.

[5] C. Chavanon, Th. préc., p.266.

[6] Th. préc., p.140 et s.

[7] La distinction est reprise par P. Duez et G. Debeyre, *Traité de droit administratif*, Dalloz, 1952, p.552.

[8] Sur ce point, voir G. Dereux, "De la nature juridique des "contrats d'adhésion"", *RTDC* 1910, p.503.

[9] Voir P. Duez et G. Debeyre, *Traité de droit administratif*, préc., p.552 ; A. de Laubadère, F. Moderne et P. Delvolvé, *Traité des contrats administratifs*, tome 1, préc., p.67.

complète contradiction avec le droit privé des obligations. Il suffit d'affirmer que l'usager est dans une situation réglementaire de droit public, et donc soumis au principe de mutabilité des actes administratifs réglementaires[10], pour expliquer les solutions retenues en la matière par la jurisprudence.

838. Le principe d'égalité veut que tous les usagers soient soumis aux mêmes règles, or, quoi de plus "égalitariste" qu'un statut réglementaire commandant l'ensemble des relations entre les usagers et l'exploitant, alors que le contrat est source d'inégalités, car par principe, il est négociable individuellement[11].

839. Si le service lui-même est géré à l'aide d'actes réglementaires administratifs (cahiers des charges, règlements de service), les relations avec les usagers, qui se rattachent à l'exécution du service, doivent également être soumises à de tels actes, puisqu'elles en procèdent[12]. Par ailleurs, la gestion du service fait appel à de multiples manifestations de la puissance publique, qui s'accordent mal avec un contrat de droit privé[13], car l'usager doit demeurer soumis aux autorités gestionnaires du service.

840. Enfin, dans un souci de cohérence et d'unité du service public, d'aucuns ont avancé qu'il ne fallait pas différencier du point de vue de leur statut les usagers des services publics industriels et commerciaux et ceux des services publics administratifs, qui sont dans une situation réglementaire[14].

841. Si les droits et obligations des usagers ne pourraient procéder que d'un statut réglementaire de droit public, le déclenchement d'un tel statut fait néanmoins appel à une manifestation de volonté.

B. La notion d'acte-condition ou d'accord-condition.

842. Selon L. Duguit, "le particulier à l'égard d'un service public concédé, municipal ou autre, se trouve, comme à l'égard de tout service public, dans une situation légale et réglementaire"[15], "dans une situation objective créée et réglée par la loi du service"[16]. Mais, à la différence d'autres situations réglementaires, l'application de ce statut ne se déclenche que parce que l'usager émet sa volonté d'en bénéficier. "Il n'y a pas contrat

---

[10] P. Duez et G. Debeyre, *Traité de droit administratif*, préc., p.552 ; A. Cocâtre-Zilgien, "L'usager du service public industriel ou commercial en droit français", préc. ; F.-P. Bénoit, *Le droit administratif français*, préc., p.838 et s. ; J.-F. Lachaume, *Grands services publics*, préc., p.332 et s.

[11] J.-C. Douence, *Recherches sur le pouvoir réglementaire de l'administration*, Th. Paris, LGDJ, 1968, p.414 et s.

[12] G. Péquignot, *Théorie générale du contrat administratif*, Edition A. Pedone, 1945, p.100; G. Braibant, concl. sur CE, 5 mai 1961, Ville de Lyon, préc.

[13] Note M. Hauriou sous CE, 23 mars 1906, Delle Chauvin, préc. ; G. Péquignot, *Théorie générale du contrat administratif*, préc., p. 100 ; F.-P. Bénoit, *Le droit administratif français*, préc., p.838 et s.

[14] P. Duez et G. Debeyre, *Traité de droit administratif*, préc., p.552.

[15] "De la situation des particuliers à l'égard des services publics", préc.

[16] "De la situation juridique des particuliers faisant usage d'un service public", préc.

(...), mais il naît un rapport de droit (entre l'usager et l'exploitant) parce qu'il y a chez le particulier un acte unilatéral de volonté conforme à la loi du service."[17] "Tout particulier peut user du service public en se conformant aux dispositions légales qui le créent et l'organisent ; s'il manifeste une volonté juridique dont l'objet et le but sont conformes à la loi du service, il fait naître à son profit une certaine situation juridique."[18]

843. Même si la notion d'acte condition ne fait pas l'unanimité[19], la plus grande partie de la doctrine semble néanmoins se rallier à la position de l'Ecole du service public en ce qui concerne la situation réglementaire de l'usager[20]. Certains vont même jusqu'à affiner la notion d'acte condition et décèlent l'existence d'un accord condition bilatéral, qui matérialiserait à la fois la volonté de l'usager et celle de l'exploitant du service pour l'application des règles statutaires du service[21]. A la différence des contrats, ces accords conditions ne servent qu'à déclencher l'application d'une situation réglementaire dont les modifications seront immédiatement applicables aux personnes qui en sont investies. On se référerait aux règles contractuelles lorsqu'il s'agirait d'apprécier la volonté des parties dans le déclenchement de l'application du statut, mais après la période de l'accès au service, les droits et obligations de l'usager ne procéderaient plus que d'un statut réglementaire de droit public.

844. Quelles sont les conséquences juridiques de la théorie de l'accord-condition appliquée à l'usager du service public industriel et commercial ? Comme le soulignent MM. de Laubadère, Moderne et Delvolvé[22], "le régime juridique de ces accords de volonté non-contractuels, qui doit naturellement tenir compte à la fois du caractère non-contractuel mais aussi du caractère bilatéral mériterait du reste d'être creusé plus qu'il ne

---

[17] "De la situation des particuliers à l'égard des services publics", préc.

[18] "De la situation des particuliers à l'égard des services publics", préc. L. Duguit fait ainsi usage d'une distinction qui lui est chère entre l'acte réglementaire ou légal proprement dit, dont l'application ne nécessite aucunement le consentement de ses destinataires, l'acte contractuel issu de la volonté d'un ou plusieurs sujets de droit et l'acte condition qui est l'expression de la volonté du destinataire destinée à déclencher l'application d'un statut légal et réglementaire. Sur la notion d'acte condition, voir également G. Jèze, *Principes généraux du droit administratif*, préc., I, p.25 et s. ; R. Bonnard, *Précis de droit administratif*, préc., p.31 et s.

[19] Pour une critique, voir notamment Ch. Eisenmann, *Cours de droit administratif, 1949-1950*, Tome II, LGDJ, 1983, p.221 et s.

[20] G. Jèze, *Principes généraux du droit administratif*, préc. p.11 et s; M. Hauriou, *Précis de droit administratif*, 5ème édition, préc., p.116 ; C. Chavanon, *Essai sur la notion et le régime juridique du service public industriel ou commercial*, Th. préc., p.271 ; G. Braibant, concl. sur CE, 5 mai 1961, Ville de Lyon, préc. ; F.-P. Bénoit, *Le droit administratif français*, préc., p.838 et s. ; J.-C. Douence, *Recherches sur le pouvoir réglementaire de l'administration*, Th. préc., p.104 ; P. Sablière, "Clauses limitatives de responsabilité et clauses limitatives des obligations dans les contrats d'abonnement à l'électricité", CJEG, 1986, p.385 ; J.-F. Lachaume, *Grands services publics*, préc., p.332 et s. ; A.-S. Mescheriakoff, *Droit des services publics*, préc., p.239, n°110 ; J.-M. de Forges, *Droit administratif*, PUF, 4ème édition, 1998, p.211 ; J.-M. Pontier, *Les services publics*, Hachette, coll. "Les Fondamentaux", 1996, p.56 ; A. de Laubadère, J.-C. Vénézia, Y. Gaudemet, *Traité de droit administratif*, LGDJ, Tome 1, 14ème édition, 1996, p.856 ; J. du Bois de Gaudusson, *L'usager du service public administratif*, Th. préc., p.76.

[21] R. Bonnard, *Précis de droit administratif*, préc., p.35 ; G. Jèze, *Principes généraux*, préc., I, p.47. Pour une application aux usagers du service public industriel et commercial, P. Rongères, *Le procédé de l'acte type*, préc., p.285 et s. ; A. de Laubadère, F. Moderne et P. Delvolvé, *Traité des contrats administratifs*, tome 1, préc., p.80 et 96.

[22] Traité préc., p.82.

l'a été jusqu'ici". En effet, il faut admettre que même si les conséquences de la situation de l'usager ont été décrites par la doctrine, elles sont loin d'avoir été vérifiées, sans doute à cause de la méconnaissance de la jurisprudence judiciaire en la matière.

845. Quoi qu'il en soit, l'usager devrait ne disposer que de recours objectifs, tel que le recours pour excès de pouvoir pour contester les éléments réglementaires de son statut. Seule une action en responsabilité délictuelle à l'encontre de l'exploitant, devant le juge administratif, serait compatible avec une situation réglementaire de droit public. Si un différend oppose l'usager et l'exploitant au sujet du sens à donner à une clause du statut, seules les règles d'interprétation des règlements, et non des contrats, devraient être mises en oeuvre[23]. Enfin, la situation de l'usager serait commandée par la volonté unilatérale du maître du service, conformément à l'applicabilité des modifications des actes réglementaires d'organisation du service aux usagers effectifs[24].

846. La théorie de la situation réglementaire ne réduirait-elle pas quelquefois trop l'importance du consentement de l'usager ?

§ 2. La position particulière de P. Laroque.

847. P. Laroque, en 1933, tout en restant fidèle à l'idée générale d'un statut réglementaire, a néanmoins tenté d'en corriger les imperfections en restituant à la volonté de l'usager toute son importance.

848. Fidèle aux thèses de l'Ecole du service public, P. Laroque analyse le déclenchement du statut réglementaire, aussi bien envers le candidat usager qu'envers l'usager effectif, par la manifestation de deux volontés unilatérales, celle de l'usager et celle de l'exploitant[25]. Il justifie la persistance de la jurisprudence, qui continue à y voir un contrat, en utilisant une définition très large de la notion de contrat, à laquelle les juges adhéreraient. Le contrat se définirait comme "toute rencontre de volontés d'où résulte des droits et des obligations sans se préoccuper de leur source réelle, quel que soit leur caractère permanent ou temporaire, réglementaire ou individuel"[26].

849. Cependant, l'erreur commise par les partisans de la théorie statutaire consisterait à négliger la manifestation de volonté de l'usager. L'adhésion "en soi, ne diffère pas de celle dont le concours forme le contrat, et il convient de lui appliquer les règles applicables à celle-ci"[27], à savoir les règles gouvernant la capacité et les vices du

---

[23] Sur la question de l'interprétation, voir M. Hauriou, note sous CE, 23 mars 1906, Delle Chauvin, préc., s'appuyant sur Saleilles, *De la déclaration de volonté*, préc., n°90, p.230.

[24] Voir L. Duguit, "De la situation des particuliers à l'égard des services publics", préc.; Ch. Blaevoet, note sous Civ., 10 février 1932, Soc. Nord Lumière c/ Beaudouin et 24 octobre 1933 Soc. L'électrique de Bretagne c/ Cocheril, *D.* 1935, I, p. 33.

[25] Th. préc., p.140 et s.

[26] Th. préc., p.144 et s. Sont cités Gény, *Des droits sur les lettres missives*, 1911, n°29 et Demogue, *Traité des obligations en général*, Librairie Rousseau, Tome I, 1923, n°22 et s.

[27] Th. préc., p.144 et s.

consentement, ainsi que la théorie de la cause et de l'objet des conventions. De plus, cette adhésion doit être interprétée selon la volonté de son auteur.

850. P. Laroque prend soin de limiter l'application du régime du contrat de droit privé, puisque "ce qui doit donc être apprécié d'après l'intention de l'auteur de cette manifestation de volonté, ce n'est pas la portée des droits et obligations, mais seulement l'application ou la non application globale du règlement du service"[28].

851. Si par la prise en considération de l'adhésion de l'usager, P. Laroque applique à "l'accord condition" de l'Ecole du service public des règles propres au contrat en distinguant deux phases distinctes (adhésion et application du statut), il se limite à approfondir une thèse dont il ne s'écarte pas réellement. En revanche, en affirmant le caractère réglementaire *de droit privé* du statut de l'usager, il prend acte de la résistance du juge judiciaire face aux théories proposées.

852. "Statut légal et réglementaire, statut de droit privé, tels sont à nos yeux les deux propositions qui résument toute la situation de l'usager du service public industriel", conclut P. Laroque[29], en constatant que les droits et obligations de l'usager ne comportent aucune sujétion exorbitante du droit commun et que leur contentieux ressort aux tribunaux de l'ordre judiciaire.

853. Cependant, ces thèses réglementaires ne correspondent pas tout à fait à la réalité de la jurisprudence que l'on a précédemment décrite.

§ 3. La critique des thèses en faveur d'une situation purement réglementaire.

854. L'Ecole du service public a fondé ses idées sur un contexte très précis. Dans les années trente, le contrat d'adhésion n'était pas considéré comme un contrat. Le juge judiciaire a été dans l'obligation de tenir compte des situations d'imprévision, car l'équilibre financier du service était en jeu, afin d'appliquer le principe de mutabilité à des situations juridiques en cours. Les contrats proposés aux usagers prévoyaient explicitement un prix, ce qui constituait un obstacle supplémentaire. Le principe d'égalité n'était pas aussi affirmé qu'aujourd'hui, notamment depuis l'arrêt Denoyez et Chorques[30], et la présence d'un statut était certainement l'une des seules garanties pour assurer l'égalité entre les usagers. Enfin, le bloc de compétence du juge judiciaire n'était pas encore formé. Aujourd'hui, tous ces facteurs ont évolué.

---

[28] Th. préc., p.144 et s.

[29] Th. préc., conclusion, p.221.

[30] CE, Section, 10 mai 1974, Denoyez et Chorques, *Rec.*, p.274 ; *D.* 1975, p.393, note P. Tedeschi ; *AJDA* 1974, p.298, chron. Franc et Boyon ; *RDP* 1974, p.467, note M. Waline ; *RA.* 1974, p.440, note F. Moderne.

855. L'Ecole du service public ne s'est intéressée qu'à une partie de la jurisprudence pour élaborer sa théorie, celle concernant l'accès au service. Elle a présupposé l'existence d'une autre partie de la jurisprudence, concernant l'interprétation et la responsabilité.

856. Il apparaît qu'en réalité la responsabilité est de nature contractuelle et de droit privé. L'interprétation des droits et obligations de l'usager implique la recherche de la volonté des parties. Les recours objectifs à la disposition de l'usager ne représentent pas la totalité du contentieux. La jurisprudence présupposée ne correspond de ce fait pas du tout aux prévisions de l'Ecole du service public.

857. Pour ce qui est de la phase d'adhésion volontaire au statut, la thèse de P. Laroque n'est pas vérifiée dans les faits. L'usager peut contester les clauses qui lui sont applicables une par une grâce à la théorie des vices du consentement, et non en bloc comme le préconisait P. Laroque. D'ores et déjà, on pressent le caractère artificiel de la procédure qui consiste à contester, *via* une théorie purement civiliste sur le consentement, ce qui, selon l'Ecole du service public et P. Laroque lui-même, est une obligation statutaire ! Si l'usager était dans une situation statutaire, il lui suffirait plutôt de passer par le recours pour excès de pouvoir. En réalité, un tel recours est d'utilisation limitée, ce qui oblige P. Laroque à passer par une autre théorie, pour la bonne raison que les recours à la disposition de l'usager ne cadrent pas avec la nature du statut que cette doctrine cherche à lui attribuer.

858. La phase d'adhésion pourrait encore prêter à confusion. L'exigence d'une connaissance individuelle des clauses par l'usager et de son adhésion peut s'interpréter soit comme l'expression du consentement à un contrat de droit privé, soit comme procédant précisément de l'acte-condition de L. Duguit. Une critique immédiate s'impose. Si on retient la seconde interprétation, force est de constater qu'à côté de la manifestation d'un acte-condition, certains droits et obligations s'appliquent à l'usager sans que la théorie de l'acte-condition soit nécessaire. Les clauses tarifaires s'appliquent à l'usager sans son consentement et après simple publication. La théorie de L. Duguit ne couvrirait en réalité que les clauses du second groupe. Pour ces dernières, le régime du contrat leur est par ailleurs largement applicable et on ne voit donc pas pourquoi subitement, lors de la phase d'accès, il faudrait avoir recours à un autre régime. Pour le premier groupe de clauses, la théorie de l'acte-condition est inutile, pour le second, surabondante.

859. Les thèses relatives à la nature réglementaire du statut de l'usager semblent aujourd'hui obsolètes pour décrire avec précision la véritable nature du lien qui unit l'usager à l'exploitant. Faut-il pour autant pencher vers des théories exclusivement contractuelles ?

- *SECTION II* -
Les thèses contractuelles

860. Certains auteurs ont émis des critiques à l'encontre de l'Ecole du service public à propos de la nature de la situation juridique de l'usager : celui-ci ne serait pas soumis à un statut réglementaire de droit public, ni même de droit privé, mais bel et bien dans une situation contractuelle de droit privé. Pour parvenir à un telle solution, cette partie de la doctrine s'est attachée à critiquer les thèses réglementaires, d'une part, au regard d'une notion de contrat distincte de celle qu'avait adoptée l'Ecole du service public et, d'autre part, au regard de la persistance du juge à qualifier de "contrat" le lien unissant l'usager au service.

861. La jurisprudence du juge judiciaire, du juge administratif et du Tribunal des conflits est unanime, du XIXème siècle à de nos jours, pour qualifier de "contrat", voire de "contrat d'abonnement" ou de "contrat d'adhésion", le lien unissant l'exploitant et l'usager, même postérieurement aux critiques émises par l'Ecole du service public, qui auraient pu conduire à un revirement de jurisprudence. Les arrêts de 1961, qui émettent l'idée de "liens de droit privé", ne justifient pas non plus l'abandon de la notion de contrat, qui demeure utilisée à chaque fois que la situation de l'usager le permet[31].

862. La notion d'acte-condition est doublement critiquable. D'une part, selon Ch. Eisenmann[32], la classification des actes adoptée par L. Duguit confondrait deux points de vue : ou bien des droits et obligations sont créés entre deux parties par un échange de consentements, les destinataires de l'acte se confondant alors avec ses auteurs, ou bien les droits et obligations sont posés par un acte dont l'auteur est distinct du destinataire et sans le consentement de celui-ci. Il n'y aurait pas de situation intermédiaire. D'autre part, il est reproché à L. Duguit de n'introduire aucun élément individuel et subjectif dans sa théorie, alors que l'acte qui investit une personne d'une situation générale et objective doit nécessairement, par certains aspects, comporter des éléments subjectifs et individuels[33].

---

31 On ne saurait évidemment être exhaustif ici et on se contentera de donner une série d'exemple sur plus d'un siècle. Pour le juge judiciaire, Civ, 16 décembre 1878, *DP* 1879, I, p.118 ; Civ I, 18 novembre 1975, Maire de la Commune d'Ersa, *Bull.* n°277 ; Civ I, 13 novembre 1996, UFC c/ France Télécom, *LPA* 22 décembre 1997, n°153, p.17. Pour le juge administratif, CE, 5 février 1886, B. Escoffier, *Rec.*, p.107 ; CE, 4 mars 1938, Société La Teinturerie de l'Est, *D.* 1938, p.374 ; CE, 25 mai 1955, Cazenave, *Rec.*, p.280 ; CE, 18 octobre 1957, Brébant, *Rec.*, p.541 ; CE, 8 février 1961, Société Le Lido, *Rec.*, Tables, p.964. Pour le Tribunal des conflits, TC, 17 janvier 1972, Dame de Ganay et sieur Ballestra, *CJEG* 1972, p.462 ; TC, 19 février 1990, Thomas c/ Commune de Francazal, *AJDA* 1990, p.558. A propos de "contrat d'adhésion", voir par exemple TC, 7 mars 1994, Préfet des Hautes Pyrénées, *D.* 1994, IR, p.129, *JCP* 1994, IV, p.1356 et à propos de "contrat d'abonnement", voir par exemple, TC, 17 janvier 1972, *CJEG* 1972, p.462.

32 *Cours de droit administratif, 1949, 1950*, Tome II, préc., p.221 et s. ; G. Dupuis, "Définition de l'acte unilatéral", *Mél. Eisenmann*, Editions Cujas, 1974, p.205 ; R. Chapus, *Droit administratif général*, préc. n°652 et s.

33 Voir à ce sujet, R. Latournerie, "Classification des diverses situations juridiques", *RDP* 1933, p.327 ; ainsi que l'évolution de la pensée de R. Bonnard, *Précis de droit administratif*, 1942, p.32. Pour une présentation

863. M. Waline[34], puis Ch. Blaevoet[35], se distinguent de l'Ecole du service public par une conception qui se veut réaliste de l'autonomie de la volonté dans la conclusion du contrat. "Quand il y a un choix possible en droit, même restreint, il y a consentement réel et par conséquent contrat."[36] "Il faut et il suffit pour qu'il y ait contrat que chacune des parties ait voulu qu'une obligation naisse (...) Il n'y a aucun doute, que de la part de l'usager, comme de la part de l'exploitant du service public, la volonté de s'obliger est libre." Si pour P. Laroque[37], deux manifestations de volonté indépendantes et de valeurs différentes ne sauraient engendrer un lien de type contractuel, Ch. Blaevoet objecte que c'est plutôt dans les rapports entre le concessionnaire et la puissance publique que ce phénomène se manifeste.

864. Par ailleurs, il existe une différence de taille entre le mariage ou la survenance d'un accident, qui déclenchent des situations de type réglementaire de droit privé, et la situation juridique de l'usager[38].

865. Cette critique de la théorie de l'acte condition appliquée à l'usager des services publics industriels et commerciaux tient cependant compte du contenu réglementaire et prédéterminé du contrat qui liera l'usager à l'exploitant. Ch. Blaevoet remarque que "dans toutes les situations précédant un contrat, il y a un corps de droits et d'obligations virtuelles établies par les lois et règlements qui ont tracé le cadre de l'activité juridique des individus (...) Le contrat est un moyen par lequel des individus ayant des intérêts divergents fixent sur un point déterminé l'exercice de leurs libertés telles qu'elles découlent du droit positif". L'usager serait dans la situation de n'importe quel cocontractant qui ne tient pas ses droits uniquement du contrat, mais également, en vertu de l'article 1135 du Code civil, des "suites que l'équité, l'usage ou la loi donnent à l'obligation d'après sa nature", le substantif "loi" étant compris ici comme incluant les règlements.

866. Pour achever cette démonstration, comment réfuter l'argument clé des partisans de la thèse réglementaire ? Seul le principe de mutabilité des situations réglementaires justifierait l'application aux usagers effectifs des modifications des règlements qui les composent, alors que les contrats, eux, demeurent soumis au principe d'intangibilité. Les partisans de la thèse contractuelle préfèrent expliquer ce phénomène par certaines règles du droit privé des obligations, que l'on a rencontrées[39].

---

complète de ces divergences, M. Pâques, *De l'acte unilatéral au contrat dans l'action administrative*, Th., Liège, E. Story-Scientia, 1991, p.15.

34 "De la situation juridique de l'usager d'un service public", *Rev. crit. lég. et jurisp.*, 1933, p.236 et s.

35 Note sous Civ., 10 février 1932, Société Nord Lumière c/ Beaudouin et 24 octobre 1933, Société l'électrique de Bretagne c/ Cocheril, *D.* 1935, I, p.33.

36 Ch. Blaevoet, note préc.

37 Th. préc., p.135 et s.

38 Ch. Blaevoet, note préc.

39 Voir n°779 et s.

867. Une doctrine plus contemporaine[40] reprend ces conceptions contractuelles. Les nombreuses occasions de récupérer un contentieux, que le juge administratif n'a pas saisies, malgré la poids d'une doctrine majoritaire dans les années trente qui prêchait en faveur de la thèse réglementaire, conforte la stabilité d'une situation contractuelle de droit privé. L'individualisation constante des prestations, commandant l'établissement de contrats, va également dans le sens de la progression d'une idéologie fondée sur le dogme de l'individualisme et de la prise en compte des désirs particuliers de chacun. On pourrait également ajouter que l'ouverture des réseaux à la concurrence, engendrant une multiplication des opérateurs privés sur le marché, rend difficile aujourd'hui le retour à une situation réglementaire de droit public des usagers. On aurait plutôt tendance à vouloir banaliser la relation de service public et à soumettre largement au droit privé les futures relations entre cette multitude d'opérateurs privés et leurs clients.

868. Les partisans de la thèse contractuelle ne se fondent pas sur un examen approfondi de la situation juridique de l'usager après son entrée dans le service, mais sur une définition différente du contrat. En effet, du point de vue de sa conclusion, le contrat d'adhésion, fréquemment utilisé aujourd'hui, ne diffère pas de l'accord volonté qui déclenche l'application d'un statut. C'est lors de leur exécution que ces deux situations juridiques divergent profondément, c'est pourquoi il est temps désormais de proposer une solution qui tienne compte de tous les paramètres rencontrés.

---

[40] J. de Soto, *Droit administratif. Théorie générale du service public*, préc., p.67.

- *SECTION III* -
La nature mixte du lien unissant l'usager à l'exploitant

869. Avant de démontrer l'existence d'un statut mixte (§2), il apparaît nécessaire de faire le point sur la notion de contrat, qui était à l'origine de la controverse doctrinale (§1).

§ 1. La distinction entre les situations contractuelles et les situations statutaires.

870. La théorie de l'acte-condition proposée par L. Duguit et ses disciples, selon laquelle par un acte de volonté une personne déclencherait à son profit une situation réglementaire n'a pas eu un grand succès en droit privé. Ainsi, l'approche de la distinction contrat / statut est radicalement différente en droit privé et en droit public, ce qui constitue sans doute l'obstacle le plus important à surmonter lorsqu'on tente de définir la nature de la situation de l'usager des services publics industriels et commerciaux.

871. De nombreuses situations juridiques en droit privé sont rattachées à une analyse contractuelle, car la volonté des individus ne pourrait faire naître d'obligations que si elle prend la forme d'une convention. La notion de réglementation procède de la puissance publique et de l'idée d'institution. Même s'il existe des réglementations de droit privé, ainsi que des situations statutaires[41], il ne faut pas sous-estimer le poids de cette idéologie, fondée sur une stricte séparation de l'Etat et de la société civile[42].

872. Cependant, la notion de contrat en droit privé a subi une crise[43] due à l'affaiblissement du dogme de l'autonomie de la volonté. Le contrat n'est plus essentiellement, ou exclusivement, ce que les parties ont voulu. Le droit des contrats a dû affronter des phénomènes de plus en plus persistants : leur contenu est souvent prédéterminé et ne résulte pas d'une négociation éclairée des parties ; les effets du contrat à l'égard des tiers ne se limitent plus à quelques exceptions et le législateur intervient de plus en plus souvent dans la détermination du contenu du contrat. Ainsi, l'essence du

---

41 Voir M. Hecquard-Théron, *Essai sur la notion de réglementation*, Th., Paris, LGDJ, 1977, p. 83 et s. et p.121 et s.

42 L. Cadiet, "Interrogations sur le droit contemporain des contrats", in *Le droit contemporain des contrats*, sous la dir. de L. Cadiet, Economica, 1987, p.7 : "deux techniques se partagent l'organisation des relations sociales : la technique contractuelle et la technique réglementaire. Le droit peut être imposé ou négocié (...) On en revient à la problématique de l'Etat et de la société civile, des deux modes de régulation sociale, l'étatique et le contractuel."

43 Voir M. Villey, "Préface historique à l'étude des notions de contrats", in Archives de Philosophie du Droit, Tome XIII, *Les notions de contrat*, 1968, p.1 ; H. Batiffol, "La "crise du contrat" et sa portée", in *Les notions de contrat*, ouvrage préc., p.13 ; G. Rouhette, *Contribution à l'étude critique de la notion de contrat*, Th. Paris, 1965.

contrat n'est plus la négociation[44] et le seul critère qui semble avoir résisté est celui de l'accord de volontés. Même si le contenu d'un contrat est prédéterminé, et quelle que soit l'origine de cette prédétermination (l'une des deux parties ou les pouvoirs publics), il faut et il suffit pour qu'il y ait contrat que les parties aient échangé leur consentement. La crise ne concernerait dans ce cas qu'une certaine conception du contrat, qui veut que la liberté contractuelle s'étende jusqu'à la détermination du contenu du contrat. Par ailleurs, le fondement de la force obligatoire du contrat ne doit plus être recherché dans l'autonomie de la volonté des parties, si l'autonomie de la volonté a fondé un jour la force obligatoire du contrat[45], mais dans le droit objectif lui-même. Ainsi, selon M. Ghestin, le contrat se définit comme "un accord de volontés qui sont exprimées en vue de produire des effets de droit et auxquels le droit objectif fait produire des effets"[46].

873. Compte tenu de ce qui vient d'être dit, deux constatations s'imposent quant à la vision privatiste de la distinction contrat / statut. D'une part, l'adhésion à une situation réglementaire demeure un contrat, car seul le consentement originaire des parties est à prendre en compte. Il en est de même avec les modifications imposées ultérieurement au contrat par les pouvoirs publics, qui n'ôtent pas à l'acte son caractère contractuel, s'il y a bien un accord de volontés. A chaque fois qu'il y a accord de volontés, le droit privé préfère l'analyse contractuelle à l'analyse statutaire. On peut remarquer qu'avec des présupposés identiques, la théorie de l'acte-condition parvient à des résultats opposés !

874. D'autre part, on assiste à un phénomène d'éclatement de la norme. L'origine de la norme peut être réglementaire et par un effet de novation, le consentement des parties va en modifier la nature : elle deviendra une norme contractuelle. La force obligatoire de la norme contractuelle procède d'autres théories : si aujourd'hui le rôle de l'autonomie de la volonté est remis en cause, on parle du droit objectif ou encore de l'attente légitime des parties[47]. Enfin, la validité même de la norme contractuelle peut dépendre de son origine, et bien qu'elle soit exécutée comme une norme contractuelle, le juge judiciaire peut être amené à saisir le juge administratif pour juger de la validité du règlement à l'origine du contrat. Si ces distinctions apparaissent bien paradoxales aux yeux de l'administrativiste, il n'en demeure pas moins que le procédé de novation de la norme rend la définition même du contrat en droit privé fondamentalement différente de ce qu'elle est en droit public. Un contrat de délégation de service public peut générer une réglementation, le consentement se fondant dans le règlement, alors qu'en droit privé c'est l'inverse qui se produit, le règlement se fond dans le consentement.

---

44 J. Ghestin, "La notion de contrat", *D.* 1990, chron., p.147.

45 Voir P. Remy, "Droit des contrats : questions, positions, propositions", in *Le droit contemporain des contrats*, préc., p. 271 : il s'agirait de la crise d'une fausse notion de contrat.

46 "La notion de contrat", préc. Voir également pour une définition similaire D. de Béchillon, "Le contrat comme norme dans le droit public positif", *RFDA* 1992, p.15. Selon G. Marty et P. Raynaud, *Droit civil. Les obligations*, T 1, *Les sources*, Sirey, 2nde édition, 1988, p.27 et s., le contrat serait à la fois un acte juridique, dans le sens où le contrat serait un acte de volonté où ont pénétré certains éléments objectifs, et un fait social, dans la mesure où il serait opposable aux tiers dans certains cas et que les contractants demeurent tenus par leurs engagements même si la volonté n'existe plus.

47 G. Rouette, *Contribution à l'étude critique de la notion de contrat*, Th. Paris, 1965, p.409 et s. Pour un résumé de l'ensemble des théories, voir *Traité de droit civil. La formation du contrat*, par J. Ghestin, préc., n°188 et s.

875. A partir de ce qui vient d'être dit, comment peut-on interpréter les différents paramètres de la situation juridique de l'usager ?

§ 2. La théorie du statut mixte.

876. Une remarque terminologique s'impose : il ne faut pas confondre l'idée d'un statut mixte avec les notions d'acte mixte et de statut hybride. Un acte mixte est une "convention qui comporte, d'une part, des stipulations réglant les rapports mutuels des parties et d'autre part, des règles créatrices de droits et d'obligations au profit et à la charge des tiers par rapport à la convention"[48], comme par exemple le contrat de délégation de service public, certaines conventions collectives, etc.[49] Une situation mixte est une situation comportant des obligations qui pour certaines procèdent du régime du contrat, pour d'autres du régime du statut réglementaire, sans toutefois créer de droits et d'obligations envers les tiers. C'est un acte dont les obligations obéissent pour partie au droit conventionnel et pour partie au droit statutaire.

877. La présence d'un statut hybride signifierait plutôt que l'on appliquerait aux mêmes dispositions tantôt des principes contractuels, tantôt les règles propres au statut administratif, selon des considérations pour le moins ésotériques. Le statut hybride permettrait d'expliquer qu'une clause est applicable à l'usager à la fois parce qu'il y a consenti et parce qu'elle s'impose à lui en dehors de sa volonté ; ou que les modifications du cahier des charges sont applicables aux usagers, parce que cette éventualité était comprise dans la commune volonté des parties, mais aussi en vertu du principe de mutabilité dont sont affectés tous les règlements administratifs. A la différence de la situation hybride, au sein de la situation mixte on opère une distinction claire entre ce qui résulte du droit statutaire et ce qui résulte du droit conventionnel. Certains auteurs ont appréhendé la situation de l'usager comme un mélange hybride de contrat et de statut. Ainsi, plus qu'un choix à opérer entre les règles contractuelles et statutaires, la situation de l'usager illustrerait une synthèse entre deux droits[50], la pénétration d'une situation institutionnelle préexistante dans un contrat[51].

---

[48] J. Petit, *Contribution à l'étude des conflits de lois dans le temps en droit public interne*, Th., Paris II, 1993, p.885 et s. Voir également Y. Madiot, *Aux frontières du contrat et de l'acte unilatéral : recherches sur la notion d'acte mixte en droit public français*, Th., LGDJ, 1977, p.151 et s.

[49] Voir à ce sujet, Y. Madiot, *Aux frontières du contrat et de l'acte unilatéral: recherches sur la notion d'acte mixte en droit public français*, préc., qui à aucun moment n'envisage le lien entre l'usager et l'exploitant comme un acte mixte.

[50] R.-E. Charlier, "La notion juridique de service public "industriel ou commercial"", *JCP* 1955, I, 1210.

[51] L. Aulagnon, "De la situation juridique des usagers titulaires de polices d'abonnement à l'égard des compagnies concessionnaires d'un service public", préc.. Voir également A. Cocâtre-Zilgien, "L'usager du service public industriel ou commercial en droit français", préc., qui décrit la situation de l'usager comme une situation hybride où coexistent le droit public, et notamment la règle de la mutabilité des règlements, et les règles de droit privé de formation et de validité des contrats, de responsabilité en cas de défaillance.

878. D'autres auteurs ont pressenti[52] qu'il fallait opérer une distinction entre les divers éléments qui composent la situation juridique de l'usager. P. Laroque, paradoxalement, après avoir opté pour une situation réglementaire de droit privé, admet que "la police contient en pratique le plus souvent autre chose qu'une adhésion de l'usager aux dispositions du règlement de service, elle comporte des clauses purement contractuelles"[53], contenues dans la police et même dans la police type et qui ne résultent pas directement du cahier des charges. Ainsi, les clauses qui détermineraient dans la police la situation particulière de l'usager par rapport au concessionnaire (durée du contrat, lieu de livraison de la fourniture, conditions particulières) seraient des clauses contractuelles, alors que les clauses qui ne seraient en réalité que la reproduction du cahier des charges demeureraient réglementaires[54]. Les clauses contractuelles ne seraient en réalité que celles qui identifieraient l'usager, c'est-à-dire celles qui différencieraient les usagers les uns des autres.

879. Si l'idée d'une telle distinction est à retenir, la répartition proposée ne semble pas refléter la réalité. En effet, on s'est rendu compte que certaines clauses qui trouvent leur origine dans le cahier des charges étaient exécutées comme n'importe quelle clause contractuelle (interprétation selon la commune volonté des parties, compétence du juge judiciaire pour en apprécier la validité, responsabilité contractuelle, etc.). La Cour de cassation n'a pas de théorie précise ni d'attitude limpide dans l'appréhension des clauses qui composent le contrat de l'usager du service public industriel et commercial. On a pu néanmoins remarquer qu'elle avait, en règle générale, beaucoup moins de scrupules pour appliquer le droit privé des contrats aux clauses qu'elle a l'habitude de traiter, même si ces clauses trouvent leur origine dans le cahier des charges. Le seul obstacle à la généralisation de cette attitude est la définition formelle retenue par la Cour de l'acte administratif, mais il pourrait tout à fait être levé. En revanche, les clauses du cahier des charges relatives aux grandes lois du service public, qui reflètent la prise en considération de l'intérêt général, semblent poser beaucoup plus de difficultés au juge judiciaire.

880. Pour reprendre l'ensemble des conclusions auxquelles on a abouti jusqu'alors, il est tout à fait clair qu'il existe deux types de dispositions au sein de ce qu'on appelle les dispositions administratives du droit applicable à l'usager et qui sont l'objet du phénomène de mimétisme. On est conscient que l'application d'un régime différent à chaque groupe de clauses est plus ou moins marquée en fonction des domaines abordés. Pour certaines questions (parmi la liste qui était proposée au début de cette étude) la distinction est très nette, ce qui encourage la généralisation.

881. D'abord, quelle est la définition précise de chaque groupe de dispositions ? Le premier groupe comporte les dispositions relatives aux grandes lois du service ainsi que tout ce qui s'y rattache, comme le tarif par exemple. On préférera le critère tiré de leur portée générale et impersonnelle pour les identifier, plutôt que celui tiré de leur objet, qui

---

52 Sans plus d'explications, S. Duroy mentionne l'existence d'une situation mixte contractuelle et réglementaire, *La distribution d'eau potable en France. Contribution à l'étude d'un service public local*, Th., préc. p.362. Voir également J.-M. Auby et R. Ducos-Ader, *Grands services publics*, PUF, tome 1, 1969, p.40.

53 P. Laroque, Th préc., p.144 et s. (notamment p.157).

54 Voir également L. Aulagnon, article préc., qui parle à la fois de statut hybride et de situation mixte en opérant une partition des clauses du contrat selon leur origine.

doit concerner l'organisation du service au sens strict, c'est-à-dire l'appréhension des lois du service au niveau du service tout entier. Le second groupe de dispositions comportait des obligations que l'on peut rencontrer dans n'importe quel contrat de droit privé. On avait retenu ce critère pour sa simplicité et parce qu'il permettait d'avoir immédiatement une idée du type de dispositions auquel on faisait allusion. On préférera maintenant parler de dispositions reflétant les futures relations individuelles entre chaque usager et l'exploitant, qui n'intéressent pas l'intérêt général, et qui ne s'inscrivent pas dans l'idée d'interdépendance propre au service public. Les lois du service peuvent se concevoir à deux niveaux car elles comportent en elles le germe d'obligations individualisées entre chaque usager et l'exploitant, obligations que l'on rangera dans le second groupe de clauses. Les clauses d'irresponsabilité de l'exploitant, le minimum de consommation, pourraient toujours s'inscrire dans une idée d'interdépendance, mais il s'agirait d'une interdépendance aux allures d'alibi. On rencontre de telles dispositions dans de nombreux contrats conclus entre des consommateurs et leurs fournisseurs en dehors du domaine du service public. La frontière entre les deux types de dispositions rend compte des spécificités de la relation de service public, qui se conçoit à deux niveaux, et de la notion d'usager.

882. Ensuite, comment ces dispositions étaient-elles qualifiées par le juge ? Les dispositions du premier groupe étaient qualifiées de réglementaires et d'administratives, alors que celles du second groupe apparaissaient plutôt comme l'énoncé des conditions générales des futurs contrats de droit privé conclus avec les usagers.

883. Qu'en était-il de la traduction contentieuse de cette distinction ? Sans que cela soit parfaitement clair, le juge judiciaire admettait plus facilement sa compétence lorsqu'il s'agissait d'apprécier la légalité des dispositions du second groupe. En matière de recours, les recours objectifs, comme le recours pour excès de pouvoir, sont réservés aux actes à portée générale et impersonnelle. Après avoir pris contact avec l'exploitant, l'usager ne peut exercer que des recours devant le juge du contrat qui les unit. Le contentieux qui unit l'usager à la personne publique délégante, en cas de délégation, est un contentieux parasitaire, qui nécessite souvent un recours préalable devant le juge judiciaire contre l'exploitant. L'action en responsabilité contre l'exploitant est de nature contractuelle et privée, excepté les cas où la distinction des régimes de responsabilité contractuelle et quasi délictuelle ne recoupe pas celle de l'usager et du tiers.

884. L'interprétation des dispositions du premier groupe s'effectue en fonction de l'intérêt général qui a présidé leur adoption. L'interprétation des dispositions de second groupe se rattache à la volonté des parties et suit les règles du Code civil en la matière.

885. L'usager et l'exploitant ne peuvent convenir de déroger aux clauses tarifaires, alors qu'ils peuvent s'entendre sur une dérogation aux conditions générales du contrat, sous réserve du respect du principe d'égalité. En cas de dérogation illicite aux dispositions tarifaires, le contrat est entaché de nullité absolue pour non conformité à un acte administratif. En cas de dérogation illicite à une disposition du second groupe, le contrat pourrait être entaché d'une nullité relative, en raison de la présence d'un vice du consentement.

886. L'applicabilité statique des dispositions du premier groupe à l'usager est soumise au régime du statut : elles sont publiées (ou affichées) et disposent d'un caractère exécutoire. C'est là que l'on divergera radicalement de la théorie de l'acte-condition. Il ne faut pas confondre la manifestation de volonté d'un sujet de droit, qui déclencherait à son profit l'application d'un statut, et la détermination du champ d'application de ce statut. Rares sont les règles de droit qui, pour être applicables, ne font pas appel à la volonté du sujet de droit. C'est par des actes conscients que le délinquant se place sous le coup de la loi pénale, c'est parce que l'administré vient demander un certain type d'allocations ou d'aides qu'il se place sous le coup des lois sociales, c'est parce que l'étudiant vient s'inscrire qu'il bénéficie d'une formation universitaire. En matière d'usagers des services publics industriels et commerciaux, la manifestation de volonté doit être considérée en amont, lors de la détermination de la qualité d'usager. On a vu que cette qualité dépendait souvent de la volonté de l'usager mais, parfois, elle était attribuée en dehors de la volonté du sujet de droit[55]. Le déclenchement de l'application des éléments réglementaires du statut de l'usager est régi par son champ d'application, qui est la notion d'usager, et non par un acte-condition, voire un fait-condition, ou un accord condition. Si dans la notion d'usager, des éléments volontaristes ou purement factuels entrent en jeu, cela ne doit pas intervenir dans l'appréciation de la nature de sa situation. Ainsi, il ne faut pas mêler des éléments contractuels à la partie réglementaire de la situation de l'usager. L'applicabilité statique des dispositions du second groupe dépend du consentement de l'usager (express ou tacite) et elles sont portée à la connaissance de l'usager par communication individuelle[56].

887. L'applicabilité dynamique des dispositions administratives du premier groupe devrait être soumise au régime de l'acte administratif réglementaire, c'est à dire bénéficier du principe de mutabilité, sans que l'usager ait à exprimer un quelconque consentement et sans rattacher la modification des droits et obligations de l'usager au régime du contrat de droit privé. L'applicabilité dynamique des dispositions administratives du second groupe devrait être soumise au régime du contrat : l'exploitant doit utiliser les facultés dont il dispose en tant que partie à un contrat à durée indéterminée, lorsqu'il s'agit d'un contrat de ce type, ou utiliser l'une des facultés offertes par le droit privé, influencé par des considérations économiques.

888. Ces tendances mériteraient d'être clarifiées et approfondies car, dans certains domaines, la distinction entre les deux types de dispositions demeure très floue. On l'a parfois accentuée parce que dans d'autres domaines elle apparaissait beaucoup plus nettement et qu'elle portait en elle le germe d'une qualification claire de la véritable nature du lien qui unit l'usager du service public industriel et commercial à l'exploitant. Les dispositions du premier groupe sont globalement soumises au droit statutaire. La théorie de l'acte-condition n'est pas nécessaire, l'élément de volonté de l'usager intervenant en amont, dans la détermination du champ d'application du statut. Les dispositions du second groupe correspondent point par point à la définition moderne du contrat en droit privé, purgée du dogme de l'autonomie de la volonté. Le contenu d'un

---

[55]Voir n°252 et s.

[56] On préfère ce terme à celui de notification, qui est propre aux actes administratifs individuels, alors que l'on cherche justement à démontrer que l'on se situe dans un cadre contractuel de droit privé.

contrat peut avoir une origine réglementaire, mais à partir du moment où il y a accord de volonté, les normes subissent une sorte de novation et sont exécutées en tant qu'obligations contractuelles.

889. La position de la Cour de cassation n'est pas claire quant à l'appréciation de la validité des clauses. Il faut encourager le juge judiciaire à se déclarer compétent pour apprécier la validité des clauses du second groupe, au regard de la législation sur les clauses abusives, par exemple. Ces clauses sont complètement intégrées dans la commune volonté des parties et il faut les traiter comme telles. Le juge judiciaire s'arrête parfois à l'origine réglementaire de la clause, ce qui est pernicieux. D'une part cette attitude s'appuie sur une définition formelle de l'acte administratif. Ce que le juge voit comme un acte administratif réglementaire n'est que l'énoncé des conditions générales d'un contrat de droit privé, le juge judiciaire est donc compétent pour en apprécier la légalité. D'autre part, cette attitude multiplie les questions préjudicielles, et ralentit le jugement de petites affaires. La célèbre dame Agnesi, entre le volet judiciaire et le volet administratif de son procès, a dû attendre plus de quinze ans avant de voir résolu son problème de raccordement au réseau de distribution d'eau potable !

890. On l'aura deviné, les propositions faites vont dans le sens d'une confirmation claire de ce qui n'est qu'à l'état d'ébauche. Il faut distinguer entre ce qui est contractuel et ce qui est réglementaire, sans mélanger les régimes. La théorie de l'acte condition distinguait le droit contractuel du droit réglementaire dans le temps, entre la phase d'accès au service et la phase d'exécution des obligations. La distinction est en réalité matérielle et dépend du type de dispositions applicables à l'usager. Cette distinction est ensuite valable de l'accès au service jusqu'à la sortie de l'usager.

891. Une dernière question, qui a été entrevue lors de l'examen des modifications tarifaires, subsiste. Certains exploitants ont introduit des clauses de modification tarifaire au sein même des contrats de droit privé. Ainsi, une clause du premier groupe peut-elle à souhait changer de régime et se rapprocher du second type de clauses ? Répondre affirmativement à cette question reviendrait à dire que le juge doit examiner au cas par cas la rédaction des contrats afin de décider si certaines clauses ne seraient pas intégrées dans la commune intention des parties. Si cette position séduit les exploitants de services publics industriels et commerciaux, car elle leur donne l'impression de museler les futures réactions des usagers face aux augmentations de tarif, elle demeure dangereuse. En effet, d'une part, elle engendre une certaine incertitude dans le statut de l'usager. D'autre part, elle porterait atteinte au principe de séparation des autorités administrative et judiciaire. Affirmer que les clauses tarifaires, qui concernent en premier lieu l'organisation du service, au sens où est touché l'intérêt général et le principe d'égalité, peuvent perdre leur caractère réglementaire et être appréciées par le juge judiciaire revient à méconnaître le principe de séparation des autorités. On préservera l'approche matérielle de ces dispositions, et non l'approche formelle.

CONCLUSION DU CHAPITRE II

892. Un raisonnement fondé sur la nature des actes en cause aboutit à une impasse pour la bonne raison qu'on opère une coupe transversale des divers actes qui s'emboîtent, alors qu'il est plus logique de raisonner à partir d'une coupe longitudinale des obligations en cause, transcendant la série d'actes que l'on a rencontrés.

893. Partant de cette coupe longitudinale, on constate l'ébauche de la mixité de la situation de l'usager. Il faudrait alors achever la constitution de la situation mixte de l'usager. Il suffit pour cela que les juges énoncent clairement ce qui était implicite jusqu'alors.

894. Parler de situation mixte, c'est s'opposer à la position adoptée par une grande partie de la doctrine. Dans les années trente, on ne pouvait aboutir qu'à l'idée d'une situation réglementaire, fondée sur la théorie de l'acte-condition, d'abord parce qu'elle correspondait à la définition du droit de l'époque et ensuite parce qu'elle contenait en elle le germe de diverses réformes, aussi justes qu'utiles. Aujourd'hui, alors que tous les paramètres ont évolué, est-il pour autant légitime d'éloigner la situation de l'usager du service public industriel et commercial de celle de son homologue du service public administratif ? L'unité du service public est déjà battue en brèche par la distinction service public administratif / service public industriel et commercial. Il est donc normal que cette distinction se prolonge pour l'usager.

895. L'idée d'une situation mixte rejoint l'ambivalence même du service public industriel et commercial, qui en est la spécificité. Elle recoupe parfaitement les deux niveaux d'appréhension de la relation de service public.

CONCLUSION DU TITRE II

896. Ambivalence ne signifie pas hésitation, là est tout le problème et c'est pourquoi le compromis tend à la répartition claire des rôles. A l'interférence réciproque des régimes du contrat et du statut, on préfère répartir les obligations en deux groupes, chaque groupe étant soumis à un régime homogène. Entre bipolarisation et interférence, on choisit l'idée de superposition propre à la première plutôt que l'idée d'échange liée à la seconde.

897. On constatera également que le fait que le service soit exploité par une personne publique ou une personne privée n'a pas d'influence déterminante. La constitution d'un bloc de compétence au profit du juge judiciaire transcende cette distinction et lui préfère l'unité du service public industriel et commercial. Les seuls cas où une différence existe, c'est lorsque l'usager, tiers au contrat de délégation, voit des obstacles se dresser sur sa route lorsqu'il tente d'accéder au contentieux de ce type de contrats. D'une part, ce n'est pas la spécificité du service public industriel et commercial qui est à l'origine de cette rupture d'unité, mais le droit du contentieux administratif. D'autre part, le contentieux des clauses réglementaires tend à se rapprocher de celui de l'acte administratif unilatéral réglementaire.

CONCLUSION DE LA PARTIE II

898. On a opposé droit public et droit privé des contrats à chaque étape de la démonstration, parfois même de façon très caricaturale. Il est grand temps de nuancer ces propos. De même que le droit public s'ouvre aux intérêts individuels des administrés, sans que la raison d'intérêt général s'y oppose systématiquement, le droit privé des contrats prend de plus en plus souvent en compte l'environnement des cocontractants, l'intérêt général se risquerait-on à dire. C'est souvent aux exceptions des règles de droit privé rencontrées que l'on fait appel, voire à une extension de ces exceptions. Le droit privé des contrats subit certaines inflexions du fait de l'importance grandissante de considérations économiques en la matière. L'existence d'impératifs supérieurs est confirmée dans le domaine du service public. La relation de service et ses fondements sont pris en compte dans l'analyse privatiste, constituant sans doute une source nouvelle d'inflexion du droit privé en pleine mutation. Le cadre de références est élargi : ce ne sont plus des relations bilatérales qui sont en cause mais l'interdépendance d'une série de contrats identiques.

899. S'il existe une opposition entre intérêt général et intérêts individuels en droit privé des contrats, lorsque des contrats identiques sont soumis aux mêmes influences idéologiques et économiques, c'est exactement la même que celle qui existe dans la relation de service public, entre intérêts individuels et intérêt général. Cette opposition, loin de refléter les idéologies dominantes respectives du droit public et du droit privé, les transcende, puisqu'elle est commune aux deux branches du droit.

900. Consacrant les diverses facettes du conflit inhérent à l'usager du service public industriel et commercial, la notion et le statut finissent par se rejoindre. Les transformations de la notion d'usager oscillaient entre la prise en compte de l'intérêt général, recouvrant lui même plusieurs définitions, et celle des intérêts individuels des usagers, dans la mise en place d'une relation de service public propre à la France. La qualification juridique d'usager proviendrait soit de la volonté du sujet de droit, soit d'éléments qui lui sont extérieurs. Enfin, le statut de l'usager serait un statut mixte, alliant des éléments réglementaires et des éléments contractuels.

901. Mais en fin de compte, on en revient constamment à l'opposition originaire entre intérêts individuels et intérêt général, qui semble transcender le droit propre à l'usager, que ce soit sociologiquement, à travers la définition de la relation de service public, ou juridiquement puisqu'à chaque fois que les règles du droit privé sont malmenées, c'est en raison d'une impérieuse nécessité d'intérêt général. Si cette opposition n'anime pas, ou plus, la distinction entre droit public et droit privé, n'y aurait-il pas la place pour la définition d'un régime propre à l'usager du service public industriel et commercial ? Procédant d'une dynamique à part entière, le régime applicable à l'usager du service public industriel et commercial refléterait une savante cohabitation du droit public et du droit privé des contrats, voire une altération des règles que l'on a déjà entrevue, et pourquoi pas une interaction des deux droits ?

902. A partir du moment où la question du droit, conventionnel ou statutaire, applicable aux obligations de l'usager est résolue, on s'intéressera au contenu même de ces obligations, c'est-à-dire le régime juridique applicable à l'usager.

TROISIEME PARTIE

La dialectique du contrat de droit privé et des lois du service public

INTRODUCTION

903. Malgré la tendance générale à la promotion de ses droits individuels, jusqu'à présent l'usager était souvent en position de victime d'un conflit. Soumis à la gestion commerciale d'un service public, il ne profite cependant pas des avantages dus à un véritable client. Bénéficiant pourtant d'un contrat de droit privé, la protection de son consentement a souvent cédé, par le passé, devant l'autorité de l'acte administratif ou la raison d'intérêt général. Ne faudrait-il pas maintenant inverser la problématique et envisager que l'usager puisse puiser à la fois dans le droit public et dans le droit privé les droits les plus avantageux ?

904. Du conflit qui animait la notion d'usager, en passant par le compromis que l'on pouvait déceler dans son statut, on se dirige vers la coexistence des règles issues du droit privé applicable au contrat et de celles issues des principes du service public. C'est l'idée de collaboration, de cohabitation, qui illustrera cette partie consacrée au régime applicable à l'usager du service public industriel et commercial.

905. Tout d'abord, pourquoi le conflit cède-t-il la place à la cohabitation dès qu'on entreprend l'analyse du régime applicable à l'usager ? Un premier facteur explicatif a trait au rôle de chaque ordre de juridiction. En effet, chaque juge (judiciaire et administratif) n'a pas à connaître des mêmes actes et il ne s'agit plus de déterminer si une obligation donnée est soumise au régime du statut ou à celui du contrat, mais tout simplement de savoir quels droits concrets elle confère à l'usager. On se situe à un stade où la question de savoir si les normes applicables à l'usager seront traitées comme des obligations contractuelles ou, au contraire, comme un statut, est censée être résolue. Les juges n'auront plus qu'à appliquer respectivement les lois du service public aux actes d'organisation du service, ou les règles du Code civil au contrat conclu par l'usager. Un second facteur explicatif intervient également : c'est l'individualisation des obligations dans la technique du contrat réglementé. Deux niveaux cohabitent : celui du service tout entier et celui de chaque relation bilatérale entre l'usager et l'exploitant. De ce fait, l'action du juge judiciaire complète celle du juge administratif, le droit privé des contrats prolonge les lois du service public, qui lui servent désormais de fondement. Les lois du service public et le droit privé des contrats se répondent mutuellement, interagissent, par un processus d'auto développement. C'est pourquoi, à propos de cette articulation, on parlera de dialectique.

906. Ensuite, que révèle cette dialectique du contrat et des lois du service ? De deux choses l'une : soit cette cohabitation n'est en réalité qu'une juxtaposition des lois du service et du droit applicable au contrat, soit elle révèle une interaction entre deux droits. Dans cette seconde situation, les lois du service présenteraient certaines spécificités lorsqu'elles s'appliqueraient à un service public industriel et commercial et le droit privé des obligations serait altéré, de façon à tenir compte des particularités de la relation de service public. On assisterait donc à la transformation d'un droit, fondé sur l'égalité des parties à un contrat, en un droit qui devrait tenir compte des contraintes d'intérêt général propres à la notion de service public. La question sous-jacente à cette réflexion est la détermination d'un éventuel régime propre à l'usager du service public industriel et commercial, qui serait en même temps l'embryon d'un régime propre à toute situation juridique située à l'intersection du droit public et du droit privé.

907. On assiste parfois à une véritable montée en puissance du contrat face à l'aspect plus réglementaire de l'organisation du service. Elle est l'aboutissement naturel et l'instrument de la revendication de la prise en compte des intérêts individuels des usagers. Elle est le point de convergence de plusieurs facteurs. On pouvait s'attendre à une montée en puissance du contrat compte tenu de l'élargissement du bloc de compétence du juge judiciaire et de l'inclination de celui-ci à qualifier de "contrat" le lien juridique de droit privé qui unit l'usager à l'exploitant, dès que cela est possible. Il est donc naturel de lui appliquer les règles du Code civil relatives aux obligations contractuelles. Même si la répartition des compétences offre un cadre d'action de plus en plus élargi aux règles du Code civil, la finalité poursuivie est également à prendre en compte. Les mécanismes du droit privé des contrats offrent à l'usager une occasion appréciable de rééquilibrer le rapport de force qui l'oppose à l'exploitant, garant de l'intérêt général. Cet impératif est légitimé sur le plan des principes par le mouvement de promotion des intérêts individuels de l'usager. La montée en puissance du contrat liant l'usager à l'exploitant suit de façon logique la promotion des intérêts individuels des usagers, pour la bonne raison que les instruments du droit privé applicables au contrat sont conçus pour servir un droit fondé sur l'égalité des parties. Des mécanismes inconnus ou inexploités en droit administratif vont servir alors de catalyseur pour ces nouveaux objectifs : l'obligation d'exécuter son contrat de bonne foi, ou les notions d'abus de droit et de confiance légitime, sont les principaux exemples du renforcement de la protection des droits individuels des usagers dans le cadre contractuel[1].

908. Enfin, quelles sont les composantes de cette dialectique ? On peut les visualiser sur une échelle à quatre niveaux. Au plus bas se situe le droit au service public, qui regroupe l'organisation du service au regard du principe de mutabilité et le droit d'accès individuel au service. Le principe de mutabilité ne confère pas de droit à la création d'un service, ni de droit à son maintien, ou au maintien de ses conditions d'organisation. En revanche, une fois le service organisé, l'usager disposerait d'un droit d'accès individuel au service. Sans remettre en cause ces droits, les instruments du droit privé vont permettre d'encadrer leur mise en oeuvre concrète, voire, au niveau des procédures, de pallier les effets parfois trop brutaux du principe de mutabilité. Les notions de bonne foi et d'abus de droit, les obligations d'information et de concertation en droit privé présentent l'avantage,

---

[1] P. Jourdain, "Rapport français", in *La bonne foi*, préc. : la bonne foi est un "moyen d'individualiser l'application de la règle de droit".

sans remettre en cause les principes mêmes posés par les lois du service, de les assouplir dans leur mise en oeuvre concrète au profit du respect des intérêts individuels des usagers. Le droit privé n'est donc ici que le relais des lois du service, dans la mesure où il n'intervient qu'au stade de leur mise en oeuvre concrète, sans toucher au contenu des droits qu'elles confèrent au usagers (en leur faveur ou non). Ce faisant, le juge judiciaire intègre directement les lois du service en question dans son mode de raisonnement. Normalement, les instruments du droit privé que l'on a cités sont destinés à mettre en oeuvre des préoccupations propres au droit privé des obligations. Ici, l'instrument est épuré de son fondement privatiste pour servir les lois du service public, comme s'il y avait une substitution de fondement. On retiendra donc comme première idée la notion de relais, qui illustre bien ce phénomène.

909. A un second niveau, se situe le principe d'égalité dans le fonctionnement du service. Globalement, il est plutôt favorable à l'usager, mais il ne faut pas oublier que c'est l'exploitant qui décide de la création des catégories d'usagers, ceux-ci ne disposant pas d'un droit à la différence. Le juge administratif lui-même a érigé certaines limites à la faculté pour l'exploitant de créer des catégories d'usagers. Le système apparaît donc satisfaisant, sous réserve de quelques imperfections juridiques. Le rôle d'instruments de droit privé comme les vices du consentement ou l'exception d'inexécution, même s'il est surprenant de les trouver là, va être de pallier modestement certaines de ces imperfections, par le biais de solutions relativement insolites. Pour illustrer cet aspect, on retiendra l'idée de complément : les instruments de droit privé qui accompagnent le contrat apparaissent comme le complément du principe d'égalité.

910. A un troisième niveau, la continuité du service public est atteinte par les fréquentes grèves des agents de l'exploitant. On assiste ici à la faillite d'une loi du service conçue à l'origine en faveur de l'usager. Il ne s'agit plus d'une loi du service présentant certaines imperfections, mais d'une loi victime de réels dysfonctionnements. Le droit privé applicable au contrat ne se contentera plus d'être un simple relais, ou encore un complément, mais proposera des solutions alternatives à l'absence flagrante de droits que l'usager peut tirer du principe de continuité. Le droit privé agit ici en marge des lois du service et fait appel à toutes ses potentialités pour restaurer le droit de l'usager à un fonctionnement continu du service. On retiendra donc l'idée d'un droit privé comme alternative aux dysfonctionnements du principe de continuité.

911. Enfin, à un quatrième niveau se situe le droit au fonctionnement normal du service. Rien dans le droit administratif ne vient réellement matérialiser ce droit au fonctionnement normal qui reste à concrétiser. Tout au plus, on a pu rencontrer l'exigence d'un accès normal au service. Pourtant, on parle de plus en plus de nouvelles lois du service, comme la transparence, l'information, la concertation, qui pourraient tout à fait se regrouper au sein d'un droit au fonctionnement normal du service. Certains s'interrogent aussi sur l'existence ou non d'un principe d'efficacité au sein du service public. La montée en puissance du contrat atteint ici son paroxysme, puisque le droit privé qui lui est applicable va permettre au juge judiciaire de fabriquer de toutes pièces le contenu d'un droit au fonctionnement normal du service, et matérialiser véritablement de nouvelles lois du service. Pour illustrer cet aspect, on retiendra l'idée d'une incursion d'un droit consumériste dans le domaine du service public.

912. Relais, complément, alternative et incursion, voilà les quatre composantes de la dialectique du contrat de droit privé et des lois du service. Ces quatre termes vont être regroupés deux à deux, car ils illustrent deux tendances principales : dans le premier cas, le droit privé applicable au contrat se présente comme le prolongement des lois du service dont l'usager tire un certain nombre de droits (titre I). Dans le second cas, le droit privé applicable au contrat pallie les dysfonctionnements des lois du service, qui n'offrent que peu de droits à l'usager (titre II).

- TITRE I -

Le droit privé applicable au contrat : le prolongement nécessaire des lois du service

913. L'usager dispose de deux droits dont l'efficacité est *a priori* incontestable : un droit à l'accès au service public et un droit à l'égalité de traitement au sein du service public. Cependant, malgré leur caractère incontestable, ces droits souffrent de nombreuses imperfections. Pour faire valoir le droit d'accès au service, encore faut-il que le service public soit créé et organisé. Le principe de mutabilité du service est avant tout conçu comme un instrument au service de l'exploitant et de la collectivité publique organisatrice, qui disposent de la faculté de créer, de supprimer des services publics, ou encore d'en modifier leurs modalités d'exploitation. Si le principe d'égalité n'est pas *a priori* créé pour bénéficier à l'exploitant, il faut noter que c'est quand même lui qui décide de la création des catégories d'usagers, et lui seul, puisque l'usager ne dispose pas d'un droit à la différence.

914. A partir de là, pour améliorer cette situation, deux remèdes sont envisageables. La conception des lois du service peut être revue de façon à restaurer leur aspect protecteur pour l'usager. Sans modifier leur contenu, on peut également faire appel à toutes les potentialités du droit applicable au contrat conclu par l'usager pour rééquilibrer le rapport de force entre ce dernier et l'exploitant. Parmi ces potentialités, on peut citer l'obligation d'information, de concertation, ou l'abus de droit comme instruments de contrôle des motifs de l'exploitant.

915. Le droit privé constitue donc un véritable relais pour espaces laissés vides par le principe de mutabilité, ou plus généralement dans le droit au service (Chapitre I). Il est aussi un complément au principe d'égalité dans le fonctionnement du service (Chapitre II).

- CHAPITRE I -
LE DROIT DE L'USAGER AU SERVICE

916. Le "droit au service" dont disposerait l'usager peut se concevoir à un double niveau. A l'échelle du service tout entier, les usagers n'ont pas droit à la création ou au maintien d'un service public industriel et commercial. Paradoxalement, alors que peu d'obligations juridiques pèsent sur les pouvoirs publics, les services comme la distribution d'eau ou celle d'électricité sont pourtant effectivement créés par les collectivités locales. C'est un domaine où les nécessités purement politiques et sociales finissent par combler l'absence de règle de droit.

917. A l'échelle individuelle, le droit à la prestation d'un service déjà créé semble beaucoup plus affirmé. L'accès au service public est, en outre, restauré au premier plan des préoccupations des décideurs publics, grâce à la notion de service universel d'origine communautaire. La sortie du service fait l'objet d'un contentieux récent où les usagers usent d'irrégularités commises lors de la passation du contrat de délégation de service public pour les faire rejaillir sur la légalité de leur propre contrat. Il s'agit donc d'un contentieux en pleine transformation, où les droits des usagers sont en passe d'être mieux définis.

918. L'accès au service public se décompose en deux phases. La création ou la suppression du service dans son ensemble sont soumises au principe de mutabilité (section I). L'usager dispose ensuite d'un accès individuel à une prestation qui fait déjà l'objet d'une organisation (section II), jusqu'à sa sortie du service public (section III).

- *SECTION I* -
Le principe de mutabilité

919. Le principe de mutabilité est considéré comme un rempart puissant et protecteur de l'intérêt général face aux revendications pour une meilleure prise en compte des intérêts individuels. Il permet de faire prévaloir la raison d'Etat, la raison économique, ou la raison de la collectivité, sur les droits individuels des usagers. La loi d'adaptation constante, ou le principe de mutabilité, est la loi la plus controversée des lois du service public, tant les droits qu'en tire l'usager sont restreints (§1). Cependant, l'intervention du juge judiciaire tendrait à rééquilibrer ce rapport de force (§2).

§ 1. Les droits limités de l'usager.

920. Le principe de mutabilité, ou d'adaptation constante du service, est l'une des trois lois du service public telles que les concevait L. Rolland[2]. Il est l'une des lois du service public les plus ambiguës, quant à sa valeur juridique[3] et à son sens. Sa relation avec l'usager conduit sans cesse à se demander qui, de l'exploitant ou de l'usager, en profite le plus (A) ? Si l'usager ne dispose ni d'un droit à la création de services publics (B), ni d'un droit à leur maintien (C), les principaux services publics industriels et commerciaux couvrent tout de même le territoire de façon satisfaisante. Ce paradoxe conduit tout naturellement à s'interroger sur la nature des sanctions qui pèsent sur l'exploitant s'il se désintéresse de l'organisation des services. Au delà des sanctions juridiques, ne faudrait-il pas envisager d'autres types de contraintes, plus efficaces, qui pèseraient sur l'administration et les exploitants (D) ?

A. La relation entre le principe de mutabilité et les usagers du service public.

921. On retiendra une définition du principe de mutabilité qui sera dissocié de celui de continuité du service public[4]. En effet, comme le souligne M. Lachaume[5], si l'on adapte

---

[2] Voir par exemple la 7ème édition de son *Précis de droit administratif*, Dalloz, 1938, p.17, à propos des services publics : "leurs règles d'organisation et de fonctionnement peuvent toujours être modifiées à tout moment par l'autorité publique compétente." Pour une analyse plus moderne de ces lois, voir D. Truchet, "Unité et diversité des grands principes du service public", in *AJDA* 1997, n° spécial, *Le service public*.

[3] Bien qu'aucune jurisprudence n'ait consacré la valeur du principe de mutabilité, la doctrine s'accorde à y voir un principe général du droit, voire un principe à valeur constitutionnelle (J.-F. Lachaume, *Grands services publics*, préc., p.264 et 265 ; P. Esplugas, *Conseil constitutionnel et service public*, Th., LGDJ, 1994, p.175). A.-S. Mescheriakoff, *Droit des services publics*, préc., p.184 et s., y voit un principe "infrajuridique".

[4] A l'instar de J.-F. Lachaume, *Grands services publics*, préc., p.262 et 263 ; J. de Soto, *Grands services publics et entreprises nationales*, Montchrestien, 1971, p.39, et contrairement à G. Vedel et P. Delvolvé, *Droit administratif*, tome 2, PUF, 12éme édition, 1992, p.742 et s.; J.-M. Auby et R. Ducos-Ader, *Grands services publics et entreprises nationales*, tome 1, PUF, 1965, p.34.

[5] *Grands services publics*, préc., p.263.

bien le service public pour en assurer le fonctionnement continu, cette analogie comporte des limites. En effet, on ne peut pas affirmer que la suppression d'un service, ou que chacune de ses adaptations, soient seulement liées à sa continuité. Le juge a d'ailleurs, à plusieurs reprises, refusé de faire droit aux arguments des usagers qui invoquaient une rupture de la continuité du service, ou une rupture du principe d'égalité, pour contester les modifications survenues dans sa gestion[6]. Le principe de mutabilité recouvre les droits dont disposent les usagers dans la création et la suppression globale des services publics, de même que les facultés de modification des conditions d'organisation d'un service à la disposition de l'exploitant. En revanche, l'accès des usagers aux prestations d'un service existant et déjà organisé procèdent d'éventuels droits d'accès individuels, qui ne sauraient être confondus avec la conception du principe de mutabilité. Cependant, si le principe de mutabilité s'adresse généralement à la communauté des usagers, il n'est pas exclu qu'il se conçoive à l'échelle individuelle, avec la notion d'accès normal[7].

922. Au début du siècle, les prémices du principe d'adaptation constante concernaient plutôt les relations entre l'administration délégante et les exploitants privés délégataires. L'effet sur l'usager n'était qu'indirect et il s'agissait davantage de dégager les différents pouvoirs de l'administration dans l'exécution d'un contrat administratif que d'affirmer l'existence d'un principe de mutabilité, qui n'est d'ailleurs pas expressément cité dans les arrêts. En effet, l'arrêt du Conseil d'Etat, de 1902, Compagnie Nouvelle du gaz de Deville-lès-Rouen[8], consacre la faculté pour l'administration de concéder le service public de l'éclairage à un tiers, si son propre concessionnaire refuse de s'adapter aux progrès techniques et de modifier ses installations en vue de passer du gaz à l'électricité. Cette faculté est justifiée par le droit de la commune "de faire profiter ses habitants de la découverte d'un nouveau mode d'éclairage". En 1910, dans l'arrêt Compagnie générale française des tramways[9], il est admis que l'autorité concédante dispose du droit "non seulement d'approuver les horaires des trains (...), mais encore de prescrire les modifications et les additions nécessaires pour assurer, dans l'intérêt du public, la marche normale du service"[10].

923. Si le principe de mutabilité était étroitement lié aux pouvoirs de direction et de contrôle, de modification unilatérale, de résiliation unilatérale ou de sanction de l'autorité administrative au sein des contrats de délégation de service public, il s'en détache progressivement en faveur d'une relation directe avec l'usager. Cependant, cela ne signifie

---

[6] CE, 13 décembre 1967, Ville de Dreux, *Rec.*, p.487 ; concl. Massot sur CE, Section, 18 mars 1977, Chambre de commerce de la Rochelle, *Rec.*, p.153 ; CE, 26 juillet 1996, Poirrez, *D.* 1996, IF, p.220 ; CE, 22 octobre 1937, Sieur Scey, *Rec.*, p.840.

[7] Certains l'ont rangé dans l'analyse du principe de continuité, mais on préférera le considérer comme le versant positif du principe de mutabilité. Voir A.-S. Mescheriakoff, *Droit des services publics*, préc., p.184 et s. et J. Carbajo, *Droit des services publics*, Dalloz, 3ème édition, 1997, p.40.

[8] CE, 10 janvier 1902, *Rec.*, p.5, *S.* 1902, III, p. 17, note M. Hauriou.

[9] CE, 21 mars 1910, *Rec.*, p.216, concl. Blum, *S.* 1911, III, p.1, note M. Hauriou, *RDP* 1910, p. 270, note G. Jèze.

[10] Il est intéressant de remarquer que le commissaire du gouvernement L. Blum mentionne l'obligation "d'exécution suffisante du service public" et le "service public à besoins variables" pour justifier les pouvoirs de l'autorité concédante.

pas que l'usager y gagne des droits. L'arrêt Vannier, de 1961[11], consacre le pouvoir quasi absolu de l'administration sur la création et la suppression des services publics : "les usagers d'un service public (...) n'ont aucun droit au maintien de ce service."

924. En 1969, dans l'arrêt Vincent[12], le Conseil d'Etat limite explicitement[13] les prérogatives de l'administration. Les horaires d'ouverture d'un bureau de poste ne doivent pas entraver "dans des conditions anormales le droit d'accès des usagers au service public postal". L'usager constituait au début du siècle un "objectif positif" dans la conception du principe de mutabilité : l'administration disposait de prérogatives importantes dans l'organisation du service et en direction du délégataire, si elle justifiait son action par l'intérêt commun des usagers. Aujourd'hui, l'administration dispose de très larges pouvoirs dans l'organisation des services publics, seule ou de concert avec le délégataire, et les droits de l'usagers en constituent une "limite négative" : l'administration dispose d'une large marge de manoeuvre, quel que soit l'objectif poursuivi, à condition de ne pas entraver l'accès normal de l'usager au service. Cette constatation conforte la tendance générale au détournement des lois de Rolland par l'exploitant à son profit : loin de constituer avant tout des droits au profit des usagers, les lois du services apparaissent comme une panoplie de moyens d'action au profit de l'exploitant[14].

B. L'absence de droit des usagers à la création d'un service public industriel et commercial.

925. On se contentera ici d'envisager la création "globale" des services publics industriels et commerciaux, à la différence de l'extension d'un réseau déjà existant. En effet, ce dernier phénomène tient plus du droit d'accès individuel à la prestation d'un service déjà existant sur l'assise territoriale prise en considération, que du droit à la création pure et simple du service, qui suppose que, sur le territoire envisagé, le service n'existe pas du tout.

926. Les principaux services publics industriels et commerciaux sont présents, de fait, sur l'ensemble du territoire, alors que leur création n'est pas juridiquement obligatoire pour la plupart d'entre eux. Ce décalage entre les éléments de fait et les éléments de droit nécessite qu'on mette en évidence les raisons juridiques, sociales et politiques qui régissent la création des services publics (1°). Ensuite, on distinguera les services obligatoires en vertu d'une loi (2°) et les services simplement prévus par une loi, mais dont l'organisation est facultative (3°).

---

[11] CE, Section, 27 janvier 1961, *Rec.*, p.60, concl. Kahn, *AJDA* 1961, p.74, chron. Galabert et Gentot.

[12] CE, 25 juin 1969, *Rec.*, p.334, *AJDA* 1969, p. 566, chron. Dewost et Denoix de Saint Marc, *JCP* 1970, II, 16238.

[13] L'arrêt Compagnie générale française des tramways avait déjà mentionné "la marche normale du service".

[14] Voir en ce sens B. Jeanneau, *Droit des services publics et des entreprises nationales*, préc., p.127 et s. ; A.-S. Mescheriakoff, *Droit des services publics*, préc., p.146 et s. ; P. Esplugas, *Le service public*, Dalloz, coll. Connaissance du droit, 1997, p.67; M. Monnier, "Service public et droit de la consommation, en droits français et communautaire", *Rev. int. de droit éco.*, 1996, p.393.

1°) La nature des obligations en cause.

927. Les éléments juridiques ne sont pas les plus importants dans le domaine de la création des services publics. M. Mescheriakoff[15] distingue les raisons endogènes et les raisons exogènes qui commandent la création des services publics. Parmi les sources exogènes, c'est-à-dire extérieures à l'administration, il cite la demande sociale, l'utilité de certains services publics administratifs pour mener à bien les politiques publiques, ou le facteur idéologique qui s'oppose à tout recul de l'Etat une fois que celui-ci s'est engagé sur la voie de la création de certains services publics administratifs. On peut ajouter que les services publics industriels et commerciaux peuvent aussi constituer l'enjeu de politiques sociales, comme la lutte contre la précarité, et qu'ils sont essentiels à la continuité même de l'Etat. Pour ce qui est des raisons endogènes, c'est-à-dire internes à l'administration, on peut imaginer également que le développement de l'intercommunalité est un facteur déterminant, facilitant la tâche des petites communes rurales dans la création des services publics industriels et commerciaux.

928. Pour généraliser cette idée, il faut se reporter à la description qui a été faite de la relation de service public en France[16]. L'usager est l'un des termes d'une relation de double échange. Les personnes publiques échangent l'organisation et le contrôle de prestations jugées indispensables à la vie quotidienne contre un sentiment de légitimité de leur action. L'Etat protecteur, puis l'Etat-Providence, détiennent le monopole de l'interprétation de l'intérêt général, qui, en l'occurrence, va servir à déterminer le seuil très mouvant de ce qui est essentiel à la vie de tous les jours de ce qui ne l'est pas. En fonction de ces données, les décideurs publics se sentent investis de la mission d'organiser des services publics comme l'eau, l'électricité ou le téléphone, alors que très peu d'obligations juridiques les y contraignent.

929. La particularité du "droit" des usagers à la création des services publics industriels et commerciaux tient à ce que ce ne sont pas les éléments juridiques qui sont primordiaux, mais plutôt les causes exogènes précédemment décrites. M. Mescheriakoff avait qualifié le principe de mutabilité de principe "infrajuridique"[17]. On préférera le qualifier de principe "extrajuridique", au sens où ce sont des causes sociales, économiques ou politiques, qui commandent la création des services publics industriels et commerciaux en France.

930. La création de services publics industriels et commerciaux ne repose pas principalement sur des obligations juridiques. Cependant, certains d'entre eux sont tout de même rendus obligatoires par une loi.

---

[15] *Droit des services publics*, préc., p.104 et s.

[16] Voir n°102 et s.

[17] *Droit des services publics*, préc., p.184 et s.

2°) Les services publics industriels et commerciaux obligatoires en vertu d'une loi.

931. Il s'agit principalement de services publics locaux, en ce que leur assise géographique concerne le territoire d'une commune et qu'ils sont exploités soit en régie, soit par un exploitant privé ne disposant pas d'un réseau national[18]. On distinguera les services publics dont l'organisation est rendue obligatoire par une loi de ceux qui ne font apparaître qu'une obligation indirecte de création, par le biais du système de dépenses obligatoires[19].

932. Le service public d'élimination des déchets est le seul service public industriel et commercial dont l'organisation même est rendue obligatoire par la loi[20]. L'article L. 2224-13 du Code général des collectivités territoriales dispose que "les communes ou les établissements publics de coopération intercommunale assurent, éventuellement en liaison avec les départements et les régions, l'élimination des déchets des ménages"[21]. L'article L. 2224-14 dispose que "les collectivités visées à l'article L. 2224-13 assurent l'élimination des autres déchets définis par décret, qu'elles peuvent, eu égard à leurs caractéristiques et aux quantités produites, collecter et traiter sans sujétions techniques particulières".

933. Seul le service public de l'assainissement est un service public industriel et commercial procédant d'une dépense obligatoire[22]. L'article L. 2224-8 du Code général des collectivités territoriales dispose que "les communes prennent obligatoirement en charge les dépenses relatives aux systèmes d'assainissement collectif, notamment aux stations d'épuration des eaux usées et à l'élimination des boues qu'elles produisent, et les dépenses de contrôle des systèmes d'assainissement non collectif"[23].

---

[18] Selon A.-S. Mescheriakoff, *Droit des services publics*, préc., p.141, cette distinction peut être floue car parfois il y a une distorsion entre l'initiative du service et la création proprement dite : un service peut être rendu obligatoire aux collectivités locales par le législateur. Voir également CE, 13 novembre 1985, Ville de Cayenne, *Rec.*, p.76 : un service public de distribution d'eau potable peut être organisé au niveau départemental. Selon la définition que l'on retient du service public local, son caractère obligatoire peut varier. Pour J.-F. Auby, *Les services publics locaux*, Editions Berger-Levrault, 1997, p.38, la distribution locale d'électricité est un service public obligatoire en ce sens que l'exécutif local n'a pas d'appréciation à porter sur la création de ce service rendu obligatoire par une loi. On préférera considérer qu'il s'agit d'un service organisé nationalement sous forme de réseau et dont la création ou la suppression se décide à l'échelon national.

[19] J.-C. Douence ("La création et la suppression des services publics locaux", *Rép. Dalloz*, coll. Collectivités locales, sous la dir. de F.-P. Bénoit, fasc. 6042-1, 1988) semble assimiler les deux types d'obligations. A l'inverse, A.-S. Mescheriakoff (ouvrage préc., p.134) y voit une différence.

[20] Voir L. Richer, "Déchets ménagers", in *Droit des services publics locaux*, préc., fasc. VI. 120 ; L. Imbert, "Services publics communaux", *Jurisclasseur administratif*, 1995, fasc 126-10 ; S.-C. Bouzely, "Bientôt une obligation : l'organisation par les communes d'un service d'élimination des ordures ménagères", *MTP* 26 mai 1980, p.32.

[21] Article issu de la loi n°75-633 du 15 juillet 1975.

[22] Voir J.-P. Ducharne, "Assainissement. Organisation du service", in *Droit des services publics locaux*, préc., fasc. IV. 110 ; L. Imbert, "Services publics communaux", préc.

[23] La loi sur l'eau n°92-3 du 3 janvier 1992 (JO du 4 janvier) prévoyait un échelonnement dans le temps de cette obligation, entre l'an 2000 et l'année 2005.

934. Peu de services publics industriels et commerciaux sont rendus obligatoires par la loi, alors que la plupart sont essentiels à la vie quotidienne. Cela conforte l'idée que les obligations juridiques ne sont pas essentielles dans ce domaine. En effet, le législateur n'a pas voulu traduire ici le caractère essentiel des prestations en cause en les rendant obligatoires, mais assurer l'hygiène publique, ce qui procède d'autres préoccupations. Il y aurait donc une distinction à établir entre les services publics *essentiels à la vie*, dérivant de l'hygiène et de la sécurité publique, rendus obligatoires, et ceux *nécessaires au confort* de chaque être humain, simplement prévus par la loi ?

3°) Les services publics industriels et commerciaux facultatifs simplement prévus par une loi.

935. M. Douence[24] avait préconisé une analyse de chaque loi afin de déterminer dans quelle mesure elle comportait des obligations de créer, d'organiser ou de faire fonctionner un service public. L'examen des textes se révèle d'une plus grande utilité pour les services organisés à l'échelle nationale (b) que pour les services publics locaux (a).

a) Les services publics locaux.

936. L'ancien Code des communes comportait un titre[25] entier consacré à certains services industriels et commerciaux : l'eau ; l'assainissement ; le gaz ; l'électricité ; les halles, marchés et poids publics ; les transports publics et les abattoirs. Le Code général des collectivités territoriales ne prévoit plus dans ce chapitre que l'assainissement ; les ordures ménagères ; les halles, marchés et poids publics et les abattoirs. La distribution d'eau potable, de gaz et d'électricité, les remontées mécaniques et les transports en commun n'apparaissent qu'au gré de dispositions éparses[26]. La formulation même des obligations ne semble pas déterminante. En effet, en matière d'assainissement, l'article L. 2224-8 du Code général des collectivités territoriales dispose que les communes "prennent obligatoirement en charge les dépenses (...)" dues à l'assainissement collectif, mais "peuvent prendre en charge les dépenses" afférentes à l'assainissement non collectif. L'impératif est ici opposé à une simple possibilité. Que penser alors de la formulation purement indicative de l'article L. 2224-13 en ce qui concerne le ramassage des ordures ménagères ("les communes (...) assurent"), alors que le service est considéré comme obligatoire ? Dans l'ancien Code des communes, les chapitres concernant les services facultatifs usaient eux aussi des formules indicatives : "les distributions municipales d'eau potable sont soumises"[27] ; "l'intervention des communes dans l'organisation et le

---

[24] "La création et la suppression des services publics locaux", Répertoire Dalloz, *Collectivités locales*, sous la dir. de F.-P. Bénoit, fasc. 6042-1, 1988.

[25] Titre VII du Livre III, "Administration et services communaux".

[26] Voir L. Imbert, article préc. et respectivement dans *Droit des services publics locaux*, sous la dir. de L. Richer, Le Moniteur, 1995, J.-P. Ducharne, "Distribution d'eau potable. Organisation du service", fasc VI. 100, "Electricité et gaz", fasc. VI, 200 et s. ; L. Richer, "Chauffage urbain", fasc. VI. 210 ; C. Bettinger, "Remontées mécaniques", fasc VI 310 ; M.-T. Sur, "Transport en site propre", fasc VI 320 et "Stationnement", fasc IV 340 ; D. Truchet, "Câble", fasc IV 360.

[27] Article L.371-1.

fonctionnement des services publics du gaz est régie"[28], etc. A aucun moment, pour ces services dits "facultatifs", le législateur n'a précisé qu'il s'agissait d'une simple possibilité pour les communes, alors qu'il l'a fait pour l'assainissement non collectif. L'indicatif est en outre utilisé aussi bien pour les services obligatoires que pour les services facultatifs. L'analyse des textes montre donc vite leur imprécision.

937. Quoi qu'il en soit, la jurisprudence est très claire sur les services locaux considérés comme non obligatoires. A propos de la distribution d'eau potable, la cour administrative d'appel de Lyon[29] a confirmé qu' "aucune disposition du Code des communes n'impose à une commune d'assurer vis à vis de ses administrés l'alimentation en eau potable de leurs immeubles".

b) Les services publics organisés sous forme de réseau national.

938. Qu'en est-il des services assurés sous forme de réseau national par un opérateur en situation monopolistique ? C'est peut-être à ce stade que l'interprétation des textes va devenir essentielle. Les lois concernant les grands opérateurs nationaux, comme EDF, GDF, France Télécom ou la Poste, n'ont pas pour objet l'institution d'un droit à la création d'un service public, mais créent un monopole ou procèdent à une nationalisation. Ainsi, des services publics sont organisés à l'échelle nationale, mais le législateur n'obéit pas à une obligation de création de services publics, la création des services publics industriels et commerciaux qui ont fait l'objet de nationalisations étant en réalité antérieure aux nationalisations. Pour que l'usager dispose à l'échelle nationale d'un véritable droit à la création de services publics, il faudrait que la Constitution les prévoit.

939. Dans sa décision "Privatisations" des 25 et 26 juin 1986, le Conseil constitutionnel faisait état de services publics dont la "nécessité (...) découle de principes ou de règles de valeur constitutionnelle"[30]. L'alinéa 9 du Préambule de la Constitution du 27 octobre 1946 dispose que "tout bien, toute entreprise, dont l'exploitation a ou acquiert les caractères d'un service public national ou d'un monopole de fait, doit devenir propriété de la collectivité". Ainsi, on peut se demander si le service public national est un service public dont la création serait exigée par la constitution. L'alinéa 9 du Préambule a été invoqué à l'encontre de lois de privatisation. Selon la décision du Conseil constitutionnel de 1996[31], Entreprise nationale France Télécom, si le législateur désirait privatiser France Télécom, c'est-à-dire réduire la participation publique au capital social de cette entreprise à moins de 50%, il faudrait auparavant purger l'activité des caractéristiques d'un service public national. M. Esplugas en déduit que le Conseil constitutionnel a consacré une nouvelle catégorie de services publics rendus obligatoires par la Constitution, qui

---

[28] Article L. 374-1.

[29] CAA Lyon, 12 mai 1992, Epoux Papaureille, *Gaz. Pal.* 1993, p.557.

[30] Décision n°86-207 DC.

[31] CC n°96-380 DC du 23 juillet 1996, JO du 27 juillet, à propos de la transformation de France Télécom en société anonyme.

découlent de principes ou de règles de valeur constitutionnelle[32]. Cependant, le Conseil constitutionnel ne qualifie à aucun moment le service public des télécommunications de service public constitutionnel[33].

940. Quelles seraient alors les obligations rattachées à la qualification de service public national ? Si on peut supposer que la qualification de service public constitutionnel entraîne l'obligation pour le législateur de créer et de maintenir de tels services, voire même de confier l'organisation d'une partie substantielle de ces services à une personne publique[34], les obligations relatives à la qualification de service public national seraient de moindre envergure. Il ne faut pas confondre le service public de l'enseignement, ou de la justice, qui semblent effectivement prévus par certaines dispositions du préambule de la Constitution de 1946, avec la disposition de l'alinéa 9. Celle-ci n'a pas pour effet de prévoir la création de services publics industriels et commerciaux, mais concerne leur mode de gestion. Une privatisation n'est envisageable qu'à "la double condition cumulative que France Télécom n'exerce pas alors un monopole de fait et que le législateur ait fait en sorte que l'entreprise ne puisse plus être qualifiée, au regard de cette prescription, de service public national"[35]. Il s'agit de nationaliser, puis de limiter les privatisations des services publics existants. En aucun cas une obligation de création n'est établie.

941. En revanche, on peut dire que la décision du Conseil constitutionnel va produire un "effet cliquet". Si pour des raisons politiques, sociales ou économiques, un service public est organisé à l'échelle nationale et confié à un unique exploitant public, il tombe sous le coup de l'alinéa 9 du préambule de la Constitution de 1946. Dans ce cas, il ne peut plus faire l'objet d'une privatisation, à moins que le législateur le dispense de ses obligations de service public. C'est la règle du tout ou rien qui confère certaines garanties à l'usager. A partir du moment où les pouvoirs publics se sont engagés dans la voie de la création de services publics nationaux, alors qu'ils n'y sont pas obligés juridiquement, il est impossible de les supprimer, à moins de renoncer à toute idée de service public, ce qui est fort improbable.

942. A l'échelle nationale, la création des services publics n'est pas rendue obligatoire mais leur suppression fait l'objet de certaines garanties. On a envisagé la suppression globale d'un service national, intimement lié à sa création, mais non la suppression de simples dessertes d'un service national ou encore la suppression générale de services publics locaux que l'on analysera maintenant.

---

32 "A propos de la décision du Conseil constitutionnel du 23 juillet 1996 : les télécommunications, un nouveau service public constitutionnel", *RA* 1996, p.510.

33 En se sens la saisine des députés requérants, JO du 27 juillet 1996, p.11410 et les commentaires de L. Favoreu, "Service public et Constitution", *AJDA* n° spécial 1997, *Le service public. Unité et diversité*, p.16 et d'O. Schrameck à l'*AJDA* 1996, p.694.

34 En ce sens, L. Favoreu, article préc.

35 Décision France Télécom préc.

C. L'absence de droit au maintien d'un service public industriel et commercial.

943. Lors de l'examen du droit au service public, on a pris le parti de dissocier la création globale du service et l'extension d'un réseau existant. En effet, l'extension d'un réseau existant apparaissait comme une des composantes du droit d'accès individuel à la prestation de service, qui fera l'objet d'une étude à lui tout seul[36]. En matière de suppression de services, il en va différemment. La suppression d'un service tout entier et la suppression d'une ligne ou d'une partie du réseau sont comparables, car elles touchent un ensemble d'usagers. L'extension d'un réseau existant touche aussi un ensemble d'usagers, mais, au contentieux, les usagers attaquent individuellement, et devant le juge judiciaire, le refus d'accès au service, qui s'analyse comme un refus de contracter. En revanche, c'est par un acte réglementaire contestable devant le juge administratif qu'est décidée la suppression d'une ligne. Les droits applicables ne sont pas les mêmes : dans un cas, le juge administratif fait appel au principe de mutabilité, alors que, dans l'autre, le juge judiciaire s'attache à définir les droits et obligations des parties pendant la période précontractuelle. C'est pourquoi on mettra sur le même plan la fermeture d'un service tout entier et celle d'une simple desserte territoriale.

944. En matière de services publics industriels et commerciaux, il est de jurisprudence constante qu'un usager ne dispose pas du droit au maintien d'un service. La jurisprudence concerne essentiellement la suppression des lignes aériennes et ferroviaires, mais s'est étendue récemment à la suppression d'un abattoir local[37]. Le Conseil d'Etat, en 1963[38], puis dans un arrêt de section de 1977, Chambre de commerce de la Rochelle[39], a confirmé que "les usagers d'un service public qui n'est pas obligatoire n'ont aucun droit au maintien de ce service au fonctionnement duquel l'administration peut mettre fin lorsqu'elle l'estime nécessaire".

945. L'intérêt économique de l'exploitant et l'absence de rentabilité de certaines lignes déficitaires sont la cause principale des suppressions de lignes de chemin de fer, ou de leur transfert vers des transports routiers (autocars)[40]. La faible fréquentation d'une ligne, en dehors de toute considération sur son caractère essentiel pour les usagers qui continuent à l'utiliser, est donc un motif valable pour sa suppression[41].

946. La motivation des compagnies aériennes et de la SNCF conduit naturellement à s'interroger sur le degré de contrôle qu'opère le juge administratif sur la fermeture de

---

[36] Voir n°968 et s.

[37] CAA Lyon, 22 novembre 1994, SARL Établissements Dessert, *Quot. jur.* 20 juillet 1995 et CE, 30 juin 1995, Dessert, *DA* 1995, n°490.

[38] CE, 11 décembre 1963, Syndicat de défense en vue du rétablissement de la voie ferrée Bort-Eygurande, *AJDA* 1964, p.238, note P. Laporte, *JCP* 1964, II, 13753, note J. Dufau.

[39] CE, Section, 18 mars 1977, *Rec.*, p.153, concl. Massot.

[40] Pour un transfert rail-route, voir CE, 19 juillet 1991, Fédération nationale des associations d'usagers des transports, *AJDA* 1991, p.924, note D. Broussolle ; CE, 15 janvier 1997, FNAUT, n°129653.

[41] CE, 16 janvier 1991, Fédération nationale des associations d'usagers des transports, *CJEG* 1991, p.279, note J.-F. Lachaume ; CE, 26 juillet 1996, Poirrez c/ SNCF, *D.* 1996, IR, p.220.

lignes non rentables. Le commissaire du gouvernement Massot, dans ses conclusions sur l'arrêt Chambre de commerce de la Rochelle[42], avait établi une distinction importante. En matière de transport routier, le pouvoir d'appréciation très étendu de l'administration avait conduit le Conseil d'Etat à n'opérer qu'un contrôle restreint, limité à l'erreur manifeste d'appréciation[43]. En revanche, la convention conclue entre l'Etat et Air Inter prévoyait précisément les cas dans lesquels les lignes pouvaient être supprimées. La présence d'un texte conduisait donc à opérer un contrôle normal sur les décisions de fermeture de lignes aériennes, contrairement au domaine des transports routiers. En matière de chemin de fer, la SNCF est liée par la présence de textes (la LOTI[44] et le cahier des charges de 1983[45]). Cependant, et contrairement aux conclusions de son commissaire du gouvernement Tuot, qui avait préconisé un contrôle normal, le Conseil d'Etat, en 1991[46], s'en tient à un contrôle restreint (existence matérielle des faits et erreur manifeste d'appréciation), ce qu'il confirmera par la suite[47].

947. M. Lachaume[48] explique cette position du Conseil d'Etat par une raison politique d'une part, qui veut que l'autorité publique -politique ou administrative-, qui possède compétence pour créer ou organiser le service, conserve une large marge de manoeuvre ; et une raison de technique juridique, d'autre part, qui commande que ne soit appliqué qu'un contrôle restreint aux décisions qui confortent le principe selon lequel l'usager n'a pas droit au maintien d'un service public. Cependant, M. Lachaume décèle, dans un arrêt du 16 janvier 1991, une véritable appréciation du bilan coût-avantage de la suppression d'une ligne, alors même qu'elle est sanctionnée par la technique de l'erreur manifeste. "Même s'il peut apparaître hérétique de lier technique du bilan et contrôle minimum, le bilan n'est-il pas, après tout, la meilleure technique pour la mise en oeuvre d'un contrôle de proportionnalité qui caractérise aussi bien le contrôle normal que le contrôle restreint ?" On ne peut qu'abonder dans le sens de M. Lachaume lorsqu'il justifie ainsi sa conception du contrôle. En effet, on ajoutera qu'il existe une différence majeure entre l'étendue du contrôle et son intensité. Le juge peut prendre un certain nombre d'éléments en considération pour exercer son contrôle, voire les comparer par le biais de la technique du bilan, s'il ressent que la décision de l'administration doit être proportionnelle aux enjeux en cause. Mais à partir de là, deux choix sont possibles pour une même étendue du contrôle : soit le juge ne sanctionne que les erreurs manifestes, soit il sanctionne tout type d'erreurs. C'est l'intensité du contrôle : si on compare plusieurs enjeux, on peut sanctionner n'importe quelle erreur, même la plus infime, soit décider de ne sanctionner que les erreurs les plus flagrantes. En matière de transport par fer, le cahier des charges se prête admirablement bien à un contrôle dont l'étendue serait très importante, mais dont l'intensité serait réduite en raison de la marge de manoeuvre qu'il faut laisser à l'administration. Les besoins des usagers ne peuvent être réalisés que dans des conditions

---

42 Concl. préc.

43 CE, 22 octobre 1975, Ministre des Transports c/ Broch, *Rec.*, Tables, p.1119.

44 Préc., article 1er.

45 Approuvé par décret du 13 septembre 1983, JO du 14 septembre.

46 CE, 16 janvier 1991, FNAUT, *CJEG* 1991, p.279, note J.-F. Lachaume.

47 CE, 19 juillet 1991, FNAUT, *AJDA* 1991, p.924, note D. Broussolle ; CE, 26 juillet 1996, Poirrez, *D.* 1996, IF, p.220.

48 Note sous CE, 16 janvier 1991, FNAUT, préc.

économiques et sociales les plus avantageuses pour la collectivité ; la gestion financière rigoureuse de l'établissement s'oppose à un droit au transport généralisé ; et enfin, l'objectif d'aménagement du territoire ne doit pas s'interpréter comme un aménagement absolu mais comme un aménagement "équilibré".

948. Cependant, il n'en demeure pas moins que les solutions juridiques adoptées pour juger de la fermeture des lignes sont très défavorables aux usagers. Les Chambres de commerce requérantes, dans l'affaire Chambre de commerce de la Rochelle, de 1977, ont participé financièrement aux développements de lignes qui ont été fermées quelques années plus tard et pour l'une d'entre elles, celle de Lille, il est difficile de croire que la ligne Paris-Lille a été supprimée sans erreur manifeste d'appréciation. Cette réflexion conduit à s'interroger sur les sanctions les plus adéquates en matière de fermeture de services publics industriels et commerciaux.

D. Les sanctions adéquates.

949. Les sanctions politiques ou sociales (1°) doivent être distinguées des sanctions juridiques (2°). En effet, si les secondes apparaissent inefficaces, les premières constitueraient peut-être la solution adéquate au problème. On peut rechercher des moyens d'action mis à la disposition de l'usager, aussi bien pour lutter contre la fermeture des lignes, que pour exiger l'adaptation constante du service ou le respect du droit à l'accès normal.

1°) Les sanctions politiques et sociales.

950. En matière de services publics locaux, la sanction de l'inaction des personnes publiques n'est pas tant la perte de leur légitimité en tant que décideurs publics, mais s'exprime plutôt dans le vote. Ce phénomène est actuellement illustré par l'action des Conseils régionaux en faveur de la conservation de lignes ferroviaires et de la reconstitution des lignes antérieurement abandonnées. En effet, début 1999, les régions et la SNCF ont procédé à un maillage du territoire par autocar, voire par taxi, afin que chaque portion du territoire soit reliée, d'une façon ou d'une autre, à une gare. Ainsi, après un vaste mouvement de fermeture des lignes non rentables, la tendance s'est inversée grâce à l'action des régions[49] qui ne manquent pas de s'en vanter, par une large campagne publicitaire télévisée.

951. Selon M. Mescheriakoff[50], le principe d'adaptation constante peut souffrir plusieurs interprétations, en fonction du niveau auquel on se place. En effet, les intérêts des usagers ne sont pas forcément ceux du contribuable ou encore ceux de la nation. Ceci est d'autant plus vrai que les textes mêmes contribuent à cette confusion. Le cahier des charges de 1983 de la SNCF parle de meilleur coût pour la "collectivité" : faut-il y inclure

---

[49] Cette action est fortement encouragée, il faut le préciser, par la loi du 4 février 1995 d'orientation pour l'aménagement du territoire, JO du 5 février.

[50] *Droit des services publics*, préc., p. 184 et s.

les contribuables lorsque l'on sait qu'ils participent au financement du transport des usagers ? La loi du 4 février 1995 d'orientation pour l'aménagement du territoire[51] dispose que l'Etat assure "un égal accès de chaque *citoyen* aux services publics" et mentionne l'impératif "d'unité et de solidarité *nationales*". Comment dans ce cas ne pas confondre les niveaux d'analyse ? Si on s'en tient à un impératif de rapprochement des coûts et des prix des services publics, et si on cesse de vouloir assigner aux entreprises publiques des rôles qu'elles ne doivent pas tenir en matière de développement de l'économie, d'aménagement du territoire, ou de réalisation de la solidarité nationale, le contrôle de la suppression des services publics devrait y gagner en clarté. En effet, seul l'intérêt de la collectivité des usagers devrait servir de référence.

2°) Les sanctions juridiques.

952. Dans le domaine purement juridique, les sanctions sont insuffisantes ou absentes. En matière de création de services publics, M. Richer[52] remarque que le passage par la notion de dépenses obligatoires permettrait de sanctionner plus facilement la carence des décideurs publics, compte tenu de la possibilité d'inscription d'office de telles dépenses, alors que l'obligation de créer un service découlant directement d'une loi n'aurait pas de sanction immédiate.

953. On peut se demander dans quelle mesure l'usager pourrait engager la responsabilité de la personne publique en cas de suppression d'une ligne. Dans une espèce un peu particulière, où un dommage de travaux publics était également en cause, le conseil de préfecture de Clermont-Ferrand, en 1952[53], a fait application des règles classiques en la matière. Il a jugé qu'en l'absence de dommage anormal et spécial, un requérant ne pouvait se plaindre de la fermeture d'une gare consécutive à des travaux de construction d'un barrage ayant inondé une ligne de chemin de fer. Plus généralement, si la décision de l'administration est régulière, pour obtenir réparation, les usagers doivent fonder leur action sur une rupture d'égalité devant les charges publiques et démontrer également l'existence d'un dommage anormal et spécial. Si le dommage peut être anormal, il ne sera jamais spécial car il touchera tous les usagers potentiels de la ligne supprimée[54]. L'hypothèse d'une responsabilité de l'administration n'est en outre envisageable que si l'action de l'administration peut se distinguer de celle de l'exploitant du service et cause un dommage distinct[55]. Il y a ainsi de fortes chances pour que le litige porté sur le terrain de la responsabilité incombe au juge judiciaire.

---

[51] JO du 5 février.

[52] "Création, organisation et suppression du service public", in *Droit des services publics locaux*, préc., fasc I, 210.1.

[53] Jugement du 18 juin 1952, Gay c/ EDF et Ministère des Travaux Publics, *CJEG* 1953, J, p.2, note C. N.

[54] CAA Lyon, 22 novembre 1994, SARL Etablissement Dessert, *Quot. jur.* 20 février 1995 : les usagers d'un abattoir ne peuvent pas engager la responsabilité de la commune pour sa fermeture sur le fondement d'une rupture d'égalité devant les charges publiques, étant donné qu'il ne peuvent justifier d'un préjudice anormal et spécial. Ils étaient en effet, les usagers quasi-exclusifs de l'abattoir.

[55] Voir n°679 et s.

954. La fermeture des services publics locaux ou des lignes d'un service national touchant le territoire de collectivités locales est parfois soumise à une procédure. Par exemple, dans l'arrêt FNAUT, du 16 janvier 1991[56], les requérants avaient invoqué l'absence de consultation de la Commission départementale d'amélioration de l'organisation des services publics dans les zones de montagne, censée être consultée. Cependant, sa consultation par d'autres personnes que ses membres n'étant pas imposée par un texte, le Conseil d'Etat en a déduit qu'elle ne constituait pas une formalité substantielle. La loi d'orientation et d'aménagement du territoire, du 4 février 1995, impose, avant chaque réorganisation ou suppression de service par une entreprise nationale, la réalisation d'une étude d'impact[57]. Les conseils généraux ou les groupements de communes concernés sont consultés et le projet de décision est transmis au préfet, qui recueille l'avis de la Commission départementale d'organisation et de modernisation des services publics. En cas de désaccord, le préfet peut préventivement saisir le ministre de tutelle[58]. Cependant, cette étude d'impact n'intervient que si la fermeture de ligne n'est pas prévue dans les contrats de plan, ce qui n'est pas le cas de la SNCF, par exemple, et il ne semble pas que la création des commissions en question soit pour le moment généralisée.

955. Qu'en est-il de la sanction du droit à l'accès normal de l'usager ? Pour le moment, en matière de services publics industriels et commerciaux, la jurisprudence n'a pas développé le principe de l'arrêt Vincent. Une partie de la doctrine y voyait un droit à l'adaptation du service si les conditions normales d'accès étaient mises en péril[59].

956. Le principe issu de l'arrêt Alitalia, de 1989[60], aurait également pu permettre à l'usager de demander l'abrogation des dispositions réglementaires d'organisation du service en cas de changement de circonstances de fait ou de droit[61]. Cependant, aucun arrêt n'est venu confirmer cette possibilité dans le domaine des services publics industriels et commerciaux, en tant que sanction de la méconnaissance du principe de mutabilité. Si les actes administratifs réglementaires unilatéraux sont soumis au principe posé par l'arrêt Alitalia, on peut en douter en ce qui concerne les clauses réglementaires des contrats de délégation. L'utilisation de la jurisprudence Les Verts[62] à l'encontre de l'acte d'approbation des clauses réglementaires, qui est un acte administratif non réglementaire,

---

[56] *CJEG* 1991, p.279.

[57] Article 29, JO du 5 février.

[58] Pour une analyse plus détaillée, voir J. Carbajo, *Droit des services publics*, préc., p.35 et s.

[59] G. Guglielmi, *Introduction au droit des services publics*, LGDJ, coll. "Systèmes", 1994, p.49 et 56 ; J. Carbajo, *Droit des services publics*, préc., p.48.

[60] CE, Ass., 3 février 1989, Compagnie Alitalia, *Rec.*, p.44, *RFDA* 1989, p.391, concl. Chahid-Nouraï, p. 422, note O. Beaud, *AJDA* 1989, p. 387, note O. Fouquet.

[61] Sur cette idée, voir J. de Soto, *Grands services publics et entreprises nationales*, préc., p.39 ; G. Vedel et P. Delvolvé, *Droit administratif*, tome 2, préc., p.742 et s. On peut mentionner ici à nouveau l'article L. 322-2 du Code des communes, antérieurement à son abrogation par la loi du 2 mars 1982, qui oblige les parties au contrat de concession à le modifier s'il est plus désavantageux pour les usagers que les cahiers des charges types. Cet article a donné lieu à un litige résolu sur le terrain de la responsabilité, CE, 10 juin 1996, Syndicat de copropriété principal "Les nouveaux horizons", *Rec.*, p.217.

[62] CE, Section, 30 novembre 1990, Association "Les Verts", *Rec.*, p.339, *RFDA* 1991, p.571, concl. Pochard, *AJDA* 1991, p.114, chron. Honorat et Schwartz.

pourrait permettre à un usager de faire valoir un changement de circonstances de fait ou de droit si aucun droit acquis n'était créé en faveur des tiers. L'usager peut aussi demander à l'administration de faire usage de son pouvoir de modification unilatérale d'un contrat administratif à l'encontre de l'exploitant, sauf en ce qui concerne les clauses tarifaires[63]. Il peut aussi demander à l'administration de faire usage de son pouvoir de résiliation du contrat de délégation, si les conditions existantes lors de la conclusion du contrat de délégation changent dans l'avenir[64]. On se rend toutefois compte que l'usager d'un service exploité directement par l'administration est contentieusement dans une situation plus avantageuse que celui d'un service délégué, lorsqu'il s'agit de faire respecter le principe de mutabilité, pour ce qui est de son aspect "positif" à l'égard de l'usager.

957. L'accès normal de l'usager pourrait également se matérialiser dans l'avènement d'un droit à la consistance du service public, ou plutôt l'accès normal pourrait constituer l'une des composantes de ce nouveau droit. Les articles L. 2224-8 et L. 2224-15 du Code général des collectivités territoriales prévoient l'intervention de décrets en Conseil d'Etat pour préciser le contenu minimal du service d'assainissement et d'enlèvement des ordures ménagères. Suite au démantèlement des réseaux opéré par les instances communautaires, les cahiers des charges de la Poste et de France Télécom[65] ont défini la consistance du service universel et des services obligatoires, ou facultatifs, ouverts à la concurrence. Dans ce cadre, la transparence du service public, considérée comme une nouvelle loi du service, pourrait aussi bénéficier d'une matérialisation concrète : les suppressions de lignes et les études d'impact auxquelles elles sont soumises, ainsi que la réorganisation d'un service pourraient y être soumises.

958. Si certaines sanctions existent en droit public, et si certaines voies de droit présentent des potentialités intéressantes, il est surprenant de constater que la garantie d'un accès normal au service ne fait l'objet d'aucune définition. Par ailleurs, les procédures encadrant la fermeture des lignes sont réellement décevantes. C'est une lacune que le juge judiciaire pourrait combler.

§ 2. Les tentatives du juge judiciaire pour rééquilibrer les forces en présence.

959. Le principe de mutabilité est un instrument à la disposition de l'exploitant dont l'usager tire peu de droits. Dans une modeste mesure, certaines décisions du juge judiciaire viennent combler les lacunes existantes. Deux zones demeurent inexplorées par le droit administratif : la notion d'accès normal (B) et l'encadrement de procédures quant à la modification ou à la suppression des lignes, qui devraient être plus respectueuses des droits des usagers (A).

---

63 CE, 2 février 1983, UTP, *Rec.*, p.33, *RFDA* 1984, p. 45, note F. Llorens, *RDP* 1984, p. 212, note J.-M. Auby.

64 CE, Ass., 2 mai 1958, Distillerie de Magnac-Laval, *Rec.*, p.246 ; *AJDA* 1958, 2, p. 282, concl. Kahn ; *D.* 1958, p. 730, note A. de Laubadère.

65 Décret du 29 décembre 1990, JO du 30 décembre.

A. L'encadrement de la fermeture des lignes ou de la modification des conditions d'exploitation du service.

960. Une jurisprudence très instructive du juge judiciaire concerne la suppression de l'abonnement Modulopass par la SNCF[66]. A ce propos, le juge judiciaire a défini les obligations de la SNCF envers ses clients lors de la suppression globale d'un type d'abonnements. Justifiée par des considérations économiques, la suppression du service n'en est pas moins soumise à une obligation d'information[67] et de concertation des usagers. Par ailleurs, l'exploitant ne doit pas commettre d'abus de droit dans la suppression du service[68]. Ainsi, on peut supposer qu'un changement trop brutal d'attitude de l'exploitant peut engager sa responsabilité[69]. Cependant, le juge judiciaire ne peut s'opposer à la suppression de la ligne elle-même. Tout au plus, on peut imaginer qu'en cas d'abus de droit, la SNCF aurait pu être condamnée au respect des abonnements Modulopass.

961. Le droit privé constitue un relais intéressant dans la procédure et l'encadrement de la suppression des services publics, lorsque l'on sait que le juge administratif a refusé, dans une situation identique, de mettre à la charge de l'exploitant une obligation d'information des usagers[70]. Seules quelques dispositions éparses du droit administratif prévoient, par exemple, un intervalle de temps minimal séparant deux modifications tarifaires[71], ou organisent un semblant de transparence sur l'évolution des tarifs[72].

962. Le principe de bonne foi dans l'exécution des conventions de droit privé autorise une application plus souple et plus généralisée de ces obligations éparses. Elle permet d'ailleurs une appréciation *in concreto* des diverses situations, et procède avant tout du respect des droits des usagers et non de la garantie des prérogatives de l'exploitant dont le principe de mutabilité se faisait l'écho. Le principe de bonne foi dans l'exécution des contrats de droit privé pourrait être un instrument de rééquilibrage du rapport de force existant entre l'usager et l'exploitant dans la mise en oeuvre des prérogatives de ce dernier. L'affaire du Modulopass permet d'affirmer que quelles que soient les obligations de l'exploitant envers ses usagers, qui procèdent des actes d'organisation du service, le devoir

---

[66] TGI Paris, 28 octobre 1987, Coudurier et Union fédérale des consommateurs c/ SNCF, *CJEG* 1990, p.180, note J.-F. Lachaume ; CA Paris, 13 septembre 1988, *CJEG* 1990, p.192.

[67] Le cahier des charges de la SNCF (décret n°83-817 du 13 septembre 1983, préc.), prévoit une obligation d'information dans son article 11, en ce qui concerne les modifications occasionnelles du service. Cette obligation semble étendue par le juge judiciaire.

[68] Voir n°1009 et s.

[69] Comme c'est déjà le cas en matière de services publics industriels et commerciaux, CE, 26 juillet 1985, Compagnie Air France, *Rec.*, p.256.

[70] CE, 26 juillet 1996, Association Narbonne Libertés 89, req. n°130363 : il s'agit d'une partie de l'arrêt n'ayant pas fait l'objet d'une publication.

[71] Voir par exemple l'article 20 du cahier des charges annexé au contrat de concession à EDF du réseau d'alimentation générale en énergie électrique du 27 novembre 1958, préc.

[72] L'article L. 1411-2 du CGCT issu de l'article 40 de la Loi Sapin n°93-122 du 29 janvier 1993, modifié par le loi n°95-127 du 8 février 1995 dispose que "la convention (de délégation de service public) stipule les tarifs à la charge des usagers et précise l'incidence sur ces tarifs des paramètres ou indices qui déterminent leur évolution".

d'information, qui est une obligation généralisée en droit privé des contrats[73], va venir pallier les lacunes des actes d'organisation du service dans ce domaine.

963. A côté de l'encadrement des procédures, l'accès normal au service reste encore à construire, et c'est sans doute dans ce domaine que l'action du juge judiciaire pourrait rééquilibrer les forces en présence.

B. La consistance de l'accès normal au service.

964. La notion d'accès normal ne se limite pas à la détermination des horaires d'un bureau de poste[74], ni à l'obligation pour l'administration de délivrer des télégrammes au domicile de l'usager[75]. Il devrait comporter beaucoup plus de droits. Plusieurs directions pourraient être explorées : le juge judiciaire garantit, par certains aspects, à l'usager la qualité de la prestation fournie, de même qu'il lui assure une sécurité dans l'utilisation du service.

965. Le droit de la consommation pourrait constituer un tremplin pour le juge judiciaire dans la construction d'un droit à l'accès normal au service. On pourrait même parler d'un droit au fonctionnement normal du service. Cette intervention du juge judiciaire ne procède pas d'une action sous forme de prolongement des lois du service, mais vise à en pallier les dysfonctionnements. C'est pourquoi un étude à part entière lui sera consacrée dans le titre II de cette partie.

966. Le principe de mutabilité ne fait apparaître que bien peu de droits en faveur de l'usager. L'action de prolongement du droit privé n'est que très limitée, mais elle s'inscrit tout à fait dans l'objectif qui lui était assigné, celui de protéger les droits individuels des usagers et de rééquilibrer le rapport de force, sans toutefois toucher au principe même de l'adaptation constante du service. L'accès individuel au service est heureusement beaucoup plus favorable aux usagers.

---

[73] Voir n°1456 et s.

[74] CE, 25 juin 1969, Vincent, *Rec.*, p.334, *AJDA* 1969, p.566, chron. Dewost et Denoix de Saint Marc, *JCP* 1970, II, 16238.

[75] CE, 29 décembre 1911, Chomel, *S.* 1914, III, p.102.

- SECTION II -
L'accès individuel au service public

967. L'usager du service public industriel et commercial dispose d'un droit individuel d'accès aux prestations d'un service public déjà organisé (§1). Une fois ce droit reconnu, c'est au juge judiciaire qu'il appartient aujourd'hui d'en assurer la sanction, grâce à la notion très générale d'abus de droit dont peut se rendre coupable l'exploitant qui refuse de contracter (§2).

§ 1 Le droit individuel d'accès au service public.

968. Deux questions viennent naturellement à l'esprit s'agissant de l'accès au service public. Existe-t-il des cas où l'accès constitue une obligation pour l'usager ? (A) Qui plus est, est-ce réellement un droit ? Pour répondre à cette seconde question, il faut s'attarder sur les fondements d'un éventuel droit à l'accès d'un service public industriel et commercial existant et organisé (B), ainsi que sur ses propres limites (C). L'ouverture des réseaux à la concurrence et la notion de service universel comportent, en outre, une extension notable de ce droit d'accès individuel au service (D).

A. Les hypothèses spécifiques d'obligations de raccordement.

969. Il n'existe que quelques rares hypothèses d'obligations de raccordement. Elle concerne principalement trois services publics industriels et commerciaux : l'assainissement, la distribution d'eau potable et le chauffage urbain.

970. En matière d'assainissement, le Code de la santé publique prévoit une obligation de raccordement des immeubles aux égouts, qu'il s'agisse de constructions nouvelles[76] ou de constructions antérieures à la mise en service de l'égout[77]. Sont exonérés les immeubles difficilement raccordables s'ils sont équipés d'une installation autonome conforme à la réglementation en vigueur[78].

---

76 Articles L.33, L.34 et L.35-4 du CSP.

77 Article L.33 du CSP. Toutefois un délai de deux ans est accordé aux propriétaires à compter de la mise en service de l'égout.

78 Arrêté du 28 février 1986 modifiant l'arrêté du 19 juillet 1960, JO du 14 mars 1986, voir également la réponse ministérielle Frédéric Dupont, JOAN, 9 mai 1988 et Civ. I, 29 juin 1988, *Bull.* n°133 ; Cass. com., 7 avril 1998, Mendès c/ Commune de Juillan, arrêt n°908.

971. Pour ce qui est du service d'adduction d'eau potable, aucune obligation générale de raccordement n'est en vigueur[79]. Quelques exceptions[80] concernent les lotissements et ensembles d'habitations en vertu de l'article R. 111-9 du Code de l'urbanisme. Par ailleurs, les plans d'occupation des sols ou les règlements sanitaires départementaux peuvent contraindre les propriétaires d'immeubles au raccordement[81].

972. Enfin, en matière de chauffage urbain, l'article 7 de la loi du 15 juillet 1980[82] prévoit le raccordement obligatoire de certaines installations à un réseau classé[83].

973. Ces quelques exceptions ne permettent pas d'affirmer que le raccordement à un service public industriel et commercial est généralement obligatoire. Qui plus est, comme pour la création des services publics eux-mêmes, ce sont des considérations d'hygiène publique qui déterminent ces obligations. Si l'accès individuel au service n'est pas une obligation, est-ce seulement un droit ?

B. Les fondements du droit d'accès individuel au service public.

974. Au XIXème siècle, à une époque où les cahiers des charges des services délégués manquaient de précisions quant aux garanties des droits des usagers, le refus d'accès opposé par l'exploitant au candidat usager était sanctionné sur le fondement du monopole dont disposait l'exploitant pour assurer des services de première nécessité. Puis, les cahiers des charges, tout en garantissant l'accès des usagers aux prestations, l'ont en même temps relativisé. Ils ont pu fixer des conditions d'accès sous réserve, toutefois, du respect du principe d'égalité. Même conditionné et parfois limité, l'accès au service public constitue bien un droit, ainsi que l'affirme le commissaire du Gouvernement Schwartz dans ses conclusions sur l'arrêt Charpentier de 1994[84] : le droit d'accès au service public peut toutefois être limité par l'administration, mais il s'oppose à une interprétation extensive des textes réglementaires et législatifs qui viendraient l'entraver.

975. Dès le milieu du XIXème siècle, le juge judiciaire reconnaît à l'usager un droit d'accès à la prestation. Il fonde ce droit sur la nature de service public des prestations[85] et sur le monopole conféré à l'exploitant. A cette époque, certains cahiers des charges prévoient que les candidats usagers doivent remplir des conditions restrictives pour

---

[79] Décret n°89-3 et 3 janvier 1989, JO du 4 janvier, p.125.

[80] Articles R. 111-8 du Code de l'urbanisme.

[81] Voir la réponse ministérielle n°1079 H. Haenel, JO Sénat, Q, 25 août 1994.

[82] Loi n°80-531 du 15 juillet 1980 relative aux économies d'énergie et à l'utilisation de la chaleur, JO du 16 juillet, p.1783, article 7.

[83] CAA Paris, 8 juillet 1993, Centre hospitalier Louise-Michel, *Gaz. Pal.* 1994, pan. dr. adm., p.150.

[84] CE, 24 juin 1994, Charpentier, *CJEG* 1995, p.72, concl. Schwartz. Voir aussi les conclusions Corneille sur CE, 29 décembre 1911, Chomel, *Rec.*, p.1265.

[85] CA de Rouen, 5 mai 1848, Pauwels et Visinet c/ Marinier-Lamy, *DP* 1846, II, p.175. A l'inverse, la cour d'appel d'Aix en Provence a rendu un arrêt refusant aux usagers un droit d'accès au service public en se fondant sur le fait que l'éclairage au gaz n'était pas un objet de première nécessité (19 février 1846, Compagnie du Midi c/ Meyer, *DP* 1846, II, p.176).

accéder au service, mais aucun droit d'accès général au service n'est reconnu. C'est pourquoi il fallait garantir ce droit à tous les candidats qui remplissaient ces conditions. Ainsi, le tribunal de la Seine[86], dans l'affaire Veuve Jouanne, non contredit par la cour d'appel[87] puis par la Cour de cassation en 1884[88], a fondé le droit d'accès au service public sur plusieurs considérations : "on peut dire que l'eau amenée dans chaque quartier est publiquement et réellement offerte au premier venu ; qu'en acceptant cette offre, et en se déclarant prêt à subir toutes les conditions réglementaires, le premier venu doit donc être accueilli ; que le refus non motivé de la Compagnie de traiter avec celui qui se présenterait dans ce but constituerait un abus intolérable de monopole qui lui est assuré ; que cet abus serait incompatible avec la nature même d'une propriété dont la régie ne lui a été confiée que pour l'usage de tous."[89]

976. Certaines lois ou cahiers des charges types ont unifié les droits et obligations des usagers durant la première moitié du XXème siècle. Le droit d'accès au service n'échappe pas à cette tendance puisque, pour les services publics exploités en réseaux ou en parcours, deux obligations fondamentales sont mises à la charge de l'exploitant : une obligation de fournir la prestation sur tout le parcours du réseau et une obligation d'extension du réseau au sein du périmètre concédé[90]. Aujourd'hui, la loi du 25 juin 1999 d'orientation pour l'aménagement du territoire semble consacrer un droit à l'égal accès aux services publics beaucoup plus absolu en faveur des usagers. Elle dispose que l'Etat assure "la présence et l'organisation des services publics sur l'ensemble du territoire, dans le respect de l'égal accès de tous à ces services, en vue de favoriser l'emploi, l'activité

---

[86] Tribunal de la Seine, 31 mai 1879, *S.* 1885, I, p.201.

[87] Cour de Paris, 21 août 1880, *S* 1885, I, p.202.

[88] Civ., 25 juin 1884, *S.* 1885, I, p.203.

[89] Voir également, CA Dijon, 17 novembre 1913, Bouzereau c/ soc. d'éclairage des villes de Chalon sur Saône et Mâcon, *D.* 1914, II, p.39, *S.* 1917, II, p.105, note A. Mestre ; Civ., 28 juin 1923, Andrieu c/ Feydel et Lalis, *S.* 1924, I, p.29. Le Conseil d'Etat a lui aussi fondé ses premiers arrêts en la matière sur le monopole détenu par les compagnies concessionnaires d'un service public industriel et commercial, CE, 5 janvier 1907, Comp. universelle d'éclairage, de chauffage et de force motrice c/ Soisson, *S.* 1909, III, p.57 ; CE, 16 décembre 1932, Sieur R. c/ Sieur de T., *Rev. concess.* 1933, p.164. Plus tard, certains tribunaux judiciaires continuent à fonder le droit au service public sur l'idée de monopole (Trib. com. Lyon, 30 janvier 1940, Barou, *Rev. concess.* 1940, p.35 ; CA Colmar, 15 mars 1961, Société des produits Prinel c/ régie municipale de l'Usine électrique de Metz, *CJEG* 1961, p.31), voire sur la théorie de la cause qui implique que l'obligation de fournir est la cause de la concession accordée (Trib. civil de Rouen, 6 janvier 1952, Lang. Verte et Vallebrègue c/ EDF, *CJEG* mars 1956, J, p.70).

[90] Par exemple pour le gaz, voir le cahier des charges type du 27 octobre 1950 commenté par J. de Soto, *JCP* 1950, I, 892. En ce qui concerne l'électricité, voir le cahier des charges type du 23 mai 1962 commenté par J. Virole, *AJDA* 1961, p.404 ; loi du 23 octobre 1984 relative au service public des télécommunications, JO du 25 octobre 1984 ; loi du 2 juillet 1990 relative à l'organisation du service public de la poste et des télécommunications (JO du 8 juillet 1990). Dans le domaine de la distribution d'eau, les cahiers des charges type de 1947 et 1951 (décret du 13 août 1947, JO du 21 août 1947; décret du 6 juillet 1951, JO du 8 juillet 1951) prévoient une obligation d'extension du réseau et une obligation de consentir l'accès sur tout le parcours de la distribution. C'est la LOTI (du 30 décembre 1982, JO du 31 décembre 1982) qui instaure un droit au transport en faveurs des usagers. La loi n°95-115 du 4 février 1995 d'orientation pour l'aménagement du territoire (JO du 5 février) dispose dans son article 1er que "l'Etat assure l'égal accès de chaque citoyen aux services publics", dans son article 17 qu'en "2015 aucune partie du territoire français métropolitain continental ne sera située à plus de 50 km ou de 55 mn d'automobile (...) d'une gare desservie par le réseau ferroviaire à grande vitesse", et dans son article 20 que le réseau des télécommunications couvre la totalité du territoire d'ici l'an 2015.

économique et la solidarité et de répondre à l'évolution des besoins des usagers, notamment dans les domaines (...) de l'information et des télécommunications, de l'énergie, des transports, de l'environnement (et) de l'eau"[91].

977. Ces textes sont plus généralement sanctionnés au regard du principe d'égalité, qui apparaît ainsi comme le second fondement[92] du droit au service public, venant relayer les conséquences du monopole conféré aux exploitants[93]. L'égalité dans l'accès au service public est un fondement utilisé très tôt par le juge administratif pour sanctionner les mesures discriminatoires prises par l'exploitant à l'égard des candidats usagers. Avant 1961[94], il pouvait être saisi d'un recours pour excès de pouvoir formé contre le refus d'admission au service opposé par un exploitant public à un candidat usager. A l'origine, ce n'est pas l'égalité dans l'accès au service public qui est mise en avant, mais plutôt une égalité plus générale devant les charges publiques[95]. Ce n'est qu'à partir de l'arrêt Tondut, de 1931[96], que le Conseil d'Etat va réellement sanctionner les atteintes à l'égalité dans l'accès au service public. Le juge judiciaire, dans l'affaire Dame Agnesi[97],va également fonder sa solution sur le principe d'égalité dans l'accès au service public : "attendu (...) qu'il résulte des investigations de l'expert qu'il existait à l'époque, 644 abonnements à l'eau et que le branchement sollicité par veuve Agnesi aurait représenté moins de 1% de la consommation totale de la commune, même en période d'étiage ; (...) qu'il apparaît dès lors que c'est abusivement et par une véritable mesure discriminatoire que la commune des Arcs-sur-Argens a refusé la concession d'eau sollicitée par veuve Agnesi."

978. Si on peut dire que l'accès individuel constitue un véritable droit au profit de l'usager, contrairement à ce qui existe en matière de création de services publics, ce droit peut être limité et conditionné.

C. Un droit limité et conditionné.

979. Le droit d'accès individuel au service public est limité au regard de considérations économiques (1°) et territoriales (2°).

---

[91] Loi n°99-533, JO du 29 juin 1999, article 2.

[92] Voir à ce propos C. Chavanon, *Essai sur la notion et le régime juridique du service public industriel et commercial*, Th. Bordeaux, Sirey, 1949, p.247.

[93] Ch. Serna, *Le refus de contracter*, Th., LGDJ, 1967, p.34 et 35.

[94] CE, 21 avril 1961, Dame Agnesi, *Rec.*, p.253.

[95] CE, 10 janvier 1919, Chambres syndicales de la Ville de Paris, *Rec.*, p.18 ; CE, Section, 10 juillet 1954, Brouillard, *Rec.*, p.453.

[96] CE, Section, 6 mai 1931, Tondut, *S.* 1931, III, p.81, note P. L.

[97] Civ I, 26 janvier 1970, *Bull.* n°32.

1°) Les limites économiques.

980. L'usager n'a souvent accès au service que moyennant certaines dépenses, avant même de pouvoir consommer : c'est la dimension personnelle et individuelle de ces limites (a). Par ailleurs, il est également fait référence à l'équilibre financier de l'exploitation, qui constituerait parfois un obstacle, d'une part à l'extension du réseau, et d'autre part à l'extension des capacités de production de l'exploitant. Il s'agit de la dimension collective des limites économiques à l'accès au service (b), ce qui ne saurait étonner compte tenu du conflit opposant fréquemment l'intérêt général et les intérêts particuliers en cette matière.

a) Le paiement de certains frais par l'usager.

981. Sans entrer dans les détails, la quasi-totalité des cahiers des charges, de 1930 à nos jours, prévoit la contribution financière de l'usager aux frais de branchement. Sont imposées aux usagers une durée minimale d'abonnement, une consommation minimale ou un abonnement fixe[98], et une participation aux frais de branchement[99]. Pour les services exploités en réseau, notamment l'eau et l'assainissement, une participation pour l'extension des équipements publics peut également être demandée[100].

982. L'usager doit s'acquitter, en outre, d'éventuelles dettes contractées lors d'un précédent abonnement. Si le droit au téléphone est assuré depuis 1984, l'obtention d'une ligne est cependant subordonnée au paiement des dettes antérieures[101]. La notion de dette peut s'entendre très largement : EDF est en droit de refuser d'accorder un contrat de fourniture à l'un des membres d'un groupe qui exploitait une ferme collectivement, au motif que plusieurs des autres membres du groupe étaient déjà redevables de sommes à EDF, correspondant à la fourniture d'électricité pour leur local commun[102].

---

98 Voir les différents cahiers des charges précités. En matière de distribution d'eau potable, voir également le modèle de règlement de service de distribution d'eau (circulaire du 14 avril 1988, JO du 5 mai 1988). Pour une application, TGI Bordeaux (référé), 23 décembre 1996, Gorget et Charrière c/ Lyonnaise des Eaux, n°2954/96.

99 En matière d'assainissement, la participation aux frais de branchement est prévue par les Codes de l'urbanisme et de la santé publique. En ce qui concerne les immeubles postérieurs à la mise en service de l'égout, les propriétaires doivent rembourser les frais de branchement (article L322.15 C. urb. et L34.213 et L. 31.1 CSP) et s'acquitter d'une taxe de raccordement au tout à l'égout (article L.35.4 CSP). En ce qui concerne les immeubles construits antérieurement à la mise en service de l'égout, leurs propriétaires ne doivent s'acquitter que du remboursement des frais de branchement (article L.34 al. 3 CSP). Voir CAA Bordeaux, 28 juin 1994, Couchinave n°93BX0007, à comparer avec TA Strasbourg, 13 décembre 1984, Commune de Meyenheim ; CE, 20 mars 1996, Diet, *MTP* 27 septembre 1996, p.63.

100 En matière d'assainissement, seuls les propriétaires des immeubles postérieurs à la mise en service de l'égout sont redevables d'une contribution au coût des équipements publics (articles L.332.6 et L.311.4.1 Code urb.) et lorsque c'est la mise en place du réseau qui est postérieure à l'édification de l'immeuble, les frais d'extension du réseau incombent à la collectivité (CE, 26 juin 1992, Pouzoulet, *Droit fiscal* 1993, p.647). Pour l'eau, une participation ne peut être demandée qu'aux constructeurs (article L.332.6-1 et L.311.4-1 c. urb.). En l'absence d'une demande d'autorisation de construire, il peut être fait appel à la technique de l'offre de concours, mais cette participation ne peut être imposée unilatéralement par la collectivité (CE, 6 mai 1991, Carrère, *MTP* 21 août 1992).

101 Loi du 23 octobre 1984, préc., article 1er. Pour un commentaire, voir D. Laffont, "La loi du 23 octobre 1984 sur le service public des télécommunications", *Juris PTT*, n°1, janvier 1985, p.4.

102 CA Grenoble, 8 novembre 1990, EDF c/ Veyret, *CJEG* 1991, p.129.

983. A ces restrictions individuelles dans l'accès au service public s'ajoute la nécessité d'assurer l'équilibre financier du service entier.

b) L'équilibre financier du service.

984. En matière de transport, le droit au transport instauré par la LOTI[103] est fortement relativisé. Si le cahier des charges de la SNCF prévoit que "les trains de voyageurs doivent contenir des places en nombre suffisant pour faire face aux besoins normaux du trafic", cette obligation est interprétée à la lumière des "moyens disponibles" et du "coût pour la collectivité"[104]. Ainsi, l'équilibre financier peut prévaloir sur le droit d'accès individuel au service.

985. Comme le système de la concession repose sur une économie d'échelle et une tarification au coût marginal, les obligations de l'exploitant sont limitées à un certain volume de production. Si la demande excède ce seuil, il est accordé un temps plus ou moins long au concessionnaire pour lui permettre d'augmenter ses capacités de production, moyennant certaines garanties financières, qu'elles émanent de la collectivité publique ou des usagers eux-mêmes[105].

986. Compte tenu de l'extension actuelle des réseaux, on serait plus enclin à se demander aujourd'hui si un exploitant doit refuser l'accès à un service lorsque la consommation du nouvel arrivant pourrait porter préjudice à l'équilibre économique de la délégation ? En matière de distribution d'eau, il a été jugé[106] qu'un syndicat pouvait refuser le raccordement à un terrain particulier pour un motif tiré de la bonne gestion et de la préservation de la qualité du service d'adduction d'eau. Cette possibilité offerte à l'exploitant n'est pas une obligation. Cependant, il existe des cas où il s'agit bel et bien d'une obligation de refus d'accès à certains candidats usagers. Par exemple, un arrêté du 1er mars 1993[107] dispose que le raccordement à une station d'épuration des entreprises, dont l'effluent a une nature autre que domestique, n'est envisageable que dans les cas où les installations publiques sont aptes à traiter l'effluent industriel dans de bonnes conditions[108].

987. En plus des limites financières et économiques à l'accès individuel au service, il existe des limites géographiques.

---

103 Préc.

104 Cahier des charges du 13 septembre 1983, préc. et LOTI, préc.

105 Voir les différents cahiers des charges précités. La solution la plus couramment admise résidait dans l'obligation à la charge de l'usager de s'engager à assurer un minimum de recettes à l'exploitant durant un laps de temps relativement long (5 ans en général). Voir également CE, 12 mai 1933, CGE c/ Ville de la Seyne, *BU* 1933, p.106.

106 CE, 27 juin 1994, Charpentier, *CJEG* 1995, p.72, concl. Schwartz

107 JO du 28 mars 1993.

108 Chiffre à comparer avec celui retenu dans l'affaire Agnesi pour condamner le refus d'accès, soit 1%. Entre 1% et 50%, où se situe l'équilibre idéal ?

2°) Les limites géographiques.

988. On peut envisager que les parties au contrat de délégation décident que l'exploitation se limitera seulement à une portion du territoire communal, l'agglomération principale en général (a). Qu'en est-il de la situation inverse, celle où le délégataire désire fournir une prestation à un usager situé en dehors du territoire de la délégation accordée et en dehors des limites mêmes de la commune ? (b)

a) L'exclusion des écarts.

989. L'exploitant ne peut-il fournir la prestation de service que dans une zone restreinte, qui ne couvrira le plus souvent que l'agglomération principale, sans se préoccuper des écarts ? Pour répondre à cette question, il faut d'abord préciser que si une concession communale comprend en principe tout le territoire de la commune[109], la commune ne commet aucune illégalité en décidant de ne desservir que le centre de son territoire, à l'exclusion des hameaux[110].

990. EDF et GDF présentent certaines particularités. La concession à EDF du réseau d'alimentation générale en énergie électrique prévoit la desserte de l'ensemble du territoire[111]. Les modèles des contrats de concession, applicables à chaque commune, stipulent que le territoire concédé est celui de la commune toute entière[112]. C'est donc la règle du tout ou rien qui s'impose. En revanche, pour GDF, les parties peuvent choisir de délimiter seulement une portion du territoire communal[113]. En matière d'électricité, les usagers disposent d'un accès généralisé aux prestations, alors qu'en matière de distribution de gaz, rien n'est obligatoire ni même essentiel. Cette différence est due au fait que l'électricité est jugée (à tort ou à raison) indispensable aux usagers, alors que l'on peut aisément se passer de gaz.

991. Malgré le progrès que constitue l'emploi du principe d'égalité dans le domaine de l'accès des usagers au service, celui-ci n'est strictement d'aucun secours face à ces limites territoriales. En effet, il est très aisé à l'exploitant de créer des catégories d'usagers auxquelles il refuse l'accès au service, compte tenu de leur situation géographique particulière, qui est une donnée objective en relation avec l'utilisation du service. Ainsi, il

---

109 CE, 6 janvier 1932, Ville de Segré, *Rec.*, p.3 : dans le cas où le traité de concession comporte une énonciation de hameaux et écarts en dehors du chef lieu, cette énumération n'est pas limitative. Pour que la limitation soit admise, il eut fallu que la concession comporte une délimitation d'une partie du territoire de la commune.

110 CE, 1er mai 1929, DH 1929, p.335 : cependant, la circonstance que les habitants du hameau ne profitent pas du service ne saurait les soustraire à l'obligation de payer les impôts correspondant aux travaux nécessaires à la constitution du réseau. Plus récemment, en matière de distribution d'eau, CE, 8 avril 1998, Association pour la promotion et le rayonnement des Orres, *RFDA* 1998, p.463.

111 Décret n°56-1225 du 28 novembre 1956, JO du 4 décembre 1956, article 1er.

112 Le décret n°60-1288 du 22 novembre 1960, *CJEG* 1961, p.4 puis le modèle de convention de concession pour le service public de la distribution d'énergie électrique de 1993, *CJEG* 1993, p.12.

113 Contrat de concession approuvé par décret du 31 octobre 1950, JO du 4 novembre 1950.

a été jugé, en 1962, dans l'arrêt Parmentier[114], que "le réseau municipal d'alimentation en eau peut n'être pas prolongé jusqu'à un hameau séparé de l'agglomération sans qu'il en résulte une violation de l'égalité devant les services publics". En 1963, le Conseil d'Etat[115] consacre l'absence d'obligation pour une commune de procéder à des travaux d'extension du réseau d'adduction d'eau jusqu'à un hameau, alors même que les habitants avaient proposé de concourir de leurs propres deniers à ces travaux pour la part non couverte par une subvention de l'Etat. Dans un autre domaine, le Conseil d'Etat a jugé, en 1997[116], que "compte tenu de la localisation de l'habitation de Monsieur Parisse à l'écart du centre du bourg de Lignéville, le requérant n'est pas fondé à soutenir que les dispositions prises concernant l'éclairage et l'enlèvement des ordures ménagères révéleraient à son égard un traitement discriminatoire méconnaissant le principe d'égalité". Comme le remarque à juste titre M. Duroy[117], on est surpris par l'utilisation du seul critère de distinction avec l'agglomération et non pas de celui de l'éloignement, alors que dans l'arrêt Parmentier le hameau était relativement proche du centre ville !

992. Si on compare ces solutions avec l'accès au service public administratif, les conclusions sont pour le moins paradoxales. Alors que le droit au service public administratif est loin d'être généralisé, notamment en ce qui concerne les services sociaux, et, plus généralement, les services publics administratifs non obligatoires[118], le juge est venu au secours du candidat usager en sanctionnant sans doute beaucoup plus sévèrement les discriminations dans l'accès au service que dans le fonctionnement même du service. Ainsi, dans l'arrêt Ville de Nanterre, de 1964[119], si des discriminations tarifaires sont autorisées en fonction du revenu de chaque usager, le refus d'accès opposé aux usagers les plus aisés n'est en revanche pas admis par le Conseil d'Etat. Dans une jurisprudence plus récente, Commune de Dreux, de 1994[120], la notion de "lien particulier avec la commune" est utilisée pour limiter l'accès aux services publics communaux, en sanctionnant par la même le critère fondé sur les limites purement administratives du territoire d'une commune. Peuvent accéder au service les usagers ayant leur domicile dans la commune, mais également ceux qui y travaillent ou y sont scolarisés. Pourquoi ne pas envisager l'application de ce critère en matière de services publics industriels et commerciaux ? Les habitants des écarts ont des liens très forts avec le centre de l'agglomération et on ne voit pas pourquoi le principe d'égalité s'interprète en matière de service public industriel et commercial comme excluant les habitants des hameaux, alors qu'en matière de service public administratif, les habitants des communes périphériques sont considérés comme ayant un lien particulier avec la commune.

---

114 CE, 30 mai 1962, Parmentier, *Rec.*, Tables, p.912.

115 CE, 29 novembre 1963, Lachat, *RDP* 1964, p.202.

116 CE, 30 juillet 1997, Parisse, n°160935.

117 *La distribution d'eau potable en France. Contribution à l'étude d'un service public local*, préc., p.164.

118 J. de Soto, *Droit administratif. Théorie générale du service public*, préc., p.70.

119 CE, Section, 20 novembre 1964, Ville de Nanterre, *Rec.*, p.563, *AJDA* 1964, p.686, chron. Puybasset et Puissochet.

120 CE, 13 mai 1994, Commune de Dreux, *Rec.*, p.233.

b) La desserte d'usagers non situés sur le territoire communal.

993. On pourrait également envisager d'utiliser la notion de "lien particulier avec la commune" pour répondre à la seconde question posée, qui était celle de savoir si un exploitant (public ou privé) pouvait desservir des usagers en dehors des limites administratives de la commune. La cour d'appel de Montpellier, en 1931[121], semble avoir posé le principe en la matière : un candidat usager situé hors du territoire de la commune concédante ne peut obtenir la fourniture de courant qu'à la suite d'un accord amiable passé entre le concessionnaire et les deux communes limitrophes. Cette solution est reprise beaucoup plus tard par le Conseil d'Etat, en 1994[122] : un syndicat de communes chargé de la distribution d'eau ne peut pas desservir un usager situé sur le territoire d'une commune non membre.

994. Le droit à l'accès au service public industriel et commercial est un droit pour le moins limité et conditionné. L'ouverture des réseaux à la concurrence et la promotion d'un principe d'universalité peuvent-ils apparaître comme un renforcement, voire une restauration, du droit d'accès au service public ?

D. Le principe d'universalité.

995. Les directives communautaires concernant l'ouverture de divers réseaux à la concurrence peuvent apparaître, de prime abord, comme un véritable palliatif aux obstacles auxquels doivent faire face les usagers lorsqu'ils désirent accéder au service public. En effet, la notion de service universel s'attaque aux deux grandes limites du droit d'accès au service public, les limites économiques et les limites géographiques.

996. Dans le secteur des télécommunications, la directive du 13 mars 1996[123] et sa loi de transposition du 26 juillet 1996[124] prévoient l'accès au service universel de toutes les catégories sociales de la population, quel que soit leur niveau de revenus, ainsi que l'obligation d'éviter une discrimination fondée sur la localisation géographique des usagers[125]. La directive du 19 décembre 1996, concernant les règles communes pour le

---

121 CA Montpellier, 2 février 1931, *BU* 1931, p.23.

122 CE, 25 mai 1994, Syndicat intercommunal des eaux de Gravelotte, *DA* 1994, n°435. Cette solution semble dictée par le principe de spécialité applicable aux syndicats intercommunaux (EPCI). Selon M.-C Bernard-Gelabert et P. Labia, *Intercommunalités : mode d'emploi*, Economica, 1992, p.79 et 126, si cette action extérieure est prévue par les statuts, il est possible de l'admettre dans la mesure où elle est complémentaire de l'activité principale qu'elle contribue à l'équilibrer financièrement. Pour L. Richer, cette possibilité ne pourrait relever que d'un accord intercommunal.

123 Directive n°96-19-CE de la Commission concernant la réalisation de la pleine concurrence sur le marché des télécommunications, préc.

124 Loi n°96-659 de réglementation des télécommunications, JO du 27 juillet 1996, p.11384. Voir également le cahier des charges de France Télécom, approuvé par le décret n°96-1225 du 27 décembre 1996, JO du 31 décembre.

125 Plus généralement, la définition du service universel est rappelé dans l'article 8 de la loi : "le service universel des télécommunications fournit à tous un service téléphonique de qualité à un prix abordable. Il assure (...) la desserte du territoire national en cabines téléphoniques."

marché intérieur de l'électricité[126], dispose d'une part, dans son article 10, que les Etats membres peuvent obliger les compagnies de distribution à approvisionner des clients situés dans une zone donnée, et d'autre part, dans ses articles 16 et 18, que les clients éligibles, intérieurs ou extérieurs au territoire couvert par le réseau, peuvent négocier un accès au réseau pour conclure des contrats de fourniture. Enfin, la directive du 15 décembre 1997, concernant des règles communes pour le développement du marché intérieur des services postaux de la Communauté[127], offre certainement l'avancée la plus remarquable dans le domaine de l'accès au service public, puisque sont également prévues des obligations concernant la densité des points d'accès et la fréquence des levées et distributions de courrier.

997. Que penser de ces textes ? Le premier constat est que plus le droit d'accès au service est strictement défini, plus il est en réalité déjà organisé en France. Ce sont les consommateurs du service de distribution d'eau potable qui se plaignent des discriminations géographiques dont ils font l'objet, et non ceux de l'électricité ou des services postaux. Tout au plus pourrait-on parler de garde-fou à propos des directives communautaires. Là encore, on pourrait parler d'un "effet cliquet". Mais certaines limites économiques au droit d'accès ne sont pas abordées. Ainsi, ni le versant communautaire[128], ni le versant français[129] de l'ouverture du service public ferroviaire ne se préoccupent du droit d'accès au service qui était entravé, on l'a vu, par l'équilibre économique global de l'exploitation. En ce qui concerne les usagers en situation de précarité, c'est la loi Aubry de lutte contre les exclusions qui prévoit la mise en place de chèques de transport en faveur des usagers en situation de précarité[130].

998. Cependant, l'invocabilité de ces textes à l'occasion d'un recours pour excès de pouvoir à l'encontre d'un refus d'accès au service n'est pas sans intérêt. En effet, dans un arrêt Poirrez de 1997[131], le Conseil d'Etat cite certains articles du cahier des charges de la Poste, qui mettent en place un principe d'accessibilité géographique aux boîtes aux lettres et qui rappellent le principe d'égalité dans l'accès au service public. Cependant, il est jugé que le refus d'implantation d'une nouvelle boîte aux lettres se fondant "sur le faible éloignement des usagers des boîtes déjà existantes, sur le faible taux d'utilisation de ces boîtes et sur la faible densité de population de la zone d'implantation proposée" ne porte pas atteinte au principe d'égalité[132]. La définition d'un principe d'universalité dans les textes ne réduit-elle pas la faculté offerte aux exploitants de créer abusivement des catégories d'usagers fondées sur leur situation géographique, qui constitue bien une différence de situation objective, mais néanmoins contestable sur le plan du droit d'accès au service public ?

---

126 Directive 96/92/CE du Parlement Européen et du Conseil, *CJEG* 1997, p.192.

127 Directive 97/67/CE du parlement Européen et du Conseil, JOCE L 15/14 du 21 janvier 1998.

128 Directives du Conseil n°91/440 du 29 juillet 1991, 95/18 et 95/19 du 19 juin 1995.

129 Décret n°95-666 du 9 mai 1995, JO du 10 mai 1995 abrogé par le décret n°98-1190 du 23 décembre 1998 relatif à l'utilisation pour certains transports internationaux de l'infrastructure du réseau ferré national, JO du 26 décembre 1998.

130 Article 138 de la loi n°98-657, du 29 juillet 1998, JO du 31 juillet.

131 CE, 10 novembre 1997, Poirrez, *D.* 1998, IF, p.14.

132 Voir également CAA Paris, 26 février 1998, M. Dumurgier, n°96PA01267.

999. Le principe d'universalité présente l'intérêt majeur de "réorienter" le principe d'égalité dans l'accès au service public. A l'heure où l'on parle beaucoup d'égalité des chances[133] et d'équité, le principe d'universalité semble constituer une réponse acceptable au souci de lutte contre l'exclusion, car il vient combler les insuffisances du principe d'égalité, tel qu'il est conçu depuis cinquante ans. La loi du 25 juin 1999, d'orientation pour l'aménagement et le développement durable du territoire, fonde l'égal accès aux services public sur "l'égalité des chances" et le souci de favoriser la solidarité[134]. Le droit français et le droit communautaire sont donc tous deux tournés vers la cohésion sociale.

1000. Si l'accès au service public n'est pas un droit inconditionnel et absolu, on peut tout de même parler de droit. Le principe d'universalité, s'il ne constitue pas une solution à tous les problèmes, présente un intérêt certain, dans la mesure où l'accès des usagers en situation de précarité est envisagé et la desserte territoriale prévue. Les déficits dus à la réalisation du service universel sont en outre compensés par des fonds de péréquation auxquels participent l'ensemble des exploitants sur le marché concurrentiel[135]. Cependant, on passe d'une gestion monopolistique, où la rentabilité financière constituait déjà un objectif, à un environnement concurrentiel, où c'est cette même rentabilité financière qui devrait normalement constituer la seule préoccupation des exploitants. Il serait donc naïf de croire que le système du fonds de péréquation va permettre d'occulter toute restriction due à l'impératif de rentabilité.

1001. Si les lois du service public ne peuvent pas toujours satisfaire pleinement les usagers, il est tout naturel de s'interroger maintenant sur les éventuelles solutions que propose le droit privé.

§ 2 Les sanctions du refus de contracter en droit privé.

1002. Compte tenu du principe de liberté contractuelle, le refus de contracter en droit privé n'expose en principe son auteur à aucune sanction, mais il peut en être autrement dans certains cas. Dans l'appréciation de l'accès au service public, le juge judiciaire opère d'abord une vérification : l'exploitant dispose-t-il d'un motif légitime pour refuser l'accès au service à l'usager ? (A) Si la réponse est négative, les exploitants des services publics industriels et commerciaux sont condamnés sur le fondement de l'abus de droit, engageant leur responsabilité quasi-délictuelle à l'égard des candidats usagers (B). A côté de cette solution "classique", pourrait-on envisager d'appliquer également les sanctions du refus de vente aux consommateurs, prévu par l'ordonnance du 1er décembre 1986 ? (C)

---

133 Voir notamment l'article 1er de la loi du 4 février 1995 d'orientation pour l'aménagement du territoire, JO du 5 février.

134 Loi préc.

135 Voir n°223.

A. L'appréciation par le juge judiciaire des refus d'accès au regard de la notion de motif légitime.

1003. Depuis le début du siècle, le juge judiciaire se fonde sur la notion de motif illégitime pour sanctionner les refus d'accès aux services publics industriels et commerciaux[136]. Ainsi, récemment, la cour d'appel de Montpellier[137] a encore rappelé que "la commune qui refuse sans motif légitime une autorisation de raccordement au réseau public d'eau potable commet une faute qui doit être réparée".

1004. Il est bien évident que l'exploitant peut invoquer comme motif légitime le non respect par le candidat usager des conditions du cahier des charges ou du règlement de service, notamment lorsque le candidat refuse de signer une police conforme à la police type[138], ou qu'il refuse de payer les frais de branchement. En effet, l'accès au service comporte deux phases : la réalisation des travaux de branchement et la fourniture de la prestation. Selon J. Gosset[139], la seule contrepartie à l'obligation d'effectuer le branchement résulte dans le paiement des frais par l'usager, alors que la signature de la police tendrait plutôt à la fourniture de la prestation. Ainsi, si l'usager refuse de signer la police, l'exploitant dispose seulement d'un motif légitime pour ne pas fournir la prestation, mais en aucun cas pour ne pas réaliser le branchement. La jurisprudence ne semble pas distinguer ces deux phases. Si l'usager refuse de signer une police, l'exploitant est en droit de refuser l'établissement du branchement[140]. Le Conseil d'Etat a jugé, en 1985[141], qu' "en dépit du fait que le règlement de service ne prévoyait pas qu'une demande de raccordement put être refusée, un syndicat a pu légalement refuser *l'autorisation de raccordement* à un lotisseur qui n'avait pas versé la contribution demandée pour le renforcement du réseau d'eau". Normalement, c'est la réalisation du branchement qui aurait due être refusée, et non pas l'autorisation de raccordement, valant autorisation de percevoir la prestation. Le Conseil d'Etat préfère ne pas distinguer les deux phases, car cette distinction est, sans doute, souvent délicate à établir.

---

[136] Dans l'affaire Veuve Jouanne précitée, le tribunal de la Seine, dans un jugement du 31 mai 1879, *S.* 1885, I, p.201, avait émis l'hypothèse d'un "motif spécial" pouvant justifier le refus d'accès au service de distribution d'eau potable. La cour d'appel de Dijon dans l'affaire Bouzereau c/ Société d'éclairage des villes de Chalon sur Saône et Mâcon, *S.* 1917, II, p.105, mentionne la possible existence de "motifs légitimes et suffisants" justifiant le refus d'accès.

[137] CA Montpellier, 9 février 1993, Commune de Puiserguier c/ Epx Moreau, *JCP* 1994, IV, p.945.

[138] Le refus de signer une police type est un cas très différent de celui de l'usager lié par un contrat verbal avec l'exploitant. Voir J. Gosset, *Distributeurs et usagers du gaz et de l'électricité*, préc., p.47. CA Nancy, 19 décembre 1927, *Rev. concess.* 1928, p.12 ; CA Amiens, 26 février 1931, *BU* 1931, p.11 : l'interruption de la fourniture est autorisée, même sans avertissement. Il a également été admis que si l'exploitant concluait avec l'usager un contrat verbal, il est en mesure de réclamer par la suite la conclusion d'un contrat écrit et suspendre la fourniture en cas de refus de l'usager (CA Besançon, 15 décembre 1939, Oudet, *Rev. concess.* 1940, p.81 ; Trib. civil de la Seine, 22 mai 1956, Consorts Viala, *CJEG* 1956, p.173).

[139] Th. préc., p.92 et s.

[140] CA Paris, 15 février 1906, *D.* 1906, V, p.52. Voir également Civ., 10 décembre 1919, Société du gaz et de l'électricité de Bergerac c/ Giraudel-Mareille, *DP* 1920, I, p.7.

[141] CE, 20 novembre 1985, Cheq, *Rec.*, p.574.

1005. L'exploitant d'un service public peut-il intervenir dans les relations qui existent entre les divers occupants d'un même local ? En d'autres termes, peut-il refuser un contrat à des squatters ou à un locataire mauvais payeur ? Il est de jurisprudence constante que l'exploitant ne peut pas refuser l'accès au service à l'occupant d'un local, si le propriétaire s'y oppose[142]. Il ne s'agit donc pas d'un motif légitime[143].

1006. En revanche, l'article L. 111-6 du Code de l'urbanisme fournit un motif légitime à l'exploitant. Il s'agit de la possibilité pour l'administration de s'opposer au branchement des constructions illégales[144]. Si cette disposition n'autorise pas la dépose d'un branchement définitif[145], elle permet la dépose d'un branchement provisoire ou le refus de branchement[146].

1007. Enfin, on s'est demandé récemment si l'exploitant d'un service de distribution d'eau potable pouvait légitimement refuser la souscription de contrats individuels à des copropriétaires, lorsque c'est le syndicat de copropriété qui est titulaire du contrat ? Un arrêt du Conseil d'Etat, rendu en 1998, Commune de Toulon[147], est venu répondre à cette question puisqu'il a été jugé que le concessionnaire ne pouvait refuser la souscription de contrats individuels aux occupants des logements de l'office HLM du Var, dès lors que des compteurs individuels étaient installés.

1008. Les possibilités offertes à l'exploitant de refuser l'accès au service apparaissent très étendues. Cela ne doit pas faire oublier qu'à partir du moment où l'usager respecte les conditions réglementaires d'accès au service, son droit ne peut être entravé. Dans le cas contraire, l'exploitant commet un abus du droit de refuser l'accès au service.

---

142 Cass. civ, 25 juin 1884, Veuve Jouanne, *S.* 1885, I, p.201 ; CA Dijon, 17 mars 1913, Bouzereau, *S.* 1917, II, p.105 ; plus récemment, voir Civ III, 14 mars 1990, Association des foyers de la Région parisienne pour le logement des travailleurs isolés c/ EDF-GDF, *JCP* 1990, IV, p.185 ; TGI Ajaccio (référé), 19 juillet 1996, EDF-GDF c/ SARL Lecci Loisirs, *CJEG* 1997, p.317. La position du juge administratif est identique puisqu'est illégal un règlement du service des eaux qui ne permet aux locataires de souscrire un abonnement que par l'intermédiaire du propriétaire (TA Nice, 23 mars 1993, Office public départemental d'habitations à loyers modérés du Var, *Rec.*, p.664).

143 Voir les réponses ministérielles, question n° 8605 du 19 novembre 1987, JODPS. n°9 du 3 mars 1988 et question n°12946 du 24 novembre 1986, JODPAN n°9 du 2 mars 1987. Cependant, le TGI de Montbéliard, référés, 28 août 1997, P. c/ EDF, *CJEG* 1998, p.351 a ordonné à EDF d'arrêter l'exécution du contrat, car en fournissant de l'électricité elle permettait à des squatters de se réintroduire dans des locaux dont ils avaient été expulsés.

144 TGI Aix, 5 février 1987, Société immobilière A7, *CJEG* 1987, p.828 ; TGI Grenoble, 1er juillet 1988, de Candia, *CJEG* 1989, p.260. Cependant, l'article L.111-6 du Code de l'urbanisme ne peut pas être interprété de façon extensive car il entraverait le droit d'accès des usagers. Ainsi, il n'autorise par l'interdiction générale de raccordement des terrains non constructibles au réseau d'adduction d'eau potable, CE, 24 juin 1994, Charpentier, *CJEG* 1995, p.72, concl. Schwartz.

145 Dans le domaine de l'électricité, voir TA Bastia, 19 novembre 1993, SCI Paese di Mare c/ EDF, *CJEG* 1994, p.508 ; CAA Lyon, 18 février 1997, *CJEG* 1997, J, p.154 et la note. Cependant, il semble qu'en matière téléphonique, le juge judiciaire autorise sur le fondement de l'article L.111-6 du Code de l'urbanisme la suspension d'un raccordement définitif, voir TGI Bastia (référé), 9 décembre 1992, Loubet c/ France Télécom, *LPA* 29 septembre 1993, n°117.

146 TGI Blois (référé), 26 novembre 1996, Gorges c/ Communede Faverolle sur Cher et EDF et TGI de Vannes (référé), 21 février 1997, Georget c/ Commune de Férel et EDF, *CJEG* 1997, p.285, note P. Sablière.

147 CE, 14 janvier 1998, Commune de Toulon, *DA* 1998, n°82.

B. L'abus de droit.

1009. Les exploitants des services publics industriels et commerciaux sont réglementairement tenus d'accepter en tant qu'usager tout candidat satisfaisant aux conditions d'accès au service. Cette situation est propice à l'application de la théorie de l'abus de droit. C'est Josserand, au début du XXème siècle, qui a élaboré une théorie de l'abus de droit : on peut commettre une faute et engager sa responsabilité en exerçant un droit[148].

1010. Dans le domaine du service public industriel et commercial, deux cas de figure sont envisageables. Dans le premier, le candidat usager se situe dans le cadre des conditions réglementaires d'accès au service imposées par les textes organisant le service. L'exploitant refuse de contracter en parfaite violation de son cahier des charges. Dans ce cas, on ne saurait parler d'abus de droit, puisque l'exploitant n'avait précisément pas le droit de refuser. Il s'agit d'une faute civilement sanctionnable[149]. Seul le second cas de figure est donc envisageable : le motif avancé par l'exploitant refusant de contracter n'est pas sanctionné par le cahier des charges. La question est de savoir si le fait d'user de son droit de refuser de contracter est constitutive d'un abus de la part de l'exploitant.

1011. Plusieurs critères de l'abus de droit on été proposés[150]. Selon une thèse restrictive, il n'y aurait abus de droit que si le titulaire du droit l'a exercé dans l'intention de nuire[151]. On recherche la faute intentionnelle. Josserand a proposé de se référer au motif de celui qui commettrait un abus de droit : "l'abus de droit est une notion sociale qui implique la recherche des mobiles individuels."[152] Une troisième position consiste à qualifier d'abus de droit une faute même non intentionnelle. La jurisprudence, en règle générale, semble retenir l'ensemble de ces critères[153].

1012. Lorsqu'un service public est en cause, la distinction entre la rupture des pourparlers et le refus de contracter est difficile à établir. Normalement, la rupture des pourparlers s'apprécie au regard de l'intention de nuire à son partenaire, la mauvaise foi ou la légèreté blâmable[154]. Pour l'abus de droit, la période charnière serait l'émission

---

148 *De l'abus des droits*, 1ère édition, 1905, *De l'esprit des droits et de leur relativité, théorie dite de l'abus des droits*, 2nde édition, 1939. Cet auteur est critiqué par Planiol, "Etudes sur la responsabilité civile", *Rev. crit. légis. et jurisp.* 1905, p. 277 et Ripert, "Abus ou relativité des droits à propos de l'ouvrage de M. Josserand", *Rev. crit. légis. et jurisp.* 1929, p. 33.

149 Voir à ce propos G. Courtieu, "Droit à réparation. Abus de droits et abus de pouvoirs"; Jurisclasseur responsabilité civile, articles 1382-1386, 1997, fasc. 131-2 : "si le refus de contracter est condamné par un texte, nous sommes en présence non pas d'un abus de droit, mais d'une faute sanctionnée civilement."

150 Pour un résumé, voir *Obligations. Théorie générale*, par F. Chabas, préc., n°458 et s.

151 Ripert et Boulanger, *Traité de droit civil* d'après le *Traité* de Planiol, T 2, 1957, n° 968.

152 *De l'abus des droits*, préc., p. 53.

153 N'exigeant pas de faute intentionnelle, Civ I, 3 juin 1997, *JCP* 1997, I, 4056, obs. C. Jamin, *RTDC* 1997, p. 935, obs. Mestre, *D.* 1998, somm. p. 113, obs. D. Mazeaud. Pour une appréciation différente de la jurisprudence, qui refléterait en réalité les trois critères, H. Capitant, "Sur l'abus des droits", *RTDC* 1928, p. 365 L. Cadiet, "Abus de droit", Rép. Dalloz, 1992, n° 24 : la position de Josserand n'aurait aurait très peu pénétré la jurisprudence.

154 G. Courtieu, "Droit à réparation. Abus de droit. Notion", préc.

d'une offre de contracter *stricto sensu*[155]. L'exploitant du service public en situation de monopole est l'émetteur d'une offre faite au public, ce qui laisserait penser qu'on se situe plutôt dans le cadre d'un refus de contracter, s'il refuse à un candidat-usager l'accès au service[156]. Par ailleurs, d'aucuns ont estimé que l'exploitant d'un service public, titulaire d'un monopole de droit ou de fait, n'était pas en mesure de refuser de contracter, à moins d'invoquer une "raison grave"[157].

1013. La Cour de cassation, au cours du volet judiciaire de l'affaire Agnesi[158], a jugé "qu'il résulte des investigations de l'expert qu'il existait à l'époque 644 abonnements à l'eau et que le branchement sollicité par veuve Agnesi aurait représenté moins de 1% de la consommation totale de la commune, même en période d'étiage ; (...) qu'il apparaît dès lors que c'est abusivement et par une véritable mesure discriminatoire que la commune des Arcs-sur-Argens a refusé la concession d'eau sollicitée par veuve Agnesi."[159] Il semble bien que ce soit le principe d'égalité qui serve de critère à l'abus de droit.

1014. Le critère du motif légitime pourrait être utilisé dans le domaine des services publics industriels et commerciaux. L'absence de motif légitime entraînerait une présomption simple d'abus de droit, que le titulaire du droit (l'exploitant du service) pourrait renverser en démontrant qu'il existe des motifs sérieux et légitimes qui l'ont amené à retirer son offre de contracter. Ainsi, les limites à l'accès au service qui ont été précédemment décrites[160] seraient autant de motifs légitimes mis à la disposition de l'exploitant pour refuser de contracter.

1015. Le domaine du service public industriel et commercial pourrait être l'occasion de la consécration de la thèse de Josserand. L'exploitant dispose de droits qui lui sont conférés avant tout dans un but social. M. Ghestin, à ce propos, invoque la confiance que la conclusion du contrat avait fait naître chez le destinataire de l'offre de contracter, confiance d'autant plus importante que l'offre est faite au public[161]. Le critère de l'abus de droit s'apprécierait au regard d'une conception finaliste et sociale des droits subjectifs, selon laquelle le retrait de l'offre de contracter méconnaîtrait la fonction sociale du

---

155 F. Terré, Ph. Simler, Y. Lequette, *Droit civil. Les obligations*, préc., n°177.

156 Ch. Serna, th. préc., p.152 et s. critique l'emploi de la théorie de l'abus de doit, au motif que s'il existe une offre faite au public, l'acceptation de cette offre par le candidat usager forme définitivement le contrat. Ainsi, le prétendu refus de contracter serait en réalité la non-exécution d'une obligation d'un contrat déjà formé, sanctionnable par le biais de la responsabilité contractuelle. La persistance de la jurisprudence à sanctionner le refus d'accès au service sur le terrain de la responsabilité délictuelle conduit à ne pas approfondir cette idée. On notera, tout au plus, une jurisprudence très ancienne de la cour d'appel d'Aix en Provence, du 31 mars 1846, Mille et consorts c/ Compagnie du Midi, *DP* 1846, II, p.177, qui semble faire application de cette théorie.

157 F. Terré, Ph. Simler, Y. Lequette, *Droit civil. Les obligations*, préc., n°119. Sur le monopole de fait, Josserand, *De l'esprit des droits et de leur relativité*, préc., n°89, estime que le titulaire d'un monopole de fait ne peut refuser de contracter. Pour une position contraire, voir P. Durand, "La contrainte légale dans la formation du lien contractuel", *RTDC* 1944, p. 81, n° 11.

158 Civ I, 26 janvier 1970, Commune des Arcs sur Argens c/ Veuve Agnesi, *Bull.* n°32.

159 Voir également l'arrêt Tondut du Conseil d'Etat, 6 mai 1931, *S.* 1931, III, p.81, note P. L., qui fait état du caractère "nettement abusif" du refus opposé par la commune.

160 Voir n°979 et s.

161 *Traité de droit civil. La formation du contrat*, par J. Ghestin, préc., p.276 et s.

pouvoir d'initiative accordé aux individus[162]. La fonction sociale des droits serait d'autant mieux mise en évidence qu'il s'agit d'un service public.

1016. En matière de services publics industriels et commerciaux, aucune faute intentionnelle de l'exploitant n'est à démontrer. L'exploitant n'est pas non plus astreint à une obligation de contracter en toutes circonstances. La jurisprudence n'exige pas un "motif grave", mais un simple motif légitime, contrairement à ce que la présence d'un monopole laisser supposer. Ce motif légitime est apprécié au regard de la relation de service public et du principe d'égalité, qui tient compte de certains éléments économiques et territoriaux.

1017. L'une des spécificités du droit applicable aux service publics industriels et commerciaux permet d'élargir le cadre contractuel bilatéral et de faire intervenir des considérations d'intérêt général. Les critères classiques de l'abus de droit en matière contractuelle ou précontractuelle cèdent parfois devant la notion d'intérêt général, la bonne marche du service ou encore aux lois du service public. Ainsi, le juge sanctionne, grâce à l'instrument de droit privé qu'est l'abus de droit, la méconnaissance par l'exploitant des lois du service public, et notamment du principe d'égalité dans l'accès au service. L'un des motifs légitimes invocables par l'exploitant pour se justifier d'un refus de contracter serait l'intérêt et la bonne marche du service, autant dire l'intérêt général.

1018. Quelles sont les sanctions infligées à l'exploitant du service en cas de refus de contracter ? Bien évidemment, le candidat usager peut obtenir des dommages et intérêts sur le fondement de la responsabilité délictuelle de l'exploitant[163]. La sanction de la conclusion judiciaire du contrat ne s'est rencontrée qu'une seule fois et mériterait de l'être plus souvent[164]. Pour ce qui est de la demande d'exécution des travaux de branchement, distincte de la demande de fourniture ou de raccordement, le juge judiciaire a déjà condamné EDF, sous astreinte, à procéder auxdits travaux[165]. Dans le cas où ces travaux présenteraient le caractère de travaux publics, le juge administratif, compétent pour juger du refus de réalisation de tels travaux, pourrait évidemment faire usage de ses nouveaux pouvoirs d'injonction à l'égard des personnes publiques[166].

1019. Les règles de droit privé utilisées dans ce domaine succèdent aux lois de Rolland et en assurent la sanction. Les critères d'appréciation du droit d'accès au service sont semblables, que l'on se place du côté des lois de Rolland ou du côté de la théorie de l'abus de droit, puisque le principe d'égalité en est le dénominateur commun. Peut-on envisager l'application de règles plus spécifiques comme celles relatives au refus de vente dont la sanction est très efficace ?

---

[162] *Traité de droit civil. La formation du contrat*, par J. Ghestin, préc., p.276.

[163] La veuve Agnesi dans l'affaire préc. a obtenu 10 000 F de dommages intérêts.

[164] Dans l'affaire Veuve Jouanne, Trib. civ. de la Seine, 31 mai 1879, *S.* 1885, I, p.201.

[165] CA Riom, 27 janvier 1943, EDF c/ Vimal-Vialis. Le contenu de cet arrêt est repris par l'arrêt de la Cour de cassation, civ., 20 février 1951, *Bull.* n°69.

[166] Loi du 8 février 1995, articles 62 et 67, Code des TA et CAA, art. L 8-2 et L 8-3.

C. Le refus de vente à un consommateur.

1020. L'article 37 §1 a) de l'ordonnance du 30 juin 1945 considérait comme illicite le fait "par tout producteur (...) de refuser de satisfaire, dans la mesure de ses disponibilités et dans les conditions conformes aux usages commerciaux, aux demandes des acheteurs de produits ou aux demandes de prestations de service, lorsque ces demandes ne présentent aucun caractère anormal, (ou) qu'elles émanent de demandeurs de bonne foi, etc." Cette disposition est abrogée par l'article 30 de l'ordonnance du 1er décembre 1986[167], qui dispose qu' "il est interdit de refuser à un consommateur la vente d'un produit ou la prestation d'un service, sauf motif légitime". On remarquera que l'appréciation du refus de vente présente des similitudes avec celle des refus d'accès au service : est évoqué le motif légitime, qui, sujet à interprétation, pourra regrouper la mauvaise foi, la demande anormale, etc. Outre le fait que le refus de vente à un consommateur est pénalement sanctionné, quel pourrait être l'intérêt de l'application de telles dispositions en matière de services publics industriels et commerciaux ?

1021. Pour l'instant, aucun exploitant de service public industriel et commercial n'a été sanctionné sur le fondement du refus de vente, que ce soit sous l'empire de l'ordonnance de 1945 ou sous celui de l'ordonnance de 1986. On peut toutefois souligner l'application de ces textes à deux types d'activités qui ont déjà été qualifiées de service public : un établissement de cure thermale[168] et un parking[169].

1022. Pourquoi aucune jurisprudence n'est-elle en mesure de faire état de l'application de ces règles à des exploitants de services publics industriels et commerciaux ? L'ordonnance de 1986, d'inspiration consumériste, peut apparaître comme une règle de droit surabondante vis à vis des cahiers des charges et règlements de service. Pourquoi utiliser le droit de la consommation là ou les conditions imposées par les textes réglementaires d'organisation du service suffisent ? Le juge applique de préférence la réglementation spéciale au service, avant de puiser dans les règles générales ou particulières du droit privé. Cependant, cette explication ne vaut que si les cahiers des charges organisent un accès au service largement favorable à l'usager. Que dire alors de la tendance générale de l'ouverture des réseaux à la concurrence ? On a vu que le principe d'universalité pouvait apparaître comme le prolongement du droit d'accès au service public, tel qu'il s'entendait jusqu'alors. Mais qu'en est-il des services offerts sur le marché concurrentiel ? C'est à ce stade que le refus de vente pourrait trouver une application intéressante, car ces services ne bénéficient pas encore de la protection assurée par les cahiers des charges.

1023. Les sanctions civiles du refus de contracter succèdent aux lois du service et en assurent la matérialisation. On peut alors se demander si ce qui est vrai pour l'accès au service l'est aussi en ce qui concerne la sortie du service.

---

[167] Ordonnance n°86-1243, JO du 9 décembre, p.14773 ; art. L.122-1 du Code de la consommation. Voir C. Lucas de Leyssac, "Refus de vente", Jurisclasseur concurrence et consommation, 1991, fasc. 290.

[168] CA Pau, 16 novembre 1988, *Gaz. Pal.* 1988, 2, p.692.

[169] CA Paris, 12 octobre 1966, *JCP* 1967, II, 14936 ; Cass. crim., 8 novembre 1967, *JCP* 1968, II, 15353.

- *SECTION III* -
La sortie individuelle du service public

1024. La sortie du service est le pendant de l'accès au service. La sortie individuelle du service ne concerne pas les fermetures de lignes, ou la suppression d'un type de services industriels et commerciaux, mais uniquement la rupture, ou plus généralement la disparition, du contrat qui lie l'usager à l'exploitant.

1025. Les règles d'exécution du contrat vont succéder à certaines règles de droit administratif. Cependant, le prolongement sera moins "automatique" que ce qui a été vu précédemment. Quelle est l'influence de l'exécution des obligations du cahier des charges par les parties au contrat de délégation de service public sur la validité du contrat conclu avec l'usager ? (§1) Par ailleurs, dans quelle mesure la non exécution par l'usager de ses propres obligations, contenues dans son contrat, peut-elle entraîner la perte de son droit d'accès au service public ? (§2)

§ 1. L'influence de l'exécution et de la validité des obligations du cahier des charges sur le contrat conclu par l'usager.

1026. Trois cas de figure peuvent se présenter[170]. Dans le premier, certaines clauses du contrat de délégation de service public sont annulées ou déclarées nulles. Les clauses réglementaires du contrat de délégation ont une influence déterminante sur le contrat conclu avec l'usager. Sa validité est-elle remise en cause du fait d'une telle annulation ? (A) Dans le second cas de figure, l'exploitant du service ne respecte pas certaines de ses obligations dérivant des clauses réglementaires du contrat de délégation. L'usager est-il en droit de suspendre ses propres obligations, voire de remettre en cause la validité de son propre contrat ? (B) Enfin, on sait que le contrat de délégation de service public peut subir des modifications. De telles modifications permettent-elles à l'usager de résilier son contrat ? (C)

---

[170] On considère ici le cas d'un service délégué, mais les solutions seraient identiques en cas d'irrégularité frappant le règlement de service d'une régie.

A. L'influence de la nullité des clauses du contrat de délégation de service public sur la validité du contrat conclu par l'usager.

1027. En vertu de l'article 1108 du Code civil, "quatre conditions sont essentielles pour la validité d'une convention : le consentement de la partie qui s'oblige ; sa capacité de contracter ; un objet certain qui forme matière à engagement ; une cause licite dans l'obligation". Même si les clauses du cahier des charges ont une certaine influence sur le contrat conclu par l'usager, celui-ci demeure valide, quelle que soit la propre validité de celui-là. Cependant, l'affaire du prix de l'eau à Saint Etienne a donné matière à réflexion. En effet, les dispositions réglementaires concernant le prix de l'eau ont été annulées ou déclarées illégales par le juge administratif. Que faire alors des contrats des usagers, privés de l'un de leurs éléments les plus essentiels, le prix de la prestation fournie ? Si toutes les illégalités touchant le contrat de délégation de service public entraînaient *ipso facto* la nullité du contrat conclu par l'usager, ce dernier serait très fragilisé. C'est pourquoi les règles d'exécution et de validité relatives aux contrats de droit privé doivent être un relais pour sanctionner le non respect du droit administratif, mais un relais extrêmement sélectif.

1028. L'affaire de Saint Etienne, aux allures d'un véritable roman-feuilleton, a conduit le juge administratif, par le biais d'une question préjudicielle, à déclarer illégale une délibération du conseil municipal de Saint Etienne de 1990, approuvant le prix de l'eau. Cependant, le tribunal administratif de Lyon a décidé que bien que déclarée illégale, la délibération litigieuse n'en demeurait pas moins dans l'ordonnancement juridique[171]. En effet, une déclaration de nullité n'équivaut pas à une annulation faisant revivre l'acte immédiatement antérieur. Cependant, il incombe à l'administration de ne pas appliquer un acte déclaré illégal. Elle ne peut pas non plus prendre une délibération fixant le prix de l'eau rétroactivement. Les usagers étant liés par leurs contrats, il était inconcevable de régler le litige sur le fondement de l'enrichissement sans cause, tant que les contrats survivaient. La question était donc de savoir sur quels fondements juridiques et à quel prix les usagers allaient devoir payer l'eau entre 1990 et 1997 ?

1029. Le tribunal d'instance de Saint-Etienne, dans un jugement du 5 juin 1998[172] a réglé l'affaire sur le fondement de l'article 1591 du Code civil, qui dispose que "le prix doit être déterminé et désigné par les parties". En effet, "la jurisprudence estime qu'à défaut de prix, la vente est nulle et qu'elle est même inexistante ; le prix qui devait être déterminé par une délibération du conseil municipal ne peut plus l'être (interdiction de la rétroactivité) et qu'aucune délibération tarifaire ne lui est applicable ; que force est de constater, dès lors, que le contrat de vente d'eau passé entre les (usagers) d'une part et la Ville de Saint-Etienne puis la Société Stéphanoise des Eaux d'autre part doit être considéré comme inexistant pour les années concernées". De ce fait, le tribunal a pu faire application de la théorie de l'enrichissement sans cause et retenir la fixation du prix déterminée par un groupe d'experts[173].

---

[171] TA Lyon, avis du 18 mai 1995, *Rev. fr. de décentr.* 1996, n°4, p.224 ; jugement du 29 janvier 1997, Tartary, req. n°9600753, 9600779, 9600777.

[172] Robert et autres c/ Société Stéphanoise des eaux, n°11-94-000292.

[173] Ce jugement est complété par un autre jugement du 9 octobre 1998, SA Gaucher Armes, n°11-98-001325.

1030. Cette affaire met en évidence le rôle de relais de la règle de l'indétermination du prix dans les contrats pour sanctionner l'annulation des clauses tarifaires des règlements de service ou cahiers des charges. Le lien entre la clause tarifaire et le prix compris dans le contrat de l'usager est si évident que l'issue du litige est tout à fait justifiée. On ne peut faire payer aux usagers un prix déclaré illégal, sachant que l'illégalité dans cette affaire touchait la composition même du tarif. Il ne s'agissait pas d'un vice de forme ou de procédure entraînant, "par voie de conséquence" l'illégalité des clauses tarifaires. Les usagers ont vu là une occasion de contester leurs factures d'eau. Bon nombre d'affaires font état de tentatives plus ou moins fructueuses de la part des usagers de faire saisir les tribunaux administratifs, par la voie préjudicielle, de la légalité des clauses tarifaires du contrat de délégation[174].

1031. Peut-on aller plus loin et se servir d'irrégularités dans la procédure de passation du contrat de délégation de service public pour faire tomber ces mêmes clauses tarifaires, bien qu'elles-mêmes soient en parfaite concordance avec les principes à respecter en matière de fixation du prix ? On pourrait, par exemple, imaginer que des usagers contestent la régularité de la procédure de passation si les règles de publicité ne sont pas respectées. Dans un avis du 10 juin 1996[175], le Conseil d'Etat a considéré que "l'absence de transmission de la délibération autorisant le maire à signer le contrat avant la date à laquelle le maire procède à sa conclusion entraîne l'illégalité dudit contrat". De nombreuses communes ayant commis l'erreur de transmettre en une seule fois l'ensemble des documents afférents à la passation de leurs contrats, les usagers y ont vu là une occasion de contester leurs factures d'eau. Cependant, si on conçoit volontiers qu'un tarif intrinsèquement illégal ne puisse pas être appliqué aux usagers, on a du mal à admettre qu'une irrégularité dans la procédure de passation puisse avoir le même effet.

1032. Trois obstacles se dressent devant les usagers. En premier lieu, il existe un obstacle de procédure. Il faudrait admettre que la légalité du contrat de délégation de service public, et notamment celle de ses clauses contractuelles, peuvent faire l'objet d'une appréciation de validité par voie de question préjudicielle, ce qui peut prêter à discussion[176]. Le contentieux des clauses et actes intéressant les parties au contrat de délégation n'est que difficilement accessible aux usagers[177]. Le tribunal administratif de Lyon, dans l'affaire de Saint-Etienne[178], a jugé que les usagers n'avaient pas d'intérêt à agir pour demander l'annulation d'une délibération approuvant des stipulations du contrat, qui n'intéressent que les relations entre l'autorité délégante et son contractant. C'est le cas semble-t-il du non respect de la procédure de passation. Ensuite, en matière de délai, la

---

174 Tribunal de commerce de Lyon, 10 juin 1998, n°97JO5423 ; TA Bordeaux, 11 juin 1998, SLEE-Dumez c/ Syndicat des copropriétaires de la résidence "Horizon Marin", n°9501349.

175 Préfet de la Côte d'Or, *D.* 1997, p.44, note F.-P. Bénoit, *RFDA* 1997, p.83, note J.-C. Douence. Le Conseil d'Etat avait déjà rendu un arrêt sur cette question, CE, 20 janvier 1989, Ville de Millau, *Marchés publics* 1989, n°241, p.12. Voir aussi CE, 8 février 1999, Commune de Cap d'Ail, *AJDA* 1999, p.283.

176 Le tribunal de commerce de Lyon (ordonnance de référé), 25 novembre 1997, n°97R02080 et en appel, la cour d'appel de Lyon, 18 décembre 1998, n°97/07939 ont admis que la légalité du contrat de délégation de service public pouvait faire l'objet d'une question préjudicielle. Dans ce sens également, TI Carpentras, 27 janvier 1998, n°56/ML.

177 Voir n°662 et s.

178 TA Lyon, 29 janvier 1997, Tartary, req. n°9600753-9600777-9600779.

décision de signer le contrat n'étant pas un acte réglementaire, son illégalité par voie d'exception ne peut être invoquée une fois le délai de recours expiré[179].

1033. Si toutefois les usagers surmontaient ces obstacles, le droit administratif des contrats en dresse un autre sur leur passage. Jusqu'alors, on a supposé qu'un vice affectant la procédure de passation du contrat de délégation de service public conduisait à l'annulation de celui-ci. Rien n'est moins certain ! Le commissaire du gouvernement Pochard, dans ses conclusions sur l'arrêt Société le Yacht-club international de Bormes-les-Mimosas de 1993[180], a ébauché une théorie des répercussions de l'annulation de l'acte détachable sur le contrat[181]. En premier lieu, il faut prendre en considération le motif d'annulation de l'acte détachable : s'il est annulé en raison de l'illégalité des stipulations du contrat lui-même, il y a un retentissement sur le contrat, mais il en va différemment s'il est annulé en raison d'un vice propre. En second lieu, il faut s'intéresser à l'objet de l'acte détachable : s'il s'agit de l'acte de passation lui-même, sa nullité entraîne celle du contrat. M. Richer[182] remarque qu'aussi bien l'arrêt Société Le Yacht-club international de Bormes-les-Mimosas, qu'un avis de la Section du rapport et des études de 1997[183], mettent exclusivement l'accent sur la nature du vice, sans qu'il soit tenu compte de l'objet de l'acte détachable. Le tribunal administratif de Dijon, en 1997[184], a jugé[185] que les vices propres d'actes détachables, alors même qu'ils constituent des actes-support du contrat, n'affectent pas ce dernier de nullité : "l'illégalité de la décision de signer le contrat n'entraînerait pas par seule voie de conséquence, (...), l'illégalité du contrat."

1034. Si toutefois ce second obstacle était franchi par les usagers, il reste à déterminer si, comme dans l'affaire de Saint-Etienne, le droit privé offre un relais à l'irrégularité de la procédure administrative de passation du contrat de délégation de service public. Si le contrat de délégation de service public devait être déclaré illégal, l'exploitant perdrait sa qualité de délégataire. On peut opérer un rapprochement avec les suites judiciaires de l'affaire Lopez. Il s'agissait de la vente d'un appartement par la commune de Moulins à Mme Henriques. Saisi par les anciens locataires de l'appartement qui auraient voulu l'acquérir, les époux Lopez, le tribunal administratif de Clermont-Ferrand a annulé la délibération du conseil municipal autorisant le maire à signer le contrat de vente. Désirant tirer toutes les conséquences de cette illégalité, les époux Lopez ont à nouveau saisi le juge administratif d'un recours pour excès de pouvoir contre le refus de la commune de saisir le juge compétent pour déclarer la vente nulle. Le Conseil d'Etat leur donne gain de cause

---

179 TA Dijon, 7 octobre 1997, Segaud c/ Commune de Chalon sur Saône, *AJDA* 1998, p.172, note L. Richer. Cela dit, il faudrait voir dans quelle mesure ces actes font l'objet d'une publicité, car à défaut de publicité le délai envers les tiers ne court pas.

180 CE, 1er octobre 1993, *AJDA* 1993, p.810.

181 Voir également une réponse de la Section du rapport et des études à une demande d'éclaircissement en date du 25 janvier 1989 (EDCE, 1989, n°41, p.127 et *CJEG* 1991, p.115, note B. Pacteau).

182 Note sous CE, Section du rapport et des études, réponse à une demande d'éclaircissement, 3 décembre 1997, *AJDA* 1998, p.169.

183 Avis préc., note ci-dessus.

184 TA Dijon, 7 octobre 1997, Segaud c/ Commune de Chalon-sur-Saône, *AJDA* 1998, p.172, note L. Richer.

185 L'avis préc. du Conseil d'Etat confirme cette position puisque l'annulation de la délibération du conseil municipal, pour non respect de la procédure d'information des conseillers municipaux, n'impliquait pas que la collectivité saisisse le juge du contrat pour le faire déclarer nul.

dans un arrêt de 1994[186]. La commune saisit alors le juge judiciaire, compétent puisque le contrat de vente n'était pas un contrat administratif, afin qu'il en prononce la nullité. La cour d'appel de Riom, en 1996[187], valide au contraire le contrat au motif que "la théorie du mandat apparent a justement pour but de protéger les tiers de bonne foi contre la nullité des engagements contractés par un mandataire qui aurait excédé ses pouvoirs". Cependant, cet arrêt est censuré par la Cour de cassation[188], au motif que Mme Henriques, qui ne pouvait ignorer que la délibération du conseil municipal autorisait le maire à vendre l'immeuble à M. Henriques et non elle, sa mère, ne peut pas être un tiers de bonne foi.

1035. Les usagers du service public ne sont-ils pas, quant à eux, des tiers de bonne foi ? Ils ont contracté avec l'exploitant qu'ils pensaient être le délégataire autorisé de la collectivité locale. Cependant, il faut remarquer ici que ce sont les usagers, tiers de bonne foi, et non le délégataire apparent, qui réclament la nullité de leurs contrats. La bonne foi peut jouer en faveur du tiers usager, mais pas forcément à son encontre. En outre, le consentement du délégataire aux contrats conclus avec les usagers n'est pas directement touché par la déclaration de nullité du contrat de délégation, qui n'entraîne au pire que la disparition du consentement au contrat de délégation. A l'inverse, dans l'affaire Lopez, où un seul contrat était en jeu, l'annulation de l'acte détachable avait entraîné la disparition du consentement au contrat litigieux.

1036. Selon un raisonnement logique, il convient de se demander si la perte rétroactive par le délégataire de sa qualité est constitutive d'une nullité en droit privé. Il serait difficile d'invoquer l'article 6 du Code civil. En effet, on ne voit pas en quoi les contrats conclus avec les usagers dérogeraient à l'ordre public et encore moins aux bonne moeurs si le délégataire avait perdu sa qualité. Peut-on envisager que l'une des quatre conditions à la validité des contrats posées par l'article 1108 du Code civil ait disparu ? *A priori*, même si l'exploitant a perdu sa qualité de délégataire, son consentement aux contrats conclus avec les usagers n'est pas vicié. Il dispose toujours de la capacité de contracter. Les contrats ont toujours un objet et une cause, puisque rien n'empêche le délégataire de fait de continuer à fournir la prestation aux usagers, de même qu'il la fournissait en vertu d'un contrat de délégation illégal avant que l'illégalité ne soit constatée.

1037. Peut-on aussi envisager que le consentement des usagers soit vicié par l'erreur qu'ils auraient commis sur la personne de l'exploitant, qu'il croyaient délégataire, alors qu'elle ne l'est pas ? Ici, la fiction de la disparition rétroactive du contrat de délégation frappé de nullité permet d'affirmer qu'à la date de la conclusion de leurs propres contrats, les usagers ont contracté avec une personne qui n'était pas délégataire. L'article 1110, al. 2 du Code civil dispose que l'erreur "n'est point une cause de nullité, lorsqu'elle ne tombe que sur la personne avec laquelle on a l'intention de contracter, à moins que la considération de cette personne ne soit la cause principale de la convention". Mais le contrat de fourniture d'une prestation de service public est-il conclu en considération de la

186 CE, Section, 7 octobre 1994, Epoux Lopez, *RFDA* 1994, p.1090, concl. Schwartz, note D. Pouyaud, *AJDA* 1994, p.867, chron. L. Touvet et J.-H. Stahl. Voir également CE, 27 novembre 1996, Commune de Moulins c/ Mme Henriques, *RFDA* 1997, p.353, concl. Schwartz.

187 CA Riom, 28 mars 1996, Veuve Enriquès et Commune de Moulin c/ Epoux Lopez, *RFDA* 1997, p.354, note D. Pouyaud, *AJDA* 1998, p.167, note E. Fatôme et L. Leveneur.

188 Cass. civ. I, 12 novembre 1998, Commune de Moulins, *RFDA* 1999, p.147, note D. Pouyaud.

personne ? On peut en douter, d'autant plus que les usagers n'avaient pas le choix de leur cocontractant. Cette piste ne peut donc être suivie.

1038. Cependant, il faut s'intéresser d'un peu plus près à l'objet du contrat. Si le contrat de délégation est déclaré nul, il disparaît rétroactivement. Disparaissent alors avec lui une grosse partie du contenu des contrats conclus avec les usagers, qui, il faut le rappeler, sont largement prédéterminés par les clauses des cahiers des charges et règlements de service. Notamment, les clauses tarifaires seront déclarées nulles. On est alors dans la même situation juridique que celle des usagers qui ont fait annuler les clauses tarifaires, ce qui a eu pour conséquence d'affecter leurs contrats d'une indétermination du prix, cause de nullité. Si le contrat de délégation est annulé, il faudra appliquer le tarif résultant de l'acte administratif immédiatement antérieur et s'il s'agit simplement d'une déclaration de nullité, c'est la théorie de l'enrichissement sans cause qui s'appliquera, comme dans l'affaire de Saint Etienne.

1039. Ce raisonnement contredit cependant l'un des grands principes du droit privé. Alors qu'en droit administratif le principe de légalité l'emporte souvent sur la sécurité juridique, le droit privé préfère protéger l'attente légitime d'une partie à un contrat, qui veut que l'autre partie ne puisse pas se prévaloir d'une irrégularité commise lors d'une procédure administrative externe dans le seul but de se soustraire à ses obligations, et cela même si l'irrégularité parait très grave. Dans l'affaire de Saint Etienne, le prix de l'eau était intrinsèquement illégal. Lorsque c'est la procédure administrative de passation du contrat de délégation qui est en cause, le tarif n'est pas intrinsèquement irrégulier. Une partie au contrat liant l'usager à l'exploitant tente simplement de se soustraire à ses obligations pécuniaires. Pour démontrer l'existence de ce principe du droit privé, il faut se reporter au droit privé concernant les autorisations administratives. Il s'agit d'un cas où ce ne sont plus les illégalités du contrat de délégation de service public qui justifieraient la nullité des contrats conclus avec les usagers, mais le non respect de certaines de leurs clauses, cas qu'il faut aborder maintenant.

B. Le non respect des obligations contenues dans le contrat de délégation de service public.

1040. Les exploitants des services industriels et commerciaux sont parfois conduits à contracter avec de gros consommateurs pour l'alimentation de leurs industries. Certains contrats de délégation de service public prévoient que l'autorité délégante doit donner son autorisation pour la conclusion de tels contrats. Que se passe-t-il si le délégataire s'abstient de demander son autorisation à l'administration et livre tout de même la prestation à l'usager industriel ?

1041. En règle générale, l'absence d'autorisation, alors même qu'elle serait obligatoire en vertu de la réglementation en vigueur, n'est pas une condition de validité des contrats. En effet, parmi les quatre conditions exigées par l'article 1108 du Code civil pour la formation du contrat, ne figure aucune obligation de formalisme. La doctrine s'est alors orientée vers une dissociation de la validité et des effets du contrat[189]. En matière de vente par exemple, l'absence d'autorisation laisse subsister le contrat, mais empêche seulement le transfert de propriété[190]. En revanche, dans le domaine de la réglementation des changes, certains arrêts de la Cour de cassation ont prononcé la nullité des contrats dépourvus d'autorisation, sans que la tolérance de l'administration ou la volonté des parties puissent la couvrir[191]. Cette jurisprudence, motivée par le caractère d'ordre public de la réglementation des changes à l'époque, s'est assouplie en même temps que l'exigence d'autorisations dans ce domaine. Dans deux arrêts datant de 1983[192], la Cour de cassation se range finalement à la dissociation de la validité des contrats et de leur exécution, qui demeure interdite en l'absence d'autorisation.

1042. Que peut-on en déduire quant à la situation décrite précédemment ? L'agrément dispensé par l'autorité concédante n'est assurément pas une disposition d'ordre public. Il n'est prévu ni dans une loi, ni dans un règlement, mais dans un contrat de délégation qui n'aurait normalement qu'un effet relatif. De deux choses l'une : soit l'agrément de l'autorité concédante n'est exigée que pour s'assurer de son information concernant les gros consommateurs, soit il s'agit d'une mesure d'organisation du service qui vise à éviter les effets financiers désavantageux pour les petits consommateurs de l'arrivée d'une forte demande émanant d'un seul consommateur[193]. Dans le premier cas, il s'agira d'une clause contractuelle qui ne devrait avoir aucun effet sur la validité ou sur l'exécution du contrat conclu avec l'usager, alors que dans le second cas, le caractère réglementaire de la clause lui conférerait plutôt les mêmes effets qu'un règlement pour ce qui est de la mise en place d'un système d'autorisation. Dans les deux cas, le non respect de la procédure d'autorisation n'aurait de toute façon pas d'effet sur la validité du contrat conclu avec l'usager.

1043. La jurisprudence a accordé un intérêt tout particulier à la bonne foi de la partie qui se prévalait de l'absence d'autorisation pour se délier de ses engagements[194]. Il semble en effet que, tant que le contrat n'est pas contraire à l'ordre public, l'usager et l'exploitant ne peuvent pas se désengager aussi facilement de leurs obligations en invoquant l'absence d'autorisation, qui ne serait qu'un prétexte. Cependant, comme l'exécution des contrats s'échelonne dans le temps, la sanction adéquate semble difficile à trouver. On ne peut empêcher le contrat de produire ses effets, car souvent la question de l'absence d'autorisation ne sera soulevée que de nombreuses années après la conclusion et l'exécution du contrat. La jurisprudence dissociant la validité du contrat et son exécution

---

[189] J. Carbonnier, *RTDC* 1941-42, p.69 et s.

[190] Voir la jurisprudence développée à partir de la loi du 16 novembre 1940 (JO du 12 décembre) qui soumettait à autorisation préfectorale certaines mutations de propriété, Civ., 15 janvier 1946, *JCP* 1946, II, 3034 et 25 février 1946, *D.* 1946, p.341.

[191] Cass. com., 17 janvier 1972, "Club Méditerranée", *Bull.* n°20, p.18 ; Cass. com., 9 mai 1983, "Les jardins de Grimaud", *Bull.* n°132, p.116.

[192] Cass. com., 22 novembre 1983, Sapvin et Etat Belge, *JCP* 1984, II, 20228.

[193] En effet, le système financier de nombreux services étant fondé sur l'économie d'échelle, l'arrivée d'un gros consommateur peut entraîner la réalisation d'investissements à répartir sur l'ensemble des usagers, alors que les usagers domestiques n'en perçoivent aucun avantage

[194] Voir les arrêts cités par A. Bernard, *L'autorisation administrative et le contrat*, Th. Paris II, 1985, p.466 et s. Civ., 27 janvier 1947, *D.* 1947, p.181.

serait très difficilement applicable. On aurait affaire à un contrat déjà exécuté et qui n'aurait pas dû l'être. La seule sanction serait celle de l'enrichissement sans cause, mais elle suppose que le contrat soit déclaré illégal, ce qui précisément est impossible, puisqu'il demeure valide.

1044. Plusieurs solutions sont alors envisageables. La Cour de cassation, dans un arrêt de 1990[195], a admis la possibilité pour l'administration de régulariser *a posteriori* l'absence d'autorisation dans le domaine du contrôle des changes, ce qui permet au contrat de produire légalement ses effets avant même l'obtention de l'autorisation. Ainsi, l'autorité délégante pourrait accorder son agrément *a posteriori*. Mais que se passerait-il si l'administration refusait de le faire et qu'elle invoquait comme motif, par exemple, la nuisance du contrat litigieux au bon fonctionnement du service public ? Le litige pourrait alors se régler sur le terrain de la responsabilité contractuelle, car l'exploitant a commis une négligence en s'abstenant de demander l'autorisation à l'administration et il en doit réparation à l'usager.

1045. On a envisagé l'influence de la nullité du cahier des charges ou du règlement de service sur le contrat de l'usager, puis les conséquences du non respect de certaines obligations contenues dans ces documents. Qu'en est-il de la faculté pour l'usager se sortir du service en cas de modification des conditions d'organisation du service ?

C. Les modifications du cahier des charges.

1046. Normalement, les contrats des usagers sont conclus pour une durée minimale d'une année, durant laquelle les usagers ne peuvent les résilier qu'à condition de payer la partie fixe du prix correspondant à la durée minimale[196]. Après expiration de cette durée minimale, l'usager peut sortir du service sans frais, sous réserve du respect d'un bref préavis[197]. Les modifications des clauses réglementaires contenues dans les cahiers des charges ou règlements de services s'imposent à l'usager[198]. Si ces modifications ne lui conviennent pas, dispose-t-il d'une faculté de résiliation de son propre contrat ?

1047. Il faut distinguer les cas des polices contenant un terme de celles à durée indéterminée. Pour les polices à durée indéterminée, ou qui se sont renouvelées par tacite reconduction après un terme d'une année généralement, rien n'empêche l'usager de résilier son contrat. Ce droit a d'ailleurs été admis par le juge judiciaire dans l'affaire du Modulopass : la faculté pour la SNCF de supprimer un abonnement était fondée sur la durée indéterminée du contrat qui la liait à l'usager et le juge avait remarqué que l'usager disposait aussi de la possibilité de résilier son contrat[199]. Cependant, la cour d'appel dans

---

[195] Cass. com., 20 mars 1990, *Bull.* n°87, p.58.

[196] Voir par exemple pour l'année 1999 la facture contrat de France Télécom, la facture contrat d'EDF et les règlements de service de la Lyonnaise des Eaux.

[197] TI Ajaccio, 6 décembre 1989, EDF c/ Société Corse de Pyrotechnique, *CJEG* 1990, p.314.

[198] Voir n°785 et s.

[199] TGI Paris, 28 octobre 1987, Coudurier et Union fédérale des consommateurs c/ SNCF, *CJEG* 1990, p.180, note J.-F. Lachaume.

cette affaire vérifie que la SNCF n'a pas commis un abus de droit dans sa faculté de résiliation[200]. Cette exigence est transposable à l'usager, qui n'est censé résilier sa police qu'en toute bonne foi. Cependant, la jurisprudence ne contrôle que la bonne foi et l'obligation d'information du cocontractant sans étendre son examen au motif des cocontractants : la rupture unilatérale n'a pas à être justifiée par un motif légitime[201], à la différence du refus d'accès au service public.

1048. Qu'en est-il des contrats comportant un terme minimal et que l'usager désire résilier avant son expiration, en raison des modifications des conditions d'organisation du service ? En règle générale, l'usager ne pourrait résilier son contrat qu'en s'acquittant des frais correspondant à la durée minimale du contrat, même si l'on peut avoir des soupçons sur le caractère abusif d'une telle clause[202]. Toutefois, les issues sont probablement à rechercher du côté d'une meilleure rédaction des contrats proposés aux usagers. Dans le domaine des télécommunications, la Direction commerciale de France Télécom distingue trois types de contrats. Les contrats à durée indéterminée conclus pour des services relevant du monopole sont en principe soumis au principe de mutabilité sous réserve d'une concertation préalable avec les représentants des consommateurs et d'une publicité suffisante. Aujourd'hui, le client peut toutefois résilier son contrat, sans frais, même pendant la période minimale[203]. Les contrats conclus pour une durée indéterminée pour les services en concurrence pourraient faire l'objet d'une modification tarifaire notifiée individuellement au client, qui dispose là encore d'une faculté de résiliation même pendant la période minimale. Enfin, pour ce qui est des contrats à durée déterminée conclus en fonction de considérations économiques (durée d'amortissement du commutateur d'entreprise par exemple), le pouvoir de modification unilatérale serait strictement encadré et la résiliation impossible.

1049. Ne pourrait-on pas considérer que l'exigence générale de bonne foi en la matière puisse imposer, à l'administration et au délégataire, un usage modéré et sans abus du pouvoir de modification ? Pourquoi ne pas exiger que, pendant la période minimale du contrat conclu par l'usager, l'exploitant ne pourrait pas lui imposer des modifications qu'il n'a pas souhaitées, même si le pouvoir de modification des clauses réglementaires peut s'affranchir du consentement de l'usager ? Le principe d'égalité admet tout à fait la mise en oeuvre progressive d'une nouvelle réglementation[204]. L'absence d'atteinte au principe d'égalité ne serait pas justifié par des difficultés techniques relatives à la mise en oeuvre d'une nouvelle réglementation, mais par l'exigence de bonne foi qui préside à l'exécution de tout contrat de droit privé. Là encore, on assisterait à un phénomène de substitution de fondement : ce n'est plus l'exécution du contrat qui serait soumise à une contrainte d'intérêt général, mais une loi du service public qui se plierait à la règle d'exécution de bonne foi des contrats.

---

200 CA Paris, 13 septembre 1988, *CJEG* 1990, p.192.

201 Cass. com., 15 décembre 1969, *Bull.*, n°384, p.355.

202 Voir d'ailleurs la partie réservée à l'élimination des clauses abusives, n°1472 et s.

203 Dispositions incluses dans les factures contrats, articles 11 et 12.1.

204 CE, 4 juin 1975, Bouvet de la Maisonneuve, *Rec.*, p.33 ; CE, Section, 13 octobre 1967, Pény, *Rec.*, p.365.

1050. Si la sortie du service peut être motivée par des circonstances tirées de l'exécution ou de la validité du contrat de délégation de service public, elle peut également résulter beaucoup plus classiquement de la non exécution des règles propres au contrat liant l'usager à l'exploitant.

§ 2. La non exécution des obligations contenues dans le contrat liant l'usager à l'exploitant.

1051. On ne traitera pas toutes les conséquences de la non exécution par l'une des parties de ses obligations dérivant du contrat. La plupart d'entre elles concerne en premier lieu le contentieux de la responsabilité, et non la sortie du service. L'objectif ici est de délimiter les atteintes que l'on peut porter au droit d'accès au service public, dont le corollaire est le droit au maintien d'une prestation individuelle. L'usager, qui ne respecterait pas les obligations mises à sa charge dans son contrat[205], perdrait son droit au maintien de la fourniture de la prestation. En effet, le caractère synallagmatique du contrat confère à l'exploitant une large faculté d'interrompre la fourniture en cas de non paiement du prix du service par l'usager, qui constitue la cause la plus fréquente de sortie litigieuse du service (A). L'application rigoureuse des règles d'exécution du contrat de droit privé peuvent-elles être tempérées par la prise en considération de la situation de précarité de l'usager ? (B)

A. L'absence de paiement du prix par l'usager.

1052. Sur quels fondements juridiques l'exploitant est-il autorisé à suspendre la fourniture en cas de non paiement du prix par l'usager[206] ? La plupart des polices[207] contiennent, aujourd'hui, des clauses prévoyant qu'en cas de non paiement du prix par l'usager, après une mise en demeure et le respect d'un certain délai, l'exploitant est autorisé à interrompre la fourniture. C'est sur ce fondement que de nombreux arrêts n'ont pas considéré la coupure comme un trouble manifestement illicite dans l'exécution du contrat[208]. D'autres arrêts ont fait application des règles particulières au contrat de vente, comme l'article 1612 du Code civil qui dispose que "le vendeur n'est pas tenu de délivrer la chose, si l'acheteur n'en paye pas le prix, et que le vendeur ne lui ait pas accordé un délai pour le payement"[209]. Plus généralement, en raison de l'interdépendance des

---

[205] Par exemple, le fait de rétrocéder de l'électricité à des tiers alors que la police l'interdit formellement, TGI Ajaccio, 8 août 1997, EDF c/ Codil, *CJEG 1998*, p.341.

[206] On se fondera ici en grande partie sur la jurisprudence relative à EDF-GDF, sans toutefois que les domaines de l'eau et des télécommunications soient négligés.

[207] Ou les cahiers des charges et règlements de service auxquelles elles se réfèrent. Voir les factures contrats des différents exploitants.

[208] Voir les exemples cités ci-dessous lors de l'examen de l'étendue du droit de suspension de la fourniture.

[209] TI Millau (référé), 4 février 1979, OTT c/ EDF, *CJEG* avril 1979, J, p.49.

obligations réciproques résultant d'un contrat synallagmatique, le juge a souvent fait application de la théorie de l'exception d'inexécution qui permet, même si aucune clause du contrat ne le prévoit, à l'une des parties de ne pas satisfaire à ses obligations, si l'autre partie ne respecte pas les siennes[210]. Un jugement de 1936, du tribunal de commerce du Havre[211], a fait application de cette théorie, alors même qu'aucune clause de la police ne prévoyait l'éventualité d'une coupure en cas de non paiement du prix par l'usager.

1053. L'exploitant, qui désire couper la fourniture à l'usager, doit tout de même respecter la procédure prévue par la police[212], voire même les recommandations de la Commission des clauses abusives. A titre d'exemple, dans le domaine de la distribution d'eau, la Commission des clauses abusives a recommandé en 1985[213] "que la fermeture d'un branchement à l'initiative du service des eaux soit obligatoirement précédée d'une mise en demeure préalable notifiée à l'abonné, excepté le cas où une telle mesure est le seul moyen d'éviter les dommages aux installations, de protéger les intérêts légitimes des autres usagers ou pour s'opposer à la commission d'un délit"[214]. En revanche, la mise en oeuvre de l'exception d'inexécution ne nécessite aucune procédure particulière[215] (il a été jugé, par exemple, que le service n'était pas tenu d'avertir l'usager du jour de la coupure[216]). On peut néanmoins avancer l'idée que, dans le domaine des services publics industriels et commerciaux, une procédure minimale d'information s'impose.

1054. Se pose ensuite le problème de l'étendue du non respect des obligations de l'usager. Sa privation forcée du bénéfice du service peut-elle être due au non respect partiel de ses obligations, ou bien au contraire faut-il que l'usager refuse de payer la totalité du prix qui lui est demandé ? Un paiement partiel du prix suffit à justifier une suspension de la fourniture[217]. En effet, de nombreux procès montrent que certains usagers ne payent qu'une partie de la facture, dans le but de contester la validité des surtaxes[218], des acomptes forfaitaires[219] et des factures intermédiaires[220] ou de protester

---

210 Pour une étude générale de cette faculté, voir B. Starck, *Droit civil. Les obligations*, Tome 2, *Le contrat*, préc., par H. Roland et L. Boyer, p.686 et s.

211 Trib. com. Havre, 7 octobre 1936, Boche, *Rev. concess.* 1938, p.141. Cette jurisprudence est confirmée par la suite, CA Aix, 25 mars 1968, EDF c/ Lotissement de l'Aubarède, *CJEG* 1969, J, p.505 ; CA Reims, 12 janvier 1984, Herisson c/ EDF, *CJEG* 1984, J, p.188 ; Cass com., 11 février 1986, La Chaudronnerie de la plaine c/ EDF, *CJEG* 1986, J, p.182. Pour les contrats verbaux, voir Trib. civil de la Seine, 22 mai 1956, Crts Viala, *CJEG* 1956, p.173.

212 Voir par exemple TGI Bordeaux (référé), 17 mai 1996, Seguin c/ CGE, n°1136/96 ; CA Toulouse, 15 octobre 1992, Di Masale c/ EDF, *CJEG* 1993, p.431 ; Trib. com. Paris, 19 septembre 1988, Sofimecol c/ EDF, *CJEG* 1989, p.252.

213 Recommandation n°000185, *Bull. Officiel de la Concurrence et de la Consommation*, 17 janvier 1985.

214 Voir TGI Bordeaux (référé), 16 octobre 1996, Elie c/ Lyonnaise des Eaux, n°2288/96.

215 Cass. com., 27 janvier 1970, *JCP* 1970, II, 16554, note J. Huet ; TI Lille, 26 mars 1991, M. Veralleman c/ EDF, *CJEG* 1992, p.397.

216 TI Moulin, 17 mars 1980, Jutier c/ EDF, *CJEG* 1980, J, p.121.

217 Civ I, 28 juin 1988, Gaffard Paraïso c/ SLEE, n°86-13.164.

218 TGI Bordeaux (référé), 16 octobre 1996, Elie c/ Lyonnaise des Eaux, n°2288/96.

219 Autrement dits avances sur consommation, TGI Villeurbanne sur Saône (référé), 14 mai 1975, Lavirotte c/ EDF, *CJEG* avril 1976, J, p.57.

220 TI Saint Etienne, 8 octobre 1991, Mme Fournel c/ EDF, CJEG 1992, p.336, note P.R.

contre l'établissement de centrales nucléaires[221]. En revanche, le refus de payer les frais de déplacement d'un agent de l'exploitant ne justifie pas la coupure[222].

1055. Dans le domaine de la distribution d'eau, les systèmes des immeubles collectifs rendent parfois la suspension de fourniture impossible. En effet, en cas de branchement collectif, lorsque certains usagers ne payent pas leur facture d'eau, la facture globale n'est que partiellement payée. Dans cette situation, il n'est pas permis à l'exploitant de procéder à la coupure, qui engendrerait un trouble illicite pour les usagers qui payent régulièrement leur facture[223].

1056. On a vu que le procédé de l'exception d'inexécution conférait plus un droit de suspension de la fourniture en faveur de l'exploitant[224], qu'il ne protégeait le droit de l'usager à la prestation de service lorsque le service est organisé. Quelles sont donc les limites de ce droit de suspension ? L'exploitant ne doit pas commettre d'abus de droit dans son droit de suspension[225] et la coupure ne doit pas constituer une riposte disproportionnée[226]. Plus généralement, les parties sont tenues de faire usage de leurs droits en respectant leur devoir de loyauté et leur obligation d'exécuter leur contrat de bonne foi[227].

1057. Par ailleurs, le juge peut également, en vertu des pouvoirs qui lui sont conférés par les articles 1244-1 et s. du Code civil, accorder des délais de paiement aux usagers[228]. Pour obtenir le rétablissement de la fourniture, l'usager doit non seulement proposer à l'exploitant un échelonnement précis de sa dette et demander des délais de grâce[229], mais ces divers agissements doivent aussi démonter sa bonne foi[230].

1058. Lors de l'examen de l'accès au service, on a vu que la nécessité d'assurer globalement une bonne gestion du service pouvait, par élargissement du cadre de

---

221 TI Toulouse, 30 juin 1976, Lusson, *CJEG* 1976, J, p.58 ; TI Besançon, 10 mars 1976, Lorenzo, *CJEG* 1977, J, p.8.

222 TI Metz, 30 juin 1978, *Gaz. Pal.* 1978, Tables, p.320.

223 CA Nancy, 8 janvier 1988, EDF c/ Simon et Woolf, *CJEG* 1989, p.253.

224 Confirmant expressément ce droit, TI Moulins, 17 mars 1980, Jutier c/ EDF, *CJEG* 1980, J, p.121.

225 TGI Auxerre, 21 avril 1992, EDF c/ Bernier, *CJEG* 1993, p.431 : pas d'utilisation “immédiate et aveugle” de la faculté de suspendre.

226 TI Cahors, 5 septembre 1995, Durand c/ EDF, *CJEG* 1996, p.318.

227 CA Reims, 12 janvier 1984, Herisson c/ EDF, *CJEG* 1984, J, p.188, note P.R.

228 Soit en vertu de l'ancienne formulation de l'article 1244 qui tenait compte de la situation du débiteur et de la situation économique (TI Montargis, 6 décembre 1988, EDF c/ Gourlain, *CJEG* 1989, J, p.251), soit en vertu de la formulation issue de la loi du 9 juillet 1991, “compte tenu de la situation du débiteur et en considération des besoins du créancier” (TI Rouen, 24 septembre 1993, EDF-GDF c/ T., *CJEG* 1994, p.504 ; TI Grenoble, 7 janvier 1997, EDF c/ Mme Cretet, *CJEG* 1998, p.349).

229 TGI Auxerre, 21 avril 1992, EDF c/ Bernier, *CJEG* 1993, p.431 ; TI Avignon, 21 juillet 1988, Haguenauer c/ EDF, *CJEG* 1989, p.254 : ces jugements semblent subordonner l'octroi de délais de paiement à une offre précise de paiement échelonné ; TI Quimper, 13 juin 1989, Marchal c/ EDF, *CJEG* 1990, p.320 ; TGI Tulle (référé), 10 juillet 1989, Ribaux c/ EDF, *CJEG* 1990, p.320 : le rétablissement est subordonné à l'engagement de payer la dette, ou au moins une partie.

230 TI Saint-Lo, 11 décembre 1991, France Télécom c/ Meslin, *LPA* 5 avril 1993, n°41, p.12, note E. Brochard.

référence, entrer en ligne de compte dans l'appréciation des droits de chaque usager. En est-il de même en ce qui concerne la sortie du service ? On sait que les exploitants de services publics industriels et commerciaux souffrent financièrement de la multiplication des retards de paiements des usagers, *a fortiori* de l'absence totale de paiement d'une partie des sommes sur lesquelles ils comptaient[231].

1059. La jurisprudence judiciaire commence à se faire l'écho d'une telle conception des droits des usagers, interprétés au regard du principe d'interdépendance qui anime la relation de service public. Une ordonnance du président du tribunal de grande instance de Privas[232] avait établi une sorte de hiérarchie des intérêts en présence : l'équilibre financier et économique du service ne lui semblait pas sérieusement mis en péril, alors que la privation pour de nombreuses familles d'un élément essentiel à la vie lui semblait inacceptable. Cette ordonnance fut sanctionnée par la cour d'appel de Nîmes, en 1998[233], dont la motivation mérite d'être reproduite : "procédant de la volonté concertée des usagers et revêtant un caractère collectif, (la cessation des paiements des factures) est de nature à mettre en danger, au préjudice de l'ensemble des usagers, une gestion normale de la distribution d'eau et de l'assainissement des eaux usées, quelle que soit la puissance économique de la société fermière."

1060. La jurisprudence récente en matière d'eau ordonne toutefois le maintien d'un débit sanitaire[234], au motif que la prestation en cause est un élément essentiel à la vie[235]. Si pour les usagers solvables cette tendance est une nouveauté, les assouplissements à l'application aveugle de l'exception d'inexécution sont plus fréquents concernant les usagers en situation de précarité.

B. La prise en compte des situations de précarité.

1061. La règle de l'exception d'inexécution ne souffre en principe aucun assouplissement en fonction du degré de solvabilité de l'une des deux parties. La prise en compte des situations de précarité serait contraire au principe de sécurité juridique sur lequel les conventions sont fondées, puisqu'une partie pourrait se délier de ses engagements en démontrant simplement qu'elle n'a plus les moyens de payer le prix demandé. Cependant, le rôle de relais du droit privé doit tenir compte des lois du service, et en particulier du principe d'universalité.

1062. Une tendance jurisprudentielle de plus en plus affirmée a accepté de prendre en compte la situation de précarité des familles menacées de coupures ou réclamant le rétablissement de la fourniture. En premier lieu, les diverses possibilités qu'offrait le Code

---

231 Note P.R. sous TI Saint Etienne, 8 octobre 1991, Mme Fournel c/ EDF, *CJEG* 1992, p.336.

232 5 mars 1998, extraits cités dans l'arrêt de la cour d'appel de Nîmes du 2 septembre 1998, CISE c/ Pignède et autres, n° RG98/1588.

233 CA Nîmes, 2 septembre 1998, CISE c/ Pignède et autres, n° RG98/1588.

234 A propos des réductions de débit, préférées à une coupure totale, TGI Bordeaux (référé), 23 juin 1996, Gorget et Charrière c/ SLEE, n°2954/96.

235 TGI Avignon (référé), 10 mars 1997, Ticchi c/ SLEE, n°730/97.

civil, dans ces cas, ont été sollicitées. Il a été reconnu que les créances d'EDF étaient des créances privilégiées aux termes de l'article 2101. 5° du Code civil concernant "les fournitures de subsistances faites au débiteur et à sa famille pendant la dernière année"[236]. S'est posée la question de l'application aux usagers des services publics de la loi Neiertz, relative à la prévention et au règlement des difficultés liées au surendettement des particuliers et des familles[237]. M. Nénert s'était interrogé sur la nature des dettes contractées auprès d'EDF, étant donné que l'article 11 de la loi exclut les dettes alimentaires du plan de redressement élaboré par le juge. Même si la fourniture d'EDF est une fourniture de subsistance, au sens de l'article 2101-5° du Code civil, qui ne constitue qu'une sûreté réelle, EDF n'est pas "créancier alimentaire" de l'usager[238]. Depuis, le juge a fait application des articles 11 et 12 de cette loi, tout en vérifiant si les usagers étaient bien des débiteurs de bonne foi[239]. En effet, la notion de bonne foi semble être la référence privilégiée du juge judiciaire dans l'appréciation des mesures que l'on vient de décrire : la prise en compte des difficultés financières ou l'établissement de délais de paiement ne sont pas accordés automatiquement par le juge, mais soumis à l'appréciation de la bonne foi et des efforts faits par le débiteur[240].

1063. En second lieu, le juge a clairement invoqué le caractère d'intérêt général de la mission dévolue aux exploitants, pour assouplir les règles d'exécution du contrat de droit privé. Le tribunal d'instance de Périgueux, en 1992[241], a jugé qu'EDF "est théoriquement en droit de suspendre ses fournitures d'électricité, dès lors qu'il ne reçoit plus le paiement de l'énergie déjà consommée ; (...) s'agissant cependant d'un établissement public investi d'une mission d'intérêt général, ce pouvoir doit être tempéré en considération de la situation particulière de l'abonné défaillant, (...), qu'en l'espèce monsieur Cheyral se trouve dans une situation familiale et financière difficile, qui ne lui permet pas de faire face à toutes ses échéances, (...), il apparaît donc opportun de lui accorder un délai de huit mois pour acquitter l'arriéré impayé, (...), il y a lieu d'ordonner le rétablissement des fournitures d'électricité, afin qu'il puisse disposer de l'éclairage de son logement et faire fonctionner les appareils ménagers indispensables, (...) toutefois, afin d'éviter un alourdissement de la dette, il y a lieu de subordonner la reprise des fournitures d'énergie à la signature d'un contrat limitant lesdites fournitures à 3 kW au maximum"[242]. En matière

---

[236] Cass. civ., 11 avril 1933, *S.* 1933, I, p.252 ; Trib. com. Lille, 24 mai 1971, *CJEG* 1972, J, p.82 ; Trib. com. Limoges, 19 mars 1975, EDF c/ Pasquet, *CJEG* 1975, J, p.140 ; TGI Auch, 13 décembre 1995, Epoux Lescure c/ EDF, *CJEG* 1996, p.319.

[237] Loi n°89-1010 du 31 décembre 1989, *ALD* 1990, p.43 ; Code de la consommation, art. L. 331-1 et s.

[238] J. Nénert, "La loi du 31 décembre 1989 à l'épreuve du surendettement", *CJEG* 1992, p.199 et s.

[239] Art. L. 331-2 du C. consom. TI de Marmande, 26 avril 1991, EDF-GDF c/ Emile F., *CJEG* 1992, p.395 ; TI de Troyes, 10 décembre 1991, Dirand c/ CETELEM, *CJEG* 1992, p.395 ; TI Quimper, 7 juin 1993, Massa c/ EDF-GDF, *CJEG* 1994, p.505 ; CA Bourges, 22 juin 1993, EDF-GDF c/ Fragnier, *CJEG* 1994, p.505 ; CA Limoges, 2 juillet 1992, Gouery c/ SA CEBN & a., *CJEG* 1994, p.505 ; TI Nantua, 18 avril 1997, EDF -GDF c/ B., *CJEG* 1998, p.353.

[240] TI Fontenay le Comte, 6 janvier 1995, EDF-GDF c/ Brochet, *CJEG* 1996, p.324 ; TI Lectoure, 9 octobre 1997, EDF-GDF c/ D., *CJEG* 1998, p.349 ; TI Saint-Gaudens, 27 octobre 1997, EDF c/ Société Hernandez-Estrella, *CJEG* 1998, p.350 ; TI Pamiers, 7 novembre 1997, EDF-GDF c/ J., *CJEG* 1998, p.349.

[241] Référé, 23 octobre 1992, Cheyral c/ EDF, *CJEG* 1993, p.430.

[242] Voir également, TGI Carcassonne (référé), 14 février 1992, Molinier c/ EDF et TI Tarbes, 19 juin 1992, EDF c/ Bègue, *CJEG* 1993, p.431 : rétablissement du courant ordonné pour "raisons humanitaires" jusqu'à la

de distribution d'eau potable, le tribunal de grande instance de Roanne, en 1996[243], a condamné sous astreinte la société Lyonnaise des eaux à rétablir la fourniture pour faire cesser un trouble illicite "porté aux conditions de vie normale de plusieurs familles". Ces jugements, fondés sur des considérations sociales, semblent mettre en place une sorte de service minimum compris à l'échelle individuelle. Le progrès réalisé est à mettre en évidence, compte tenu du fait que les règles de droit privé ne s'y prêtaient pas de prime abord. Ainsi, à côté des exceptions classiques à la règle de l'exception d'inexécution, la présence d'un service public permet d'en découvrir de nouvelles.

1064. On espère que les usagers n'auront plus à contester par voie judiciaire la suspension de leurs fournitures, mais que le problème se réglera en amont. En effet, une série d'initiatives sont à saluer. Dans le domaine de l'eau, certains organismes sociaux, comme les Centres communaux d'action sociale, délivrent des coupons aux personnes en difficulté à remettre aux distributeurs d'eau. Une charte solidarité-eau a été signée le 6 novembre 1996[244] : elle prévoit le maintien de l'alimentation en eau des usagers en situation de précarité, des abandons de créance en cas de non paiement des factures et crée des commissions de solidarité-eau afin d'examiner les dossiers des usagers et de décider des abandons de créance. En matière d'énergie, une charte "Fonds de solidarité-énergie", datant de novembre 1996[245], prévoit des fonds de précarité, ou des fonds d'aide à l'énergie, alimentés par EDF-GDF, par les collectivités territoriales et par les associations caritatives et l'Etat[246]. De la même manière que pour l'eau, des commissions vont traiter les dossiers des usagers en difficulté. Par ailleurs, des compteurs permettant de ramener la puissance du compteur à 1 ou 3 kW sont mis en place[247].

1065. Dans le domaine du téléphone, l'article 8 de la loi du 26 juillet 1996[248] dispose que le service "est fourni dans des conditions tarifaires et techniques prenant en compte les difficultés spécifiques rencontrées dans l'accès au service téléphonique par certaines catégories de personnes en raison notamment de leur niveau de revenu ou de leur handicap. Ces conditions incluent le maintien, pendant une année, en cas de défaut de paiement, d'un service restreint comportant la possibilité de recevoir des appels ainsi que d'acheminer des appels téléphoniques aux services gratuits ou aux services d'urgence[249]".

---

fin de l'hiver en raison de la présence de jeunes enfants ; TI Brives (référé), 6 octobre 1998, Coubjours, *CJEG* 1999, p.323 : "attendu que la saison hivernale n'est pas encore arrivée et que Mme C. pourra toujours négocier selon l'avancement de ses paiements un rétablissement d'alimentation plus important pour la période de froid".

243 TGI Roanne, 11 mars 1996, Lakomy-Diat-Clément c/ SDEI, inédit.

244 Circulaire n°97-100 du 23 octobre 1997 relative à la mise en oeuvre de la Charte Solidarité-eau, *Bull. officiel du ministère de l'équipement, du logement, des transports et du tourisme*, n°23 du 25 décembre 1997.

245 A. Brière, "Les services publics à travers le cas d'EDF-GDF", *Revue de la concurrence et de la consommation* 1997, n°96, p.22.

246 Depuis 1988, EDF et GDF participent financièrement aux conventions départementales pauvreté-précarité. La loi sur l'électricité du 10 février 2000 (JO du 11 février), transposition de la directive du 19 décembre 1996, prévoit également un dispositif en faveur des personnes en situation de précarité. Les participations des différents opérateurs au fonds de péréquation incluent ce dispositif.

247 *Le Monde* samedi 17 janvier 1998 ; *Actualités Sociales Hebdomadaires* n°2054, 16 janvier 1998.

248 Loi n°96-659, JO du 27 juillet.

249 Au bénéfice du débiteur saisi en application de la loi n°91-650 du 9 juillet 1991 portant réforme des procédures civiles d'exécution, et du débiteur pour lequel a été établi le plan de règlement amiable ou prononcé

1066. La loi du 29 juillet 1998 d'orientation relative à la lutte contre l'exclusion[250] harmonise ces initiatives, qui demeuraient éparses et désordonnées jusqu'à présent. L'article 136 de la loi confère à toute personne en situation de précarité le droit d'obtenir une aide de la collectivité pour accéder ou préserver son accès à une fourniture d'eau, d'énergie ou de services téléphoniques. En cas de non paiement des factures, le maintien des fournitures est garanti jusqu'à l'intervention d'un dispositif faisant l'objet de conventions conclues entre les exploitants et les décideurs publics et définissant leurs participations financières respectives. L'article 138 met en place un système de chèques d'accompagnement destinés aux usagers des transports en commun.

1067. Les usagers en situation de précarité font l'objet d'une série de mesures destinées à leur éviter la perte de fournitures indispensables à la vie quotidienne. Il faut saluer l'influence des directives communautaires concernant l'ouverture des réseaux à la concurrence, qui ont joué un rôle de catalyseur pour la mise en oeuvre de ce qui constituait déjà en France une priorité, mais dont la concrétisation se faisait attendre et résultait d'initiatives particulières et désordonnées.

---

le redressement judiciaire civil institués par la loi n°89-1010 du 31 décembre 1989, relative à la prévention et au règlement des difficultés liées au surendettement des particuliers et des familles.

[250] Loi n°98-657, JO du 31 juillet 1998, p.11679.

CONCLUSION DU CHAPITRE I

1068. Qu'ils soient en sa faveur ou non, les droits de l'usager quant à la création, la suppression, l'organisation ou l'accès individuel au service sont clairement définis. C'est pourquoi le droit privé applicable au contrat conclu par l'usager ne peut être qu'un relais, un complément qui vient moduler les principes de mutabilité ou d'égal accès au service. Cependant, cette modulation est fondamentale, car elle est à l'origine d'un modeste rééquilibrage du rapport de force entre l'usager et l'exploitant.

1069. Trois notions reviennent fréquemment dans l'analyse du droit privé applicable à l'entrée dans le service public et à son corollaire, la sortie : l'obligation d'information, la théorie de l'abus de droit et la bonne foi. Elles évitent une application aveugle des lois du service public et contribuent à rééquilibrer le rapport de force exploitant / usagers. Compte tenu de l'importance que prend la notion de bonne foi en droit privé, on ne peut que se réjouir de l'influence grandissante qu'elle pourrait avoir dans le domaine de l'usager du service public industriel et commercial. On a vu que celui-ci se situe à l'intersection de deux droits et que, dans les cas de conflits, il ne disposait ni des prérogatives de l'usager du service public administratif, ni de celles du client d'une entreprise de droit privé. Il a été proposé d'inverser la problématique dans les zones de cohabitation, et de supposer qu'au contraire l'usager y bénéficiait des apports positifs des deux droits. C'est le cas ici où, même si le droit privé n'est qu'un relais, il n'en est pas moins un complément utile et appréciable car, si on lui reprochait auparavant de ne pas s'élever à l'échelle du service tout entier, on le salue aujourd'hui lorsqu'il se préoccupe des droits individuels des usagers.

1070. On pourrait avoir l'impression que tout est laissé au hasard : le droit d'accès au service a trouvé un relais automatique dans les règles applicables à la période précontractuelle, la sortie du service s'accompagne d'un relais sélectif lorsque les règles relatives à la validité des conventions n'intègrent pas toutes les irrégularités touchant les actes administratifs relatifs à l'organisation du service. Enfin, l'application du principe de mutabilité, comportant des aspects défavorables pour l'usager, est conditionnée par des obligations de comportement des parties en présence (concertation, information, bonne foi). Ainsi, si le droit administratif trouve une correspondance en droit privé qui relève des mêmes objectifs, on s'en félicite, mais il arrive aussi qu'aucun lien ne soit décelable. Cependant, il faut nuancer cette idée : aussi bien les lois du service que les règles d'exécution du contrat ont été préparées à la cohabitation et le hasard a cédé sa place à la nécessité. Le phénomène de substitution de fondement n'y est pas pour rien : les règles du droit privé peuvent parfois admettre comme fondement les lois du service, alors que les lois du service s'interprètent au regard des notions de bonne foi et d'abus de droit, qui existent en droit public, mais dont l'application n'est pas aussi généralisée qu'en droit privé. Ainsi, les instruments du droit privé sont utilisés comme des prolongements des lois du service.

1071. Ne pourrait-on pas concevoir à ce propos que l'obligation de se comporter en toute bonne foi dispose d'une correspondance en droit administratif, tout du moins dans le cadre du droit applicable à l'usager du service public industriel et commercial ? Le principe de confiance légitime[251], dont il faut regretter l'absence de reconnaissance en droit public français, assouplirait la rigueur du principe de mutabilité. En effet, la Cour de Cassation n'a pu se prononcer qu'une seule foi sur la suppression d'un service. Les obligations d'information, de concertation et d'action en toute bonne foi ne sont donc pas irrémédiablement affirmées en ce domaine. Le principe de confiance légitime pourrait atténuer la rigueur du principe de mutabilité et rééquilibrer le rapport de force existant entre l'exploitant et les usagers, s'il était admis en droit administratif.

1072. Lorsque le juge judiciaire se fonde directement sur les lois du service public dans ses propres raisonnements et y adapte les règles du droit privé, par la technique de la substitution de fondement, il opère une sorte de fusion des deux branches du droit. Dans d'autres cas, il existe des correspondances entre les lois du service et le droit privé, mais la cohabitation se limite à un parallélisme et non à une fusion des deux droits. C'est l'idée de complément indépendant qui succède à celle de relais.

---

[251] Voir la conclusion générale.

- CHAPITRE II -
LE PRINCIPE D'EGALITE DANS LE FONCTIONNEMENT DU SERVICE

1073. L. Rolland[1] écrivait : "devant tous les services publics, les particuliers sont égaux. C'est la règle de l'égalité devant les services publics (...) Elle implique l'égalité devant les profits des services publics, devant leurs charges et dans l'occasion aux emplois créés pour assurer leur marche."

1074. La conception de l'égalité évolue au fil du temps. L'égalité *devant* le service postule une attitude de neutralité de l'exploitant vis à vis de ses usagers. Mais en droit français, l'égalité ne se confond pas avec l'uniformité. Appliquer uniformément la même règle à l'ensemble des usagers d'un service public industriel et commercial, alors qu'il existe des différences entre eux, reviendrait en fin de compte à engendrer de nouvelles inégalités[2]. Très vite, il est apparu que la véritable égalité impliquait un traitement identique pour des usagers placés dans la même situation, mais qu'elle permettait aussi de traiter différemment des usagers placés dans des situations différentes. C'est pourquoi l'égalité *dans* le fonctionnement du service commande une attitude plus active de l'exploitant dans la création de catégories d'usagers. Les revendications s'orientent aujourd'hui vers la mise en oeuvre d'une égalité *par* le service public, destinée à rétablir l'égalité des chances. L'exploitant serait astreint à un comportement encore plus actif, pour réduire les inégalités sociales, à l'heure où celles-ci sont de moins en moins supportables.

1075. La nature industrielle et commerciale du service joue sur l'évolution du principe d'égalité. Les revendications sociales, légitimes au regard de la mission de service public, s'opposent à l'aspect économique de l'activité et notamment à la recherche du profit. L'usager du service public industriel et commercial disposerait de droits différents de ceux de l'usager du service public administratif. L'aspect commercial et économique des catégories d'usagers, ainsi que leur multiplication, ne réduiraient-ils pas le principe d'égalité au rang de simple garde-fou d'une gamme tarifaire très diversifiée, dont l'unique objectif est d'assurer un certain profit à l'exploitant ?

1076. Le droit privé ne joue ici qu'un rôle de complément. A la différence du droit applicable à l'accès au service public, le juge judiciaire ne se sert pas du principe d'égalité comme d'un fondement pour ses propres raisonnements. Certaines solutions sont à mettre en parallèle avec le principe d'égalité, mais elles n'en sont pas issues. Le terme "complément" implique donc une certaine indépendance, en même temps qu'un constat d'impuissance face aux imperfections et lacunes du principe d'égalité, que le droit privé ne parvient pas entièrement à combler.

---

[1] *Précis de droit administratif*, 7ème édition, préc., p.17.

[2] Voir J.-F. Lachaume, *Grands services publics*, préc., p.308 ; J. Rivero, "Rapport sur les notions d'égalité et de discrimination en droit public français", *Travaux de l'Association H. Capitant*, t XIV, p.351; B. Genevois, "Principes généraux du droit", Rép. Dalloz, *Contentieux administratif*, t 3, n°106.

1077. La mise en oeuvre concrète du principe passe par l'encadrement de l'exploitant lorsqu'il décide de la création des catégories d'usagers (Section I). Par ailleurs, il apparaît vite que les discriminations créées entre les usagers ont pour objet des différences tarifaires. C'est ce qui explique qu'on ne puisse dissocier le principe d'égalité de l'examen du prix du service (Section II). A de multiples reprises revient la question des transferts de ressources entre les usagers eux-mêmes, puis entre les usagers et les contribuables. L'ensemble de ces considérations contribue à définir le cadre de la solidarité au sein du service public industriel et commercial (Section III).

- *SECTION I* -
La création des catégories d'usagers

1078. Si, en règle générale, l'usager tire un certain nombre de droits du principe d'égalité qui régit le fonctionnement des services publics, il faut constater que ces droits ne sont pas aussi étendus qu'il y paraît. *A priori*, les critères commandant la création d'une catégorie d'usagers sont identiques qu'il s'agisse d'une service public administratif ou d'un service public industriel et commercial. Cependant, dans le cadre du service public industriel et commercial, les catégories d'usagers sont en général fondées sur des considérations économiques, dont seul l'exploitant tire avantage. Où se situe la frontière entre des objectifs économiques, que l'on suppose licites au sein d'une activité affectée du label service public, mais dont l'objet est industriel et commercial, et les motifs purement financiers ? Dans quelle mesure l'aspect économique de la gestion d'un service public industriel et commercial peut-il s'accommoder des préoccupations sociales de tout service public ? Moins que leur multiplication, c'est plutôt les fondements des catégories d'usagers et les mobiles de l'exploitant qui pourraient affecter l'unité fondamentale du service public. L'interprétation du principe d'égalité par le juge administratif et l'encadrement de la marge de manoeuvre de l'exploitant répondent à ces questions (§1).

1079. Les usagers n'ont normalement pas droit à la différence et ne peuvent pas revendiquer à leur profit la création d'une catégorie d'usagers. Le droit privé applicable au contrat, et notamment la théorie des vices du consentement, permet par certains aspects de combler ces lacunes, dans la mesure où il permet à l'usager de contester, au regard de sa situation individuelle, son placement au sein d'une catégorie (§2).

§ 1. Les droits de l'usager issus du principe d'égalité.

1080. Le principe d'égalité des usagers devant le service public est apparu dès 1911[3] en jurisprudence, mais n'est réellement consacré comme principe général du droit qu'en 1951, avec l'arrêt Société des concerts du Conservatoire[4], où le Conseil d'Etat découvre ce "principe d'égalité qui régit le fonctionnement des services publics". Le Conseil constitutionnel, quant à lui, n'aurait jamais reconnu de valeur constitutionnelle au principe d'égalité entre les usagers d'un service public, mais reconnaît une telle valeur au principe

---

[3] Le Conseil d'Etat a commencé par utiliser le principe d'égalité sans toutefois le dénommer clairement "principe" : CE, 29 novembre 1911, Chomel, *Rec.*, p.1265, *S.* 1914, III, p.102 ; CE, 10 février 1928, Chambre Syndicale des Propriétaires Marseillais, *Rec.*, p.222 ; CE, 1er juillet 1936, Veyre, *Rec.*, p.713, *S.* 1937, III, p.105, note J. L'Huillier. Puis il utilise la formule de "principe" : CE, 1er avril 1938, Société l'Alcool dénaturé de Coubert, *RDP* 1939, p.487, concl. Latournerie ; CE, 25 juin 1948, Société du Journal "L'Aurore", *Rec.*, p.289, *S.* 1948, III, p.69, concl. Letourneur, *D.* 1948, p.437, note M. Waline, *JCP* 1948, II, 4427, note A. Mestre.

[4] CE, Section, 9 mars 1951, Société des Concerts du Conservatoire, *Rec.*, p.151, *S.* 1951, III, p.81, note C.H., *DS* 1951, p.368, concl. Letourneur, note J. Rivero.

d'égalité devant la loi, qui en est le fondement[5], ainsi qu'au principe d'égalité devant les ressources du service public[6]. Cependant, dans sa décision France Télécom, de 1996[7], où il affirme la nécessité pour les services publics nationaux de respecter "les prescriptions à valeur constitutionnelles", il range parmi ces dernières "l'égalité de traitement des usagers".

1081. L'arrêt Denoyez et Chorques, de 1974[8], encadre les facultés de fonder une discrimination à la disposition de l'exploitant : "considérant que la fixation de tarifs différents applicables, pour un même service rendu, à diverses catégories d'usagers d'un service ou d'un ouvrage implique, à moins qu'elle ne soit la conséquence nécessaire d'une loi, soit qu'il existe entre les usagers des différences de situation appréciables, soit qu'une nécessité d'intérêt général en rapport avec les conditions d'exploitation du service ou de l'ouvrage commande cette mesure"[9]. Si de prime abord, l'encadrement des discriminations semble fondé sur des règles simples, une lecture plus attentive de ce considérant de principe soulève plusieurs difficultés. En premier lieu, que sous-entend le caractère "appréciable" de la différence de situation ? En second lieu, le critère de l'intérêt général peut-il fonder à lui seul une catégorie d'usagers ? Enfin, si l'exploitant a l'obligation de traiter de façon semblable des usagers placés dans des situations semblables, que faire des usagers placés dans des situations différentes ? L'exploitant dispose-t-il seulement de la faculté ou bien, au contraire, est-il soumis à l'obligation de les traiter différemment ?

1082. La spécificité du service public industriel et commercial conduit à se demander jusqu'à quel point les différences de situation (A) et l'intérêt général (B) peuvent révéler une préoccupation économique, voire purement financière. Ensuite, deux cas particuliers semblent soulever des difficultés : les traitements de faveur accordés aux usagers personnes publiques (C) et la répartition des charges fixes du service (D).

A. Les différences appréciables de situation.

1083. C'est l'existence de différences de situation appréciables entre les usagers qui permet, dans la majeure partie des cas, à l'exploitant de créer des discriminations. C'est pourquoi il est nécessaire de confronter la notion générale de différence de situation appréciable (1°) aux réalités concrètes du service public industriel et commercial. L'égalité des usagers devant le service public industriel et commercial se conçoit d'abord dans le temps et dans l'espace (2°). Ensuite, il apparaît que les discriminations les plus importantes concernent la consommation même de la fourniture, ce qui n'étonnera pas (3°). Enfin, comme en matière de services publics administratifs, la qualité de

---

[5] DC n°79-107 du 12 juillet 1979, examen de la loi relative à certains ouvrages reliant les voies nationales ou départementales, Rec., p.31, *RDP* 1979, p.1691, *AJDA* 1979, p.38, note A. de Laubadère.

[6] DC n°81-129 du 30 avril 1981, *AJDA* 1981, p.595.

[7] Décision n°96-380 DC du 23 juillet 1996, JO du 27 juillet.

[8] CE, Section, 10 mai 1974, *Rec.*, p.274, *D.* 1975, p.393, note P. Tedeschi, *AJDA* 1974, p.298, chron. Franc et Boyon, *RDP* 1974, p.467, note M. Waline, *RA* 1974, p.440, note F. Moderne.

[9] Le Conseil constitutionnel a adopté une position analogue dans sa décision du 12 juillet 1979, DC n°79-107, *Rec.*, p.31.

contribuable local (4°) et la situation sociale des usagers (5°) peuvent-elles engendrer des discriminations ?

1°) La notion de différence de situation appréciable.

1084. La doctrine s'accorde sur le caractère nécessairement impersonnel, abstrait ou encore objectif des critères retenus pour justifier des différences de situation[10].

1085. Le caractère appréciable des différences de situation doit également tenir à leur degré d'intensité[11]. Les différences entre les usagers ne doivent pas seulement être de légères différences de situation[12], mais plutôt apparaître comme des différences significatives[13].

1086. Les auteurs s'accordent également sur le caractère pertinent que doit revêtir la différence de situation. En effet, il serait inapproprié de permettre à l'exploitant de fonder des discriminations sur des différences de situation, certes objectives, mais qui seraient sans aucun rapport avec le service public. C'est pourquoi les critères retenus doivent être appréhendés par rapport à l'objet du service et les finalités qu'il poursuit, et qu'il faut que la particularité de la situation présente un lien avec le traitement envisagé[14].

1087. Enfin, une partie de la doctrine a soulevé la question du caractère préexistant[15] des différences de situation au regard du traitement particulier dont elles feront l'objet. Une différence de situation ne doit pas être le résultat d'un traitement privilégié, mais doit lui préexister.

1088. Malgré ces différentes réflexions, d'aucuns considèrent que la pertinence des catégories au regard de l'objet du service est suffisamment imprécise pour laisser place à une "politique jurisprudentielle volontariste"[16], qui ne sanctionnerait en fin de compte qu'une "appréciation en pure opportunité"[17] de la part de l'exploitant.

---

[10] Voir J. L'Huilier, note sous CE, 1er juillet 1936, Veyre, préc. ; P. Rongères, note sous CA Dijon, 18 décembre 1990, Oliero c/ EDF, *CJEG* 19991, p.413 ; Ch. Debbasch, note sous CE, Section, 24 avril 1964, SA Lic, *D.* 1964, J, p. 665.

[11] Voir M. Borgetto, "Services publics locaux et principe d'égalité. Sur la nature juridique du service de distribution d'eau et sur le traitement jurisprudentiel du principe d'égalité", *RFDA* 1993, p.674.

[12] En ce sens J.-F. Lachaume, *Grands services publics*, préc., p.312.

[13] En ce sens concl. Stirn sur CE, Ass., 1er février 1985, Union départementale des consommateurs de Paris, *CJEG* 1985, p.132.

[14] Voir en ce sens M. Borgetto, article préc.; B. Genevois, "Les principes généraux du droit", préc., n°254 ; J.-F. Lachaume, *Grands services publics*, préc., p.312 ; concl. Stirn sur CE, Ass., 1er février 1985, préc. et sur CE, 14 janvier 1991, Bachelet, *CJEG* 1991, p.164 ; J.-F. Auby, "Le déclin de la spécificité juridique des services publics industriels et commerciaux", *AJDA* 1981, p.508 ; Rapport du Conseil d'Etat pour 1996, *Sur le principe d'égalité*, EDCE n°48, La Documentation Française, 1997, p.41.

[15] M. Borgetto, article préc. La question est également abordée par M. Long, "Principe d'égalité et tarification des services publics locaux", *LPA* 15 mai 1995, n°58, p.4.

[16] A.-S. Mescheriakoff, *Droit des services publics*, préc., p.154.

[17] J. Carbajo, "Remarques sur l'intérêt général et l'égalité des usagers devant les services publics", *AJDA* 1981, p.176.

1089. L'application du principe d'égalité au services industriels et commerciaux, accusés de dérive commerciale, nécessite un examen approfondi des catégories d'usagers, auquel il faut désormais se livrer.

2°) L'égalité dans le temps et dans l'espace.

1090. L'égalité au sein de la communauté des usagers du service industriel et commercial ne se conçoit que dans un espace spatio (a) - temporel (b) restreint.

a) L'égalité dans le temps.

1091. Si l'exploitant peut modifier, en accord avec l'administration, les conditions d'organisation du service, il doit néanmoins respecter l'égalité des usagers dans le temps. En effet, les nouvelles mesures doivent s'appliquer en même temps à tous les usagers placés dans une situation identique. Cette conception classique de l'égalité de traitement des usagers est parfois une motif surabondant. Le principe général de non rétroactivité des actes administratifs suffit. En effet, des litiges sont survenus lors d'augmentations tarifaires, à propos des dates de relevés de compteurs. Les nouveaux tarifs entraient en vigueur à date fixe, mais en fonction de la date à laquelle les compteurs étaient relevés par les agents de l'exploitant, certaines consommations étaient soumises aux nouveaux tarifs et d'autres pas. Tantôt le juge administratif sanctionne cette pratique sur le terrain de la non rétroactivité des actes administratifs[18], tantôt sur le fondement de l'égalité de traitement des usagers[19].

1092. Pour défendre une telle pratique, les exploitants ont parfois invoqué les clauses des contrats portant renonciation de la part des usagers à la non rétroactivité des nouveaux tarifs. Le Conseil d'Etat, dans la célèbre affaire Société du journal "L'Aurore"[20], a néanmoins jugé que l'acte mettant en vigueur les nouveaux tarifs méconnaissait le principe d'égalité entre les usagers du service public. Cependant, à l'instar de M. Waline[21], on peut penser que le principe d'égalité devant le service public constitue, là encore, un motif surabondant. Les prérogatives que l'administration tirait de l'ordonnance du 30 juin 1945 et qui lui permettait de fixer autoritairement des tarifs, nonobstant les clauses contraires d'un contrat, sont suffisantes, ainsi que le remarque également de Conseil d'Etat.

---

[18] CE, 16 décembre 1911, Ville de Tulle, *Rec.*, p.1115 ; CE, 22 juillet 1931, Ville d'Evreux, *Rec.*, p.807 ; CE, 18 mars 1988, Ville de Poggio-Mezzana, *DA* 1988, n°220.

[19] CE, 5 mai 1961, Ville de Lyon, *Rec.*, p.294, *CJEG* 1961, J, p.175, concl. Braibant, note P. Teste et L. Chaudouard ; CE, 11 juin 1993, Commune de Rai, *Rec.*, Tables, p.660.

[20] CE, 25 juin 1948, *JCP* 1948, II, 4427, note A. Mestre, *CJEG* 1948, J, p.468.

[21] Note sous l'arrêt, *D.* 1948, J, p.437.

b) L'égalité dans l'espace.

1093. Qu'en est-il désormais de l'égalité des usagers dans l'espace ? On pourrait se demander à quel niveau doit s'apprécier le principe d'égalité. En effet, faut-il prendre comme référence le territoire de la collectivité publique organisatrice du service, chaque type de services, ou distinguer au sein d'une même prestation les différents modes de gestion dont elle peut faire l'objet ?

1094. Il semble que la jurisprudence, au gré de quelques arrêts intervenant dans des domaines très divers, ait posé, au moins implicitement, certaines règles en la matière. Dans l'appréciation de l'égalité dans l'accès au service public, l'arrêt Parmentier avait pris en compte le territoire communal tout entier, ce qui semble logique compte tenu des enjeux en cause[22]. Ne prendre en considération que la zone desservie par le service aurait pour conséquence d'exclure systématiquement les candidats usagers non desservis, et ainsi annihiler les effets de l'égalité dans l'accès au service. Pour ce qui est de l'égalité dans le fonctionnement du service, l'arrêt Société Bianic c/ SIVOM de Morlaix-Saint-Martin des Champs, de 1988[23], pose un principe clair : "le principe d égalité s'apprécie entre les usagers d'un même service placés dans des situations analogues."[24]

1095. Cependant, la situation des usagers d'un même service qui fait l'objet de deux modes de gestion différents, ou d'un ensemble de services identiques confiés à un seul exploitant sur le territoire d'une même collectivité, peut prêter à confusion. Dans un arrêt de 1998, Association pour la promotion et le rayonnement des Orres[25], le Conseil d'Etat avait à juger d'un service de distribution d'eau affermé sur une portion du territoire de la commune et géré en régie sur le reste du territoire. Dans une seconde affaire, le tribunal administratif de Grenoble, en 1996[26], avait à juger de la légalité de la division d'une commune en deux zones, l'une étant sujette à la taxe pour l'enlèvement des ordures ménagères, l'autre à la redevance. Dans les deux cas, le juge prend en compte l'ensemble du territoire communal. On peut donc en déduire que le principe d'égalité s'apprécie au sein d'un même type de services, même s'il fait l'objet de modes de gestion différents.

1096. A l'inverse, qu'en est-il des cas où un exploitant unique se voit confier plusieurs services différents, mais appartenant à une même catégorie ? Le Conseil d'Etat a eu à juger, en 1982, du cas d'une régie départementale qui exploitait à la fois le bac de l'Ile de Ré et le Pont d'Oléron[27]. Si ces deux services étaient des services de transport, le Conseil d'Etat a jugé que chaque service pouvait faire l'objet d'une tarification propre du fait des modalités d'organisation et des coûts respectifs des services.

---

22 Voir n°991.

23 CE, 10 juin 1988, req. n°74519.

24 L'avis du Conseil d'Etat n°353.605 du 24 juin 1993 sur la tarification du TGV Nord (Grands Avis n°38) confirme cette position puisque l'égalité est appréciée entre les usagers du TGV, à l'exclusion des autres types de services (TER par exemple), mais cette appréciation ne se limite pas à chaque ligne. C'est pourquoi le traitement particulier dont fera l'objet le TGV Nord n'est admis qu'à titre d'expérimentation pendant un an.

25 CE, 8 avril 1998, *RFDA* 1998, p.463.

26 Jugement du 24 septembre 1996, Copropriété de l'ensemble immobilier Le Kalinda, *Rec.*, Tables, p.755.

27 CE, 10 décembre 1982, SIVOM de l'Ile de Ré, *Rec.*, p.517.

1097. On peut déduire de cette jurisprudence que le principe d'égalité ne se conçoit pas forcément dans le cadre restreint d'un service bien précis. En effet, si le Conseil d'Etat admet d'apprécier la régularité des discriminations au regard du principe d'égalité, cela signifie que c'est le territoire de la collectivité toute entière qui sert de référence. Dans le cas contraire, le Conseil d'Etat aurait dû refuser immédiatement de prendre en considération des moyens tirés de la méconnaissance du principe d'égalité s'il s'était agit de deux services complètement distincts. Cependant, il est conduit à admettre plus facilement l'existence de différences de situation appréciables si la collectivité publique organisatrice a ressenti le besoin d'exploiter un même service selon deux modes de gestion différents. Cela n'est pourtant pas automatique, comme le démontre le jugement du tribunal administratif de Grenoble.

1098. Ces différences de situation sont dues aux modalités d'organisation même du service. Elles peuvent également se rattacher plus généralement aux modalités de consommation des usagers.

3°) Les modalités de consommation.

1099. Les discriminations opérées au sein des usagers d'un service public industriel et commercial sont souvent fondées sur les mêmes critères que ceux qui sont admis en matière de services publics administratifs et dont l'objectivité ne prête pas à discussion : lieu de résidence, âge, profession, type de consommation (taille d'une entreprise, niveau de consommation), etc. Mais il ne faut pas s'y tromper : des critères identiques peuvent être à l'origine de discriminations dont les fondements sont tout à fait différents. Par exemple, le lieu de résidence est souvent assimilé à la qualité de contribuable en matière de services publics administratifs, alors que pour le service public industriel et commercial, il signifiera plus souvent que, de par son lieu de résidence, l'usager peut faire peser de lourdes contraintes matérielles de fourniture sur l'exploitant (éloignement du centre ville, difficultés d'accès, etc.).

1100. Même si son raisonnement est souvent implicite, le juge administratif procède en deux étapes : d'une part, il se demande si l'objectif de la discrimination est fondé ; d'autre part, il vérifie que les critères retenus sont bien aptes à représenter la discrimination régulière choisie, sans y ajouter une discrimination illégale. Il faut donc distinguer le fondement de la catégorie d'usagers (a) et les critères qui la matérialisent (b). Ensuite, on pourra tenter de définir avec précision les conditions respectives que doivent respecter ces deux éléments pour que la différence de situation soit régulière au regard du principe d'égalité, ainsi que le degré de contrôle opéré par le juge (c).

a) Le fondement de la différence de situation.

1101. Deux situations sont envisageables. D'une part, les discriminations peuvent être dues à une différence de consommation alors que la prestation est identique. D'autre part, c'est la prestation elle-même qui peut varier et nécessiter de ce fait des traitements différents.

1102. En premier lieu, il semble évident que la différence de consommation justifie une différence de traitement lorsqu'est en cause le volume de consommation, sans que les usagers soient incités à consommer plus ou à consommer moins par une modulation des tarifs[28].

1103. Les tarifs progressifs[29] et dégressifs[30] sont également réguliers au regard du principe d'égalité des usagers du service public. Cependant, il faut souligner ici une grande différence avec les entreprises purement commerciales. Si ces dernières fonctionnent globalement sur le mode du tarif dégressif, c'est pour permettre une rotation des stocks la plus rapide possible, dans l'objectif final d'une rentabilité maximale. La consommation est poussée pour assurer le revenu le plus élevé possible. En matière de services publics industriels et commerciaux, le commissaire du gouvernement Latournerie[31] a recadré ces préoccupations. Selon lui, la dégressivité doit être admise car l'augmentation de la consommation vise l'intérêt conjugué des usagers et du service qui verront les prix baisser globalement grâce à la diminution des frais généraux. La progressivité est également justifiée si la ressource qui est à la base de la fourniture est une ressource rare et que l'exploitant éprouve des difficultés à la fournir au-dessus d'une certaine quantité[32]. Ainsi, même si on peut accuser ce raisonnement d'être un peu artificiel, il n'en représente pas moins exactement les composantes de la relation de service public en France. Tout bénéfice est acceptable dans la mesure où il est reversé à la collectivité des usagers sous forme d'investissement destiné à assurer un meilleur service. Lorsque la bonne marche du service est en péril, l'impératif d'interdépendance commande que l'usager accepte des restrictions dans ses droits ou sa consommation. Si les discriminations opérées semblent procéder de la logique commerciale, et même si c'est exactement l'objectif que poursuivent, en réalité, les exploitants privés de services publics industriels et commerciaux, sur le plan des principes, on peut redéfinir ces préoccupations à partir des spécificités du service public. On peut également supposer que ces réflexions constituent un butoir à la recherche exclusive d'une meilleure rentabilité.

1104. Il faut mentionner les cas où se combinent la nature de la consommation et celle de la prestation. En effet, certains usagers, par la consommation particulière qu'ils font du service, font peser des sujétions spéciales sur le service, qui engendrent un coût plus élevé

---

28 CE, 14 janvier 1991, Bachelet, *DA* 1991, n°65, *CJEG* 1991, p.164, concl. Stirn ; CE, Ass., 10 juillet 1996, Cayzeele, préc. ; CE, 23 novembre 1992, Syndicat d'assainissement de la Haute Vallée de l'Aure, *RFDA* 1994, p.172, concl. O. Fouquet ; TA Lyon, 17 novembre 1998, Association des consommateurs d'eau de l'Ouest Lyonnais, req. n°9402502 ; CE, 17 juin 1970, Ville de Rouen, *DA* n°229.

29 Dans un premier temps, le Conseil d'Etat n'a pas admis la progressivité d'un tarif fondé sur la rareté des ressources en eau (CE, 28 avril 1993, Commune de Coux, *DA* 1993, p.365). Mais récemment, le Conseil d'Etat a admis que des forfaits de consommation pouvaient varier entre résidents permanents et résidents secondaires pour éviter le gaspillage de l'eau (CE, 7 décembre 1995, Commune de Bougnon, *Gaz. comm.* 18 décembre 1995, p.80).

30 Pour le tarif dégressif, voir CE, 8 mai 1961, Société immobilière de Couéron, *CJEG* juin 1962, J, p.118 ; CE, 28 janvier 1983, Paraïso, *Rec.*, Tables, p.606 ; TA Lyon, 28 mai 1996, Mme Liotier, Mr Poulain, req. n°9501996, en matière de distribution d'eau ; CE, 15 janvier 1992, Villain, *RJF* 3/ 92 n°391 pour le service d'assainissement.

31 Concl. sur CE, 1er avril 1938, Société l'Alcool dénaturé de Coubert, *RDP* 1939, p.487.

32 Voir la note ci-dessus sur la progressivité du tarif. Voir également CE, 21 février 1997, Ministre de l'environnement, req. n°139504.

de la prestation. Cette différence dans la consommation peut provoquer une différence de traitement régulière au regard du principe d'égalité[33]. Peut-on envisager la situation inverse où l'usager bénéficierait d'un traitement particulier en raison des avantages qu'il pourrait accorder à l'exploitant ? On se limitera ici aux possibilités d'un traitement particulier fondé sur la différence de situation, et non sur l'*intérêt général*, qui fera l'objet d'une étude spécifique[34]. Il a été admis qu'une personne ayant cédé ses droits à usage de l'eau à EDF bénéficie en contrepartie d'une fourniture gratuite d'électricité[35]. De même, il a été admis qu'un exploitant de remontées mécaniques accorde une priorité d'accès à des moniteurs de ski en échange de certaines obligations, s'il ne restreint pas son offre à une seule école de ski[36]. Le problème le plus épineux demeure celui de la fourniture gratuite d'électricité aux personnes vivant à proximité des centrales nucléaires. C'est seulement en 1985, dans l'arrêt Union départementale des consommateurs de Paris[37], que le Conseil d'Etat juge cette pratique illégale. Selon les conclusions Stirn[38], cette irrégularité résiderait dans le fait que rien, dans la consommation ou dans la prestation elle-même, ne démontre l'existence d'une différence de situation entre les usagers situés à proximité de la centrale et les autres. De plus, si certaines personnes subissent une sujétion particulière, ce n'est certainement pas en tant qu'usagers du service public de distribution de l'électricité. Si on admet volontiers la position du commissaire du gouvernement Stirn, on ne voit en revanche pas pourquoi une personne ayant cédé certains droits à EDF bénéficierait d'une fourniture gratuite. Elle n'a pas non plus cédé ses droits à EDF en tant qu'usager.

1105. Pour résumer, on peut dire qu'aussi bien les sujétions imposées aux usagers que celles imposées au service peuvent engendrer des traitements différents, à la condition qu'elles soient en relation avec les modalités d'exploitation du service lui-même. Cependant, la notion de modalité d'exploitation du service devra être plus précisément définie par le juge.

1106. Des discriminations peuvent également être établies, pour une consommation identique, à partir des caractéristiques de la prestation elle-même. Deux facteurs entrent en jeu. La différence de traitement peut être due aux particularités techniques de la prestation, qui dans certains cas influencent son coût, et doit donc se répercuter sur le tarif. Plus généralement, c'est la qualité même de la prestation qui peut induire des discriminations.

---

[33] CE, 7 octobre 1959, Jacquier, *Rec.*, p.492 ; TA Versailles, 2 juillet 1992, Sargos, *LPA* 29 septembre 1993, n°117, p.4, note J.-L. Gauroy : le refus d'inscription sur l'annuaire fait peser des sujétions spéciales sur le service du téléphone et justifie un tarif plus élevé. De même, l'article R. 372-12 du Code des communes dispose que "lorsqu'une entreprise industrielle, commerciale, ou artisanale prélève annuellement une quantité d'eau fixée par arrêté interministériel, le nombre de mètres cubes prélevés qui sert de base à la redevance d'assainissement est corrigé en hausse ou en baisse pour tenir compte des charges particulières imposées au service de l'assainissement", qu'il s'agisse du degré ou de la forme de pollution produite.

[34] Voir n°1134 et s.

[35] Trib. civ. Briançon, 10 avril 1956, Giraud c/ EDF, *CJEG* novembre 1957, J, p.188.

[36] TA Grenoble, 28 novembre 1979, *Rec.*, Tables, p.606.

[37] CE, Ass., 1er février 1985, *CJEG* 1985, p.129.

[38] *CJEG* 1985, p.129.

1107. Par exemple, en matière de communications téléphoniques[39], la distinction entre les communications émises à partir de postes publics à pré-paiement et de postes publics à pièces est irrégulière au regard du principe d'égalité. En revanche, celle établie entre les publiphones et les autres postes est admise. Le Conseil d'Etat[40] justifie ces solutions par les particularités techniques de la prestation. De même, en matière de distribution d'eau, le tarif spécial dont s'acquittent les usagers de Narbonne Plage n'est pas dû à leur comportement vis-à-vis du service de distribution d'eau, mais au coût engendré par la desserte d'une zone dont la topographie nécessite des installations spécifiques et dont la vocation touristique induit une importante différence de consommation entre l'été et l'hiver[41].

1108. Concernant la qualité de la prestation, des discriminations peuvent être admises au regard du degré d'épuration de l'eau distribuée[42], ou encore en fonction du confort et de la rapidité de certains trains[43], par exemple.

1109. On s'était demandé, au départ, si, du fait de la nature industrielle et commerciale du service, le principe d'égalité ne serait pas réduit à l'état de simple garde-fou à l'égard des aspirations commerciales de l'exploitant. On se rend compte que non seulement ce n'est pas vrai, mais que le principe d'égalité va aussi permettre de définir la frontière entre l'entreprise du secteur privé et l'exploitant chargé d'un service public. Une constatation s'impose : du point de vue du résultat, les discriminations autorisées au regard du principe d'égalité concernant les services industriels et commerciaux ne diffèrent pas vraiment des tarifs pratiqués par une entreprise commerciale, notamment en ce qu'il peuvent être dégressifs ou refléter le coût de production de la prestation. Est-ce si étrange que cela ? La production et la distribution d'une prestation de service ne varient pas selon qu'elle est destinée à un service public ou à une activité purement privée. Les modalités d'élaboration d'un tarif sont également identiques. Qui plus est, les exploitants des services publics sont souvent des sociétés privées et celles-ci fonctionnent selon les usages du commerce. Mais si le résultat est le même, la justification profonde des discriminations est complètement différente. En effet, dans le cas d'une entreprise commerciale, seuls le profit et la rentabilité motivent les discriminations tarifaires, alors qu'en matière de service public le moindre bénéfice doit s'accorder avec la conception de la relation de service public.

---

[39] On retiendra cet exemple malgré le fait qu'un tel service a été considéré comme un service public administratif pendant longtemps, car on estime que cela n'influence pas dans ce cas précis l'application du principe d'égalité.

[40] CE, 22 janvier 1993, Meyet, *LPA* 20 juillet 1993, p.20, note M. Cliquennois, *D.* 1994, som., p.289, note H. Maisl ; CE, 29 juillet 1998, Meyet, n°77355. Voir également CE, 19 décembre 1979, Meyet, *Rec.*, p.475, *D.* 1980, IR, p.124, note P. Delvolvé ; CE, 8 avril 1987, Association "Etudes et consommation CFDT", *Rec.*, p.128.

[41] TA Montpellier, 12 juin 1991, Association Narbonne Libertés 89, *CJEG* 1991, p.411, note J. Nénert ; CE, 26 juin 1996, Association Narbonne Libertés 89, *Rec.*, Tables p.754, *D.* 1996, IF, p.236. De même, CE, 10 décembre 1982, SIVOM de l'Ile de Ré, *Rec.*, p.517 ; CE, 28 avril 1993, Commune de Coux, *DA* 1993, p.365 ; CAA Bordeaux, 25 janvier 1996, Fernand Cheype, n°93BX01411.

[42] CE, 10 février 1928, Chambre syndicale des Propriétaires Marseillais, *Rec.*, p.222. Voir également CE, 17 novembre 1943, Etablissements Triflex, *Rec.*, p.260.

[43] Avis n°353.605 du 24 juin 1993, Tarification du TGV Nord, *Grands Avis*, n°38. Voir également en matière de camping, CE, 12 juillet 1995, Syndicat de l'hôtellerie de plein air du Var, *DA* 1995, n°569.

1110. Une seconde différence réside dans l'interdiction du traitement de faveur en matière de services publics industriels et commerciaux. Le traitement de faveur peut se définir comme l'avantage accordé à un usager en fonction de considérations purement subjectives et dont l'octroi est accordé discrétionnairement par l'exploitant, animé par un sentiment de "bienveillance commerciale" ou de fidélisation de la clientèle. Juridiquement, cela se traduit, par exemple, par l'illégalité de l'accès prioritaire à un service de bacs aux personnes ayant fait l'acquisition d'un carnet d'abonnement[44] ; ou par celle de délais de paiement accordés à des commerçants et industriels (gros consommateurs) par un distributeur d'eau[45]. L'exploitant agit ici en fonction d'une logique purement commerciale et non dans le respect du principe d'égalité. Plus généralement, les traitements de faveur sont combattus à l'aide de la règle de l'égalité relative, qui découle directement de l'obligation de traiter de manière identique des usagers placés dans la même situation : tout exploitant qui désire faire profiter un usager d'un traitement particulier doit en faire profiter les usagers placés dans la même situation[46]. Cette obligation ne se rencontre pas dans les entreprises privées.

1111. A côté du fondement de la différence de situation, le critère choisi pour le représenter a donné lieu à certains litiges.

b) Les critères relatifs à la différence de situation.

1112. En général, ce n'est pas l'objectivité du critère qui prête à discussion, mais sa relation avec le fondement de la différence de situation. Dans l'arrêt Veyre, de 1936[47], une redevance relative aux frais d'établissement en matière de distribution d'électricité était calculée en fonction du nombre d'hectares des exploitations desservies, critère jugé illégal. Dans l'arrêt Ville d'Elbeuf, de 1967[48], à propos de la redevance versée pour l'épuration des eaux usées, l'irrégularité ne résidait pas dans le principe selon lequel il faut que les entreprises les plus polluantes versent une redevance plus importante (fondement de la discrimination), mais dans le fait que seuls les établissements employant plus de vingt ouvriers y étaient assujettis (critère choisi). Dans l'arrêt Commune de Pointe-à-Pitre c/ Martin, de 1985[49], le Conseil d'Etat a jugé qu'il n'y avait pas de "lien suffisant entre la consommation d'eau potable (...) et le volume ou la nature des ordures, déchets et détritus, confiés par chaque redevable au service communal des ordures ménagères". Dans l'arrêt

---

[44] TA Poitiers, 19 mai 1992, Liet-Veaux, *Rec.*, p.515.

[45] CE, 10 février 1928, Chambre syndicale des propriétaires marseillais, *Rec.*, p.222.

[46] La plupart des cahiers des charges que l'on a déjà rencontrés contiennent ce type de disposition et obligent l'exploitant à publier le contenu des conventions particulières conclues avec les gros consommateurs. Les compagnies ferroviaires ont connu plusieurs litiges sur cette question. Voir Cass. civ., 9 février 1915, Chemin de fer PLM c/ Bressat, *S.* 1916, I, p.92 ; CE, 1er décembre 1971, Société des Etablissements Dubreuil, *Rec.*, p.735 ; CE, 10 mars 1976, Ville de Toulon, *Rec.*, p.143.

[47] CE, 1er juillet 1936, Veyre, *Rec.*, p.713, *S.* 1937, III, p.105, note J. L'Huillier.

[48] CE, 6 janvier 1967, Ville d'Elbeuf, *Rec.*, p.1, *JCP* 1967, II, 15109, concl. Galmot, *AJDA* 1967, p.347, note P. Laporte.

[49] CE, 6 mai 1985, *Rec.*, p.557, *JCP* 1986, II, 20536, concl. Fouquet.

Ferdinand Dauwe, de 1989[50], le Conseil d'Etat a sanctionné les critères retenus par l'administration du téléphone pour tarifer les communications, fondés sur les distances séparant tantôt les chefs-lieux de deux circonscriptions tarifaires, tantôt les chefs-lieu de deux départements. Ce n'était pas la distinction entre les communications de voisinage et les communications moyenne et grande distance qui était critiquable, mais la manière de les mesurer[51]. Les critères choisis dans ces affaires ne rendaient pas réellement compte du fondement de la discrimination qui, lui, aurait pu être régulier.

1113. A l'inverse, dans l'arrêt Bachelet, de 1991[52], le Conseil d'Etat a admis que les possesseurs d'une piscine privée peuvent être assujettis à une redevance spéciale au regard du service de distribution d'eau. Ici, la consommation d'eau était facturée au forfait. Si le fondement de la discrimination semblait régulier (l'objectif est de faire payer aux gros consommateurs d'eau ce qu'ils consomment et non pas un forfait inférieur à leur consommation réelle), le critère retenu pouvait l'être à défaut de mieux. Le fait de posséder une piscine est directement proportionnel à la consommation d'eau. De même, dans l'arrêt Cayzeele[53], de 1996, les propriétaires d'immeubles collectifs, les restaurateurs et autres collectivités sont astreints à l'acquisition de containers pour l'évacuation de leurs déchets. Là encore, les critères retenus sont révélateurs d'une production élevée de déchets, qui est le fondement de la discrimination. On peut même aller plus loin et décider que les droits de place sur les marchés peuvent être calculés non seulement en vertu de l'étendue de l'emplacement, mais également d'après la valeur des marchandises qui y seront vendues[54].

1114. L'obligation de distinguer le fondement de la discrimination et le critère retenu pour le matérialiser se rencontre surtout lorsqu'il est impossible de mesurer réellement la consommation de l'usager. Parfois, le critère à choisir est prévu par un texte. L'article R. 372-8 du Code des communes dispose que la redevance d'assainissement est assise sur le volume d'eau consommée, qui semble proportionnel au volume d'eaux usées rejetées[55].

1115. Maintenant que le critère et le fondement de la différence de situation sont distingués, on peut se demander s'ils doivent se conformer à certaines conditions pour être réguliers.

c) L'appréciation de la distinction.

1116. Le Conseil d'Etat semble exiger du critère qu'il présente un "lien suffisant" avec le fondement de la discrimination. Peut-on approfondir cette notion ? Certains affirment que le critère doit être en adéquation avec le fondement ou l'objectif de la discrimination

---

[50] CE, 27 octobre 1989, *CJEG* 1990, p.195.

[51] Concl. Abraham, *CJEG* 1990, p.195.

[52] CE, 14 janvier 1991, Bachelet, *DA* 1991, n°65, *CJEG* 1991, p.164, concl. Stirn.

[53] CE, Assemblée, 10 juillet 1996, préc.

[54] Civ., 16 juin 1922, Guyonvarch c/ Roussel, *D.* 1925, I, p.224.

[55] Voir à ce sujet, CE, 23 novembre 1992, Syndicat d'assainissement de la Haute Vallée d'Aure, *RFDA* 1994, p.172, concl. O. Fouquet.

et qu'il doit pouvoir rendre compte d'une relation de proportionnalité à la consommation de l'usager ou au coût du service public[56]. Cependant, le propre du critère n'est-il pas justement de pouvoir se passer du caractère adéquat ? En effet, lorsqu'il est impossible de mesurer avec exactitude la consommation de l'usager, on se réfère justement à un critère qui peut n'avoir qu'un rapport lointain avec l'objet même du fondement, mais qui en revanche doit lui être proportionnel. Il n'y a pas d'adéquation entre l'eau et l'assainissement, au sens où il s'agit de deux choses distinctes, mais il y a bien une proportionnalité entre les deux consommations. C'est pourquoi, on préférera parler de proportionnalité en ce qui concerne le critère et réserver la relation d'adéquation pour le fondement de la discrimination. Affirmer que le fondement de la discrimination doit être proportionnel ne voudrait rien dire. En effet, il serait proportionnel à quoi ? La notion d'adéquation pourrait servir à délimiter la frontière entre l'aspect commercial du service et son aspect purement financier. Le fondement de la différence de situation peut refléter une préoccupation commerciale, économique, au sens où ce sont les différences de consommation dont il faut rendre compte, mais en aucun cas les aspirations à une rentabilité maximale.

1117. Qu'en est-il du contrôle opéré par le juge ? La relation de proportionnalité n'est examinée que très grossièrement par le Conseil d'Etat et c'est pourquoi on proposera que le juge explicite clairement son degré de contrôle sur le choix du critère lui-même, qui ne peut être qu'un contrôle de l'erreur manifeste.

1118. Le fondement de la différence de situation se prêterait plus à un contrôle normal, que le juge semble mettre en oeuvre[57]. En effet, la relation d'adéquation ne se contente pas d'un contrôle de l'erreur manifeste. Cependant, dans le domaine du téléphone, le juge doit parfois entrer dans des considérations techniques, ce qui en général commande plutôt un contrôle restreint.

1119. Deux critères doivent faire l'objet d'un traitement particulier afin de répondre à la seconde question que l'on avait posée en abordant le principe d'égalité. L'idée d'une rupture de l'unicité du service public avait été émise quant à l'application distincte du principe d'égalité, selon que l'on a affaire à un service public administratif ou industriel et commercial. La qualité de contribuable et le niveau de ressources des usagers semblent caractériser les catégories d'usagers récemment admises en matière de services publics administratifs. Qu'en est-il pour les services industriels et commerciaux ?

---

[56] G. Pellissier, *Le principe d'égalité en droit public*, LGDJ, coll. Systèmes, 1996, p.75 et s. Cet auteur opte également pour une approche en deux étapes, mais de nature différente. L'une concerne la pertinence de la justification par rapport à l'objet du service, l'autre vise à apprécier l'équilibre entre la justification choisie et l'existence de la situation.

[57] Voir en ce sens J.-F. Lachaume, *Grands services publics*, préc., p.313, qui se fonde sur la rédaction de l'arrêt Denoyez et Chorques.

4°) La qualité de contribuable local au regard du service public industriel et commercial.

1120. La prise en considération de la qualité d'habitant au regard du principe d'égalité en matière de services publics locaux ne représente que la partie visible de l'iceberg. L'enjeu sous-jacent est celui du financement du service par l'usager ou par le contribuable et du degré de solidarité existant entre ces deux catégories. En effet, admettre que les contribuables locaux peuvent payer moins cher un service public industriel et commercial revient à admettre qu'il peut y avoir une redistribution des impôts locaux, qui ont servi à financer les installations des services publics, en faveur des usagers. Le cadre de la solidarité peut-il déborder de celui de la communauté même des usagers et englober les contribuables ? En d'autres termes, à côté de la péréquation des tarifs entre usagers, peut-il y avoir une péréquation entre l'usager et le contribuable ?

1121. La solution retenue dans l'arrêt Denoyez et Chorques, de 1974[58], laissait supposer que la qualité de contribuable local ne permettait pas de fonder une catégorie d'usagers au regard du principe d'égalité. Les habitants de la Charente-Maritime, qui avaient pourtant financé le service de bacs par le biais de leurs impôts locaux, n'ont pu être admis au bénéfice d'un tarif plus avantageux que celui pratiqué en faveur des habitants du reste du continent. Cependant, la nature du service de bacs étant sujette à fluctuation, on retiendra la confirmation de cette solution par un arrêt de 1995, Commune de Maintenon[59], à propos du parking de la gare, qui est un service public industriel et commercial. La commune supportait, en raison de l'implantation de la gare sur son territoire, des charges supplémentaires liées à l'utilisation intensive de la voirie communale, ce qui l'avait conduite à créer une discrimination tarifaire entre les résidents de la commune et les non résidents. Le Conseil d'Etat condamne cette discrimination, au motif que les arguments avancés par la commune sont étrangers à la tarification des services publics industriels et commerciaux de stationnement et qu'il n'existe aucune nécessité d'intérêt général, ni aucune différence de situation entre les résidents et les non résidents susceptible de justifier une telle discrimination.

1122. En ce qui concerne le service extérieur des pompes funèbres, le Conseil d'Etat, dans un avis de 1977, avait opté pour une solution identique, puisque le principe d'égalité impose un tarif unique, indépendamment du lieu de résidence[60].

1123. Cependant, le juge administratif avait auparavant adopté implicitement une solution contraire. Le tribunal administratif de Marseille, en 1971[61], a jugé qu'une commune ne pouvait pas faire supporter le coût afférent au remplissage de réservoirs d'eau en période de sécheresse à l'ensemble des contribuables, alors que le réseau ne desservait pas tous les habitants. Il faut en déduire que le financement de ce service par le

---

[58] CE, Section, 10 mai 1974, préc.

[59] CE, 12 juillet 1995, Commune de Maintenon, *Rec.*, p.305, *DA* 1995, n°570, *RFDA* 1995, p.1053, D. 1995, IR, p.245.

[60] Avis du 7 juin 1977, cité par D. Richer, "Pompes funèbres", in *Droit des services publics locaux*, préc., fasc. VI 60.

[61] TA Marseille, 17 février 1971, ROL c/ Préfecture des Basses-Alpes, *Rec.*, p.832.

contribuable aurait été licite si tous les habitants avaient été desservis. Par là même, les usagers auraient pu bénéficier de tarifs préférentiels. La même année, dans l'arrêt Commune de Lescun, le Conseil d'Etat admet qu'une commune réserve l'électricité fournie gratuitement par EDF à "ceux qui vivent toute l'année sur le territoire de la commune"[62].

1124. La position de la jurisprudence semble aujourd'hui clarifiée avec l'arrêt Commune de Montgeron, rendu en 1997[63], à propos des tarifs préférentiels accordés aux habitants de la commune pour l'utilisation d'un parc de stationnement. Après avoir rappelé le considérant de principe de l'arrêt Denoyez et Chorques, le Conseil d'Etat valide une telle tarification, sous réserve que le tarif prévu pour les non habitants n'excède pas le coût de revient du service fourni. Cet arrêt s'aligne sur la jurisprudence concernant les services publics administratifs, qui fonde une telle discrimination sur le critère de la différence de situation et la soumet à la même condition[64]. On pourrait se féliciter d'une telle similitude, qui est révélatrice de l'unité fondamentale du service public, si l'application de la jurisprudence Commune de Montgeron n'était pas fortement limitée. En effet, comme le soulignent ses commentateurs[65], les budgets des services publics industriels et commerciaux doivent être équilibrés en recettes et en dépenses. Cette règle, qui sera examinée plus tard avec la composition du tarif[66], interdit en principe au budget communal d'alimenter les recettes d'un tel service. Si le budget communal ne peut pas combler le déficit engendré par la réduction du tarif accordée aux habitants, il ne faut pas compter non plus sur les recettes procurées par les non habitants, puisque le prix maximum qu'ils peuvent être amenés à payer est au plus équivalent au coût de la prestation. Tout au plus, une telle tarification serait possible si l'exploitant se voyait confier un autre parc de stationnement payant, ou un autre service, ce que l'on appelle une gestion globalisée. Les transferts entre usagers des divers services seraient alors rendus possibles, mais la qualité de contribuable n'aurait plus rien à voir là dedans. Qui plus est, pourquoi alors faire payer la prestation plus cher aux usagers de l'un des services, afin d'accorder une réduction à ceux de l'autre ? Outre ces obstacles juridiques, seuls les services publics de transport et de stationnement peuvent être concernés, car par leur organisation même, ils supposent que des personnes qui ne résident pas dans la collectivité organisatrice y accèdent. Le problème ne se poserait même pas en matière de services établis en réseaux qui ne desservent par définition que les habitants de la commune, comme l'eau, l'électricité ou encore le téléphone.

1125. L'irréductibilité aux services publics industriels et commerciaux des discriminations admises pour les services publics administratifs procède d'une différence fondamentale de la conception de la solidarité au sein de ces deux services. La solidarité

---

62 CE, 29 janvier 1971, *Rec.*, p.78, *Gaz. Pal.* 1972, 2, p.542, note F. Moderne.

63 CE, 2 avril 1997, *CJEG* 1998, p.433, note J.-F. Lachaume.

64 CE, 5 octobre 1984, COREP de l'Ariège, *Rec.*, p.315, concl. Delon.

65 J.-F. Lachaume, note sous l'arrêt, *CJEG* 1998, p.433 ; L. Richer, "Pouvoir d'organisation du service", in *Droit des services publics locaux*, préc., fasc. I. 230, "Rôle des usagers" ; R. Tachon, "Les abonnements en matière de stationnement payant", *DA* 1999, n°1, p.4. Plus généralement, voir M. Dreiffuss, "Les concessions du service de stationnement", Rép. Dalloz, *Collectivités locales*, vol. III, sous la direction de F.-P. Bénoit, 1996.

66 Voir n°1181 et s.

en matière de services industriels et commerciaux n'implique pas le contribuable, car il s'agit d'une solidarité interne à la communauté des usagers. Cette solidarité est née de l'élaboration du sentiment d'interdépendance entre les usagers et de la lutte contre les excroissances de l'intérêt général, qui, en matière de services industriels et commerciaux, se limite à celui du groupe des usagers.

1126. En revanche, la solidarité au sein du service public industriel et commercial implique-t-elle que les usagers en situation de précarité puissent bénéficier de tarifs plus avantageux ?

5°) La situation sociale de l'usager.

1127. Le principe est clair en matière de services publics industriels et commerciaux : la situation sociale de l'usager n'est pas susceptible de justifier la création d'une catégorie d'usagers bénéficiant d'avantages tarifaires. Ce principe a été rappelé à plusieurs reprises par la jurisprudence. Dans les années trente, certains cahiers des charges en matière de distribution d'eau ou d'électricité accordaient des avantages tarifaires en faveur des personnes en situation de précarité[67], mais le Conseil d'Etat a mis un frein définitif à cette tendance. En 1962, il juge qu'un distributeur d'électricité ne peut pas prendre en charge les redevances des titulaires de la carte d'économiquement faibles[68]. En 1982, dans l'arrêt Préfet de la Charente-Maritime[69], les dispositions accordant un tarif préférentiel aux bénéficiaires de l'allocation supplémentaire du Fonds national de solidarité, aux personnes âgées et aux invalides inaptes au travail sont déclarées contraires au principe d'égalité. Enfin, en 1998[70], le Conseil d'Etat annule la délibération d'un conseil municipal exonérant de redevance pour l'enlèvement des ordures ménagères les personnes âgées de plus de 70 ans ou appartenant à un même foyer, à partir de la septième personne.

1128. Cette jurisprudence est principalement justifiée par le fait que le fondement d'une différence de situation doit être en corrélation avec l'objet du service. Le service public industriel et commercial n'ayant pas d'objet social, il serait délicat et inadéquat de lui assigner un objectif de réduction des inégalités sociales[71]. La jurisprudence qui admet une telle discrimination pour les services publics administratifs s'est parfois fondée sur le caractère social du service[72]. Cependant, en matière de services publics administratifs, le Conseil d'Etat semble avoir lui-même abandonné une telle justification, puisque dans ses

---

[67] Voir S. Duroy, Th. préc., p.178-179 et les conclusions Henry sur CE, 16 novembre 1962, Syndicat Intercommunal d'Electricité de la Nièvre, *CJEG* 1963, J, p.18.

[68] CE, 16 novembre 1962, Syndicat intercommunal d'électricité de la Nièvre, *Rec.*, p.612, *CJEG* 1963, J, p. 18, concl. Henry.

[69] CE, 17 décembre 1982, *Rec.*, p.427, *D.* 1983, som. p.71, obs. P. Delvolvé, *RJF* 5/1983, n°670, p.262, note F. Moderne.

[70] CE, 8 avril 1998, Frequelin, req. n°165284.

[71] P. Delvolvé, obs. sous CE, 17 décembre 1982, préc. ; M. Borgetto, article préc.

[72] CE, 20 janvier 1989, CCAS de la Rochelle, *AJDA* 1989, p.398, obs. X. Prétot (sol. impl. car il s'agissait d'une crèche) ; CE, 18 mars 1994, Dejonckeere, *LPA* 4 novembre 1994, p.19, note V. Haïm (à propos d'une cantine et d'un centre le loisirs).

arrêts les plus récents à propos d'écoles de musique, il n'exige plus la présence d'un service public administratif à vocation sociale[73].

1129. On peut trouver une seconde explication dans la règle de l'équilibre budgétaire des services publics industriels et commerciaux, qui a déjà été évoquée. En effet, dans ses conclusions sur l'arrêt Ville de Tarbes[74], M. Lasserre proposait d'admettre la prise en compte des ressources des familles pour les services administratifs et avait exclu les services industriels et commerciaux de son raisonnement. La raison n'était pas que, par principe, une telle discrimination est interdite, mais qu'elle n'était pas compatible avec la règle de l'équilibre budgétaire. La jurisprudence en matière de services publics administratifs a posé comme limite aux discriminations tarifaires établies en fonction des ressources que le prix le plus élevé ne pouvait pas dépasser le coût du service[75]. Cette limite est difficilement applicable au services publics industriels et commerciaux. En outre, pour exclure le critère du niveau de ressources des usagers, une jurisprudence récente s'est fondée, non pas sur la règle de l'équilibre budgétaire, mais sur le principe de proportionnalité applicable aux redevances pour services rendus[76].

1130. C'est l'explication relative à la règle de l'équilibre budgétaire qu'il faut retenir, car lorsqu'un exploitant en est exonéré par des textes, il peut créer des discriminations fondées sur des critères sociaux. Ainsi, la loi d'orientation des transports intérieurs[77] dispose, dans son article 7, que "le financement des services de transport public régulier de personnes (...) est assuré par les usagers, le cas échéant par les collectivités publiques en vertu de dispositions législatives particulières". Le cahier des charges de la SNCF de 1983[78], dans son article 14, prévoit, quant à lui, la mise en oeuvre de tarifs sociaux à la demande de l'Etat. A partir du moment où les collectivités publiques organisatrices peuvent financer une partie du coût du transport, la SNCF peut proposer[79] des billets familles nombreuses, congés payés, ouvriers, etc. Dans le domaine du service extérieur des pompes funèbres, c'est encore la loi (art. L.2237-27 du CGCT) qui impose un service gratuit pour les personnes dépourvues de ressources suffisantes[80].

1131. La loi Aubry contre l'exclusion, de 1998[81], confirme la jurisprudence du Conseil d'Etat, puisque son article 147 dispose que "les tarifs des services publics administratifs à caractère facultatif peuvent être fixés en fonction du niveau de revenu des usagers et du

---

[73] CE, Section, 29 décembre 1997, (2 espèces), Commune de Gennevilliers et Nanterre, *AJDA* 1998, p.168, chron. T.-X. Girardot et F. Raynaud.

[74] Concl. préc.

[75] Voir les arrêts Communes de Gennevilliers et Nanterre, préc.

[76] CE, 8 avril 1998, Frequelin, req. n°165284.

[77] Loi n°82-1153 du 30 décembre 1982, JO du 31 décembre.

[78] Décret n°83-817 du 13 septembre 1983, JO du 14 septembre.

[79] CE, 21 mars 1984, Jean Leclech, req. n°30569 ; CE, 7 juin 1985, Ville d'Amiens, req. n°33184.

[80] Voir à ce sujet D. Richer, "Pompes funèbres", in *Droit des services publics locaux*, préc., fasc VI 60 ; J.-F. Auby, *Les obsèques en France*, PUF, coll. Que sais-je ?, 1997, p.31 ; Direction générale des collectivités locales, Ministère de l'Intérieur, *Le service extérieur des pompes funèbres"*, coll. Décentralisation, 1997, p. 10.

[81] Loi n°98-657 du 29 juillet 1998 d'orientation relative à la lutte contre les exclusions, JO du 31 juillet.

nombre de personnes vivant au foyer. Les droits les plus élevés ainsi fixés ne peuvent être supérieurs au coût par usager de la prestation concernée". Les services publics industriels et commerciaux sont ainsi exclus de cette disposition et seul le service de transport fait l'objet de quelques dispositions reposant sur des critères sociaux. Ainsi, les chômeurs en fin de droits et les demandeurs d'emploi de moins de 26 ans pourront bénéficier d'une modulation des tarifs des transports en leur faveur[82].

1132. Le niveau de ressources ou la situation sociale de l'usager ne justifient pas la création d'une catégorie d'usagers au regard du critère de la différence de situation. De ce point de vue, si aussi bien les services publics administratifs que les services publics industriels et commerciaux voient se démultiplier les catégories d'usagers, celles-ci n'ont pas suivi les mêmes orientations. Du point de vue du service public administratif, c'est la frontière entre les services à vocation sociale et les services plus culturels ou sportifs qui posait problème, alors que du côté du service public industriel et commercial, c'est la frontière entre l'aspect économique et la recherche exclusive du profit qu'il fallait définir. Ce n'est pas l'unité du service public qu'il faut remettre en cause, mais plutôt celle du principe d'égalité qui, d'une part comme de l'autre, doit faire face à une tendance au morcellement et à la multiplication des catégories d'usagers.

1133. En matière de services publics administratifs, la prise en compte de la situation sociale de l'usager était fondée sur l'intérêt général en rapport avec les conditions d'exploitation du service. Pourrait-on alors envisager une solution identique pour les services industriels et commerciaux sur ce fondement là ?

B. Le rôle de l'intérêt général.

1134. L'analyse de l'intérêt général comme fondement d'une discrimination au sein des usagers poursuit la démonstration entamée avec les différences de situation. La notion même d'intérêt général peut recouvrir plusieurs réalités : l'exploitant peut-il fonder des discriminations sur un intérêt purement financier ou faut-il que cet intérêt se rapporte avant tout au bon fonctionnement du service ? Avant de répondre à cette question, il est nécessaire de voir si l'intérêt général est un critère à part entière, ou bien s'il n'intervient que pour compléter une différence de situation existante.

1135. Compte tenu de la conception originelle du principe d'égalité, qui veut qu'à des situations semblables soient appliqués des traitements identiques, s'est posée la question de savoir ce qu'il advenait lorsque des considérations d'intérêt général commandaient que des usagers placés dans la même situation subissent des discriminations. En d'autres termes, les critères de la différence de situation et de l'intérêt général sont-ils cumulatifs ou alternatifs ? Le commissaire du gouvernement Letourneur, en 1951[83], semblait considérer l'intérêt général comme critère à part entière dans la création d'une catégorie d'usagers. Cependant, la doctrine contemporaine est relativement divisée. Une partie des

---

[82] Article 133.

[83] Concl. préc. sur l'arrêt Société des Concerts du Conservatoire.

auteurs[84], menés par M. Carbajo[85], n'admet pas que l'intérêt général puisse fonder une discrimination entre des usagers placés dans la même situation. S'appuyant sur une lecture attentive de l'arrêt Denoyez et Chorques, M. Carbajo démontre que seules des catégories d'usagers différentes peuvent fonder des discriminations. Ainsi, seule la différence de situation permet de créer des discriminations, mais "des considérations d'intérêt général en rapport avec les conditions d'exploitation du service public permettent à l'administration de créer des catégories différentes d'usagers que la seule différence de situation n'aurait pas permis de justifier". Le critère de l'intérêt général intervient donc lorsque les différences de situations, pourtant réelles, ne sont pas clairement marquées. M. Carbajo ajoute à sa démonstration un argument plus général : le principe d'égalité s'impose à l'administration qui ne peut y porter atteinte en créant des discriminations au sein d'une même catégorie d'usagers.

1136. Si cette démonstration semble logique, elle est cependant critiquable, avant même d'envisager la jurisprudence pertinente sur cette question. En effet, M. Carbajo passe subrepticement de la notion de catégorie d'usagers à celle de différence de situation. S'il est vrai que des discriminations ne sont envisageables qu'entre des catégories d'usagers et non en leur sein, cela ne signifie pas qu'une catégorie d'usagers est exclusivement définie par la différence de situation. Le considérant de principe de l'arrêt Denoyez et Chorques envisage bien que seules les catégories d'usagers fondent des discriminations, mais ensuite il place les trois critères sur le même plan : la différence de situation, l'intérêt général et la loi. La catégorie d'usagers ne se résume pas à l'un de ses critères d'identification, la différence de situation. Par ailleurs, s'il est vrai que le principe d'égalité s'impose à l'administration, il s'impose seulement dans les limites fixées par le Conseil d'Etat dans l'arrêt Denoyez et Chorques, qui admet bien que l'intérêt général peut fonder une discrimination au sein d'une même catégorie d'usagers. Enfin, il ne faut pas voir dans l'intérêt général une faculté offerte à l'administration pour établir des discriminations abusives. Il faut d'abord qu'il s'agisse d'un intérêt général en rapport avec les conditions d'exploitation du service. Ensuite, on peut faire remarquer qu'en droit administratif, l'intérêt général, même seul, représente depuis longtemps une limite aux prérogatives de l'administration, ce qui ne trouble personne. Qui plus est, la notion de détournement de pouvoir permet de sanctionner les éventuels abus. On se rangera donc à l'opinion des auteurs qui voient dans l'intérêt général un critère indépendant dans la création d'une catégorie d'usagers[86]. La jurisprudence en matière de services publics administratifs[87] semble avoir dépassé définitivement le problème, puisque les discriminations fondées sur les ressources reposent uniquement sur une considération d'intérêt général, permettant justement de préserver l'unité du service public, que l'admission de différences de situation dans cette matière aurait pu mettre en péril.

---

[84] Concl. Combarnous sur CE, Section, 24 avril 1964, SA LIC, préc. ; D. Loschak, "Réflexion sur la notion de discrimination", *Droit social* 1987, p.787; M. Long, P. Weil, G. Braibant, P. Delvolvé et B. Genevois, les commentateurs du GAJA, 12ème édition, note sous Société des Concerts du Conservatoire, n°74 ; P. Delvolvé, *Le principe d'égalité devant les charges publiques*, Th., 1969, p.224.

[85] "Remarques sur l'intérêt général et l'égalité des usagers devant le service public", préc.

[86] Chron Franc et Boyon sous l'arrêt Denoyez et Chorques, préc.

[87] Voir n°1128.

1137. Qu'en est-il de la jurisprudence en matière de services publics industriels et commerciaux ? Seuls quelques rares arrêts utilisent le critère de l'intérêt général. Le premier d'entre eux est l'arrêt Société anonyme LIC, de 1964[88]. L'administration du téléphone avait accordé des avantages particuliers à la société SVP, qui constituait de ce fait à elle seule une catégorie d'usagers. Le commissaire du gouvernement Combarnous[89] justifiait cette différence de traitement par des considérations d'intérêt général en relation avec l'exploitation du service. Les facilités techniques accordées à la société SVP permettaient d'éviter les surcharges des installations et d'assurer dans de meilleures conditions le service aux autres usagers. Le Conseil d'Etat confirme cette position et juge que l'administration a pu tenir compte "du caractère particulier de l'activité de ladite société ainsi que des avantages que l'ensemble des usagers est susceptible d'en retirer". Comme le remarquent à juste titre les commentateurs[90] de l'arrêt, si le Conseil d'Etat souligne le caractère particulier de la situation de la société SVP, celle-ci n'est pas préexistante à la discrimination, mais résulte bel et bien des avantages accordés par le traitement de faveur dont elle jouit. Dès lors, si l'on se place à la date où l'administration a créé la catégorie d'usagers, seules des considérations d'intérêt général entraient en ligne de compte.

1138. L'avis du Conseil d'Etat sur les modulations temporelles des tarifs du TGV Nord[91], de 1993, est encore plus significatif. En ce qui concerne la rupture d'unicité du tarif de base, le Conseil d'Etat note qu'il n'existe aucune différence de situation appréciable entre les usagers du TGV Nord susceptible de justifier l'application de plusieurs tarifs de base d'une liaison à l'autre. "Une telle différence de traitement ne peut, dès lors, selon la jurisprudence, trouver sa justification que dans certaines nécessités d'intérêt général en rapport avec les conditions d'exploitation du service ferroviaire". L'intérêt général est ici compris comme un critère alternatif de la différence de situation[92], ce qui sera confirmé au contentieux en 1997[93].

1139. Par ailleurs, il est intéressant de comparer les arguments invoqués par la SNCF, par rapport à ceux retenus par le Conseil d'Etat. La SNCF invoquait la nécessité d'améliorer la rentabilité du service et l'obligation de faire face à la concurrence d'autres modes de transport. Il s'agissait donc d'arguments purement financiers. S'ils avaient été repris tels quels par le Conseil d'Etat, on aurait pu y voir l'amorce d'une évolution dans l'application du principe d'égalité aux services publics industriels et commerciaux. Par le biais de l'intérêt général, les impératifs purement financiers du service auraient pu être pris en compte, ce qui aurait assoupli considérablement la conception primitive du principe. Or, le Conseil d'Etat refuse toute réductibilité de l'intérêt général à l'intérêt financier, puisqu'il remarque que l'amélioration de la rentabilité a pour effet l'amélioration des conditions d'exécution du service et que c'est avant tout l'obligation de développer les

---

88 CE, Section, 24 avril 1964, SA LIC, préc.

89 Concl. préc.

90 Ch. Debbasch, *D.* 1964, J, p.665 et M. Long, "Principe d'égalité et tarification des services publics locaux", préc.

91 Avis n°353.605 de l'Assemblée générale du 24 juin 1993, *Grands Avis*, n°38.

92 Ce que remarque E. Desmons dans son commentaire aux Grands Avis.

93 CE, 10 novembre 1997, Poirrez, *D.* 1998, IF, p.14.

usages du train, contenue dans son cahier des charges, qui impose à la SNCF de faire face à la concurrence. Ainsi, mis à part le caractère quelque peu artificiel de ce raisonnement qui veut que toute action commerciale profite en fin de compte au service, on peut en déduire que l'intérêt général n'est pas réductible à l'intérêt financier de l'entreprise, mais se définit comme l'intérêt de la collectivité des usagers à travers l'exigence du bon fonctionnement du service. Cette idée est confirmée par le même avis à propos de la modulation temporelle proprement dite. En effet, la SNCF arguait que le fait d'écrêter les pointes de trafic permettait de limiter les frais d'exploitation. Le Conseil d'Etat retient que cela permet en réalité de faciliter l'accès des TGV aux catégories socialement défavorisées car les tarifs des trains les moins fréquentés pourront en contrepartie être diminués.

1140. Le Conseil d'Etat avait déjà adopté un raisonnement similaire dans l'arrêt de 1938, Société l'Alcool dénaturé de Coubert[94]. La fixation des prix de cession des alcools rétrocédés par l'Etat visait en réalité à éviter la création de nouvelles entreprises de dénaturation et à stabiliser le nombre de celles qui existaient. Cet intérêt économique de l'Etat lui-même a été jugé étranger au service par le Conseil d'Etat. Une telle conception de l'intérêt général fait l'objet d'une jugement du tribunal administratif de Toulouse plus d'un demi-siècle plus tard[95]. En effet, il avait été consenti un tarif de faveur aux industriels d'une ville pour la distribution d'eau potable. Le tribunal condamne ce tarif, au motif que la ville de Toulouse s'était “en réalité proposée, dans un intérêt économique étranger au fonctionnement même du service public dont s'agit, de favoriser le développement d'activités industrielles déjà implantées dans la ville ou susceptibles de venir s'y installer”.

1141. Si on rapproche ces constatations des faits de l'arrêt SA LIC, une autre déduction s'impose. En effet, le commissaire du gouvernement Combarnous avait envisagé uniquement l'intérêt général en relation avec les conditions d'exploitation du service, *stricto sensu*. Il s'agissait de l'intérêt des usagers du service qui, du fait des facilités techniques accordées à la société SVP, ne verraient pas les installations surchargées jusqu'à gêner leurs propres communications. Cependant, le Conseil d'Etat, par une formulation beaucoup plus vague (“les avantages que l'ensemble des usagers est susceptible d'en retirer”) laisse implicitement entendre qu'il s'agit en réalité des avantages tirés de la possibilité de s'adresser à la société SVP, fournisseur d'un certain nombre de services non dénués d'intérêt. Dans le premier cas, l'intérêt général serait celui du service public et de la *communauté des usagers* de ce service, dans le second, il s'agirait plutôt de l'intérêt général des *bénéficiaires indirects* du service.

1142. Le Conseil d'Etat a admis que des tarifs préférentiels pouvaient être consentis aux usagers du marché d'intérêt national de Paris-Rungis s'ils appartenaient à une organisation professionnelle qui prend en charge l'aménagement, le nettoyage et l'éclairage des installations, ainsi que la collecte des redevances[96]. On s'en tient à une amélioration technique du service, qui aurait dû seule prévaloir dans l'arrêt SA LIC.

---

94 CE, 1er avril 1938, *RDP* 1939, p.487, concl. Latournerie.

95 TA Toulouse, 10 juillet 1997, Soc. MAJ Blanchisserie de Pantin c/ Ville de Toulouse, Compagnie générale des eaux, *AJDA* 1998, p.190.

96 CE, 15 février 1991, SEM du marché d'intérêt national de Paris-Rungis, req., n°70556-71492.

1143. C'est là que la formule de l'arrêt Denoyez et Chorques retrouve tout son intérêt, puisqu'il y était fait mention des "nécessités d'intérêt général en relation avec les conditions d'exploitation du service". Les conditions d'exploitation du service recouvrent avant tout les modalités techniques de l'exploitation du service[97]. Elle peuvent recouvrir également des considérations économiques, mais il ne faut pas s'éloigner non plus d'une conception stricte du service rendu à l'usager. C'est le service qui lui est directement rendu et non les avantages indirects qu'il pourrait retirer en tant que bénéficiaire.

1144. L'avis du Conseil d'Etat, de 1993, sur les tarifs SNCF, apporte également une précision non négligeable sur l'encadrement des considérations d'intérêt général, puisqu'il ne doit s'agir que de mesures nécessaires pour atteindre le but recherché. On voit poindre ici l'occasion d'un contrôle de proportionnalité sur les considérations d'intérêt général. En outre, il ne faut pas que l'égal accès des usagers soit compromis, ce qui impose que l'écart maximal entre les tarifs de base ne soit pas trop important. La nouvelle tarification doit en plus tenir compte des coûts afin de ne pas dégénérer en guerre des prix et enfin, la SNCF doit respecter une obligation d'information à l'égard de ses usagers.

1145. Ainsi, l'intérêt général ne se réduit pas à l'intérêt économique et financier de l'exploitant, ce qui constitue une différence supplémentaire avec l'entreprise privée, mais qui plus est, l'intérêt général ne s'étend pas non plus à l'intérêt de l'Etat ou de l'ensemble de la population française[98]. Il s'agit de l'intérêt de la communauté des usagers, ce qui ne surprendra personne, compte tenu de ce qui a été dit lors de l'examen de la relation de service public, puisque l'intérêt général ne devait pas recouvrir toutes sortes de préoccupations. On souligne avec insistance la distinction entre la société privée et le service public industriel et commercial, distinction où le principe d'égalité joue un rôle fondamental. Cependant, une petite inflexion se fait pressentir : malgré l'encadrement des modulations temporelles des tarifs et le fait que le Conseil d'Etat cherche toujours à les justifier par l'intérêt du service, celles-ci se multiplient au sein des services publics industriels et commerciaux. La modulation temporelle des tarifs implique qu'ils soient calculés en fonction de ce que l'usager est prêt à payer pour accéder au service, et non en fonction du coût supportable pour un service de première nécessité. La justification artificielle de la modulation temporelle par l'intérêt du bon fonctionnement du service peut-elle réellement masquer cette dérive purement commerciale ? Sur le plan des principes, la distinction entre l'entreprise commerciale et le service public existe mais, dans les faits, celle-ci est beaucoup plus ambiguë.

1146. Parfois, les différences de situation se combinent avec l'intérêt général pour conforter la position de juge. C'est le cas notamment lorsqu'un traitement de faveur est accordé à un usager personne publique.

---

97 Voir CE, 29 juillet 1998, Meyet, n°77355.

98 Voir en ce sens P. Tedeschi, note sous CE, 10 mai 1974, Denoyez et Chorques, *D.* 1975, J, p.394.

C. L'usager personne publique au regard du principe d'égalité.

1147. Une personne morale de droit public présente certaines spécificités. En premier lieu, s'il s'agit de la collectivité délégante, on peut imaginer qu'elle dispose de toute l'influence nécessaire pour se voir accorder un tarif de faveur. En second lieu, la mission d'intérêt général des personnes publiques non délégantes justifie-t-elle que leur soit accordé un traitement particulier ?

1148. Les personnes publiques délégantes bénéficiaient jusqu'à une période récente d'avantages non négligeables de la part des exploitants privés à qui elles avaient délégué un service. Dans le domaine de l'eau, en 1989, la Cour des comptes fustige le tarif avantageux dont bénéficient souvent les bâtiments communaux, voire même la complète gratuité[99]. La jurisprudence a-t-elle contribué à remédier à ces pratiques sur le terrain du principe d'égalité ?

1149. L'affaire du prix de l'eau à Saint-Etienne a donné au juge l'occasion de se prononcer, d'une part, sur un tarif avantageux dont bénéficiait la ville elle-même, et d'autre part, sur la possibilité de consentir un tarif réduit aux communes avoisinantes, auxquelles la compagnie rétrocédait l'eau en gros. Le principe d'égalité dans le fonctionnement des services publics industriels et commerciaux interdirait tout transfert de charges du contribuable vers l'usager. En d'autre termes, il ne faut pas que la tarification choisie ait pour effet de faire supporter à l'usager des charges incombant normalement au contribuable. C'est ce qui résulte d'un avis de 1995 du tribunal administratif de Lyon[100], dans l'affaire du prix de l'eau à Saint-Etienne. En effet, le tarif prévoyait une réduction de 74% par rapport au tarif de base pour les consommations d'eau dépassant un million de mètres cube d'eau. Le tribunal sanctionne cette réduction au motif qu'il "apparaît que le principal, sinon le seul consommateur susceptible de bénéficier de cet abattement maximal sera la ville de Saint-Etienne elle-même. Le tribunal ne dispose pas d'éléments lui permettant de considérer que cette différence de traitement tarifaire est en rapport avec une différence objective de situation de la ville par rapport aux autres utilisateurs du service". Ainsi, il déclare que ce transfert de charges du contribuable sur l'ensemble des usagers est illégal. A partir d'une simple discrimination tarifaire, qui aurait pu par ailleurs paraître tout à fait légale au regard de sa dégressivité, le juge administratif veille à ce qu'elle ne camoufle pas un transfert illicite.

1150. En revanche, la livraison d'eau en gros aux communes avoisinantes à un prix avantageux est licite au regard du principe d'égalité. Là encore, c'est la notion de transfert de charges entre l'usager et le contribuable qui sert de référence. Dans le jugement Paul Chomat, du 14 décembre 1993, le tribunal administratif de Lyon[101] sanctionne une augmentation tarifaire du prix de l'eau, au motif qu'elle contribue à faire payer à des contribuables étrangers à la commune des équipements culturels et sportifs via un reversement de l'excédent du budget de l'eau vers le budget général. Après que le service

---

[99] Rapport pour 1989, p.154.

[100] Avis du 7 décembre 1995, *Rev. fr. décentr.*, 1996, n°4, p.224.

[101] TA Lyon, 14 décembre 1993, *AJDA* 1994, p.349, note D. Broussolle, *RFDA* 1995, p.699, concl. Bourrachot.

a été délégué, s'est posée la question de savoir si les communes avoisinantes pouvaient bénéficier d'un tarif réduit par rapport aux habitants de Saint-Etienne. Le tribunal administratif de Lyon, dans un avis du 18 mai 1995[102], a admis une telle discrimination, au motif que la prestation du délégataire se limitait à la fourniture d'eau en gros, les communes avoisinantes assurant elles-mêmes l'entretien de leurs réseaux et les relations avec leurs usagers. Elles participaient également aux charges fixes de l'exploitation à Saint-Etienne, ce qui justifiait qu'on leur accorde le prix moyen des divers prix réduits dont bénéficiaient les habitants de Saint-Etienne. Ainsi, tant que la création de diverses catégories d'usagers n'implique pas de transfert de charges entre les usagers de plusieurs communes bénéficiant du même service exploité par le même concessionnaire, ou entre les usagers des communes périphériques et les contribuables de la commune centre, le principe d'égalité est respecté.

1151. Qu'en est-il lorsqu'est invoqué la mission d'intérêt général des usagers personnes publiques ? Le tribunal administratif de Lyon, dans un jugement du 9 juin 1998[103], a approuvé l'exonération de la partie fixe du prix du service de distribution d'eau potable au profit des communes, des services publics communaux et d'un centre hospitalier, au motif qu'il ne ressortait pas "du dossier que des usagers placés dans des conditions identiques, au égard notamment aux missions d'intérêt général dont sont investis ces abonnés particuliers, ne bénéficieraient pas des mêmes réductions". Ce jugement est critiquable à plusieurs points de vue. En premier lieu, la discrimination considérée a comme conséquence un transfert de charges de l'usager vers le contribuable, ce qui semble illicite. En second lieu, le motif d'intérêt général invoqué n'a rien à voir avec l'intérêt du service lui-même : les usagers ne retirent aucun avantage de cette discrimination, ce qui aurait normalement pour effet de la rendre illicite. Enfin, l'évocation de l'égalité relative, qui veut que si l'exploitant accorde un avantage à un usager, il doit accorder le même à tous les usagers placés dans la même situation, procède d'une certaine hypocrisie. En effet, seules les personnes publiques et les personnes privés chargées d'un service public peuvent réellement justifier d'une mission d'intérêt général. En revanche, il existe des cas où les textes assimilent les usagers personnes publiques aux gros consommateurs privés : par exemple, la circulaire du 12 décembre 1978[104] inclut les établissements publics comme les hôpitaux dans la disposition de l'article R. 372-12 du Code des communes, qui prévoit une correction à la hausse ou à la baisse de la redevance d'assainissement en cas de forte pollution.

1152. A côté des usagers personnes publiques, la question de la répartition des charges fixes du service doit faire l'objet d'une étude particulière car l'intérêt général et la différence de situation sont mêlés.

---

102 *Rev. fr. décentr.*, 1996, n°4, p.224. Avis confirmé par un jugement du 29 janvier 1997, Tartary, req. n°9600753-9600777-9600779.

103 TA Lyon, 9 juin 1998, Magnan c/ SDEI, req. n°9600189.

104 JO du 6 mars 1979.

D. *L'égalité devant les charges fixes du service.*

1153. La répartition des contributions des usagers aux charges fixes du service suit une tendance inversement proportionnelle aux discriminations admises quant au volume de consommation. Il est admis que le volume de consommation de l'usager justifie des discriminations licites et même les principales discriminations, au regard du principe d'égalité. Les contributions respectives des usagers aux charges fixes du service sont au contraire détachées de toute considération du volume de consommation. Quelle que soit sa consommation, l'usager doit participer aux frais fixes. Cette idée trouve un terrain de prédilection lorsque l'exploitant doit faire face à des périodes de production très inégales selon les saisons : il ne serait pas normal que des consommateurs occasionnels ne participent pas aux frais fixes, qui sont d'autant plus élevés que le réseau est conçu pour faire face à des périodes de pointe très importantes[105].

1154. Le Conseil d'Etat[106] a admis qu'en matière de redevance pour l'enlèvement des ordures ménagères, les terrains de camping isolés paieraient la même redevance, qu'ils soient susceptibles d'accueillir une, voire deux ou trois installations. Cette jurisprudence est justifiée par l'importance des frais fixes du service face à la dispersion des terrains de camping[107]. Si seule la consommation réelle avait été en cause, les critères utilisés n'auraient certainement pas été admis, car il n'est pas démontré que le seuil de trois installations est réellement pertinent et justifié.

1155. Pour refléter les frais fixes, et notamment les investissements de départ, les exploitants des services d'adduction d'eau et d'assainissement ont opté pour une tarification binôme, qui comprend une part fixe et une part variable en fonction de la consommation de l'usager. Ces pratiques ont été admises par la jurisprudence, alors même qu'elles désavantageaient les propriétaires de résidences secondaires[108].

1156. Le législateur et le pouvoir réglementaire sont intervenus pour clarifier la situation. La loi sur l'eau du 3 janvier 1992[109], dans son article 13 II, officialise la pratique du tarif binôme puisque le prix de l'eau comprendra une part correspondant aux charges fixes et aux caractéristiques du branchement et une part variable calculée en fonction de la consommation réelle de l'usager[110]. Cette disposition a engendré au sein des immeubles collectifs des litiges quant aux primes fixes payées par unité d'habitation raccordées à un même branchement. Après quelques hésitations, le nombre

---

[105] Rép. min., 27 février 1997, JO Sénat, 2 mai 1997.

[106] CE, 4 juin 1986, Association des propriétaires de terrains pour les loisirs en Oléron, *RJF* 1986, n°785 ; CE, 11 mai 1988, SIVOM de l'Ile d'Oléron, *RJF* 1988, n°887.

[107] La solution est identique pour les résidences. Les résidents permanents payent une redevance identique à celle des résidents secondaires en raison des charges fixes, CE, 23 novembre 1992, Brousier, *RJF* 1/93, n°73.

[108] TA Pau, 2 juin 1981, Vidal, *Rec.*, p.530 ; CE, 17 décembre 1982, Préfet de la Charente Maritime, *Rec.*, p.427, *D.* 1983, som., p.271, obs. P. Delvolvé ; CE, 28 janvier 1983, Paraïso, *Rec.*, Tables, p.606 ; CE, 15 janvier 1992, Villain, *Rec.*, Tables, p. 899, *RJF* 3/92, n°391.

[109] Loi n°92-3, JO du 4 janvier, p. 187.

[110] La circulaire du 12 septembre 1978, JONC 6 mars 1979, prévoyait un système identique pour la redevance d'assainissement.

d'appartements a été considéré comme une caractéristique essentielle du branchement au sens de l'article 13 II[111], ce qui légalise la pratique en question. L'éventualité d'une tarification au forfait est maintenue exceptionnellement, mais le décret d'application du 28 décembre 1993[112] dispose que le forfait minimal ne doit pas être supérieur au forfait correspondant à la consommation moyenne domestique des usagers de la commune[113].

1157. Comment peut s'expliquer la participation des usagers aux frais fixes ? En premier lieu, il faut noter qu'elle est fondée non pas sur l'égalité des usagers dans le fonctionnement du service, mais sur l'égalité devant les charges publiques[114]. Est-ce à dire que l'égalité devant les charges publiques serait fondée sur des principes différents de ceux que l'on a rencontrés dans l'examen de l'égalité dans le fonctionnement des services publics ? *A priori*, rien ne semble le démontrer[115]. Cependant, on admettra avec M. Douence[116] que "le recours au principe d'égalité devant les charges publiques s'efforce de concilier le principe d'égalité avec les principes d'autonomie et de solidarité locales". Le principe d'égalité devant les charges publiques a peut-être été perçu par le juge comme une expression plus exacte du sentiment de solidarité qui animait sa réflexion. Le principe d'égalité des usagers dans le fonctionnement du service dévie, lui, vers des considérations plus commerciales et plus consuméristes.

1158. En second lieu, cette jurisprudence ne peut-elle pas s'expliquer par l'absence de droit à la différence des usagers[117] ? En effet, jusqu'à présent l'exploitant était dans l'obligation de traiter de façon identique des usagers placés dans la même situation. Cette obligation ne s'interprète pas *a contrario* : l'exploitant peut traiter différemment des usagers placés dans des situations différentes, mais il n'y est pas obligé[118]. Il peut traiter de façon identique des usagers placés dans des situations différentes[119]. Ainsi, les deux

---

[111] Admettant une prime fixe par unité d'habitation, TI Bordeaux, 1er juillet 1994, Syndicat des copropriétaires de la résidence "Les Jardins de Lacanau", req. n°3199193 ; TGI Bordeaux, 18 juin 1996, req. n°621/95 ; CE, 16 février 1996, Syndicat de copropriété La Balme, req. n°141485 ; TA Bordeaux, 25 juin 1998, SLEE-Dumez, req., n°9501349. *Contra*, TA Grenoble, 11 septembre 1997, P. Maisonneuve, req., n°941824.

[112] Décret n°93-1347 du 28 décembre 1993, JO du 30 décembre. Pour l'appréciation de la légalité de ce décret, voir CE, 30 juin 1995, Commune de Saint-Etienne du Grès, n°156-795.

[113] La jurisprudence semble avoir également admis que la prime fixe puisse varier en fonction d'un barème fixé par tranche de consommation, TA Lyon, 9 juin 1998, Magnan s/ SDEI, req. n°9600189.

[114] Voir CE, 17 décembre 1982, Préfet de la Charente Maritime, *Rec.*, Tables, p.606 ; CE, 15 janvier 1992, Villain, *Rec.*, Tables, p. 899, *RJF* 3/92, n°391.

[115] Voir notamment P. Delvolvé, *Le principe d'égalité devant les charges publiques*, préc., p.147 et s ; B. Jeanneau, *Les principes généraux du droit dans la jurisprudence administrative*, préc., p.18 ; B. Genevois, "Principes généraux du droit", préc., n°237.

[116] "La notion de service public local", préc.

[117] CE, Section, 13 janvier 1970, Dame Vigan et Sieur Krasnick, *Rec.*, p. 110, *RDP* 1970, p.403, concl. Théry, *JCP* 1970, II, 16350, note J. Chevallier.

[118] G. Pellissier remarque une évolution dans ce domaine avec la décision du Conseil constitutionnel, n°93-329 DC, loi du 13 janvier 1994 sur les aides aux établissements privés d'enseignement, puisque la rupture du principe d'égalité provenait du défaut de prise en considération d'une différence de situation entre les écoles publiques et privées, *Le principe d'égalité en droit public*, préc., p.32.

[119] CC 83-164 DC, 29 décembre 1983, Perquisitions fiscales, *Grandes décisions du Conseil constitutionnel*, n°34 : "le principe d'égalité ne fait pas obstacle à ce que la loi soumette à des règles identiques des situations qui ne diffèrent qu'en ce qu'elles ont été régies par des législations antérieures" ; CE, 8 mai 1981, Union des

explications peuvent se rejoindre. D'une part, pour assurer la solidarité au sein du service, il est préférable que chaque usager contribue aux frais fixes quelle que soit sa consommation, cet impératif se justifiant juridiquement par la faculté pour l'administration de traiter de façon identique des usagers placés, au regard de leur consommation, dans des situations différentes. D'autre part, on peut également considérer que le principe d'égalité devant les charges publiques implique justement que, vis à vis des frais fixes, les usagers ne sont pas dans des situations différentes.

1159. Chaque usager participe également aux frais fixes du service, ce qui rend compte de la solidarité au sein du service. Cette solidarité ne tient pas compte des possibilités financières de chaque usager, alors que le principe d'égalité devant les charges publiques aurait pu conduire à ce type de discriminations.

1160. L'interprétation du principe d'égalité dans la jurisprudence du Conseil d'Etat n'inclut pas l'obligation pour l'exploitant de traiter différemment des usagers placés dans une situation différente. L'absence de droit à la différence peut-elle être atténuée par l'utilisation de la théorie des vices du consentement, ce qui paraît insolite du prime abord ?

---

organismes de groupement des collectivités et organismes de groupement du Massif Central, région Auvergne, *CJEG* 1981, p.115, concl. Costa : "le principe suivant lequel une différence de situation entre les administrés peut justifier que, pour l'application de la législation sur les prix, le ministre n'applique pas les mêmes tarifs à chaque catégorie d'usagers, n'implique pas que des personnes se trouvant dans des situations différentes doivent être soumises à des régimes différents." En matière de services publics industriels et commerciaux, voir CE, 22 janvier 1993, Meyet, *LPA* 12 juillet 1993, p.20, note M. Cliquennois : l'autorité administrative n'est pas tenue d'introduire des distinctions selon la distance séparant les usagers des communications établies par un opérateur, ni de créer des modulations horaire du tarif appliqué aux usagers des services télématiques interactifs et du "kiosque".

§ 2. L'intervention de la théorie des vices du consentement pour sanctionner le placement de l'usager dans une catégorie ne correspondant pas à sa situation personnelle.

1161. Le droit privé applicable au contrat joue ici un rôle de complément vis à vis du principe d'égalité. Le terme de "complément" convient particulièrement bien à la situation, dans la mesure où le droit privé intervient indépendamment du principe d'égalité dont il ne sert pas comme fondement. Si le principe d'égalité interprété par le juge administratif n'implique pas de droit à la différence, la théorie des vices du consentement ne constituerait-elle pas justement un pas en avant vers la reconnaissance d'un droit à la différence d'origine privatiste ?

1162. Les vices du consentement sont l'erreur, le dol et la violence. L'usager s'est trompé en concluant son contrat, il a commis une erreur[120]. Si elle porte sur une qualité substantielle, elle est susceptible d'entraîner la nullité relative du contrat. En cas de dol, l'usager s'est non seulement trompé, mais il a été en plus trompé par l'exploitant. Il entraîne également la nullité relative du contrat[121]. L'action en nullité relative n'est donnée qu'à la personne que la loi entend protéger, l'usager en l'occurrence, et elle se prescrit par cinq ans. L'action en nullité absolue peut être exercée par toute personne qui y a intérêt et se prescrit par les délais de droit commun[122]. Elle sanctionne notamment l'illicéité de l'objet ou de la cause.

1163. La jurisprudence est aussi rare que précieuse en ce domaine. Dans un arrêt de 1980, Armand et Baudet, la Cour de cassation[123] sanctionne l'application d'une taxe à un usager, au motif qu'il n'avait "acquitté les taxes dont il réclame le remboursement que parce qu'il a cru qu'elles étaient légalement établies ; qu'ainsi, son consentement était entaché d'erreur". En 1943, dans l'arrêt Société immobilière Pilat-Plage, la Cour de cassation[124] établit une distinction entre les travaux effectués par l'exploitant au profit de l'usager conformément au cahier des charges et les services privés exécutés en dehors des prévisions du cahier des charges. Dans le premier cas, si l'exploitant facture à l'usager un prix supérieur à celui prévu au cahier des charges, la police est affectée d'une nullité

---

[120] Art. 1110 du Code civil. *Obligations. Théorie générale*, par F. Chabas, préc., n°157 et s. ; *La formation du contrat*, par J. Ghestin, préc., n°490 et s. ; F. Terré, Ph. Simler, Y. Lequette, *Droit civil. Les obligations*, préc., n°200 et s.

[121] Art. 1116 du Code civil. *Obligations. Théorie générale*, par F. Chabas, préc., n°187 et s. ; *La formation du contrat*, par J. Ghestin, préc., n° 549 et s. ; F. Terré, Ph. Simler, Y. Lequette, *Droit civil. Les obligations*, préc., n° 220 et s.

[122] Sur cette distinction, *Obligations. Théorie générale*, par F. Chabas, préc., n°292 et s.

[123] Req., 10 novembre 1980, Armand et Baudet c/ Trut, *DP* 1909, I, p.392.

[124] Civ., 17 mai 1943, Soc. Immobilière Pilat-Plage c/ Compagnie du gaz et de l'électricité d'Arcachon, *DC* 1944, p.116, concl. Odent;

d'ordre public pour violation des tarifs imposés par le cahier des charges. Dans le second cas, la liberté contractuelle des parties demeure entière dans la fixation du prix. Enfin, en 1995, dans l'arrêt EDF c/ Matrax[125], il s'agissait du dol qu'aurait commis EDF en proposant à l'un de ses usagers un type de contrats ne correspondant pas aux caractéristiques de sa consommation, mais comportant un tarif plus avantageux pour EDF que celui qu'il aurait normalement dû proposer à l'usager.

1164. Pour comprendre la jurisprudence qui vient d'être exposée, il faut se reporter aux deux groupes de dispositions administratives[126]. Les clauses réglementaires du premier groupe, et en particulier le tarif, ne sont pas opposables à l'usager par le biais de l'expression de son consentement. Elles s'imposent à l'usager après publication, comme n'importe quel acte administratif réglementaire unilatéral. Il est donc strictement impossible de sanctionner le non respect d'une clause tarifaire du cahier des charges sur le fondement d'un vice du consentement, car ce serait illogique. C'est pourquoi une police qui contiendrait un tarif différent de celui du cahier des charges est entachée de nullité absolue, selon le principe posé par l'arrêt Société immobilière Pilat-Plage.

1165. L'arrêt Armand et Baudet peut laisser perplexe. On a l'impression que la Cour de cassation sanctionne sur le fondement des vices du consentement - nullité relative - l'application particulière d'un acte administratif illégal, alors que, quelques années plus tard, l'arrêt Société immobilière Pilat Plage déclarera la police entachée d'une nullité absolue. Ces deux arrêts ne sont pas incompatibles entre eux, mais révèlent tout simplement une distinction entre le tarif lui-même et le choix du tarif dans une gamme tarifaire. Lorsque la Cour de cassation, dans l'arrêt Armand et Baudet, juge que l'usager a commis une erreur en croyant que la taxe était légalement établie, on préférera lire que l'usager a commis une erreur en croyant que la taxe *lui* était légalement *appliquée*. Dans le cas contraire l'arrêt serait parfaitement illogique, ou très isolé. La jurisprudence de 1995, EDF c/ Matrax, lève toute ambiguïté. La théorie des vices du consentement est appliquée au choix effectué par EDF dans sa gamme de polices types et non à la régularité du tarif lui-même. Les vices du consentement sanctionnent une irrégularité commise au regard du principe d'égalité et non au regard du principe de légalité. Une police qui comporte un tarif non conforme à celui du cahier des charges est donc entachée d'une nullité absolue, alors qu'une police qui comporte un tarif prévu au cahier des charges, mais non celui qui aurait en réalité dû être proposé à l'usager, révèle un vice du consentement. Il faut donc remonter jusqu'à l'irrégularité commise par l'exploitant : dans le premier cas, il ne se trompe pas de catégorie d'usagers, mais propose à l'usager un tarif différent du tarif réglementaire quelle que soit la catégorie considérée ; dans le second cas, l'exploitant applique à un usager appartenant à une catégorie le tarif d'une autre catégorie, sans que ce tarif soit intrinsèquement irrégulier.

1166. Par le biais de la théorie des vices du consentement, l'usager peut contester l'application qui va lui être faite d'un corps de droits qui ne correspond pas à sa situation. L'exploitant ne peut donc pas traiter de façon équivalente des usagers placés dans des situations différentes. N'est-ce pas là l'embryon d'un droit à la différence ? Cependant, il

---

[125] Civ. I, 31 janvier 1995, pourvoi n°92-18.628.

[126] Voir n°515 et s.

faut tout de suite ajouter que l'usager ne détient pas pour autant un droit à la création d'une catégorie d'usagers, qui correspondrait à sa situation personnelle et que cet embryon de droit à la différence ne se conçoit qu'à partir d'une erreur de l'usager sur un élément substantiel de sa police ou d'une manoeuvre dolosive de l'exploitant. L'utilisation de la théorie des vices du consentement est l'un des moyens mis à la disposition de l'usager pour changer de catégorie. Il ne s'agit donc pas d'une application généralisée d'une conception propre au juge judiciaire du principe d'égalité. D'ailleurs, à aucun moment, celui-ci ne fait référence au principe d'égalité. En revanche, il est certain que l'appréciation des droits des usagers est beaucoup plus subjective, ce qui correspond au rôle du droit privé dans cette zone d'intersection de deux droits.

1167. L'exploitant se trouve donc soumis à plusieurs obligations pendant la période précontractuelle. D'une part, il est dans l'obligation de proposer à chaque nouvel usager une police conforme à la police type correspondant à la catégorie d'usagers à laquelle il appartiendra, compte tenu de sa situation vis à vis du service. D'autre part, si une police est établie avec un usager en raison de sa situation particulière et que celui-ci se rend compte par la suite qu'il peut entrer dans une catégorie "classique" d'usagers, il sera en mesure d'invoquer l'erreur qu'il a commise.

1168. Le principe d'égalité connaît des imperfections que le droit privé ne parvient que partiellement à pallier. L'appréciation individuelle d'un droit n'est réellement porteuse de progrès que lorsque le juge judiciaire accepte d'admettre la loi du service comme fondement de sa propre appréciation. Lorsque deux règles de droit intervenant dans le même domaine, mais dénuées de toute corrélation, sont simplement juxtaposées, le droit de la nécessité cède la place à un droit du hasard. Ce n'est peut être pas du côté des vices du consentement qu'il faut chercher, mais vers une règle du droit privé sanctionnant individuellement toute inadéquation entre le service rendu et le prix payé.

- SECTION II -
Le prix du service

1169. En matière de services publics industriels et commerciaux, le prix payé par l'usager est une redevance pour service rendu[127]. Elle se définit comme la somme demandée à l'usager, en vue de couvrir les charges d'un service public déterminé, trouvant sa contrepartie directe dans les prestations fournies par le service[128]. Après une longue période de blocage des prix, l'ordonnance du 1er décembre 1986[129] confère toute liberté à l'exploitant dans la détermination des redevances payées par les usagers. Toutefois, les prix de certains services demeurent réglementés[130] et il ne faut pas oublier que, dans le cadre des délégations de service public, le prix est déterminé d'un commun accord par l'exploitant privé et la collectivité organisatrice[131].

1170. Même si le prix des services publics industriels et commerciaux ne fait plus l'objet d'une fixation autoritaire, il n'en demeure pas moins soumis à un faisceau de contraintes (§1). L'examen rigoureux de ce faisceau de contraintes n'est que le point de départ d'une réflexion plus générale sur le type de solidarité propre au service public industriel et commercial. En effet, il permettra de dire dans quelle mesure sont envisageables les transferts de ressources de l'usager vers le contribuable et, à l'inverse, du contribuable vers l'usager. Il permettra également de conclure définitivement sur la question de la différence entre un service public industriel et commercial et une entreprise purement privée car l'usager dispose de moyens juridiques pour contester la légalité du prix dont le client de l'entreprise privée est loin de disposer, même s'il peut faire appel à la concurrence.

---

127 On notera toutefois quelques exceptions, puisque la taxe d'usage d'un abattoir est une taxe assise, liquidée, recouvrée par les collectivités selon les mêmes garanties et sanctions qu'un impôt direct. Le prix payé par les occupants des places dans les halles et marchés est une taxe assimilée à une contribution indirecte. (voir J.-J. Bienvenu, "Approvisionnements", in *Droit des services publics locaux*, préc., dossier VI. 70).

128 CE, Ass., 21 novembre 1958, Syndicat national des transporteurs aériens, *Rec.*, p.572, *D.* 1959, J, p.475, concl. Chardeau ; CC, 24 octobre 1969, n°69-57 L, *Rec.*, p.32 ; CC, 6 octobre 1976, n°76-92 L, *Rec.*, p.59 ; CC, 17 décembre 1992, n°92-171 L, *Rec.*, p.123.

129 JO du 9 décembre 1986.

130 L'ordonnance de 1986 avait prévu certaines exceptions (voir le décret n°86-1309 du 29 décembre 1986, JO du 30 décembre). En matière d'électricité, le décret n° 88-850 du 29 juillet 1988, JO du 31 juillet, relatif au prix de l'électricité, confère au ministre de l'Economie le pouvoir d'arrêter les prix de l'électricité. Le décret n°87-538, du 16 juillet 1987, JO du 17 juillet, prévoit une fixation par voie d'autorité des tarifs des transports urbains de voyageurs hors Ile-de-France. Le cahier des charges de la SNCF (décret n°83-817 du 13 septembre 1983, JO du 14 septembre) prévoit que les prix décidés par la SNCF sont réputés homologués après transmission au ministre des transports s'il ne s'y oppose pas dans les huit jours de la transmission. Voir sur cette question P. Sablière, "La réglementation du prix de l'électricité", *CJEG* 1988, p.349 ; G.-D. Marilla, "La fixation des tarifs des transports publics urbains de voyageurs (après l'ordonnance du 1er décembre 1986 et le décret du 29 décembre 1986)", *RFDA* 1987, p.803.

131 CAA Lyon, 20 mai 1999, SA Comalait Industries, AJDA 1999, p.945, note J. Berthoud : l'abandon de sa compétence par le conseil municipal en matière de fixation des tarifs au profit du concessionnaire est une illégalité que le juge peut soulever d'office.

1171. Là encore, le faisceau de contraintes est apprécié à l'échelle du service tout entier et à l'échelle des catégories d'usagers dans le meilleur des cas. Le droit privé applicable au contrat a cependant fourni récemment à la Cour de cassation l'occasion de se prononcer sur le prix du service payé individuellement par l'usager, grâce à la théorie de l'exception d'inexécution (§2).

§ 1. Le faisceau de contraintes issu des règles de droit public.

1172. Le faisceau de contraintes comprend trois obligations. En premier lieu, l'exploitant doit choisir une orientation tarifaire, c'est-à-dire définir à quelles préoccupations majeures le prix du service doit répondre (A). En second lieu, le prix du service est soumis à la règle de l'équilibre budgétaire (B), que l'on peut définir comme l'obligation d'équilibrer le service en recettes et en dépenses. Cette règle se conçoit dans un objectif plus général de vérité des prix et introduit la question de la licéité d'un transfert de ressources du contribuable vers l'usager. Enfin, le prix du service public industriel et commercial est soumis à la règle de la proportionnalité entre le prix payé et le service rendu (C), propre à toute redevance pour service rendu. Cette règle concerne la nature des charges supportées par l'usager, qui doivent correspondre au service effectivement rendu. Cette fois-ci, c'est le transfert de ressources de l'usager vers le contribuable qui pourra être mis en cause.

A. Le choix d'une orientation tarifaire.

1173. L'exploitant du service se trouve dans l'impossibilité de calculer ses tarifs comme n'importe quel entrepreneur, compte tenu des objectifs poursuivis par les services publics. L'orientation tarifaire du service public industriel et commercial est, de ce fait, l'objet d'un conflit entre des principes purement économiques (1°) et des principes politiques (2°).

1°) Les principes économiques.

1174. Si le fonctionnement des services publics industriels et commerciaux était semblable à celui d'une entreprise purement privée, le choix du système tarifaire n'aurait eu d'autre objectif que celui de dégager des bénéfices. L'exploitant adopterait probablement une tarification au coût marginal. Economiquement, cette tarification vise à faire payer au client le coût de la dernière unité produite. Dans le cadre du service public, elle présente l'avantage de conduire l'usager à "l'utilisation rationnelle du service proposé"[132].

---

132 J.-F. Auby, "La tarification des services publics locaux", *CJEG* 1990, p.169; P. Bernard, "La tarification de l'électricité : acquis et modalités nouvelles", *CJEG* 1984, p.251.

1175. La tarification au coût marginal a connu un certain succès au sein des services publics industriels et commerciaux, dans la mesure où elle rejoint la conception de la relation de service public. En effet, l'interdépendance financière des usagers conduit à ce que, pour une installation de production donnée, l'usager paye le prix le plus réduit possible lorsqu'il n'oblige pas l'exploitant à créer de nouvelles unités de production. Si sa demande dépasse la capacité de production des installations, il faut lui faire ressentir le coût supplémentaire qu'il fait supporter à la collectivité. Ainsi, économiquement, la tarification des pointes - ou juridiquement, la modulation temporelle des tarifs - a connu un réel succès au sein des services publics industriels et commerciaux. On peut citer l'exemple d'EDF[133], celui du service public des télécommunications, et enfin celui du TGV.

1176. Cependant, économiquement, le calcul du coût marginal est inadapté et difficile à opérer. En effet, il faut y intégrer les effets de dimentionnement des équipements, ainsi que la nécessité de les modifier périodiquement, ce qui conduirait à déterminer un coût marginal à long terme. De plus, l'impossibilité pratique d'organiser véritablement une tarification au coût marginal a pour conséquence l'adoption d'une tarification au coût moyen marginal[134].

1177. Ce n'est pas tant les difficultés économiques posées par le calcul du coût marginal qui rendent cette théorie inapplicable aux services publics industriels et commerciaux, car somme toute, les industriels privés doivent rencontrer les mêmes difficultés, que son inadaptation aux objectifs fondamentaux que doit poursuivre le prix d'un service public.

2°) Les principes politiques.

1178. Le choix d'un système de tarification de services publics peut poursuivre plusieurs objectifs et on en dénombre généralement quatre[135]. Le premier objectif vise à collecter des recettes et dégager des bénéfices. Normalement, on pourrait s'attendre à ce que l'exploitant d'un service public industriel et commercial ne prenne en considération que ce premier objectif. Il n'en est rien. Un second objectif, conjoncturel, vise à faire jouer aux entreprises un rôle pilote dans la politique économique en orientant le niveau général des prix. La nationalisation de certains secteurs industriels et commerciaux, après la seconde guerre mondiale, répondait bien à cette volonté. Un troisième objectif est caractérisé par son rôle allocatif. Il vise à orienter la demande et rendre les usagers conscients du coût des services. Le service public industriel et commercial est encore

---

133 Voir M. Boiteux, "La vente au coût marginal", *Revue Française de l'Energie* décembre 1956 ; L. Monnier, *La fonction instrumentale des tarifs publics. La politique des prix de l'électricité après la crise du pétrole*, Editions Cujas, 1980.

134 Sur tous ces points; voir J.-F. Auby, "La tarification des services publics locaux", préc., qui reprend certaines conclusions du rapport de C. Grusson et J. Cohen, *La tarification des services publics locaux*, La Documentation Française, 1983, comportant un aspect plus économique.

135 Voir le tableau élaboré par M. Marchand et H. Tulkens dans les annales de l'économie publique et coopérative, septembre 1979 (Université de Bruxelles) et reproduit dans l'article de J.-F. Auby préc. et le rapport de C. Grusson et J. Cohen préc., p.90.

concerné avec les modulations temporelles. Enfin, la tarification peut poursuivre un objectif de redistribution, c'est-à-dire rendre le service accessible à tous par le biais d'une diversification des tarifs selon les catégories d'usagers. En matière de services publics industriels et commerciaux, si les discriminations fondées sur le niveau de ressources des usagers sont illicites, en revanche, les systèmes de redistribution par des voies externes est tout à fait admis.

1179. Les politiques tarifaires propres à la notion de service public tendent à exclure le prix du service du cadre économique, y compris, et surtout pour les services publics industriels et commerciaux, dont les objectifs sont multiples. Cependant, à chaque objectif économique correspond une exigence politique. Le prix doit être assez attractif économiquement pour capturer une nouvelle clientèle, et socialement, pour ne pas exclure les plus pauvres du service. La tarification au coût marginal est censée optimiser la prestation économique, mais en même temps, elle permet une utilisation rationnelle du service, en accord avec le principe d'interdépendance de la relation de service public. Elle n'exclut pas non plus que les tarifs soient les instruments d'une politique conjoncturelle des décideurs publics.

1180. Du point de vue des principes juridiques, le service industriel et commercial ne se distingue pas du service administratif. Cependant, si les principes de départ sont identiques, les priorités ne le sont pas, ce qui conduira à une hiérarchisation différente des objectifs, selon que l'on est en présence d'un service public administratif ou industriel et commercial. Le premier optera pour un tarif principalement allocatif, alors que le second préférera une gamme tarifaire avant tout orientée vers la rentabilité. Mais les règles comptables relatives au service public industriel et commercial restreignent considérablement les choix possibles.

B. La règle de l'équilibre budgétaire.

1181. La règle de l'équilibre budgétaire est une obligation purement comptable qui vise à ce que chaque service public industriel et commercial soit équilibré en recettes et en dépenses. Il ne s'agit pas pour le moment se s'attarder sur le contenu même des recettes, donc sur la nature des charges supportées par l'usager, mais de s'interroger sur les conséquences d'une telle règle. L'équilibre budgétaire des services publics industriels et commerciaux n'a pas vocation à l'optimisation : ses sources sont éparses et elles souffrent de nombreuses exceptions (1°). Cependant, c'est un passage obligé pour résoudre le problème de la licéité des transferts de charges du contribuable vers l'usager (2°) et celui de la possibilité pour l'exploitant de réaliser des bénéfices (3°). Il est surprenant de voir qu'une telle règle, d'apparence purement comptable, puisse avoir autant de répercussions sur des questions aussi fondamentales, qui permettent de mieux cerner la nature véritable du service public industriel et commercial. Cette simple règle ne procéderait-elle pas d'un principe plus général, qui, lui, a vocation à l'optimisation, et qui serait justement en relation avec la nature du service public industriel et commercial ?

1°) Les sources de la règle de l'équilibre budgétaire.

1182. Malgré les exceptions dont elle souffre, la règle de l'équilibre budgétaire tend à être de mieux en mieux assurée au fil du temps. Au niveau des services publics organisés par la commune (a), l'équilibre budgétaire est une obligation comptable généralisée. Au niveau des services publics exploités par des entreprises à vocation nationale, l'équilibre budgétaire procède moins d'obligations purement juridiques que de grands objectifs économiques assignés aux entreprises publiques (b).

a) Les services publics organisés par les communes.

1183. L'article L.2224-1 du Code général des collectivités territoriales dispose que "les budgets des services publics à caractère industriel ou commercial exploités en régie, affermés ou concédés par les communes, doivent être équilibrés en recettes et en dépenses"[136]. L'article L. 2224-2, issu de la loi du 5 janvier 1988[137], établit une relation avec la question du transfert de charges du contribuable vers l'usager, puisqu'il mentionne l'interdiction pour les communes de prendre en charge dans leur budget propre des dépenses au titre des recettes des services visés par la règle de l'équilibre budgétaire. La règle de l'équilibre budgétaire se conçoit donc comme une lutte contre le déficit qui serait comblé par le contribuable.

1184. Trois exceptions suivent : la commune peut prendre en charge de telles dépenses lorsque les exigences du service public conduisent la collectivité à imposer des contraintes particulières de fonctionnement, lorsque le fonctionnement du service public exige la réalisation d'investissements qui ne peuvent être réalisés sans augmentation excessive des tarifs, et lorsque, après une période de réglementation des prix, la suppression de toute prise en charge par le budget de la commune aurait pour conséquence une hausse excessive des tarifs.

1185. La loi du 12 avril 1996, dans son article 75[138], apporte une exception supplémentaire à la règle de l'équilibre budgétaire en ce qui concerne les services de distribution d'eau potable et d'assainissement, dans les communes de moins de 3000 habitants et les groupements composés de communes dont la population ne dépasse pas 3000 habitants[139]. Enfin, les communes sont astreintes au financement et à la réalisation de dispositifs collectifs en matière d'assainissement, avant le 31 décembre 2005. Le budget général peut, de ce fait, les prendre en charge, sans condition de seuils démographiques ou de délais, si les investissements ne peuvent être financés sans augmentation excessive des tarifs[140].

---

[136] On soulignera que cette règle vaut pour les syndicats de communes, mais pas pour les syndicats mixtes ouverts où, par exemple, à côté des communes on peut trouver des chambres de commerce ou des départements. Pour les départements, voir l'article L.3241-4 et s.

[137] Loi n°88-13 d'amélioration de la décentralisation, JO du 6 janvier, p.208.

[138] Loi n°96-314, JO du 13 avril.

[139] Quel que soit le mode de gestion, Rép. min. n°35997, JOAN, 13 mai 1996.

[140] Rép. min. n°149752, JO Sénat, Q, 27 juin 1996.

1186. Si l'obligation d'équilibre budgétaire pour les communes procède d'une seule disposition du Code général des collectivités territoriales, les sources sont beaucoup plus disparates au niveau national.

b) Les services publics organisés au niveau national.

1187. Certains textes épars contraignent les exploitants de services publics industriels et commerciaux à l'équilibre budgétaire. Cependant, si obligation il y a, elle découle au niveau national beaucoup moins d'obligations juridiques, que des grandes orientations décidées pour les entreprises publiques, orientations confirmées par les exigences communautaires relatives à l'ouverture des réseaux à la concurrence. En effet, un débat sur la vérité des prix affecte les grandes entreprises publiques.

1188. La loi d'orientation des transports intérieurs, du 30 décembre 1982[141], dans son article 6, prévoit une "juste rémunération des transporteurs assurant la couverture des coûts réels du service rendu dans des conditions normales d'organisation et de productivité". Cette disposition semble définir une obligation d'équilibre budgétaire. Cependant, la même loi dispose que les collectivités publiques organisatrices sont légalement admises à participer au financement des charges des transporteurs. On voit donc qu'au niveau national, l'équilibre budgétaire se traduit davantage par l'aménagement dans le temps du principe de la vérité des coûts, que par l'interdiction d'un transfert du contribuable national vers l'usager des services publics de transport. Cela se conçoit d'autant plus mal qu'il existe un lien étroit entre le contribuable local et l'usager des services publics locaux, alors que le lien existant entre le contribuable national et l'usager de la SNCF est beaucoup moins étroit.

1189. Sur le plan des principes, un véritable débat sur la vérité des prix a affecté les entreprises publiques dans les années soixante, lors du tournant commercial initialisé par le rapport Nora de 1967[142]. Cette question est d'actualité car elle correspond également à une exigence de la Commission des Communautés européennes[143]. Les tarifs des services publics en réseaux sont accusés d'être trop bas et de ne refléter qu'imparfaitement les coûts. Par ailleurs, l'ouverture des réseaux à la concurrence postule le décroisement des subventions[144] : le service de base n'a plus à être financé par les bénéfices réalisés sur les services à valeur ajoutée. Ce principe de neutralité tarifaire s'oppose aux pratiques de dumping sur certains marchés, rendues possibles grâce à l'occasion d'en rançonner d'autres[145].

---

141 JO du 31 décembre.

142 Rapport préc.

143 Voir par exemple la communication de la Commission du 26 avril 1988, COM (88) 238/4, 89, "Le marché intérieur de l'énergie"; le rapport Lasserre, "Quelle réglementation pour les télécommunications françaises ?", mars 1994 ; L. Cayla, M.-F. Cicéri, R. Heitzmann et Ch. Pautrat, "Tarification, prix de revient et concurrence", *France Télécom* 74, octobre 1990, p.27.

144 Voir par exemple dans le domaine des télécommunications, D. Encaoua et L. Flochel, "La tarification du monopole à la concurrence régulée", préc.

145 P. Bernard, "La tarification de l'électricité : acquis et modalités nouvelles", *CJEG* 1984, p.251.

1190. La politique de la vérité des prix semble postuler l'équilibre budgétaire des services, ou du moins la réduction des déficits. Cependant, d'une part, la vérité des prix n'est pas forcément synonyme d'équilibre budgétaire et, d'autre part, elle est quasiment irréalisable du fait de la confusion au niveau des grandes entreprises publiques entre les charges du service et les charges d'intérêt général. En effet, le résultat peut conduire au déséquilibre en cas de rendements croissants ou au suréquilibre en cas de rendements décroissants[146]. La mission des entreprises publiques au niveau national comporte souvent des obligations en matière d'environnement, d'aménagement du territoire, de lutte contre la pollution, etc. Malgré les critiques auxquelles ils conduisent, ces objectifs n'en sont pas moins financés par l'usager, alors qu'ils ne correspondent pas réellement au coût du service[147].

1191. L'usager multiplie les recours sur le fondement de la règle de l'équilibre budgétaire, ce qui conduit le juge à préciser les obligations qui pèsent sur l'exploitant.

2°) Les limites aux transferts de ressources du contribuable vers l'usager sur le fondement de la règle de l'équilibre budgétaire.

1192. Normalement, le juge est censé sanctionner la prise en charge des dépenses du service public industriel et commercial par le budget de la commune, du moins lorsqu'elle n'est pas justifiée par une exception à la règle de l'équilibre budgétaire. Les sanctions sont de deux ordres : l'une, classique, est l'annulation de la délibération approuvant les tarifs ; l'autre, originale, est la non reconnaissance du caractère industriel et commercial du service.

1193. Le service public d'enlèvement des ordures ménagères, selon qu'il est financé par une taxe ou une redevance pour service rendu, est qualifié respectivement soit de service public administratif, soit de service public industriel et commercial[148]. Le juge administratif et le juge judiciaire ont tour à tour reconnu un caractère administratif à un service de distribution d'eau potable non entièrement financé par l'usager[149]. A l'inverse, la gratuité complète d'un service de source thermale[150] ou la détermination d'un prix de l'eau inférieur au coût de revient de la prestation[151] n'ont pas empêché le Tribunal des conflits de qualifier ces services de services publics industriels et commerciaux.

---

146 Voir le rapport C. Grusson et J. Cohen, préc., p.32.

147 Sur ce point, voir R. Hertzog, "Le prix du service public", *AJDA* 1997, n° spécial, *Le service public*, p.55; J.-F. Auby, "La tarification des services publics locaux", préc., qui mentionne à propos du service local de distribution d'eau potable les diverses taxes au profit des Agences de l'Eau, du Fonds national du développement des adductions d'eau (arrêté du 10 juillet 1996, JO du 23 juillet).

148 TC, 28 mai 1979, Préfet du Val d'Oise, *D.* 1979, IR, p.386. Voir la note de F. Moderne sous TC, 28 juin 1976, Commune de Somme-Suippe, *AJDA* 1976, p.570.

149 CE, 7 mai 1982, Verdier, *Rec.*, p.554 ; Cass. soc., 10 juillet 1995, Compagnie de l'eau et de l'ozone, *AJDA* 1996, p.396, note M. Bazex.

150 TC, 6 novembre 1967, Sebie, *Rec.*, p.734.

151 TC, 19 février 1990, Thomas c/ Commune de Francazal, *AJDA* 1990, p.558, note J.-P. Théron.

1194. Il est dommage de voir que le juge confond le critère de l'origine des ressources du service, servant à en déterminer la nature[152], avec la règle de l'équilibre budgétaire qui subit, en outre, de nombreuses exceptions. Il serait préférable de procéder en deux temps. La qualification de service public industriel et commercial devrait provenir du caractère individualisable de la prestation et du fait que le prix payé par l'usager tend à se rapprocher du coût de la prestation effectivement reçue. Il n'est pas nécessaire que l'équilibre soit parfait. La distinction fondamentale repose alors sur l'objet du service et le motif pour lequel le prix de revient n'est pas atteint. Les services publics administratifs à vocation sociale, voire même les services culturels, nécessitent *naturellement* la prise en charge d'une partie des dépenses par le budget, afin de permettre l'accès des plus démunis au service. Le service industriel et commercial ne recourt à cette technique qu'en cas d'*extrême nécessité*, tout en sachant qu'il faut parvenir à terme à l'adéquation entre le prix payé et le coût de revient de la prestation. Le critère de l'objet devrait être primordial, les critères du mode de fonctionnement et de l'origine des ressources ne devraient avoir qu'une importance subsidiaire. Le second temps du raisonnement devrait conduire le juge à sanctionner tout déséquilibre budgétaire, qui ne serait pas justifié par une exception à la règle de l'équilibre, seulement après avoir qualifié le service.

L'effet utile de la règle de l'équilibre budgétaire conduit à appréhender différemment la distinction service public administratif / service public industriel et commercial. En qualifiant d'administratifs des services publics qui normalement sont industriels et commerciaux par leur objet, parce que précisément le budget prend en charge une partie des dépenses, la règle de l'équilibre budgétaire est privée d'effet utile. Son champ d'application est faussé car le non respect de cette règle conduit le juge à exclure le service coupable de son propre champ d'application !

1195. La seule sanction admissible demeure l'annulation de tout acte qui contreviendrait à la règle de l'équilibre budgétaire. De ce point de vue, la jurisprudence sanctionne à la fois les atteintes directes et indirectes, puisque sont annulées "par voie de conséquence" les délibérations approuvant des tarifs qui tiendraient compte de transferts de ressources du budget général d'une commune au budget annexe d'un service industriel et commercial[153]. De même, les contribuables locaux peuvent former des recours tendant à la réduction de leurs taxes foncières ou professionnelles, si elles permettent de percevoir au profit d'un syndicat intercommunal exploitant un service public industriel et commercial une subvention illégale[154].

1196. C'est le service d'assainissement qui a largement contribué à l'implication du juge dans le respect de la règle de l'équilibre budgétaire. En 1975, dans l'arrêt Bocholier, le Conseil d'Etat[155] se contente d'annuler une délibération fixant une redevance d'assainissement en raison de son insuffisance pour assurer l'équilibre budgétaire. C'est

---

[152] CE, Ass., 16 novembre 1956, Union syndicale des industries aéronautiques, *Rec.*, p.434, *S.* 1957, p.38, concl. Laurent.

[153] CE, 9 novembre 1988, Commune de Pisieux c/ Dulière, *DA* 1988, n°625 ; CE, 14 avril 1995, Dulière, *Rec.*, p.686.

[154] CE, 29 octobre 1997, Société sucrerie agricole Colleville, *DA* 1998, n°5, note E. Gintrand.

[155] CE, 4 juin 1975, Bocholier, *Rec.*, p.332.

grâce à l'arrêt Commune de Pisieux, de 1988[156], que l'on peut mieux cerner les transferts illégaux. En effet, M. de La Verpillière, dans ses conclusions[157], dégage quatre irrégularités : le versement d'une subvention d'équilibre par la commune, la non inscription des charges d'amortissement, la prise en charge par la commune des annuités d'emprunt contractées au titre des travaux d'assainissement et la mauvaise imputation des contributions des propriétaires aux travaux de raccordement. Ces irrégularités ne sont pas couvertes par certaines dispositions du Code des communes (R. 323-99 et R. 323-101), qui autorisent les subventions au titre d'une dotation initiale ou d'une avance à court terme, toutes deux remboursables par ailleurs. Ces pratiques ne rentrent pas non plus dans les exceptions prévues par la loi du 5 janvier 1988, édictée postérieurement aux faits de l'arrêt. L'arrêt Dulière, de 1995[158], sanctionne également une subvention d'équilibre, tout en vérifiant si elle n'a pas servi à financer le réseau d'évacuation des eaux pluviales, ce qui constituerait donc une nouvelle exception à la règle de l'équilibre budgétaire. Cette jurisprudence permet de dégager une distinction entre les subventions servant à couvrir des dépenses de fonctionnement, à proscrire dans tous les cas, et celles qui couvriraient des dépenses d'investissement, qui font l'objet des exceptions admises.

1197. Les transferts de ressources du contribuable vers l'usager sont donc de plus en plus souvent prohibés grâce à la règle de l'équilibre budgétaire. La solution inverse, c'est-à-dire le transfert de ressources de l'usager vers le contribuable, est-elle également sanctionnable sur ce même fondement ?

3°) Les limites à la licéité d'un transfert de ressources de l'usager vers le contribuable.

1198. Avant de se demander si le bénéfice réalisé peut être transféré vers le budget général de la commune, il faut rechercher si le service industriel et commercial peut en toute légalité dégager des bénéfices (a). Ce préalable admis, la règle de l'équilibre budgétaire peut-elle se lire dans les deux sens, dans un sens comme l'illégalité d'une subvention du budget général vers le budget du service public industriel et commercial, et dans l'autre comme l'interdiction corrélative de tout reversement des excédents dégagés par le service au budget général ? (b)

a) Un service public industriel et commercial peut-il réaliser des bénéfices ?

1199. L'enjeu sous-jacent à cette question est encore la nécessité de distinguer le service public, fut-il industriel et commercial, et l'entreprise purement privée, afin d'encercler de plus en plus précisément le type de solidarité animant le service public industriel et commercial. La réalisation de bénéfices est d'abord considérée comme un indice du caractère industriel et commercial du service, justement parce que ce type de services tend à se rapprocher de l'entreprise privée. Cependant, certains principes viennent

---

[156] CE, 9 novembre 1988, Commune de Pisieux c/ Dulière, *DA* 1988, n°625.

[157] *RFDA* 1989, p.748.

[158] CE, 14 avril 1995, Consorts Dulière, *Rec.*, p.686.

encadrer et limiter la recherche de bénéfices. *Réaliser* un bénéfice n'est pas synonyme d'en *rechercher* un.

1200. "Même si les usagers versent des redevances, le service n'est industriel et commercial que s'il est géré dans des conditions qui n'excluent pas la réalisation de bénéfices."[159] Le juge lui-même, pendant la première moitié du siècle, qualifiait d'administratifs des services financés par une redevance qui ne couvrait que les frais du service[160], ce qui s'interpréterait comme l'exigence de la réalisation d'un minimum de bénéfices pour les services industriels et commerciaux. Cependant, une seule fois, un service public gratuit a été qualifié d'industriel et commercial[161].

1201. Si la doctrine et la jurisprudence admettent qu'un service public industriel et commercial peut légalement dégager un excédent, il semble en revanche que l'exploitant ne peut pas en faire un but et rechercher le bénéfice pour lui-même[162]. Lorsque l'exploitant est une personne publique, c'est l'absence de reconnaissance de l'intérêt public financier qui est mise en avant[163]. Cette explication est surprenante lorsque l'on constate que dans le domaine du service public lui-même, l'intérêt financier est tout à fait admis par ailleurs, ne serait-ce qu'à l'occasion de la jurisprudence sur l'extension du service public dans un but financier[164].

1202. S'il faut distinguer l'entreprise privée et le service public industriel et commercial, ce n'est pas au niveau de la recherche de bénéfices. Des entreprises comme France Télécom ou EDF sont largement bénéficiaires. Ne parlons même pas des exploitants privés, pour qui le bénéfice n'est certainement pas accidentel. Aucune jurisprudence récente ne révèle un contrôle du niveau des bénéfices réalisés, mais on peut se reporter à une jurisprudence ancienne sur la notion de "bénéfice normal"[165].

1203. En revanche, la distinction entre l'entreprise privée et le service public industriel et commercial peut s'appréhender au niveau de l'affectation des bénéfices.

---

159 J. Lemasurier, "A propos du service des Postes et Télécommunications. Réflexions sur la distinction des services publics administratifs et des services publics industriels et commerciaux", *AJDA* mars 1969, p.139. Voir également J.-P. Théron, note sous TC, 19 février 1990, Thomas c/ Commune de Francazal, préc..

160 CE, 21 décembre 1934, Hospices de X..., *S.* 1935, III, p.23 ; CE, 30 juin 1950, Société Mérienne, Rec., p.405.

161 TC, 6 novembre 1967, Sebie, *Rec.*, p.734. Il s'agissait de l'offre faite aux habitants d'une commune de venir boire gratuitement l'eau d'une fontaine thermale.

162 Voir TA Lyon, 30 novembre 1993, Paul Chomat, *AJDA*. 1994, p.349, note D. Broussolle ; G. Gonzalez, "Le service public local: à quel(s) prix ?", *LPA* 5 décembre 1997, p.13. Pour un avis contraire, voir les conclusions Bourrachot sur l'affaire Paul Chomat, *RFDA* 1995, p.699.

163 Voir note D. Broussolle, préc.

164 CE, Section, 18 décembre 1959, Delansorme, *Rec.*, p.692 ; CE, 29 avril 1970, Société Unipain, *Rec.*, p.280.

165 CE, 28 juin 1922, Compagnie d'éclairage et chauffage par le gaz de la ville d'Angers, *Rec.*, p.669.

b) L'affectation des bénéfices

1204. La situation de l'exploitant privé est différente de celle de l'exploitant public. Si on peut avoir l'impression que l'exploitant privé est en mesure de rechercher des bénéfices afin de rémunérer ses actionnaires, il n'en est rien. La pression sociale et politique l'inviterait plutôt à réinvestir ces bénéfices sous forme d'équipements permettant d'améliorer la qualité de la prestation de service[166]. Le bénéfice dégagé par un exploitant privé de services industriels et commerciaux doit être affecté à l'amélioration du service rendu aux usagers. D'ailleurs, la notion de "juste rémunération" est jurisprudentiellement encadrée par la règle de la proportionnalité entre le service rendu et le prix payé[167].

1205. Lorsque l'exploitant est une personne publique, se pose la question des reversements d'excédents des budgets annexes des services industriels et commerciaux au budget général de la commune. Au niveau national, le Conseil constitutionnel a admis le transfert des excédents du budget annexe des PTT vers le budget général de l'Etat[168]. C'est pour cette raison que l'on admet, en principe, que la règle de l'équilibre budgétaire procédant de l'article L. 2224-1 du Code général des collectivités territoriales n'interdit pas de tels transferts et qu'elle ne sanctionne uniquement que les déficits financés par le contribuable[169]. De surcroît, l'article R. 323-11 du Code des communes, relatif aux budgets annexes, prévoit de tels reversements.

1206. Cependant, l'affaire du prix de l'eau à Saint-Etienne a fourni certaines précisions quant à l'affectation de tels excédents. Durant la période où le service était exploité en régie (début des années quatre-vingt dix), les tarifs avaient été augmentés afin de permettre à la ville de financer certains équipements culturels et sportifs. Le commissaire du gouvernement Bourrachot[170], tout en admettant que des "excédents ponctuels" peuvent être reversés "à titre subsidiaire", constate l'existence d'un détournement de pouvoir, au motif que le "transfert n'est pas l'effet des majorations tarifaires mais constitue leur objet même".

1207. Le transfert de charges du contribuable vers l'usager est aisément sanctionnable sur le fondement de la règle de l'équilibre budgétaire, qui vise avant tout à combattre les déficits d'exploitation chroniques. En revanche, les transferts de charges de l'usager vers le contribuable sont réguliers au regard de l'équilibre budgétaire, mais pas forcément au regard de la règle de la proportionnalité entre le prix payé et le service rendu. Cette règle permet au juge d'entrer dans l'appréciation de la nature même des charges supportées par l'usager, et non plus seulement de leur montant.

---

166 Voir J. Rivero, "Les deux finalités du service public industriel et commercial", préc.

167 Voir n°1208 et s.

168 DC n°84-184 du 29 novembre 1984, JO du 30 décembre.

169 Concl. Bourrachot sur TA Lyon, 30 novembre 1993, préc. et note D. Broussolle, préc., sous le même jugement. Plus récemment, voir CE, 9 avril 1999, Commune de Bandol, *CJEG* 1999, p.193, concl. Goulard : le commissaire du gouvernement distingue le cas d'une délibération prévoyant des redevances excessives dans le seul but de dégager un excédent à reverser au budget général du cas où, exceptionnellement, en cours d'exploitation un excédent a été dégagé.

170 Concl. préc.

C. La proportionnalité entre le prix payé et le service rendu.

1208. La règle de la proportionnalité découle du caractère de redevance pour service rendu du prix du service public industriel et commercial. Elle signifie que l'usager ne doit payer que des sommes servant à couvrir les charges nécessaires à la réalisation de la prestation qui lui est délivrée. Plusieurs questions apparaissent immédiatement. Que recouvre l'expression "contrepartie directe du service rendu" ? La règle de la proportionnalité s'apprécie-t-elle individuellement ou collectivement ? En effet, chaque usager peut-il contester le prix qu'il paye effectivement au regard du service qu'il reçoit personnellement, ou bien est-ce qu'il ne peut contester que la nature globale de charges supportées par l'ensemble des usagers ? Une appréciation individuelle aurait des répercussions importantes sur le principe d'égalité, puisqu'elle signifierait l'admission d'un droit à la différence et la multiplication à l'infini des catégories tarifaires.

1209. On a parlé jusqu'à présent de "proportionnalité" entre le prix payé et le service rendu. On peut se demander si cette proportionnalité ne dévie pas plutôt vers l'adéquation exacte entre le prix et le service, ce que confirmerait l'affaire du prix de l'eau à Saint-Etienne. Au lieu d'une règle de proportionnalité, on dévierait vers une règle d'équivalence parfaite[171].

1210. Il faut envisager le rapport de proportionnalité entre le prix payé et le service rendu sous deux angles différents. La relation de proportionnalité peut être qualitative et concerner la nature des charges que l'exploitant peut faire supporter à l'usager (1°). La notion de proportionnalité peut également s'entendre quantitativement, comme l'équivalence entre le montant des charges supportées par l'usager et leur coût réel (2°). Compte tenu de la nature même du rapport de proportionnalité, celui-ci ne peut se concevoir sans l'analyse du contrôle exercé par le juge sur la fixation du prix (3°).

1°) La nature des charges supportées par l'usager : le volet qualitatif de la proportionnalité.

1211. Deux exigences entrent en jeu. La première veut que les charges supportées par l'usager doivent lui être *effectivement* retournées sous forme de service rendu. Il ne doit pas supporter des charges qui bénéficieraient, en fin de compte, à d'autres personnes, notamment les contribuables. C'est la notion de contrepartie réelle du service rendu (a). On peut ensuite imaginer une situation un peu différente. Les charges supportées par l'usager serviraient à financer un service bénéficiant à l'usager, mais ne lui bénéficiant qu'en partie, ou indirectement. Dans ce cas, le caractère réel de la contrepartie ne serait pas en cause. La question est alors de savoir si les frais mis à la charge de l'usager doivent lui bénéficier exclusivement et directement. C'est la notion de contrepartie directe et exclusive (b).

---

171 Voir à ce sujet, M.-T. Sur-Le Liboux, "Les prix et les services", *AJDA* 1996, p.642 ; P. Valadou, "Le prix de la prestation de service public", conférence du 16 mars 1999, Université Paris I.

a) Une contrepartie réelle.

1212. C'est la notion de contrepartie réelle qui a causé le plus de difficultés au juge. L'affaire du prix de l'eau à Saint-Etienne, et l'intervention de multiples acteurs pour juger de sa légalité, est riche en enseignements. Le tribunal administratif de Lyon, en 1993[172], semble avoir posé un principe en vertu duquel "lors de sa fixation, le prix d'une prestation ou d'un bien fourni par un service public à caractère industriel ou commercial ne peut exclusivement trouver sa contrepartie, quel que soit le mode de gestion du service, que dans le montant total des dépenses d'investissement et de fonctionnement relatives à la fourniture de ce service ou de ce bien, y compris, éventuellement, les dépenses de renouvellement et de modernisation du service, ainsi que la rémunération du concessionnaire lorsque ce service est concédé".

1213. Le juge semble avoir étendu à l'ensemble des services publics industriels et commerciaux un principe que des textes épars avaient déjà appliqué à certains services. Ainsi, l'article R.372-17 du Code des communes prévoit que les redevances d'assainissement incluent les dépenses de fonctionnement, y compris les dépenses de personnel et d'entretien, les charges d'intérêt de la dette contractée pour l'établissement des installations et les charges d'amortissement des installations[173].

1214. Normalement, les frais de fonctionnement (rémunération du personnel de l'exploitant, matières premières, etc.) ne posent aucun problème quant à leur répercussion sur l'usager. C'est plutôt les charges d'investissement, et plus généralement les frais liés aux installations, qui causent des difficultés du fait de l'intervention de la collectivité publique à de multiples niveaux.

1215. L'affaire du prix de l'eau à Saint-Etienne a, cependant, mis en évidence l'illégalité de la répercussion sur l'usager de certains frais de fonctionnement, malgré le préjugé en vertu duquel ce type de charges ne prête pas à discussion. En effet, le tribunal administratif de Lyon, en 1994[174], a annulé une délibération approuvant un avenant au contrat de concession conclu avec la Société Stéphanoise des Eaux, au motif que certains frais inclus dans le prix de l'eau s'étaient révélés matériellement inexacts : les frais de carburant, le nombre d'employés et les frais d'entretien des espaces verts. A propos des mêmes documents, la chambre régionale des comptes Rhône-Alpes, dans un avis de 1994[175], contrôle les réductions de personnel, l'évolution des consommations des usagers

---

[172] Jugement du 14 décembre 1993, Paul Chomat, préc. Ce principe était déjà en germe dans des jugements plus anciens. Voir par exemple, TA Montpellier, 12 juin 1991, Association Narbonne Libertés 89, *CJEG* 1991, p.409.

[173] Pour un commentaire, voir la circulaire du 12 décembre 1978, JO du 6 mars 1979. Voir également l'article 4 de la loi du 8 avril 1946, JO du 5 mai, p.3695, et le décret n°88-850 du 29 juillet 1988 relatif au prix de l'électricité (JO du 31 juillet) ; l'article 1er du décret du 16 juillet 1987 relatif aux transports publics urbains, JO du 17 juillet, p.7959, et plus généralement, l'article L. 2333-76 du CGCT sur la redevance d'enlèvement des ordures ménagères.

[174] TA Lyon, 22 décembre 1994, J.-L. Gagnaire, n°9402515.

[175] Avis du 8 novembre 1994, inédit.

et la rémunération du concessionnaire[176]. Enfin, un jugement du tribunal administratif de Lyon, de 1997, Véricel[177], sanctionne l'absence de justification des honoraires versés par le concessionnaire à sa société mère. Les frais de fonctionnement sont en principe répercutables sur l'usager, mais c'est plutôt leur justification comptable qui pose des difficultés, au sens où l'exploitant doit démontrer avec exactitude leur caractère réel.

1216. Les frais d'investissements relatifs à la création ou à l'extension des réseaux communaux sont répercutables sur les usagers et peuvent justifier des augmentations tarifaires[178]. De même, il est licite d'utiliser les recettes perçues sur les usagers pour la couverture des charges de modernisation et de renouvellement des installations[179]. L'appréciation de la notion de contrepartie réelle se complique considérablement lorsque la collectivité publique a financé les installations, ou tout du moins les premiers équipements. Le caractère réel de la contrepartie permet de distinguer les frais incombant au contribuable et ceux incombant à l'usager. La nature de certaines charges a fait l'objet de nombreux litiges. Ainsi, les surtaxes communales, les droits d'entrée, les redevances pour occupation du domaine public ou pour utilisation de certains ouvrages publics et les fonds de roulement peuvent-ils entrer dans le prix du service rendu ?

1217. En réalité, ce qu'on appelle la surtaxe communale n'est pas une taxe de nature fiscale. Il s'agit d'une somme rétrocédée par le délégataire à la collectivité publique délégante et destinée à couvrir le financement des investissements réalisés par la collectivité pour constituer un réseau, les dépenses d'entretien, les frais d'amortissement du réseau, la charge des intérêts de la dette contractée pour l'établissement des installations, ainsi éventuellement que les frais de contrôle sur le délégataire[180]. La surtaxe communale n'a rien à voir avec ce qui a parfois été appelé une surtaxe fixe, qui correspond aux frais fixes engagés par le délégataire pour couvrir les frais d'entretien et de renouvellement des équipements, lorsqu'ils sont mis à sa charge par le contrat de délégation. La surtaxe communale est qualifiée "d'impôt déguisé" par les usagers des services de distribution d'eau et d'assainissement, qui en ont contesté la régularité, tant devant le juge judiciaire que devant le juge administratif. La jurisprudence a admis que ces surtaxes constituaient la contrepartie "effective et directe des prestations fournies aux utilisateurs du service"[181], avant que le législateur et le pouvoir réglementaire viennent définitivement les régulariser[182].

---

176 On peut également se référer à un arrêt ancien du Conseil d'Etat, 6 décembre 1935, Ville de Bergerac, *D.* 1936, III, p.49.

177 Jugement du 29 janvier 1997, inédit, à propos de la légalité d'une délibération du 20 décembre 1995 approuvant un avenant au contrat de concession.

178 CE, 9 septembre 1996, Commune de Vallica, *LPA* 17 décembre 1996, p.3.

179 CE, 23 décembre 1959, Jacquier, *Rec.*, p.705 ; CE, Section, 16 novembre 1962, Syndicat Intercommunal d'électricité de la Nièvre, *Rec.*, p.612.

180 Voir CE, 30 octobre 1996, Wajs et Monnier, *CJEG* 1997, p.52, concl. Combrexelle : dans le domaine des services publics administratifs (autoroute) le Conseil d'Etat a admis la répercussion des frais de contrôle sur les usagers, mais en l'espèce, il lui était impossible d'en contrôler le calcul, ce qui a justifié sa censure.

181 TI Bordeaux, 1er juillet 1994, Syndicat des copropriétaires de la résidence "Les jardins de Lacanau", req. n°3199193.

182 Arrêté du 10 juillet 1996, décret du 6 mai 1995, Loi sur l'eau du 3 janvier 1992 (article 13 II). Voir également la jurisprudence postérieure qui confirme la régularité des surtaxes et leur imputabilité sur l'usager,

1218. Le tribunal administratif de Lyon, dans l'affaire de Saint-Etienne[183], suivi par le Conseil d'Etat[184], a posé le principe selon lequel "la collectivité locale de rattachement ne peut, en dehors de toute préoccupation soit de prise en charge de l'endettement du service, soit de renouvellement ou de modernisation des installations mises à la disposition du concessionnaire, rechercher la rémunération du capital correspondant auxdites installations". Le tribunal en déduit que l'incorporation dans le prix de l'eau d'une redevance pour l'occupation du domaine public ainsi que la répercussion sur l'usager d'un droit d'entrée payé par le délégataire à la commune sont illicites au regard des règles de fixation du prix. Dans un avis du 18 mai 1995, ce même tribunal[185] nuance sa position. A propos des droits d'entrée, l'interdiction n'est pas absolue. En effet, ils peuvent correspondre à des charges de la délégation, c'est-à-dire à des dépenses exposées pour les besoins du service[186]. L'article 40 de la loi du 29 janvier 1993 oblige les parties au contrat à justifier les montants et modes de calcul des droits d'entrée et des redevances versées par le délégataire à la collectivité[187]. La loi du 2 février 1995 les interdit aujourd'hui complètement dans le domaine de l'eau, de l'assainissement ou de l'évacuation des ordures[188]. La question n'est donc plus censée se poser dans ces domaines.

1219. En ce qui concerne la redevance pour l'occupation du domaine public et le droit d'utilisation des ouvrages non concédés, le tribunal, dans son avis de 1995, est très clair : "dès lors qu'ils supportent ou ont supporté, par autofinancement ou par charges d'emprunt le financement du réseau et des installations, les usagers ne sauraient se voir réclamer, pour l'usage de ces mêmes équipements, par le truchement du délégataire, une redevance qui représenterait en réalité une rémunération du capital qu'ils ont eux-mêmes contribué à constituer." Il faut donc établir une distinction selon que l'usager a financé ou pas les installations. Si le réseau est implanté dans le sous-sol des voies communales, cette dépendance du domaine public de la ville, à la différence des canalisations, n'a pas été financée par les usagers. Dès lors, à partir du moment où le service est délégué à une personne distincte de la ville, cette dernière peut percevoir une redevance pour l'occupation de son domaine public par les canalisations et branchements particuliers[189]. A propos de l'utilisation par le délégataire des ouvrages non concédés, comme des barrages par exemple, il est loisible à la ville d'en répercuter les frais d'entretien sur

---

TGI Bordeaux, Référé, 16 octobre 1996, Elie, req. n°2288/96 ; TA Lyon, 28 mai 1996, Liotier req. n°9501996 ; TGI Bordeaux, 23 décembre 1996, Georget et Charrière, req. n°2954 /96 ; TI Biarritz, 27 mai 1997, SA Agur, req. n°402/90 ; TA Bordeaux, 11 juin 1998, SLEE-Dumez c/ Syndicat des copropriétaires de la résidence "Horizon Marin", req. n°9501349.

[183] Jugement du 14 décembre 1993, Paul Chomat, préc. ; TA Lyon, 22 décembre 1994, SA Tartary, req. n°9402515.

[184] CE, 30 septembre 1996, Société Stéphanoise des Eaux, *D.* 1996, IR, p.251, *DA* 1996, n°557, note C. Devès.

[185] *Rev. Fr. Décentr.*, 1996, n°4, p.224.

[186] Voir également TA Grenoble, 12 mai 1999, Comparat, *JCP* 1999, II, 10214, note X. Cabannes : il est interdit de répercuter sur le prix de l'eau un droit d'entrée correspondant au remboursement d'emprunts contractés par la ville pour financer une station d'épuration et un collecteur.

[187] CE, 14 janvier 1998, Porelli, *DA* 1998, n°81.

[188] Article L.1411-2 du CGCT.

[189] La redevance pour occupation du domaine public incluse dans le prix de l'eau est validée par le tribunal administratif de Lyon, jugement du 29 janvier 1997, Véricel, inédit.

l'usager[190]. Cependant, ces redevances doivent être proportionnées aux sujétions que l'occupation du domaine impose à la commune et aux avantages qu'en retire le délégataire.

1220. Les usagers peuvent-ils supporter une provision pour le renouvellement des installations ? Dans un premier temps, la jurisprudence a semblé hostile à cette pratique, puisque le Conseil d'Etat avait jugé, en 1968[191], que la surtaxe d'abattage ne pouvait contribuer au financement d'un nouvel abattoir. Puis, en 1986, dans une affaire mettant en cause un service d'assainissement, les requérants critiquaient une redevance d'assainissement perçue "dès que les travaux commenceront", au motif que le montant d'une telle redevance ne pouvait pas être fixé prévisionnellement, mais uniquement dès que le montant des travaux terminés serait connu. Le Conseil d'Etat se fonde sur l'article R.372-17 du Code des communes pour juger que "l'ensemble des charges" est bien connu avec une précision suffisante pour percevoir la redevance[192] . La chambre régionale des comptes Rhône-Alpes, dans son avis du 8 février 1996, admet une telle possibilité, à la condition qu'il existe une réelle programmation des travaux. Le tribunal administratif de Lyon, dans un jugement du 29 janvier 1997[193], valide le système de la provision pour l'entretien des installations, même s'il n'y a pas de programmation des travaux[194]. Plus généralement, cette jurisprudence pose le problème de la solidarité entre les diverses générations d'usagers. Un arrêt ancien de la Cour de cassation[195] pose le principe selon lequel les frais d'entretien et de gestion, ainsi que les intérêts du capital avancé pour la construction d'un abattoir, qui constituent des charges annuelles, doivent être supportés uniquement par les consommateurs de l'année. Un exploitant n'est pas autorisé à répercuter sur les usagers le déficit des années antérieures. Il faut dire que dans le cas d'espèce, il s'agissait d'un déficit vieux de plus d'un demi-siècle. Cependant, on pourrait tout de même imaginer que le principe posé par cette jurisprudence régisse encore l'étalement de certaines charges, qui ne devrait pas excéder une durée raisonnable.

1221. Dans le cas où plusieurs générations d'usagers seraient impliquées dans le financement d'un équipement, la contrepartie est encore directe. Qu'en serait-il si la charge supportée par les usagers ne leur bénéficiait qu'indirectement ?

---

190 Voir également l'avis de la CRC Rhône-Alpes du 8 février 1996, inédit.

191 CE, 9 février 1968, Commune de Fourmies, *Rec.*, p.104.

192 CE, Section, 29 octobre 1986, Association d'usagers dans le Loir-et-Cher, req. n°55231.

193 Inédit.

194 En revanche, la constitution d'un fonds de roulement est illégal en raison du fait que les installations en cause existaient au moment de la conclusion du contrat de délégation, ce qui paraît impliquer qu'une telle charge n'existe pas dans un contrat d'affermage, Avis de la CRC Rhône-Alpes du 8 novembre 1994, inédit.

195 Cass. civ., 17 juin 1903, *S.* 1904, I, p.175.

b) Une contrepartie directe et exclusive.

1222. L'exploitant peut faire financer par l'usager certains programmes d'intérêt général, profitant à l'ensemble de la population et dont l'usager bénéficiera par le biais de retombées indirectes. Jusqu'à quel point ces retombées peuvent-elles être "indirectes" ? La règle de la proportionnalité entre le service rendu et le prix payé par l'usager n'implique-t-elle pas que la contrepartie bénéficie *exclusivement* à l'usager ? Plusieurs contentieux permettent de répondre à ces questions. Il s'agit en premier lieu du contentieux relatif au financement des travaux d'extension d'un réseau. En second lieu, on s'intéressera à la question des subventions croisées au sein des grandes entreprises publiques, entre l'activité principale et certaines activités annexes. Enfin, cela conduira à se demander si les diverses composantes du prix payé par l'usager n'ont pas en réalité des finalités exclusives d'intérêt général, non compris comme l'intérêt de la communauté des usagers.

1223. Le contentieux relatif à la création ou l'extension des réseaux est un peu à part, dans la mesure où il était question de savoir si ces travaux devaient être financés uniquement par les constructeurs, qui en profitaient directement, ou s'il fallait répartir ces charges sur l'ensemble de la population d'une commune. Dans un premier temps, le juge administratif a posé le principe selon lequel la réalisation des travaux d'investissements relatifs à la création et à l'extension de réseaux communaux d'adduction d'eau peut donner lieu à la passation de contrats d'offre de concours, mais ils ne constituent pas la contrepartie d'un service rendu, étant donné qu'il s'agit d'équipements publics d'intérêt général[196]. Le tribunal administratif de Bordeaux, dans un jugement du 25 juin 1998[197], vient nuancer cette position : en effet, la réalisation des travaux d'investissements relatifs à la création ou à l'extension de réseaux communaux d'adduction d'eau n'est pas, compte tenu du caractère d'intérêt général de ces équipements publics, une prestation pouvant légalement donner lieu à l'installation d'une redevance perçue sur les seuls propriétaires des immeubles dont elle permet la desserte. Mais l'investissement en question constitue l'un des éléments du prix de revient des services d'eau et d'assainissement et peut être incorporé au montant des redevances acquittées par l'ensemble des usagers. Seuls les nouveaux constructeurs bénéficieront réellement de ces travaux et l'ensemble des usagers n'en profitera qu'indirectement. Néanmoins, les exigences d'interdépendance existant au sein de la collectivité des usagers l'emportent sur le caractère indirect de la prestation.

1224. Qu'en est-il si l'on sort du cadre le la communauté d'usagers ? La jurisprudence François Poncet, de 1986, dans le domaine du téléphone[198], est très instructive à ce sujet. L'administration des Postes et Télécommunications avait mis à la charge de l'usager certaines sommes affectées au développement de la filière électronique. Il s'agissait donc d'un service rendu dans l'intérêt général et non dans l'intérêt exclusif des usagers. Le

---

196 TA Montpellier, 26 février 1981, Commune de Marseillan, req. n°5679 et 5680 ; CE, 31 janvier 1986, SIVOM de la Région d'Aigues Mortes, *Rec.*, p.24 ; CE, 24 mai 1991, Madame Carrère, *Rec.*, p.202, *RFDA* 1991, p.683.

197 TA Bordeaux, 25 juin 1998, SLEE-Dumez, req. n°9501351.

198 *Il s'agit d'une période (avant 1990) où le téléphone est considéré comme un service public administratif.* Néanmoins, il s'agissait d'apprécier la notion de contrepartie du service rendu qui n'a rien à voir avec la nature du service en cause. On estimera donc que cette jurisprudence serait toujours valable après 1990.

commissaire du gouvernement Laroque[199] estime que "si la filière électronique va contribuer au développement d'industries qui ne seraient pas toutes nécessairement liées aux télécommunications, son évolution va contribuer très évidemment non seulement à l'amélioration mais à la transformation des relations en matière de télécommunications en général et du téléphone en particulier. Il faut donc admettre que le financement de la filière électronique n'est pas étranger à la nature du service rendu à l'usager du téléphone". Le Conseil d'Etat adopte ce raisonnement, puisqu'il est jugé que les dépenses liées à la filière électronique rentrent dans la couverture des dépenses de modernisation et de renouvellement des installations et trouvent leur contrepartie directe dans l'amélioration du service rendu[200]. A partir de la notion de contrepartie directe et exclusive, il semble qu'on soit arrivé à la simple exigence d'une dépense non étrangère au service rendu.

1225. Plus généralement, faut-il, dans ce cas, approuver la répercussion sur l'usager de certaines missions assignées aux exploitants dans l'intérêt général ? Une partie de la facture d'eau est consacrée au financement des Agences de l'eau et du Fonds national de développement des adductions d'eau et comporte une taxe destinée aux Voies navigables de France : la lutte contre la pollution semble donc financée au moins en partie par l'usager. Par ailleurs, EDF et GDF ont des obligations en matière d'aménagement du territoire et d'environnement.

1226. Le droit communautaire relatif à l'ouverture des réseaux à la concurrence est instructif dans ce domaine. En effet, la prohibition des subventions croisées entre les diverses activités des entreprises anciennement monopolistiques est une des conditions mêmes de la libre concurrence[201]. Tout au plus, on peut admettre dans le sens inverse que les activités concurrentielles subventionnent le service de base si l'équilibre économique de ce dernier était menacé[202]. La situation de l'arrêt François Poncet ne devrait normalement plus se reproduire. En revanche, les obligations des entreprises publiques en matière d'aménagement du territoire et d'environnement sont inégalement appréciées par les instances communautaires.

1227. L'article 86 (ancien article 90-2) du Traité de Rome prévoit que les entreprises chargées de services d'intérêt économique général peuvent échapper aux règles du traité sur la concurrence, dans la mesure où des restrictions à la concurrence sont nécessaires pour assurer l'accomplissement de la mission particulière qui leur a été impartie. Dans l'arrêt Commune d'Almelo[203], à propos d'une distribution locale d'énergie électrique, la Cour de justice des Communautés européennes a tenu compte des sujétions particulières en matière d'environnement auxquelles l'entreprise était soumise, afin de la soustraire aux

---

199 Concl. sur CE, 3 octobre 1986, *Juris PTT* n°7, janvier 1987, p.2.

200 CE, 3 octobre 1986, François Poncet, *D.* 1987, som., p.194 et note très critique de F. Llorens.

201 Voir par exemple la résolution du Conseil du 7 février 1994, sur les principes en matière de service universel dans le secteur des télécommunications, JOCE n° C 48/1 du 16 février 1994 ; la directive 96/19/CE de la Commission du 13 mars 1996, relative à la pleine concurrence sur le marché des télécommunications, JOCE, n°L. 74/13, du 22 mars 1996.

202 C'est la solution retenue par l'arrêt Paul Corbeau (CJCE, 19 mai 1993, Rec. p.I-2533).

203 CJCE, 7 avril 1994, CJEG, 1994, p.637.

règles de la concurrence. Dans une jurisprudence de 1997, Commission c/ France[204], la Cour adopte une position différente à propos d'EDF-GDF, puisque "pour que des obligations imposées à une entreprise chargée de la gestion de services d'intérêt économique général puissent être considérées comme relevant de la mission particulière qui lui a été impartie, il faut qu'elles présentent un lien avec l'objet du service en cause et qu'elles visent correctement à contribuer à la satisfaction de cet intérêt. Tel ne saurait être le cas d'obligations en matière d'environnement et d'aménagement du territoire imposées à des entreprises chargées de l'approvisionnement du pays en électricité et en gaz, à moins qu'il ne s'agisse d'obligations qui soient spécifiques à ces entreprises et à leurs activités". Si cette jurisprudence n'aborde absolument pas la question du prix payé par l'usager, elle démontre, indirectement, l'hostilité originaire de la Cour face aux missions d'intérêt général des entreprises publiques. Néanmoins, la directive du Parlement et du Conseil[205] concernant les règles communes pour le marché intérieur de l'électricité s'est empressée de placer, à côté des obligations traditionnelles de service public, certaines obligations en matière de protection de l'environnement. Les missions d'intérêt général des exploitants de services publics industriels et commerciaux finissent donc par être légitimées, aussi bien au niveau français qu'au niveau communautaire.

1228. Les usagers peuvent donc être astreints à payer un service qui ne leur bénéficie pas exclusivement, ni même directement. La couverture de ces dépenses pourrait être réalisée à l'aide d'une contribution de l'Etat. Néanmoins, on peut douter que les décideurs publics se précipitent sur une telle solution, qui serait sans aucun doute soumise à la réglementation restrictive des aides publiques. Ainsi, par une appréciation souple du caractère direct de la contrepartie, on réintègre des charges d'intérêt général supportées par les usagers. Paradoxalement, lors de l'appréciation du principe d'égalité, l'intérêt général de l'arrêt Denoyez et Chorques s'entendait strictement comme celui de la communauté des usagers[206], alors que, dans l'appréciation du prix du service, on peut réintégrer l'intérêt plus vaste de la Nation toute entière.

1229. On a vu quel était le versant qualitatif de la règle de la proportionnalité, quel est désormais son versant quantitatif ?

2°) Le montant des charges supportées par l'usager : le volet quantitatif de la proportionnalité.

1230. La question est de savoir si les charges supportées par l'usager dans leur montant doivent correspondre au coût exact du service ou si une marge d'imprécision est admissible. Ensuite, s'agit-il du coût du service rendu effectivement et personnellement à un usager ou bien la proportionnalité s'apprécie-t-elle, globalement, au regard d'une catégorie d'usagers dans son ensemble ?

---

[204] CJCE, 23 octobre 1997, Commission c/ France, *AJDA* 1997, p.991, note F. Hamon.

[205] Directive 96/92/CE du 19 décembre 1996, JOCE n° L 27/20 du 30 janvier 1997.

[206] Voir n°1134 et s.

1231. Le juge administratif sanctionne les écarts entre le montant de la somme payée par l'usager et le coût de revient de la prestation[207]. Ainsi, dans l'arrêt Commune de Piriac, de 1991[208], le Conseil d'Etat a jugé illicite le prix déterminé, non pas en fonction du coût du service, mais à partir du besoin de financement résiduel du service d'enlèvement des ordures ménagères de la commune, financé en majeure partie par une taxe. Le juge administratif semble d'ailleurs exiger de plus en plus souvent une "correspondance précise" entre le montant du prix et le coût de la prestation[209]. Ce mode de calcul, exclusivement fondé sur le *coût de revient* de la prestation, semble exclure la *valeur* de celle-ci. En effet, il n'est aucunement tenu compte de l'avantage qu'en tire l'usager pour sa propre exploitation[210] ou la somme que l'usager est prêt à payer pour user du service. Pourtant, la modulation temporelle des prix, sous ses aspects de tarification des pointes, implique un tel raisonnement. Là encore, on décèle certaines incohérences dans la détermination du prix entre la conception du principe d'égalité et les contraintes tarifaires, tantôt plus ou tantôt moins permissives. Dans l'appréciation de la règle de la proportionnalité, on raisonne plutôt en terme de coût moyen (charges générales / recettes globales), alors que concernant le principe d'égalité, c'est la tarification au coût marginal qui est prise en compte.

1232. Qualitativement, le prix du service pouvait inclure la rémunération du délégataire personne privée. Quantitativement, que faut-il entendre par la notion de "juste rémunération" ? Dans l'affaire du prix de l'eau à Saint-Etienne, où les charges de l'exploitant ont été vérifiées poste par poste, les honoraires reversés à la société-mère étaient admis, à condition que leur existence puisse être démontrée. On pourrait étendre cette conception en disant que la notion de "juste rémunération" n'implique pas que la rémunération soit "juste", mais qu'elle soit "motivée" ou "justifiée". Le niveau même de rémunération du délégataire ne semble pour le moment faire l'objet d'aucun contrôle au regard de la règle de la proportionnalité entre le prix payé et le service rendu.

1233. Le prix payé par l'usager peut inclure certaines provisions pour travaux, mais dans quelles proportions ? Un jugement du tribunal administratif de Lyon, de 1998, apporte une réponse à cette question : la circonstance que le montant des travaux de renouvellement réellement réalisés chaque année est inférieur au montant des provisions effectuées ne permet pas pour autant de conclure que les provisions ont un *caractère excessif* car la charge des travaux est étalée sur toute la durée du contrat d'affermage[211].

1234. Enfin, un usager pourrait-il se plaindre qu'il supporte personnellement une charge supérieure au coût de revient du service qui lui est individuellement fourni, alors que par ailleurs la règle de la proportionnalité est respectée au niveau global du service ? Il semble

---

207 Voir par exemple, à propos du service du "kiosque", CE, 22 janvier 1993, Meyet, *LPA* 12 juillet 1993, p.20, note M. Cliquennois.

208 CE, 19 juin 1991, Commune de Piriac sur Mer, *LPA* 25 septembre 1991, p.4, concl. Arrighi de Casanova.

209 Voir CE, 24 juin 1985, Commune de Marseillan, req. n°33855 ; CAA Marseille, 12 mars 1998, Commune de Montfort sur Argens, req. n°96MAO2203.

210 En ce sens, voir M. Lecerf et G. Blanc, "La gratuité des services publics à l'égard des usagers", *JCP* 1998, I, 1168.

211 TA Lyon, 17 novembre 1998, Association des consommateurs d'eau de l'ouest lyonnais, n°9402502.

qu'implicitement la réponse soit négative. En effet, à chaque fois qu'un recours était fondé sur la règle de la proportionnalité pour revendiquer un prix individuel, le Conseil d'Etat a systématiquement replacé le débat sur le terrain du principe d'égalité[212]. Le calcul du prix s'effectue au niveau de l'ensemble du service, mais la répartition des charges entre les usagers n'a de compte à rendre qu'au principe d'égalité. Cette tendance correspond d'ailleurs à la conception du principe d'égalité qui n'implique pas l'existence d'un droit à la différence. Admettre que le principe de proportionnalité peut s'interpréter au niveau individuel reviendrait à reconnaître à l'usager la possibilité de faire valoir sa différence au sein de la catégorie tarifaire à laquelle il appartient.

1235. Si, quantitativement, la règle de la proportionnalité répond à certaines exigences, celles-ci ne peuvent se concevoir en dehors du degré de contrôle opéré par le juge.

3°) Le contrôle exercé par le juge sur la fixation du prix.

1236. Aux deux aspects, qualitatif et quantitatif, de la règle de la proportionnalité entre le prix payé par l'usager et le coût du service rendu, devraient correspondre deux types de contrôle différents. En effet, le juge utilise le contrôle de l'erreur de droit pour vérifier que le prix facturé ne comporte pas la rémunération de charges qui ne correspondent à aucun avantage pour l'usager[213]. Ensuite, la relation existant entre le montant des charges et le coût du service ne donne lieu qu'à un contrôle minimum, limité à l'erreur manifeste d'appréciation.

1237. Il apparaît que si le montant et le coût du service rendu doivent demeurer proportionnels, ils ne sont pas forcément équivalents, ce qui impliquerait un certain degré de souplesse dans le contrôle du juge[214]. Ainsi, celui-ci sanctionne l'appréciation "manifestement erronée" ou "manifestement disproportionnée" du montant d'une redevance par rapport au coût du service[215]. Cependant, le jugement du tribunal administratif de Lyon, du 29 janvier 1997[216], dans l'affaire de Saint-Etienne, n'exclurait pas d'emblée la possibilité d'un contrôle normal. Le tribunal estime qu'il ne résulte pas que les provisions soient "excessives", alors qu'on aurait attendu "manifestement excessives". De même, dans un arrêt de 1990, M. Lafuente, le Conseil d'Etat[217] , à propos d'une redevance pour l'utilisation du câble, vérifie seulement que la redevance n'est pas "excessive par rapport au service rendu".

---

212 Voir par exemple, CE, 4 juin 1986, Association des propriétaires des terrains pour les loisirs en Oléron, *Rec.*, p.431.

213 Préc. Voir également, CE, 29 octobre 1997, Société Sucrerie Agricole Colleville, *DA* 1998, n°5.

214 Voir chron. Chauvaux et Girardot sous CE, 30 octobre 1996, Wajs et Monnier, *AJDA* 1996, p.979; Concl. Denis-Linton sur CE, Ass., 10 juillet 1996, Société Direct Mail, *CJEG* 1996, p.348 ; concl. Fouquet sur CE, 23 novembre 1992, Syndicat d'assainissement de la Haute-Vallée de l'Aure, *RFDA* 1994, p.176.

215 TA Bordeaux, 25 juin 1998, SLEE-Dumez req. n°9501351 ; Tl Bordeaux, 1er juillet 1994, Syndicat des copropriétaires de la résidence "Les jardins de Lacanau", req. n°3199193.

216 Req. n°9600753-9600777-9600779.

217 CE, 12 mars 1990, n°78 252.

1238. Si le juge devait adopter un contrôle plus poussé sur le montant des charges supportées par l'usager et si, finalement, on admettait que seul le service rendu exclusivement au bénéfice de l'usager pouvait donner lieu à la perception de redevances, il faudrait alors constater que la règle de la proportionnalité a évolué vers un principe d'équivalence. Cependant, même si cette évolution semble souhaitable, elle demeure de l'ordre de l'éventualité pour le moment. On se contentera donc de la règle de la proportionnalité, qui permet déjà un encadrement du prix payé par l'usager beaucoup plus étendu que ne le sera jamais celui payé par le client d'une société privée. Le droit privé applicable au contrat conclu par l'usager permet, lui aussi, la mise en oeuvre de la règle de la proportionnalité.

§ 2. L'exception d'inexécution comme sanction du non respect des contraintes pesant sur le prix du service.

1239. Normalement, le juge judiciaire ne devrait pas avoir à connaître de la validité du prix payé par l'usager. En effet, le prix est défini dans les cahiers des charges et règlements de service et la seule façon de le contester est d'exercer un recours contre ces actes administratifs, par voie d'action ou par voie d'exception. De plus, le prix n'est généralement pas prévu explicitement dans le contrat signé par l'usager, qui se contente de renvoyer aux règlements en vigueur. Cependant, il arrive, de temps en temps, au juge judiciaire d'apprécier indirectement et implicitement la légalité du tarif, en toute méconnaissance du principe de séparation des autorités administratives et judiciaires.

1240. Le tribunal d'instance de Saint-Palais, en 1996[218], avait à juger d'un litige opposant un exploitant à un usager récalcitrant, qui refusait d'acquitter une surtaxe communale. Normalement, le tribunal aurait dû se déclarer incompétent pour apprécier la légalité de l'acte administratif ayant institué la surtaxe, mais il contourne l'obstacle au motif que "sans avoir à surseoir à statuer en raison d'une question relevant de la compétence de la juridiction administrative, il convient de relever que la facturation comprend des postes qui ne correspondent pas à une prestation dont l'usager a personnellement bénéficié et dont une partie est à rétrocéder à la collectivité pouvant effectivement constituer un impôt déguisé". Dans le même ordre d'idée, le tribunal d'instance de Bordeaux, en 1994[219], a apprécié, au regard de la règle de la proportionnalité, la justification pour un usager particulier d'une prime fixe par unité d'habitation et d'une surtaxe communale. Si cette tendance à apprécier indirectement la légalité d'actes administratifs réglementaires a été on ne peut plus clairement sanctionnée

---

[218] TI de Saint Palais, 8 novembre 1996, SA Agur, req. n°19600067.

[219] TI Bordeaux, 1er juillet 1994, Syndicat des copropriétaires de la Résidence "Les Jardins de Lacanau", req. n°3199/93.

par la Cour de cassation en 1999[220], elle n'est pas dénuée d'intérêt. En effet, on se rend compte que le juge judiciaire s'était engagé sur une voie qui permettait d'apprécier la règle de la proportionnalité entre le prix payé et le service rendu. En revanche, ces jugements ne s'appuyaient sur aucune règle de droit privé susceptible de démontrer qu'en réalité ce n'était pas la légalité d'actes administratifs qui était appréciée.

1241. La technique adoptée par la Cour de cassation, dans l'arrêt SAUR c/ Bensetti, du 10 février 1998[221], est beaucoup plus astucieuse Une commune avait conclu avec la SAUR un contrat d'affermage pour l'assainissement et un contrat de concession ayant pour objet la construction d'une station d'épuration. Quelques années après, les parties renoncent à la construction de la station d'épuration, ce qui engendre une baisse immédiate des tarifs pour les usagers. L'un d'entre eux refuse de payer le tarif correspondant à la période antérieure, fondé sur la future construction de la station. Ce tarif élevé n'avait pas lieu d'être selon l'usager. Les juges de première instance déboutent la SAUR de sa demande de paiement des consommations. Saisie d'un pourvoi fondé sur le fait que les juges du fond auraient apprécié la légalité d'une clause réglementaire (tarif), la Cour de cassation le rejette au motif que "le tribunal d'instance, en retenant, sans se livrer à aucune appréciation de légalité, que le montant des redevances dues par les usagers tenait compte des charges assurées par la SAUR pour construire la station d'épuration, a jugé, à bon droit, que les usagers étaient fondés à invoquer l'inexécution d'une partie des obligations souscrites par la SAUR".

1242. Pour le moins laconique, cet arrêt est éclairé et justifié par B. Seiller[222] dans son commentaire : deux clauses des contrats liant la commune et la SAUR étaient en jeu, la clause tarifaire et celle qui prévoyait la construction de la station. Deux options étaient également offertes au juge judiciaire : l'une consistait à renvoyer à l'appréciation du juge administratif la légalité du tarif qui ne correspondait pas (ou plus) au service rendu aux usagers, l'autre consistait à utiliser la théorie de l'exception d'inexécution fondée sur la clause de construction de la station. En effet, le paiement de la redevance par l'usager trouverait sa cause dans l'exécution effective de la construction de la station. Ainsi, le juge relie la clause concernant la station à la redevance, sans passer par la clause tarifaire. Cet arrêt illustre la distinction qui existe entre l'invocabilité d'une clause réglementaire par l'usager à l'appui de sa réclamation et la contestation de la légalité d'une même clause. Pour admettre l'invocabilité de la clause relative à la construction de la station d'épuration, celle-ci est considérée implicitement comme une clause réglementaire, dans la mesure où, même si elle concerne, de prime abord, les relations entre la commune et son délégataire, elle régit également de très près l'organisation du service public.

1243. Ainsi, il suffit au juge judiciaire de fonder explicitement sa solution sur la règle de l'exception d'inexécution, et non sur une quelconque appréciation de légalité des tarifs, pour sanctionner une disproportion entre le prix payé et le service rendu. Cependant, la

---

220 Cass. Civ I, 16 février 1999, SA Agur, req. n° W 97-10.205.

221 Civ I, 10 février 1998, *D.* 1998, J, p.422, note B. Seiller, *JCP* du 2 décembre 1998, n°49, 2126, note J.-G. Mahinga.

222 Note préc.

CE, 16 mai 1941, Commune de Vizille, *Rec.*, p.93 ; CE, 16 janvier 1946, Ville de Limoges, *Rec.*, p.15.

solution retenue dans l'arrêt SAUR c/ Bensetti n'est pas généralisable dans tous les domaines. En effet, il faut qu'en cours d'exécution du contrat de délégation, un événement intervienne et prive l'usager de l'exécution des obligations de l'exploitant. Ainsi, le droit privé ne permettrait pas de sanctionner l'inclusion dans le prix du service de frais incombant à des missions d'intérêt général, à partir du moment où l'exploitant exécute correctement ses obligations en la matière.

1244. Cette jurisprudence n'est, en outre, pas exempte de critiques. En quoi l'exécution de la station d'épuration serait-elle une obligation à la charge de l'exploitant envers l'usager ? Sa seule obligation ne se limiterait-elle pas à épurer l'eau quelle que soit la technique choisie ? C'est là que l'on retrouve la dialectique statut / contrat dans toute sa complexité. On conçoit que certaines clauses réglementaires sont réellement intégrées dans la commune volonté des parties. A partir de là, comment admettre qu'elles sont applicables aux usagers, mais qu'ils ne puissent pas les invoquer à leur profit ? Quoi qu'il en soit, la solution la plus juridiquement correcte consistait à contester par voie de question préjudicielle la régularité du prix de la prestation. Celui-ci n'est pas irrégulier *ab initio*, puisqu'on a vu que la constitution de provisions était admise, mais il est devenu irrégulier à partir d'un changement de circonstances de fait (la décision de ne pas construire la station d'épuration). On ne reviendra pas sur les possibilités d'abroger ou non les clauses réglementaires, puisque ce n'est pas l'avenir qui intéresse les usagers mais plutôt le rétablissement de la situation avant la décision de ne pas exécuter les travaux. Il faudrait alors que les usagers demandent à l'autorité délégante de conclure avec l'exploitant une convention de résolution partielle du contrat de délégation, puis exercer un recours pour excès de pouvoir en cas de refus. Une simple demande à l'administration d'utiliser son pouvoir de modification unilatérale du contrat de délégation serait insuffisante, puisqu'elle se heurterait à l'impossibilité pour l'autorité délégante de modifier unilatéralement et rétroactivement la partie financière du contrat[223].

1245. Si la jurisprudence Bensetti devait néanmoins être maintenue, elle porterait en elle le germe d'une appréciation individualisée du prix du service. Rien n'empêcherait un usager de se placer sur le terrain de l'exception d'inexécution pour contester non pas le prix payé globalement par une catégorie d'usagers, mais le prix payé par lui individuellement. Cependant, une appréciation individuelle de telles règles serait-elle souhaitable ? En effet, la péréquation s'oppose à la prise en compte de la situation personnelle des usagers, l'équilibre budgétaire et la proportionnalité entre le service rendu et le prix payé ne se conçoivent que globalement. Néanmoins, cela dépend de l'étendue de la péréquation et plus généralement de la nature de la solidarité existant au sein du service public industriel et commercial.

---

[223]CE, 16 mai 1941, Commune de Vizille, *Rec.*, p.93 ; CE, 16 janvier 1946, Ville de Limoges, *Rec.*, p.15.

- *SECTION III* -
La nature de la solidarité existant au sein du service public industriel et commercial

1246. L'appréciation des discriminations est fondée sur la solidarité qui doit être mise en oeuvre au sein du service public industriel et commercial. Si le principe est certain, les modalités de mise en pratique sont moins évidentes. En effet, de quel type de solidarité s'agit-il ? Avant de répondre à cette question, un rapide rappel des discriminations admises et des discriminations exclues est nécessaire, puisqu'elles concourent à limiter la solidarité au sein de la seule catégorie des usagers (§1). Face à cette situation, les revendications d'une égalité *par* le service public, et non plus *dans* le service public, matérialisées par les exigences du service universel, n'obligent-elles pas à repenser le principe d'égalité ? (§2)

§ 1. Une solidarité limitée au cadre des usagers du service.

1247. A quelques exceptions près, les transferts de ressources s'effectuent exclusivement au sein de la communauté des usagers. Le contribuable est systématiquement exclu de ces transferts, à un triple point de vue. Du point de vue du principe d'égalité, la personnalité publique de l'usager ne justifie un traitement particulier que si elle n'implique pas de transfert de charges de l'usager vers le contribuable. La qualité de contribuable peut fonder une catégorie d'usagers, mais il faut retenir qu'en pratique une telle discrimination est difficile à mettre en oeuvre. L'intérêt général se conçoit comme celui de la communauté des usagers, à l'exclusion de celui du citoyen. Du point de vue comptable, la règle de l'équilibre budgétaire interdit que le contribuable local finance le service rendu aux usagers. Enfin, du point de vue de la règle de la proportionnalité entre le service rendu et le prix payé par l'usager, l'usager ne peut, en règle générale, financer que le service qui lui est rendu en tant qu'usager et non en tant que citoyen. La relation de service public est conçue dès l'origine dans une distinction entre l'usager et le contribuable. Le caractère marchand des prestations en cause exclut toute redistribution entre deux groupes distincts : les usagers et les contribuables. En revanche, le sentiment d'interdépendance joue en faveur d'une forte péréquation au sein du seul groupe des usagers.

1248. Seul le caractère éminemment flottant des contours de l'intérêt général peut justifier certaines entorses. Normalement, l'intérêt général s'entend comme l'intérêt immédiat du service, l'amélioration de la prestation de service, voire l'amélioration de la rentabilité du service, si elle se traduit par un retour des bénéfices à l'usager sous forme d'investissements en vue de l'amélioration de la qualité de la prestation. En aucun cas, il ne se conçoit comme les avantages que pourraient tirer les bénéficiaires indirects du service. En d'autres termes, la solidarité ne comprend pas la fonction instrumentale de l'entreprise publique dans l'économie nationale. Parfois, le coût des missions d'intérêt général des entreprises publiques (environnement, aménagement du territoire) peut être répercuté sur l'usager et la mission d'intérêt général de certains usagers personnes publiques peut justifier un traitement différent. Ainsi, tantôt la mission d'intérêt général se réduit à l'intérêt de la communauté des usagers, tantôt elle inclut l'intérêt de la population toute entière d'une collectivité publique ou de l'Etat, tantôt même elle est pervertie par l'intérêt public lui-même. Cette ambiguïté devrait être levée au plus vite, car elle est préjudiciable au bon fonctionnement du service. On propose que le choix s'oriente vers une conception restrictive de l'intérêt de la communauté des usagers, compte tenu de toutes les difficultés qu'une définition trop étendue de l'intérêt général aux allures de faux-semblant a pu engendrer dans la conception sociologique de la relation de service public[224].

1249. La situation sociale de l'usager n'est pas prise en compte sur le fondement de la différence de situation. *A priori*, l'intérêt général se comprend, en matière de services publics industriels et commerciaux, comme un facteur d'amélioration des prestations et non comme un instrument de redistribution des ressources. Peut-on justement l'étendre dans cette direction ?

1250. La jurisprudence, concernant les services publics administratifs et admettant une discrimination fondée sur les ressources, s'était prononcée "eu égard à l'intérêt général qui s'attache à ce que le (service) puisse être fréquenté par les (usagers) qui le souhaitent, sans distinction selon leurs possibilités financières"[225]. L'avis du Conseil d'Etat, de 1993, sur la modulation temporelle des tarifs SNCF[226], intègre, au sein des préoccupations d'intérêt général, l'accès des plus pauvres au service. Certaines discriminations peuvent avoir comme effet positif de diminuer les tarifs à certaines heures, ce qui facilite seulement l'accès des plus pauvres. En revanche, la discrimination ne peut avoir directement comme fondement les ressources des usagers. Cela reviendrait à assigner aux services industriels et commerciaux, au nom de l'intérêt général, un objet social et un objectif de redistribution des ressources.

1251. Jusqu'alors, l'accès des plus démunis au service ne passait pas par une modulation des tarifs mais par une aide extérieure provenant directement d'organismes sociaux. Ainsi, la question des usagers en situation de précarité passe plus par l'égalité d'accès au service que par l'égalité dans le fonctionnement du service. Cependant, le financement de ces aides provient pour partie des exploitants des services publics, et donc des usagers[227]. Cette pratique est-elle alors compatible avec la règle de la proportionnalité entre le service rendu et le prix payé par chaque usager ? On pourrait en douter, dans la mesure où la notion de service rendu s'entend par rapport à la prestation matérielle délivrée et non comme la réalisation de la solidarité au sein des usagers.

---

[224] Voir n°121 et s.

[225] Voir par exemple la formulation des arrêts du Conseil d'Etat, Section, 29 décembre 1997, Communes de Gennevilliers et Nanterre (2 espèces), *AJDA* 1998, p.168, chron. T.-X. Girardot et F. Raynaud.

[226] Avis de l'Assemblée générale du 24 juin 1993, *Grands Avis*, n°38.

[227] Voir n°1064.

1252. Ainsi, la péréquation sociale des tarifs n'est qu'à l'état embryonnaire pour le moment. La péréquation géographique des tarifs, à l'échelle du territoire de la collectivité organisatrice, est certainement celle qui est la plus répandue. Cependant, l'étendue du territoire concerné n'est pas sans influence sur la péréquation. Au sein d'une même commune, Narbonne, il a été admis que les habitants de Narbonne-Plage payent une redevance plus élevée que ceux de Narbonne-ville, compte tenu de la topographie des lieux et des pointes de consommation estivale. Il aurait été injuste de faire payer aux seuls résidents permanents de Narbonne, les frais afférents aux difficultés techniques de la desserte de Narbonne-Plage[228]. En revanche, il serait considéré comme inadmissible que les habitants du plateau du Larzac payent leur électricité ou leur téléphone plus cher que les usagers de la Défense par exemple, alors que la desserte du plateau du Larzac est beaucoup plus coûteuse. Il apparaîtrait que la répartition des charges à l'échelle nationale rend moins nécessaire les discriminations géographiques.

1253. Plus généralement, la péréquation économique des tarifs est admise et même encouragée. Elle se définit comme la répartition des coûts de revient des prestations sur l'ensemble des usagers. En effet, les charges fixes sont réparties entre les usagers quels que soient leurs niveaux de consommation. La règle de la proportionnalité s'entend au niveau du service tout entier et non pas à un niveau individuel. Tant que le service est facturé au coût moyen, la péréquation économique joue au sein de l'ensemble des usagers. On pourrait se demander si la tarification au coût marginal, comme les modulations temporelles, ne tend pas à limiter la péréquation économique au sein des catégories d'usagers.

1254. Le premier constat auquel on peut parvenir est que, pour des raisons historiques et juridiques, le contribuable est exclu du cercle de solidarité du service public industriel et commercial. Un certain flottement entourant la notion d'intérêt général n'empêche pas d'affirmer qu'en règle générale, il se définit comme celui de la communauté des usagers. Parfois sa conception permet d'élargir ce cercle et d'y inclure les intérêts du citoyen. Au sein du groupe des usagers, les péréquations géographique et économique sont assurées et la péréquation sociale est en passe de devenir une nouvelle priorité.

1255. On s'était demandé si les règles d'équilibre budgétaire et de proportionnalité n'étaient pas elles-mêmes prédéterminées par un principe plus général. Sans être expressément qualifiée de "principe", la conception de la solidarité au sein du service public industriel et commercial peut néanmoins servir de référence. C'est donc le principe de solidarité exclusivement interne au service public industriel et commercial qui commanderait les règles comptables d'équilibre budgétaire et de proportionnalité entre le coût de la prestation et le service rendu. Cependant, l'ouverture des réseaux à la concurrence et la notion de service universel d'origine communautaire ne viennent-ils pas bouleverser cet état de choses ?

---

[228] Voir n°1107.

§ 2. Le bouleversement opéré par la notion de service universel.

1256. La notion de service universel, qui peut se définir comme "le service de base offert à tous, dans l'ensemble de la communauté, à des conditions tarifaires abordables et avec un niveau de qualité standard"[229], contribue à exacerber une revendication déjà existante en droit français, celle de l'égalité par le service public (A), et à déplacer le curseur de la solidarité vers des préoccupations plus sociales (B).

A. La revendication de l'égalité par le service public.

1257. On a parlé d'une égalité *devant* le service public et d'une égalité *dans son fonctionnement.* Aujourd'hui, les revendications se tournent vers l'égalité *par* le service public. Cette conception de l'égalité exige une attitude active des décideurs publics, astreints à une obligation de rétablir l'égalité des chances[230], perçue comme un facteur de rétablissement de la cohésion sociale[231] au sein d'une société en crise. Cependant, à l'heure actuelle, si une mesure qui tend à rétablir l'égalité des chances est régulière[232], elle ne constitue pas pour autant une obligation à la charge de l'exploitant.

1258. Si tout le monde s'accorde sur l'objectif à poursuivre, des divergences de point de vue apparaissent quant aux moyens à mettre en oeuvre. Le rapport du Conseil d'Etat pour 1996 prône une forme équitable de l'égalité qui viserait à définir par la loi des objectifs de justice sociale[233]. Ainsi, l'équité viendrait corriger les imperfections de l'égalité. Mme Belloubet-Frier[234] préfère repenser le principe d'égalité lui-même. D'une part, on pourrait emprunter au droit communautaire sa conception de l'égalité, qui oblige l'administration à traiter différemment des situations différentes[235]. D'autre part, on pourrait confirmer la tendance déjà existante à l'admission des discriminations positives[236].

---

229 Livre vert de la Commission sur les services postaux de 1992. La notion était cependant apparue dans le Livre Vert du juin 1987 sur les télécommunications.

230 Sur ces distinctions, voir J. Rivero, "Rapport sur les notions d'égalité et de discrimination en droit public français", préc. ; M. Borgetto, article préc.; A.-S. Mescheriakoff, *Droit des services publics,* préc., p.148 et s. ; N. Belloubet-Frier, "Le principe d'égalité", *AJDA* 1998, n° spécial, *Les droits fondamentaux*, p.152 ; G. Pellissier, *Le contrôle des atteintes au principe d'égalité au nom de l'intérêt général par le juge de l'excès de pouvoir*, Th. Paris I, 1995, p.49 et s.

231 Voir les auteurs préc. dans la note précédente ; Conseil d'Etat, Rapport public pour 1996, *Sur le principe d'égalité*, préc., p.83 et s.

232 CE, 8 mai 1981, Union des organismes de groupement des collectivités du Massif Central, Région Auvergne, *CJEG* 1981, p.143, concl. Costa.

233 Voir le Rapport préc., p.85.

234 "Le principe d'égalité", article préc.

235 Voir la jurisprudence citée par le Rapport du Conseil d'Etat préc., p.37.

236 Les zones d'éducation prioritaires par exemple.

1259. On perçoit que le droit communautaire est tourné d'emblée vers une égalité des chances, puisqu'il obligerait l'exploitant à traiter différemment des usagers dans des situations différentes. La position des institutions de l'Union européenne abonde également dans ce sens.

B. La prise en compte des situations sociales.

1260. Le service universel exige non seulement un tarif uniforme, mais aussi un tarif "abordable" ou "raisonnable". Le curseur de la péréquation est alors déplacé vers des considérations plus sociales. Cependant, cette exigence est également accompagnée d'autres obligations en matière de structure tarifaire, telles le décroisement des subventions entre le service universel et les autres activités, qui devrait conduire au rééquilibrage des tarifs et des coûts. Si l'on rajoute les obligations en matière d'aménagement du territoire, il devient évident que le service universel ne peut être assuré qu'à perte, ce dont prennent acte les directives. En conséquence, des fonds de service universel sont immédiatement créés, afin d'assurer l'offre de tarifs spécifiques à certaines catégories d'usagers en vue de leur assurer l'accessibilité au service, l'aménagement du territoire et la péréquation géographique[237].

1261. La notion de service d'intérêt économique général de l'article 86 (ancien article 90-2) du Traité de Rome, telle qu'interprétée par la Cour de justice des Communautés européennes, implique uniquement que l'exploitant fournisse un service sur l'ensemble du territoire à des tarifs uniformes[238]. Cette exigence se traduit par une péréquation géographique des tarifs, reconduite dans les directives relatives à l'ouverture des réseaux à la concurrence[239].

1262. Si ce système est économiquement viable, il n'est pas logique. En effet, ce sont les opérateurs sur le marché qui financent les fonds de péréquation, donc les clients de ces opérateurs. Le résultat ne va-t-il pas contribuer à réinstaurer une subvention croisée entre les services à valeur ajoutée et le service universel, alors que précisément on cherche à l'éviter ? Assurément si, mais dans le respect de la transparence. Si cette péréquation sociale au sein même du service universel est acceptable sur le plan des principes, elle ne l'est pas au regard des règles françaises de détermination du prix. Si le droit communautaire fixe uniquement une limite inférieure destinée à éviter les déséquilibres

---

[237] Voir notamment les directives relatives aux télécommunications et à l'électricité, ainsi que leurs lois respectives de transposition, Loi n°96-659 du 26 juillet 1996 (article 8), JO du 27 juillet, et la loi sur l'électricité du 10 février 2000 (JO 11 février). G. Moine, "Le service universel : contenu, financement, opérateurs", *AJDA* 1997, p.246.

[238] Voir les arrêts Corbeau, CJCE, 19 mai 1993, Rec. p.I-2533 et Commune d'Almelo, CJCE, 7 avril 1994, *CJEG* 1994, p.637.

[239] Pour les télécommunications, directive 96/19/CE du 13 mars 1996, JOCE n° L. 74/13 du 23 mars 1996 ; pour l'électricité, directive 96/92/CE 19 décembre 1996, JOCE n°L. 27/20 du 30 janvier 1997 ; pour la poste, directive n°97/67/ CE du 15 décembre 1997, JOCE, L n°15 du 21 janvier 1998 ; pour le gaz, directive n°98/30 du 22 juin 1998, JOCE n°L. 204 du 21 juillet 1998.

des tarifs, le droit français fixe une limite supérieure, puisque le prix ne doit pas dépasser la contrepartie du service rendu. Il faudrait alors inclure en droit français, dans la notion de service rendu, l'obligation d'intérêt général de lutte contre la précarité.

1263. Enfin, comment définir un tarif "abordable" ou "raisonnable" ? Compte tenu du faisceau de contraintes pesant sur le prix du service, auquel il faut ajouter les exigences communautaires, le prix abordable ne peut être que le coût de revient de la prestation géographiquement péréqué. On peut ensuite se demander s'il s'agirait d'une disposition invocable par l'usager. En effet, n'est-ce pas une disposition trop générale, trop imprécise, à valeur de pétition de principe, tels le "droit au bonheur" ou à la "santé" ?

1264. Pour revenir à la question de départ, qui visait à déterminer la nature de la solidarité animant le service public industriel et commercial, il faut s'interroger sur trois points : le cadre de la solidarité, les impératifs qu'elle poursuit et enfin les méthodes choisies. Le cadre de la solidarité est strictement limité par la notion d'usager du service. On a vu qu'étaient systématiquement exclus les bénéficiaires indirects et les contribuables.

1265. Quant aux impératifs assignés à cette solidarité, on peut dire qu'ils évoluent au cours du temps. Aujourd'hui, les exploitants de services publics ont principalement une mission d'aménagement du territoire et de prise en charge des usagers les plus démunis. En revanche, les politiques de décroisement des coûts tendent à supprimer la solidarité entre les types de consommation : on ne conçoit plus que les petits consommateurs payent pour les gros. La notion de service universel tend également à restreindre la solidarité au sein d'un noyau dur de prestations, à l'exclusion des services à valeur ajoutée, qui ne doivent plus, en principe du moins, combler directement les déficits du service universel, puisque des fonds ont été créés.

1266. Quant aux méthodes utilisées, le droit communautaire a eu pour effet d'extérioriser le financement de la solidarité. Les besoins financiers de l'opérateur du service universel face à la fourniture des endroits les plus reculés du territoire donnent lieu à l'établissement de fonds de péréquation, auxquels participent l'ensemble des opérateurs sur le marché. L'aide aux plus démunis passe également par des fonds alimentés par les opérateurs, donc par les usagers, et non par une diminution de tarif en faveur des usagers en situation sociale difficile. Ces fonds sont également alimentés, en partie, par les collectivités publiques elles-mêmes. L'extériorisation du financement des impératifs de solidarité permet ainsi de s'affranchir des difficultés que posent les règles de l'équilibre budgétaire et du principe de proportionnalité entre le prix payé et le service rendu. Toutefois, peut-on considérer que la part du prix payé par l'usager servant à l'alimentation de ces fonds correspond réellement au service rendu ? De plus, que faire si le prix payé malgré la mise en oeuvre de ces solidarités est jugé non raisonnable ? Il faudra alors faire intervenir le contribuable, ce qui jusqu'alors n'est pas autorisé.

CONCLUSION DU CHAPITRE II

1267. L'évolution du principe d'égalité est d'autant plus pernicieuse qu'elle n'est pas réellement visible. Le flou qui entoure la notion d'intérêt général y est pour beaucoup. Tantôt il dévie dangereusement vers l'intérêt financier ; tantôt il dévie vers la prise en compte de missions qui n'ont plus rien à voir avec le service public lui-même. En revanche, lorsque des décideurs publics souhaitent gérer une collectivité comme une entreprise et accordent des tarifs de faveur à de gros industriels dans l'espérance de retombées pécuniaires importantes sous forme de taxe professionnelle, l'intérêt général n'est plus au rendez-vous.

1268. Les règles budgétaires et comptables visaient avant tout à réduire les déficits à une époque où il était nécessaire de combattre l'idée que le déficit allait de pair avec la mission de service public. Aujourd'hui, elles constituent un obstacle à la bonne marche du service. On trouve assez de points communs entre l'usager d'un service public géré au niveau national et le contribuable de l'Etat pour lui faire supporter des charges de lutte contre la pollution ou d'aménagement du territoire, mais il n'y a pas assez de points communs entre le contribuable local et l'usager d'un service organisé par une commune pour admettre qu'une commune peut être gérée comme une entreprise. La taxe professionnelle payée par des industriels, à qui on accorderait un tarif de faveur pour une multitude de services, pourrait en partie servir à financer les fonds d'aide aux usagers en situation de précarité, afin qu'ils puissent accéder au service. L'efficacité économique n'est pas toujours exclusive de l'efficacité sociale.

1269. La conception du principe d'égalité varie sensiblement selon que l'on est en présence d'un service public administratif ou d'un service public industriel et commercial. Le juge administratif tente de ne pas faire oublier au service public administratif qu'il a une vocation sociale intrinsèque. Il tente de rappeler au service public industriel et commercial qu'il doit assurer une mission de service public. Les deux types de services publics ont donc chacun évolué vers leurs limites externes et n'ont pas cherché à se rapprocher. L'unité fondamentale du service public est-elle cependant remise en cause par l'évolution du principe d'égalité ? On peut en douter car, d'une part, si l'unité fondamentale du service public est remise en cause, c'est avant tout par la distinction service public administratif / service public industriel et commercial. D'autre part, la relation de service public demeure un noyau dur : les deux types de services se déplacent au fil du temps sur l'axe préoccupations sociales / préoccupations commerciales, mais l'un comme l'autre connaissent les deux types de préoccupations.

1270. L'ouverture des réseaux à la concurrence devrait plutôt pousser davantage le service public industriel et commercial vers ses aspirations économiques et la recherche du profit. Paradoxalement, il n'en est rien. L'impératif de solidarité sociale est réintroduit et on peut se demander si, grâce au droit communautaire où grâce à l'influence française sur l'assouplissement des positions des institutions communautaires, l'unité fondamentale du service public ne sera pas restaurée à travers des préoccupations sociales. Cependant, le système de fonds de service universel mis en place manque encore de transparence, car la part, payée par chaque usager ou client, destinée à ce fonds n'apparaît pas clairement sur la facture.

1271. Enfin, le droit privé applicable au contrat, à travers les vices du consentement ou la théorie de l'exception d'inexécution, peut constituer un embryon de droit à la différence, ce qui constitue l'une des aspirations majeures des usagers. Cependant, il serait plus simple que le juge administratif reconnaisse lui-même un tel droit, ce qui permettrait d'équilibrer les forces au sein de la relation usager / exploitant. Le droit privé ne complète pas consciemment le principe d'égalité, comme il avait pris en charge l'accès au service public. La correspondance évidente entre certains arrêts de la Cour de cassation et le principe d'égalité, ou les règles propres à la détermination du prix, est due plus au hasard qu'à la nécessité d'assurer une appréciation subjective et individuelle des droits des usagers.

CONCLUSION DU TITRE I

1272. Entre hasard et nécessité, le droit privé applicable au contrat conclu par l'usager, au gré de solutions parfois insolites, ne parvient pas toujours à combler les lacunes des lois du service. En réalité, la dialectique du contrat et des lois du service ne produit de résultats satisfaisants que lorsque le juge judiciaire accepte d'admettre la loi du service comme fondement de son propre raisonnement, tout en cherchant à rééquilibrer le rapport de force usager / exploitant. Dans le cas contraire, les solutions préconisées par la Cour de cassation sont décevantes, parce qu'elles ne vont pas jusqu'au bout de ce qu'on attend d'elles. Il faudrait pouvoir distinguer entre les lois dont le contenu même est à modifier et les lois, dont le contenu est acceptable, mais la mise en oeuvre trop autoritaire, ce qui est le cas de la mutabilité et de l'égalité.

1273. C'est pourquoi on en revient à l'idée de départ : les instruments relatifs au contrat de droit privé sont bénéfiques pour l'usager, mais leur influence devra nécessairement s'accompagner d'une amélioration des lois du service elles-mêmes. Le principe de mutabilité doit signifier, pour l'usager, un droit à réclamer l'adaptation du service aux nouveaux éléments de fait et de droit, aux progrès techniques. Le principe d'égalité doit s'interpréter comme donnant droit à la différence.

1274. Cette réforme se fait d'autant plus ressentir à propos de lois du service qui ne présentent pas seulement certaines imperfections, mais qui révèlent de réels dysfonctionnements dans leur principe même.

- TITRE II -
Le droit privé applicable au contrat : un palliatif des dysfonctionnements des lois du service

1275. Le droit privé applicable au contrat était jusqu'à présent en retrait par rapport aux lois du service public dont l'usager tirait principalement ses droits. Le droit privé n'intervenait que comme relais ou comme complément. Ici, la tendance est inversée : l'usager tire principalement ses droits de son contrat, non plus grâce aux lois du service public qui servent de fondement, mais malgré leur aspect défavorable à l'usager. L'action du droit privé est facilitée par la répartition des compétences juridictionnelles car dans ce domaine, c'est principalement le droit privé de la responsabilité qui va entrer en jeu. En matière de responsabilité contractuelle, les lois du service donnent lieu à des obligations entièrement individualisées au sein du contrat. C'est pourquoi le juge judiciaire fait totalement abstraction de l'aspect réglementaire du statut de l'usager, tant du point de vue de la légalité des clauses concernant la responsabilité, que du point de vue de leur interprétation.

1276. L'intervention du droit privé est facilitée par les réels dysfonctionnements des lois du service public. Ces derniers sont dus à deux phénomènes. En premier lieu, les lois du service public sont sujettes à de nombreuses lacunes et imperfections. D'une part, le principe de continuité est largement battu en brèche par le droit de grève, qui a la même valeur juridique, car la conciliation opérée entre ces deux principes s'effectue souvent en défaveur du premier. D'autre part, certains aspects des lois du service public sont demeurés lettre morte. Le juge administratif n'avait pas exploré toutes les potentialités de la notion d'accès normal au service. Plus généralement, on pourrait imaginer l'existence d'un droit au fonctionnement normal du service, qui se révélerait dans son principe à travers les lois d'adaptation constante et de continuité du service, mais qui ne fait l'objet d'aucune matérialisation concrète. C'est le juge judiciaire, qui, au gré de la conciliation entre le droit privé applicable au contrat et les spécificités du service public, va élaborer les fondements et les limites du droit au fonctionnement normal du service.

1277. En second lieu, l'analyse des lois du service public fait apparaître qu'elles sont insuffisamment protectrices des droits des usagers, soit parce qu'elles ont été détournées de leur objectif principal par l'exploitant, soit parce que, dès l'origine, elles sont conçues en faveur d'un autre acteur que l'usager. Les revendications s'orientent donc vers une meilleure protection des droits des usagers, que ceux-ci voudraient trouver dans le droit de la consommation. Chimère ou réalité, il n'en demeure pas moins que ce droit, protecteur du plus faible, semble constituer un palliatif efficace dans un domaine où un intérêt général aux allures d'alibi prédomine trop souvent.

1278. Le droit privé agit indépendamment des lois du service, qui ne lui servent pas de fondement. Il ne se contente plus d'être un simple relais, il devient une véritable alternative à l'absence de droits que l'usager peut tirer des lois du service. Auparavant, le droit privé permettait à l'usager de rééquilibrer les lois d'adaptation constante et d'égalité à son profit. Ici, on peut se demander si le juge judiciaire ne va pas entièrement fonder de nouvelles lois du service, ou satisfaire des revendications restées lettre morte jusqu'à présent. Le juge judiciaire matérialise certaines lois du service public jusqu'alors embryonnaires, comme la transparence, l'information et la concertation, et les teinte d'une forte coloration privatiste. La question que se pose sans cesse le juge judiciaire est celle de savoir s'il qualifie les obligations contenues dans le contrat, et procédant des actes réglementaires d'organisation du service, d'obligations de moyens ou de résultat. Par ailleurs, à côté des obligations écrites dans les documents remis à l'abonné, le juge judiciaire procède à des opérations de forçage du contrat pour y inclure de nouvelles obligations, comme celle de sécurité, d'information ou de qualité. On peut légitimement se demander alors si l'action du juge judiciaire ne contribue pas à créer un principe d'efficacité au sein du service public industriel et commercial, dont il faudra déterminer les contours jusqu'alors extrêmement flous.

1279. Deux domaines illustrent particulièrement ces tendances du régime applicable à l'usager du service industriel et commercial. Il s'agit du droit au fonctionnement continu (Chapitre I) et normal (Chapitre II) du service public.

- CHAPITRE I -
LE DROIT AU FONCTIONNEMENT CONTINU DU SERVICE

1280. On retiendra une conception stricte du principe de continuité : c'est l'obligation, à la charge de l'exploitant, de faire fonctionner le service de manière ininterrompue dans le temps.

1281. Le principe de continuité est la troisième loi du service public dégagée par L. Rolland : les entreprises publiques "ont toutes une si grande importance pour le public, qu'elles doivent fonctionner sans heurts, sans à-coups, sans arrêts. Tous les services publics sont des entreprises régulières et continues. C'est ce qu'on exprime en parlant de continuité des services publics."[1] Le principe de continuité a, à la fois, la valeur d'un principe général du droit[2] et celle d'un principe à valeur constitutionnelle[3]. Son fondement est double, puisque les arrêts du début du siècle consacrant la continuité des services publics font référence avant tout à la nécessaire continuité de l'action des pouvoirs publics. C'est la continuité de l'Etat, avant la satisfaction des besoins des usagers, qui est mise en avant par les commissaires du gouvernement[4]. Puis, dans un second temps, l'intérêt public cède le pas à l'intérêt du public et c'est la satisfaction des besoins des usagers qui est recherchée[5].

1282. Le fondement même du principe de continuité explique probablement pourquoi l'usager tire si peu de droits de ce principe, qui est avant tout conçu dans l'intérêt des seules institutions publiques. Il ne s'agit pas d'un principe qui est créé dans l'intérêt des usagers et qui, seulement dans un second temps, connaît des phénomènes de détournement. Il s'agit d'une loi qui n'est pas *a priori* faite pour la satisfaction des besoins

---

1 *Précis de droit administratif*, 7ème édition, préc., p.17.

2 CE, Ass., 7 juillet 1950, Dehaene, *Rec.*, p.426, *S.* 1950, III, p.109, note J.D.V., *D.* 1950, p.538, note A. Gervais, *RDP* 1950, p.691, concl. Gazier, note M. Waline, *JCP* 1950, II, 5681, concl. Gazier, *RA* 1950, p.366, concl. Gazier, note Liet-Veaux, *Droit social* 1950, p.317, concl. Gazier. Voir également des arrêts plus anciens, CE, 28 juin 1918, Heyriès, *Rec.*, p.651, *S.* 1922, III, p.49, note M. Hauriou ; CE, 7 août 1909, Winkel, Rec., p.826 et 1296, concl. Tardieu, *S.* 1909, III, p.145, concl. Tardieu, note M. Hauriou, *D.* 1911, III, p.17, concl. Tardieu, *RDP* 1909, p.494, note G. Jèze ; CE, Section, 22 octobre 1937, Dlle Minaire, *Rec.*, p.843, concl. Lagrange, *D.* 1938, III, p.49, note Ch. Eisenmann, *RDP* 1938, p.121, note G. Jèze ; ou une confirmation plus récente, CE, 13 juin 1980, Dame Bonjean, *Rec.*, p.274.

3 CC, 25 juillet 1979, DC n°79-105, Droit de grève à la Radio-télévision, *Rec.*, p.33, *AJDA* 1980, p.191, note A. Legrand, *D.* 1980, p.101, note M. Paillet, *Dr. Soc.* 1980, p.7, note C. Leymarie, *JCP* 1981, II, 19547, note J.-C. Béguin, *RDP* 1979, p.1705, note L. Favoreu.

4 Voir concl. Tardieu sur Winkel, préc., et Gazier sur Dehaene, préc. J. Guglielmi, *Introduction au droit des services publics*, préc., p.45 ; J.-P. Gilli, "Le principe de continuité", in *La continuité des services publics*, PUF, 1973, p.7.

5 Voir J.-F. Lachaume, *Grands services publics*, préc., p.226 et s. ; A. Dupie, "Le principe de continuité des services publics", in *Sur les services publics*, Etudes coordonnées par M.-J. Guédon, Economica, 1982, p. 39.

du public. A côté de ce premier inconvénient, la loi de continuité doit subir une conciliation avec le droit de grève, qui lui aussi est un principe à valeur constitutionnelle[6]. “La grève des agents des services pose le plus redoutable défi à la continuité des services publics pour des raisons de fait et de droit”[7]. Il faut ajouter qu'en matière de services publics industriels et commerciaux, les exploitants se sont abstenus de réglementer le droit de grève et d'instaurer un système de service minimum, comme l'arrêt Dehaene[8] les y autorisait.

1283. Nombreux sont alors les usagers qui réclament des dommages et intérêts sur le fondement de la rupture de la fourniture continue du service auprès du juge judiciaire. Celui-ci doit alors procéder à deux opérations successives. La première consiste à déterminer la nature des obligations -de moyens ou de résultat- à la charge des parties au contrat (Section I). La seconde vise à surmonter les obstacles posés par les causes d'exonération ou de limitation de responsabilité invoquées par les exploitants (Section II).

---

6 Décision CC, 25 juillet 1979, DC n°79-105, Droit de grève à la radio-télévision, préc.

7 A.-S. Mescheriakoff, *Droit des services publics*, préc., p.178.

8 Préc.

- *SECTION I* -
La qualification des obligations des parties au contrat

1284. On distingue deux types d'obligations. L'une est l'obligation principale qui consiste, *stricto sensu,* à fournir effectivement la prestation qui fait l'objet du contrat (§1). Les autres se regroupent au sein de ce qu'on pourrait appeler des obligations annexes (ou accessoires) de comportement, résultat d'une opération de forçage du contrat par le juge judiciaire (§2).

§ 1. La fourniture de la prestation de service *stricto sensu.*

1285. La question qui se pose au juge est de savoir si, aux termes des contrats, la fourniture de la prestation constitue une obligation de moyens ou une obligation de résultat, sachant que l'enjeu est de taille pour l'usager. Dans le premier cas, il suffit qu'il démontre que la prestation n'a pas été fournie pour obtenir réparation, alors que dans le second, il doit rapporter la preuve qu'une faute a été commise par l'exploitant, qui n'aurait pas mis tous les moyens en oeuvre pour fournir la prestation.

1286. Les critères commandant la distinction entre obligation de moyens et obligation de résultat sont malheureusement très incertains (A). La jurisprudence est hésitante (B) : dans la plupart des cas, il a été jugé que l'obligation de fournir la prestation était une obligation de résultat, mais quelques décisions ont penché en faveur d'une obligation de moyens.

A. Les critères commandant le choix entre une obligation de moyens et une obligation de résultat.

1287. On rappellera brièvement quels sont les critères avancés généralement en droit privé (1°), avant de les appliquer au domaine des services publics industriels et commerciaux (2°).

1°) Les critères généralement avancés en droit commun des obligations.

1288. La distinction obligation de moyens / obligation de résultat est introduite, en droit français, par Demogue[9]. M. Mazeaud[10] la formule différemment, puisqu'il oppose les obligations déterminées aux obligations générales de prudence et de diligence.

1289. La doctrine a proposé plusieurs critères de distinction[11]. Le premier groupe de critères est relatif à la situation des parties. Il faudrait prendre en compte la profession du débiteur[12] ou la confiance accordée par le créancier au débiteur. La nature des droits du créancier entrerait également en ligne de compte, dans la mesure où il existe des droits essentiels comme l'intégrité du corps, dont la protection doit être maximale[13]. Ces propositions n'ont eu que peu de rayonnement et il semble que la doctrine se soit orientée rapidement vers des considérations tirées du contenu de l'obligation. La présence d'un aléa dans l'exécution de la prestation est un critère déterminant en faveur de l'obligation de moyens[14]. Mais l'inévitable présence d'aléas dans tout contrat ne doit pas empêcher non plus la qualification d'obligation de résultat. Le "résultat envisagé doit être normalement atteint par la mise en oeuvre des techniques dont dispose le débiteur (ou dont il devrait normalement disposer) et qu'il maîtrise (ou devrait maîtriser)"[15]. Le rôle actif ou passif du créancier entre également en compte, puisque la "participation active du cocontractant (est) susceptible de créer un aléa"[16]. Enfin, l'attente légitime du créancier va aussi jouer un rôle, dans la mesure où le juge peut se demander s'il a entendu supporter certains risques ou, au contraire, si sa situation de consommateur dépendant d'un fournisseur professionnel qualifié n'implique pas que les risques demeurent à la charge du

---

9 *Traité des obligations,* Tome V, 1928, n°1237.

10 H. Mazeaud, "Essai d'une classification des obligations", *RTDC* 1936, p. 1 et s.

11 On se référera au résumé et à la critique des critères contenus dans l'ouvrage de J. Ghestin, *Traité de droit civil. Les conditions de la responsabilité*, LGDJ, 2nde édition, 1998, par G. Viney et P. Jourdain, p.460 et s. Voir également *Obligations. Théorie générale*, par F. Chabas, préc., n°21 et s ; A. Plancqueel, "Obligations de moyens, obligations de résultat (Essai de classification des obligations contractuelles en fonction de la charge de la preuve en cas d'inexécution)", *RTDC* 1972, p.334.

12 Critère proposé par Demogue, préc.

13 B. Starck, *La responsabilité civile dans sa double fonction de garantie et de peine privée*, Th. Paris, 1947.

14 A. Tunc, "La distinction des obligations de résultat et des obligations de diligence", *JCP* 1945, I, 449 ; H. Mazeaud, "Essai de classification des obligations : obligations contractuelles et extracontractuelles, obligations déterminées et obligations générales de prudence et de diligence", préc.

15 *Les conditions de la responsabilité*, par G. Viney et P. Jourdain, préc., p. 460 et s.

16 J. Mazeaud, note sous Cass. civ. I, 8 octobre 1968, *D.* 1969, p.157.

débiteur. Ces considérations se prêtent à la critique doctrinale, puisque la volonté des parties est livrée à "l'interprétation divinatoire" du juge, qui subjectivise l'aléa : il s'agit de savoir si, dans l'esprit du créancier, il existait des risques qu'il a acceptés de prévoir[17]. Néanmoins, le critère de la volonté du créancier peut être "objectivé" et tempéré par une interprétation "légitimante", où des considérations d'équité ne seraient pas absentes[18].

1290. La position des tribunaux révèle une grande diversité dans le choix du critère[19] . Ils se réfèrent tantôt à la volonté des parties, tantôt à l'examen de l'objet de l'obligation. Ainsi, les contrats de vente ou de fourniture de produits contiendraient plutôt des obligations de résultat quant à la délivrance de l'objet de la prestation[20]. Des considérations d'équité entrent également en ligne de compte. Les circonstances en faveur d'une obligation de résultat sont de plusieurs ordres : l'absence d'aléa, le rôle passif du créancier, sa situation d'infériorité dans le cadre du contrat d'adhésion, la situation de professionnel qualifié du débiteur, ou la confiance que la consommateur peut légitimement accorder au professionnel même lorsque le consommateur joue un rôle actif dans l'exécution du contrat. Dans le domaine des services, lorsqu'une chose est en cause, la jurisprudence semble se diriger vers la qualification d'obligation de résultat[21].

1291. La distinction entre les obligations de moyens et les obligations de résultat, fortement affectée de considérations empiriques, est rendue par la même occasion vulnérable face à la critique[22]. Cela est encore plus flagrant lorsqu'on tente de l'appliquer à des domaines particuliers, comme celui de l'usager du service public industriel et commercial.

2°) Le cas particulier du service public industriel et commercial.

1292. Le flou s'intensifie compte tenu des spécificités mêmes du service public. En effet, on peut décider de voir, ou au contraire d'occulter, la présence d'aléas techniques dans des domaines tels que la fourniture d'électricité ou d'eau potable. Ces aléas existent sans aucun doute, mais l'avancée technologique des exploitants ne les réduit-elle pas au minimum ? Où se situe le seuil passé lequel les aléas sont trop importants et que l'obligation de fournir devienne nécessairement une obligation de moyens ?

1293. Ainsi, deux considérations justifient le choix d'une obligation de résultat pour M. Gridel[23], qui prend l'exemple de l'électricité. La première est tirée du rôle joué par la distribution d'énergie dans les activités professionnelles et domestiques des Français. Ce

---

[17] D. Mazeaud, "Le régime de l'obligation de sécurité", *Gaz. Pal.* n° spécial, 23 septembre 1997.

[18] P. Jourdain, "L'obligation de sécurité", *Gaz. Pal.* 1993, 2, doctr., p. 1171.

[19] Voir *Les conditions de la responsabilité*, par G. Viney et P. Jourdain, préc., n° 544 et s.

[20] Civ I, 4 janvier 1995, *Bull.* n° 10.

[21] Voir *Les conditions de la responsabilité*, par G. Viney et P. Jourdain, préc., n° 555.

[22] Voir par exemple dans le domaine du service public industriel et commercial, O. Sachs, note sous CA Douai, 17 mars 1989, Pouget c/ EDF, *JCP* 1989, II, 21386.

[23] Note sous TGI Angers, 11 mars 1986, *JCP* 1978, II, 20789.

rôle est tellement primordial qu'il serait impensable de subordonner la responsabilité d'EDF à la démonstration d'une faute à son encontre. Qui plus est, la modernisation a définitivement chassé l'aléa de la psychologie des utilisateurs. La seconde justification concerne la nationalisation d'EDF, qui répond au devoir de prise en charge d'un besoin essentiel du pays dans des conditions plus efficaces et plus satisfaisantes que ne le feraient les entreprises privées. La situation de "super" professionnel de l'exploitant commanderait qu'il soit astreint à une obligation de résultat dans sa fourniture. Ce raisonnement, établi à partir du cas particulier de la distribution d'énergie, peut évidemment être étendu à tout service public industriel et commercial, même non nationalisé. Il semble que la nécessité d'une organisation et d'un pouvoir de contrôle conféré à une collectivité publique réponde, dans ce cas précis, aux mêmes objectifs qu'une nationalisation. La présence même d'un service public suffirait ainsi à démontrer l'existence d'une obligation de résultat.

1294. On peut objecter point par point à l'argumentation de M. Gridel. M. Sachs[24] opte pour une obligation de moyens, car l'importance de la distribution de certains services publics ne suffit pas à bannir de l'inconscient collectif la présence d'aléas. Il serait normal, de ce fait, que les conséquences des risques d'éventuelles coupures soient supportées en partie par l'usager. Par ailleurs, monopole ne signifie pas perfection, au contraire, puisque selon M. Sablière[25], le monopole fait peser sur les exploitants une obligation de contracter, malgré la présence d'aléas. En contrepartie, ils ne seraient astreints qu'à une obligation de moyens.

1295. On optera cependant pour une obligation de résultat. Le premier argument est un argument de pure opportunité, dans un domaine où l'équité et la politique jurisprudentielle semblent prédominer : il faut faciliter l'indemnisation de l'usager et il n'y a aucune raison d'intérêt général qui milite en faveur de l'instauration d'un déséquilibre de forces en faveur de l'exploitant. Faire peser sur l'usager la charge de la preuve équivaudrait à dresser devant lui un obstacle insurmontable, car il aurait certainement des difficultés à accéder aux données techniques lui permettant d'apporter la preuve d'une carence de l'exploitant. Le second argument est plus juridique : la principale cause d'exonération invoquée par l'exploitant est la force majeure. Il suffirait donc dans la rédaction des contrats d'assimiler certains aléas techniques à des cas de force majeure. Cela permettrait, en outre, de mieux cerner l'évolution du seuil d'acceptabilité pour l'usager des imperfections dans la qualité de la fourniture. Le résultat serait sans doute le même, mais au moins l'usager saurait à quoi s'en tenir. Il pourrait en outre agir contre ces clauses en amont par la voie des recours qui lui sont offerts. Admettre l'existence d'une obligation de résultat à la charge de l'exploitant n'empêche pas de définir, à côté de celle-ci, des obligations annexes de diligence à la charge de l'usager, qui pourraient faciliter la tâche de l'exploitant. La situation de l'usager est celle d'un créancier en situation d'infériorité par rapport à l'exploitant, à qui il a accordé sa confiance, et ce d'autant plus qu'il n'a pas toujours le choix. Cette situation est favorable au choix d'une obligation de résultat à la charge du professionnel qualifié. Enfin, en ce qui concerne la délivrance de la prestation *stricto sensu*, le rôle passif de l'usager milite encore en faveur d'une obligation de résultat.

---

[24] Note préc.

[25] Note sous CA Angers, 16 décembre 1987, EDF c/ Briant, *CJEG* 1988, p.178.

1296. Ces derniers arguments semblent pris en compte par la jurisprudence.

B. Une jurisprudence hésitante.

1297. La jurisprudence[26] s'est plutôt orientée vers une obligation de résultat (1°), mais il ne faut pas négliger certaines décisions dissidentes en faveur d'une obligation de moyens à la charge de l'exploitant (2°).

1°) Une jurisprudence majoritaire en faveur d'une obligation de résultat.

1298. Le juge judiciaire se fonde sur deux types de clauses du contrat pour qualifier l'obligation de fourniture de la prestation d'obligation de résultat. Les premières sont "positives", l'exploitant est tenu de fournir le service "en permanence". Les secondes sont "négatives", elles stipulent que le fournisseur n'est exonéré de sa responsabilité qu'en cas de force majeure ou d'événements assimilés, qui sont plus ou moins précisément décrits.

1299. Ainsi, le juge judiciaire peut adopter deux positions, signifiant que l'exploitant est soumis à une obligation de résultat. La première consiste à affirmer explicitement l'existence d'une obligation de résultat[27]. La seconde fait apparaître implicitement de régime de l'obligation de résultat, dans l'appréciation des événements susceptibles d'exonérer l'exploitant[28] ou dans la constatation que "l'inexécution du contrat constitue à elle seule une faute"[29].

1300. Le juge judiciaire se fonde parfois sur la nature du contrat, qu'il qualifie de contrat de vente, pour en déduire que l'obligation de l'exploitant est obligatoirement une obligation de résultat[30].

---

[26] La plus grande partie de la jurisprudence qui sera exposée concerne le cas d'EDF et GDF, qui sont des exemples privilégiés, compte tenu de l'importance de cette question dans ce domaine.

[27] TGI Nice, 5 mai 1987, Soc. Somedis Intermarché c/ EDF, *CJEG* 1988, p.248 ; TGI Albertville, 20 octobre 1987, Pepin c/ EDF, *CJEG* 1988, p.19, note P.S. ; TI Puy-en-Velay, 10 juin 1988, Bechtold c/ EDF, *CJEG* 1989, p.248 ; TI Lorient, 11 janvier 1989, GAEC de Bodrilouet c/ EDF, *CJEG* 1990, p.316 ; TGI Blois, 10 mai 1990, Fève et autres c/ EDF, *CJEG* 1991, p.242 ; CA Toulouse, 27 novembre 1984, EDF c/ Société de mégisserie de Saint-Pierre et SARL Marie Larquier, *CJEG* 1985, J, p.98, note J.P.A. ; CA Angers, 17 décembre 1987, Briant, *CJEG* 1988, J, p.178, note P. Sablière, *D.* 1988, chron., p.260 ; CA Douai, 14 mai 1992, Société Héliogravure c/ EDF, *CJEG* 1993, p.424 ; Cass. civ. I, 4 octobre 1989, SA Mines et Produits chimiques de Salsigne, pourvoi n°88-14.315.

[28] Dans le domaine de l'eau, voir C. cass., 9 novembre 1914, CGE c/ Roche, *D.* 1916, I, p.268 ; TA Orléans, 27 juin 1975, Sinet, *Rec.*, Tables, p.924. Dans le domaine de la distribution de gaz et d'électricité, Req., 24 juillet 1928, Union électrique régionale c/ Géran, *JCP* 1928, p.1310 ; Trib. com. Toulouse, 18 décembre 1957, Société Boulangerie des Boulevards c/ EDF, *CJEG* 1958, p.140 ; TGI Brest, 11 juin 1987, EDF c/ GAEC de Lestanet, *CJEG* 1988, J, p.246 ; TI Marseille, 16 juillet 1987, SA Sibell c/ EDF, *CJEG* 1988, p.248 ; TGI Toulouse, 6 décembre 1988, Gaulier c/ EDF, *CJEG* 1989, p.200, note C.C.M. ; CA Angers, 9 mai 1990, GAEC de Champverneux c/ EDF, *CJEG* 1991, p.72, note C. Binet ; CA Paris, 11 juillet 1991, EDF c/ Cabinet Granger, *CJEG* 1992, p.393 ; Cass. civ. I, 7 mars 1966, Bouvier c/ EDF, *JCP* 1966, II, 14878, note J. Mazeaud ; Cass. civ. I, 24 novembre 1993, Cabinet Granger c/ EDF, *CJEG* 1995, p.64, note J. Nénert.

[29] TI de Mont-de-Marsan, 21 avril 1970, Cuvreau c/ EDF, *CJEG* 1971, p.178.

[30] TGI Nice, 5 mai 1987, Société Somedis Intermarché c/ EDF, *CJEG* 1988, p.248 ; CA Angers, 16 décembre 1987, EDF c/ Briant, *CJEG* 1988, p.178, note P. Sablière ; CA Nîmes, 8 mars 1990, EDF c/ SA Payen, *JCP*

1301. La distinction obligation de moyens / obligation de résultat peut reposer sur la présence d'aléas dans l'exécution du contrat, et notamment du degré d'avancée de la technique dont l'exploitant fait usage. La présence effective d'aléas n'a cependant pas empêché le juge de pencher du côté de l'obligation de résultat : "l'existence d'aléas quant à la production, au transport et à la distribution de l'énergie n'est pas de nature à exclure l'obligation de résultat, qui est considérée comme due dans d'autres contrats, comme le contrat de construction ou le contrat de transport"[31]. "L'existence d'aléas naturels ou techniques n'est pas de nature à exclure l'obligation de résultat, la volonté des parties est souveraine en matière contractuelle."[32]

1302. Ce débat semble aujourd'hui clos pour les clients industriels d'EDF, dans la mesure où le contrat *émeraude* qui leur est proposé contient explicitement une obligation de résultat. Mais il s'agit d'un résultat "précisé et de ce fait limité en fonction des moyens susceptibles d'être mis en oeuvre à un moment donné. Ce n'est donc pas une obligation absolue mais une obligation qui prend en compte les aléas inhérents tant au régime normal d'exploitation qu'au régime perturbé"[33]. Malgré l'imprécision de la formule, on peut en déduire que l'aléa est un curseur qui permet de délimiter l'évolution dans le temps de l'obligation de résultat.

1303. Cependant, même si les droits de l'usager sont mieux protégés par une obligation de résultat, une partie de la jurisprudence voit dans la présence d'aléas la révélation d'une obligation de moyens.

2°) Une jurisprudence dissidente en faveur de l'obligation de moyens.

1304. Les juges du fond ont parfois choisi de ne mettre à la charge du distributeur qu'une obligation de moyens. On peut raisonner à partir du cas d'EDF, qui a donné lieu aux principaux litiges.

1305. Les litiges concernaient essentiellement les contrats haute tension conclus par EDF, et notamment l'article 12 du contrat type, stipulant que les parties reconnaissent "qu'en l'état actuel de la technique la fourniture de courant reste, malgré toutes les précautions prises, soumises à des aléas (...) et qu'ainsi peuvent se produire des interruptions qui, dans certaines limites en durée et en nombre (...) doivent être assimilées, au point de vue de la responsabilité de l'EDF, à des cas de force majeure". De la présence

---

1990, II, 21573, note G. Paisant ; Trib. com. Paris, 23 octobre 1989, Cabinet B. Granger c/ EDF, *JCP* 1990, II, 21573, note G. Paisant.

[31] CA Angers, 16 décembre 1987, EDF c/ Briant, *CJEG* 1988, p.178, voir la note critique de P. Sablière. Il est vrai que dans le contrat de transport, c'est surtout l'obligation de sécurité qui est une obligation de résultat. Néanmoins, cela confirme bien que tout est affaire de politique jurisprudentielle dans ce domaine.

[32] TI Lorient, 11 janvier 1989, GAEC de Bodrilouet c/ EDF, *CJEG* 1990, p.316.

[33] P. Sablière, "De nouvelles relations contractuelles pour la fourniture de l'électricité aux clients industriels: le protocole EDF-CNPF-CGPME du 5 février 1992", préc.. Voir également l'article VI du contrat, *CJEG* 1992, p.166 qui prévoit une révision du seuil de tolérance aux coupures brèves et longues, qui tient compte des améliorations apportées au réseau, et qui définit précisément les cas dans lesquels la perturbation du régime peut exonérer EDF.

d'aléas techniques dont l'existence est prévue par les parties au contrat, le juge judiciaire recherche les éventuelles fautes commises par EDF à deux niveaux[34]. En premier lieu, il ne faut pas qu'EDF ait commis une faute dans "la conception, l'exécution et l'entretien des réseaux électriques" qui doivent être conformes "aux exigences de la technique à la date du sinistre eu égard à la nécessité de fournir une énergie électrique à un prix qui ne soit pas prohibitif pour l'abonné". Les spécificités du service public sont prises en compte dans l'évaluation de la faute d'EDF, non pas en faveur d'une obligation de performance, mais plutôt au regard de la notion de prix raisonnable. En second lieu, le juge vérifie qu'EDF n'a commis aucune faute, aussi bien dans la prévention de l'incident à l'origine de la coupure, que dans les moyens mis en oeuvre pour en pallier les conséquences et rétablir la fourniture[35]. On peut même lire dans certaines décisions qu'EDF est tenue dans l'accomplissement de sa prestation à un "maximum de diligence"[36], ce qui pourrait s'analyser en une obligation de moyens renforcée[37].

1306. Il semble que ces décisions révèlent deux confusions. En premier lieu, l'article 12 du contrat type fourniture haute tension ne limite pas l'obligation d'EDF à une obligation de moyens, mais l'exonère de sa responsabilité pour certains aléas techniques. Cela signifie qu'en dehors de ces cas, il pourrait s'agir d'une obligation de résultat. C'est d'ailleurs ce que semble confirmer la rédaction du contrat émeraude, qui a succédé au contrat haute tension et qui définit une obligation de résultat précisée et limitée. Il est certain que les rédacteurs des textes et le juge judiciaire s'orientent soit vers une obligation de moyens renforcée, soit vers une obligation de résultat allégée, ce qui tendrait à en atténuer les différences. En second lieu, dans toutes les décisions faisant mention d'une obligation de moyens, la faute d'EDF n'est finalement pas recherchée dans l'interruption de la fourniture *stricto sensu*, mais dans la prévention de l'accident ou dans la diligence dont elle a fait preuve pour rétablir l'électricité[38]. Il y a donc une confusion entre l'obligation principale de fourniture du courant et les obligations accessoires de comportement, concernant des actions gravitant autour de la fourniture elle-même.

1307. Pour toutes ces raisons, il apparaît qu'il faut bien cloisonner et isoler les diverses actions qui ont conduit à l'interruption de la fourniture. En effet, le dommage est dû à une série d'événements ayant tous contribué à la coupure. L'obligation principale, celle consistant à fournir la prestation, doit demeurer une obligation de résultat, pour des raisons de pure opportunité. Juridiquement parlant, aucune décision ne peut faire état d'une qualification en obligation de moyens de cette obligation principale. La majorité de la jurisprudence en faveur de l'obligation de résultat recherche si l'exploitant n'a pas commis de faute dans les obligations de comportement annexes, que l'on vient d'entrevoir. Loin de remettre en cause l'existence d'une obligation de résultat, cette jurisprudence ne fait que la confirmer. Si le juge ne parvient pas à condamner l'exploitant sur le fondement d'une

---

[34] CA Montpellier, 16 mars 1988, SA Mines et Produits chimiques de Salsigne c/ EDF, *CJEG* 1988, p.280, note P. Sablière.

[35] CA Douai, 17 mars 1989, Pouget c/ EDF, *JCP* 1989, II, 21386, note O. Sachs.

[36] TGI de Saint Omer, 22 janvier 1988, Pouget c/ EDF, *CJEG* 1988, p.280, note P. Sablière.

[37] Bien que le juge n'aille pas jusqu'à faire peser sur l'exploitant une présomption de faute.

[38] En plus de la jurisprudence citée dans les précédentes notes, voir TGI Lille, 19 octobre 1990, Hôpital de la Bassée c/ EDF, *CJEG* 1991, p.242.

obligation de résultat parce que celui-ci s'exonère en démontrant, par exemple, la survenance d'un cas de force majeure, il cherche à indemniser l'usager en recherchant une faute dans les obligations annexes. C'est une attitude très favorable à l'usager, qui ne remet aucunement en cause la présence d'une obligation principale de résultat. Il est donc temps maintenant de s'intéresser plus précisément à ces obligations accessoires de comportement.

§ 2. Les obligations accessoires de comportement.

1308. Les obligations annexes de comportement[39] sont des obligations gravitant autour de l'obligation principale de fourniture et contribuant à sa réalisation. Ces obligations ne sont pas forcément inscrites dans le contrat. Elles résultent souvent d'une technique judiciaire dénommée "forçage du contrat", qui consiste pour le juge à "découvrir" de nouvelles obligations qu'il impose aux parties afin que le contrat puisse être exécuté le mieux possible[40]. Ces obligations annexes de comportement sont aussi bien mises à la charge de l'exploitant que de l'usager (A). On peut se demander s'il n'existe pas une tendance très nette à l'émergence d'un devoir de coopération généralisé dans l'exécution du contrat (B).

A. La détermination des obligations de comportement.

1309. A la charge de l'exploitant (1°) ou à la charge de l'usager (2°), il apparaît que les obligations de comportement sont toujours de même nature et se répondent mutuellement dans un rapport de réciprocité.

1°) Les obligations de comportement mises à la charge de l'exploitant.

1310. C'est en définissant avec précision, notamment à l'aide de la jurisprudence concernant les obligations d'EDF et de GDF, abondante dans ce domaine, les obligations de comportement de l'exploitant, que se dessinera la nature de ces obligations. Il s'agit d'obligations de moyens, voire d'obligations de moyens renforcées.

1311. En amont de la fourniture elle-même, et par conséquent des risques d'interruption, l'exploitant est soumis à deux types d'obligations : prévenir les risques de coupures et informer l'usager en cas d'incident ou d'interruption. Dans la prévention des risques de coupure, on ne peut cependant pas exiger que l'exploitant, qui pourtant les connaît, y pallie préventivement, si, en l'état de ses connaissances techniques, il est dans l'impossibilité de le faire. C'est l'exemple des phénomènes de neige collante sur les câbles

---

[39] Là encore, c'est le cas d'EDF et GDF qui offre le plus d'exemples jurisprudentiels publiés.

[40] Voir n°572.

électriques[41]. On pourrait aussi imaginer qu'une prévention trop coûteuse ne soit pas mise à la charge de l'exploitant, toujours en raison de la spécificité du service public (notion de prix raisonnable). En revanche, lorsque les risques sont connus et le moyen d'y remédier à la disposition de l'exploitant, une éventuelle carence de sa part est constitutive d'une faute[42]. L'exploitant n'est pas non plus tenu de prendre à sa charge financière l'obligation de précaution contre les risques de coupure, mise à la charge de l'usager. Par exemple, il n'est pas obligé de lui fournir un onduleur destiné à pallier les inconvénients des micro-coupures de courant. En revanche, EDF a un "devoir d'effectuer toutes les mesures utiles afin de permettre à ses usagers d'utiliser normalement le réseau", ce qui se traduit concrètement par l'obligation d'effectuer des choix techniques lors de la conception du réseau ou du raccordement des usagers n'entraînant pas de désordres dans l'avenir[43].

1312. L'exploitant est également tenu d'une obligation de conseil envers l'usager[44], qui procède de sa qualité de fournisseur monopolistique[45]. Cette obligation de conseil[46] existe même en l'absence de situation monopolistique et elle est due par tout professionnel envers ses clients. Cependant, on pourrait se demander si la qualité de fournisseur monopolistique n'implique pas une obligation de conseil renforcée.

1313. L'obligation d'information est prévue dans les contrats types. Cependant, le juge a refusé de considérer qu'en cas d'urgence, l'exploitant qui n'informe pas ses usagers soit considéré comme ayant commis une faute[47]. Même lorsque l'obligation d'information n'est pas précisée dans les contrats, le juge exige en cas de coupure non accidentelle que l'usager soit informé "suffisamment à l'avance"[48]. Qui plus est, le juge contrôle les moyens par lesquels l'exploitant a informé les usagers, qui doivent être des moyens adéquats[49].

1314. Dans le rétablissement de la fourniture, l'exploitant est astreint à utiliser tous les moyens en matériel et en personnel nécessaires. Le juge semble exiger que ces moyens

---

41 TGI Saint Omer, 22 janvier 1988, Pouget c/ EDF, *CJEG* 1988, p.280, note P. Sablière.

42 CA Montpellier, 16 mai 1991, GDF c/ Galinier, *CJEG* 1992, p.392 ; CA Chambéry, 11 février 1992, EDF UAP Incendie Accident c/ SARL Siltronix, Commune d'Archamps, *CJEG* 1993, p.425 ; TGI Colmar, 6 septembre 1989, EDF c/ Kientzler, *CJEG* 1990, p.317 ; TGI Saint Omer, 27 septembre 1986, Maurice Chevalier c/ EDF, *CJEG* 1988, p.247. Pour une simple négligence ne constituant pas une faute lourde, voir CA Paris, 15 avril 1969, EDF c/ Société Établissements Bouillot, *JCP* 1971, II, 16917, note M. Le Galcher-Baron.

43 Cass. civ. I, 24 novembre 1993, Cabinet Granger c/ EDF, *CJEG* 1995, J, p.64, note J. Nénert.

44 Voir n°572.

45 Trib. com. Marseille, 7 octobre 1992, SA Construction Mécaniques Mota c/ EDF, *CJEG* 1993, p.424.

46 TI Marseille, 19 décembre 1989, Morgante c/ EDF, *CJEG* 1990, p.316. Absence de devoir de conseil en matière de précaution contre les micro-coupures, TGI d'Albertville, 20 octobre 1987, Pepin c/ EDF, *CJEG* 1988, p.19, note P.S.

47 TI de Saint Denis de la Réunion, 23 avril 1990, SARL l'Espadon c/ EDF, *CJEG* 1991, p.245.

48 CA Chambéry, 11 février 1992, EDF UAP Incendie Accident c/ SARL Siltronix, Commune d'Archamps, *CJEG* 1993, p.425.

49 Trib. com. Paris, 6 février 1989, Société Chez Edgard c/ EDF, *CJEG* 1990, p.318. En matière de grève, l'annonce par les médias suffit, Cour. cass., chambre mixte, 4 février 1983, Société Otic Fischer Porter c/ EDF, *CJEG* 1983, p.247; et plus particulièrement, CA Angers, 9 mai 1990, GAEC de Champverneux c/ EDF, *CJEG* 1991, p.72, note C. Binet.

présentent une certaine "ampleur"[50] et que le rétablissement de la fourniture doive intervenir dans les "moindre délais"[51], ou tout du moins que des travaux soient immédiatement entrepris[52].

1315. Ces divers éléments exigent de l'exploitant une diligence maximale dans la limite de ce qui lui est techniquement possible, ce qui s'analyse en une obligation de moyens renforcée.

1316. Pour résumer, la délivrance de la fourniture *stricto sensu* est une obligation de résultat à la charge de l'exploitant. Lorsqu'il est question d'une obligation de moyens, c'est en réalité dans le domaine des obligations annexes de comportement.

1317. Réciproquement, l'usager est lui aussi tenu de se soumettre à certaines obligations complémentaires de comportement, afin que le contrat soit exécuté le mieux possible.

2°) Les obligations de comportement de l'usager.

1318. De la même manière que l'exploitant est tenu d'un devoir de diligence et d'information à l'égard de l'abonné, celui-ci est astreint à une obligation de précaution et une obligation d'information de son cocontractant.

1319. L'obligation de précaution se définit comme un devoir de prudence et de prévisibilité des risques d'interruptions dus aux aléas climatiques et techniques : l'usager doit se prémunir contre des risques qu'il est censé connaître et prendre ses précautions.

1320. En matière de distribution d'électricité, cela se traduirait pour les usagers professionnels par l'obligation de posséder une installation de secours et un système d'alarme, destiné à les avertir des coupures, équipements d'autant plus indispensables que les interruptions de fourniture peuvent avoir des conséquences dramatiques sur leurs activités professionnelles.

1321. La jurisprudence est nuancée sur l'existence d'une telle obligation. Certaines décisions refusent de mettre à la charge de l'usager une telle obligation, à partir du

---

[50] CA Montpellier, 16 mars 1988, SA Mines et produits chimiques de Salsigne c/ EDF, *CJEG* 1988, p.280, note P. Sablière.

[51] TGI Saint Omer, 22 janvier 1988, Pouget c/ EDF, *CJEG* 1988, p.280 ; CA Douai, 17 mars 1989, Pouget c/ EDF, *JCP* 1989, II, 21386 : ici, la paralysie générale du réseau routier est prise en compte par le juge dans l'examen des délais ; TGI Lille, 19 octobre 1990, Hôpital de la Bassée c/ EDF, *CJEG* 1991, p.242 ; TI Nice, 3 février 1987, Joseph c/ EDF, *CJEG* 1988, p.246 : l'usager soutenait qu'EDF avait mis un temps anormalement long pour rétablir l'électricité, mais compte tenu de la conformation des lieux, aucune carence particulière ni lenteur anormale n'a été retenue à la charge d'EDF ; TGI Brest, 11 juin 1987, EDF c/ GAEC de Lestanet, *CJEG* 1988, p.246 : EDF a dépassé un laps de temps largement suffisant pour rétablir le courant et malgré l'absence de diligence de l'usager, elle est reconnue responsable.

[52] TI de Saint Denis de la Réunion, 23 avril 1990, SARL l'Espadon c/ EDF, *CJEG* 1991, p.245 ; CA Dijon, 2 juillet 1992, EDF-UAP c/ SA La Paternelle, *CJEG* 1993, p.426 ; CA Toulouse, 26 février 1987, Bisseuil c/ EDF, *CJEG* 1988, p.247.

moment où elle n'est pas expressément prévue au contrat[53]. D'autres, au contraire, mettent à la charge de l'abonné une obligation de prudence et de précaution, destinée à limiter la responsabilité de l'exploitant lorsque l'usager ne la respecte pas. Il faut d'ailleurs souligner que les contrats types prévoient de plus en plus souvent une telle obligation[54] et que le juge judiciaire n'a pas hésité, par la technique du forçage du contrat[55], à l'y inclure. C'est à l'usager d'acquérir les équipements essentiels au respect de cette obligation de précaution, et non à l'exploitant de les lui fournir[56].

1322. En matière d'obligation d'information, celle que l'usager doit délivrer à l'exploitant concerne plusieurs domaines. Ce dernier doit immédiatement signaler une interruption accidentelle à l'exploitant[57]. Il a même été jugé qu'un usager doit signaler à la compagnie distributrice d'eau une fuite d'eau qu'il avait remarquée au compteur, bien qu'elle soit en dehors des installations dont il avait la garde[58]. L'usager doit également signaler à l'exploitant la présence d'installations particulièrement essentielles, dont l'arrêt causé par une interruption de la fourniture causerait de graves dégâts. Par exemple, un abonné doit signaler à EDF la présence de pompes destinées à éviter l'inondation du rez-de-chaussée d'un immeuble occupé par des bureaux utilisant un matériel informatique. L'abstention dont se rend coupable l'usager en n'informant pas EDF autorise ce dernier à se prévaloir de l'article 1150 du Code civil qui dispose que "le débiteur n'est tenu que des dommages et intérêts qui ont été prévus ou qu'on a pu prévoir lors du contrat"[59]. L'absence d'information de l'usager sur la spécificité de son activité ne lui permet pas de contester le choix de l'exploitant dans la répartition du courant entre les usagers non prioritaires[60] en cas d'interruption et il appartient à l'usager de se renseigner sur le système dit d'usagers prioritaires d'EDF s'il veut en bénéficier[61].

B. Vers un devoir de coopération dans l'exécution du contrat.

1323. Le juge judiciaire met de plus en plus souvent en balance les obligations de comportement de l'usager avec celles de l'exploitant, qui se répondent. Si l'exploitant est tenu d'une obligation de diligence dans le rétablissement de la fourniture ou dans les précautions prises pour éviter les interruptions, ce n'est qu'à la condition que l'usager l'ait informé de la survenance d'un incident ou de la particulière fragilité des ses installations.

---

[53] TGI Nice, 5 mai 1987, Société Somedis Intermarché c/ EDF, *CJEG* 1988, p.248 ; CA Angers, 16 décembre 1987, EDF c/ Briant, *CJEG* 1988, p.178, note P. Sablière. Voir également Cass. civ. I, 4 octobre 1989, SA Mines et produits chimiques de Salsignes, pourvoi n°88-14.315.

[54] Voir par exemple, CA Bourges, 21 juillet 1988, Dame Nataf, *CJEG* 1989, p.197, note P. Rongères.

[55] Voir n°572.

[56] Cass. civ. I, 24 novembre 1993, Cabinet Granger c/ EDF, *CJEG* 1995, p.64, note J. Nénert.

[57] TGI Angers, 21 décembre 1992, Coopérative du Ponts de Ceaise c/ EDF, *CJEG* 1993, p.426.

[58] Cass. req., 15 janvier 1894, *DP* 1894, I, p.207.

[59] CA Toulouse, 26 février 1987, Bisseuil c/ EDF, *CJEG* 1988, p.247.

[60] TGI Mans, 10 janvier 1989, GAEC de Champverneux, Auriou c/ EDF, *CJEG* 1990, p.318.

[61] CA Angers, 9 mai 1990, GAEC de Champverneux c/ EDF, *CJEG* 1991, p.72, note C. Binet.

Si l'usager veut pouvoir profiter pleinement de la diligence de l'exploitant, il doit lui-même avoir pris un minimum de précautions et ne pas avoir commis d'imprudence. On peut déduire de ces diverses constatations que les parties au contrat sont soumises à un devoir réciproque de coopération dans l'exécution du contrat[62].

1324. L'obligation d'exécuter le contrat de bonne foi a un rôle essentiel dans le domaine du service industriel et commercial, lorsqu'il s'agit de rééquilibrer le rapport de force usager / exploitant[63]. On pourrait relier les diverses obligations de comportement des parties à une obligation plus générale d'exécution du contrat de bonne foi, qui implique, au cas particulier, un devoir de coopération des parties[64] . Le devoir de collaboration implique que chaque partie avertisse l'autre des événements qu'elle a intérêt à connaître pour l'exécution du contrat[65]. Le contractant doit faciliter celle-ci à son partenaire.

1325. Les parties au contrat ont suivi l'attitude du juge, puisque certaines initiatives sont à saluer. Par le biais d'une concertation entre les usagers industriels et EDF, un contrat émeraude a été élaboré : c'est un véritable modèle du genre, puisqu'il matérialise l'obligation de concertation que revendiquaient les associations d'usagers, tout en instituant une coopération fondée sur des données réalistes. Ce nouveau contrat insiste sur les relations partenariales qu'entretiendront les parties : "il s'agit en effet tout à la fois de sensibiliser le distributeur aux besoins de la clientèle en prévoyant en cas de coupure ou de défaut dans la qualité de la fourniture des indemnités plus substantielles et d'inciter dans le même temps les clients, dûment informés des aléas qui subsistent et de tolérances clairement définies, à s'en prémunir par une meilleure protection de leurs propres installations." "Distributeur et client s'informent réciproquement et s'entendent afin d'améliorer la qualité de l'électricité fournie et utilisée." "Seule la violation caractérisée de cette obligation de prudence serait de nature à justifier non pas une exonération de la responsabilité du distributeur, mais une atténuation afin de ne pas déséquilibrer le contrat en faveur du distributeur. Ceci étant, cette obligation de prudence et de coopération du client devrait permettre de diminuer l'importance des dommages et par conséquent de l'indemnisation de celle-ci ne constituant pas comme l'a rappelé le protocole une fin en soi."[66]

---

[62]TGI Brest, 11 juin 1987, EDF c/ GAEC de Lestanet, *CJEG* 1988, p.246 : malgré l'absence de précaution prise par l'usager, le manque de diligence avec lequel EDF a rétabli la fourniture contribue à mettre à la charge d'EDF l'entière responsabilité du préjudice subi ; TI Vannes, 25 mai 1988, Quiban c/ EDF, *CJEG* 1989, p.249 ; CA Dijon, 2 juillet 1992, EDF c/ SA La Paternelle, *CJEG* 1993, p.426 : imprudence de l'usager qui a maintenu sa machine en service sans attendre l'achèvement des travaux de renforcement de la ligne, mais cette faute commise par un utilisateur profane est de moindre gravité que celle d'EDF qui n'a pas mis rapidement en oeuvre les moyens pour y remédier.

[63] Voir n°571.

[64] Dans le domaine commercial, on parle d'*affectio contractus.* Voir J. Mestre, obs. *RTDC* 1986, p. 101. Voir aussi Y. Picod, "L'obligation de coopération dans l'exécution du contrat", *JCP* 1988, I, 3318 ; D. Mazeaud, note R.N. Defrénois 1996, p. 1007.

[65] Demogue, *Traité des obligations en général. Effets des obligations*, Librairie Rousseau, Tome VI, 1931, n°29.

[66] P. Sablière, "De nouvelles relations contractuelles pour la fourniture de l'électricité aux clients industriels : le protocole EDF-CNPF-CGPME du 5 février 1992", préc. Voir bien entendu les conditions générales du nouveau contrat, *CJEG* 1992, p.163.

1326. Le devoir de coopération des parties s'analyse en l'obligation pour EDF d'informer son client sur les conditions de desserte, ainsi que sur les mesures qu'il doit prendre pour minimiser les conséquences des aléas de distribution, mais l'usager ne doit prendre que les mesures "économiquement raisonnables et techniquement efficaces" pour faire face à ces aléas[67]. De même, l'obligation d'information de l'exploitant est revue : EDF n'y est tenue que dans les cas ne présentant pas un caractère d'urgence et les coupures volontaires devront se faire pendant une période susceptible de provoquer le moins de gêne possible aux usagers[68].

1327. Sans atteindre ce degré de précision, il faut reconnaître que la rédaction des contrats types remis à l'usager, lors de son accès au service, suivent parfaitement ces orientations jurisprudentielles et sont de mieux en mieux rédigés. L'obligation d'information de l'usager en cas d'incident est généralisée. Celle de l'exploitant est limitée aux coupures prévisibles qui demeurent encadrées dans le temps. L'obligation de prudence et de diligence de l'usager est également généralisée. Il faut aussi remarquer que les contrats types ne se contentent plus de prévoir, vaguement, les cas de "force majeure" dans les clauses d'exonération, mais précisent exactement les divers aléas[69].

1328. Que les obligations de l'exploitant soient de résultat ou de moyens, la force majeure demeure une cause générale d'exonération de sa responsabilité. Ce sont en effet les causes ou les clauses d'exonération de responsabilité de l'exploitant qui constituent l'obstacle majeur dressé devant l'usager dans ses tentatives pour faire respecter la continuité du service public.

---

67 Voir les conditions générales préc., article VI.

68 Voir les conditions générales préc., article VI.

69 Voir les factures contrats remises aux abonnées par EDF, GDF, la Lyonnaise des Eaux et France Télécom au cours de l'année 1999.

-SECTION II -
L'exonération de responsabilité de l'exploitant

1329. Il est tout à fait légitime que l'exploitant, dans certains cas, puisse invoquer un cas de force majeure pour s'exonérer de sa responsabilité, car à l'impossible nul n'est tenu. Dans d'autres cas, on ne peut être qu'extrêmement choqué par les solutions retenues, notamment lors de la survenance d'une grève. C'est pourquoi, après avoir analysé dans quelles situations on pouvait retenir la survenance d'un cas de force majeure (§1), on s'attachera à rechercher d'autres solutions, lorsque la reconnaissance d'un cas de force majeure ne semble pas légitime (§2).

§ 1. La force majeure.

1330. La force majeure est une cause étrangère, au même titre que le fait du tiers ou la faute de la victime. En matière contractuelle, l'article 1147 du Code civil déclare le débiteur responsable "toutes les fois qu'il ne justifie pas que l'inexécution provient d'une cause étrangère qui ne peut lui être imputée". L'article 1148 précise qu'il en est ainsi lorsqu'il y a eu force majeure ou cas fortuit. Pour exonérer totalement le débiteur, l'événement doit être extérieur, imprévisible et irrésistible[70].

1331. Les contrats remis aux usagers lors de leur adhésion contiennent tous des clauses exonérant la responsabilité de l'exploitant en cas de force majeure[71]. Seul France Télécom affiche une disposition rescapée de l'ancien système d'irresponsabilité de l'administration des Postes et Télécommunications. Il est mentionné dans le contrat type que la responsabilité de France Télécom ne peut être engagée qu'en cas de faute lourde établie à son encontre dans les conditions prévues à l'article L.37 du Code des Postes et Télécommunications.

1332. On distinguera les interruptions de fourniture dues à des accidents où à un événement naturel (A) et le problème particulier de la grève (B).

---

[70] Voir F. Chabas, "Force majeure", avec la collaboration de N. Péterka et C. Chabas, Rép. Dalloz, *Droit civil,* 1997.

[71] Contrats EDF, GDF, Lyonnaise des Eaux, billet de train. Ces clauses sont *a priori* tout à fait valables dans les contrats.

A. Les événements naturels et les interruptions accidentelles d'origine matérielle.

1333. Lorsque l'interruption de la fourniture est due à une défaillance matérielle, celle-ci ne répond pas aux caractéristiques de la force majeure. D'une part, elle est considérée comme prévisible par l'exploitant et d'autre part, elle ne lui est pas extérieure[72]. En revanche, si l'interruption est due à l'action d'un tiers présentant les caractéristiques de la force majeure[73], un entrepreneur de travaux par exemple, celle-ci peut exonérer l'exploitant de sa responsabilité. Cependant, la jurisprudence sur les micro-coupures de courant est révélatrice du caractère fluctuant de la jurisprudence dans le domaine des interruptions d'origine matérielle. En effet, les micro-coupures sont tantôt considérées, en 1987, comme des cas de force majeure exonératoires de responsabilité[74], tantôt, en 1991, comme ne présentant pas les caractéristiques de la force majeure[75].

1334. Si on peut supposer que des événements naturels peuvent exonérer l'exploitant de sa responsabilité[76], c'est sur le terrain de leur prévisibilité que le juge s'est placé pour leur dénier tout caractère de force majeure. Par exemple, des chutes de neige polluée sur la Côte d'Azur en janvier ne sont pas des événements imprévisibles pour EDF, compte tenu du caractère général de la pollution atmosphérique[77], de même que des coups de foudre[78], un vent violent dans la région du Morbihan[79] ou des températures très basses en Anjou[80].

1335. A la lecture de cette jurisprudence, on est surpris par la sévérité dont le juge fait preuve à l'égard de l'exploitant. Dans le domaine contractuel, la Cour de cassation se contente parfois de l'irrésistibilité pour admettre un cas de force majeure, lorsque la prévisibilité de l'événement aurait été sans effet[81]. D'aucuns en concluent que l'imprévisibilité d'un événement n'est pas l'essence de la force majeure, qu'elle se présente plutôt comme une condition de recevabilité de ce moyen d'exonération et comme

---

[72] TGI Saint Brieuc, 6 mars 1990, EDF c/ SA Lacto-Bretagne, *CJEG* 1991, p.242 ; CA Angers, 16 décembre 1987, Briant, *CJEG* 1988, p.178.

[73] TI Saint Denis de La Réunion, 23 avril 1990, SARL l'Espadon c/ EDF, *CJEG* 1991, p.243.

[74] TGI d'Albertville, 20 octobre 1987, Pepin c/ EDF, *CJEG* 1988, p.19, note P.S.

[75] CA paris, 11 juillet 1991, EDF c/ Cabinet Granger, *CJEG* 1992, p.393 ; Cass. civ. I, 24 novembre 1993, Cabinet Granger c/ EDF, *CJEG* 1995, p.64, note J. Nénert.

[76] Pour une jurisprudence classique très diversifiée, voir F. Chabas, "La force majeure", préc.

[77] Cass. civ. I, 5 juillet 1988, EDF c/ Barrelier, *CJEG* 1989, p.248.

[78] TI du Puy-en-Velay, 10 juin 1988, Bechtold c/ EDF, *CJEG* 1989, p.248 ; TI Marseille, 19 décembre 1989, Margante c/ EDF, *CJEG* 1990, p.316. A l'inverse, la survenance d'un violent orage est constitutive d'un cas de force majeure, TI Nice, 3 février 1987, Joseph c/ EDF, *CJEG* 1988, p.246.

[79] TI de Lorient, 11 janvier 1989, GAEC de Bodrilouet c/ EDF, *CJEG* 1990, p.316 : qui plus est, le tribunal remarque que cet événement n'était pas non plus irrésistible, dans la mesure où EDF pouvait prévenir les effets du vent sur ses installations.

[80] CA Angers, 16 décembre 1987, Briant, *CJEG* 1988, p.178.

[81] Caractère irrésistible suffisant, alors que l'événement était prévisible lors de la conclusion du contrat : Civ. I, 7 mars 1966, *JCP* 1966, II, 14878, note J. Mazeaud ; Civ. III, 3 juin 1989, *Bull.* n°128, *RTDC* 1990, p. 490, obs. P. Jourdain ; Civ. I, 9 mars 1994, *Bull.* n° 91, *JCP* 1994, I, 3773, n°6, obs. G. Viney, *RTDC* 1994, p. 871, obs. P. Jourdain.

une présomption d'irrésistibilité[82]. Dans le domaine du service public industriel et commercial, le juge judiciaire s'en tient à une version "classique" de la force majeure, où un événement prévisible, alors même qu'il serait irrésistible, ne présente pas les caractéristiques de la force majeure. Très peu de décisions vérifient le caractère irrésistible de l'événement. Par ailleurs, le juge se contente de formules laconiques, sans préciser à quel moment doit s'apprécier le caractère imprévisible de l'événement.

1336. Ainsi, le résultat est pour le moins illogique : l'usager n'a pas à supporter les conséquences des phénomènes climatiques, même exceptionnels, mais il doit supporter les conséquences économiques des grèves du personnel, dont l'appréciation au regard des caractéristiques de la force majeure démontre une particulière bienveillance du juge à l'égard de l'exploitant.

B. Les grèves du personnel de l'exploitant.

1337. C'est un phénomène qui touche essentiellement les services publics industriels et commerciaux gérés par une personne publique. Les exploitants privés délégataires n'ont en général pas à faire face à ce genre de manifestation en cas de revendications de la part de leur personnel[83].

1338. Par plusieurs arrêts du même jour, la Cour de cassation, en 1983[84], a jugé qu'une grève du personnel d'EDF était constitutive d'un cas de force majeure pour cet établissement. D'une part, elle met un terme à un débat amorcé bien des années auparavant et, d'autre part, elle apporte des précisions non négligeables sur les caractéristiques d'imprévisibilité (1°), d'irrésistibilité (2°) et d'extériorité (3°) de la force majeure appliquée à ce domaine.

---

[82] P. Jourdain, *Recherches sur l'imputabilité en matière de responsabilités civile et pénale*, Th. Paris II, 1982, n°601 ; P. Antonmattéi, *Contribution à l'étude de la force majeure*, Th. Montpellier, 1992, n°74.

[83] Voir S. Duroy, *La distribution d'eau potable en France*, Th. préc., p.184 et s. Deux raisons expliquent cet état de fait : d'une part les syndicats ont une attitude relativement modérée face à l'utilisation de la grève et d'autre part, le moindre délestage provoquerait des dégâts techniques irréversibles au réseau.

[84] Ch. mixte, 4 février 1983, Société Otic Fischer Porter c/ EDF, *Droit soc.*, 1983, p.627 ; Société Etablissement Marcel Cotte et Association patronat indépendant syndicat national de la petite et moyenne industrie c/ EDF, *Droit soc.*, 1983, p.628 ; Société européenne de condiments et autres, *Droit soc.*, 1983, p.629 et Société Boulonnerie et Visserie de Sablé, *Bull.* n°2, *CJEG* 1983, p.247 concl. J. Cochard ; G. Viney, "L'exonération de responsabilité contractuelle d'EDF à raison des coupures de courant provoquées par des grèves de son personnel", *Droit social*, 1983, p. 627, *RTDC* 1983, p. 549, obs. G. Durry, *Gaz. Pal.* 1983, pan. 163 (1ère espèce) note F. Chabas.

1°) L'imprévisibilité.

1339. La Cour de cassation confirme, en 1983[85], une appréciation du caractère imprévisible de la grève, qu'elle avait déjà établie auparavant[86] : le juge doit se placer à la date de la conclusion du contrat afin de déterminer si la grève du personnel était prévisible à cette époque. Les spécificités du droit de grève dans le secteur public sont ainsi entièrement neutralisées. En effet, la loi du 31 juillet 1963 impose un préavis de grève aux agents. En appréciant le caractère prévisible de l'événement au moment de sa survenance, la grève aurait été du même coup toujours prévisible, conception que l'on peut trouver dans la jurisprudence antérieure à 1983[87]. En appréciant ce caractère au moment de la conclusion du contrat, qui intervient en général des années auparavant, et lorsque l'usager est titulaire d'un contrat à exécution successive, la grève n'est en réalité jamais prévisible[88].

1340. De ce point de vue, les contrats à exécution successive (eau, téléphone, électricité, gaz) se distingueraient des contrats à exécution instantanée (transportsessentiellement). On est toujours dans le domaine contractuel, mais la grève devrait être plus souvent prévisible lorsqu'elle intervient concomitamment à la conclusion et l'exécution d'un contrat à exécution instantanée. Il faut nuancer cette idée. Dans le domaine du transport, les billets sont souvent achetés à l'avance par les voyageurs. A plusieurs reprises, la jurisprudence a apprécié le caractère prévisible d'une grève au moment de l'émission du billet[89], voire au moment de la prise de contact avec la compagnie de transport[90]. Cette jurisprudence est-elle compatible avec le fait que l'achat d'un billet de transport n'est qu'un acte précontractuel[91] ? Ne faudrait-il pas plutôt apprécier la prévisibilité de la grève au moment de l'utilisation du titre de transport ?

1341. Dans d'autres cas, la force majeure est appréciée sur le terrain de la responsabilité délictuelle. Dans l'arrêt Société Dunkerquoise de remorquage et de sauvetage, la cour d'appel de Douai[92] s'est placée sur le terrain de la responsabilité délictuelle, puisque cette société, exploitant un service public industriel et commercial, n'avait pu conclure des contrats de remorquage de bateaux du fait de la grève de ses employés. On se situe pendant la période précontractuelle, durant laquelle l'exploitant est obligé de retirer son offre avant acceptation, du fait d'une grève. Dans ce cas, la grève

---

85 Voir essentiellement les arrêts Société Otic Fischer Porter et Société Boulonneries et Visseries de Sable.

86 Cass. civ. I, 7 mars 1966, Bouvier c/ EDF, *JCP* 1966, II, 14878, note J. Mazeaud, *RTDC 1966*, p.823, n°27, obs. G. Durry, *RTDC* 1970, n° 251, obs. G. Viney ; Cass. Com., 21 octobre 1967, SA Musée Grévin, *CJEG* 1968, J, p.27, note A. Carron, *JCP* 1968, II, 15462, note M. Le Galcher Baron, *D.* 1968, p.280, note H. Sinay ; *RTDC* 1968, p. 733, obs. G. Durry.

87 Voir par exemple, CA Rouen, 10 février 1950, EDF c/. Compagnie Bordelaise de Produits chimiques, *JCP* 1950, II, 5485 ; TGI Laval, 29 avril 1963, Bouvier c/ EDF, *D.* 1963, J, p.673, note A. Tunc.

88 Note H. Sinay sous Cass. com., 21 octobre 1967, SA Musée Grévin, préc.

89 Cass. com. 12 novembre 1969 et CA Paris 13 février 1970, *JCP* 1971, II, 16791, note M. de Juglart et E. de Pontavice ; Cass. com. 3 octobre 1989, *JCP* 1990, II, 21423, concl. Jéol, *RTDC* 1990, p. 658, obs. J. Mestre.

90 Civ. I, 10 novembre 1971, *JCP* 1972, II, 17079, note R. Rodière.

91 Voir n°309.

92 CA Douai, 15 janvier 1987, n°3616/85 et 4778/85.

n'est pas imprévisible car la société a participé aux accords de salaires et ne pouvait pas ignorer qu'en refusant d'appliquer ceux-ci à la date prévue, elle encourrait des risques d'affrontements sociaux.

1342. Si la conclusion et l'exécution d'un contrat se situent dans un court laps de temps, de la même façon que lorsqu'on se situe en période précontractuelle, on peut imaginer que la grève sera jugée prévisible. Il n'en est rien si on se réfère à une jurisprudence qui s'oriente vers une appréciation de la prévisibilité non pas de l'événement lui-même, la grève, mais de certaines de ses qualités[93]. En effet, on pourrait critiquer la position de la Cour de cassation retenue en 1983 : une grève n'est pas prévisible lors de la conclusion du contrat, mais un vent violent semble l'être si on se souvient des solutions retenues en matière d'événements naturels ! C'est pourquoi certains jugements prennent soin de constater que si la grève est un droit constitutionnel dont l'exercice est prévisible lors de la conclusion du contrat, ses effets sont imprévisibles jusqu'au dernier moment. L'exploitant ne connaît pas le degré de participation à la grève, et donc les baisses de production qu'elle entraînera[94]. Le préavis obligatoire de la loi du 1963 perd toute influence sur la notion de prévisibilité, y compris si on se place à la date de l'événement pour l'apprécier, puisque le dépôt d'un préavis ne conduit pas nécessairement au déclenchement d'une grève dont l'ampleur ne peut pas être connue, de toute façon[95].

1343. Pour résumer, on peut se situer au moment de la survenance de l'événement dans un contrat à exécution successive. Cette solution n'a pas été retenue par la Cour de Cassation. Même si elle l'était, le système du préavis est neutralisé par la prise en compte des effets de la grève et non de la grève elle-même. Si on se situe au moment de la conclusion du contrat, solution retenue en 1983, la grève elle-même et *a fortiori* ses effets ne sont pas prévisibles. Si l'usager est lié à l'exploitant par un contrat à exécution instantanée, on peut retenir la solution de la cour d'appel de Douai et estimer que la grève imminente est prévisible. On pourrait aussi prendre en considération une fois de plus les conséquences de la grève et juger qu'elles sont parfaitement imprévisibles pour l'exploitant jusqu'au dernier moment.

1344. Que l'on se situe dans le domaine contractuel ou délictuel, la grève dans les services publics fait intervenir à part entière l'élément d'imprévisibilité. La date de son appréciation et les événements pris en compte rendent quasi-systématiquement la grève imprévisible.

2°) L'irrésistibilité.

1345. L'irrésistibilité se définit comme un "obstacle qu'on ne peut contourner par aucun moyen lorsqu'il se réalise ou un obstacle qui ne pourrait d'avance être écarté"[96].

---

[93] Voir P.-H. Antonmattéi, *Contribution à l'étude de la force majeure*. Th. préc., p.54.

[94] TGI Toulouse, 6 décembre 1988, Gaulier c/ EDF, *CJEG* 1989, p.200, note CCM ; TGI Paris, 15 avril 1988, Bazin, *CJEG* 1989, p.249.

[95] Voir note J.-Y. Choley sous TGI Saint Denis, 25 août 1983, Epoux Butin c/ EDF, *D.* 1985, p.26.

[96] F. Chabas, "La force majeure", préc. n° 35.

1346. Les arrêts du 4 février 1983, rendus en chambre mixte par la Cour de cassation, résument les diverses raisons concourant à l'irrésistibilité de la grève. Au moment des grèves de 1977, EDF n'était pas en mesure de réquisitionner du personnel, car seul le gouvernement pouvait le faire, ni trouver une main-d'oeuvre de remplacement, compte tenu de l'aspect technique des fonctions occupées par les agents d'EDF. Il était également impossible à EDF de se procurer l'énergie dans des pays limitrophes ou auprès d'autres fournisseurs.

1347. La chambre mixte suit l'avocat général Cochard, lorsqu'il propose de substituer la notion de "conjoncture contraignante" à celle, classique, de force majeure. Au lieu du triptyque habituel - imprévisibilité, irrésistibilité, extériorité - la cause exonératoire de responsabilité serait fondée sur la survenance d'un élément insurmontable. M. Cochard se rend ici à l'opinion déjà émise selon laquelle un événement peut être prévisible, mais en même temps exonérer le débiteur de sa responsabilité, compte tenu de son caractère absolument insurmontable[97]. Si la notion d'état de contrainte a été reprise postérieurement par la jurisprudence pour qualifier l'irrésistibilité, elle s'accompagne en réalité de l'appréciation des autres composantes de la force majeure, imprévisibilité et extériorité[98]. L'idée de l'état de contrainte ne semble donc pas avoir trouvé ici un terrain de prédilection.

1348. Si, en règle générale, le juge admet facilement le caractère irrésistible d'une grève, il fait parfois preuve d'une certaine rigueur dans son appréciation. L'irrésistibilité s'entend normalement de l'impossibilité absolue de remplir l'obligation contractée. C'est pourquoi, lorsque certains usagers demeurent desservis malgré la grève, celle-ci n'est pas considérée comme irrésistible[99]. Une telle appréciation n'est pas souhaitable, car on peut imaginer que certains usagers se trouvent dans une zone où l'approvisionnement demeure possible, alors qu'il peut constituer une impossibilité absolue dans d'autres zones.

1349. Les particularités techniques et juridiques du service public industriel et commercial contribuent en grande partie à mettre l'exploitant dans l'impossibilité d'exécuter sa prestation en cas de grève. Reste alors à démontrer que la grève est également toujours extérieure à l'exploitant pour que celui-ci soit exonéré de sa responsabilité.

3°) L'extériorité.

1350. Les arrêts du 4 février 1983 apprécient l'extériorité de la grève au regard de l'action de l'Etat dans le secteur public. Les agents d'EDF font grève pour protester contre

---

97 Voir dans le domaine de la grève, A. Tunc, note sous TGI Laval, 29 avril 1963, Bouvier c/ EDF, préc.

98 TGI Paris, 15 avril 1988, Bazin c/ EDF, *CJEG* 1989, p.249 ; Cass. com., 8 mars 1983, Société Delachaux c/ EDF, *CJEG* 1983, p.258 ; Cass. civ. I, 24 novembre 1993, Cabinet Granger c/ EDF, *CJEG* 1995, p.64. Pour une jurisprudence utilisant les trois composantes classiques postérieurement à 1983, voir TI Grenoble, 23 juin 1988, Etablissement Guillaumin et fils, *CJEG* 1988, J, p.381, note Ch. Binet ; TGI Gonesse, 21 avril 1989, EDF c/ Romagnoli, *CJEG* 1990, p.317 ; TGI Blois, 10 mai 1990, Fèvre et autres c/ EDF, *CJEG* 1991, p.243 ; CA Angers, 9 mai 1990, GAEC de Champverneux c/ EDF, *CJEG* 1991, p.72, note Ch. Binet.

99 TI Saint Denis, 25 août 1983, Epoux Butin c/ EDF, *D.* 1985, J, p.26, note J.-Y. Choley.

la politique de blocage des salaires, décidée par la tutelle étatique dans tout le secteur public. Ainsi, lorsque la grève prend une certaine ampleur et frappe tout un secteur de l'économie, en raison des décisions prises par l'Etat, le caractère d'extériorité sera vérifié[100]. Mais lorsque l'exploitant ne rapporte pas la preuve que le mouvement de grève est provoqué hors de toute action volontaire de sa part envers son personnel[101], ou qu'il n'y a en réalité aucune décision émanant de l'autorité de tutelle ayant entraîné des revendications sociales[102], le caractère d'extériorité ne saurait être accordé.

1351. La jurisprudence a ainsi préféré une conception psychologique[103] de l'extériorité, fondée sur la participation du débiteur à la survenance de l'événement, même si le personnel est placé matériellement sous son autorité. A propos des grèves déclenchées au sein du personnel de l'exploitant privé d'un service public industriel et commercial, la jurisprudence a opté pour une autre conception de l'extériorité, une extériorité plus matérielle : en effet, la grève n'est pas considérée comme extérieure, car elle émane du propre personnel de l'exploitant, toujours soumis à son autorité[104].

1352. Cette appréciation arbitraire de l'extériorité est critiquée par Mlle Viney[105]. La présence d'une autorité de tutelle va faciliter le jeu de la cause étrangère dans le secteur public, où les exploitants (établissements publics) pourront s'abriter derrière l'administration pour échapper à leur responsabilité. C'est donc l'administration qui décidera *in fine* qui devra supporter les conséquences pécuniaires d'une grève, en décidant d'agir ou au contraire en s'abstenant de le faire.

1353. Dans le domaine contractuel, la nécessité du caractère extérieur de l'événement a été remise en cause. La Cour de cassation, dans l'arrêt de 1993, Port autonome de Rouen, qualifie la grève des salariés d'un port d'événement de force majeure, sans mentionner la condition d'extériorité à l'entreprise[106]. Le maintien de la condition d'extériorité serait cependant préférable. Il vaut mieux critiquer l'appréciation de l'action de l'autorité de tutelle comme un événement extérieur et lui reconnaître, dans certains cas, un caractère interne à l'entreprise. Si l'on maintient qu'un événement purement interne à l'entreprise peut constituer un cas de force majeure, cela revient à ne pas indemniser les usagers, quelle que soit l'interprétation que l'on se fait de l'extériorité. Si, au contraire, on maintient la condition d'extériorité dans le domaine contractuel, il suffit de démontrer que

---

100 Note A. Tunc sous TGI Laval, 29 avril 1963, préc. ; TGI Blois, 10 mai 1990, Fèvre et autres c/ EDF, *CJEG* 1991, p.243.

101 CA Paris, 11 juillet 1991, Société d'HLM Richelieu, *CJEG* 1992, p.393.

102 Cass. civ. I, 6 octobre 1993, Port autonome de Rouen, *JCP* 1994 éd. E, n°600, note P.-H. Antonmattéi, *JCP* 1993, II, 22154, note Ph. Waquet, *RTDC* 1994, p. 873, obs. P. Jourdain.

103 Sur cette distinction, voir P.-H. Antonmattéi, Th préc., p.26 et s.

104 CA Douai, 15 janvier 1987, Société Dunkerquoise de remorquage et de sauvetage, n°3616/85 et 4778/85.

105 "L'exonération de responsabilité contractuelle d'EDF à raison des coupures de courant provoquées par des grèves de son personnel"; préc.

106 Civ. I, 6 octobre 1993, *JCP* 1993, I, 22154, note P. Waquet, Contrats, concu., consom., 1994, comm. 3, obs. L. Leveneur (position nuancée), *JCP* 1994, Ed. E, II, 600, note P.-H. Antonmattéi (l'exigence du caractère extérieur doit être maintenue), *JCP* 1994, I, 3773 n°7, obs. G. Viney, *RTDC*. 1994, p. 873, obs. P. Jourdain (la condition d'extériorité n'est plus requise).

l'action de l'autorité de tutelle, sous certaines conditions, est bien interne à l'entreprise pour indemniser les usagers. En vertu d'une certaine conception de l'extériorité on pourrait indemniser les usagers.

1354. Une constatation s'impose : ce sont les spécificités mêmes du service public qui donnent à la grève les caractères de la force majeure, puisqu'il n'y a que dans le secteur public que l'autorité de tutelle décide de la politique salariale. Il s'agit, en outre, d'activités techniques qui excluent tout remplacement de personnel, la présence de monopoles ne facilitant pas la tâche de l'exploitant dans la recherche d'une main-d'oeuvre de rechange. La jurisprudence se caractérise par son caractère apparemment incontestable et une grande sévérité à l'égard des usagers. Cependant, elle n'est pas exempte de critiques.

§ 2. Des solutions à l'absence d'indemnisation des usagers.

1355. La position retenue par la Cour de cassation est juridiquement contestable, malgré les apparences (A). Cependant, en est-elle pour autant illégitime ? Le juge judiciaire a opté pour une solution contestable, alors qu'on peut démontrer qu'il avait d'autres choix à sa disposition et qu'il aurait tout aussi bien pu fonder juridiquement une solution inverse. Son attitude ne peut alors s'expliquer que par de fortes contraintes économiques. Le fardeau financier de la grève doit nécessairement être supporté par l'usager. Peut-on alors trouver des solutions qui tiennent compte de telles contraintes ? (B)

A. L'appréciation critique de la jurisprudence de la Cour de cassation en matière de grève.

1356. On reprendra systématiquement les trois composantes de la force majeure, imprévisibilité (1°), irrésistibilité (2°) et extériorité (3°), afin de démontrer que l'une au moins des trois est absente, ce qui suffirait pour écarter la force majeure.

1°) L'imprévisibilité.

1357. On ne peut être que surpris de constater qu'un orage violent ou des coups de foudre sont des événements prévisibles pour EDF, au moment de la conclusion du contrat, alors que Météo France est incapable de les prévoir plus de deux jours à l'avance. En revanche, les grèves ne le sont pas, alors qu'elles se multiplient dans le secteur public. De la même façon que le Morbihan est fréquemment le théâtre de vents violents, le secteur public est sujet à des mouvements de grève : c'est une idée malheureusement ancrée dans l'inconscient collectif.

1358. Même si on se place au niveau des conséquences, ou de l'ampleur, d'un événement, la même constatation s'impose : personne ne peut prévoir normalement l'ampleur d'un orage, mais EDF semble pouvoir prévoir à la fois l'événement et ses conséquences. Pourquoi un tel décalage entre l'appréciation de la force majeure concernant les événements naturels et celle concernant les grèves ? On pourrait objecter que c'est la jurisprudence en matière d'événements naturels qui est irréaliste, et non celle concernant la grève. Admettons-le.

1359. Sans entrer dans les détails d'une controverse doctrinale[107] portant sur l'appréciation de l'imprévisibilité au moment de la conclusion du contrat, une telle interprétation contribue à déplacer la question que doit se poser le juge. Il ne s'agit pas d'évaluer la réaction du débiteur lors de la survenance de l'événement, mais de juger son attitude dans la rédaction même du contrat. La question est de savoir "à qui les parties ont entendu faire supporter le risque"[108]. Les spécificités du service public sont parfaitement inadaptées à une telle conception, puisque l'exploitant est tenu de contracter. Il ne dispose pas de la faculté de s'abstenir, même s'il sait par avance qu'il ne pourra pas exécuter son contrat, compte tenu des mouvements de grève très fréquents dans ce secteur.

1360. Il ne lui reste plus qu'à préciser, conventionnellement, les causes d'exonération, de façon à ce que l'usager soit capable de gérer le risque. L'exploitant ne commettrait-il pas une faute en s'abstenant de prévenir son cocontractant des risques encourus ? La loyauté contractuelle impliquerait un "devoir de prévoir"[109], "le débiteur a promis une prestation qu'il n'eût pas promise s'il avait agit conformément à la *diligentia in contrahendo*, puisque soit les pourparlers eussent été rompus, soit sa responsabilité eût été expressément exclue, soit enfin, s'il avait accepté de prendre le risque à sa charge, la contre-prestation eût été corrélativement augmentée"[110]. Le droit applicable à l'usager du service public industriel et commercial s'accommode mal d'une telle conception, puisque l'usager ne peut rompre les pourparlers ou s'adresser ailleurs et que le prix doit demeurer raisonnable. S'agissant toujours de la latitude de l'exploitant au moment de la conclusion du contrat, la Cour de cassation a jugé que l'exploitant ne commettait pas de faute en n'informant pas l'usager de l'impossibilité dans laquelle il se serait trouvé d'assurer la continuité du service[111].

1361. Les contrats délivrés par les exploitants comportent des clauses d'exonération de responsabilité en cas de "force majeure", mais les événements susceptibles de revêtir une telle qualification ne sont pas précisés. La jurisprudence fait preuve d'une réelle sévérité à

---

107 Voir P.-H. Antonmattéi, Th préc., p.55. Dans le domaine spécifique du droit de grève dans le secteur public, voir en faveur de l'appréciation de l'imprévisibilité au moment de la conclusion du contrat : G. Viney, "L'exonération de responsabilité contractuelle d'EDF à raison des coupures de courant provoquées par des grèves de son personnel", préc. et *contra* : H. Sinay, note préc. ; J. Cochard, concl. sur Cass. chambre mixte, 4 février 1983, *CJEG* 1983, p.247 ; obs. G. Durry sous Cass. chambre mixte, 4 février 1983, *RTDC* 1983, p.549, n°12.

108 A. Tunc, "La grève du personnel constitue-t-elle un cas de force majeure ?", *RTDC* 1964, p.120, n°35.

109 En faveur de cette idée, voir P.-H. Antonmattéi, Th. préc., p.57 et la doctrine citée.

110 Ch.-A. Junod, *Force majeure et cas fortuit dans le système suisse de responsabilité civile*, Th. Genève, 1956, p.90.

111 Cass. com., 8 mars 1983, Société Delachaux c/ EDF, *CJEG* 1983, p.258.

l'égard de l'usager dans l'appréciation des caractéristiques de la force majeure en cas de grève. On ne peut que regretter qu'elle ne soit pas accompagnée d'un renforcement des obligations de comportement annexes de l'exploitant lors de la conclusion du contrat. Le fait de ne pas préciser dans la rubrique "force majeure" les cas de grève relève de l'absence de loyauté dans la conclusion du contrat. Sans rentrer pour le moment dans l'appréciation de la licéité d'une clause assimilant la grève à un cas de force majeure ou limitant l'obligation de l'exploitant en cas de grève, la rédaction d'une telle clause permettrait au moins à l'usager de la contester par les voies de droit qui lui sont offertes.

1362. Pourquoi la responsabilité pour faute de l'exploitant ne serait-elle pas engagée pour manquement à son obligation de bonne foi dans la rédaction du contrat type[112] auquel adhérera l'usager ? A partir du moment où des obligations de précaution sont mises à la charge de l'usager, on ne voit pas en quoi l'obligation de comportement corrélative de l'exploitant ne consisterait pas à définir avec précision les causes exactes des interruptions. La bonne foi intervient dans la négociation et la conclusion du contrat. "Chacune des parties ne doit pas tromper l'autre mais elle doit adopter une attitude cohérente permettant à son partenaire de déterminer sa propre conduite." "De manière générale, chaque fois qu'un contractant fait naître un rapport de confiance, il doit en assumer les conséquences."[113]

1363. L'exploitant ne peut pas prévoir une grève particulière, ou ses conséquences précises, au moment de la conclusion du contrat. Néanmoins, il sait que les grèves en général sont fréquentes dans le secteur public. Il dispose d'un moyen d'information de l'usager à travers la rédaction des contrats types. L'information de l'usager lui permettrait d'attaquer les clauses assimilant la survenance d'une grève à un événement de force majeure, ou de prendre ses précautions. On pourrait donc rechercher la responsabilité de l'exploitant sur le terrain de la bonne foi. Qu'en est-il de l'irrésistibilité ?

2°) L'irrésistibilité.

1364. Les critiques sont beaucoup plus vives. L'irrésistibilité se définit comme l'impossibilité d'agir ou de s'abstenir créée par l'événement, mais aussi comme l'impossibilité d'empêcher l'événement ou d'en atténuer les effets[114].

1365. On distinguera donc trois étapes dans l'attitude de l'exploitant. Longtemps avant la grève, il a l'opportunité d'élaborer un service minimum (a). Il peut aussi agir juste avant le déclenchement de la grève, lorsqu'il sait celle-ci imminente (b), ou pendant la grève (c).

---

[112] La bonne foi n'est pas enfermée dans l'exécution du contrat, mais constitue un véritable principe général qui irrigue également la période précontractuelle, voir P. Jourdain, "Rapport français", in *La bonne foi*, préc.

[113] F. Terré, Ph. Simler, Y. Lequette, *Droit civil. Les obligations*, préc., n° 40-2.

[114] P.-H. Antonmattéi, Th. préc., p.64 et s.

a) La question du service minimum.

1366. L'appréciation du juge judiciaire contraste radicalement avec celle du juge administratif en matière de service minimum et de droit de grève. Le principe de continuité du service public admet deux fondements : la continuité de l'Etat et la satisfaction des usagers[115]. On ne peut que déplorer que ce soit principalement, si ce n'est exclusivement, sur le premier fondement que le juge administratif contrôle les mesures restreignant le droit de grève[116]. En effet, les limitations apportées au droit de grève ne peuvent être édictées "qu'en vue d'en éviter un usage abusif ou contraire aux nécessités de l'ordre public"[117]. A l'ORTF, l'autorité administrative a pu organiser un service minimum comprenant un journal télévisé ou une édition spéciale, afin que le gouvernement puisse intervenir sur l'antenne. En revanche, l'obligation de diffuser un film à 20 h 30 pour l'agrément des usagers ne saurait être comprise dans le service minimum[118].

1367. A l'opposé, le juge judiciaire, dans l'appréciation de la licéité d'une grève, prend en compte le second fondement, l'intérêt des usagers. Plus précisément, il fait référence à l'intérêt des "milliers de voyageurs"[119] bloqués par une grève des transports. Il prend également en compte la paralysie de la "vie économique du pays" et les dangers pour la "sécurité même des usagers"[120]. Il mentionne "l'importante catégorie des usagers dont les intérêts matériels et moraux *méritent considération*"[121]. C'est la masse des usagers qui importe. Ainsi, ce sont les intérêts des usagers qui sont pris en considération, alors que pour le juge administratif, ce sont ceux des institutions publiques. Les deux considérations ne pourraient-elles pas se rejoindre dans la notion de "vie économique du pays"[122] ? Lorsque l'atteinte aux droits des usagers ne touche plus seulement leur confort, mais qu'elle touche également les outils de production, il semble que l'intérêt public lui-même soit touché. Les notions de continuité essentielle à la vie nationale ou "d'intérêts vitaux du pays"[123] pourraient donc comprendre l'intérêt d'une masse d'usagers. Les positions respectives du juge administratif et du juge judiciaire seraient susceptibles de converger vers cette interprétation intermédiaire.

---

115 Voir n°1281.

116 Voir Ph. Terneyre, *La grève dans les services publics*, Sirey, 1991, p.90 et s.; E. Devaux, *La grève dans les services publics*, PUF, 1995, p.292 et s.; O. Dugrip, "Les conditions de la soumission des entreprises publiques au service minimum de grève", *Cahiers du droit de l'entreprise*, 1989, n°26, p.11.

117 CE, 7 juillet 1950, Dehaene, préc.

118 CE, 4 février 1966, Syndicat unifié des techniciens de la RTF, *Rec.*, p.81, *D.* 1966, note J.-P. Gilli, *JCP* 1966, II, note Ch. Debbasch, *RDP* 1966, p. 324, concl. Bertrand.

119 Voir la rédaction de l'arrêt de la cour d'appel de Paris du 27 janvier 1988, SNOMAC c/ Air Inter, *D.* 1988, p.351, note J.-C. Javillier, qui prend en compte l'intérêt des "milliers de voyageurs".

120 Cass. soc., 27 janvier 1956, Blanc c/ SNCF, *D.* 1956, p.481, note A. Gervais.

121 CA Paris 27 janvier 1988, SNOMAC c/ Air Inter, *D.* 1988, p. 351, note J.-C. Javillier.

122 La Cour de cassation s'était orientée dans cette direction, voir la rédaction de l'arrêt Cass. soc., 27 janvier 1956, Blanc c/ SNCF, *D.* 1956, p.242, note A. Gervais.

123 CE, 8 novembre 1989, SGNACFTC, *Rec.*, Tables, p.750 et CE, 12 mai 1989, Union des Chambres de commerce et d'établissements gestionnaires d'aéroports, *Rec.*, Tables, p., 750, à propos du service minimum des contrôleurs aériens.

1368. La jurisprudence sur les réquisitions des agents peut, de prime abord, sembler se situer dans la droite ligne de la définition du service minimum[124]. La réquisition doit être justifiée par une atteinte suffisamment grave à la continuité du service public[125]. Elle ne doit pas être une façon détournée d'assurer un service normal à la place d'un service minimum[126]. Cependant, la motivation des arrêts conduit à penser que le juge administratif apporte une inflexion à sa jurisprudence traditionnelle. La réquisition des pilotes d'Air France a été jugée régulière "eu égard à l'importance des liaisons aériennes interrompues et aux risques graves que son extension éventuelle pouvait comporter pour le fonctionnement de l'ensemble du service des transports aériens, de nature à porter une atteinte suffisamment grave pour justifier légalement le décret autorisant la réquisition de l'ensemble du personnel navigant de la compagnie"[127]. Une jurisprudence de 1961 a jugé illégale la réquisition des agents des transports publics de Marseille[128], au motif que "si les grèves déclenchées (...) se sont manifestées par des interruptions de service d'une durée variable sur différentes lignes du réseau, il ne ressort pas des pièces du dossier que les perturbations qui en sont résultées sur ce trafic aient eu pour effet de porter, soit à la continuité du service des transports, soit à la satisfaction des besoins de la population une atteinte suffisamment grave pour justifier légalement la réquisition du personnel de cette régie".

1369. Le juge administratif rejoint donc l'appréciation du juge judiciaire, saisi dans la même affaire, à propos de la licéité de la grève. Pour ce dernier, l'action poursuivie n'était pas "contraire à des nécessités d'ordre public, l'absence momentanée de trafic, et en des points chaque jour différents du réseau de transport n'ayant apporté qu'une perturbation, sans doute gênante pour la vie de la cité, mais sans en paralyser gravement l'activité"[129]. Ainsi, dans le domaine de la jurisprudence sur les réquisitions, c'est plutôt le second fondement du principe de continuité qui prédomine, à savoir l'intérêt des usagers. Mais ce n'est pas le simple confort de l'usager qui est à prendre en compte, mais plutôt la paralysie de la vie économique, dépendant de l'ampleur du mouvement de grève et de la gêne occasionnée.

1370. Cependant, le Conseil d'Etat a jugé que l'abstention d'exercer le droit de réquisition n'est susceptible de constituer une faute engageant la responsabilité de l'Etat qu'en cas de "carence systématique"[130]. Depuis l'échec de cette méthode lors de la grève des mineurs, en 1963, le gouvernement répugne à la réutiliser, de peur de compromettre

---

[124] A. Ramin, "La grève dans les services publics en France: quelques réflexions sur la situation de l'usager", *Droit Social*, 1985, p.33.

[125] CE, Section, 26 octobre 1962, Le Moult, *Rec.*, p.580, *AJDA* 1962, p. 671, chron. Gentot et Fourré, *Droit social* 1963, p. 224, note J. Savatier : légalité de la réquisition des pilotes de Boeing 707.

[126] CC, 25 juillet 1979, préc.

[127] CE, Section, 26 octobre 1962, Le Moult, préc.

[128] CE, 24 février 1961, Isnardon, *Rec.*, p.150, *Droit social* 1961, p.356, note J. Savatier, *AJDA* 1961, p.204, chron. Galabert et Gentot.

[129] Cass. soc., 14 juin 1960, *Droit Social* 1960, p.491.

[130] CE, 6 novembre 1985, Société Condor-Flugdienst, *Rec.*, p.313 ; Ministre des Transports c/ TAT, *Rec.*, p.312.

l'autorité de l'Etat[131]. Les usagers sont singulièrement privés de moyens de droit pour combattre l'inertie des pouvoirs publics.

1371. On constate néanmoins que les positions du juge administratif et du juge judiciaire ne sont pas si éloignées qu'il apparaissait de prime abord. En effet, les grèves partielles sont déclarées licites par le juge judiciaire lorsque seule une ville est concernée, car l'ordre public ne lui semble pas touché. En revanche, lorsque c'est l'ensemble du réseau de la SNCF qui est concerné, la désorganisation générale du service paralyse "la vie économique du pays". Lorsque la grève atteint une certaine ampleur, l'intérêt des usagers rejoint celui de la Nation toute entière, car ce n'est plus simplement de confort ou de commodité dont on parle, mais de désorganisation économique. La jurisprudence du Conseil d'Etat, en matière de service minimum, doit intégrer cette facette de la continuité de l'Etat, qui ne peut se passer de la survie économique de milliers d'entreprises. La continuité de l'Etat ne se résume pas à celle des pouvoirs publics et l'intérêt public intègre également certaines nécessités économiques. A partir du moment où il s'était engagé dans cette voie pour ce qui est des réquisitions, il devrait la suivre en matière de service minimum. Un arrêt du Conseil d'Etat, de 1998[132], pourrait constituer le point d'inflexion de sa jurisprudence. Il a été jugé, à propos d'une grève des infirmiers, que la décision du directeur de l'hôpital d'augmenter les effectifs nécessaires à la continuité du service ne portait pas une atteinte excessive au droit de grève dès lors qu'à la date de la décision, la grève illimitée des infirmiers durait déjà depuis dix-huit jours. Il semble que ce soit l'exaspération des usagers face à l'ampleur d'une grève qui s'éternisait qui a emporté ici la solution retenue, et non la continuité de l'action des pouvoirs publics.

1372. Cependant, l'exploitant du service n'est pas tenu d'assurer un service minimum. Il s'agit d'une possibilité à la portée de l'administration, ou des dirigeants d'établissements publics[133], mais pas d'une obligation. Le service minimum "n'est (...) imposé par aucune disposition légale ou réglementaire". L'administration ne commet aucune faute en s'abstenant de prendre des mesures spécifiques à l'effet de réglementer l'exercice du droit de grève par les agents[134]. En matière de services publics industriels et commerciaux, les tentatives législatives d'institution d'un service minimum en sont restées à l'état de proposition[135]. Au niveau des établissements publics eux-mêmes, seul EDF a établi une liste d'usagers prioritaires. Mais, c'est encore exclusivement la continuité des pouvoirs publics qui est assurée[136].

---

[131] Voir Ph. Terneyre, *La grève dans les services publics*, préc., p.99.

[132] CE, 30 novembre 1998, Mme Rosenbalt, *D.* 1999, IR, p.21.

[133] CE, 7 janvier 1976, CHR d'Orléans, *Rec.*, p.10.

[134] TA Marseille, 3 décembre 1987, Notari et TA Caen, 21 juillet 1988, Soc. Codica, *Juris PTT* 1989, n°15, p.4, à propos de l'administration des PTT.

[135] Au cours de l'année 1986, M. Fourcade a déposé une proposition de loi devant le Sénat, "tendant à instituer une procédure de médiation préalable et à assurer un service minimal en cas de grève dans les services publics". En février 1999, MM. Bussereau, Rossi, Debré, et Douste-Blazy ont déposé une proposition de loi à l'Assemblée Nationale visant à améliorer le dialogue social et à instaurer un service minimum dans les transports publics.

[136] Arrêté du 28 mars 1980, JONC du 19 avril 1980 ; arrêté du 5 juillet 1990, JO du 31 juillet 1990. Trois catégories d'usagers sont définies :les hôpitaux, cliniques et laboratoires ; les installations d'éclairage public et

1373. En matière d'obligation d'information des usagers, là encore les positions respectives du juge judiciaire et du juge administratif divergent. Dans l'arrêt Société navale chargeurs Delmas-Vieljeux[137], à propos d'un service public administratif, le Conseil d'Etat a jugé que la circonstance selon laquelle l'exploitant n'a pas avisé les usagers de l'imminence de la grève ne saurait à elle seule engager la responsabilité des autorités. En revanche, le juge judiciaire est particulièrement vigilant au respect de l'obligation d'information des usagers. Sa violation peut entraîner la responsabilité de l'exploitant, alors même que les grévistes n'avaient pas déposé de préavis, mais que l'exploitant savait la grève imminente[138]. Cependant, l'information par voie de presse est suffisante et les usagers ne peuvent aller jusqu'à exiger une information personnelle[139].

1374. Pour résumer les obligations respectives du gouvernement et de l'exploitant dans la période précédant la grève, en matière de services publics industriels et commerciaux, on peut établir certaines constatations. Le gouvernement répugne à utiliser son pouvoir de réquisition et il n'engage sa responsabilité qu'en cas de carence systématique. L'administration peut établir un service minimum, mais ce service ne doit assurer que les besoins vitaux du pays et qui plus est, il ne s'agit en aucun cas d'une obligation. Ces constatations doivent cependant être nuancées. On peut penser que la multiplication des grèves dans les services de transport, paralysant le fonctionnement de villes entières, et la constante abstention des pouvoirs publics révèlent une carence systématique de leur part.

1375. Ensuite, la simple possibilité d'assurer un service minimum en droit administratif ne se transforme-t-elle pas en obligation en droit privé ? En effet, le contractant doit exécuter son contrat de bonne foi, ce qui implique qu'il ne doit pas se mettre lui-même en état de ne pouvoir exécuter son obligation[140]. L'exploitant du service public se refuse à établir un service minimum pour l'unique raison qu'il s'agit d'une mesure impopulaire et qu'il espère profiter du pourrissement du conflit et de l'exaspération des usagers pour sortir de la crise, le moment venu. Il est mis à la charge de l'usager une obligation de prudence rattachée à la bonne foi dans l'exécution du contrat contre les risques d'interruption[141]. On ne voit pas pourquoi l'exploitant en serait exonéré, alors qu'il est le plus à même de prévenir efficacement les interruptions dues à des grèves.

1376. Par ailleurs, l'exploitant ne peut pas se retrancher derrière la conception du service minimum adopté par le juge administratif. Il suffit qu'il rédige son texte en considération des besoins vitaux du pays. Il ne s'agit d'établir un service minimum que pour pallier les inconvénients économiques provoqués par les grèves générales de très longue durée dans un service. Le texte devrait donc prévoir qu'à partir d'une certaine

---

les installations industrielles qui ne sauraient souffrir d'interruptions sans subir de dommages, particulièrement celles intéressant la défense nationale".

[137] CE, 15 juin 1987, *Rec.*, p.217.

[138] Cass. com., 24 novembre 1953, EDF c/ Compagnie Bordelaise de Produits Chimiques, *JCP* 1954, II, 8302, note J. Radouant.

[139] CA Lyon, 8 novembre 1979, *D.* 1980, IR, p.441. Voir également, TGI Saint Denis, 25 août 1983, Epoux Butin c/ EDF, *D.* 1985, J, p.26, note J.-Y. Choley.

[140] F. Terré, Ph. Simler, Y. Lequette, *Droit civil. les obligations*, préc., n° 415.

[141] Voir n°1318 et s.

ampleur et au bout d'un certain temps, le service doit néanmoins être assuré durant certaines heures de la journée et pour les lignes les plus stratégiques. L'exécution de bonne foi du contrat implique nécessairement une telle attitude de l'exploitant, dans la mesure, bien entendu, où le service est confié à un établissement public, dont le directeur est habilité à prendre de telles mesures[142]. En cas de carence, le dommage invoqué par l'usager serait évidemment inférieur à l'entier préjudice résultant de la grève, puisque les usagers n'auraient pu prétendre qu'à un service minimum. Ainsi, ce qui n'est qu'une possibilité au regard du droit administratif deviendrait une obligation en droit privé, compte tenu des exigences de la bonne foi dans l'exécution des conventions.

1377. Ainsi, à froid, il n'est pas impossible juridiquement de limiter le droit de grève et on pourrait même concevoir qu'il s'agisse d'une obligation. Qu'en est-il à chaud, au moment du déclenchement de la grève ?

b) L'attitude de l'exploitant au moment du déclenchement de la grève.

1378. Il a été jugé[143] qu'une grève, même illicite, était un cas de force majeure pour l'exploitant. Une fois la grève survenue, c'est certain. Mais l'exploitant n'avait-il pas le devoir de mettre en oeuvre toutes les diligences pour l'éviter ? Une jurisprudence concernant la compagnie Air Inter est édifiante dans ce domaine. La Cour de cassation, réunie en assemblée plénière[144], a jugé que le juge des référés pouvait suspendre un préavis de grève et interdire celle-ci, si elle est de nature à entraîner un "trouble manifestement illicite", au motif que, "si la grève est licite dans son principe en cas de revendication professionnelle, il appartient au juge des référés d'apprécier souverainement si elle n'entraîne pas un trouble manifestement illicite ; que la cour d'appel retient que la décision ministérielle échappait à la compétence des compagnies, celles-ci ne disposant d'aucun moyen de droit pour obliger l'administration à la modifier ; que l'engagement de très longue durée qui leur était demandé au mépris des contraintes financières et des progrès techniques était déraisonnable et que les compagnies ne pouvaient de toute évidence satisfaire les revendications professionnelles des syndicats". Dans ses conclusions, monsieur l'avocat général Bouyssic[145] prend en considération les spécificités du secteur public. "Le droit de nuire invoqué comme une conséquence légitime du droit de grève est singulièrement altéré dans les services publics, le législateur, prohibant dans l'intérêt des usagers toute désorganisation durable de l'entreprise qui serait inévitablement le résultat de revendications déraisonnables."

---

142 On pourrait se demander si un exploitant privé est susceptible de prendre une mesure de service minimum. Voir l'avis du Conseil d'Etat du 22 juin 1978 (*Grands Avis*, p.145), selon lequel seul le concédant peut réglementer le droit de grève des salariés des concessionnaires d'autoroute" ; dans ce sens également, L. Richer, "Remarques sur les entreprises privées de service public", AJDA, n° spécial 1997, *Le service public. Unité et diversité*, p.110.

143 Cass. civ. I, 6 octobre 1993, Port Autonome de Rouen, préc.

144 Ass. plén., 4 juillet 1986, *Droit Social* 1986, p.745.

145 *D.* 1986, p.477, note très critique de J.-E. Ray.

1379. M. Teyssié[146] en déduit que la grève cesse d'être licite si l'employeur est dans l'impossibilité d'apporter une réponse favorable à ses employés. Il peut s'agir d'une impossibilité juridique (les compagnies de transport ne peuvent pas modifier les décisions des autorités de tutelle), économique (en vertu des contraintes financières et des progrès techniques), financière (revendications ayant des répercussions trop lourdes sur les entreprises) ou technique.

1380. Plusieurs constatations s'imposent d'elles-mêmes. Dans le secteur public, constater qu'une grève présente le caractère d'extériorité, c'est en même temps affirmer qu'elle est illicite ou qu'elle provoque un trouble illicite. En effet, si la grève est due à une décision de l'autorité de tutelle, elle est extérieure à l'exploitant. Mais en même temps, cela signifie que les salariés revendiquent des avantages que leur employeur ne peut pas leur consentir : la grève est donc illicite en vertu de la jurisprudence précitée de la Cour de cassation. Si on admet qu'en déclenchant une grève, les agents peuvent faire plier l'autorité de tutelle, n'est-ce pas du même coup nier le caractère extérieur de la grève ? Soit elle est extérieure et illicite, et dans ce cas l'exploitant doit saisir le juge des référés ; soit elle n'est pas extérieure et, dans ce cas, il doit indemniser les usagers car une des caractéristiques de la force majeure disparaît du même coup. On reviendra sur ce point plus tard[147]. Pour le moment, il faut analyser les conséquences possibles de cette jurisprudence. En effet, l'ouverture des réseaux à la concurrence pose certains problèmes sociaux au sein du secteur public, à tel point que dans le domaine ferroviaire, les grèves de l'hiver 1995 étaient dues au rejet du nouveau contrat de plan par les grévistes. Cependant, si on suit la jurisprudence de la Cour de cassation, les revendications des agents seraient illicites compte tenu des contraintes juridiques, économiques et financières dues à l'ouverture des réseaux, que l'exploitant ne peut pas éviter.

1381. Cependant, la cour d'appel de Paris[148], deux ans plus tard, à propos du même litige que celui soumis à la Cour de cassation, a jugé que "le juge de l'ordre judiciaire, qui n'a reçu ni de la loi, ni des parties la mission d'arbitrer ou de trancher un conflit collectif du travail, n'a pas qualité ni compétence pour apprécier le bien-fondé et, par suite, la légitimité des revendications d'ordre professionnel présentées par l'une ou l'autre des parties au conflit ; il ne lui appartient pas de substituer sa propre appréciation de la rationalité du mouvement collectif à celle normalement débattue entre employeur et syndicat professionnel, non plus que d'exercer un contrôle sur les problèmes d'ordre technologique, économique ou financier qui font l'objet du débat et d'imposer sa solution à ces problèmes". "En revanche, lorsque les circonstances de temps qui ont entouré le dépôt du préavis (notifié pour une durée de 48 heures avec effet les 1er et 2 août) font apparaître, avec certitude, un grave et imminent préjudice pour les milliers de voyageurs partant en vacances ou en revenant, le choix des dates pour un arrêt total du service inspiré par une évidente volonté de créer un violent impact, devait être pris en compte par les premiers juges pour prévenir la réalisation d'un grave dommage dans l'importante catégorie des usagers du moment, dont les intérêts matériels et moraux méritaient considération." Sur ces motifs, la cour prend une mesure conservatoire de suspension des

---

[146] Note sous l'arrêt, *JCP* 1986, II, 20694.

[147] Voir n°1389 et s.

[148] CA Paris, 27 janvier 1988, SNOMAC c/ Air Inter, *D.* 1988, p.351, note J.-C. Javillier.

effets du préavis, mais pour une durée nécessairement courte, à savoir huit jours. La cour d'appel refuse d'apprécier la rationalité de la grève pour en déduire l'existence d'un trouble illicite. Elle déplace le problème vers les circonstances qui entourent sa survenance.

1382. De même, la Cour de cassation juge une circulaire limitant le droit de grève des agents de la SNCF "impérieusement commandée par la nature même du service public confié à la SNCF : en effet, admettre la légalité des cessations sporadiques du travail par des groupes de chemineaux déclenchant des grèves momentanées sur des points divers du réseau serait tolérer une désorganisation générale du service public qui paralyserait la vie économique du pays et pourrait comporter les plus grands dangers pour la sécurité même des usagers"[149]. Ce n'est pas le fondement de la grève qui est mis en cause, mais son déroulement.

1383. On en déduit que l'exploitant est dans l'obligation d'intervenir pour faire cesser le trouble si un dommage présentant une certaine gravité est imminent. Il semble que la gravité du dommage s'apprécie par rapport à son ampleur, elle-même proportionnelle à celle de la grève, et par rapport aux atteintes à la vie économique du pays.

1384. Pour résumer, il semble que les usagers puissent obtenir un dédommagement en cas de carence de l'exploitant, alors qu'il aurait dû agir pour prévenir un trouble illicite. Qu'en est-il maintenant de l'attitude de l'exploitant pendant la grève elle-même ?

c) L'attitude de l'exploitant pendant la grève.

1385. L'exploitant est tenu à une obligation de diligence dans les négociations, engageant sa responsabilité en cas de carence. Il en va de même s'il s'abstient d'utiliser les moyens mis à sa disposition en cas de grève illicite (procédure judiciaire et disciplinaire)[150]. Dans l'appréciation de la diligence de l'exploitant, le juge judiciaire ne rejoint que partiellement l'appréciation retenue par le juge administratif en matière de services publics administratifs. Pour le juge administratif, l'administration peut justifier sa carence en démontrant que son action aurait causé des troubles plus importants à l'ordre public que son intervention[151]. Pour le juge judiciaire, EDF n'a pas commis de faute en adoptant une attitude aussi énergique que possible (suspension de 6 agents). Sa responsabilité n'est pas engagée dans le choix d'une attitude plus conciliante pour ne pas faire obstacle à la mission d'apaisement du mandataire, alors que l'appel à la force publique aurait provoqué un risque d'endurcissement[152]. Jusque là, les positions sont comparables. En revanche, le juge administratif a parfois opté pour un régime de responsabilité pour faute lourde ou exigé une carence systématique de la part de l'autorité

---

[149] Cass. soc., 27 janvier 1956, Blanc c/ SNCF, *D.* 1956, p.242, note A. Gervais.

[150] A propos d'un exploitant privé, CA Douai, 15 janvier 1987, Société Dunkerquoise de remorquage et de sauvetage, n°3616/85 et 4778/85.

[151] Voir par exemple, CE, 15 juin 1987, Société navale des chargeurs Delmas-Vieljeux, *Rec.*, p.217.

[152] TGI Paris, 27 octobre 1988, Association des utilisateurs de l'électricité c/ EDF, *CJEG* 1989, p.249.

administrative dans sa diligence[153], alors que le juge judiciaire n'exige pas de carence particulière.

1386. De plus, on sait qu'en matière de services publics administratifs, dans le cas où la grève est licite ou dans le cas où elle est illicite, alors que les autorités publiques justifient leur carence, les usagers peuvent néanmoins obtenir réparation sur le fondement de la responsabilité pour rupture d'égalité devant les charges publiques[154]. Cela implique que l'usager doive rapporter la preuve de l'existence d'un dommage spécial et anormal. Le juge judiciaire ne s'embarrasse pas de telles considérations et fait simplement référence au principe d'égalité des usagers dans le fonctionnement du service public : EDF engage sa responsabilité si un usager non prioritaire a eu à subir des "coupures excessives" par rapport aux autres usagers non prioritaires[155]. Selon M. Devaux[156], une telle jurisprudence influencerait l'entreprise, qui serait tentée en cas de grève de ne plus fournir les usagers non prioritaires. Ces craintes ne semblent pas justifiées. Il suffit à l'exploitant d'expliquer au juge, essentiellement pour des raisons techniques, tout à fait invocables au regard du principe d'égalité, pourquoi certains usagers non prioritaires situés sur une partie du réseau desservant des usagers prioritaires ont pu néanmoins être desservis.

1387. L'irrésistibilité avait été également appréciée au regard de l'impossibilité pour l'exploitant de s'approvisionner dans des pays voisins. L'ouverture des réseaux à la concurrence ne vient-elle pas considérablement modifier les règles du jeu ? En effet, en matière de distribution d'électricité, il sera facile aux exploitants de s'approvisionner ailleurs. Cependant, on imagine qu'un minimum d'agents est nécessaire à la mise en oeuvre d'une telle solution. Quoi qu'il en soit, si le juge judiciaire s'en tient à l'appréciation stricte de l'impossibilité absolue d'approvisionner les usagers, il n'est pas certain que le caractère irrésistible de la grève demeure vérifié. Il a déjà été jugé dans le domaine du transport aérien que l'exploitant était tenu de rechercher l'exécution du contrat par substitution[157].

1388. L'irrésistibilité de la grève peut être combattue à trois niveaux différents : en amont de la grève, lors de son déclenchement, et pendant le mouvement lui-même. Si les appréciations respectives des juges judiciaire et administratif divergent quelquefois, on ne peut que constater que celle du juge judiciaire est plus favorable à l'usager. En est-il de même pour ce qui est de l'extériorité de la grève ?

---

[153] Voir également CE, 15 juin 1987, Société navale des chargeurs Delmas-Vieljeux, *Rec.*, p.217, à propos du refus de l'autorité de police d'intervenir sur le terrain. Lorsqu'est en cause l'exploitant, une faute simple suffit, mais celle-ci est constituée par une "carence systématique" (Voir par exemple, CE, 17 janvier 1986, Ville de Paris c/ Duvinage, *Rec.*, p.10 et CE, 6 novembre 1985, Compagnie Touraine Air Transport, *AJDA* 1986, p.84, chron. Hubac et Azibert).

[154] Voir par exemple, CE, 17 janvier 1986, Ville de Paris c/ Duvinage, *Rec.*, p.10 et CE, 6 novembre 1985, Compagnie Touraine Air Transport, *AJDA* 1986, p.84, chron. Hubac et Azibert.

[155] TI Digne, 8 mars 1988, Maurel c/ EDF, *CJEG* 1989, p.249. Voir également CA Douai, 15 janvier 1987, Société Dunkerquoise de remorquage et de sauvetage, n°3616/85 et 4778/85.

[156] *La grève dans les services publics*, Th. préc., p.721 et s.

[157] Cass. com. 12 novembre 1969, *JCP* 1971, II, 16791, note M. de Juglard et E. de Pontavice.

3°) L'extériorité.

1389. La jurisprudence de la Cour de cassation, en matière de licéité de la grève, conduisait à s'interroger sur le caractère extérieur de la grève. Le fait que les grévistes tendent en réalité à faire plier l'autorité de tutelle, et y parviennent souvent, conduit à remettre en cause le caractère extérieur de la grève. Ce qui prête à confusion, c'est l'assimilation des domaines politique et juridique.

1390. Sans entrer dans les détails du contrôle pesant sur les entreprises publiques[158], on signalera que les décisions portant sur les budgets ou sur les états prévisionnels ne sont définitives qu'après avoir été approuvées conjointement par les ministres de tutelle[159]. Les décisions en matière de salaires ne sont pas extérieures à l'exploitant, elles procèdent d'un bloc de décision, incluant l'exploitant et l'autorité de tutelle.

1391. La jurisprudence elle-même a parfois nié le caractère extérieur de l'autorité de tutelle. "*L'intervention irrégulière de l'autorité de tutelle (Etat) pour tenter en tant que telle de mettre un obstacle à l'exécution des obligations (d'Air France) ne peut être opposée par le débiteur soumis à la tutelle, comme le fait imprévisible et insurmontable d'un tiers qui lui serait étranger.*"[160]

1392. Les grèves présentant une certaine ampleur, frappant un secteur tout entier de l'économie et dues à une décision du gouvernement, semblent extérieures à l'exploitant[161]. C'est confondre l'Etat interventionniste avec l'Etat "actionnaire". Lorsque l'autorité de tutelle prend une décision concernant les salaires dans le secteur public, cela touche obligatoirement tout un secteur de l'économie, puisque les exploitants sont de toute façon en situation de monopole dans ces secteurs, voire plus, puisque l'Etat applique sa décision à toutes les entreprises sous son contrôle. A l'heure actuelle, lorsqu'Air France Europe se met en grève, on n'a pas l'impression qu'un secteur tout entier de l'économie soit touché compte tenu de la présence de la concurrence, alors que c'est fondamentalement le même type de décisions qui est pris ! Pour juger de l'extériorité d'une grève, il ne faut pas s'attacher à l'ampleur qu'elle prend dans l'économie, mais à la distinction entre l'Etat interventionniste et l'Etat tutelle sur des entreprises de son secteur. Si l'Etat intervient en tant qu'autorité de tutelle, il constitue un bloc de décision avec le personnel dirigeant l'établissement public et, en aucun cas, une autorité extérieure.

1393. La lecture des arrêts de la Cour de cassation du 4 février 1983 laissait penser que l'usager du service public industriel et commercial n'était guère mieux loti que celui du service public administratif, voire dans une situation encore plus inconfortable. Cependant, il apparaît encore une fois que les obligations annexes de comportement peuvent ouvrir la voie à une indemnisation des usagers. On est parvenu à plusieurs conclusions. Premièrement, le débiteur d'une obligation contractuelle qui s'abstient de prendre toutes

---

[158] Voir par exemple, P. Delvolvé, *Droit public de l'économie*, Dalloz, 1998, p. 731 et s., avec la bibliographie citée.

[159] Version actuelle du décret du 9 août 1953.

[160] Cass. soc. 15 avril 1970, *D.* 1971, p. 107, concl. Mellottée, *RTDC* 1971, p. 664, obs. G. Durry.

[161] A. Tunc, note sous TGI Laval, 29 avril 1963, Bouvier c/ EDF, préc.

les mesures pour éviter d'être dans l'incapacité d'exécuter son obligation commet une faute. C'est le cas de l'exploitant qui ne définit pas un service minimum à froid ou qui ne saisit pas le juge des référés, lorsque la grève est susceptible de prendre une ampleur particulière. Deuxièmement, il faudrait déterminer dans quelle mesure l'approvisionnement dans les pays voisins, grâce aux interconnexions réalisées lors de l'ouverture des réseaux à la concurrence, serait réalisable. Commencer par sanctionner les exploitants sur ces fondements permettrait sans doute au juge judiciaire d'annoncer un revirement de jurisprudence sur l'appréciation de la force majeure elle-même, tout en laissant le soin aux exploitants de négocier à froid des mesures de service minimum. Le juge administratif devrait également préciser sa jurisprudence sur la notion de besoins essentiels du pays dans un sens plus favorable à l'usager. Les dommages et intérêts accordés aux usagers sur le fondement du non-respect des ces obligations de prévention seraient moins importants que ceux qui devraient être accordés si la grève n'était pas considérée comme un cas de force majeure. Les exploitants, qui commenceraient à être condamnés sur ces fondements, seraient incités à entamer des négociations avec les syndicats. De même que du côté des syndicats, la menace d'une saisine systématique du juge des référés en cas de préavis de grève devrait les conduire vers la table des négociations.

1394. Il n'en demeure pas moins que, juridiquement, la jurisprudence de 1983 sur la force majeure n'est pas justifiée et il ne tient qu'à la Cour de cassation de la modifier. Cependant, de fortes considérations de politique jurisprudentielle l'ont conduite à adopter une telle solution et pourraient militer dans le sens de son maintien. Si on quitte le terrain du droit pour se placer sur celui de la légitimité et de l'opportunité d'une telle solution, les propositions qui viennent d'être formulées sont à nuancer.

B. La légitimité de la solution retenue par la Cour de cassation.

1395. Pour ce qui est des interruptions de fourniture dues à des phénomènes naturels, la sévérité du juge à l'égard de l'exploitant s'explique, sans doute, par le fait que peu d'usagers sont touchés, par rapport à l'ensemble de la population. Les indemniser ne représente pas une charge trop lourde. En revanche, lorsqu'une grève d'EDF, de la Poste ou de la SNCF touche la France entière, indemniser tous les usagers touchés reviendrait, en réalité, à créer un grave déséquilibre financier. Celui-ci serait supporté par les usagers eux-mêmes en fin de compte, puisqu'il faudra bien récupérer l'argent versé sur les futures factures. Le déséquilibre financier ainsi créé s'accompagnerait d'une augmentation des tarifs à terme. L'équilibre économique du service, lorsque sa survie même est en cause, a déjà été pris en compte, au moins implicitement par la Cour de cassation. C'est pourquoi, *a priori*, on peut considérer que la jurisprudence retenue quant à l'appréciation de la force majeure est parfaitement légitime.

1396. Des systèmes subsidiaires pourraient néanmoins être mis en place, notamment des fonds d'indemnisation des usagers[162]. Ces fonds seraient financés par une contribution

162 Par exemple à EDF, il a été créé des commissions d'indemnisation pour les coupures sauvages pratiquées, voir le jugement du TI de Digne, 8 mars 1988, Maurel, *CJEG* 1989, p.249.

des usagers eux-mêmes, une sorte d'assurance contre le risque de grève, voire, pourquoi pas, faire entrer cette préoccupation dans les fonds de service universel établis lors de l'ouverture des réseaux à la concurrence. On pourrait imaginer que les agents participent également à ces fonds, non pas comme le proposait M. Rapp[163], par le biais des retenues pécuniaires réalisées sur les agents grévistes, mais par une légère contribution ponctionnée sur leurs salaires. Il ne s'agit pas en effet de provoquer une guerre civile, mais en même temps on a du mal à concevoir que le "droit de nuire" particulièrement puissant accordé aux agents du secteur public ne soit pas compensé par certains avantages accordés aux usagers. Grâce à leur position d'agents d'entreprises monopolistiques, les agents obtiennent finalement satisfaction car l'effet "pourrissement" de la grève n'est pas automatique. On a vu, pendant l'hiver 1995, que malgré les nuisances considérables provoquées par la grève des transports, l'opinion publique demeurait divisée et une partie des usagers soutenait les grévistes. Dans ce cas, il est normal de penser aux usagers et de constituer préventivement un fonds d'indemnisation.

1397. L'ouverture des réseaux à la concurrence devrait sans doute contribuer à diminuer considérablement ce pouvoir de nuire et par là même modifier l'équilibre du rapport de force. A Pâques 1999, Air France Europe était en grève et la concurrence se frottait les mains ! Les usagers y ont trouvé leur compte, puisqu'ils ont tout de même pu se rendre à destination en s'adressant à d'autres compagnies. On pourrait d'ailleurs se demander si, du fait de la présence d'une autorité de tutelle et de ses conséquences sur la qualification de force majeure, les nouveaux opérateurs sur le marché ne doivent pas faire face à une concurrence déloyale. En cas de grève dans leur entreprise, ils doivent indemniser leurs clients et peut-être risquer de graves difficultés financières, alors que les entreprises publiques doivent à la présence de leur autorité de tutelle une exonération complète de responsabilité.

1398. Ces considérations conduisent à s'interroger sur le caractère réellement légitime de la position retenue par la Cour de cassation en 1983. Le déséquilibre économique provoqué par une indemnisation massive des usagers est dû au fait qu'aucun gouvernement n'a eu le courage politique de faire voter une loi sur le service minimum. Il ne s'agit plus de fatalité économique à laquelle devraient se soumettre les usagers, mais de considérations purement politiciennes.

[163] "Les conséquences de la grève dans les services publics: réflexions sur l'usager", *RFDA* 1988, p.832.

CONCLUSION DU CHAPITRE I

1399. Dans l'appréciation du principe de continuité du service public, les obstacles juridiques et psychologiques aux droits des usagers sont principalement dus au droit administratif. Le droit privé n'offre guère plus d'avantages, mais il constitue un espoir prometteur car, s'il livrait librement toutes ses possibilités, une réelle continuité du service pourrait être assurée, sous l'égide de la bonne foi dans l'exécution des conventions. Tout est affaire de politique jurisprudentielle, et non pas d'obstacle insurmontable purement juridique. C'est pourquoi, on ne peut qu'espérer un revirement de jurisprudence effectué en douceur à l'aide de la sanction de la méconnaissance des obligations annexes de comportement.

1400. La montée en puissance du contrat se traduit ici par une meilleure considération des droits des usagers, ou tout du moins l'espérance d'une meilleure considération des droits des usagers. Face à la loi de continuité telle qu'elle est interprétée par le juge administratif au regard de la continuité des institutions publiques, il existe une loi de continuité appréciée par le juge judiciaire au regard des intérêts des usagers.

1401. La présence d'obligations de résultat conduit à se demander si le juge judiciaire ne contribuerait pas à mettre en oeuvre un principe d'efficacité dans la fourniture de la prestation. Ce principe d'efficacité ne s'appliquerait d'ailleurs pas comme une traditionnelle loi du service où des droits sont conférés à l'usager ou à l'exploitant, mais comme une obligation de coopération réciproque des parties dans l'obtention d'un résultat final. L'usager n'est plus le sujet de droit passif qui attend de l'exploitant la réalisation de l'égalité, ou subit la mutabilité du service, mais concourt avec l'exploitant à l'exécution efficace du contrat. L'influence du contrat et du droit privé qui lui est applicable tend non seulement à définir de nouvelles lois du service, mais elle leur impose également un nouveau mode de fonctionnement.

1402. Le droit au fonctionnement du service, c'est aussi le droit au fonctionnement normal du service et dans ce domaine, le juge judiciaire n'est pas enfermé dans un carcan psychologico-politique.

- CHAPITRE II -
LE DROIT AU FONCTIONNEMENT NORMAL DU SERVICE : L'INCURSION DES DROITS DU CONSOMMATEUR

1403. D'aucuns[1] appréhendent l'usager des services publics industriels et commerciaux comme un sujet de droit privilégié : il bénéficierait à la fois des droits de l'usager et de ceux du consommateur. Les programmes d'action communautaire consacrent cinq droits fondamentaux constituant la base du statut des consommateurs : le droit à la santé et à la sécurité, le droit à la protection des intérêts économiques, le droit à la réparation des dommages, le droit à l'information et l'éducation, et le droit à la représentation ou le droit pour les consommateurs d'être préalablement entendus et consultés sur toute décision les concernant[2]. D'autres y ajoutent le droit à un choix de prestataires de services et le droit d'accès à la justice[3].

1404. Une remarque terminologique s'impose. Le droit de la consommation peut revêtir une définition stricte ou une définition large[4]. Si on retient une définition stricte, le droit de la consommation serait constitué par des règles dont l'application est réservée aux relations entre professionnels et consommateurs et dont le but est de protéger le consommateur. En vertu d'une définition plus large, les consommateurs, en tant que destinataires d'une prestation de service, bénéficient de règles du droit civil qui n'ont pas une vocation consumériste, mais qui ont un effet positif ou négatif sur le consommateur. Le droit de la consommation est un droit pluridisciplinaire, au sens où il est défini par la fonction protectrice des règles qu'il regroupe, quelle que soit leur origine. Parler d'incursion des "droits du consommateur", au sens des droits du destinataire d'une prestation de service, permettra d'aborder les deux points de vue. En premier lieu, certaines règles du droit civil, voire même du droit administratif, opèrent un rééquilibrage du rapport de force entre l'usager et l'exploitant. En effet, le droit à la transparence et à la sécurité procèdent avant tout des règles du Code civil applicables au contrat ou résultent d'une opération de "forçage" du contrat par le juge judiciaire. Les obligations qui en

---

[1] M. Lecerf, *Droit des consommateurs et obligations des services publics*, préc., p. 49 et s. ; D. de Bailliencourt, *Le droit de la consommation et l'usager des services publics industriels et commerciaux*, Mémoire DEA, Université Paris I, 1998.

[2] "Programme préliminaire de la CEE pour une politique de protection et d'information des consommateurs", Conseil des ministres, 1975 ; second programme en 1981 et en 1986, "Nouvelle impulsion pour une politique de protection et de promotion des intérêts des consommateurs".

[3] M. Lecerf, *Droit des consommateurs et obligations des services publics*, préc., p. 49 et s.

[4] Pour une telle définition du droit de la consommation, voir J. Calais-Auloy et F. Steinmetz, *Droit de la consommation*, Dalloz, 4ème édition, 1996, p.13.

découlent ne sont d'ailleurs pas exclusivement applicables aux relations entre consommateurs et professionnels et ne tendent pas exclusivement à protéger le consommateur d'éventuels abus de la part de l'exploitant. La spécificité du droit de la consommation conçu strictement est ici largement débordée. L'objectif n'est pas d'assurer une protection des intérêts économiques de l'usager, mais d'instituer un véritable devoir de coopération des parties au contrat afin d'en assurer la meilleure exécution possible.

1405. En second lieu, la protection de l'usager contre les clauses abusives semble procéder des techniques spécifiques du droit de la consommation, dans la mesure où la notion de consommateur par rapport à celle de professionnel y joue un rôle important et où l'objectif poursuivi est réellement la protection de la partie la plus faible. D'autres domaines propres au droit de la consommation, comme les règles en matière de publicité, de vente à distance ou de crédit à la consommation sont absolument inexploités dans le régime applicable à l'usager.

1406. En revanche, un certain nombre de droits cités plus haut, comme la droit à un choix de prestataires pour un même type de services, le droit à réparation ou à l'accès à la justice, ne concernent pas exclusivement le destinataire d'une prestation de service, mais n'importe quel justiciable, quelle que soit la branche du droit concernée. La concertation avec les usagers était une des préoccupations majeures du renouveau du service public et bien peu d'entreprises privées peuvent se targuer d'admettre des représentants d'usagers au sein de leurs conseils d'administration. Ces droits débordent donc largement le droit de la consommation, même si l'on en retient une définition large.

1407. Il faut donc se méfier de toute assimilation de l'usager au consommateur : certes, l'usager bénéficie de certains droits procédant du droit civil des obligations, que le droit de la consommation est venu préciser ou compléter, mais les règles spécifiques au droit de la consommation au sens strict ne réalisent pour le moment qu'une timide incursion dans la sphère de l'usager. On pourrait se demander d'ailleurs si la notion de consommateur, à l'exclusion du professionnel, est parfaitement adaptée dans un domaine où bon nombre de professionnels contractent dans les mêmes conditions que des particuliers, pour des besoins aussi courants que l'eau, l'électricité, le téléphone, etc. De plus, on pourrait également douter que l'objectif de protection de la partie la plus faible, jugée au regard des déséquilibres entre les obligations respectives des parties, s'accommode aisément des références constantes faites à l'intérêt général dans le domaine du service public. Il est un peu facile d'affirmer que l'usager du service public industriel et commercial bénéficie à la fois des droits du consommateur et de ceux de l'usager, sans s'interroger sur la légitimité et l'utilité de l'application du droit de la consommation à l'usager du service public industriel et commercial.

1408. Le droit civil des contrats, relayé par le droit de la consommation, peut être perçu comme assurant à l'usager un droit au fonctionnement normal du service. Aucune loi du service public n'offre jusqu'à présent à l'usager de *droit au fonctionnement normal* du service. Tout au plus, on a parlé d'un droit à l'*accès normal*. C'est donc exclusivement le droit privé qui se chargera de donner consistance à ce droit, qui semble fondamental. Les diverses sources de ce droit au fonctionnement normal du service ne font pas toujours de la "normalité" une référence explicite dans l'appréciation des obligations des parties. Cependant, il semble bien que de près ou de loin, la loi, le contrat ou le juge judiciaire, dans sa technique du "forçage", cherchent à définir ce que l'usager serait *normalement* ou *légitimement* en droit d'attendre de l'exploitant et vice-versa. C'est donc au regard de l'attente légitime des parties que le fonctionnement normal du service sera apprécié.

1409. On regroupera donc une série d'obligations très diverses sous ce vocable de droit au fonctionnement normal, pour la bonne raison que les exigences de l'équité, de la bonne foi, ou plus généralement du devoir de coopération des parties dans l'exécution du contrat concourent à assurer à l'usager un véritable droit au fonctionnement normal du service. Quatre types d'obligations sont concernées : l'obligation de sécurité (section I), l'obligation de qualité de la prestation (section II), la transparence dans les relations entre l'exploitant et l'usager (section III) et le contrôle du contenu du contrat au regard de la protection contre les clauses abusives (section IV).

- *SECTION I* -
L'obligation de sécurité

1410. L'obligation de sécurité procède d'un renforcement jurisprudentiel du contrat[5], rattaché à l'équité que vise l'article 1135 du Code civil, au titre des "suites" du contrat. L'objectif principal que poursuit le juge, en définissant cette obligation accessoire à certains contrats, est la protection des victimes exposées à des risques de dommages et privées d'actions efficaces sur le terrain délictuel[6]. Toutefois, comme l'objet de cette étude n'est pas de reconstruire l'obligation de sécurité, on se bornera à répertorier les cas dans lesquels elle intervient en faveur de l'usager du service public industriel et commercial et les problèmes juridiques qu'elle serait susceptible de poser, compte tenu des spécificités du service public.

1411. Le juge judiciaire a introduit une obligation accessoire de sécurité dans le contrat de transport et dans le contrat de fourniture d'électricité (§1). L'obligation de sécurité trouve également ses sources dans les directives communautaires et les dispositions du Code de la consommation relatives à la sécurité des produits (§2).

§ 1. Les obligations de sécurité introduites dans le contrat par le juge judiciaire.

1412. L'obligation de sécurité a été découverte par le juge dans un type de contrats très présent dans le droit applicable à l'usager du service public industriel et commercial, puisqu'il s'agit du contrat de transport de personnes. Elle fut ensuite étendue à d'autres domaines touchant également l'usager (A).

1413. La question que l'ont peut se poser est celle de savoir si les spécificités de la notion même d'usager, et son extension en dehors du cadre purement contractuel, n'engendreraient pas des difficultés au regard de la conception originaire de l'obligation de sécurité, limitée aux parties au contrat (B).

A. La découverte d'obligations de sécurité dans le domaine des services publics industriels et commerciaux.

1414. En premier lieu, le juge peut se référer à la volonté présumée des parties pour constater que, dans le contrat de transport, l'usager "a la conviction de ne courir aucun

---

[5] Voir n°572.

[6] Voir le n° spécial de la *Gazette du Palais* du 23 septembre 1997, et plus particulièrement les contributions de P. Jourdain, "Le fondement de l'obligation de sécurité", de D. Mazeaud, "Le régime de l'obligation de sécurité", et de G. Viney, "Rapport de synthèse".

risque et entend bien n'en assumer aucun"[7]. La référence à l'attente de l'usager laisse supposer qu'on est proche, dans ce type de considération, de la notion de fonctionnement normal du service : l'usager s'attend normalement dans son utilisation du service à ne subir aucun dommage corporel. Au-delà de la volonté des parties, ce sont aussi des considérations d'équité qui ont conduit le juge à inclure dans certains contrats une obligation de sécurité, qui serait donc le fruit d'une interprétation du contrat visant à en combler les lacunes sur le fondement de l'article 1135 du Code civil[8].

1415. Dans le domaine du transport ferroviaire[9], l'obligation contractuelle de sécurité, découverte dès le début du siècle par le juge judiciaire[10], est une obligation de résultat couvrant seulement l'exécution proprement dite du transport, c'est-à-dire à partir du moment où le voyageur commence à monter dans la voiture et jusqu'au moment où il achève d'en descendre[11]. Les accidents de quai, après avoir été soumis à un régime d'obligation contractuelle de moyens, relèvent désormais de la responsabilité délictuelle[12]. Sont soumis au même régime les accidents pouvant survenir dans les métros[13] et les tramways[14]. L'obligation de sécurité touche également ce que l'on pourrait appeler le quasi-transport[15] : les utilisateurs de téléskis ne bénéficient que d'une obligation de sécurité de moyens, compte tenu de la participation active de l'utilisateur[16]. L'usager d'un télésiège profite d'une obligation de sécurité de résultat pendant le transport proprement dit, l'exploitant n'étant tenu que d'une obligation de moyens pendant les phases d'embarquement et de débarquement[17]. Le transport aérien est soumis à un régime spécial de responsabilité procédant de la convention de Varsovie modifiée, qui soumet les

---

[7] D. Mazeaud, "Le régime de l'obligation de sécurité", préc. et P. Jourdain, "L'obligation de sécurité (à propos de quelques arrêts récents)", *Gaz. Pal.* 1993, 2, doctr., p.1214.

[8] F. Terré, Ph. Simler, Y. Lequette, *Droit civil. Les obligations*, préc., n° 429.

[9] Voir M. Allégret, "Transport ferroviaire interne. Contrat de transport de voyageurs. Responsabilité de la SNCF en cas d'accident corporel"; Jurisclasseur civil, fasc. 665, 1995. P. Esmein, "Transporteurs, veillez sur nous !", *D.* 1962, chron. p. 1 ; R. Rodière, "Voyageurs, veillez sur vous !", *D.* 1971, chron. p. 49 ; R. Rodière, *Droit des transports*, Traité, 2nde édition, 1996, n° 630 et s.

[10] Cass. civ., 21 novembre 1911, Compagnie générale transatlantique, *DP* 1913, I, p.249, *S.* 1912, I, p.73, note Lyon-Caen ; Cass. civ., 27 janvier 1913, Chemin de fer du midi, *S.* 1913, I, p.177, concl. L. Sarrut, note Ch. Lyon-Caen.

[11] Cass. civ. I, 1er juillet 1969, SNCF c/ Caramello, *JCP* 1969, II, 16091, concl. Lindon et note M.B. et A.R., *D.* 1969, p.640, note G.C.-M., *RTDC* 1970, p. 184, obs. G. Durry.

[12] Cass. civ. I, 7 mars 1989, Valverde c/ SNCF, *Bull.* n°118, *RTDC* 1989, p.548, obs. P. Jourdain, *Gaz. Pal.* 1989, 2, p.632, note G. Paire, *Gaz. Pal.* 1989, somm., p. 469, obs. F. Chabas.

[13] Cass. civ. II, 4 mars 1954, *JCP* 1954, II, 8122, note R. Rodière.

[14] Cass. civ. I, 21 décembre 1949, *D.* 1950, p.242.

[15] P. Delebecque, "La dispersion des obligations de sécurité dans les contrats spéciaux", *Gaz. Pal.* n° spécial du 23 septembre 1997.

[16] Après quelques revirements de jurisprudence, la Cour de cassation s'est fixé sur ce point, Cass. civ. I, 4 novembre 1992, *Gaz. Pal.* 1993, 2, p.436, note J. Leroy, *D.* 1993, somm. comm., p.15, obs. E. Fortis, *RTDC* 1993, p.364, obs. P. Jourdain.

[17] Cass. civ. I, 11 mars 1986, *Gaz. Pal.* 1986, 2, somm., p.333, obs. F. Chabas, *RTDC* 1986, p.767, obs. J. Huet. Des arrêts postérieurs témoignent d'une plus grande sévérité à l'égard du débiteur, Cass. civ. I, 4 juillet 1995, *JCP* 1996, II, 22620, note G. Paisant et Ph. Brun.

transporteurs pour tous les dommages corporels à une obligation de résultat absolue (la force majeure n'est pas exonératoire)[18].

1416. En matière de distribution d'électricité, la Cour de cassation a jugé que "les obligations contractuelles incombant à EDF vis-à-vis des usagers ne se limitent pas à la fourniture de courant, mais lui imposent également une obligation de résultat en ce qui concerne la sécurité des branchements qu'elle installe, modifie ou supprime chez les abonnés"[19]. Jusqu'à présent, on avait envisagé l'obligation de sécurité relative à la personne même du débiteur et à son intégrité corporelle. Il semble que la jurisprudence concernant EDF répare également sur ce fondement les dommages causés aux biens de l'usager[20].

1417. Après ce rapide tableau des domaines dans lesquels il existe une obligation de sécurité, on s'interrogera sur les conséquences que comporte la notion d'usager au regard de cette obligation.

B. Les difficultés posées par la notion d'usager.

1418. Les critiques adressées au fondement contractuel de l'obligation de sécurité sont exacerbées par les spécificités de la notion d'usager du service public industriel et commercial. La notion d'usager et la compétence du juge judiciaire ne sont pas exclusivement fondées sur le lien contractuel existant entre l'usager et l'exploitant[21]. C'est pourquoi, pour un même fait, selon que la victime est le titulaire d'un contrat ou un membre de sa famille, voire le propriétaire de l'immeuble dont elle est locataire, ce n'est pas le même fondement de responsabilité qui sera retenu. Ainsi, en ce qui concerne la sécurité des branchements, EDF a été condamnée en tant que gardienne d'un disjoncteur, sur le fondement de la responsabilité délictuelle de l'article 1384 alinéa 1, à réparer les dommages causés à un immeuble ayant pris feu[22]. Lorsqu'une chose n'est pas en cause, GDF peut être condamné sur le fondement des articles 1382 et 1383 du Code civil, en omettant, par exemple, de vérifier si la ventilation réglementaire avait été prévue et en s'abstenant de procéder à un contrôle de l'installation[23].

1419. La lecture de ces arrêts plonge le commentateur dans la plus grande perplexité : faut-il proposer, à l'instar de Mlle Viney[24], qu'en matière de sécurité des biens, une

---

[18] Depuis le 18 octobre 1998, et en vertu de règlement n°2027/97/CE du Conseil de l'Union européenne du 9 octobre 1997. Voir B. Mercadal, *Droit des transports terrestres et aériens*, Dalloz, 1996, p.395 et s. Même la force majeure n'est pas exonératoire.

[19] Civ. I, 9 décembre 1986, Compagnie d'assurances Groupe de Paris AGP c/ EDF, *JCP* 1987, II, 20790, note J.-P. Gridel, *CJEG* 1987, J, p.825, note R. Savignat. Jurisprudence confirmée par Civ. I, 17 novembre 1987, EDF c/ Epoux Schill, *D.* 1987, IR, p.244.

[20] Dans l'arrêt du 17 novembre 1987, EDF c/ Epoux Schill, *D.* 1987, IR, p.244.

[21] Voir n°313 et s.

[22] Cass.civ. II, 11 décembre 1991, Consorts Lencrerot, *CJEG* 1992, p.389.

[23] Civ. I, 20 février 1979, Epoux Fuessinger c/ GDF, *D.* 1979, IR, p.251.

[24] "Rapport de synthèse", préc.

responsabilité pour faute soit retenue à la place d'une obligation de résultat ? Si on retenait un régime de responsabilité pour faute, le titulaire du contrat serait moins facilement indemnisé que la victime non contractuellement liée à l'exploitant. En effet, celle-ci bénéficie de la responsabilité de plein droit de l'article 1384, alinéa 1 lorsqu'une chose est en cause. A l'inverse, il est extrêmement injuste, lorsqu'une chose n'est pas en cause, que la victime, par ailleurs toujours qualifiée d'usager, bénéficie dans certains cas d'une obligation de sécurité de résultat, alors que dans d'autres cas elle doit apporter la preuve d'une faute sur le fondement des articles 1382 et 1383 du Code civil, selon qu'elle est liée ou non à l'exploitant par un contrat ! Les spécificités de la notion d'usager et de ses conséquences sur la compétence juridictionnelle brouillent les pistes, à tel point que la nécessité de l'unification du régime de l'obligation de sécurité se fait ressentir encore plus que dans d'autres domaines[25]. Quelle que soit la solution choisie, elle constitue une rupture d'égalité entre les usagers.

1420. En matière de vente, les dommages causés par les produits défectueux à l'acquéreur étaient souvent réparés sur le fondement de la garantie contre les vices cachés. La Cour de cassation, en 1991[26], est allée dans le sens de l'autonomie de l'obligation de sécurité en la détachant de la garantie des vices cachés. En 1995[27], elle institue une responsabilité sans faute du fait des choses utilisées pour exécuter une obligation contractuelle : "le vendeur professionnel est tenu de livrer des produits exempts de tout vice ou de tout défaut de fabrication de nature à créer un danger pour les personnes ou pour les biens (...) il en est responsable tant à l'égard des tiers que de son acquéreur". Cette dernière décision présente un avantage indéniable, compte tenu des spécificités de la notion d'usager. Les usagers non contractuellement liés à l'exploitant pourraient bénéficier de la même obligation de sécurité que les usagers titulaires d'un contrat.

1421. Lorsqu'une chose serait en cause, les usagers contractuellement liés à l'exploitant n'auraient pas à démontrer une faute de celui-ci et les usagers non titulaires d'un contrat bénéficieraient du même régime. Lorsqu'aucune chose ne serait en jeu, pour unifier le régime applicable aux usagers, et compte tenu de l'hétérogénéité de cette notion, il serait préférable d'opter pour une obligation de sécurité de moyens, limitée aux atteintes aux biens. Elle aurait les mêmes effets que la responsabilité délictuelle des articles 1382 et 1383 du Code civil : l'usager, qu'il soit titulaire ou non d'un contrat, aurait à prouver une faute. Le seul inconvénient d'une telle solution est qu'elle implique qu'il faut renoncer à l'obligation de sécurité de résultat, à laquelle le juge semblait avoir adhéré, même dans le domaine de la sécurité des biens. Quant à la sécurité des personnes, si on s'en tient au droit commun, il faudrait se résigner à une certaine inégalité. L'usager titulaire d'un contrat pourrait bénéficier d'une obligation de sécurité de résultat et donc ne pas avoir à démontrer une faute de l'exploitant. L'usager non contractuellement lié à l'exploitant devrait prouver une faute de celui-ci, dans le cadre des articles 1382 et 1383 du Code civil.

---

[25] Voir D. Mazeaud, "Le régime de l'obligation de sécurité", préc.

[26] Cass. civ. I, 11 juin 1991, *Bull.* n°201, *JCP* 1992, I, 3572, obs. G. Viney, *RTDC* 1992, p.114, obs. P. Jourdain.

[27] Cass. civ. I, 17 janvier 1995, *Bull.* n°43, *D.* 1995, p.350, note P. Jourdain, *D.* 1996, som., p.15, obs. G. Paisant; *JCP* 1995, I, 3583, obs. G. Viney.

1422. Compte tenu de l'hétérogénéité de la notion d'usager, la transposition en droit interne de la directive européenne sur la responsabilité du fait des produits défectueux réalise un véritable progrès, dans la mesure où elle procède à une unification salvatrice.

§ 2. Le cas particulier de la responsabilité du fait des produits défectueux.

1423. On peut constater que le droit, tant français que communautaire, sur la sécurité des produits présente certaines spécificités par rapport au droit de la consommation en général. En effet, comme le note M. Paisant[28], deux particularités distinguent l'obligation de sécurité à propos des produits. En premier lieu, les textes ne s'adressent pas uniquement au consommateur, mais ils emploient des formules beaucoup plus vagues, comme par exemple "la sécurité à laquelle *on* peut légitimement s'attendre"[29]. En second lieu, le consommateur professionnel n'est pas exclu du champ d'application des textes, car il mérite tout autant que le consommateur domestique qu'il ne soit pas porté atteinte à son intégrité physique.

1424. En droit interne, l'article L. 212-1 du Code de la consommation dispose que "le responsable de la première mise sur le marché d'un produit est tenu de vérifier que celui-ci est conforme aux prescriptions en vigueur relatives notamment à la sécurité et à la santé des personnes". L'article L. 221-1 dispose que "les produits et les services doivent, dans des conditions normales d'utilisation ou dans d'autres conditions raisonnablement prévisibles par le professionnel, présenter la sécurité à laquelle on peut légitimement s'attendre et ne pas porter atteinte à la santé des personnes". On remarquera, au passage, que la référence pour l'appréciation de la responsabilité du débiteur de l'obligation de sécurité est la *normalité* de l'utilisation, ou encore la sécurité à laquelle l'utilisateur peut *légitimement* s'attendre. Ces critères participent à la construction d'un droit au fonctionnement normal du service.

1425. Le droit communautaire semble plus axé sur la sécurité des produits que sur celle des services[30]. La directive du 25 juillet 1985[31], sur la responsabilité du fait des produits défectueux, organise une responsabilité de plein droit du producteur, en cas de dommages causés aux personnes ou aux biens par un défaut de son produit. La directive du 29 juin

---

[28] "L'obligation de sécurité et le droit de la consommation", *Gaz. Pal.* n° spécial, 23 septembre 1997.

[29] Article L. 221-1 du Code de la consommation.

[30] Toutefois, il semble qu'en 1991, le Conseil ait envisagé une proposition de directive sur la responsabilité du prestataire de service, JOCE n° C 12, 18 janvier 1991. Pour une commentaire, voir J.-B. Auby, "L'émergence d'un droit européen de la sécurité et de la responsabilité des services publics", *DA* octobre 1993, p.21.

[31] Directive n°85/374/CEE du Conseil, JO n° L 210, 7 août 1985; J. Ghestin, "La directive communautaire du 25 juillet 1985 sur la responsabilité du fait des produits défectueux", *D.* 1986, chron., p.135 ; Y. Markovits, *La directive CEE du 25 juillet 1985 sur la responsabilité du fait des produits défectueux*, LGDJ, 1990 ; J. Calais-Auloy, "Les rapports entre la directive de 1985 sur la responsabilité du fait des produits et celle de 1992 concernant la sécurité des produits", *Rev. eur. dr. consom.* 1994, p.159.

1992[32], sur la sécurité générale des produits, concerne la sécurité de tout produit destiné au consommateur ou susceptible d'être utilisé par le consommateur. La directive de 1985 est, aujourd'hui, transposée en droit interne par la loi du 19 mai 1998[33] sur la responsabilité du fait des produits défectueux, ayant donné naissance aux articles 1386-1 à 1386-18 du Code civil.

1426. Ce dernier texte présente de nombreux avantages au regard des spécificités du service public. En effet, l'article 1386-1 du Code civil dispose que le producteur est responsable du dommage causé par le défaut de son produit, qu'il soit lié ou non par un contrat avec la victime. Ainsi, les spécificités de la notion d'usager sont englobées dans un régime commun. Il s'agit d'une responsabilité de plein droit du producteur (article 1386-11), très favorable aux victimes. Est défini comme un produit tout bien meuble, même s'il est incorporé dans un immeuble, sachant que l'électricité est considérée comme un produit (article 1386-3). Ainsi, tout les prestataires de services publics industriels et commerciaux seront soumis à cette obligation, à condition que la fourniture du service suppose la transmission d'un bien meuble. C'est le cas du gaz et de l'eau, par exemple.

1427. Les textes précités permettent d'engager la responsabilité d'une série d'acteurs, du producteur au distributeur. Les articles L. 221-1 et suivants du Code de la consommation impliquent les fabricants, importateurs, distributeurs ou prestataires de service (article L. 221-3, 4°). Dans la loi du 19 mai 1998, producteurs et fournisseurs sont tous deux visés[34]. Tant que les services publics industriels et commerciaux étaient gérés sous forme de monopole verticalement intégré, ces dispositions auraient pu être superflues, puisque, par exemple, EDF était à la fois producteur, distributeur et prestataire de service. Aujourd'hui, depuis l'ouverture du réseau électrique à la concurrence, on assiste à la multiplication des intervenants sur le marché : le producteur, le gestionnaire du réseau de transport, le gestionnaire du réseau de distribution et le fournisseur. Ces difficultés se posent également lorsque la distribution d'eau potable est confiée à une entité juridiquement différente de celle responsable de la production. A qui va devoir s'adresser l'usager ? De ce point de vue, le régime des articles L. 221-1 et suivants du Code de la consommation est avantageux, dans la mesure où la victime peut choisir n'importe quel intervenant. L'inconvénient réside dans le fait que l'action en responsabilité est tributaire des règles générales de responsabilité du Code civil, notamment quant à la distinction entre responsabilité délictuelle et contractuelle. Si l'usager appartient à une chaîne homogène ou hétérogène de contrats translative de propriété, son action pourra être contractuelle, mais dans le cas contraire, la responsabilité sera de nature délictuelle[35]. A ce sujet, dans le domaine de l'électricité, le contrat était

32 Directive n°92/59/CEE du Conseil, JOCE n° L 228, 11 août 1992 ; A. Davis, "La directive du Conseil des Communautés européennes relative à la sécurité générale des produits", *Rev. eur. dr. consom.* 1992, p.132 ; R. Gielisse, "La nouvelle directive relative à la sécurité générale des produits", *Rev. marché unique eur.* 3, 1992, p. 49 ; J. Huet, "Responsabilité du fait des produits défectueux", *Jurisclasseur Europe*, fasc. 2020, 1991, n°15.

33 Loi n°98-389, JO du 21 mai 1998.

34 Article 1386-7 du Code civil. Voir A. Outin-Adam, "Loi du 19 mai 1998 relative à la responsabilité du fait des produits défectueux. Les responsables", *LPA* 28 décembre 1998, p.8.

35 Depuis Cass. ass. plén., 12 juillet 1991, Besse, *D.* 1991, p. 549, note J. Ghestin, *JCP* 1991, II, 21743, note G. Viney, *RJDA* 1991, p. 583 et 623, concl. R. Mourier, *Defrénois* 1991, p. 130, note J.-L. Aubert, *RTDC* 1991, p. 750, obs. P. Jourdain, *Contrats, concu. et consom.* octobre 1991, n° 200, obs. L. Leveneur.

qualifié par la jurisprudence de contrat de vente[36] et il en est de même en matière de distribution d'eau[37].

1428. En revanche, l'action fondée sur la loi de 1998 permet de dépasser le clivage des deux types de responsabilité[38]. L'hétérogénéité de la notion d'usager ne serait donc plus une cause d'inégalité entre les usagers à qui un produit défectueux aurait causé un dommage. Dans le régime de la loi de 1998, la responsabilité du producteur est de plein droit. Il ne peut s'en exonérer qu'en démontrant l'existence d'un cas de force majeure. En revanche, sa responsabilité n'est pas atténuée par le fait du tiers (article 1386-14). Seule la faute de la victime est une cause d'atténuation de responsabilité (article 1386-13). Les clauses limitatives de responsabilité dans ce domaine sont interdites (article 1386-15, al. 1er). Cependant, pour les dommages causés aux biens qui ne sont pas utilisés par la victime pour son usage et sa consommation privée, les clauses stipulées entre professionnels sont valables (al. 2). Il existe un délai de forclusion lié à l'idée d'une péremption du produit, qui est de dix ans après la mise en circulation du produit (article 1386-16) et un délai de prescription de l'action de trois ans, à compter de la date à laquelle le demandeur a eu, ou aurait dû avoir, connaissance du dommage, du défaut et de l'identité du producteur (article 1386-17).

1429. Il faut constater que ces textes n'ont pas encore donné matière à jurisprudence dans le domaine des services publics industriels et commerciaux, mais on peut espérer qu'ils simplifieront la tâche de l'usager.

1430. A côté de l'obligation de sécurité, les usagers peuvent également invoquer la violation des normes de qualité quant à la prestation promise.

---

36 Voir pour une confirmation CA Grenoble, 18 janvier 1996, Augier c/ EDF, *CJEG* 1997, p.320.

37 Civ I, 26 mai 1994, Ville de Concarneau c/ SARL Fauglas, *JCP* 1994, IV, p.248, *CJEG* 1994, p.593.

38 C. Larroumet, "Loi du 19 mai 1998 relative à la responsabilité du fait des produits défectueux. Introduction" et D. Mazeaud, "Les victimes et les dommages réparables", *LPA* 28 décembre 1998.

- SECTION II -
L'obligation de fourniture d'une prestation de qualité

1431. La qualité peut se définir comme "l'ensemble des caractéristiques d'une entité qui lui confère l'aptitude à satisfaire des besoins exprimés ou implicites"[39]. L'apparition d'une société industrielle a probablement orienté les impératifs de qualité vers des exigences de conformité d'un produit ou d'un service aux attentes légitimes de son utilisateur. Dans le domaine des services publics industriels et commerciaux, l'impératif de qualité peut constituer un facteur de réalisation de l'adaptation constante du service aux évolutions actuelles de la société. Ainsi, par le biais de la qualité, cette facette "positive" du principe de mutabilité, que l'on avait sans doute un peu perdu de vue, serait replacée sur le devant de la scène. Les usagers pourraient exiger une adaptation constante du service aux progrès techniques.

1432. L'évolution de la conception de l'usager a permis de réaliser deux avancées dans le domaine de la qualité. D'une part, c'est la qualité de la relation commerciale que les exploitants ont tenté d'améliorer à travers la "clientélisation" de l'usager. D'autre part, pour ce qui est de la qualité plus technique, les contrats de fourniture, sous l'impulsion des aspirations commerciales des exploitants ou sous l'effet de l'impératif de qualité de la notion de service universel, contiennent de plus en plus de normes de qualité. On ne reviendra pas sur ces considérations qui ont déjà été abordées[40] lors de l'examen de la transformation de l'usager en consommateur. Ici, il s'agit plutôt de déterminer quel est le rôle joué par le juge judiciaire dans la mise en oeuvre de ces impératifs de qualité, rôle que l'on concevra là encore comme un palliatif aux dysfonctionnements du principe de mutabilité. Ce rôle est double dans la mesure où le juge judiciaire, aidé par les instruments du droit des obligations, va assurer la sanction des normes de qualité technique définies dans les contrats, que ce soit pour la prestation de base ou pour les services associés. Mais il va aussi contribuer à définir des exigences de qualité implicites. Il est normal que l'usager s'attende légitimement à une prestation de qualité et si certains besoins ne sont pas inscrits explicitement dans le contrat, l'usager doit quand même pouvoir les satisfaire.

1433. Le juge jouera de ce fait un rôle en aval de la détermination des normes de qualité (§1) en en assurant le respect par le biais d'obligations de résultat. Mais le juge joue aussi un rôle en amont (§2), puisque grâce à la technique du "forçage" du contrat, il est à l'origine de nouvelles obligations de qualité.

---

[39] Définition citée par le Commissariat à la réforme de l'Etat, *Développer la qualité du service. Charte qualité et engagement des services publics*, Documentation Française, 1997, p.9, extrait de la norme ISO 8042-2.1.

[40] Voir n°212 et s.

§ 1. Le rôle du juge en aval de la définition des normes de qualité.

1434. La qualité de l'eau, ainsi que sa pression, sont définies par des normes sanitaires[41] que doivent respecter les distributeurs d'eau. Le juge judiciaire, à propos de litiges relatifs à la pollution de l'eau, a qualifié les obligations de qualité d'obligations de résultat. Du seul fait de la violation des normes en vigueur, l'usager peut invoquer un préjudice certain engageant la responsabilité de l'exploitant[42], qui ne peut s'en exonérer qu'en démontrant la survenance d'un cas de force majeure[43]. L'exploitant est également tenu d'une obligation de résultat quant à la mise à disposition d'un compteur en bon état de fonctionnement et doit réparer le préjudice, causé par la surconsommation, qu'il a engendré[44]. En revanche, le juge n'a pas mis à la charge des distributeurs l'obligation d'assurer une pression minimale différente de celle prévue au règlement sanitaire départemental. Les recours sont donc exclus en cas de variation de pression accidentelle[45]. On voit donc que c'est encore par rapport à ce que l'usager est normalement en droit d'attendre que le juge règle son appréciation.

1435. Cependant, celui-ci utilise tous les instruments à sa disposition pour assurer à l'usager un maximum de qualité. Par exemple, il a sanctionné la fourniture d'une eau corrosive sur le fondement de l'obligation faite au vendeur de délivrer une chose conforme à l'usage pour lequel elle est destinée (article 1604 du Code civil). Ici, ce n'est pas l'obligation de sécurité des biens qui est invoquée, alors que ce choix aurait tout aussi bien pu être fait par l'usager, puisque ses tuyaux avaient été détériorés. L'usager préfère se placer sur le terrain de la conformité -ou qualité- plutôt que sur celui de la sécurité. Il semble que parler de sécurité des tuyaux soit excessif dans ce cas. En effet, comme l'a montré M. Calais-Auloy[46], il ne faut pas mélanger conformité et sécurité : la conformité désigne l'aptitude à l'emploi, alors que la sécurité se réfère à l'absence de danger.

1436. En matière de fourniture de gaz et d'électricité, l'exploitant ne semble tenu qu'à une obligation de moyens dans certaines situations et de résultat dans d'autres. Il a été jugé que GDF n'avait pas "pris en temps utile toutes les précautions et mesures de nature à assurer à l'abonné un service conforme au contrat de fourniture"[47]. En revanche, les

---

[41] Voir par exemple l'article 19 du Code de la santé publique qui dispose que l'eau doit être propre à la consommation.

[42] CA Chambéry, 27 mai 1986, CGE c/ Michard, req. n°414-84 ; TI Saint Julien en Genevois, 12 juin 1990, req. n°98-90.

[43] A propos de la pollution de l'eau par les nitrates, *TI Guingamps*, 14 décembre 1995, Mme Lorgueilleux c/ Lyonnaise des Eaux, n°306-95 ; CA Rennes, 14 novembre 1996, B., req. n°9408330.

[44] Cass. civ. I, 4 janvier 1995, Société SEREPI c/ Mme Clugnet, *JCP* 1995, IV, p.528.

[45] Cass. civ. I, 12 janvier 1994, Raguet, n°91-15.417.

[46] "Ne mélangeons plus conformité et sécurité", *D.* 1993, chron., p.130.

[47] Cass. civ. I, 8 octobre 1974, GDF c/ Société des Laboratoires Bouchard, *D.* 1975, somm., p.3, à propos de la substitution du gaz naturel au gaz de ville.

changements de tension, même accidentels, engagent la responsabilité d'EDF[48] et le changement de puissance chez l'usager est une obligation de résultat.

1437. La qualification des obligations de qualité accessoires à l'obligation principale, qui consiste à fournir la prestation, oscille entre obligation de moyens et obligation de résultat. La présence d'aléas ou la participation de l'usager ne suffisent pas à expliquer cette jurisprudence, où les divers domaines touchés par le service industriel et commercial demeurent cloisonnés. Tout au plus, on peut constater que lorsque la conformité peut avoir des répercussions sur la sécurité des usagers eux-mêmes, l'obligation est forcément de résultat. On ne saurait enfin que trop recommander, pour des considérations d'équité, que les promesses de qualité prévues au contrat soient considérées comme des obligations de résultat, car l'usager est normalement en droit de s'y attendre.

1438. Outre son rôle de qualification et de sanction des obligations en matière de qualité de la prestation, le juge judiciaire pratique également la découverte de nouvelles obligations.

§ 2. Le rôle du juge en amont de la détermination des normes de qualité.

1439. Pour illustrer cette faculté du juge, on prendra l'exemple de la ponctualité dans le contrat de transport[49]. La cour d'appel de Riom[50] a jugé que “la SNCF est tenue d'une obligation de résultat vis-à-vis des personnes transportées consistant à respecter les horaires auxquels elle s'est engagée”. Ne constitue pas un cas de force majeure l'occupation de la voie ferrée par les employés grévistes d'une société locale, à partir du moment où la SNCF pouvait prévenir les voyageurs du retard prévisible et décider le détournement du train. Dans une autre affaire, jugée par la cour d'appel de Paris[51] à propos des retards fréquents des trains de banlieue, les pannes imputées à un défaut d'entretien ou à diverses intempéries ne sauraient non plus constituer un cas de force majeure exonératoire de responsabilité à l'égard de la SNCF. Cependant, il est admis qu'à côté de la cause d'exonération classique de la force majeure, la SNCF peut établir une hiérarchie entre ses obligations de ponctualité et de sécurité, la seconde devant prévaloir sur la première.

---

48 EDF est responsable des variations de tensions accidentelles, CA Dijon, 2 juillet 1992, EDF-UAP c/ SA La Paternelle, *CJEG* 1993, p.426.

49 Le transport aérien est soumis à un régime spécial et la convention de Varsovie modifiée par le protocole de La Haye en son article 19 prévoit une présomption de responsabilité en cas de retard. Voir B. Mercadal, *Droit des transports terrestres et aériens*, préc., p.395 et s.

50 6 juin 1995, SNCF c/ Epoux Coulaud, *JCP* 1995, IV, 2602. Voir également CA Paris, 31 mars 1994, SNCF c/ Epoux Beneteaud, *D.* 1994, IR, p.134.

51 4 octobre 1996, SNCF c/ Dauvergne, *D.* 1996, IR, p.243, *JCP* 1997, II, 22811, note G. Paisant et Ph. Brun.

1440. Selon les commentateurs[52] de cette dernière décision, l'obligation de ponctualité se rattacherait plus au contrat de transport en vertu de l'article 1135 du Code civil, révélant ainsi un forçage du contrat par le juge judiciaire, qu'au cahier des charges de la SNCF qui n'envisage que vaguement une telle obligation[53].

1441. A partir du 1er septembre 1996, la SNCF s'est engagée officiellement, pour les voyages de plus de 100 km, à rembourser un quart du prix du billet si le train subit un retard de 30 mn à une heure. Sans entrer pour le moment dans le problème de la validité d'une telle clause au regard du droit de la consommation[54], on remarquera que les retards inférieurs à 30 mn, qui sont sans doute les plus fréquents pour les trains de banlieue, ne sont plus indemnisés ! On se demande alors légitimement si les initiatives prises par le juge judiciaire ne valaient pas mieux que la définition de normes de qualité, nécessairement réduites à une qualité minimale, dans les contrats types.

1442. L'obligation de ponctualité n'est pas l'apanage exclusif du transporteur. La Cour de cassation a condamné La Poste pour avoir remis un télégramme avec un retard qu'il eût été possible d'éviter en mettant simplement en oeuvre "les moyens habituels du service"[55]. A propos du service Chronopost, la cour d'appel de Caen[56], sur renvoi après cassation, a jugé que "quand bien même les conditions générales du contrat acceptées par l'expéditeur n'en font pas directement mention, l'engagement de la société Chronopost comporte, outre la réalisation de l'acheminement lui-même, le respect de délais précis de livraison". Il s'agit d'une obligation "de célérité mais aussi de fiabilité qui en est le complément essentiel", s'analysant comme une obligation essentielle du contrat. Le respect du délai fixé constitue donc "une incontestable obligation de résultat dont le manquement engage la responsabilité de la société Chronopost, sauf à elle de prouver que le retard serait dû à une cause qui lui serait étrangère".

1443. A côté de l'obligation de sécurité et de celle relative à la fourniture d'une prestation de qualité, le juge judiciaire définit également les contours d'une véritable loi de transparence.

---

[52] Note G. Paisant et Ph. Brun, préc.

[53] Article 1er (décret du 13 septembre 1983, préc.) : l'entreprise publique a pour mission "d'exploiter les services ferroviaires sur le réseau dans les meilleures conditions de sécurité, d'accessibilité, de célérité, de confort et de ponctualité, compte tenu des moyens disponibles". De plus, cette disposition conduirait plutôt à pencher en faveur de l'obligation de moyens.

[54] Voir n°1472 et s.

[55] Cass. civ. I, 16 juin 1998, Kakama c/ La Poste, *JCP* 1998, IV, 2792.

[56] CA Caen, 5 janvier 1999, Société Chronopost, *D.* 1999, IR, p.187. Voir Cass. com., 22 octobre 1996, *D.* 196, J, p.121, note A. Sériaux, *D.* 1997, Somm., p.175, note Ph. Delebecque.

- *SECTION III* -
La transparence dans les relations entre l'usager et l'exploitant.

1444. La transparence est la "qualité de ce qui laisse paraître la réalité toute entière, de ce qui exprime la vérité sans l'altérer"[57]. Elle recouvre deux types de droits : l'accès aux documents et l'information[58]. Si on peut concevoir qu'il existe un modèle public et un modèle privé de transparence[59], ces deux modèles ne visent absolument pas les mêmes objectifs. En effet, le modèle public est plutôt tourné vers la communication des documents relatifs à l'organisation du service et dans bien des cas, ce n'est pas directement en faveur de l'usager que la communication des documents est envisagée. Souvent, il s'agit de donner à l'autorité délégante des moyens de contrôle auxquels les usagers pourront ensuite accéder. Elle permet aux opérateurs concurrents du délégataire, ou de l'opérateur monopolistique lors de l'ouverture des réseaux, de vérifier la régularité des opérations de passation ou d'attribution des structures nécessaires à la fourniture de services. Instrument de lutte contre la corruption ou garantie d'une concurrence loyale, l'accès aux documents n'est pas toujours destiné de prime abord à l'information des usagers.

1445. Le volet administratif de la transparence touche principalement des événements passés qu'il est nécessaire de porter à la connaissance des usagers. L'information sur les politiques futures des exploitants est affectée par le semi-échec des politiques de concertation et de participation des usagers, notamment au sein des entreprises publiques[60].

1446. Le volet privé de la transparence repose sur des fondements radicalement différents. Moins que l'accès proprement dit aux documents, il prévoit une obligation d'information précontractuelle, puis contractuelle, entre les parties afin que le contrat soit conclu puis exécuté dans les meilleures conditions possibles. Il s'agit donc d'une obligation d'information sur les conditions de fonctionnement du service public, appréciée au niveau des relations bilatérales entre l'usager et l'exploitant et concernant des événements futurs.

1447. Ainsi, puisqu'ils semblent admirablement se compléter tout en mettant en oeuvre des impératifs différents, les volets public (§1) et privé (§2) de la transparence seront analysés successivement.

---

[57] Définition du Petit Robert. En droit administratif, voir B. Lasserre, N. Lenoir, B. Stirn, *La transparence administrative*, PUF, 1987.

[58] Pour une définition similaire, voir M. Bazex, "Obligations communautaires de transparence et prestations des services publics", *DA* octobre 1993, p.15.

[59] Voir M. Bazex, "Obligations communautaires de transparence et prestations des services publics", article préc.

[60] Voir n°132 et s.

§ 1. Le volet administratif de la transparence.

1448. L'aspiration à plus de transparence fait partie des nouvelles lois que l'on souhaiterait que le service public adopte, dans l'optique d'une amélioration des relations entre l'administration et les administrés. Plusieurs dispositions concernent les usagers : il s'agit d'abord du droit d'accès aux documents administratifs et ensuite de diverses obligations de publicité d'actes ou de rapports concernant la gestion des services publics.

1449. L'article 2 de la loi du 17 juillet 1978[61] sur la communication des documents administratifs inclut, dans son champ d'application, les personnes publiques et les organismes de droit privé chargés de la gestion d'un service public. L'usager des services publics industriels et commerciaux bénéficiera donc pleinement des droits attachés à cette loi, quel que soit le mode de gestion du service, si tant est que le document qu'il demande fasse partie des documents communicables. L'usager peut s'adresser directement au délégataire qui n'aura pas à en référer à l'autorité délégante[62]. Il dispose d'un droit à la communication des textes des conventions de délégation de service public[63]. En matière d'eau, sont communicables, par exemple, le rapport d'un sous-préfet sur l'adduction d'eau dans un hameau[64] ; la facture d'eau adressée au syndic d'un immeuble demandée par un locataire[65] ; les analyses d'eau sous réserve de la seule communicabilité des comptes rendus qui, sur une période significative, rassemblent les résultats des analyses effectuées au jour le jour et après traitement, les analyses que subit l'eau avant traitement devant être considérées comme des documents provisoires auxquels ne s'applique pas le droit à communication[66]. En matière d'évacuation des déchets, est communicable, par exemple, l'étude liée à un projet de décharge[67]. Dans le domaine de l'assainissement, sont communicables les éléments financiers du contrat d'exploitation d'une station d'épuration[68], les analyses se rapportant aux boues et autres déchets d'une station d'épuration[69].

1450. En ce qui concerne les documents financiers, les délégataires doivent remettre leurs comptes détaillés à l'autorité délégante, en vertu de l'article R. 324-2 du Code des communes. A ce titre, les comptes de la société Lyonnaise des eaux n'ont pas été considérés comme des documents administratifs, alors que les "autres documents relatifs à la gestion du service public de l'eau qu'elle avait transmis à l'autorité délégante avaient

---

61 Loi n°78-753, *BLD* 1978, p.325.

62 Conseil CADA, 20 octobre 1983, Commune de Cande.

63 CE, 11 janvier 1978, Commune de Murat, Rec., p.5.

64 Avis CADA, 13 janvier 1983, Bourjot.

65 Avis CADA, 13 décembre 1984, Galinet.

66 Conseil CADA, 7 juillet 1983, Commune de Tours.

67 Avis CADA, 24 avril 1986, Comité de défense du collectif des résidents de Sales.

68 Avis CADA, 3 octobre 1985, Société des eaux du Nord.

69 Avis CADA, 15 novembre 1984, Comité de défense du collectif des résidents de Sales.

acquis, de ce fait, un caractère administratif"[70]. Par ailleurs, certains comptes peuvent être protégés par le secret industriel et commercial et, de ce fait, ne pas être communicables[71].

1451. A côté du droit conféré aux usagers quant à la communication des documents, le droit administratif organise également certaines obligations de publicité d'actes, de contrats ou de rapports. Les articles L. 1411-13 à L. 1411-17 du CGCT prévoient la transmission aux collectivités locales des documents relatifs à l'exploitation des services délégués, ainsi que leur mise à la disposition du public. Ces dispositions, quoique bénéficiant également aux autorités délégantes, sont inspirées d'un souci de démocratisation de la vie locale[72]. En revanche, l'article L. 2224-5 du CGCT dispose que le maire présente au conseil municipal un rapport annuel sur le prix et la qualité du service public d'eau potable destiné à l'information des usagers[73]. On peut se demander si, en réalité, ce n'est pas le contrôle sur le délégataire et l'information des groupes minoritaires du conseil municipal qui sont principalement visés, car cette disposition, issue de la loi du 2 février 1995[74], est prise postérieurement aux affaires de corruption et aux litiges sur le prix de l'eau.

1452. La mise à disposition du public de certains documents relatifs à la gestion déléguée des services publics, ainsi que l'organisation d'une information collective, s'adresse plus au citoyen électeur qu'à l'usager. Si les informations que le public récolte par ce biais démontre une gestion inefficace du service, la réaction passe par le vote et la protestation, non par une quelconque action de l'usager en tant que tel. L'usager y trouve son compte dans la mesure où ces obligations de transparence facilitent indirectement la revendication d'autres droits, comme les règles d'équivalence ou de proportionnalité en matière de prix, puisque l'usager doit d'abord être en mesure de connaître les éléments de détermination du prix avant de le contester.

1453. En revanche, il est des domaines où un effort particulier de transparence a été fait directement en faveur des usagers. Le décret du 9 mai 1995 concernant le service extérieur des pompes funèbres prévoit un certain nombre d'obligations d'information en faveur des familles des défunts[75].

1454. D'aucuns[76] mentionnent la présence d'une obligation de transparence en faveur de l'usager, qui procéderait des directives communautaires relatives à l'ouverture des

---

[70] TGI Bordeaux, référé, 12 février 1997, Du Fau de Lamothe c/ Lyonnaise des eaux, n°312/97.

[71] Voir R. Brolles, *L'accès aux documents des collectivités territoriales*, Editions Sorman, 4ème édition, 1994, p. 274.

[72] Issues de la loi n°92-125 du 6 février 1992 relative à l'administration territoriale de la République, titre II, "De la démocratie locale", JO du 8 février.

[73] Voir arrêté du 10 juillet 1996, JO du 23 juillet, p.11135, article 8.

[74] Loi n°95-101 du 2 février 1995, JO du 3 février, p.1840.

[75] Décret n°95-653, JO du 10 mai 1995. Voir D. Richer, "Pompes funèbres", in *Droit des services publics locaux*, préc.

[76] M. Bazex, "Obligations communautaires de transparence et prestations des services publics", article préc.

réseaux à la concurrence[77]. Cependant, si obligation de transparence il y a, elle n'est certainement pas organisée en faveur des consommateurs. Elle est plutôt destinée à favoriser une concurrence loyale entre les opérateurs, puisque les directives visent la répartition des structures d'exploitation des services en fonction de critères objectifs et de procédures transparentes[78]. En revanche, la directive de 1996 sur l'électricité[79] prévoit la publication d'une fourchette indicative de prix en faveur de clients éligibles pour l'utilisation des réseaux de transport et de distribution dans le but de "promouvoir la transparence". C'est donc l'usager qui est concerné. La création de fonds de service universel procède également d'un souci de transparence en sa faveur. Cependant, il faut remarquer que la contribution de chacun n'est toujours pas clairement mise en évidence dans les factures.

1455. L'objectif de transparence résultant de ces textes permet à l'usager de se forger une opinion, voire d'effectuer un choix lorsque cela est possible. Le volet privé de la loi de transparence poursuit un objectif très différent, dans la mesure où c'est l'exécution même du contrat qui est en jeu.

§ 2. Le volet privé de la transparence.

1456. Le respect de la transparence, ou tout du moins certaines de ses composantes, est assuré par le juge judiciaire depuis longtemps. En effet, les devoirs d'information, de conseil et de mise en garde[80] à la charge du professionnel ont été intégrés dans le contrat de droit privé par la technique du forçage[81]. Cependant, ce qui est original, si l'on replace ces obligations dans le cadre plus général d'une loi de transparence, c'est la soumission de l'usager à certaines obligations destinées à faciliter la tâche de l'exploitant[82].

1457. Le droit de la consommation est venu compléter l'oeuvre prétorienne du juge, puisque désormais certaines obligations d'information ou de communication de documents figurent explicitement dans le Code de la consommation.

---

[77] Voir J.-F. Flauss, "L'influence du droit communautaire sur le droit administratif français. II", *LPA* 16 janvier 1995, pour qui les exigences de transparence ont été renforcées par le droit communautaire.

[78] Voir par exemple la directive 96/19/CE de la Commission du 13 mars 1996 en matière de télécommunications, JOCE n°L.74/13 du 22 mars 1996 et la directive 96/92/CE du 19 décembre 1996 sur l'électricité, JOCE n° L.27/20 du 30 janvier 1997.

[79] Préc.

[80] On emploiera ces termes comme des synonymes, bien que certains auteurs les distinguent. Ainsi, F. Terré, P. Simler et Y. Lequette, *Droit civil. Les obligations*, préc., n°250 définissent comme une obligation d'information une information qui porte sur les faits objectifs, qui devient un devoir de conseil lorsque un cocontractant a le devoir d'éclairer son partenaire sur l'opportunité même du contrat, ses avantages et ses inconvénients. *La formation du contrat*, par J. Ghestin, préc., n°594 : l'obligation de conseil est plus large que l'obligation d'information. Le conseil suppose une appréciation qui oriente la décision de l'autre partie quant à l'opportunité de conclure le contrat sur le plan technique ou pécuniaire.

[81] Voir par exemple *Obligations. Théorie générale*, par F. Chabas, préc., n° 402.

[82] Voir P. Jourdain, "Le devoir de "se" renseigner", *D.* 1983, chron. p. 139.

1458. On verra donc successivement l'obligation générale d'information appliquée à l'usager des services publics industriels et commerciaux (A), avant d'envisager des obligations plus spécifiques procédant du droit de la consommation (B).

A. *L'obligation générale d'information.*

1459. Les auteurs distinguent généralement les obligations précontractuelles d'information des obligations contractuelles d'information[83]. Les unes préexistent au contrat et tendent à faciliter l'émission d'un consentement éclairé. Les autres se présentent comme des effets du contrat, dans la mesure où la bonne exécution de l'obligation principale suppose à titre accessoire la délivrance d'un certain nombre d'informations ou de conseils[84]. L'obligation d'information s'apprécie au regard de la bonne foi des parties, ou encore de la confiance légitime du profane envers le professionnel[85].

1460. Quant à l'étendue de l'obligation de conseil mise à la charge de l'exploitant, celle-ci dépend en grande partie des faits des espèces soumises au juge judiciaire. Lorsque les installations sont en cause, elle est limitée par les propres compétences de l'exploitant, de sa marge de manoeuvre et de ses facultés d'accès aux installations. Par exemple, EDF n'est pas responsable des dommages survenus, si elle s'est bornée à préconiser le chauffage électrique sans procéder à l'étude des locaux[86], mais elle sera responsable si elle participe largement à la conception d'un chauffage[87]. Dans le domaine de la consommation, il a été jugé qu'EDF ou France Télécom n'avaient pas à alerter un usager d'une plus grande consommation, sauf en cas d'anomalie[88]. En matière de choix tarifaire, l'obligation de l'exploitant se limite aux conséquences d'un tel choix, sachant que dans tous les cas de figure, à partir du moment où les tarifs sont affichés, les usagers sont à même d'effectuer des comparaisons[89]. Cependant, une fois le contrat conclu, l'obligation d'information de l'exploitant n'est pas épuisée. Le juge judiciaire a, par exemple, enjoint à la société Lyonnaise des Eaux Dumez de fournir aux usagers tous documents et informations utiles, visant à déterminer le montant des factures. Il condamne l'exploitant au motif que les périodes de facturation ne sont pas clairement définies, que le mode de calcul du fermier pour sa rémunération est d'une rare complexité et qu'il a fait preuve

---

83 Pour une distinction fonctionnelle des obligations d'information, voir M. Fabre-Magnan, *De l'obligation d'information dans les contrats.*, Th., LGDJ, 1992, n° 282.

84 Voir F. Terré, P. Simler, Y. Lequette, *Droit civil. Les obligations*, préc., n° 250 ; *La formation du contrat*, par J. Ghestin, préc., p.610 et s. ; J. Calais-Auloy et F. Steinmetz, *Droit de la consommation*, préc., p.45 et s.

85 *La formation du contrat,* par J. Ghestin, préc., n° 629 et 631 ; F. Terré, P. Simler, Y. Lequette, *Droit civil. Les obligations*, préc., n°250.

86 CA Rennes, 2 mai 1973, Le Querre c/ EDF, *CJEG* 1974, J, p.131. Voir également TGI Nancy, 11 mars 1988, Epoux Colin c/ GDF, *CJEG* 1989, p.244 ; CA Grenoble, 18 janvier 1996, Augier c/ EDF, *CJEG* 1997, p.320.

87 Cass.civ. III, 28 mars 1990, EDF c/ SCI Cavaignac, *Bull.* n°89, p.48.

88 CA Grenoble, 2 mars 1995, EDF c/ SEMITAG, *CJEG* 1996, p.316 ; CA Paris, 7 janvier 1999, Saint Vignes c/ France Télécom, *JCP* 1999, IV, 2521.

89 Considérations des juges du fond dans l'affaire Spézia, Cass. civ. I, 20 février 1996, Spezia c/ EDF, *CJEG* 1996, p.437, note P. Blanchard.

d'une "attitude intransigeante" à l'égard des usagers[90]. Dans une autre espèce, à l'occasion du vol d'une valise à un usager de la SNCF, il a été décidé que "le voyageur ne saurait soutenir que la SNCF a violé son obligation contractuelle d'information résultant de l'article 11 de son cahier des charges, dès lors que les passagers ne peuvent se méprendre sur l'étendue des obligations contractuelles de la SNCF qui résultent de textes réglementaires et se trouvent clairement rappelées par les guides mis à disposition des voyageurs, ou les affichettes apposées dans les trains"[91].

1461. Quant à l'intensité d'une telle obligation, à propos d'une obligation de conseil d'EDF sur le choix tarifaire, il semble qu'il ne s'agisse que d'une obligation de moyens[92].

1462. La sanction du juge dépasse quelquefois le cadre de la responsabilité contractuelle et touche celui des vices du consentement. Il a été jugé que le vendeur d'un matériel téléphonique de voiture devait s'assurer que l'acheteur connaissait ses conditions d'utilisation, et notamment le secteur géographique couvert, cette connaissance étant un élément substantiel du contrat de vente[93].

1463. Les exigences de transparence peuvent également déborder le cadre strict de l'obligation d'information et légitimer les solutions retenues en matière de relevés de compteur. L'absence de relevé effectué par l'exploitant ou les erreurs dans la facturation ne le privent pas du droit de recevoir le paiement des fournitures consommées, mais son absence de vigilance dans ces domaines peut être constitutive d'une faute de nature à engager sa responsabilité[94]. En revanche, l'usager, tenu d'exécuter de bonne foi son contrat, devait vérifier si la fourniture lui était facturée par l'exploitant[95], de même qu'il est tenu en toute transparence de laisser l'exploitant accéder à son compteur[96]. La transparence à l'échelle de la relation bilatérale entre l'usager et l'exploitant n'est pas un objectif que seul l'exploitant doit atteindre. Là encore, on retrouve ce devoir de coopération[97] entre l'usager et le gestionnaire du service, au regard duquel les manquements aux obligations de comportement vont être jugés.

---

[90] TGI Evreux, ordonnance du Président, 6 mai 1998, 300 usagers du Vernon c/ SLE, inédit.

[91] CA Paris, 24 septembre 1996, SNCF c/ Camonis, *D.* 1996, IR, p.234.

[92] Cass. civ. I, 20 février 1996, Spezia c/ EDF, préc. ; TGI Metz, 4 décembre 1997, Harter c/ EDF, *CJEG* 2000, p. 204.

[93] CA Limoges, 29 octobre 1991, *LPA* 1er octobre 1993, n°118, p.8, note J. Huet.

[94] CA Nîmes, 16 août 1988, Société Poggia c/ EDF, *CJEG* 1989, p.255 ; CA Rouen, 9 mars 1989, EDF c/ Herouard, *CJEG* 1990, p.320 ; TI de Mayenne, 16 août 1993, Epoux Camus c/ EDF-GDF, *CJEG* 1994, p.506 ; CA Montpellier, 25 septembre 1996, EDF c/ Mme Ansoldo, *CJEG* 1997, p.318 ; TGI Paris, 17 mai 1995, EDF-GDF c/ RIVP, *CJEG* 1996, p.323 ; TGI Carcassonne, 22 août 1995, SARL Grand Hôtel Fourcade c/ EDF, *CJEG* 1996, p.324.

[95] Cass. civ. I, 23 janvier 1996, CGE c/ OPHLM du Val d'Oise, *Bull.* n°36. Voir également à propos d'une "omission consciente" de l'usager, Trib. com. de Caen, 25 janvier 1989, EDF c/ Cheminais, inédit.

[96] Cette obligation est prévue dans les contrats, le juge ne fait ici que la sanctionner, voir par exemple TGI Saint Etienne (référé), 8 novembre 1995, EDF c/ Legat, *CJEG* 1996, p.321; TGI du Mans (référé), 14 février 1996, EDF c/ B., *CJEG* 1997, p.319. Pour une résistance abusive, voir TGI Montbéliard, 5 mars 1996, GDF c/ SA Charpiot, *CJEG* 1997, p.320.

[97] Voir n°1324 et s.

1464. A côté des ces obligations générales, le droit de la consommation présente un certain intérêt dans le domaine de la transparence.

B. Les obligations spécifiques procédant du droit de la consommation.

1465. Plusieurs dispositions du Code de la consommation peuvent intéresser l'usager des services publics industriels et commerciaux, sans qu'aucune distinction ne soit faite selon que l'usager consomme la prestation pour ses besoins personnels ou dans le cadre de son activité professionnelle. L'article L. 111-1 du Code de la consommation dispose que "tout professionnel vendeur de biens ou prestataire de services doit, avant la conclusion du contrat, mettre le consommateur en mesure de connaître les caractéristiques essentielles du bien ou du service". L'article L. 113-3 dispose quant à lui que "tout vendeur de produit ou tout prestataire de services doit par voie de marquage, d'étiquetage, d'affichage ou par tout autre procédé approprié, informer le consommateur sur les prix, les limitations éventuelles de la responsabilité contractuelle et les conditions particulières de la vente". Enfin, l'article L. 134-1 du Code de la consommation oblige les professionnels à remettre à toute personne intéressée, qui en fait la demande, un exemplaire des conventions qu'ils proposent habituellement. Le droit communautaire de la consommation se préoccupe lui aussi de la transparence des prix, puisqu'une directive du 29 juin 1990 instaure une procédure concernant la transparence des prix au consommateur final industriel du gaz et de l'électricité[98].

1466. La difficulté tient à ce que très peu de décisions jurisprudentielles s'appuient explicitement sur ces dispositions pour condamner l'exploitant d'un service public industriel et commercial. Exceptionnellement, dans le domaine de l'eau, il a été jugé en 1997 que "les prescriptions de l'article L. 111-1 du Code de la consommation paraissent avoir été respectées par la remise lors de la conclusion du contrat d'abonnement du règlement de service qui précise les modalités de fixation du prix de l'eau"[99].

1467. Il semble donc que le droit de la consommation s'adapte parfaitement aux spécificités de la gestion d'un service public, dans la mesure où le simple affichage ou la publication des conditions d'organisation et de fonctionnement du service, procédé courant dans cette matière, n'est pas sanctionné. De même, l'exploitant n'est tenu que de fournir les modalités de fixation du prix et non le prix lui-même. Fixer un prix serait une opération difficile dans le domaine de l'eau, compte tenu de la part correspondant aux taxes communales. Cependant, il ne faut pas s'y méprendre : le droit de la consommation vise à permettre au consommateur d'effectuer un choix éclairé sur le marché, ou à empêcher un professionnel de pratiquer des prix "à la tête du client". Ces objectifs sont parfaitement inutiles en droit des services publics pour la raison que tant qu'il existera encore des monopoles, aucun choix n'est offert à l'usager. L'information sur les prix aurait plutôt des répercussions sur le contrôle de sa légalité. Le principe d'égalité est une meilleure sanction du prix "à la tête du client" que l'article L. 113-3 du Code de la consommation. Ce dont a besoin l'usager, c'est de prévoir quel type de précautions il

---

98 JOCE n° L 185, 17 juillet 1990, transposée par la loi du 19 juillet 1993, JO du 20 juillet 1993.

99 TGI Bordeaux, référé, 12 février 1997, Du Fau de Lamothe c/ Lyonnaise des Eaux, n°312/97.

devra prendre dans l'exécution de son obligation, dans la mesure où, si l'exploitant n'exécute pas les siennes, il faut qu'il puisse en obtenir réparation sans se voir accuser de négligence. C'est pourquoi, la transparence assimilée à un devoir de coopération par les règles du droit des obligations répond mieux à ces exigences qu'un droit de la consommation, dont l'unique objectif est la protection d'une partie dite "faible".

1468. L'utilité de la protection de la partie la plus faible se fait, en revanche, ressentir lors de la rédaction des contrats types, auxquels l'usager adhérera, et dans lesquels l'élimination des clauses abusives est un moyen efficace de protection des intérêts économiques de l'usager.

- SECTION IV -
L'élimination des clauses abusives dans le contrat de l'usager

1469. La législation sur les clauses abusives appartient à ce que l'on pourrait appeler le noyau dur du droit de la consommation : en effet, elle s'applique aux relations entre professionnels et consommateurs et vise à protéger les intérêts économiques de ces derniers.

1470. Les spécificités mêmes de cette législation conduisent à se demander si elles seront compatibles avec les propres spécificités du droit applicable à l'usager du service public industriel et commercial. Deux questions d'une importance majeure peuvent se poser. D'une part, le juge judiciaire peut-il éliminer du contrat des clauses issues d'actes réglementaires d'organisation du service, qui sont reproduites telles quelles dans les contrats, en les déclarant abusives ? D'autre part, est-il utile, voire opportun, d'appliquer la législation sur les clauses abusives au contrat qui lie l'usager à l'exploitant ? La relation de service public en France présente certaines spécificités qui pourraient s'avérer incompatibles, sur le plan des principes, avec les objectifs poursuivis par le droit de la consommation dans la chasse aux clauses abusives. Le droit de la consommation cherche à sanctionner les abus de puissance économique, les déséquilibres dans les obligations réciproques des parties, alors que la relation de service public met précisément en oeuvre un tel déséquilibre, justifié au nom de l'intérêt général. Les usagers se situent souvent en position d'infériorité et doivent sacrifier certains droits au nom du bon fonctionnement du service public. Ce n'est pas tant l'abus de puissance économique qu'il est nécessaire de sanctionner, mais plutôt "l'abus d'intérêt général".

1471. La question de l'applicabilité de la législation sur les clauses abusives au contrat liant l'usager au service semble, aujourd'hui, en grande partie résolue (§1). La difficulté se déplace plutôt vers la détermination même des clauses considérées comme abusives dans de tels contrats (§2).

§ 1. L'applicabilité de la législation sur les clauses abusives.

1472. Le contrat conclu entre l'usager et l'exploitant du service public industriel et commercial entre-t-il dans le champ d'application de la législation sur les clauses abusives ? (A) Si la réponse est affirmative, peut-on réellement affirmer que cette solution est opportune et utile ? (B)

A. Le champ d'application de la législation sur les clauses abusives.

1473. L'article L. 132-1, alinéa 1er, du Code de la consommation, issu de la loi du 1er février 1995[100], qui a transposé en droit français la directive du 5 avril 1993[101], dispose que sont abusives les clauses "qui ont pour objet ou pour effet de créer, au détriment du non-professionnel ou consommateur, un déséquilibre significatif entre les droits et obligations des parties au contrat". Auparavant, les clauses étaient abusives lorsqu'elles apparaissaient imposées aux consommateurs par un abus de puissance économique de l'autre partie et conféraient à cette dernière un avantage excessif[102]. La qualification de clause abusive supposait la réunion de deux éléments l'abus de puissance économique et l'avantage excessif. Dorénavant, seul le second subsiste, mais il se transforme en "déséquilibre significatif".

1474. *A priori*, l'étendue du champ d'application de cette législation devrait permettre son application au contrat liant l'usager à l'exploitant, qui, se présente comme n'importe quel contrat de droit privé. Cependant, si la dimension personnelle de cette législation, c'est-à-dire la qualité des contractants, ne semble pas prêter à discussion (1°), sa dimension matérielle, ou encore la nature des clauses, peut présenter certaines interférences avec les notions de clause réglementaire ou exorbitante (2°).

1°) La dimension personnelle.

1475. La question qui se pose est celle de savoir si l'exploitant d'un service public industriel et commercial peut être considéré comme un professionnel (a) et si l'usager peut être considéré comme un consommateur ou un non professionnel (b), au regard des articles L.132-1 et s. du Code de la consommation.

---

[100] Loi n°95-96, *JCP* 1995, éd. G, III, 67286, JO, 2 février 1995.

[101] Directive n°93/13, *JCP* 1993, éd. G, III, 66199, JOCE, n°L95, 21 avril 1993.

[102] Définition issue de l'article 35 de la loi n°78-23, dite loi Scrivner, du 10 janvier 1978, JO du 11 janvier, p.301.

a) L'exploitant du service public.

1476. Il est admis que le professionnel "est la personne qui agit pour les besoins de sa profession (...) Le mot profession, tel qu'il est employé en droit de la consommation, désigne toute activité organisée dans un but de production, de distribution ou de prestation de service. Il couvre donc les notions d'entreprise, d'exploitation. Le professionnel peut être une personne morale comme une personne physique : une société importante est un professionnel au même titre qu'un petit commerçant. La notion de profession s'étend même au secteur public : la SNCF, EDF, La Poste sont, en droit de la consommation, des professionnels"[103]. La directive européenne de 1993[104] définit d'ailleurs le professionnel comme "toute personne physique ou morale qui, dans les contrats relevant de la présente directive, agit dans le cadre de son activité professionnelle, qu'elle soit publique ou privée".

1477. La qualité de professionnel a été reconnue aux exploitants des services publics industriels et commerciaux par la Commission des clauses abusives[105], ainsi que par la jurisprudence : "(...) cette clause est imposée à l'abonné, consommateur, par un abus de puissance économique du service des eaux qui doit être regardé comme un professionnel"[106]. "Au sens de la lettre comme de l'esprit des dispositions susvisées (décret du 24 mars 1978 et loi du 10 janvier 1978), l'EDF présente tous les caractères du professionnel, et notamment la supériorité technique et juridique ainsi que la position monopolistique, tandis que ses abonnés présentent, eux, tous les caractères du consommateur (...) Il est, en effet, un principe constant d'interprétation des textes juridiques que l'on ne doit pas distinguer là où la loi ne distingue pas, et en l'espèce la loi ne distingue pas des autres professionnels le cas des services publics industriels et commerciaux."[107]

1478. On ne s'étendra donc pas sur la qualification de l'exploitant du service public industriel et commercial en professionnel, qui semble évidente[108]. En revanche, l'assimilation de tous les usagers à des consommateurs n'est pas aussi évidente qu'il n'y paraît.

---

[103] J. Calais-Auloy et F. Steinmetz, *Droit de la consommation*, préc., p.6.

[104] Directive préc., article 2.c.

[105] Recommandation n°85-01 concernant les contrats de distribution d'eau (BOCC, 17 janvier 1985) : "le service des eaux doit être regardé, quelle que soit sa qualification juridique comme un professionnel au sens des articles 37 et suivants de la loi n°78-23 du 10 janvier 1978" ; Recommandation n°84-02 concernant les contrats de transports terrestres de voyageurs (BOCC, 5 décembre 1984) ; Recommandation n°86-2 CCA relative aux contrats de remontées mécaniques dans les stations de sports d'hiver (BOCC, 3 novembre 1986).

[106] TGI Paris, 17 janvier 1990, Caisse d'épargne de Paris c/ CGE, *D.* 1990, J, p.289, note J. Ghestin.

[107] TGI Angers, 11 mars 1986, Briant c/ EDF, *JCP* 1987, II, 20789, note J.-P. Gridel, *RTDC* 1986, p.589, obs. J. Mestre.

[108] Voir en ce sens J. Ghestin et I. Marchessaux- Van Melle, "L'application en France de la directive visant à éliminer les clauses abusives après l'adoption de la loi n°95-96 du 1er février 1995", *JCP* 1995, I, 3854 ; S. Pellinghelli-Steichen, "Les contrats passés par les services publics industriels et commerciaux au regard du contrôle des clauses abusives", *LPA* 14 juillet 1997, n°84, p.11 ; P. Delvolvé, "La question de l'application du droit de la consommation aux services publics", *DA* octobre 1993, p.3.

b) Les usagers.

1479. Les consommateurs peuvent se définir comme "les personnes physiques ou morales de droit privé qui se procurent ou qui utilisent des biens ou des services pour un usage non professionnel"[109], ou encore comme "la personne qui, pour ses besoins personnels, non professionnels, devient partie à un contrat de fourniture de biens ou de services"[110]. La directive de 1993 adopte une définition similaire, puisque le consommateur est "toute personne physique qui, dans les contrats relevant de la présente directive, agit à des fins qui n'entrent pas dans le cadre de son activité professionnelle"[111].

1480. *A priori*, les usagers du service public industriel et commercial entrent dans cette catégorie[112]. Cependant, deux questions se posent plus particulièrement. D'une part, les usagers professionnels agissant en dehors de leur compétence sont-ils considérés comme des consommateurs au sens du Code ? D'autre part, et cette question ne fait l'objet d'aucune jurisprudence, les usagers personnes publiques peuvent-elles être également considérées comme des consommateurs ?

1481. La première question semble aujourd'hui résolue au désavantage des usagers professionnels. Sous l'empire de la loi du 10 janvier 1978, le juge judiciaire faisait preuve d'une certaine incohérence dans le domaine des services publics industriels et commerciaux quant à la notion de consommateur-professionnel[113]. Tantôt le juge considérait, sans motivation particulière, qu'un horticulteur était un consommateur d'électricité et lui appliquait la législation sur les clauses abusives[114], de même pour une agence de la Caisse d'Epargne vis-à-vis du service de distribution d'eau[115]. Tantôt le juge estimait à propos de la fourniture d'électricité à un industriel que "la loi (...) entend protéger seulement les personnes morales ou physiques utilisatrices d'un produit pour des besoins sans relation directe avec leur profession (des besoins domestiques ou de sécurité par exemple), c'est-à-dire une catégorie réputée naïve et vulnérable parce que peu compétente de la population"[116], et refusait d'appliquer la législation pour des contrats passés entre professionnels, même de spécialités différentes[117].

---

[109] J. Calais-Auloy et F. Steinmetz, *Droit de la consommation*, préc., p.4.

[110] *La formation du contrat*, par J. Ghestin, préc., n°77.

[111] Directive préc., article 2.

[112] Voir J. Calais-Auloy et F. Steinmetz, *Droit de la consommation*, préc., p.11.

[113] Pour un résumé de jurisprudence dans les autres domaines, voir G. Paisant, "Essai sur la notion de consommateur en droit positif", *JCP* 1993, I, 3655 ; J. Ghestin et I. Marchessaux- Van Melle, "L'application de la directive visant à éliminer les clauses abusives après l'adoption de la loi n°95-96 du 1er février 1995", préc. La jurisprudence parle "d'utilisateur professionnel", se réfère à la "sphère d'activité" ou à la "spécialité" du cocontractant.

[114] TGI Angers, 11 mars 1986, Briant c/ EDF, *JCP* 1987, II, 20789, note J.-P. Gridel, *RTDC* 1986, p.589, obs. J. Mestre.

[115] TGI Paris, 17 janvier 1990, Caisse d'Epargne et de Prévoyance de Paris c/ SA Compagnie Générale des Eaux, *D.* 1990, J, p.289, note J. Ghestin.

[116] CA Nîmes, 8 mars 1990, EDF c/ SA Payen, *JCP* 1990, II, 21573, note G. Paisant.

[117] Cass. civ. I, 15 avril 1986, Société Rayconite c/ Bodier, *CJEG* 1986, J, p.409.

1482. La Cour de cassation semble avoir fixé sa jurisprudence en 1995[118], en jugeant qu'une entreprise d'imprimerie ne pouvait pas invoquer à son profit la législation sur les clauses abusives, au motif que les dispositions en question "ne s'appliquent pas aux contrats de fournitures de biens ou de services qui ont un rapport direct avec l'activité professionnelle exercée par le cocontractant". Après l'adoption de la loi de 1995[119], ce critère ne change plus. En 1996, à propos du service de distribution d'eau potable, la Cour de cassation a décidé que les dispositions concernant les clauses abusives "ne s'appliquent pas aux contrats de fourniture de biens ou de services qui ont un rapport direct avec l'activité professionnelle exercée par le cocontractant ; que la cour d'appel, qui a relevé que la société, dans l'exercice normal de son activité industrielle (verrerie), consommait de grandes quantité d'eau, a caractérisé ce rapport direct et a ainsi légalement justifié sa décision"[120]. La réglementation a également été jugée inapplicable à un contrat de fourniture d'énergie électrique à une entreprise piscicole, l'électricité assurant l'alimentation en eau de mer et l'oxygénation des bassins d'élevage de poissons[121]. Il en va de même en ce qui concerne un éleveur de volailles, au motif que les mesures protectrices du consommateur "ne sont point applicables dans les contrats conclus entre professionnels"[122].

1483. La Cour de cassation préfère opter pour le critère du rapport direct avec l'activité concernée, plutôt que de s'attacher à la sphère d'activités ou à la spécialité du professionnel. Le fait de contracter en dehors de sa spécialité n'apparaît pas comme un critère suffisant pour qualifier l'absence de rapport direct avec l'activité du professionnel, qui est donc un critère plus restrictif[123]. Cette position est critiquable à un double point de vue. D'une part, les travaux parlementaires relatifs à la loi de 1995 font état d'une interprétation différente de la notion de non-consommateur. La loi visait à "prendre en compte la situation d'un professionnel concluant un contrat pour ses besoins personnels ou dans le cadre de son activité professionnelle mais en dehors de sa spécialité"[124]. D'autre part, la notion de rapport direct engendre une inégalité au sein des usagers. Les usagers professionnels ne sont pas plus compétents que les usagers domestiques dans les matières touchant les services publics. Les fournitures de services n'interviennent qu'en amont des

---

118 Cass. civ. I, 24 janvier 1995, *Bull.* p.38, n°54, *JCP* 1995, IV, 745, *D.* 1995, p.327, note G. Paisant et somm., p.229, obs. Ph. Delebecque, *Contrats, conçu. consom.* 1995, p.84, note L. Leveneur.

119 On peut d'ailleurs supposer que la Cour de cassation avait connaissance de la loi, puisque l'arrêt est rendu quelques jours avant son adoption.

120 Cass. civ. I, 3 janvier 1996, Société Tourrès et Cie, Verreries de Graville c/ Ville du Havre, *Contrats, conçu. consom.* avril 1996, p.1, note L. Leveneur, *RTDC* 1996, n°3, p.609, obs. J. Mestre, *D.* 1996, p.228, obs. G. Paisant, *JCP* 1996, I, n°3929, obs. F. Labarthe, *D.* 1996, som. comm., p.325, obs. D. Mazeaud, *CJEG* 1996, p.189, note T. Perrin.

121 CA Paris, 14 juin 1996, *RJDA* 11/96, n°712, som.

122 CA Grenoble, 18 janvier 1996, Augier c/ EDF, *CJEG* 1997, p.320.

123 Dans l'affaire Société Héliogravure qui a donné lieu à l'arrêt de la Cour de cassation du 24 janvier 1995, la cour d'appel de Douai (14 mai 1992, *CJEG* 1993, p.423) avait refusé d'appliquer la réglementation sur les clauses abusives, au motif que l'imprimeur était un professionnel averti, même si sa spécialité était différente de celle d'EDF et qu'il ne pouvait être assimilé à un consommateur "inexpérimenté et vulnérable", sa capacité de négociation avec EDF limitée par la situation monopolistique de ce dernier n'entrant pas en ligne de compte. A la place de cette série d'arguments, la Cour de cassation préfère la notion de rapport direct.

124 Rapport de M. Charié devant l'Assemblée Nationale (Doc. AN, 1994-1995, n°1775, p.12).

activités des professionnels. Un professionnel peut être jugé compétent lorsqu'il commande ses matières premières à ses fournisseurs, mais pas lorsqu'il conclut des contrats pour la fourniture d'eau ou d'électricité. Ceux-ci n'interviendront au mieux que pour faire fonctionner les équipements nécessaires à la production, voire même pas du tout. On peut imaginer qu'un contrat de fourniture d'eau ne soit contracté que pour alimenter les espaces sanitaires d'une unité de production[125].

1484. La notion de rapport direct portait en elle le germe d'un critère satisfaisant, que la jurisprudence n'a pas exploité. En effet, lorsque l'importance de la quantité d'eau consommée par une verrerie justifiait l'existence d'un rapport direct, on aurait pu penser que le juge s'orientait vers une appréciation qualitative et quantitative de cette notion. L'eau entre dans la production d'une verrerie quasiment comme une matière première (appréciation qualitative), la quantité consommée en constituant un indice (appréciation quantitative). L'eau n'alimente pas indirectement l'unité de production, mais est utilisée en tant que telle directement dans la production. On pourrait étendre cette conception à tous les professionnels qui utilisent l'eau comme procédé de refroidissement. Il en irait de même pour l'électricité : soit l'électricité ne fait qu'alimenter les équipements et, dans ce cas, il n'y a pas de rapport direct ; soit elle intervient directement dans la production et, dans ce cas, le rapport direct est justifié.

1485. Les arguments traditionnels en faveur d'une non-assimilation du consommateur au professionnel ne contractant pas dans sa sphère d'activités[126] semblent parfaitement inadaptés au domaine des services publics industriels et commerciaux. Le professionnel, même agissant en dehors de sa compétence, serait moins désarmé vis-à-vis d'un autre professionnel que le consommateur domestique. On ne voit pas en quoi, face à des entreprises monopolistiques, le professionnel aurait la faculté de négocier des contrats préétablis. Le principe d'égalité s'érige d'ailleurs en obstacle. Si un professionnel de même nature que le candidat usager a négocié des conditions avantageuses, le candidat usager professionnel pourra alors en bénéficier. Si rien n'est prévu, il est fort douteux que l'exploitant accepte de négocier car il devra alors proposer les mêmes conditions à tous les professionnels placés dans la même situation. On parle ici de professionnel ayant une envergure très importante mais que dire du petit commerçant ? Dans le domaine des services publics, les professionnels sont dans une situation identique à celle des petits consommateurs : eux aussi ne font qu'adhérer à des contrats préétablis. Cependant, depuis l'ouverture des réseaux à la concurrence, ces arguments perdent de leur intérêt. Certains professionnels, dans le domaine du gaz, de l'électricité et des télécommunications, pourront négocier leurs contrats sur un pied d'égalité avec l'exploitant.

1486. Une solution existe pourtant : dans l'appréciation du caractère abusif de la clause litigieuse, la notion de déséquilibre significatif peut s'apprécier au regard de la manière dont le contrat est conclu. En effet, l'article L.132-1, alinéa 7 du Code de la consommation dispose que le caractère abusif d'une clause s'apprécie en se référant, au moment de la

---

[125] Cette inégalité serait d'autant plus grave à en croire l'interprétation de cette jurisprudence faite par S. Pellinghelli-Steichen ("Les contrats passés par les services publics industriels et commerciaux au regard du contrôle des clauses abusives", préc.) que les prestations de service public sont de première nécessité et seront donc toujours considérées comme présentant un rapport direct avec l'activité de l'usager.

[126] Voir J. Calais-Auloy et F. Steinmetz, *Droit de la consommation*, préc., p.9.

conclusion du contrat, à toutes les circonstances qui entourent sa conclusion, de même qu'à toutes les autres clauses du contrat. Cette appréciation pourrait tenir compte des spécificités du marché en matière de service public. Pourquoi, dans ce cas, ne pas ouvrir largement la dimension personnelle de la réglementation sur les clauses abusives, quitte à réintégrer l'appréciation du poids respectif des parties dans la dimension matérielle de cette réglementation ? Les professionnels seraient assimilés aux consommateurs, mais on tiendrait compte de la manière dont a été négocié le contrat à un autre stade de l'appréciation.

1487. L'autre argument n'en est pas un : une conception large de la notion de consommateur rendrait imprécises les frontières du droit de la consommation, ce qui porterait préjudice à la sécurité juridique. Quelle est la règle de droit dont le champ d'application ne pose strictement aucune difficulté ? Quelle est la règle de droit qui ne comporterait pas de termes que le juge doive interpréter ?

1488. La question de l'usager personne publique présente encore plus de difficultés, dans la mesure où aucune jurisprudence n'y est consacrée. Une commune concluant un contrat de délégation avec un distributeur d'eau et y incluant des clauses concernant sa propre consommation est-elle un consommateur ? N'a-t-elle pas d'autres moyens que la législation sur les clauses abusives pour faire valoir ses droits ? Quelle est la partie la plus forte : la collectivité publique qui choisit un délégataire ou une société multinationale qui recherche un marché ? Là encore, les conditions de conclusion du contrat constitueraient une référence bien plus utile que la notion même de consommateur. Cependant, s'il s'agit d'un marché public, l'appréciation risque de se révéler délicate. Un arrêt de la Cour d'appel de Paris[127] pourrait fournir matière à réflexion. Au sens de l'article 10-1 de l'ordonnance du 1er décembre 1986, qui prohibe "les offres de prix ou pratiques de prix de vente aux consommateurs abusivement bas", un syndicat intercommunal pour le traitement des ordures ménagères qui intervient pour subdéléguer une mission de service public confiée aux communes et pour satisfaire, non ses besoins propres, mais ceux des habitants des communes syndiquées n'est pas un consommateur (...) Au surplus, s'agissant d'un marché public, le code des marchés publics fait obligation aux personnes responsables de la passation des marchés, lorsque le prix proposé leur paraît anormalement bas, de demander, avant de rejeter l'offre, des explications sur sa composition et de vérifier cette composition au vu des explications fournies ; cette exigence, qui pèse sur l'autorité dont émane l'offre, suppose une compétence technique dans le domaine où elle intervient, présumée par la loi, qui est incompatible avec la notion de "consommateur" au sens de l'art. 10-1 de l'ordonnance et exclut l'application de ce texte à l'occasion de la passation des marchés publics". On remarquera que la notion de consommateur en droit de la concurrence, fondée sur la position de l'opérateur sur la marché, diffère quelque peu de celle retenue en droit de la consommation, ce qui est critiquable[128]. Cependant, les particularités mêmes du Code des marchés publics sont jugées incompatibles avec le droit de la concurrence et on pourrait imaginer un mode de raisonnement similaire en droit de la consommation. La passation d'un marché public impliquerait que la personne publique ne puisse pas être soumise à des clauses révélant un déséquilibre des droits et obligations en

---

[127] CA Paris, 3 juillet 1998, *D.* 1999, p.249, note J.-P. Chazal.

[128] Voir la note de J.-P. Chazal, préc.

sa défaveur, ce qui rendrait par là même la qualification de "consommateur" incompatible avec la situation de la personne publique.

1489. La proximité du contrat de délégation, ou du règlement de service, par rapport aux contrats conclus par les usagers conduit à s'interroger sur la dimension matérielle de la législation sur les clauses abusives.

2°) La dimension matérielle.

1490. Se pose la question de savoir si les clauses réglementaires issues d'actes administratifs relatifs à l'organisation du service pourraient être déclarées abusives par le juge judiciaire ? A la difficulté due à la répartition des compétences entre les deux ordres de juridiction, vient s'ajouter celle due à la compatibilité entre les notions de clause abusive, d'une part, et de clause réglementaire (a) ou exorbitante (b), d'autre part.

a) La clause réglementaire.

1491. Pendant un temps, la possibilité qu'une clause réglementaire puisse être déclarée abusive a fait couler beaucoup d'encre. Aujourd'hui, la question semble en grande partie résolue.

1492. Le juge judiciaire s'est d'abord montré réticent à juger, au regard de la législation sur les clauses abusives, des clauses reflétant les clauses réglementaires d'un contrat de délégation de service public[129]. Cette jurisprudence était critiquable, car elle mettait en avant une notion de clause réglementaire purement formelle. L'organisation du service n'était absolument pas touchée par les clauses concernées dans les espèces en question, puisqu'il s'agissait d'une clause relative à un minimum de consommation et d'une clause relative à la responsabilité en cas de gel du compteur.

1493. Ensuite, la directive européenne du 5 avril 1993[130] relative aux clauses abusives excluait de son champ d'application les clauses contractuelles qui reflètent des dispositions législatives ou réglementaires impératives[131].

1494. La loi du 1er février 1995[132] ne reprend pas cette restriction, et ceci à dessein. Le rapport de M. Charié devant l'Assemblée nationale[133] explique que "la rédaction de la loi française permet notamment d'inclure les dispositions réglementaires contenues dans les

---

[129] Cass. civ. I, 31 mai 1988, Société des eaux de l'Essonne c/ M. Chable, *Bull.* n°161, p.112, *D.* 1988, somm. comm., p.406, obs. J.-L. Aubert, *CJEG* 1988, J, p.418, note P.S. ; Cass. civ. I, 22 novembre 1994, Syndicat intercommunal des eaux de Croix, *Bull.* n°343, p.247, *CJEG* 1995, p.266, note P. Sablière.

[130] Dir. préc. , article 1-2.

[131] Voir C. Bettinger, "L'introduction des clauses abusives dans le droit des services publics : une révolution aux suites multiples", *DA* octobre 1993, p.9.

[132] Loi préc.

[133] Doc. AN, 1994-1995, n°1775, p.12.

contrats administratifs (comme les contrats d'abonnement au gaz et à l'électricité, les titres de transport public[134], les marchés publics ou les concessions de service public ou d'ouvrage public) et les contrats de transport aérien".

1495. Parmi les clauses dites réglementaires, deux groupes se distinguent[135]. Le premier d'entre eux est composé des clauses touchant à l'organisation au sens strict du service public, autrement dit, les clauses organisant l'étendue de l'application des lois du service. Le second groupe contient les clauses qui peuvent se retrouver dans n'importe quel contrat de droit privé (responsabilité, coupure de la fourniture, consommation minimale, etc.) et qui concernent les relations bilatérales entre chaque usager et l'exploitant. Il est apparu que ces deux groupes de clauses répondaient à des régimes juridiques différents. On avait proposé, pour clarifier cette tendance jurisprudentielle qui paraissait encore très floue, que les documents, qui prédéterminent le contenu des clauses du second groupe, ne soient considérés matériellement que comme les conditions générales des futurs contrats proposés aux usagers. Dans ce cas, c'était au juge judiciaire de les apprécier, quelle que soit leur origine, au regard de la législation sur les clauses abusives.

1496. Pour le premier groupe de clauses, on avait émis l'idée qu'il pouvait s'agir d'une sorte de droit public de la consommation, puisque par ce biais, l'usager bénéficiait de la protection des lois du service. Aujourd'hui, ce n'est plus tant le juge compétent qui pose problème, mais plutôt le droit applicable. Plusieurs questions viennent alors à l'esprit : si la loi de 1995 les englobe dans son champ d'application comme il y paraît, car ce sont elles qui sont véritablement les clauses réglementaires, se pourrait-il que le juge administratif ait à apprécier ces clauses au regard du droit de la consommation ? En d'autres termes, l'intérêt général que semblent refléter ces clauses peut-il s'accommoder d'une chasse aux clauses comportant un déséquilibre significatif entre les droits et obligations des parties ?

1497. Avant de répondre à cette question, on s'intéressera d'abord au problème des clauses exorbitantes.

b) La clause exorbitante.

1498. Le Conseil d'Etat, en 1961, dans l'arrêt Etablissements Campanon-Rey[136], puis le Tribunal des conflits, en 1962, dans l'arrêt Dame Bertrand[137], ont jugé que le contrat liant l'usager au service public industriel et commercial était toujours un contrat de droit privé, alors même qu'il contiendrait des clauses exorbitantes du droit commun. C'est pour cette raison que l'on pourrait se demander si une clause, qualifiée d'exorbitante au regard de la jurisprudence administrative, serait susceptible d'être déclarée abusive par le juge judiciaire, puisque les contrats conclus par les usagers peuvent en comporter.

---

134 Il ne s'agit pas de contrats administratifs mais de contrats de droit privé.

135 Voir n°515 et s.

136 Préc.

137 Préc.

1499. Si d'aucuns se livrent à de véritables dissertations sur la question[138], on préférera penser qu'il s'agit en réalité d'un faux débat. D'une part, parce que la fonction même de la clause exorbitante est neutralisée. Déterminer l'exorbitance d'une clause sert à qualifier le contrat qui la contient, mais on vient de voir que, quel que soit le contenu du contrat, il sera de toute façon toujours de droit privé. La seule vraie question à se poser est celle de savoir si certaines clauses que l'on pourrait par ailleurs qualifier d'exorbitantes, mais qui révèlent avant tout un déséquilibre entre les droits des parties, pourraient être qualifiées d'abusives par le juge judiciaire ? D'autre part, si la définition même de la clause exorbitante tendrait à la faire considérer comme abusive dans de nombreux cas, on constate que les contrats n'en contiennent quasiment aucune. Si certains attributs des exploitants peuvent apparaître comme exorbitants du droit commun, ces attributs ne se révèlent pas à travers des clauses écrites, rédigées, au sein des contrats.

1500. La définition même de la clause exorbitante n'intéressera donc le régime applicable à l'usager que de très loin. Peu importe la recherche du critère adéquat de la clause exorbitante, le tout est de déterminer les clauses, présentes dans le contrat, qui pourraient poser problème. Plusieurs définitions de la clause exorbitante[139] ont été proposées. Parmi elles, M. Chapus[140] mentionne les clauses exclues dans les relations de droit privé[141], comme par exemple les clauses prévoyant le recouvrement des créances contractuelles par le procédé de l'état exécutoire[142], ou que les constats établis par les agents de la personne publique feront foi[143], ou encore que le cocontractant participera au financement de certaines charges de police[144]. Des clauses peuvent aussi être exorbitantes parce qu'elles sont inégalitaires, cette catégorie regroupant les pouvoirs particuliers de l'administration dans l'exécution du contrat administratif (contrôle, modification unilatérale, résiliation unilatérale). M. Richer[145] explique de deux manières la valeur opératoire de la clause exorbitante. Elle ne serait, d'une part, que la reprise des règles générales applicables au contrat administratif et la manifestation de l'appartenance du contrat au droit public. D'autre part, elle révélerait la présence d'une personne publique.

1501. A partir du moment où la jurisprudence Campanon-Rey neutralise la fonction principale de la clause exorbitante, le débat est porté sur le terrain de la validité de la clause. Une clause exorbitante peut-elle être valide en droit privé, ou encore abusive ? Il apparaît que le caractère illicite d'une clause en droit privé n'emporte pas forcément sa

---

138 D. de Bailliencourt, *Le droit de la consommation et l'usager des services publics industriels et commerciaux*, préc., p.105 et s.

139 Voir G. Vedel, "Remarques sur la notion de clause exorbitante", *Mél. Mestre*, 1956, p.559 ; J. Lamarque, "Le déclin du critère de la clause exorbitante", *Mél. Waline*, 1974, p.512, et plus récemment, C. Charlery, "Réflexion sur la notion de clause exorbitante du droit commun", *LPA* 6 avril 1998, n°41, p.4.

140 *Droit administratif général*, Tome 1, préc., p.525 et s.

141 CE, Section, 20 octobre 1950, Stein, *Rec.*, p.505 : clause "ayant pour effet de conférer aux parties des droits ou de mettre à leur charge des obligations étrangères par leur nature à ceux qui sont susceptibles d'être librement consentis par quiconque dans le cadre des lois civiles et commerciales".

142 TC, 27 juillet 1950, Peulaboeuf, *Rec.*, p.668.

143 TC, 14 novembre 1960, Soc. Vandroy-Jaspar, *Rec.*, p.867.

144 CE, 19 février 1988, SARL Pore Gestion, *Rec.*, p.77.

145 *Droit des contrats administratifs*, préc., n°119.

qualification d'exorbitante au regard du droit administratif[146]. Cependant, le raisonnement tenu ne vaut que dans un sens : il s'agissait d'une clause illicite en droit privé et la question était de savoir si elle pouvait être qualifiée d'exorbitante au regard du droit administratif. Le problème posé par le contrat conclu par l'usager est différent : une clause licite et exorbitante en droit administratif peut-elle être déclarée abusive en droit privé ?

1502. Avant de répondre à cette question, on isolera les clauses concernées. Il faut bien remarquer que si on examine les contrats, très peu de clauses relèvent de cette question. Pour ce qui est des clauses relatives au pouvoir que l'administration détient au sein du contrat administratif, il apparaît que par transitivité, ces pouvoirs peuvent être confiés à l'exploitant, notamment lorsqu'il s'agit de lui attribuer un pouvoir de modification unilatérale du contrat, pour assurer le principe de mutabilité. Pour les services gérés en régie par une collectivité locale, des clauses peuvent prévoir le recouvrement des dettes contractuelles par la voie de l'état exécutoire. Le pouvoir de sanction dont bénéficient certains exploitants à l'égard des usagers, notamment la SNCF et la RATP (délivrance d'amendes par des agents assermentés), de même que les clauses prévoyant que les constatations effectuées par les agents de l'exploitant personne publique feront foi, pourraient également être mises en cause. On soulignera quand même qu'en matière de distribution d'eau, d'électricité ou de gaz, c'est plutôt le relevé du compteur qui fait foi et non les constatations des agents de l'exploitant. Il faut également savoir que la principale sanction de ces services réside dans la coupure de fourniture après mise en demeure, simple expression de l'exception d'inexécution en droit privé. Il ne s'agit pas de l'exercice d'un pouvoir de résiliation unilatérale. Si on veut résumer ce qui vient d'être dit, il apparaît que les contrats ne sont pas truffés de clauses exorbitantes. Parfois, ce qui correspond à des attributs exorbitants des exploitants, comme le recouvrement des créances par voie d'état exécutoire, ne fait pas, à proprement parler, l'objet d'une clause dans le contrat.

1503. Pour répondre à la question posée, il semble qu'il faille distinguer la licéité et le caractère abusif d'une clause. Les attributs d'une personne publique ne sont pas illicites en droit privé : par exemple, c'est le juge judiciaire qui connaît des états exécutoires pris à l'encontre des usagers du service public industriel et commercial, ce qui n'engendre pas de difficulté particulière[147]. De même, les parties à un contrat de droit privé ont la faculté de prévoir, sous certaines conditions, qu'une des deux parties pourra apporter des modifications aux obligations nées du contrat. On s'aperçoit alors que le débat est dévié vers le caractère abusif de telles clauses : si elles ne sont pas illicites en droit privé, elles révèlent toutefois un rapport inégalitaire entre les parties, procèdent de la technique du contrat d'adhésion, ce qui suffirait à les qualifier à la fois d'exorbitantes et d'abusives. Le critère du "déséquilibre significatif entre les droits et obligations des parties" est ici largement présent.

1504. Cependant, on verra que l'attitude du juge judiciaire est très modérée. Il ne s'attaque pas au principe d'un pouvoir conféré à l'exploitant par ces clauses, mais organise

---

146 TC, 2 mai 1988, CAMB, *RFDA* 1989, p.605. Cependant, dans de rares cas, la jurisprudence a qualifié de clause exorbitante une stipulation en raison de son illicéité en droit privé, Cass. civ. I, 17 octobre 1973, *Bull.* n°272, p.243.

147 TC, 28 juin 1976, Burlat c/ Commune de Somme-Suippe, *AJDA* 1976, p.570, note F. Moderne.

les modalités de sa mise en oeuvre de façon à rétablir l'égalité entre les parties : l'usager peut subir une modification unilatérale, mais il faut qu'il puisse se défendre[148]. Quant aux clauses ne rappelant en réalité que les attributs, ou plus exactement les prérogatives de puissance publique, appartenant aux personnes publiques, on voit mal comment elles pourraient être qualifiées d'abusives. On priverait un sujet de droits de prérogatives attachées à sa personne. Là encore, si le juge ne s'est pas encore prononcé sur ces clauses, il y a fort à parier qu'il ne touche pas à son principe même, c'est-à-dire le pouvoir que détient la personne publique, mais intervienne sur les modalités de sa mise en oeuvre. Déclarer ces clauses abusives, reviendrait en fait à déclarer la personnalité publique "abusive", ce qui n'est pas concevable.

1505. Ceci rejoint tout à fait la distinction que l'on a établie entre les principes posés par les lois de Rolland et leur mise en oeuvre concrète, qui peut faire l'objet d'aménagements de la part du juge judiciaire. Cette réflexion conduit à s'interroger sur l'opportunité de l'application de la législation sur les clauses abusives aux services publics, car elle touche de près les fondements mêmes de la relation de service public.

B. L'opportunité de l'application de la législation sur les clauses abusives.

1506. A la lumière de tout ce qui vient d'être dit, on reprendra la distinction qui semble fondamentale entre les deux groupes de dispositions administratives applicables à l'usager. Les premières concernent les lois du service public (1°). Les secondes sont en réalité les conditions générales du contrat proposé à l'usager et ne diffèrent pas de ce que l'on peut trouver dans les contrats de droit privé (2°).

1°) Les clauses réglementaires reflétant les lois du service public.

1507. Normalement, il est établi que ces clauses ne doivent pas être soumises au juge judiciaire. Elles touchent à l'organisation du service, au sens strict du terme, et reflètent les prérogatives accordées à l'exploitant par les lois de Rolland. Est-il légitime que le juge administratif leur applique le droit de la consommation, ou du moins les principes mêmes de ce droit qui vise à protéger le consommateur dans le rapport inégalitaire qu'il entretient avec l'exploitant ?

1508. Les lois du service reflètent l'impératif d'interdépendance qui anime les relations que les usagers entretiennent entre eux, au nom de l'intérêt général entendu comme celui de la communauté des usagers. Au nom de cet intérêt général, les usagers subissent des restrictions dans leurs droits afin d'assurer la viabilité du système, ce qui les place nécessairement dans une situation d'infériorité. *A priori*, cette constatation suffirait à condamner ces clauses au nom de l'objectif de réduction du rapport inégalitaire qui peut en résulter entre l'exploitant et l'usager.

---

148 Voir n°1530.

1509. Cependant, même si la loi de 1995 n'en fait plus mention, il semble que, ce que le droit de la consommation cherche à éliminer, ce sont les clauses imposées au consommateur par un abus de puissance économique[149]. Or, si rapport inégalitaire il y a dans la relation de service public, il est justifié par l'intérêt général et ne résulte en aucun cas d'un abus de puissance économique. La volonté de réduire le "déséquilibre significatif" dans un contrat, qui est le critère de la clause abusive retenu aujourd'hui, est "délégitimée" face aux impératifs d'intérêt général. Cette différence fondamentale de point de vue suffirait à justifier que les objectifs poursuivis par le droit de la consommation sont inadaptés, et partant incompatibles, avec la relation de service public.

1510. Cependant, l'exploitant, sous couvert de mise en oeuvre de l'intérêt de la communauté des usagers, peut poursuivre en réalité un objectif purement financier. L'intérêt général est souvent un alibi aux aspirations matérialistes de l'exploitant. Le rapport inégalitaire est-il encore justifié et légitime dans ce cas ?

1511. On pourrait voir apparaître ici l'embryon d'un droit public de la consommation, qui irait de pair avec l'effort d'amélioration des relations entre l'administration et les usagers. Il existe un volet administratif de la transparence, il est temps qu'un volet administratif de l'élimination des clauses abusives voit le jour. Cependant, il ne serait pas fondé sur les mêmes principes que la législation relative aux clauses abusives en droit privé, car celle-ci est inadaptée aux objectifs que devrait poursuivre un tel droit administratif. A travers le contrôle du prix du service, le contrôle des mesures relatives à la mise en place d'un service minimum pour assurer la continuité du service, se dessinent certains principes en faveur de l'usager-consommateur. L'intérêt purement financier de l'exploitant est banni. Pour ce qui est de la continuité du service, la notion de bon fonctionnement du service semble se présenter comme la référence, même si le simple confort de l'usager tarde à être pris en compte. Ne pourrait-on pas définir une référence qui engloberait toutes les exigences de ce droit public de la consommation ?

La notion d'abus d'intérêt général est une candidate potentielle. En effet, l'exploitant justifie bon nombre des mesures qu'il prend, parfois en restreignant les droits des usagers au-delà de ce que les règles du droit privé des contrats le permet, par l'objectif d'intérêt général qu'il poursuit. C'est d'ailleurs la raison pour laquelle le juge judiciaire accepte de se situer à la limite de ce que lui autorise le Code civil pour valider de telles actions, car si le procédé est douteux, l'objectif est juste[150]. Mais lorsque l'exploitant dévie de l'intérêt commercial vers l'intérêt financier, lorsque l'intérêt des usagers est un peu vite assimilé à l'intérêt de la Nation toute entière, n'y a-t-il pas "abus d'intérêt général", dans le sens où la notion d'intérêt général est abusivement étendue à des préoccupations dépassant le cadre de l'intérêt de la communauté des usagers et de l'intérêt du bon fonctionnement du service ? Le juge administratif sanctionne déjà ces déviations critiquables, mais chaque domaine est cloisonné et aucune notion d'ensemble, répondant à des objectifs clairs, ne s'est dégagée. La notion d'abus d'intérêt général pourrait regrouper ces préoccupations, sachant que l'objectif fondamental serait de sanctionner tout rapport inégalitaire entre les parties, non justifié par l'intérêt de la communauté des usagers au

---

149 Définition de l'article 35 de la loi du 10 janvier 1978, préc.

150 Par exemple pour l'application des nouveaux tarifs aux contrats en cours, voir n°785 et s.

sens strict. Le juge administratif s'éloignerait quelque peu du droit privé de la consommation, dans la mesure où tout rapport inégalitaire ne serait pas condamnable *a priori*.

1512. Si toutefois le juge administratif préfère utiliser la définition de la clause abusive donnée par la loi de 1995, et ainsi demeurer très proche du droit privé de la consommation, on pourrait imaginer un raisonnement particulier. Le juge administratif pourrait donc regarder si la clause en question révèle un déséquilibre entre les droits des parties. Si la réponse est affirmative, est-elle légitimement justifiable par un motif d'intérêt général en rapport avec le bon fonctionnement du service ? Si oui, la clause échappe à la censure et elle n'est pas considérée comme abusive.

1513. On précisera encore que ce raisonnement doit concerner la détermination des obligations des parties en relation avec les lois du service, à l'exclusion des modalités de mise en oeuvre, laissées au juge judiciaire et sanctionnables sur le fondement de la législation sur les clauses abusives.

1514. A ce propos, on rejoint la distinction établie par P. Durand[151] entre les clauses limitatives des obligations et les clauses limitatives de responsabilité. En ce qui concerne le principe de continuité, deux types de clauses préjudicient à l'usager : d'une part, les clauses limitatives des obligations lors de la survenance de certains événements et, d'autre part, les clauses limitatives du droit à réparation de l'usager si toutefois l'événement ayant causé le dommage n'est pas compris dans le premier type de clauses. En effet, l'exploitant peut prérédiger son contrat en stipulant qu'en cas de survenance d'un d'événement précis, il n'est pas tenu d'exécuter son obligation. Il peut aussi stipuler qu'en cas de survenance de cet événement, s'il n'exécute pas l'obligation qu'il admet devoir exécuter, à la différence de la première formule, sa responsabilité est engagée, mais la réparation limitée à une certaine somme d'argent.

1515. Concernant les clauses limitatives des obligations, la jurisprudence du juge judiciaire a évolué. Sur le plan des principes[152], les clauses portant atteinte à l'obligation essentielle du contractant sont contraires au principe de bonne foi : on ne peut pas à la fois s'engager et ne pas s'engager. Une forte dose de potestativité dans le contrat serait contraire au principe *pacta sunt servanda*. Une affaire concernait l'exploitant d'un parc de stationnement souterrain. L'une des clauses du contrat stipulait que l'usager avait seulement droit au stationnement, mais ne disposait pas d'un droit de garde et de dépôt de son véhicule, de ses accessoires et des objets laissés à l'intérieur. La Cour de cassation a jugé que l'exploitant était contractuellement responsable, ayant "manqué à son obligation essentielle de mettre à la disposition de l'utilisateur la jouissance paisible d'un emplacement pour lui permettre de laisser sa voiture en stationnement"[153]. Dans l'affaire

---

151 P. Durand, *Des conventions d'irresponsabilité*, Th. paris, 1931, n°119. Cette distinction est appliquée au domaine des services publics industriels et commerciaux par P. Sablière, "Clauses limitatives de responsabilité et clause limitative des obligations dans les contrats d'abonnement à l'électricité", CJEG, 1986, p.385.

152 F. Terré, P. Simler, Y. Lequette, *Droit civil. Les obligations*, préc., n° 590-1.

153 Civ. I, 23 février 1994, Bull. n°76, *D.* 1994, p. 214, note N. Dion, *RTDC* 1994, p. 616, obs. P. Jourdain, *Contrats, concu. et consom.* 1994, n°82, obs. G. Raymond, n° 94, obs. L. Leveneur, *JCP* 1994, I, 3809, n° 15, obs. G. Viney.

Chronopost, la Cour de cassation a réutilisé la notion d'obligation essentielle pour réputer non écrite la clause limitative de responsabilité de La Poste en cas de retard[154].

1516. Dans le domaine des services publics industriels et commerciaux, les clauses limitatives des obligations concernent souvent les lois du service public. Elles restreignent le droit d'accès de l'usager ou la continuité du service. Ce sera donc au juge administratif qu'il appartiendra normalement d'en apprécier la légalité. Le juge administratif pourrait s'inspirer de la jurisprudence judiciaire sur la notion d'obligation essentielle. Le domaine du service public est d'autant plus sensible à ce genre de restrictions que l'exploitant est souvent en situation de monopole. La validité d'une clause limitant l'obligation essentielle serait appréciée au regard du bon fonctionnement du service ou de l'intérêt général.

1517. Quelque part, le juge administratif apprécie déjà des "clauses limitatives des obligations", puisqu'en jugeant de la légalité d'un acte prévoyant un service minimum, le juge administratif se préoccupe des restrictions licites à apporter à l'obligation de continuité. Il faut généraliser cette tendance : la restriction des droits que l'usager tire des lois du service doit demeurer de la compétence du juge administratif, mais celui-ci doit utiliser la notion d'obligation essentielle dégagée par le juge judiciaire. Qu'en est-il désormais des dispositions du second groupe ?

2°) Les conditions générales du contrat prédéterminées par les actes administratifs relatifs à l'organisation du service public au sens large.

1518. Il n'y a aucune raison valable de ne pas appliquer le droit de la consommation tel qu'il résulte du Code de la consommation à ces clauses. Elles ne procèdent pas de l'organisation du service public, mais d'un rapport économique entre l'usager et l'exploitant.

1519. De ce fait, la notion de clause abusive est parfaitement adaptée aux conséquences néfastes engendrées par la position de supériorité économique de l'exploitant.

1520. Le juge judiciaire exerce largement son contrôle sur les clauses du contrat, malgré leur origine, au regard de la législation sur les clauses abusives.

---

[154] Civ. I, 22 octobre 1996, *D.* 1997, p. 121, note A. Sériaux, Som. comm. p. 175, obs. P. Delebecque et p. 145, chron. C. Larroumet, *Contrats, concu. et consom.* 1997, n° 24, obs. L. Leveneur, *JCP* 1997, II, 4002, n° 1, obs. M. Fabre-Magnan, *Defrénois* 1997, p. 333, obs. D. Mazeaud.

§ 2. L'application de la législation sur les clauses abusives.

1521. La loi du 10 janvier 1978, reprise aux articles L. 132-1 et suivants du Code de la consommation, avait réservé au pouvoir réglementaire la possibilité de déclarer une clause abusive, de la réglementer ou de l'interdire. Néanmoins, la Cour de cassation avait admis qu'une clause pouvait être déclarée abusive par le juge, même en l'absence de décret[155]. Cette solution semble implicitement reprise par la loi de 1995, puisqu'elle prévoit des règles relatives à l'appréciation du caractère abusif des clauses insérées dans un contrat[156].

1522. La détermination des clauses abusives doit beaucoup aux listes établies par diverses institutions, qu'il s'agisse de décrets en Conseil d'Etat pris par le pouvoir réglementaire, des recommandations faites par la Commission des clauses abusives ou enfin de la liste indicative annexée au Code de la consommation, en 1995[157]. Sans citer exhaustivement l'ensemble de ces clauses, on s'intéressera à celles contenues habituellement dans les contrats conclus par les usagers et susceptibles d'être déclarées abusives (A), avant d'examiner celles qui ont réellement été déclarées abusives par le juge (B).

A. Les clauses susceptibles d'être déclarées abusives dans les contrats conclus par les usagers.

1523. La Commission des clauses abusives s'est intéressée de près à certains contrats touchant le domaine des services publics industriels et commerciaux. Ces recommandations seront donc prises en considération en priorité, par rapport à la liste plus générale annexée au Code de la consommation en 1995. L'une des recommandations porte sur les contrats de transport terrestre de voyageurs[158], la seconde sur les contrats de distribution d'eau[159] et la troisième sur les contrats de remontées mécaniques dans les stations de sport d'hiver[160]. Trois matières sont particulièrement concernées par ces recommandations : la responsabilité de l'exploitant et celle de l'usager (1°), le prix de la fourniture (2°) et l'accès (ou la sortie) du service (3°).

1°) La responsabilité des parties.

1524. Les clauses limitatives de responsabilité sont considérées comme abusives par la Commission des clauses abusives. En dehors des cas de force majeure et de la nécessité

---

155 Cass. civ. I, 14 mai 1991, *RJDA* 11/91, n°914, *D.* 1991, J, p.449, note J. Ghestin.

156 Article L. 132-1, alinéa 5 du Code de la consommation.

157 Article L. 132-1, alinéa 3 du Code de la consommation.

158 Recommandation n°84-02, BOCC, 5 décembre 1984.

159 Recommandation n°85-01, BOCC, 17 janvier 1985.

160 Recommandation n°86-2 CCA, BOCC, 3 novembre 1986.

d'une réparation du réseau, les exploitants ne peuvent pas supprimer ou réduire leur responsabilité en cas d'interruption de fourniture ou de troubles (conformité ou qualité de la fourniture, dommages survenus sur la partie du branchement située au-delà du domaine public) de leur fait[161]. De même, dans le domaine de la distribution d'eau, la Commission recommande que ne soient pas laissés à la charge de l'usager les dommages causés par le gel des compteurs, sauf à démontrer une faute de celui-ci. Elle condamne la clause stipulant que l'exploitant se dégage entièrement de sa responsabilité lorsqu'il fait procéder à la vérification des installations intérieures de l'usager[162].

1525. La Commission s'intéresse également timidement aux clauses limitatives des obligations de l'exploitant. Dans le domaine du transport terrestre de voyageurs, une clause "qui dispense le transporteur professionnel de l'une de ses principales obligations est manifestement abusive". Si cette appréciation était étendue à d'autres domaines que le transport, l'exploitant ne pourrait plus aussi facilement limiter son obligation, lors de la survenance d'événements tels que des aléas techniques ou des grèves de son personnel.

1526. A côté du problème de la responsabilité des parties, le prix de la prestation semble également préoccuper la Commission des clauses abusives.

2°) Le prix de la prestation.

1527. En premier lieu, le prix de la prestation au jour de la conclusion du contrat doit figurer, ainsi que les modalités de sa révision, dans les contrats conclus avec les services d'eau[163]. La Commission se livre par ailleurs à la chasse aux frais injustifiés mis à la charge de l'usager. Ainsi, si la partie fixe du prix de l'eau lui semble tout à fait justifiée, celle-ci doit néanmoins couvrir des frais indépendants de la consommation de l'usager. La consommation minimale ne doit dès lors pas faire partie de cette partie fixe[164]. L'exploitant doit, en outre, éliminer du contrat la clause prévoyant le paiement d'une avance sur consommation sans que l'usager puisse en obtenir le remboursement d'une partie, si sa consommation est inférieure[165]. Il en va de même pour la clause imposant le paiement de la partie fixe du prix pendant la période d'interruption si, après la résiliation de son contrat, un usager sollicite la réouverture du branchement et la réinstallation du compteur[166]. Sont également concernées la clause mettant à la charge de l'usager les frais de fermeture du branchement, si c'est lui qui en fait la demande consécutivement à une modification du règlement de service[167], et la clause subordonnant la réouverture du branchement au paiement par le nouvel usager des arriérés impayés de l'ancien[168].

---

161 Recommandation n°84-02, B, 1° et 2°; Recommandation n°85-01, A 9°, B 3° et 13°; Recommandation n°82-2 CCA, B 1°.

162 A 4°; B 8°.

163 Recommandation n°85-01, A 3°.

164 B 4°.

165 B 5°.

166 B 7°.

167 B 11°.

168 B 12°.

1528. Dans le domaine du transport de voyageurs, la Commission recommande que soit éliminée la clause majorant abusivement le prix du transport, si le billet est retiré auprès du contrôleur et durant le transport en l'absence de toute fraude[169]. Il en va de même pour la clause exonérant le transporteur du remboursement du prix, lorsque la prestation n'est pas conforme aux prestations annoncées[170].

3°) L'accès et la sortie du service.

1529. La Commission insiste sur la nécessité d'informer l'usager préalablement, ou lors de la conclusion du contrat, des conditions générales de celui-ci, du prix de la prestation et des modifications éventuelles des conditions d'organisation du service, sous peine d'inapplicabilité de ces dispositions[171]. L'information de l'usager s'effectue sous forme d'affichage (transports) ou de remise en main propre (eau).

1530. Concernant les modifications du règlement de service des eaux, la Commission n'y est pas opposée dans son principe. Mais elle recommande que soit éliminée la clause comportant une souscription d'avance de l'usager aux futures modifications[172], sans doute afin de lui permettre de résilier son contrat en cas de désaccord. En revanche, dans le domaine des transports, la clause permettant au transporteur de modifier unilatéralement l'itinéraire du transport doit être éliminée[173]. Il semble que cette dernière clause concerne les modifications au cours du transport et non les modifications des conditions générales d'organisation des transports. Cette appréciation concorde tout à fait avec la liste annexée au Code de la consommation, puisqu'en son point j est considérée comme abusive la clause permettant au professionnel de "modifier unilatéralement les termes du contrat sans raison valable et spécifiée dans le contrat". Le droit de la consommation ne s'oppose pas du tout à la modification du contrat par l'une des parties, à condition que cette faculté et les conditions qui l'encadrent soient prévues au contrat. Le principe de mutabilité n'entre donc absolument pas en contradiction avec le droit de la consommation. Mais l'usager doit pouvoir se dégager de ses obligations sans payer d'indemnité, et le juge contrôlera la raison qui motive l'exploitant. On se rend compte que ce n'est pas le principe même d'une loi de Rolland qui est remis en cause, mais sa mise en oeuvre concrète.

1531. Lors de l'accès au service, la Commission rappelle le droit de l'usager à bénéficier individuellement du service dans un délai raisonnable[174]. Lors de la sortie de l'usager du service, les coupures de fourniture ne doivent pas s'effectuer sans mise en demeure préalable notifiée à l'usager. En cas de contestation, l'exploitant ne doit pas instituer un délai plus court que le délai légal pour contester la facture, ni paralyser le jeu de l'exception d'inexécution en obligeant l'usager à payer alors que le service des eaux n'a

---

169 Recommandation n°84-02, B 5°.

170 Recommandation n°84-02, B 4°; Recommandation n°86-2 CCA, B 2°.

171 Recommandation n°84-02, A 1° et 2°; Recommandation n°85-01, A 1° et 2°.

172 Recommandation n°85-01, B 2°.

173 Recommandation n°84-02, B 3°.

174 Recommandation n°85-01, A 10°.

pas rempli ses obligations[175]. Dans le domaine des remontées mécaniques, la faculté de résiliation unilatérale du contrat au bénéfice de l'exploitant en cas de non respect de la réglementation de police, sans contrôle juridictionnel, est déclarée manifestement abusive[176].

1532. Que dire de ces recommandations ? Elles n'ont été que partiellement suivies d'effets. Par exemple, le prix du m3 d'eau n'est toujours pas indiqué lors de la conclusion du contrat, mais il est simplement renvoyé au contrat de délégation tenu à la disposition des usagers. Le délai de contestation d'une facture d'eau est encore inférieur au délai légal. La responsabilité de l'exploitant est exclue en cas de variation de pression ou de la présence d'air dans les conduites, etc.[177] En outre, la Commission des clauses abusives prend soin d'éviter autant que possible d'apprécier les clauses relatives aux lois du service public : ce sont seulement les modalités entourant la modification des conditions d'organisation du service, et non le principe même d'une modification, qui sont appréciées. La partie fixe du prix, expression de la contribution de tous les usagers aux investissements, n'est pas critiquée, mais c'est seulement sa présentation sur la facture, au titre d'une "consommation", qui est jugée abusive. Seules les clauses restrictives des obligations en matièresde continuité du service sont appréciées par la Commission au regard de la notion de clause abusive. Là encore, le juge administratif, compétent pour apprécier la validité de telles clauses, pourrait s'inspirer des recommandations de la Commission.

1533. Si les contrats types ne respectent que partiellement ces recommandations, le juge est-il intervenu pour sanctionner cette carence ?

B. Les clauses déclarées abusives par le juge.

1534. On distinguera les clauses déclarées abusives par le juge judiciaire (1°) de celle déclarées abusives par le juge administratif (2°), afin de déterminer si une différence d'appréciation existe entre les deux ordres de juridiction.

1°) Les clauses abusives et le juge judiciaire.

1535. Les clauses limitatives de responsabilité, compte tenu des difficultés qu'elles posent, feront l'objet d'un traitement particulier (a), par rapport aux autres clauses contenues dans les contrats susceptibles d'être déclarées abusives (b).

a) Les clauses limitatives de responsabilité.

1536. Sous l'empire de la loi du 10 janvier 1978, l'article 2 du décret du 24 mars 1978 considérait comme abusives, dans les contrats de vente, les clauses supprimant ou

---

[175] Recommandation n°85-01, B 9° et 10°.

[176] Recommandation n°86-2 CCA.

[177] Par exemple contrat remis par la Générale des Eaux (aujourd'hui Vivendi) en juillet 1997.

réduisant le droit à réparation du non-professionnel ou consommateur, en cas de manquement par le professionnel à l'une quelconque de ses obligations[178]. Avant le début des années quatre-vingt dix, si le contrat relatif à la fourniture d'eau ou d'électricité n'était pas qualifié de contrat de vente, ou bien si, aujourd'hui, le contrat, qualifié de vente, est conclu avec un usager professionnel, la seule manière de faire échec à ce type de clauses est d'invoquer une faute lourde de l'exploitant. En effet, la clause exclusive de responsabilité pour dommages causés aux biens est, en principe, valable. Elle est exonératrice de responsabilité, à la condition que le dommage ne soit dû qu'à une faute légère, à l'exclusion du dol ou de la faute lourde. Il en est de même pour les clauses limitatives de responsabilité, en principe valables sous la même condition que le débiteur ne commette pas une faute lourde[179]. Ainsi, de simples fautes commises par EDF, alors que toutes les précautions ont été prises et que la réalisation du dommage n'était pas probable, ne sauraient faire échec à la clause limitative de responsabilité[180]. Constitue, par exemple, une faute lourde le fait pour EDF d'avoir immergé dans un canal deux câbles haute tension, alors que l'on ne pouvait raisonnablement ignorer les divers dangers auxquels les câbles allaient être exposés[181]. A propos d'un litige impliquant un usager professionnel, était considéré comme une faute lourde le fait pour EDF de s'être doté d'un "matériel insuffisamment performant" et d'avoir montré son "incapacité" à remédier aux défauts constatés plusieurs années durant dans la distribution du courant électrique[182]. Il en va de même pour le fait de n'avoir pas réparé immédiatement une canalisation défectueuse ayant causé un accident[183], ou pour le fait d'omettre de consigner l'amorce d'une future ligne[184]. En revanche, EDF ne commet pas de faute lourde en ne prévoyant pas d'installation secondaire de production d'énergie électrique, ceci ne constituant pour l'exploitant qu'une faculté et non une obligation[185].

1537. Lorsque le contrat conclu avec EDF est qualifié de vente, la clause limitative de responsabilité imposée aux usagers peut être déclarée abusive par le juge judiciaire. C'est exactement ce qu'a fait le tribunal de grande instance, puis la cour d'appel d'Angers, dans l'affaire Briant c/ EDF, en 1986[186].

---

[178] Article R. 132-1 du Code de la consommation.

[179] Cass. com., 15 juin 1959, STEF c/ Société Chérencq, *CJEG* 1960, J, p.126, note L. R. ; TGI Saint Brieuc, 15 juin 1960, Tanvez c/ EDF, *CJEG* 1961, J, p.75 ; Cass. com., 11 mai 1971, Société Anciens Ets Bouillot c/ EDF, CJEG 1971, J, p.225, note M. Le Galcher Baron ; TI Marseille, 16 juillet 1987, SA Sibell c/ EDF, *CJEG* 1988, p.248.

[180] Voir par exemple CA Grenoble, 8 novembre 1967, SCI du Vercors c/ EDF, *CJEG* 1969, J, p.359; Cass. com., 11 mai 1971, Soc. Ets Bouillot et fils c/ EDF, *CJEG* 1971, p.225.

[181] CA Rouen, 23 novembre 1967, EDF c/ Sté Pétrosynthèse, *CJEG* 1969, J, p.406.

[182] CA Nîmes, 8 mars 1990, EDF c/ SA Payen, *JCP* 1990, II, 21573, note G. Paisant.

[183] CA Montpellier, 16 mai 1991, GDF c/ Galinier, *CJEG* 1992, p.392.

[184] CA Chambéry, 11 février 1992, EDF c/ Commune d'Archamps, *CJEG* 1993, p.425.

[185] TGI Nice, 5 mai 1987, Société Somedis Intermarché c/ EDF, *CJEG* 1988, p.248.

[186] TGI Angers, 11 mars 1986, Briant c/ EDF, *JCP* 1987, II, 20789, note J.-P. Gridel ; CA Angers, 16 décembre 1987, *D.* 1988, chron., p.253, obs. G. Paisant, "Les nouveaux aspects de la lutte contre les clauses abusives".

1538. Dans le domaine de la distribution d'eau potable, le tribunal de grande instance de Paris a pris acte de la recommandation de la Commission des clauses abusives de 1985, en réputant non écrite la clause en vertu de laquelle l'usager est seul responsable de la surveillance de la partie du branchement situé en dehors des limites de la voie publique[187]. Cependant, étant donné que cette clause n'a pas été supprimée des contrats, si l'usager omet de soulever son caractère abusif, elle lui est parfaitement applicable. Ainsi il a été jugé que le client est responsable de la surveillance du compteur d'eau situé sur sa propriété privée, et que de ce fait, il doit supporter les conséquences d'une fuite d'eau consécutive à une défectuosité du robinet d'arrêt[188]. En revanche, la cour d'appel de Rennes va dans le sens de la recommandation de la Commission en matière de distribution d'eau en décidant que le compteur d'eau ne peut à lui seul établir la preuve de la quantité d'eau consommée, lorsqu'apparaît une trop grande distorsion entre la quantité utilisée habituellement et la quantité facturée[189].

1539. La Commission des clauses abusives a étendu dans sa recommandation de synthèse n°91-02 aux contrats de prestation de service la présomption de caractère abusif des clauses exonérant le professionnel de sa responsabilité, ou limitant l'indemnité due en cas d'inexécution ou d'exécution défectueuse, partielle ou tardive de ses obligations. La liste annexée au Code de la Consommation condamne également ce type de clauses. On peut donc en conclure que désormais, quelle que soit la qualification du contrat qui lie l'usager à l'exploitant, les clauses limitatives de responsabilité peuvent être jugées abusives, à condition que l'usager soit qualifié de consommateur.

1540. Reste à envisager le cas de La Poste et de France Télécom, dont la responsabilité demeure régie par le Code des Postes et Télécommunications. La responsabilité de France Télécom, résultant de l'article L. 37 du Code, est limitée aux cas de fautes lourdes. L'article L. 10 du Code des PTT dispose que, sauf le cas de perte par force majeure, la Poste est responsable, jusqu'à concurrence d'une somme fixée par décret, des valeurs insérées dans les lettres et régulièrement déclarées. Il a été jugé, dans un premier temps, que cette limitation de responsabilité[190] s'imposait même en cas de faute lourde[191] et, procédant de la loi, ne pouvait être déclarée abusive[192]. Cette jurisprudence est fragilisée par une décision de 1998[193], rendue à propos de l'exonération de responsabilité en cas de

---

[187] Jugement du 17 janvier 1990, Caisse d'épargne et de prévoyance c/ CGE, *D.* 1990, J, p.289, note J. Ghestin.

[188] Cass. civ. I, Weissberg c/ Soc. SADE, *Contrats concu. et consom.* mai 1998, p.18, n°79.

[189] CA Rennes, 3 février 1998, CGE c/ Syndicat d'immeuble l'Eperon, *Contrats, concu. et consom.* novembre 1998, n°151, note G. Raymond. Voir la recommandation préc., A 5°.

[190] Cass. ch. mixte, 23 mars 1973, *JCP* 1973, II, 17484, note M. A., *D.* 1973, p.305, concl. Schmelck : il ne s'agirait pas en réalité d'une clause limitative de responsabilité, mais d'une clause qui définit les obligations des parties, une clause limitative des obligations.

[191] Cass. com., 23 mai 1995, Soc. La Réunion européenne et autres c/ La Poste, *Bull.* IV, n°155, p.144, *Defrénois* 1996, p.353, note Ph. Delebecque, *JCP* 1996, I, 3944, obs. G. Viney.

[192] CA Colmar, 26 octobre 1992, CA c/ Michel, *JCP* 1993, IV, 1709.

[193] Cass., ass. plén., 30 juin 1998, Cabane c/ Cie Nat. Air France, *JCP* 1998, II, 10146, note Ph. Delebecque. Voir également Cass. civ. I, 16 juin 1998, La Poste c/ Sté Acqua Cyrne Gliss, *JCP* 1998, IV, 2793, condamnant La Poste pour avoir manqué à son obligation de faire suivre le courrier à son destinataire qui avait donné un ordre de réexpédition en payant une redevance spéciale. Par cette convention, les parties s'étaient placées hors

retard dans la distribution du courrier, prévue par l'article L. 13 du Code : "attendu que les dispositions exonératoires de responsabilité prévues par ce texte ne s'imposent que dans la cas où La Poste n'a commis aucune faute lourde dans l'exécution de sa mission." Dans son rapport, l'avocat général Apollis précisait que "lorsque des textes prescrivent que dans les contrats qu'ils visent, la responsabilité ne saurait dépasser un chiffre déterminé, ce chiffre devient une clause du contrat, et que l'intervention de la loi dans l'économie du contrat ne supprime pas la nature contractuelle de ces clauses imposées, lesquelles subissent une sorte de "novation" à la suite de leur introduction dans le contrat"[194].

1541. L'origine et la forme de la clause sont donc parfois indifférentes au juge judiciaire dans son rôle d'élimination des clauses abusives, tendance qui rejoint tout à fait ce qui a été proposé quant au partage des compétences entre les deux ordres de juridiction. Seul le contenu matériel de la clause, et sa relation avec l'organisation du service au sens strict doit demeurer un obstacle à la compétence du juge judiciaire[195]. Compte tenu de cette conception du contrat, pourquoi ne pas imaginer que dans un avenir proche, la législation sur les clauses abusives soit également applicable à ces dispositions issues du Code des Postes et Télécommunications ?

1542. S'il faut saluer l'action du juge judiciaire en matière d'élimination des clauses limitatives de responsabilité dans les contrats, on sera déçu en revanche du résultat mitigé en ce qui concerne la rédaction des contrats types. Dans les factures contrats délivrées par EDF en 1999, de telles clauses n'y figurent plus. Il n'en va pas de même pour celles délivrées par les compagnies de distribution d'eau potable[196].

1543. A côté des clauses relatives à la responsabilité des parties, figure une série d'autres clauses, qui ont fait l'objet d'appréciations au regard de la législation sur les clauses abusives.

b) Les autres clauses.

1544. La cour d'appel d'Amiens[197] a eu à connaître d'une clause du contrat proposé par EDF définissant la période de pointe : "4 heures par jour, tous les jours sauf le dimanche, pendant les mois de novembre, décembre, janvier et février. L'horaire de pointe est indiqué aux conditions particulières. Il pourra être modifié par l'EDF qui en avisera l'abonné avant le 1er mai pour l'hiver suivant." La liste indicative annexée au Code de la consommation, en 1995, déclare abusives les clauses qui ont pour objet "d'autoriser le professionnel à modifier unilatéralement les termes du contrat sans raison valable et spécifiée dans le contrat". Néanmoins, la cour a jugé que la clause en question "ne peut

---

du champ d'application des articles 8 et 13 du Code des PTT, exonérant les services postaux en cas de détérioration, spoliation, retard ou non-remise par express.

194 "La responsabilité pour faute lourde de la poste devant le juge judiciaire", rapport sur Cour cass., ass. plén., 30 juin 1998, M. Cabane c/ Cie Air France, *CJEG* 1999, p.47.

195 Voir n°511 et s.

196 Voir par exemple le règlement de service distribué par la Lyonnaise des Eaux à Orléans en 1998.

197 CA Amiens, 21 novembre 1996, Mr Gout c/ EDF-GDF, *CJEG* 1997, p.316.

être regardée comme abusive dès lors qu'elle a pour seul objet de conserver une adéquation entre la tarification et les habitudes de vie des abonnés dont l'évolution entraîne un déplacement des pics de consommation de l'énergie électrique ; qu'il s'agit d'un critère objectif ôtant à la modification tout caractère potestatif". Ainsi, l'exploitant peut inclure dans le contrat des clauses visant à en modifier les termes en fonction de critères purement objectifs, la condition d'une "raison valable" semblant être remplie dans ce cas.

1545. On pourrait se demander, d'ailleurs, s'il n'y aurait pas là une incohérence avec la recommandation de la Commission des clauses abusives à propos des contrats proposés par les services des eaux, qui préconisait l'élimination des clauses visant à faire souscrire d'avance l'usager à toute modification du règlement de service. Y aurait-il une distinction à établir entre les modifications des conditions générales contenues dans les règlements de service, auxquelles l'exploitant ne peut faire adhérer l'usager par avance, et les modifications des conditions particulières auxquelles l'usager pourrait adhérer par avance ? Cette distinction n'a pas le mérite d'être logique, ni même en adéquation avec la séparation des compétences juridictionnelles. La modification des conditions générales d'organisation du service doit être examinée par le juge administratif au regard d'un éventuel abus dans l'utilisation du principe de mutabilité, ou d'une utilisation contraire au bon fonctionnement du service. Ce qui est abusif au regard du droit de la consommation, c'est empêcher l'usager de pouvoir résilier son contrat en cas de modification des conditions générales ou permettre à l'exploitant de modifier les conditions particulières du contrat en dehors des limites prévues par le Code de la consommation. Le juge judiciaire n'a pas à prendre partie sur le principe même d'une modification des conditions d'organisation du service, mais en revanche il peut tout à loisir examiner la mise en oeuvre de ce principe (faculté pour l'usager de sortir du service, respect de l'obligation d'information et d'un délai suffisant, etc.).

1546. Dans le domaine des télécommunications, France Télécom a mis en service une carte téléphonique dénommée "Pastel", qui permet à l'utilisateur de téléphoner à partir de tout poste sans avoir à payer le prix de la communication qui est directement débité sur le compte du titulaire, à qui un numéro de code secret est attribué. La Cour de cassation a jugé que la clause imposant la confidentialité du code, et dégageant l'opérateur de toute responsabilité en cas de divulgation de celui-ci, n'est pas abusive et apparaît comme la contrepartie nécessaire pour assurer la sauvegarde des intérêts des usagers et la commodité d'utilisation du réseau téléphonique[198]. De même, n'est pas jugée abusive la clause interruptive de la prescription prévue à l'article L. 126 du Code des PTT pour les actions touchant le paiement des redevances téléphoniques, stipulant que "l'envoi par l'abonné ou par France Télécom de toute réclamation, même par lettre simple, constitue une cause d'interruption de la prescription"[199]. La clause prévoyant le versement d'un dépôt de garantie n'est pas non plus considérée comme abusive[200].

---

[198] Cass. civ. I, 13 novembre 1996, Union fédérale des consommateurs c/ France Télécom, *D.* 1996, IR, p.262, *Bull.* n°399, p.279, *Contrats, concu. consom.* février 1997, p.21, note G. Raymond, *LPA* 22 décembre 1997, p.17, note J. Huet.

[199] TGI Paris, 28 avril 1993, Maraumont c/ France Télécom, LPA 13 juillet 1994, p.7, note E. Brochard.

[200] TI Auxerre, 24 juin 1993, Chachuat c/ France Télécom, *LPA* 13 juillet 1994, p.8, note E. Brochard.

1547. Dans le domaine du transport, la clause du tarif voyageur relative à la distribution de "bons de voyage" en cas de retard dans les horaires de trains n'est pas abusive, dès lors qu'elle ne déroge pas gravement au droit commun[201]. Dans un domaine proche, la Commission des clauses abusives avait recommandé d'éliminer dans les contrats de remontée mécanique la clause prévoyant que l'usager, en guise de dédommagement après une interruption du service, obtienne une compensation sous la forme d'une prolongation de la validité du titre d'accès aux installations[202]. Cette position se justifiait parce que les usagers étaient de ce fait contraints de prolonger leur séjour. Mais on pourrait tout à fait concevoir qu'en matière de transport par fer, un usager qui n'emprunte pas souvent le train subisse un préjudice en ne recevant pas de compensation pécuniaire.

1548. Le juge administratif s'est lui aussi prononcé sur la légalité de clauses semblables à celles qui ont fait l'objet de la jurisprudence du juge judiciaire.

2°) Les clauses abusives et le juge administratif.

1549. Une jurisprudence très ancienne du Conseil d'Etat avait jugé légales les clauses prévoyant une avance sur consommation imposée aux usagers, même dans le silence du contrat de délégation de service public[203], sous réserve que ce cautionnement leur soit remboursé à l'expiration du contrat.

1550. On doit à M. Huet[204] le fait d'avoir remarqué l'existence d'une jurisprudence plus récente du Conseil d'Etat dans le domaine de l'eau[205]. Acceptant de contrôler la légalité de la décision du conseil municipal ayant approuvé le règlement du service des eaux, le Conseil d'Etat s'est retrouvé face à la clause mettant à la charge de l'usager la surveillance des robinets de purge et des joints après compteur, dont il était prévu qu'ils pouvaient avoir été posés par le fermier. Ce dernier, dès lors, se dégageait un peu rapidement de sa responsabilité sur ce point. Le Conseil d'Etat admet qu'il entre dans sa mission de contrôler si les conditions contractuelles critiquées par l'usager constituent, ou non, des clauses susceptibles de créer un avantage excessif en faveur du fermier. Ainsi que le remarque M. Huet, le Conseil d'Etat admet d'appliquer les mêmes principes qu'en droit privé, mais non les règles du droit privé elles-mêmes, puisqu'aucune référence n'est faite à la législation sur les clauses abusives.

1551. Cette jurisprudence est isolée, heureusement peut-on dire, car elle est fort critiquable. Le juge administratif n'a pas à juger de la légalité des clauses générales d'un contrat de droit privé, qui ne concernent que de très loin l'organisation du service

---

[201] TGI Paris, 10 janvier 1994, SNCF, inédit.

[202] Recommandation n°86-2 CCA, BOCC, 3 novembre 1986.

[203] CE, 11 avril 1919, Compagnie générale du gaz pour la France et l'étranger, *Rec.*, p.377.

[204] "La détermination des clauses abusives dans les contrats de service public et les moyens de leur élimination : quel droit ? quels juges ?", *LPA* 6 février 1998, p.7.

[205] CE, 29 juin 1994, Cainaud, n°128313.

public[206]. Une telle appréciation procède d'une conception purement formelle de la clause réglementaire, définie à partir du document qui la contient et non en fonction de sa nature propre. En outre, on ne voit pas pourquoi le Conseil d'Etat prend le risque d'instituer des divergences de jurisprudence dans l'appréciation du caractère abusif d'une clause, au cas où le juge judiciaire aurait une position différente. En revanche, le juge administratif a démontré sa faculté de s'inspirer des instruments que le droit privé met à sa disposition.

206 Voir en ce sens J. Huet, article préc.

CONCLUSION DU CHAPITRE II

1552. Que penser globalement de l'application de la législation sur les clauses abusives dans le domaine de l'usager du service public industriel et commercial ? Il est certain que l'on en attendait beaucoup, dans la mesure où elle était susceptible de constituer une protection supplémentaire de l'usager dans un domaine où il doit souvent faire face à un exploitant en situation de monopole, ce qui lui ôte une marge de manoeuvre appréciable, celle du choix de son fournisseur. En matière de clauses limitatives de responsabilité, on peut dire que l'application de la réglementation sur les clauses abusives est très bénéfique, puisqu'on peut espérer à terme que ces clauses parfaitement choquantes, surtout lorsqu'elle sont justifiées par le prétendu équilibre financier du service, disparaissent définitivement des contrats.

1553. Pour le reste, il faut constater que la montagne a accouché d'une souris ! Compte tenu de la multiplication des recommandations de la Commission des clauses abusives et des listes de clauses susceptibles d'être déclarées abusives, la réglementation dans ce domaine est très confuse et souvent à l'origine d'incohérences. Les clauses stipulant les avances sur consommation, la partie fixe de la redevance, les frais divers mis à la charge de l'usager, les modalités de coupures, ou encore la modification des clauses des contrats, tant critiquées, sont simplement aménagées. En aucun cas, elles ne sont éliminées des contrats. Quant aux clauses limitatives des obligations, elles ne sont abordées que sur le bout des doigts par le droit de la consommation. Il semble que pour les obligations relatives aux lois du service public, le droit public soit potentiellement beaucoup plus protecteur. Il faudrait que le juge administratif se dote d'instruments efficaces pour sanctionner l'irrespect des lois du service public, comme la notion d'obligation essentielle.

1554. La notion de bon fonctionnement du service, et les limites aux atteintes qui peuvent lui être portées, constituent un rempart efficace contre les éventuels "abus d'intérêt général" dont pourraient se rendre coupables les exploitants. Le droit de la consommation ne permet pas de sanctionner des clauses relatives au prix et à son adéquation avec le service offert, alors que le droit public autorise une telle appréciation. En outre, le fait que les usagers professionnels sont systématiquement exclus du bénéfice de la protection contre les clauses abusives tend à engendrer une discrimination non justifiée au sein des usagers.

1555. Cependant, il faut bien reconnaître qu'on peut parler d'un droit au fonctionnement normal dont le contenu serait constitué en grande partie par les règles du droit des obligations, et notamment par l'action fondatrice du juge judiciaire dans certains domaines. La technique du forçage contractuel, accompagnée de notions telles que l'équité ou la bonne foi, exploitées à bon escient par le juge judiciaire, contribue à la montée en puissance du contrat dans le régime applicable à l'usager. Certaines facettes du droit de la consommation sont parfaitement sous-exploitées pour le moment et l'usager préfère invoquer le droit commun des obligations, en matière d'obligation de sécurité, de transparence ou encore de qualité de la prestation. On ne peut qu'espérer que les nouvelles dispositions du droit de la consommation soient de plus en plus utilisées, dans la mesure où elles pallient les inconvénients de l'hétérogénéité de la notion d'usager et ne distinguent pas entre l'usager domestique et l'usager professionnel, excepté lorsqu'il est question des clauses abusives.

CONCLUSION DU TITRE II

1556. Les revendications en faveur de plus de transparence, plus d'information, plus de participation de l'usager, dont la mise en oeuvre est récente en droit administratif, sont en réalité des avancées beaucoup plus anciennes en droit privé des obligations. Cela explique, sans doute, la forte montée en puissance du contrat dans le régime applicable à l'usager. La transparence est axée sur l'information de l'usager dans le cadre contractuel ou la période précontractuelle. La participation ne s'entend pas, comme on pourrait le penser, *a priori*: Il ne s'agit pas de faire participer l'usager à la prise de décision, mais il s'agit de l'associer, par le biais d'obligations de comportement, à la bonne exécution du contrat. C'est une autre forme de participation, plus contraignante que la simple faculté de juger l'exploitant et d'exprimer des revendications. La participation se découvre un nouveau niveau d'action, individuel et non collectif.

1557. On s'était demandé si le juge judiciaire n'avait pas matérialisé un principe d'efficacité et ainsi créé une nouvelle loi du service public. On parle de "principe" d'efficacité au sens d'un principe compris comme l'origine de la norme. A aucun moment, le juge ou les textes n'ont employé un tel terme, mais les diverses obligations mises à la charges de l'exploitant n'ont-elles pas toutes comme origine un besoin impérieux d'efficacité dans son action ? Il apparaît désormais que de nombreuses obligations à la charge de l'exploitant, qu'il s'agisse de l'obligation principale de fournir ou d'obligations accessoires, sont des obligations de résultat. En revanche, les obligations de comportement qui semblent prendre de plus en plus d'importance dans la jurisprudence ne sont que des obligations de moyens, souvent renforcées. Une autre constatation s'impose : la plupart de ces obligations procède d'une opération de forçage contractuel par le juge judiciaire. Ces éléments tendraient à confirmer que le juge judiciaire, à l'aide des instruments que lui offre le droit privé du contrat, a mis à la charge de l'exploitant une obligation d'efficacité.

1558. Mais de quelle efficacité s'agit-il ? En effet, le terme d'efficacité peut recouvrir plusieurs significations : il peut s'agir d'une efficacité économique, qui se traduirait par un devoir de compétitivité des entreprises publiques ; d'une efficacité purement financière, révélée par la présence de bénéfices ou encore d'une efficacité sociale, qui obligerait l'exploitant à ne laisser de côté aucun usager en situation de précarité. Il semble que, si ces différents aspects de l'efficacité ont déjà été abordés, l'efficacité, qui est envisagée à partir du droit au fonctionnement normal du service public, est beaucoup plus terre à terre et concerne le quotidien de l'usager et non l'avenir de la Nation. L'efficacité se confond ici avec la performance, dans le sens où pour ce qui est promis dans le contrat à l'usager, ou pour ce que l'équité ou l'usage commandent d'y inclure, l'exploitant doit parvenir au résultat recherché. La présence d'obligations qui ne sont que de moyens influence-t-elle l'existence même de ce principe d'efficacité ? Il semble que non, dans la mesure où il ne s'agit que d'une différence de degré dans l'efficacité, et non de la remise en cause de son existence même. D'ailleurs, le fait de mettre en évidence une série d'obligations de comportement accessoires de moyens relève simplement du réalisme.

1559. L'objectif d'efficacité révèle une technique du juge judiciaire proche du bilan : ce n'est pas uniquement le comportement de l'exploitant qui est apprécié, mais aussi celui de l'usager. Les parties au contrat ont un véritable devoir de coopération dans la recherche de l'efficacité maximale.

CONCLUSION DE LA PARTIE III

1560. Le droit privé du contrat était envisagé comme une véritable alternative aux dysfonctionnements des lois du service. Ce rôle est désormais pleinement confirmé. On ne peut que saluer l'usage qui est fait de notions telle que celle d'équité ou de bonne foi dans l'exécution des conventions, qui contribuent à rééquilibrer le rapport de force entre l'usager et l'exploitant. Les seuls obstacles aux droits des usagers résident dans le droit privé lui-même, par exemple dans l'effet exonératoire de la grève, trop rapidement qualifiée de force majeure, au nom sans doute d'un intérêt général qui prend une fois de plus des allures de faux-semblant. De la même façon subsistent les incertitudes et inégalités engendrées par la distinction entre les obligations de moyens et de résultat. Les dysfonctionnements du droit privé viennent relayer ceux des lois du service public. Cependant, certaines améliorations souhaitables seraient tout aussi justifiées sur le plan des principes que sur le plan juridique et on ne peut que constater que le droit privé offre des potentialités non négligeables d'amélioration des droits des usagers.

1561. De la même façon, les lois du service public, appréciées par le juge administratif, devraient réellement livrer toute leur potentialité et la tendance à leur détournement par l'exploitant devrait être inversée. Ce n'est pas un problème de conception des lois du service, mais un problème de timidité du juge administratif. La notion d'intérêt général est encore au coeur du débat et il serait temps de préciser exactement ce qu'elle recouvre, à chaque fois qu'on l'invoque comme on invoquerait un alibi. L'intérêt public ne se confond pas avec l'intérêt de la Nation, qui ne se confond pas non plus avec l'intérêt de la communauté des usagers, considéré à un instant T. Seul ce dernier peut justifier une restriction aux droits que tiendrait normalement l'usager de son contrat.

1562. On a évoqué, à plusieurs reprises, l'éventuelle montée en puissance du contrat, face à l'aspect plus réglementaire du droit applicable à l'usager. Plus les lois du service sont affectées de réels dysfonctionnements, plus le droit privé applicable au contrat permet la montée en puissance de ce dernier. Il arrive que les prérogatives de l'exploitant ne soient pas remises en cause dans leur principe même. Dans ce cas, c'est leur mise en oeuvre concrète qui fait l'objet de réaménagements en faveur d'un rééquilibrage du rapport de forces usager / exploitant. Dans d'autres cas, le droit privé permet de construire de nouveaux droits en faveur de l'usager.

1563. On a entamé une discussion sur le principe d'efficacité que l'on doit à présent achever. Si le principe d'efficacité peut recouvrir la notion de performance, qu'en est-il de ses autres facettes ? Dans l'analyse du prix du service, la frontière était ténue entre le domaine purement financier et le domaine économique. L'efficacité économique[207] semble être admise par le juge, mais elle est astreinte à une contrainte de but, qui est l'intérêt du bon fonctionnement du service. En revanche, la recherche du profit en lui-même est sanctionnée par le juge et bannie de la relation de service public : le profit ne peut s'accompagner que d'un retour à l'usager sous forme d'une amélioration de l'organisation du service. L'intérêt du bon fonctionnement du service comprend celui des usagers, mais aussi la poursuite d'objectifs plus éloignés comme le respect de l'environnement ou l'aménagement du territoire, qui constituent une zone de flou, dans la mesure où l'on s'interroge sur leur légitimité. Faut-il faire supporter aux entreprises publiques, plus particulièrement, de telles missions ? La question restera ouverte, semble-t-il, jusqu'à une première évaluation du système de services universels, récemment mis en place.

1564. Qu'en est-il de l'efficacité sociale ? C'est sans doute le domaine qui pose le plus de difficultés, dans la mesure où l'objectif d'efficacité sociale n'a été intégré au service public industriel et commercial que récemment. C'est comme s'il s'agissait d'une revendication latente et que les décideurs publics aient saisi l'occasion de l'ouverture des réseaux à la concurrence pour la glisser dans les priorités du service public. Cependant, cette volonté se heurte à la jurisprudence du Conseil d'Etat, qui n'admet pas que des discriminations au sein du service public industriel et commercial soient fondées sur des critères sociaux. La solution semble avoir été trouvée dans l'extériorisation systématique du financement des objectifs sociaux. Cela a l'avantage de ne pas mettre le juge administratif en situation de porte-à-faux et de permettre aux organismes sociaux de participer à ces actions. L'efficacité sociale serait donc un nouvel objectif du service industriel et commercial. L'extériorisation de cet objectif pourrait permettre de le concilier avec l'efficacité économique, délimitée et définie, afin de ne pas retomber dans les écueils d'une impossible conciliation entre le tournant commercial des entreprises publiques et l'impératif de cohésion sociale.

1565. Le principe d'efficacité est donc une loi du service à part entière. Il regroupe la performance technique, l'efficacité économique et l'efficacité sociale extériorisée. Le propre de cette loi est de faire intervenir largement le droit privé pour en assurer la consistance.

CONCLUSION GENERALE

1566. Malgré l'aspect parfois anarchique du droit applicable à l'usager, quelques grandes tendances se dessinent (§1). Elles permettent, avant tout, de se prononcer définitivement sur le sort des idées reçues concernant l'usager du service public industriel et commercial (§2). L'ambivalence, qui caractérise le service public industriel et commercial, avait tracé la ligne directrice de l'analyse de l'usager, successivement l'enjeu de situations de conflit, de compromis ou de cohabitation entre deux droits et deux idéologies. Partant, on pouvait s'interroger sur l'émergence de situations d'interaction, c'est-à-dire sur l'existence d'un régime autonome situé à l'intersection du droit public et du droit privé (§3).

§ 1. Les grandes tendances dégagées.

1567. Une constatation s'impose : sur de nombreux points, qui ont fait l'objet d'une étude, la jurisprudence se révélait hésitante, divisée, voire même contradictoire. Comment expliquer ce phénomène ? Aucun principe d'ensemble ne semble animer le droit applicable à l'usager du service public industriel et commercial. Des solutions paraissent avoir été dégagées au coup par coup. Mieux, chaque secteur, comme l'électricité, l'eau ou les transports, a évolué de son côté, contribuant inégalement à définir un régime juridique commun aux services publics industriels et commerciaux. Un facteur humain explique en partie ces évolutions : chaque chef des services juridiques des entreprises exploitantes a sa propre conception de la tournure à donner au contentieux et souhaite en maîtriser les mutations dans le sens qui lui paraît le plus favorable. La confusion des droits a aussi son rôle à jouer : le juge judiciaire a souvent essayé plusieurs solutions à partir d'un problème de droit donné. Les impératifs d'intérêt général ont aussi contribué à infléchir le droit privé, sachant que le juge judiciaire ne se rend à cette "raison d'intérêt général" qu'en dernier recours.

1568. Malgré ces divergences, quelques tendances générales ont pu cependant être dégagées. La relation de service public se divise en deux : l'exploitant doit tenir compte de la collectivité des usagers, car le sentiment d'interdépendance est l'un des piliers de la relation de service public ; chaque usager entretient des relations individuelles avec l'exploitant, conférant des droits appréciés subjectivement et individuellement. Ce dédoublement de la relation de service public ne présente pas qu'un simple intérêt historique et sociologique, mais il permet d'expliquer les diverses situations dans lesquelles se trouve l'usager ou la nature de la solidarité propre au service public industriel et commercial. La multiplicité des critères textuels et jurisprudentiels servant à identifier l'usager contribue aux adaptations successives de l'usager aux évolutions du droit. Cependant, la plasticité d'une notion est un défaut lorsqu'elle ne repose pas sur des fondements solides, mais sur une mosaïque de critères. C'est pourquoi on a préféré ne pas s'attacher à la forme des critères, mais à leur contenu : le lien unissant l'usager à l'exploitant doit être adéquat, personnel, direct et certain.

1569. La situation juridique de l'usager est mixte : on distingue deux groupes de dispositions au sein des actes administratifs d'organisation du service. Les clauses que l'on peut retrouver dans n'importe quel contrat de droit privé (responsabilité, consommation minimale, etc.) font office de modèle au futur contenu du contrat d'abonnement. Elles reflètent un lien individuel entre chaque usager et l'exploitant et transcrivent juridiquement le dédoublement de la relation de service public. Il s'agit d'un contrat au sens du droit privé : à l'origine c'est une réglementation qui, après échange de consentements sur ses modalités, se transforme en contrat grâce à un phénomène de novation de la norme. Les clauses qui, en revanche, reflètent les lois du service, au sens où des impératifs d'intérêt général les animent, et notamment les clauses tarifaires, sont à l'origine d'un statut administratif et subissent son régime. C'est pourquoi, on a conclu à l'existence d'une situation mixte, pour partie contractuelle et pour partie réglementaire.

1570. Le régime applicable à l'usager est entièrement consacré au rééquilibrage du rapport de force entre l'usager et l'exploitant, qui constitue l'une des revendications majeures de l'usager. Les lois du service ne sont pas exemptes de dysfonctionnements et de lacunes. La première des réactions à avoir serait de les améliorer, avant même de s'attacher aux apports du droit privé des obligations dans ce domaine. Cependant, il est désormais indéniable que la présence d'un contrat aux côtés de l'aspect statutaire de l'organisation du service est un facteur fondamental du rééquilibrage des forces, tant attendu. Les instruments propres au contrat interviennent soit uniquement pour encadrer certaines prérogatives conférées à l'exploitant, sans toucher à leur contenu, soit, plus largement, pour créer de nouveaux droits en faveur de l'usager. Les lois de mutabilité et d'égalité correspondent au premier aspect de l'intervention du droit privé. L'exploitant maîtrise la création du service et les catégories d'usagers, mais leur mise en oeuvre doit intervenir sans abus, après concertation des usagers et dans le respect du principe de bonne foi. La continuité du service dépend de l'appréciation, au regard du droit privé des obligations, de la nature de l'obligation de fournir en permanence et des causes d'exonération de l'exploitant. De cette appréciation dépend l'étendue, ou l'amélioration, des droits des usagers. Enfin, l'application à l'usager d'une série de règles du droit privé, et plus particulièrement du droit de la consommation, autorise à penser qu'une loi d'efficacité d'origine privatiste voit le jour.

1571. En particulier, on soulignera l'importance de l'application du principe de bonne foi ou de la théorie de l'abus de droit dans ce domaine. L'exception d'inexécution, le devoir de conseil et la coopération des parties dans l'exécution du contrat sont autant d'instruments nécessaires à la bonne entente de l'usager et de l'exploitant. Ils autorisent une appréciation individuelle des situations, mais ne sont pas hostiles à la prise en compte des contraintes d'intérêt général.

1572. Le caractère ambivalent du droit applicable à l'usager s'explique, en partie, par son histoire et par l'aspect plus sociologique de la notion d'usager. On ouvrira ici une courte parenthèse sur la distinction droit privé / droit public, vue par J. Rivero[1]. Selon cet auteur, l'opposition droit public / droit privé présente trois aspects bien différents. En premier lieu, il y aurait deux domaines d'action différents : les relations entre particuliers, d'une part, et les relations où sont présentes des personnes publiques, d'autre part. Le contentieux de l'usager du service public industriel et commercial est précisément en

---

[1] "Droit public et droit privé : conquête, ou *statu quo* ?", *D.* 1947, chron., p.69.

marge de cette distinction, fondée sur les domaines d'action, et c'est pourquoi, on privilégiera les deux autres aspects. En second lieu, droit privé et droit public obéissent à des techniques différentes, l'un fondé sur le libre consentement, l'autre sur la décision exécutoire. Enfin, ces deux droits s'opposent par leurs ordres de préoccupations respectifs : "offrir aux libertés des particuliers un milieu juridique permettant leur plein essor, assurant leur protection et leur coexistence paisible" ou "réaliser directement l'intérêt général". C'est "au nom de l'intérêt général qu'il décide et qu'il exécute", "il" étant bien entendu le droit public. L'histoire de l'usager du service public industriel et commercial illustre tout à fait ce dernier aspect de la distinction droit privé / droit public. Le régime applicable et le statut répondent plutôt au second aspect de la distinction, sans que les ordres de préoccupations respectifs des deux droits n'apparaissent pas en filigrane derrière les solutions retenues. Cependant, la distinction intérêt général / intérêts particuliers semble irriguer aujourd'hui les deux droits, car l'amélioration des relations avec les administrés est l'un des objectifs du droit public et la force obligatoire du contrat en droit privé subit de multiples entorses, justifiées par des considérations d'intérêt général. Les tendances dégagées permettent de se prononcer sur le bien-fondé des idées reçues dans le domaine de l'usager des services publics industriels et commerciaux.

§ 2. Le sort des idées reçues.

1573. On avait présenté, en introduction, un certain nombre d'idées reçues, dont il s'avère qu'elles sont toutes infondées. Selon la première, l'usager se transforme peu à peu en client. Après avoir déterminé les caractéristiques de la relation de service public, telle qu'elle s'est construite historiquement et sociologiquement, on a pu conclure que les fondements de la relation de service public n'étaient pas réellement touchés, et qu'ils pouvaient tout au plus se concevoir sous un angle plus individualiste. Les caractéristiques de la relation de service public ne correspondent pas à celles d'une relation clientéliste. Si la relation "commerciale" qu'entretiennent les usagers et l'exploitant s'est améliorée, cela n'a aucune influence sur la relation de service public elle-même.

En second lieu, l'usager du service public industriel et commercial, tout comme son homologue du service public administratif, serait en réalité dans une situation réglementaire. La situation de l'usager est mixte, c'est-à-dire pour partie contractuelle et pour partie réglementaire. La théorie de l'acte-condition est absolument inutile pour expliquer la situation de l'usager et correspond à des aspirations qui ne sont plus d'actualité. S'il y a bien une évolution, c'est plutôt dans le sens du contrat qui "ronge" peu à peu l'aspect statutaire.

La troisième idée reçue était fondée sur la constatation que les lois du service public étaient parfaitement rodées. Quand on analyse l'apport considérable du droit privé à ces lois du service et les améliorations dont elles pourraient être l'objet, on ne peut que se rendre à l'évidence : s'il a beaucoup été dit sur le fondement même de ces lois, qui sont également pour la plupart des principes généraux du droit, les recherches futures doivent plutôt s'orienter vers l'aspect concret de leur mise en oeuvre. Le droit privé atténue la brutalité de l'application de certaines lois, comme celle de mutabilité. Il offre l'occasion de les améliorer, comme celle d'égalité. Il ne les interprète pas de la même façon : dans l'appréciation du principe de continuité, le juge administratif retient la continuité de l'Etat, alors que le juge judiciaire s'intéresse plus aux usagers. Le droit privé est enfin à l'origine de nouvelles lois, comme celle d'efficacité.

1574. La quatrième idée reçue concernait l'ouverture des réseaux à la concurrence et le fait qu'elle viendrait bouleverser considérablement le droit applicable à l'usager. Il convient de distinguer deux choses : l'organisation des services publics et le régime juridique applicable à l'usager. Quant à l'organisation des services, le bouleversement est indéniable, puisqu'est remise en cause la tradition semi-séculaire du monopole public. Au XIXème siècle, les services publics étaient exploités par une multitude de compagnies concurrentes. A l'échelle nationale, les monopoles se sont substitués à ces compagnies après la seconde guerre mondiale. Aujourd'hui, on revient à la situation du XIXème siècle. Est-ce pour autant que le droit applicable à l'usager a changé ? Assurément pas. Tant qu'il y aura un aspect réglementaire dans l'organisation du service, le droit applicable à l'usager ne sera jamais du pur droit privé. Le droit applicable à l'usager est constant, puisque, quelle que soit l'organisation choisie, le droit conventionnel a toujours côtoyé le droit statutaire. Et même, pourrait-on dire : plus l'usager est livré à des compagnies dont l'activité est tournée vers le bénéfice, plus la présence d'une personne publique dans la réglementation des conditions d'organisation du service est ressentie comme indispensable. Loin de remettre en cause l'aspect statutaire de l'organisation du service, l'ouverture des réseaux à la concurrence viendrait plutôt le renforcer. Les directives sont très précises sur les droits des usagers, elles constituent des "règlements de service" à elles seules. Cependant, et paradoxalement, l'ouverture des réseaux à la concurrence a conduit à s'interroger sur le sort des usagers en situation de précarité. La notion même de service universel est en réalité un frein à la dérive commerciale des activités de services publics industriels et commerciaux, de même qu'elle conduit à repenser la relation de service public. Alors qu'on ne s'y attendait pas, c'est la notion de service universel qui est réellement novatrice, parce qu'elle met l'accent sur des réformes indispensables.

1575. La cinquième idée reçue postulait que le droit de la consommation allait également bouleverser le droit applicable à l'usager du service public industriel et commercial, car de nombreuses clauses imposées à l'usager étaient pressenties comme abusives. Mais la montagne a accouché d'une souris ! Il est apparu que les clauses reflétant les pouvoirs exorbitants de l'exploitant, ou les clauses limitant les obligations liées aux lois du service, n'étaient pas censurées dans leur contenu par les instances compétentes, mais uniquement dans leur procédure. Le droit de la consommation, à cause de son champ d'application, est inadapté à la notion d'usager et impuissant à éliminer du droit applicable à l'usager les obligations les plus choquantes. C'est par une amélioration des lois du service qu'il est indispensable de passer. C'est au juge administratif qu'il appartient de connaître des restrictions aux droits des usagers relevant des lois du service public. C'est à lui de s'opposer au détournement des lois au profit de l'exploitant du service. La jurisprudence du juge judiciaire, concernant la notion d'obligation essentielle au contrat, serait un exemple à suivre. Cependant, les contraintes d'intérêt général ne doivent pas demeurer absentes de l'appréciation du juge administratif. L'égalité, l'adaptation et la continuité doivent conférer un minimum de droits à l'usager, qui seraient définis comme "essentiels et irréductibles". C'est peut-être là le moyen de revenir sur la jurisprudence concernant le service minimum.

1576. La sixième idée reçue concernait le contenu du droit applicable à l'usager. On supposait que si contrat il y avait, celui-ci s'exécutait comme n'importe quel contrat de droit privé, sans qu'il y ait un infléchissement quelconque de ce dernier. Ce sixième préjugé pose en réalité la question d'un régime autonome, situé entre le droit privé et le droit public, sur lequel il faut s'arrêter.

§ 3. Un embryon de régime autonome.

1577. Deux questions se posent. La première concerne l'existence même d'un régime propre, ce qui suppose que l'on puisse trouver un critère permettant de la constater (A). La seconde question concerne la légitimité d'un régime propre à l'usager du service public industriel et commercial, situé à l'intersection du droit privé et du droit public (B). Enfin, s'il existe une dynamique autonome, quels en sont les principes directeurs (C) ?

A. Les critères du régime autonome.

1578. On retiendra plusieurs critères dans l'identification du régime juridique propre. Le premier est tiré de l'opération de qualification juridique. On a rencontré certaines questions, où un même ensemble de faits donnait lieu à une double qualification juridique. Par exemple, on a vu que les usagers contestaient la régularité de la passation du contrat de délégation de service public, afin de ne pas payer leur facture d'eau. Cette facture procède en réalité d'un second acte, le contrat d'abonnement. Ici, deux qualifications juridiques sont nécessaires : la première résout la question de savoir si les faits reprochés au couple délégant / délégataire sont constitutifs d'une irrégularité susceptible de faire perdre au délégataire sa qualité ; la seconde qualification juridique tend à faire entrer la perte de la qualité de délégataire et ses conséquences dans les causes de nullité d'un contrat de droit privé. On pourrait trouver d'autres exemples de ce phénomène de dédoublement de la qualification juridique. Lorsque l'usager réclame des dommages-intérêts du fait du préjudice causé par une grève, le juge judiciaire commence d'abord par se concentrer sur les obligations de l'exploitant au regard du droit public, avant de se demander si la grève est constitutive d'un cas de force majeure. Le service minimum et le caractère irrésistible de la force majeure, les relations autorité de tutelle / exploitant et le caractère extérieur de la force majeure s'emboîtent respectivement. Dans ces cas, il n'y a pas de régime propre, mais la juxtaposition de deux droits, ce qui cause les plus graves désagréments. En effet, ce raisonnement implique souvent une question préjudicielle, ce qui cause un dédoublement du temps passé par l'usager devant les tribunaux, puisque les lenteurs respectives des deux ordres de juridiction s'ajoutent. La création d'un bloc de compétence au profit du juge judiciaire, qui se voulait simplificatrice dans ce domaine, n'élimine pas toutes les difficultés.

1579. On a assisté également à des phénomènes où le raisonnement tenu était radicalement différent. Par exemple, pour justifier les modifications du contrat de droit privé en cours à cause d'une augmentation réglementaire des tarifs, le juge judiciaire s'est servi des possibilités que lui offraient soit l'article 1134 (commune volonté des parties), soit l'article 1135 (loi, usage ou équité) du Code civil. C'est exactement comme si des instruments du droit privé étaient dépouillés de leur fondement privatiste, pour admettre comme nouvelle ligne de conduite l'intérêt général ou le bon fonctionnement du service. On avait parlé, à ce moment-là, d'une sorte d'élargissement du cadre de référence. Le juge judiciaire ne se demande pas ce qui est équitable pour les deux parties, quelles seraient les réactions de cocontractants moyens dans une situation donnée, mais quel est en réalité l'intérêt du bon fonctionnement du service. L'interprétation de chaque contrat d'abonnement est liée à la présence d'autres contrats similaires et interdépendants les uns des autres, compte tenu du fait qu'ils engagent en réalité leurs parties à la poursuite d'un objectif commun. L'élargissement du cadre de référence est également un critère d'identification du régime propre. Il peut s'accompagner d'un montage juridique où les conséquences de l'application d'un instrument de droit privé sont appréciées au regard de l'intérêt général, de façon à éviter le dédoublement de la qualification juridique.

1580. On a également rencontré des phénomènes de substitution de fondement, lors de l'étude de l'entrée individuelle dans le service. Le principe d'égalité était intégré dans le raisonnement du juge judiciaire, à propos de l'abus de droit. De même, lorsque les usagers en situation de précarité ne règlent pas leur facture, l'application de l'exception d'inexécution n'est-elle pas tempérée par la prise en compte de l'aspect solidariste du service public ? La substitution de fondement apparaît ainsi comme le troisième critère d'identification d'un régime propre.

1581. Ces phénomènes ont un point commun : certains impératifs de droit public liés au bon fonctionnement du service public s'intègrent directement dans le raisonnement du juge judiciaire. Il n'y a plus qu'une seule qualification juridique, puisqu'un seul instrument juridique est créé en fusionnant une règle du droit privé des obligations et une préoccupation liée au bon fonctionnement du service public. On peut donc conclure à l'existence de certaines parcelles de régime propre. La conséquence principale en est un infléchissement du droit privé, qui tient compte de la présence d'un service public.

1582. Trois objectifs majeurs justifient un infléchissement du droit privé : on ne peut pas s'affranchir des prérogatives de puissance publique dont dispose l'exploitant ; les impératifs d'intérêt général commandent que les droits individuels des usagers soient parfois restreints ; l'interdépendance, qui qualifie la relation de service public, impose une certaine solidarité. On pourrait regrouper ces trois impératifs sous le vocable "bon fonctionnement du service public". La seule différence avec le droit public proprement dit est que cet embryon de régime propre est affecté d'une présomption : on applique les règles du droit privé telles quelles, tant que le bon fonctionnement du service public n'est pas susceptible d'être gravement atteint. Toute tient à une différence de degré. La simple *présence* de l'intérêt général suffit à justifier une règle de droit public. En revanche, dans cet embryon de régime propre, c'est la *pertinence* de l'intérêt général qu'il faut démontrer.

1583. On se rendra à l'évidence : le régime propre est embryonnaire. Les solutions retenues par le juge judiciaire se situent souvent à la marge extrême de ce qui est admissible en droit privé, on l'a vu avec le contrat verbal, mais demeurent dans le droit privé, qui subit lui-même de profonds bouleversement dus à l'intégration de facteurs économiques dans le droit. Faut-il saluer cette constatation ? Oui et non. Oui, parce que l'application d'un droit privé qui ne tient pas toujours compte de la présence d'un service public est un facteur essentiel du rééquilibrage de force entre l'usager et l'exploitant. A quelques exceptions près, tenir compte de la présence d'un service public, équivaut à justifier une restriction des droits des usagers. Non, parce qu'on l'a vu, les correspondances entre droit privé et droit public ne sont pas toujours logiques. Utiliser l'exception d'inexécution pour sanctionner le non respect de l'équivalence entre le prix payé et le service rendu est judicieux, mais critiquable. Il ne sert à rien de faire dire au juge administratif qu'une irrégularité dans la passation d'un contrat de délégation de service public est constitutive de la nullité de ce même contrat, si c'est pour affirmer par la suite que la perte de sa qualité par le délégataire n'influence aucunement la validité du contrat de droit privé conclu par l'usager !

1584. Au-delà de considérations propres au domaine de l'usager du service public industriel et commercial, on peut se demander si la présence de petits régimes autonomes, situés à l'intersection du droit public et du droit privé, est légitime ?

B. La légitimité d'un régime autonome.

1585. La distinction droit privé / droit public est à l'origine de nombreux commentaires. D'aucuns n'y voient qu'une simple division du droit[2], d'autres estiment que cette distinction demeure fondamentale[3] et repose sur une différence d'idéologies entre les deux droits. Aujourd'hui, on repère tantôt des éléments de convergence entre le droit public et le droit privé, qui tendent à un rapprochement, tantôt, au contraire, on met en évidence les divergences fondamentales qui demeurent[4]. Que penser de ces évaluations contradictoires, qui dépendent souvent des exemples choisis ou de l'éclairage donné à la distinction ?

1586. La contradiction n'est évidente que si le droit privé et le droit public sont visualisés sous la forme de deux gros ensembles hermétiques. Si l'on adopte ce schéma de figure, l'apparition de régimes propres situés à leur intersection pose un problème de légitimité. En effet, admettre que l'usager du service public industriel et commercial est soumis à un régime autonome conduirait à s'interroger sur d'autres matières, comme le cas des agents de ces mêmes services, ou encore de la gestion du domaine privé. Cela conduirait vite à un éclatement de deux droits, non pas en quelques branches bien distinctes, mais en une multitude de régimes divers et variés. Cet éclatement serait tout à fait préjudiciable aux unités respectives du droit public et du droit privé.

1587. Cependant, cette critique ne vaut que si le droit privé et le droit public apparaissent comme deux ensembles *a priori* hermétiques. Ne pourrait-on pas concevoir différemment cette distinction ? Comme se plaisait à le dire L. Duguit, "il n'y a pas le droit public et le droit privé, il y a le droit"[5]. On peut imaginer la distinction droit public / droit

---

[2] Ch. Eisenmann, "Droit public, droit privé (en marge d'un livre sur l'évolution du droit civil français du XIXème siècle au XXème siècle)", *RDP* 1952, p.903 : "en définitive, l'erreur est donc de prétendre découvrir une portée profonde, notamment une signification idéologique, à ce qui ne fut conçu et adopté que comme une simple division mettant de l'ordre extérieur et matériel dans l'étude."

[3] *Traité de droit civil. Introduction générale*, par J. Ghestin et G. Goubeaux, avec le concours de M. Fabre-Magnan, préc., n°95 : "la distinction reste fondamentale. Elle tend cependant à devenir moins évidente."

[4] Voir par exemple J. Caillosse, "Droit public - droit privé, sens et portée d'un partage académique", *AJDA* 1996, p.955.

[5] L. Duguit en cours, cité par R. Guillien, "Droit public et droit privé", *Mél. Brèthe de la Gressaye*, 1967, p.311.

privé, non pas sous la forme de deux ensembles, mais sous la forme d'une échelle, allant du pur droit administratif au pur droit privé. Au milieu se situeraient des zones intermédiaires, dans lesquelles on trouverait le régime de l'usager du service public industriel et commercial. Ces zones intermédiaires ne révéleraient pas un éclatement de deux ensembles, mais plutôt une conception différente du droit.

1588. Dans la fabrication du droit, les règles s'opposent aux principes, dans le sens où seules les premières ont vocation à régler les litiges particuliers, alors que les seconds ne se préoccupent que de déterminer le contenu des premières[6]. Les principes se définissent par leur nature et leur fonction. Leur fonction est d'être à l'origine de la norme, de la règle pour être plus précis. Leur nature est d'avoir une vocation à optimisation. On doit cette notion de vocation à optimisation à un auteur allemand, M. Alexy, dont la thèse est reprise par M. Xynopoulos[7] : "il s'agit là de normes juridiques qui ne déterminent pas la solution concrète d'un litige uniquement parce qu'il y sont applicables (...) Il ne s'agit pas là de normes simples "objets de qualification" mais plutôt de normes "commandements d'optimisation"". Les principes tendent à être réalisés juridiquement de la manière la plus complète possible et subissent des opérations de conciliation avec d'autres principes. Il faut alors déterminer quelle est exactement la vocation à optimisation de chaque principe.

1589. On rejoint la distinction droit privé / droit public, lorsqu'on se rend compte qu'en réalité ce sont exactement les mêmes principes qui animent les deux droits, la seule différence étant qu'il n'y ont pas vocation à optimisation de la même manière. A chaque niveau de l'échelle, c'est la conciliation qui diffère, et non les principes. De là, la présence de zones intermédiaires n'est plus constitutive d'anomalies, mais rend compte d'une conciliation différente. Dès lors, quels seraient les principes intervenant en droit des usagers des services publics industriels et commerciaux et comment s'opère leur conciliation ?

C. Les principes de fonctionnement du droit applicable à l'usager du service public industriel et commercial.

1590. Par exemple, on a l'habitude d'opposer les principes de mutabilité et de confiance légitime. La confiance légitime "exige la stabilité de l'ordre juridique et la prévisibilité de l'action étatique. Elle implique que la confiance dans la continuité juridique soit protégée"[8]. Ce principe, d'origine allemande, consacré en droit communautaire, permet aux administrés de contester la modification des actes réglementaires, ce qui demeure impossible en droit français. Ce principe se distingue de celui de sécurité juridique, dans la mesure où il est apprécié à l'aide de critère subjectifs. Il

---

[6] R. Latournerie, "Essai sur les méthodes juridictionnelles du Conseil d'Etat", in *Le Conseil d'Etat. Livre jubilaire*, Sirey, 1952, p. 177.

[7] *Theorie des Grundrechts*, Th., Baden-Baden, 1985, citée par G. Xynopoulos, *Le contrôle de proportionnalité dans le contentieux de la constitutionnalité et de la légalité en France, Allemagne et Angleterre*, Th., LGDJ, 1995, p.345 et s.

[8] J.-P. Puissochet, "Vous avez dit confiance légitime? (le principe de confiance légitime en droit communautaire)", *Mélanges Braibant*, 1996, p.581.

s'agit de savoir si l'administration a fait naître des espérances fondées chez un particulier, en fonction de sa propre situation, et si cet intéressé était dans l'impossibilité de prévoir une modification de la réglementation. Le principe de sécurité juridique est apprécié à l'aide de critères objectifs, puisqu'il vise à protéger un ensemble d'administrés considérés anonymement[9]. Cette conception de la confiance légitime ne touche que le domaine restreint du retrait et de l'abrogation des actes administratifs, mais il faut aussi remarquer que c'est une expression utilisée en droit civil, par exemple, lorsqu'il est question de l'obligation précontractuelle d'information ou de l'obligation de sécurité[10]. Le droit administratif français ne semble pas reconnaître en tant que tel le principe de confiance légitime. Ne faudrait-il pas plutôt dire qu'en droit administratif sa vocation à optimisation est très restreinte ?

1591. A l'égard de l'usager du service public industriel et commercial, les principes de confiance légitime et de mutabilité subissent une conciliation différente. Lorsqu'on a dit que l'opposition intérêt général / intérêts individuels ne reflétait pas la distinction droit public / droit privé, mais transcendait ces deux droits, on exprimait le sentiment que des préoccupations d'intérêt général pouvaient infléchir le droit civil, autrement qu'à travers des impératifs économiques. Le principe de mutabilité, que l'on peut rattacher à l'intérêt général, agit en tant que tel dans la détermination des règles de droit applicables à l'usager, de même que la confiance légitime.

1592. Dans le cas d'une modification des conditions d'organisation du service, le principe de mutabilité impose que cette modification soit possible, mais le principe de confiance légitime vient en déterminer les modalités : délai raisonnable d'information des usagers, concertation, etc. Dans l'affaire du Modulopass, le juge judiciaire s'était servi de la notion de contrat à durée indéterminée pour admettre une fiction : l'exploitant aurait implicitement résilié le contrat, ce qu'il avait le droit de faire, puis proposé de nouvelles conditions à l'usager, qui les avait implicitement acceptées. On se souvient aussi que la SNCF avait été dans l'obligation de supprimer le Modulopass car il avait été détourné de sa fonction par les usagers. A l'origine, créé par une clientèle d'affaire occasionnelle, il avait en réalité été utilisé pour des déplacements pendulaires domicile / travail. Plutôt que d'utiliser la notion de contrat à durée indéterminée, pourquoi ne pas avoir utilisé le principe de confiance légitime ? Il est admis en droit communautaire que le justiciable ne peut pas invoquer la confiance légitime s'il a exploité les lacunes d'une réglementation et si l'administration opère une modification après un laps de temps raisonnable et suffisant[11]. Cette solution n'aurait-elle pas été en conformité totale avec la motivation réelle du juge dans cette affaire ?

1593. La spécificité de la jurisprudence judiciaire, dans le domaine de l'usager du service public industriel et commercial, se situe dans les motivations du juge, qui sont toujours fondées en réalité sur des considérations légitimes visant à tempérer les abus d'intérêt général, alors que les instruments utilisés pour parvenir à ces fins sont souvent

---

[9] Voir J.-P. Puissochet, article préc.

[10] Voir J. Ghestin, *Traité de droit civil. La formation du contrat*, préc., n°658, p.634.

[11] Voir la jurisprudence citée par J.-P. Puissochet, article préc.

insolites. Ils sont en réalité inadaptés, car les principes qui devraient être à l'origine des règles applicables ne sont pas clairement définis.

1594. C'est à une nouvelle conciliation du couple légalité / sécurité juridique que l'on doit les règles propres à l'influence de la méconnaissance des obligations du contrat de délégation de service public sur la validité du contrat conclu par l'usager. On parle ici de sécurité juridique, car ce sont des critères objectifs qu'il faut utiliser. En principe, les illégalités commises en droit administratif n'influencent la validité du contrat de droit privé que si celui qui l'invoque ne cherche pas en réalité un moyen détourné pour s'exonérer de ses propres obligations. Seule l'irrégularité intrinsèque du tarif serait à même d'influencer la validité du contrat : la légalité l'emporte. Dans les autres cas, la sécurité juridique l'emporterait.

1595. Comment fonctionne le couple autorité / liberté ? S'il est délicat de qualifier ces deux termes de "principes", on peut retenir l'idée de "lignes de conduite juridique", de directives indiquant au juge le but à atteindre, qui constituent en réalité des "standards" juridiques[12]. C'est peut-être l'un des couples de lignes de conduite dont les vocations à optimisation sont les mieux définies. Pour ce qui est de l'applicabilité (statique ou dynamique) des normes à l'usager, il fallait distinguer les normes relatives à l'organisation du service au sens strict, applicables à l'usager par voie d'autorité et les normes usuelles en droit privé, applicables à l'usager par le biais de son consentement. On a assez insisté sur ces points sans qu'il soit nécessaire d'y revenir. La mixité du statut recoupe le couple autorité / liberté. L'application du droit conventionnel met en évidence la ligne de conduite "liberté", celle du droit statutaire la directive "autorité". Cependant, l'intervention de ce couple peut s'apprécier différemment. Dans l'idée d'autorité, on range également les manifestations de prérogatives de puissance publique, notamment face au droit de la consommation. On a conclu que si les prérogatives de l'exploitant demeuraient acceptables dans leur principe, le droit de la consommation intervenait dans leurs modalités pratiques, où l'usager recouvrait sa liberté, dans le sens où il bénéficiait d'un droit de sortie du service, après information. L'autorité dans le principe, mais la liberté dans la mise en oeuvre, voilà comment l'on pourrait résumer l'apport du droit de la consommation dans le domaine de l'usager du service public industriel et commercial.

1596. Le couple autorité / liberté se manifeste aussi dans la détermination de la qualité d'usager, au sens où sous l'aspect autorité, se profilent en réalité des cas de prédétermination de la qualité d'usager, alors que sous le vocable liberté, on entend que par sa propre volonté, une personne devient usager. L'opération de conciliation s'effectue plutôt dans le temps : certains éléments prédéterminent une personne à devenir usager et comportent des conséquences juridiques, mais seule une manifestation de volonté confère la qualité d'usager proprement dite.

1597. L'usager du service public industriel et commercial se situe dans une zone intermédiaire entre le droit privé et le droit public. Les principes et les standards juridiques y ont une vocation à optimisation bien particulière, qui dépend des objectifs à atteindre. La difficulté persistante réside dans le caractère occulte des opérations de conciliation. Seule une formulation explicite de ces opérations, qui permettrait de déterminer des objectifs clairs, pourrait constituer une étape décisive dans l'avenir.

---

[12] R. Latournerie, "Essai sur les méthodes juridictionnelles du Conseil d'Etat", préc.

BIBLIOGRAPHIE

I Ouvrages généraux

AUBY J.-M. et DUCOS-ADER R., *Grands services publics*, Tome 1, PUF, 1969.
BENOIT F.-P., *Le droit administratif français*, Dalloz, 1968.
BONNARD R., *Précis de droit administratif*, LGDJ, 3ème édition, 1940.
- *Précis de droit administratif*, LGDJ, 4ème édition, 1943.

BRAIBANT G. et STIRN B., *Le droit administratif français*, Presses de Sciences Po et Dalloz, 4ème édition, 1997.
CADIET L., *Droit judiciaire privé*, Litec, 1992.
CALAIS-AULOY J. et STEINMETZ F., *Droit de la consommation*, Dalloz, 4ème édition, 1996.
CARBAJO J., *Droit des services publics*, Dalloz, 3ème édition, 1997.
CHAPUS R., *Droit administratif général*, Tome 1, Montchrestien, 14ème édition, 2000.
- *Droit du contentieux administratif*, Montchrestien, 7ème édition, 1998.

CORNU G., (sous la direction de), *Vocabulaire juridique*, Association Henri Capitant, PUF, 7ème édition, 1998.
DELVOLVE P., *Droit public de l'économie*, Dalloz, 1998.
DEMOGUE, *Traité des obligations en général. Les sources* , Librairie Rousseau, Tome I, 1923 ; Tome II, 1923 ; Tome III, 1923 ; Tome IV, 1924 ; Tome V, 1925.
- *Traité des obligations en général. Effets des obligations*, Tome VI, 1931 ; Tome VII, 1933.

DUEZ P. et DEBEYRE G., *Traité de droit administratif*, Dalloz, 1952.
DUGUIT L., *Traité de droit constitutionnel*, 1ère édition, 1907.
- *Traité de droit constitutionnel*, Tome 2, *La théorie générale de l'Etat*, 2nde édition, 1923.

EISENMANN Ch., *Cours de droit administratif, 1949-1950*, Tome II, LGDJ, 1983.
FORGES (de) J.-M., *Droit administratif*, PUF, 4ème édition, 1998.
GHESTIN J. (sous la direction de), *Traité de droit civil. Introduction générale*, LGDJ, 4ème édition, 1994, par **J. GHESTIN** et **G. GOUBEAUX**, avec le concours de **M. FABRE-MAGNAN.**
- *Traité de droit civil. La formation du contrat*, LGDJ, 3ème édition, 1993, par **J. GHESTIN.**
- *Traité de droit civil. Les effets du contrat*, LGDJ, 2nde édition, 1994, par **J. GHESTIN**, avec le concours de **C. JAMIN** et **M. BILLIAU.**
- *Traité de droit civil. Introduction à la responsabilité*, LGDJ, 2nde édition, 1995, par **G. VINEY.**
- *Traité de droit civil. Les conditions de la responsabilité*, LGDJ, 2nde édition, 1998, par **G. VINEY** et **P. JOURDAIN.**
- *Traité de droit civil. Les principaux contrats spéciaux*, LGDJ, 1996, par **J. HUET.**
- *La vente*, LGDJ, 1990, par **J. GHESTIN** et **B. DESCHE.**

HAURIOU M., *Précis de droit administratif et de droit public*, 3ème édition, Paris, 1897.
- *Précis de droit administratif*, 8ème édition, 1913.
- *Précis de droit administratif*, 10ème édition, 1921
- *Précis de droit administratif*, 5ème édition refondue par A. Hauriou, Sirey, 1943.

JEANNEAU B., *Les principes généraux du droit dans la jurisprudence administrative*, Sirey, 1954.
- *Droit des services publics et des entreprises nationales*, Dalloz, 1984.

JEZE G., *Principes généraux du droit administratif*, Giard, 3ème édition, 1926.
LACHAUME J.-F., *Grands services publics*, Masson, 1989.
LAUBADERE (de) A., VENEZIA J.-C. et GAUDEMET Y., *Traité de droit administratif*, LGDJ, Tome 1, 14ème édition, 1996.
LINOTTE D., MESTRE A. et ROMI R., *Services publics et droit public économique*, Litec, 3ème édition, 1995.

MARTY G. et **RAYNAUD P.**, *Droit civil. Les obligations*, Tome 1, *Les sources*, Sirey, 2nde édition, 1988.
MAZEAUD H., L. et J., CHABAS F., *Leçons de droit civil*, Tome I, premier volume, *Introduction à l'étude du droit*, Montchrestien, 11ème édition, 1996, par **F. CHABAS**.
- *Leçons de droit civil*, Tome II, premier volume, *Obligations. Théorie générale*, Montchrestien, 1998, 9ème édition, par **F. CHABAS**.
MERCADAL B., *Droit des transports terrestres et aériens*, Dalloz, 1996.
MESCHERIAKOFF A.-S., *Droit des services publics*, PUF, 2nde édition, 1997.
MESTRE J.-L., *Introduction historique au droit administratif*, PUF, 1985.
MODERNE F., DELVOLVE P. et de LAUBADERE A., *Traité des contrats administratifs*, Tome 1, LGDJ, 2nde édition, 1983.
PEQUIGNOT G., *Théorie générale du contrat administratif*, Edition A. Pedone, 1945.
PLANIOL M., RIPERT G., *Traité pratique de droit civil français*, Tome VI, *Obligations*, 1ère partie, LGDJ, 2nde édition, 1952, par **P. ESMEIN**.
RICHER L., *Droit des contrats administratifs*, LGDJ, 2nde édition, 1999.
RIPERT G. et BOULANGER J., *Traité de droit civil* d'après le *Traité* de Planiol, T 2, Obligations et droits réels, 1957.
RODIERE R., *Droit des transports*, Dalloz, 2nde édition, 1996.
ROLLAND L., *Précis de droit administratif*, Dalloz, 5ème édition, 1934.
- *Précis de droit administratif*, Dalloz, 7ème édition, 1938.
SOTO (de) J., *Droit administratif*, tome 1, *Théorie générale du service public*, Montchrestien, 1981.
- *Grands services publics et entreprises nationales*, Montchrestien, 1971.
STARCK B., *Droit civil. Les obligations*, Tome 2, *Contrat*, Litec, 6ème édition, 1998, par **H. ROLAND et L. BOYER**.
TERRE F., SIMLER P., LEQUETTE Y., *Droit civil. Les obligations*, Dalloz, 7ème édition, 1999.
VEDEL G., et DELVOLVE P., *Droit administratif*, Tome 2, PUF, 12ème édition, 1992.

II Ouvrages spécialisés, thèses, mémoires.

ALEXY R., *Theorie des Grundrechts*, Th., Baden-Baden, 1985.
ANTONMATTEI P., *Contribution à l'étude de la force majeure*, Th. Montpellier, LGDJ, 1992.
AUBY J.-F., - *Les services publics locaux*, PUF, coll. Que Sais-je ?, 1982.
La délégation de service public, PUF, coll. Que sais-je ?, 1995.
- *Les services publics locaux*, Editions Berger-Levrault, 1997.
- *Les obsèques en France*, PUF, coll. Que sais-je ?, 1997.
BAILLIENCOURT (de) D., *Le droit de la consommation et l'usager des services publics industriels et commerciaux*, Mémoire DEA droit public interne, Université Paris I, 1998.
BAILLY-CAPLAND D., *Postes et télécommunications et entreprises publiques*, PUF, 1981.
BELTRAN A., *L'énergie électrique dans la Région parisienne entre 1878 et 1946*, Thèse Histoire, Paris IV, décembre 1995.
BERNARD A., *L'autorisation administrative et le contrat*, Th. Paris II, 1985.
BERNARD-GELABERT M.-C. et LABIA P. *Intercommunalités ; mode d'emploi*, Economica, 1992.
BERTHO C. (sous la direction de), *Histoire des télécommunications en France*, ERES, 1984.
BEZANÇON X., *Les services publics en France du Moyen-Age à la Révolution*, Presses des Ponts et Chaussées, 1995.
- *Les services publics en France de la Révolution à la Première Guerre mondiale*, Presses des Ponts et Chaussées, 1997.
BLAEVOET Ch., *Les services publics industriels ou commerciaux et les responsabilités qui en découlent*, 1946.

Bolle J.-M., *Le principe de continuité des services publics,* Th. Paris, 1975.
Bordier E. et Deglaire S., *Electricité, service public,* Tome.1, *Cadre du service,* Berger-Levrault, 1963.
Bore M., *La cassation en matière civile,* Sirey, 1980.
Bouvier E., *L'exploitation collective des services publics. Les régies municipales,* Editions O. Douin, 1910.
Brachet Ph., *L'Etat-patron. Théories et réalités,* Syros, 1973.
- *Le partenariat de service public avec usagers, élus, professionnels,* L'Harmattan, 1994.
Brolles R., *L'accès aux documents des collectivités territoriales,* Editions Sorman, 4ème édition, 1994.
Cardera P., *Histoire de la communication externe à EDF, 1946-1992,* Mémoire DEA histoire économique et sociale, Paris X, 1995.
Carle J. et Dupuis J., *Service public local. Gestion publique, gestion privée ?,* Nouvelles éditions fiduciaires, 1989.
Caron F., *Histoire des chemins de fer en France. 1740 - 1883,* tome 1, Fayard, 1997.
Caron F. et Cardot F., *Histoire de l'électricité en France,* Tome 1, Fayard, 1991.
Centre européen des entreprises publiques, *Europe, concurrence et service public,* Masson, 1995.
Chapelat B., Masson-Pilet A.-L. et Scemama S., *Les spécificités du marketing d'une entreprise de service : l'exemple de la RATP,* Mémoire DESS marketing, Paris I, 1993.
Chavanon C., *Essai sur la notion et le régime juridique du service public industriel ou commercial,* Th, Sirey, 1949.
Chevallier J., *Le service public,* PUF, coll. Que sais-je ?, 4ème édition, 1997.
Commissariat à la Réforme de l'Etat, *Développer la qualité du service. Charte qualité et engagement des services publics,* Documentation Française, 1997.
Conte A., *L'épopée des chemins de fer français,* Plon, 1996.
Decenciere Ferrandiere A., *De l'effet, à l'égard des tiers, des augmentations de tarif dans les concessions de gaz et d'électricité,* Th. Paris, 1926.
Delvolve P., *Le principe d'égalité devant les charges publiques,* Th., LGDJ, 1969.
Devaux E., *La grève dans les services publics,* PUF, 1995.
Diemer P., *Le silence et le droit,* Th. Bordeaux I, 1975.
Direction générale des collectivités locales, Ministère de l'intérieur, *Le service extérieur des pompes funèbres,* coll. Décentralisation, 1997.
Douence J.-C., *Recherches sur le pouvoir réglementaire de l'administration,* Th. Paris, LGDJ, 1968.
Dufau J., *Les concessions de service public,* Editions du Moniteur, 1979.
Duguit L., *L'Etat, le droit objectif et la loi positive,* 1901.
Dumarque Y., *Contribution à une définition de la notion d'usager en droit administratif français,* Th. Lille II, 1997.
Dumont G., *Innovation organisationnelle et résistance au changement. L'introduction du système Socrate à la SNCF,* Mémoire DEA Sciences administratives, LGDJ, 1996.
Duroy S., *La distribution d'eau potable en France. Contribution à l'étude d'un service public local,* Th., LGDJ, 1996.
Esplugas P., *Conseil constitutionnel et service public,* Th., LGDJ, 1994.
- *Le service public,* Dalloz, coll. Connaissance du droit, 1998.
Fabre-Magnan M., *De l'obligation d'information dans les contrats.,* Th., LGDJ, 1992.
Fernandez A., *Electricité et politique locale à Bordeaux 1887 - 1956,* Thèse, Bordeaux, janvier 1994.
Fournier J., *Le train, l'Europe et le service public,* Editions O. Jacob, 1993.
Frisson G., *De l'effet à l'égard des tiers des concessions et traités municipaux en matière d'éclairage,* Thèse, Paris, 1898.

GARBAR M., *Les relations individuelles de travail dans les entreprises publiques*, Th. Paris II, LGDJ, 1993.
GARNIER L. et DAUVERT P., *Les concessions de gaz et d'électricité devant la juridiction administrative 1823 - 1874*, Paris, 1894.
GATSI J., *Le contrat-cadre*, Th., LGDJ, 1996.
GAUDUSSON (du BOIS de) J., *L'usager du service public administratif*, Thèse, LGDJ, 1974.
GENY F., *Des droits sur les lettres missives*, 1911.
GHESTIN J., *La notion d'erreur en droit positif actuel*, LGDJ, 2nde édition, 1971.
GHOZI A., *La modification de l'obligation par la volonté des parties*, Th., LGDJ, 1980.
GIRAUD J.-M., *Gaz et électricité à Lyon. 1829-1946*, Mémoire DEA Histoire, Grenoble, AHEF, 1988.
GODE P., *Volonté et manifestations tacites*, Th. Lille, PUF, 1977.
GOSSET J., *Distributeurs et usagers du gaz et de l'électricité*, Thèse, Paris, 1935.
GOUBEAUX G., *La règle de l'accessoire en droit privé*, Th., LGDJ, 1969.
GOUBERT J.-P., *La conquête de l'eau*, Pluriel, 1986.
GUGLIELMI G., *Introduction au droit des services publics*, LGDJ, coll. "Systèmes", 1994.
HECQUARD-THEON M., *Essai sur la notion de réglementation*, Th., Paris, LGDJ, 1977.
JEANNOT G., *Les usagers du service public*, PUF, coll. Que sais-je ?, 1998.
JOSSERAND L., *De l'abus des droits*, 1ère édition, 1905.
- *De l'esprit des droits et de leur relativité, théorie dite de l'abus des droits*, 2nde édition, 1939.
JOURDAIN P., *Recherches sur l'imputabilité en matière de responsabilités civile et pénale*, Th. Paris II, 1982.
JUNOD Ch.-A., *Force majeure et cas fortuit dans le système suisse de responsabilité civile*, Th. Genève, 1956, p.90.
KOVAR R. et SIMON D. (sous la direction de), *Service public et droit communautaire. Les grands textes*, Documentation Française, 1996.
LAROQUE P., *Les usagers des services publics industriels en France*, Th. Paris, Sirey, 1933.
LASSERRE B., LENOIR N. et STIRN B., *La transparence administrative*, PUF, 1987.
LAUFER R. et BURLAUD A., *Management public*, Dalloz, 1980.
LECERF M., *Droits des consommateurs et obligations des services publics*, Editions d'Organisation, 1999.
LITTMANN M.-J., *Le silence et la formation du contrat*, Th. Strasbourg, 1969.
LOPEZ SANTA MARIA J., *Les systèmes d'interprétation des contrats*, Th. Paris, 1968.
MADIOT Y., *Aux frontières du contrat et de l'acte unilatéral : recherches sur la notion d'acte mixte en droit public français*, Th., LGDJ, 1977.
MARKOVITS Y., *La directive CEE du 25 juillet 1985 sur la responsabilité du fait des produits défectueux*, LGDJ, 1990.
MICHEL S., *Les Chemins de Fer en lyonnais 1827-1957*, Presses Universitaires de Lyon, 1986.
MONNIER L., *La fonction instrumentale des tarifs publics. La politique des prix de l'électricité après la crise du pétrole*, Editions Cujas, 1980.
MORSEL H. (sous la direction de), *Histoire de l'électricité en France*, tome 3, Fayard, 1996.
NAVILLE P., *Le nouveau Léviathan*, tome II, Editions Anthropos, 1970.
NENERT J., *Le sous-contrat*, Th., LGDJ, 1979.
PAQUES M., *De l'acte unilatéral au contrat dans l'action administrative*, Th., Liège, Editions Story-Scientia, 1991.
PELLISSIER G., *Le contrôle des atteintes au principe d'égalité au nom de l'intérêt général par le juge de l'excès de pouvoir*, Th. Paris I, 1995.
- *Le principe d'égalité en droit public*, LGDJ, coll. Systèmes, 1996.
PETIT J., *Contribution à l'étude des conflits de lois dans le temps en droit public interne*, Th., Paris II, 1993.
PICARD A., *Traité des chemins de fer*, Tome 1, Editions J. Rothshild, 1887.

Pontier J.-M., *Les services publics*, Hachette, coll. "Les Fondamentaux", 1996.
Porte C., *Electrification de Tourcoing jusqu'en 1914*, Mémoire de Maîtrise d'Histoire, Lille, AHEF, 1986.
Quaterbarbes (de) B., *Usagers ou clients ? Marketing et qualité dans les services publics*, Les Editions d'Organisation, 1996.
Raemy (de) R., *Le contrat par abonnement*, Th. Lausanne, 1960.
Rangeon F., *L'idéologie de l'intérêt général*, Economica, 1986.
Raymundie O., *Gestion déléguée des services publics en France et en Europe*, Le Moniteur, 1995.
Ricard J.-D., *Le droit et la jurisprudence des services des postes et télécommunications*, 3 tomes, Paris, 1933.
Rongeres P., *Le procédé de l'acte-type*, LGDJ, 1968.
Rosenvallon P., *L'Etat en France de 1789 à nos jours*, Editions Seuil, 1990.
Rouhette G., *Contribution à l'étude critique de la notion de contrat*, Th. Paris, 1965.
Saleilles R., *De la déclaration de volonté*, 1901.
Serna Ch., *Le refus de contracter*, Th., LGDJ, 1967.
Stoffaës C., *Entre monopole et concurrence. La régulation de l'énergie en perspective historique*, Editions P.A.U., 1994.
Terneyre Ph., *La grève dans les services publics*, Sirey, 1991.
Teste P., *Les services publics de distribution d'eau, de gaz et d'énergie électrique*, Th., Dalloz, 1940.
Tigoki-Iya N.-E., *La démarche marketing à la Poste*, Mémoire de DEA de sciences administratives, Paris II, 1994.
Vaille E., *Histoire des postes depuis la Révolution*, PUF, coll. Que sais-je ?, 1947.
Vezien P., *Les services publics industriels de la région parisienne*, Librairie sociale et économique, Th. Paris, 1940.
Vuillermot C., *L'électrification dans le département du Doubs, 1894-1946*, Mémoire de maîtrise d'histoire, Besançon, AHEF, 1985.
Xynopoulos G., *Le contrôle de proportionnalité dans le contentieux de la constitutionnalité et de la légalité en France, Allemagne et Angleterre*, Th., LGDJ, 1995.

III Articles

Allegret M., "Transport ferroviaire interne. Contrat de transport de voyageurs", Jurisclasseur commercial, fasc. 660, 1994.
- "Responsabilité de la SNCF en cas d'accident corporel", Jurisclasseur commercial, fasc 665, 1995.

Association "Communication publique", Table ronde du 8 mars 1991, sur *Les exigences de service public dans la communication d'une entreprise publique*, *RFAP* 1991, p.243.
Auby J.-B., "L'émergence d'un droit européen de la sécurité et de la responsabilité des services publics", *DA* octobre 1993, p.21.
Auby J.-F., "Le déclin de la spécificité juridique des services publics industriels et commerciaux", *AJDA* 1981, p.508.
- "La tarification des services publics locaux", *CJEG* 1990, p.169.
- "Services publics locaux. Les grandes mutations du secteur", *AJDA* 1990, p.755.

Auby J.-M., "Administrés", *Encyclopédie Dalloz*, Droit administratif.
Aulagnon L., "De la situation juridique des usagers titulaires de polices d'abonnement à l'égard des compagnies concessionnaires de services publics", *RTDC* 1924, p.5.
Barbier C., "L'usager est-il devenu le client du service public ?", *JCP* 1995, I, 3816.
Batiffol H., "La "crise du contrat" et sa portée", in *Les notions de contrat*, Archives de Philosophie du Droit, Tome XIII, 1968, p.13.

Bauby P. et Boual J.-C., *Les services publics au défi de l'Europe*, Editions Ouvrières, 1993, p.49.
Bazex M., "Obligations communautaires de transparence et prestations des services publics", *DA* octobre 1993, p.15.
Bechillon (de) D., "Le contrat comme norme dans le droit public positif", *RFDA* 1992, p.15.
Belloubet-Frier N., "Service public et droit communautaire", *AJDA* 1994, p.270.
- "Le principe d'égalité", *AJDA* 1998, n° spécial, *Les droits fondamentaux*, p.152.
Benabent A., "Rapport français", in *La bonne foi*, Travaux de l'association H. Capitant, Tome XLIII, 1992, p.291.
Benkais-Benbrahim A., "La notion d'usager dans le contentieux du chemin de fer : usager du service, usager de l'ouvrage public", *LPA* 11 août 1995, p.19.
Bernard P., "La tarification de l'électricité : acquis et modalités nouvelles", *CJEG* 1984, p.251.
Berry J.-F., "Usager ou consommateur ?", *Revue française des télécommunications* janvier 1982, p.18.
Bertho-Lavenir C., "Histoire de l'administration des télécommunications : une succession de crises et de réformes" *RFAP* 1989, p.589.
Bettinger C., "L'introduction des clauses abusives dans le droit des services publics : une révolution aux suites multiples", *DA* octobre 1993, p.9.
- "Remontées mécaniques", in *Droit des services publics locaux*, sous la dir. de L. Richer, Le Moniteur, 1995, fasc VI 310.
Bienvenu J.-J., "Approvisionnements", in *Droit des services publics locaux*, sous la direction de L. Richer, Le Moniteur, novembre 1996, dossier VI. 70.
- "Le droit administratif : une crise sans catastrophe", Droits n°4, 1986, p.93.
Bizeau J.-P., "Usagers ou clients du service public ? Le discours de l'administration", *RA* 1997, p.209.
Bockel A., "Sur le rôle de la distinction du tiers et de l'usager dans le droit de la responsabilité publique", *AJDA* septembre 1968, p.437.
Boiteau C., "Concept communautaire de service public et services publics locaux", *RFDA* 1995, p.320.
Boiteux M., "La tarification des demandes en pointe : application de la théorie de la vente au coût marginal", *Revue générale d'électricité*, n°58, août 1949.
- "La vente au coût marginal", *Revue Française de l'Energie* , décembre 1956.
Borgetto M., "Services publics locaux et principe d'égalité. Sur la nature juridique du service de distribution d'eau et sur le traitement jurisprudentiel du principe d'égalité", *RFDA* 1993, p.674.
Bourrienne V., "Le développement de l'électricité au Havre et dans le sud-ouest de la Seine inférieure de 1863 à 1930", *BHE* 3 juin 1984, p.35.
Bouzely S.-C., "Bientôt une obligation : l'organisation par les communes d'un service d'élimination des ordures ménagères", *MTP* 26 mai 1980, p.32.
Boy D., "Les rapports du service public avec le public", in *Le service public industriel et commercial dans la société française aujourd'hui*, Actes du colloque de Rouen, Supplément *Le Monde* , octobre 1980, p.49.
Brachet Ph., "Le partenariat de service public : dix propositions", in P. Bauby et J.-C. Boual, *Pour une citoyenneté européenne : quels services publics ?*, Editions de l'Atelier, 1994, p.252.
- "Les usages concrets du droit : la relation à l'usager dans les services publics", in *A quoi servent les usagers ?*, actes du colloque DRI, Plan Urbain RATP, Tome 1, 1990, p.69.
Braize F., "Les relations des exploitants publics avec les usagers", *Juris PTT*, n° spécial, 1990, p.32.
Brener J., contribution au numéro spécial de "L'élu local", Supplément au n° 160 de la revue du MNEL, 1er trimestre 1987, p.131.

Briere A., "Les services publics à travers le cas d'EDF-GDF", *Revue de la concurrence et de la consommation* 1997, n°96, p.22.

Bromberger L., "Enquête sur la qualité", *Vie du Rail* 17 mai 1995.
- "1952-1995 : le retour sur images", *la Vie du Rail* 1er mars 1996, p.16.

Broussolle D., "La réforme de la SNCF", *AJDA* 1984, p.385.

Bruneau P., "L'évolution de la politique commerciale des TGV de 1981 à 1996", *RGCF* nov-déc. 1996, p.99.

Cadiet L., "Interrogations sur le droit contemporain des contrats", in *Le droit contemporain des contrats*, sous la dir. de L. Cadiet, Economica, 1987, p.7.
- "Abus de droit", Rép. Dalloz, droit civil, 1992.

Caillosse J., "Droit public - droit privé, sens et portée d'un partage académique", *AJDA* 1996, p.955.

Calais-Auloy J., "Ne mélangeons plus conformité et sécurité", *D.* 1993, chron., p.130.
- "Les rapports entre la directive de 1985 sur la responsabilité du fait des produits et celle de 1992 concernant la sécurité des produits", *Rev. eur. dr. consom.* 1994, p.159.

Cambot P., "Collectivités locales et initiative privée en matière de télécommunications", *AJDA* 1999, p.965.

Capitant H., "Sur l'abus des droits", *RTDC* 1928, p. 365.

Carbajo J., "Remarques sur l'intérêt général et l'égalité des usagers devant les services publics", *AJDA* 1981, p.176.

Carbonnier J., "De la valeur des carnets de tickets après majoration des tarifs d'autobus", *RTDC* 1955, p.522.

Caron F., "Cent ans de tarification dans les chemins de fer", in *Les transports par fer et leur clientèle, Revue d'histoire des chemins de fer*, n° hors série, 1992, p.15.

Cassese S., "L'expérience italienne", in *Le service public. Unité et diversité, AJDA*, n°spécial, juin 1997, p.145.

Cayla L., Ciceri M.-F., Heitzmann R. et Pautrat C., "Tarification, prix de revient et concurrence", *France Télécom* 74, octobre 1990, p.27.

Chabas F., "Force majeure", avec la collaboration de **N. Peterka** et **C. Chabas**, Rép. Dalloz, *Droit civil*, 1997.

Champy G., "Analyse du contrat d'abonnement au service téléphonique", *Rev. de la recherche juridique, droit prospectif*, 1993, n°1, p.13.

Chapelard R., "L'usager du téléphone", *RDP* 1984, p.1599.

Chardeau A., "73 mesures pour une nouvelle politique commerciale", *Vie du Rail* 13 mai 1982.

Charlery C., "Réflexion sur la notion de clause exorbitante du droit commun", *LPA* 6 avril 1998, n°41, p.4.

Charlier R.-E., "La notion juridique de service public "industriel ou commercial"", *JCP* 1955, I, 1210.

Charlot P., "L'actualité de la notion de "qualité donnant intérêt à agir"", *RFDA* 1996, p.481.

Chatellus M., "Principes de gestion des entreprises publiques et politique économique" in *L'entreprise publique et la tarification*, Cahiers d'analyse économique, Ed. Cujas, 1969, p.25.

Chenkier L., "Les rapports entre les entreprises publiques et les usagers", in *L'évolution des rapports entre l'administration et les usagers*, sous la direction de C. Wiener, Economica, 1987, p.87.

Chevallier J., "Les droits du consommateur, usager de services publics", *Droit Social* 1975, p.75.
- "Réflexions sur l'idéologie de l'intérêt général", in *Variations autour de l'idéologie de l'intérêt général*, vol. 1, PUF, 1978, p.16 et s.
- "Regards sur l'administré" in M. Chauvière et J.-T. Godbout, *Les usagers entre marché et citoyenneté*, L'Harmattan, Logiques sociales, 1992, p.29.

Chevallier J. et D. Loschak D., "Rationalité juridique et managériale dans l'administration", *RFAP* 1982, p.704.

COCATRE-ZILGIEN A., “L’usager du service public industriel ou commercial en droit français”, *RTDCom.* 1960, p.265.
COLLI J.-C., “Cent ans d’électricité dans les lois”, BHE, n° spécial, 1986.
Commission des Communautés européennes, communication sur “Le service universel des télécommunications dans la perspective d’un environnement pleinement libéralisé”, du 13 mars 1996.
- *Les services d'intérêt général en Europe,* Office des publications officielles des Communautés européennes, 1996, p.7.
CORAIL (de) J.-L., “L’approche fonctionnelle du service public : sa réalité et ses limites”, in *Le service public. Unité et diversité, AJDA* n°spécial, juin 1997, p.20.
COTTEN C.-H., “Attitude commerciale”, *Rev. PTT de France* avril 1972, p.34.
COURTIEU G., “Droit à réparation. Abus de droits et abus de pouvoirs”; Jurisclasseur responsabilité civile, articles 1382-1386, fasc. 131-2, 1997.
COURTOIS C., “Le cahier des charges de la Poste”, *Juris PTT* 1992, n° 28, p.8.
CROS M.-L., “Les contrats à exécution échelonnée”, *D.* 1989, Chron., p.49.
CROZAFON J.-L., “Le Conseil National des postes et télécommunications”, *Juris PTT,* n° spécial, 1990, p.62.
CROZIER M., “Une nouvelle forme de régulation de l’offre : la régulation par le client dans les services publics en Europe”, Fondation Europe et Société, Cahiers n°9-10, 1988, p.35.
DAVIS A., “La directive du Conseil des Communautés européennes relative à la sécurité générale des produits”, *Rev. eur. dr. consom.* 1992, p.132.
DECRETON S., “Le service public à l’épreuve de la tarification, l’exemple de la SNCF”, *RA* 1995, p.642.
DEJOUANY G., “La Compagnie générale des eaux”, in “Le service public industriel et commercial dans la société française aujourd’hui”, actes du colloque de Rouen, supplément *Le Monde,* octobre 1980., p.13.
DELARUE J.-C., “Où va le service public ?”, *Euromag* n°19, 1996, p.84.
DELEBECQUE P., “La dispersion des obligations de sécurité dans les contrats spéciaux”, *Gaz. Pal.* n° spécial du 23 septembre 1997.
DELVOLVE P., “Acte administratif”, Répertoire Dalloz, contentieux administratif.
- "La question de l’application du droit de la consommation aux services publics”, *DA* octobre 1993, p.3.
DENIS L., “La distribution du téléphone : malaise de l’usager", *Télécommunications* n°45, octobre 1982, p.12.
DEREUX G., “De la nature juridique des "contrats d’adhésion"”, *RTDC* 1910, p.503.
DESWARTE M.-P., “Intérêt général et bien commun”, *RDP* 1988, p.1289.
DOAKEN J., “Le point de vue d’un régulateur”, in *L'Europe à l'épreuve de l'intérêt général,* sous la direction de C. Stoffaës, ASPEurope, 1994, p.285.
DOUENCE J.-C., “La création et la suppression des services publics locaux”, Rép. Dalloz, *Collectivités locales,* sous la dir. de F.-P. Bénoit, fasc. 6042-1, 1988.
- “La gestion du service public local. Dévolution contractuelle du service”, in Répertoire Dalloz, *Collectivités locales,* sous la dir. de F.-P. Bénoit, vol. V, 1983.
DREIFFUSS M., “Les concessions du service de stationnement”, Rép. Dalloz, *Collectivités locales,* sous la direction de F.-P. Bénoit, vol. III, 1996.
DROUOT G., “Le cahier des charges de France Télécom et son domaine d’activité”, *Juris PTT* 1992, n° 28, p.15.
DUCHARNE J.-P., “Assainissement. Organisation du service”, in *Droit des services publics locaux,* sous la direction de L. Richer, Le Moniteur, 1995, fasc. IV. 110.
- “Distribution d’eau potable. Organisation du service”, in *Droit des services publics locaux,* sous la dir. de L. Richer, Le Moniteur, 1995, fasc VI. 100.
- “Electricité et gaz”, in *Droit des services publics locaux,* sous la direction de L. Richer, Le Moniteur, 1995, fasc. VI, 200 et s.

DUFAU J., "Nature juridique des contrats de fournitures d'électricité passés avec les administrations publiques", *CJEG* 1957, p.31.
- "Services publics à caractère industriel et commercial", Jurisclasseur administratif, fasc. 150, 1991.
- "La nature juridique de la concession de service public", *Mélanges Chapus*, Montchrestien, 1992, p.147.

DUFAY F., "Les services publics au banc d'essai", *Le Point* 11 janvier 1992, p.27.

DUGRIP O., "Les conditions de la soumission des entreprises publiques au service minimum de grève", *Cahiers du droit de l'entreprise*, 1989, n°26, p.11.

DUGUIT L., "De la situation juridique du particulier faisant usage d'un service public", *Mélanges Hauriou*, 1929, p.253.
- "De la situation des particuliers à l'égard des services publics", *RDP* 1907, p.411.

DUPICHOT J., "Pour un retour aux textes : défense et illustration du "petit guide-âne" des articles 1156 à 1164 du Code civil", *Mélanges J. Flour*, 1979, p.179 et s.

DUPIE A., "Le principe de continuité des services publics", in *Sur les services publics*, Etudes coordonnées par M.-J. Guédon, Economica, 1982, p.39.

DUPUIS G., "Définition de l'acte unilatéral", *Mél. Eisenmann*, Editions Cujas, 1974, p.205.

DURAND P., "La contrainte légale dans la formation du lien contractuel", *RTDC* 1944, p. 81, n° 11.

DURANDAL D., "Les dix commandements de la qualité", *Vie du Rail* 8 décembre 1988.

EISENMANN CH., "Droit public, droit privé (en marge d'un livre sur l'évolution du droit civil français du XIXème siècle au XXème siècle)", *RDP* 1952, p.903.

EMAER P., "Consommateurs et services publics", in P. Bauby et J.-C. Boual, *Pour une citoyenneté européenne : quels services publics ?*, Editions de l'Atelier, 1994, p.316.

ENCAOUA D. et FLOCHEL L., "La tarification : du monopole à la concurrence régulée", *AJDA* 1997, p.254.

ESMEIN P., "Transporteurs, veillez sur nous !", *D.* 1962, chron. p. 1.

ESPLUGAS P., "A propos de la décision du Conseil constitutionnel du 23 juillet 1996 : les télécommunications, un nouveau service public constitutionnel", *RA* 1996, p.510.

EVERAERT D., "La valeur du silence en droit des contrats. A propos d'un arrêt de la Cour de cassation du 6 novembre 1990", *LPA* 8 mars 1993, n°29, p.14.

FAVOREU L., "Service public et Constitution", *AJDA* n° spécial 1997, *Le service public. Unité et diversité*, p.16.

FEINTUCH P.,"La politique commerciale de la Compagnie électrique de la Loire et du Centre avant la première guerre mondiale" in *L'électricité et ses consommateurs*, AHEF, PUF, 1987, p.220

FIQUET A., "Vers une réconciliation entre l'Europe et les services publics : l'exemple de l'électricité", *AJDA* 1998, p.864

FLAUSS J.-F., "L'influence du droit communautaire sur le droit administratif français. II", *LPA* 16 janvier 1995.

FOURNIAU J.-M., "Les différents acteurs de la politique des transports : Socrate et les usagers", in *Relation de service et place de l'usager dans une politique commerciale : Socrate*, Séminaire analyse et évaluation des politiques de transport, INRETS, 9 mars 94, document SNCF.

FULCONIS M. et M., "Consommation et tarification de l'énergie électrique dans une commune rurale des Alpes maritimes : Saint-Martin-Vésubie de 1894 à 1932" in *L'électricité et ses consommateurs*, AHEF, PUF, 1987, p.41.

GALLOIS L., "Mettre la SNCF en mouvement", *Vie du Rail* 26 mars 1997.

GAUDIN J.-P., "La ville dans les plis de l'usage" in M. Chauvière et J.-T. Godbout, *Les usagers entre marché et citoyenneté*, Logiques sociales, L'Harmattan, 1992, p.214.

GENEVOIS B., "Principes généraux du droit", Rép. Dalloz, *Contentieux administratif*, tome 3, n°106.

GHESTIN J. "La notion de contrat", *D.* 1990, chron., p.147.

- "La directive communautaire du 25 juillet 1985 sur la responsabilité du fait des produits défectueux", *D.* 1986, chron., p.135.

GHESTIN J. et MARCHESSAUX-VAN MELLE I., "L'application en France de la directive visant à éliminer les clauses abusives après l'adoption de la loi n°95-96 du 1er février 1995", *JCP* 1995, I, 3854.

GIELISSE R., "La nouvelle directive relative à la sécurité générale des produits", *Rev. marché unique eur.* 3, 1992, p. 49.

GILLI J.-P. "Le principe de continuité", in *La continuité des services publics*, PUF, 1973, p.7.

GODBOUT J.-T., "Coproduction et représentation de l'usager", in M. Chauvière et J.-T. Godbout, *Les usagers entre marché et citoyenneté*, Logiques sociales, L'Harmattan, 1992, p.291.

- "Les ambiguïtés de la notion de co-production", in *La relation de service dans le secteur public*, actes du colloque RATP, Plan Urbain, DRI, tome 5, 1992.

GONZALEZ G., "Le service public local : à quel(s) prix ?", *LPA* 5 décembre 1997, p.13.

GROSS B., "Observations sur les contrats par abonnement", *JCP* 1987, I, 3282.

GUEDON M.-J., "Service public et intérêt économique", in *Sur les services publics*, sous la direction de M.-J. Guédon, Economica, 1982, p.10.

GUILLAUME E., "La réforme des postes et télécommunications : le passage du statut d'usager d'un service administratif à celui de client d'un service public industriel et commercial", *RFDA* 1991, p.239.

GUILLIEN R., "Droit public et droit privé", *Mél. Brèthe de la Gressaye*, 1967, p.311.

HAMON F., "Les modes de participation des usagers à la gestion de l'entreprise", in *Les entreprises publiques et l'usager*, IISA, 1985, p.21.

- "Le marché intérieur de l'énergie : les directives électricité et gaz", *AJDA* 1998, p.851.

HENRY-MEININGER M.-C., "Rapport sur la France", in *Les entreprises publiques et l'usager*, IISA, 1985., p.71.

HERTZOG R., "Le prix du service public", *AJDA* 1997, n° spécial, *Le service public*, p.55.

HUET J., "La détermination des clauses abusives dans les contrats de service public et les moyens de leur élimination : quel droit ? quels juges ?", *LPA* 6 février 1998, p.7.

- "Responsabilité du fait des produits défectueux", *Jurisclasseur Europe*, fasc. 2020, 1991, n°15.

IMBERT L., "Services publics communaux", *Jurisclasseur administratif*, fasc 126-10, 1995.

JEAMMAUD A., "La démocratisation du secteur public", *AJDA* 1983, p.563.

JEZE G., "Essai d'une théorie sur le fonctionnement des services publics", *RDP* 1912, p.43.

JOHANET G., "Morale et service public", *RA* 1995, p.468.

JOSEPH I., "La relation de service dans le secteur public", in *A quoi servent les usagers ?*, actes du colloque RATP, Plan Urbain, DRI, Tome 1, 1989-1990.

JOSSERAND L., "Le contrat dirigé", *DH* 1933, p.89.

JOURDAIN P., "L'obligation de "se" renseigner", *D.* 1983, chron., p.139.

- "Rapport français", in *La bonne foi,* Travaux de l'association H. Capitant, Tome XLIII, 1992, p. 120.

- "L'obligation de sécurité (à propos de quelques arrêts récents)", *Gaz. Pal.* 1993, 2, doctr., p.1214.

- "Le fondement de l'obligation de sécurité", n° spécial de la Gazette du Palais du 23 septembre 1997.

JOURDAIN Ph., "La formation du concept de service public", *RDP* 1987, p.98.

KOUBI G., "Le principe de neutralité des services publics, un principe corollaire à la modernisation de l'Etat ?", *RA* 1993, p.9.

LACHAUME J.-F., "Adaptation dans le temps des tarifs voyageurs de la SNCF", *CJEG* 1990, p.180.

- "De l'influence de la loi du 6 février 1992 relative à l'Administration territoriale de la République sur les services publics locaux", *RFDA* 1992, p.426.

- "Nature du service public d'enlèvement des ordures", *CJEG* 1992, p.480.

- "Compétence juridictionnelle et réglementation du droit de grève dans les services publics industriels et commerciaux", *CJEG* 1993, p.481.

- "L'usager du service public industriel et commercial géré par l'entreprise publique", n° spécial *CJEG*, 1994, p. 317.

LAFFONT D., "La loi du 23 octobre 1984 sur le service public des télécommunications", *Juris PTT* n°1, 1985, p.4.

- "La suspension ou la résiliation de l'abonnement téléphonique par l'Administration", *Revue des PTT de France*, 1982, p.34.

LAFORE R., "Droit d'usage, droit des usagers : une problématique à dépasser", in M. Chauvière et J.-T. Godbout, *Les usagers entre marché et citoyenneté*, L'Harmattan, Logiques sociales, 1992, p.263.

LAGUMINA S., "La gestion déléguée du service public dans les collectivités locales : avantages et inconvénients", *RFDA* n°spécial, *La gestion déléguée du service public*, 1997, p.73.

LAMARQUE J., "Le déclin du critère de la clause exorbitante", *Mél. Waline*, 1974, p.512.

LAMBERT-FAIVRE Y., "Fondement et régime de l'obligation de sécurité", *D.* 1994, chron., p. 81.

LANCELOT A., "Le service public industriel et commercial devant l'opinion", in *Le service public industriel et commercial dans la société française aujourd'hui*, actes du colloque de Rouen, supplément *Le Monde*, octobre 1980, p.23.

LARROUMET C., "Loi du 19 mai 1998 relative à la responsabilité du fait des produits défectueux. Introduction", *LPA* 28 décembre 1998.

LASSERRE B., "L'Autorité de Régulation des Télécommunications", *AJDA* 1997, p.224.

LATOURNERIE R., "Classification des diverses situations juridiques", *RDP* 1933, p.327.

LECERF M. et BLANC G., "La gratuité des services publics à l'égard des usagers", *JCP* 1998, I, 1168.

LECOY B., "Les premiers chemins de fer et leur clientèle en région parisienne", in *Les transports par fer et leur clientèle, Revue d'histoire des chemins de fer*, n° hors série, 1992, p. 67.

LEGROS M., "Service public et politique commerciale", *Rev. PTT de France* avril 1972, p.5.

LEMASURIER J., "A propos du service des Postes et Télécommunications. Réflexions sur la distinction des services publics administratifs et des services publics industriels et commerciaux", *AJDA* mars 1969, p.139.

LEPAGE H., "Que peut apporter la dérégulation des monopoles en Europe?", in *L'Europe à l'épreuve de l'intérêt général*, sous la direction de C. Stoffaës, ASPEurope, 1994, p.201.

LESSOURNE J., "Pour une Europe des réseaux", *Le Monde* 10 janvier 1994.

LETOWSKI J., "Les droits des usagers et leur mécanisme de protection", in *Les entreprises publiques et l'usager*, IISA, 1985, p.115.

LEVENEUR L., "Le forçage du contrat", *Droit et patrimoine* n°58, mars 1998, p.69.

LINDON R., "A chaque tribunal sa vérité", *JCP* 1967, I, 2081.

LOMBARD P., "Le service public du gaz sous les feux de l'actualité juridique", *AJDA* 1998, p.873.

LONG M., "Service public, services publics: déclin ou renouveau ?", *RFDA* 1995, p.497.

- "La réunion de tous les acteurs de la gestion déléguée au sein de l'Institut de la gestion déléguée", *RFDA* n° spécial, *La gestion déléguée du service public*, 1997, p.77.

LONG Martine, "Principe d'égalité et tarification des services publics locaux", *LPA* 15 mai 1995, n°58, p.4.

LOSCHAK D., "Réflexion sur la notion de discrimination", *Droit social* 1987, p.787.

LUCAS de LEYSSAC C., "Refus de vente", Jurisclasseur concurrence et consommation, 1991, fasc. 290.

LUKASZEWICH J.-P., "Service public administratif ou entreprise commerciale : la difficile mutation des postes et télécommunications", *AJDA* 1975, p.52.

MAISL H., "La nouvelle réglementation des télécommunications", *AJDA* 1996, p.762.

MARILLA G.-D., "La fixation des tarifs des transports publics urbains de voyageurs (après l'ordonnance du 1er décembre 1986 et le décret du 29 décembre 1986)", *RFDA* 1987, p.803.

MAZEAUD D., "Le régime de l'obligation de sécurité", n° spécial de la Gazette du Palais du 23 septembre 1997.

- "Loi du 19 mai 1998 relative à la responsabilité du fait des produits défectueux. Les victimes et les dommages réparables", *LPA* 28 décembre 1998.

MAZEAUD H., "Essai d'une classification des obligations", *RTDC* 1936, p. 1.

MERCADAL B., "Contrat de transport", Rép. commercial, Dalloz, 1995, p.52.

MERGIER A., "Bougez avec la Poste, la crédibilité d'une campagne", in *A quoi servent les usagers ?*, actes du colloque RATP, Plan Urbain, DRI, Tome 1, 1992, p.175.

METZLER J.-L., "Dix ans de politique commerciale", *RGCF* octobre 1991, p.71.

MICHEL G., "Le Conseil national des services publics départementaux et communaux", *EDCE* 1952, p.27.

MIGNON M., "Une évolution inachevée : la notion d'intérêt ouvrant le recours pour excès de pouvoir", *D.* 1953, chron., p.121.

MODERNE F., "La distinction du tiers et de l'usager dans le contentieux des dommages de travaux publics", *CJEG* 1964, p.154 (1ère partie) et p.179 (2nde partie).

- "Responsabilité administrative et utilisation des ouvrages publics affectés à un service public industriel et commercial", Partie II, *CJEG* 1969, p.217.
- "De nouvelles difficultés pour la notion de "rapports de droit privé" comme critère de compétence judiciaire (à propos de la responsabilité des services publics de transport)", *AJDA* 1970, p.538.
- "Les arrêts et le contentieux de la concession de service public", *RFDA* 1987, p.11.

MOINE G., "Le service universel : contenu, financement, opérateurs", *AJDA* 1997, p.246.

MONNIER M., "Service public et droit de la consommation, en droits français et communautaire", *Rev. int. de droit éco.*, 1996, p.393.

NENERT J., "La loi du 31 décembre 1989 à l'épreuve du surendettement", *CJEG* 1992, p.199.

NORA S., "La philosophie du service public", in *Le service public industriel et commercial dans la société française aujourd'hui,* actes du colloque de Rouen, supplément *Le Monde*, octobre 1980, p.8.

OPPETIT B., "L'adaptation des contrats internationaux aux changements de circonstances : la clause de hardship", *Clunet* 1974, p.794.

OUTIN-ADAM A., "Loi du 19 mai 1998 relative à la responsabilité du fait des produits défectueux. Les responsables", *LPA* 28 décembre 1998, p.8.

PAISANT G., "Essai sur la notion de consommateur en droit positif", *JCP* 1993, I, 3655.

- "L'obligation de sécurité et le droit de la consommation", *Gaz. Pal.* n° spécial, 23 septembre 1997.

PANNETIER G., "Poste, télécommunications. La nouvelle géographie tarifaire des télécommunications : un point final aux disparités géographiques ?", *RA* 1993, p.470.

PARADEISE C., "Usagers et marché" in M. Chauvière et J.-T. Godbout, *Les usagers entre marché et citoyenneté*, Logiques sociales, L'Harmattan, 1992, p.191.

PAUTRAT C. et PERROT P., "Tarifs : réduire le poids des distances", *Revue France Télécom* n°80, avril 1992, p.45.

PELISSIER J., "La SNCF", in *Le service public industriel et commercial dans la société française aujourd'hui,* actes du colloque de Rouen, supplément *Le Monde*, octobre 1980, p.16.

PELLINGHELLI-STEICHEN S., "Les contrats passés par les services publics industriels et commerciaux au regard du contrôle des clauses abusives", *LPA* 14 juillet 1997, n°84, p.11.

PICOD Y., "L'obligation de coopération dans l'exécution du contrat", *JCP* 1988, I, 3318

PLANCQUEEL A., "Obligations de moyens, obligations de résultat (Essai de classification des obligations contractuelles en fonction de la charge de la preuve en cas d'inexécution)", *RTDC* 1972, p.334.

PLANIOL M., "Etudes sur la responsabilité civile", *Rev. crit. législ. et jurisp.* 1905, p. 277.

PONTIER J.-M., "Sur la conception française du service public", *D.* 1996, chron p.9.

PUISSOCHET J.-P., "Vous avez dit confiance légitime? (le principe de confiance légitime en droit communautaire)", *Mélanges Braibant*, 1996, p.581.

RAMIN A., "La grève dans les services publics en France : quelques réflexions sur la situation de l'usager", *Droit Social*, 1985, p.33.

RAPP L., "Les conséquences de la grève dans les services publics : réflexions sur l'usager", *RFDA* 1988, p.832.

REGOURD S., "Service public et productivité. L'usager face au produit", *Cahiers du CNFPT* 1988, n°26, p.174.

REMY P., "Droit des contrats : questions, positions, propositions", in *Le droit contemporain des contrats*, sous la dir. de L. Cadiet, Economica, 1987, p. 271.

REVERDY P., "La RATP : relever le défi", *Administration* n°138, janvier 1988, p.82.

RICHER D., "Pompes funèbres, in *Droit des services publics locaux,* sous la dir. de L. Richer, Le Moniteur, 1995, fasc. VI 60.

RICHER L., "Chauffage urbain", in *Droit des services publics locaux,* sous la dir. de L. Richer, Le Moniteur, 1995, fasc. VI. 210.

- "Déchets ménagers", in *Droit des services publics locaux,* sous la direction de L. Richer, Le Moniteur, 1995, fasc. VI. 120.
- "Identification du service public", in *Droit des services publics locaux*, sous la direction de L. Richer, Le Moniteur, 1995, fasc. I.100.1.
- "Pouvoir d'organisation du service", in *Droit des services publics locaux*, sous la direction de L. Richer, Le Moniteur, 1995, fasc. I. 230.
- "Service public administratif et service public industriel et commercial", in *Droit des services publics locaux*, sous la direction de L. Richer, Le Moniteur, 1995, fasc. I.110.
- "Concession et affermage. Contenu du contrat", in *Droit des services publics locaux*, sous la direction de L. Richer, Le Moniteur, 1995, fasc. 220.1.2.
- "L'usager intermédiaire", *CJEG* 1996, p.371.
- "Remarques sur les entreprises privées de service public", AJDA, n° spécial 1997, *Le service public. Unité et diversité*, p.110.
- "La loi du 10 février 2000 sur l'électricité : entre concurrence et service public", *AJDA* 2000, p.239.

RIPERT G., "Abus ou relativité des droits à propos de l'ouvrage de M. Josserand", *Rev. crit. légis. et jurisp.* 1929, p. 33.

RIVAL M., "Le chemin de fer industriel des Champeaux, le chemin de fer d'Enghien à Montmorency (1866-1954) et le tramway Montmorency-Enghien-St Gratien (1897-1935) : trois trains pour une ville" in *Les transports par fer et leur clientèle, Revue d'histoire des chemins de fer*, n° hors série, 1992, p. 73.

RIVERO J., "Droit public et droit privé : conquête, ou *statut quo* ?", *D.* 1947, chron., p.69.

- "Les deux finalités du service public industriel et commercial", *CJEG* 1994, p.375.
- "Rapport sur les notions d'égalité et de discrimination en droit public français", *Travaux de l'Association H. Capitant*, t XIV, p.343.

RODIERE R., "Voyageurs, veillez sur vous !", *D.* 1971, chron. p. 49.

RODRIGUEZ S., "Le marché intérieur, entre concurrence et utilité publique", *RAE* 1994, p.65.

- "Comment intégrer les principes du service public dans le droit positif communautaire", *RFDA* 1995, p.335.

ROUBAN L., "Droits des usagers et coproduction de services publics", in *La relation de service dans le secteur public*, actes du colloque RATP, Plan Urbain, DRI, Tome 5, 1992.

SABLIERE P., "Clauses limitatives de responsabilité et clauses limitatives des obligations dans les contrats d'abonnement à l'électricité", *CJEG* 1986, p.385.

- "La réglementation du prix de l'électricité", *CJEG* 1988, p.349.
- "De nouvelles relations contractuelles pour la fourniture de l'électricité aux clients industriels : le protocole EDF-CNPF-CGPME du 5 février 1992", *CJEG* 1992, dossier, p.1435.

- "Le nouveau modèle de cahier des charges pour la concession à EDF de la distribution publique d'électricité", *CJEG* 1994, chron., p.1

Salvat r., "La recevabilité de l'action de l'usager d'un service public national", *Juris PTT* n°7, janvier 1987, p.10.

Salvat R. et Laffont D., "Les cahiers des charges de la Poste et de France Télécom", *Juris PTT* 1992, n° 28, p.2.

Sandevoir P., "Les vicissitudes de la notion de service public industriel et commercial", *Mélanges Stassinopoulos*, 1974, p. 317

Savignat r. et Dufour c. , "L'éclairage public", *CJEG* 1996, p.249.

Simpson R., "Les relations services publics-usagers", in P. Bauby et J.-C. Boual, *Pour une citoyenneté européenne : quels services publics ?*, Editions de l'Atelier, 1994, p.72.

Sivardiere J., "Le TGV vu par les usagers", Réalités industrielles, *Annales des Mines* octobre 1990.

Soto (de) J., "Le cahier des charges type des concessions de distribution de gaz (contribution à l'étude de l'influence des nationalisations sur les contrats administratifs)", *JCP* 1950, I, 892.

Spiliopoulos E., "La participation des usagers à l'élaboration de la réglementation de leurs relations avec les entreprises publiques", in *Les entreprises publiques et l'usager*, IISA, 1985, p.37.

Stahl p., "L'essor des syndicats de communes pour la distribution d'énergie électrique", BHE, 6 déc. 1985, p.61.

Sur M.-T., "Transport en site propre", fasc VI 320 et "Stationnement", in *Droit des services publics locaux*, sous la dir. de L. Richer, Le Moniteur, fasc IV 340, 1995.

Sur-Le-Liboux M.-T., "Les prix et les services", *AJDA* 1996, p.642.

Tachon R., "Les abonnements en matière de stationnement payant", *DA* 1999, n°1, p.4.

Testu x., "Le juge et le contrat d'adhésion", *JCP* 1993, II, 3673.

Truchet d., "Câble", in *Droit des services publics locaux*, sous la dir. de L. Richer, Le Moniteur, 1995, fasc IV 360.

- "Unité ou diversité des "grands principes" du service public", in *Le service public. Unité ou diversité*, *AJDA* n° spécial juin 1997, p.38.

Tunc a., "La distinction des obligations de résultat et des obligations de diligence", *JCP* 1945, I, 449.

- "La grève du personnel constitue-t-elle un cas de force majeure ?", *RTDC* 1964, p.120, n°35.

Valadou P., "Le prix de la prestation de service public", conférence du 16 mars 1999, Université Paris I.

Vedel g., "Détermination de la compétence judiciaire en cas de difficultés relatives à la validité des contrats de droit privé passés par les personnes publiques", *CJEG* 1956, p.63.

- "Remarques sur la notion de clause exorbitante", *Mél. Mestre*, 1956, p.559.

Vercier E., "Les clauses d'exonération et de limitation de responsabilité dans les polices d'abonnement de gaz et d'électricité", *CJEG* 1950, p.106.

Villey m., "Préface historique à l'étude des notions de contrats", in *Les notions de contrat*, Archives de Philosophie du Droit, Tome XIII, 1968, p.1.

Viney G., "Rapport de synthèse", n° spécial de la Gazette du Palais du 23 septembre 1997.

Virole J., "Le cahier des charges type pour les distributions publiques d'énergie électrique à EDF", *AJDA* 1961, p.397.

Voisset m., "De quelques effets du droit communautaire sur le droit français des services publics industriels et commerciaux", *RFDA* 1995, p.304.

- "La reconnaissance, en France, d'un droit des citoyens à la qualité dans les services publics", *RFDA* 1999, p.743.

Waline m., "De la situation juridique de l'usager d'un service public", *Rev. crit. lég. et juris.*, 1933, p.236 et s.

Walkowitsch M., " Les chemins de fer et le monde agricole en France", in *Les transports par fer et leur clientèle, Revue d'histoire des chemins de fer*, n° hors série, 1992, p.27.
Wiener C., "L'usager à-t-il la parole ?", *EDCE* 1991, p.217.
- "Introduction" in *Les entreprises publiques et l'usager,* IISA, 1985, p.4.

IV Notes de jurisprudence, observations et commentaires.

A. C., note sous TA Nice, 12 mai 1954, Deporta c/ EDF ,*CJEG* 1955, p.444.
- note sous CE, 8 février 1961, Société Le Lido, *CJEG* 1963, p.115.
- note sous CE, 16 octobre 1961, Etablissements Campanon Rey, *CJEG* 1963, p.115.
- note sous TC, 28 mai 1962, Sieur Vitiello, *CJEG* 1963, J, p.113.
- note sous TC, 17 décembre 1962, Dame Bertrand, *CJEG* 1963, p.114.
- note sous TGI Rennes, 29 juin 1962, Langlais c/ EDF, *CJEG* décembre 1962, J, p.218.
- note sous TC, 15 janvier 1968, Epoux Barbier, *CJEG 1969,* J, p.119.
- note sous CA Rouen, 8 juillet 1970, Alonso, *CJEG* 1971, p.244.

A. de L., note sous TC, 14 novembre 1960, Société coopérative agricole de stockage de la Région d'Ablis, et du même jour, Société Vandroy - Jaspar. *AJDA* 1961, p.89.
A. H., note sous CE, 6 décembre 1935, Ville de Bergerac, *D.* 1936, III, p.49.
About P.-E. et Latreille R., note sous CA Lyon, 20 avril 1989, EDF-GDF c/ Mme Gabriel et Mme Michard, *CJEG* 1989, p.292.
Antonmattei P.-H., note sous Cass. civ. I, 6 octobre 1993, Port autonome de Rouen, *JCP* 1994 éd. E, n°600.
Appleton J., note sous Req., 4 mai 1921, Compagnie générale d'éclairage de Bordeaux, *D.* 1922, I, p.42.
- note sous Req., 19 juillet 1920, Consorts de Rodellec du Porzic c/ Briand, *D.* 1922, I, p.42.

Aubert J.-L., obs. sous Civ. I, 31 mai 1988, Société des eaux de l'Essonne c/ Chable, *D.* 1988, somm. comm., p.406.
- note sous Cass. ass. plén., 12 juillet 1991, Besse, *Defrénois* 1991, p. 130.

Aubree Y., note sous Civ. I, 6 octobre 1998, Derollepot c/ SNCF, *JCP* 1999, II, 10186.
Auby J.-B., note sous TC, 2 mars 1987, Cie La Lutèce c/ EDF, *AJDA* 1987, p.774.
- note sous CE, 20 janvier 1988, SCI "La Colline" c/ Commune de Bénisson Dieu, *AJDA* 1988, p.407.
- obs. sous TC, 26 juin 1988, Soc. de distribution d'eau intercommunale, *AJDA* 1989, p.269.

Auby J.-B. et Hubrecht H.-G., note sous TC, 21 mars 1983, UAP, *D.* 1984.
Auby J.-M., note sous TC, 24 juin 1954, Guyomar c/ EDF, *D.* 1955, J, p.544.
- note sous TC, 15 janvier 1968, Epoux Barbier, *D.* 1969, p.202.
- note sous CE, 2 février 1983, UTP, *RDP* 1984, p. 212.

Auby J.-F., note sous CE, 20 janvier 1988, SCI La Colline, *AJDA* 1988, p.406.
Azibert M. et Fornacciari M., chron sous CE, Ass., 16 avril 1986, Compagnie Luxembourgeoise de Télédiffusion, *AJDA* 1986, p.284.
Azibert M. et Boisdeffre (de) M, chron sous CE, 17 décembre 1986, Société Hit TV, *AJDA* 1987, p.125.
Baquiast F. et Warlouzet P., note sous CE, 24 juillet 1987, Melle Durieu de Lacarelle, *Juris PTT* 1988, n°12, p.49.
Bazex M., note sous Cass. soc., 10 juillet 1995, Compagnie de l'eau et de l'ozone, *AJDA* 1996, p.396.
Beaud O., note sous CE, Ass., 3 février 1989, Compagnie Alitalia, *RFDA* 1989, p.391.

Beguin J.-C., note sous CC, 25 juillet 1979, DC n°79-105, Droit de grève à la Radio-télévision, *JCP* 1981, II, 19547.

Benoit F.-P., note sous Avis CE, 10 juin 1996 Préfet de la Côte d'Or, *D.* 1997, p.44.

Berthoud J., note sous CAA Lyon, 20 mai 1999, SA Comalait Industries, *AJDA* 1999, p.945.

Bessou V., note sous Trib. com. Roubaix-Tourcoing, 7 décembre 1995, France Télécom c/ El'Mdaghri, *LPA* 10 juillet 1996, n°83, p.10.

Binet Ch., note sous TI Grenoble, 23 juin 1988, Etablissement Guillaumin et fils, *CJEG* 1988, J, p.381.

- note sous CA Angers, 9 mai 1990, GAEC de Champverneux c/ EDF, *CJEG* 1991, p 72.

Blaevoet Ch., note sous Civ., 10 février 1932 et 24 octobre 1933, *DP* 1935, I, p.33.

- note sous CE, 27 novembre 1935, Beaudouin, *D.* 1936, III, p.74.
- note sous Civ., 17 mai 1943, Société immobilière Pilat Plage c/ Compagnie du gaz et de l'électricité d'Arcachon, *DC* 1944, J, p.116.
- note sous CA Paris, 11 juin 1943, Isabelle et Luce, *D.* 1945, J, p.324.
- note sous CE, Ass., 16 novembre 1956, Union syndicale des industries aéronautiques, *JCP* 1957, II, 9968.
- note sous TC, 27 janvier 1964, Delle Pradal c/ Commune d'Homps, *D.* 1965, J, p.375.

Blanchard P., note sous Cass. civ. I, 20 février 1996, Spezia c/ EDF, *CJEG* 1996, p.437.

Boitel M., note sous TC, 15 janvier 1968, Epoux Barbier, *Droit ouvrier* 1969, p.177.

Bourrel A., note sous CE, Section, 27 mars 1998, Société d'assurances La Nantaise et l'Angevine, *RFDA* 1998, p.732.

Boussoutrot C., note sous TA Strasbourg, 1er février 1990, Mattei, *Juris PTT* 1990, n°20, p.35.

Brochard E., note sous CA Nancy, 2 juillet 1992, France Télécom, *LPA* 18 novembre 1992, n°139, p.9.

- note sous TGI Paris, 28 avril 1993, Maraumont c/ France Télécom, *LPA* 13 juillet 1994, p.7.
- note sous TI Auxerre, 24 juin 1993, Chachuat c/ France Télécom, *LPA* 13 juillet 1994, p.8.

Broussolle D., note sous CE, 19 juillet 1991, Fédération nationale des association d'usagers des transports, *AJDA* 1991, p.924.

- note sous TA Lyon, 14 décembre 1993, Paul Chomat, *AJDA* 1994, p.349.

C. M., note sous CA Nancy, 4 mai 1984, Société moulins et huileries de Pont-à-Mousson c/ EDF, *CJEG* 1984, J, p.347.

C. N., note sous Cons. préf. Clermont Ferrand, 18 juin 1952, Gay c/ EDF et Ministère des Travaux Publics, *CJEG* 1953, J, p.2.

C. C. M., note sous TGI Toulouse, 6 décembre 1988, Gaulier c/ EDF, *CJEG* 1989, p.200.

C. H., note sous CE, section,9 mars 1951, Société des Concerts du Conservatoire, *S.* 1951, III, p.81.

C. P., sous TA Caen, 6 juillet 1954, Consorts Célestins c/ Société d'électricité du littoral normand, *AJDA* 1954, p.340.

Carbonnier J., obs. sous Civ., 9 décembre 1942, *RTDC* 1943, p.123.

Carron A., note sous Cass. crim., 23 juin 1954, Veuve Sequer, *CJEG* 1955, J, p.113.

- note sous TC, 24 juin 1954, Dame Galland et Société Lozérienne d'énergie électrique, *CJEG* 1954, p.155.
- note sous CE, 25 avril 1958, Veuve Barbaza, *CJEG* 1959, J, p.28.
- note sous CE, 13 mars 1959, Société lyonnaise des eaux et de l'éclairage, *CJEG* 1959, p.142.
- note sous CA Aix en Provence, 30 janvier 1961, EDF c/ Hôpital - hospice de Brignoles, *CJEG* février 1962, J, p 30.
- note sous CA Grenoble, 3 mai 1961, Ville de Grenoble c/ EDF, *CJEG* février 1962, J, p.34.

- note sous TC, 27 janvier 1964, Demoiselle Pradal c/ Commune d'Homps,*CJEG* 1964, p. 287.
- note sous Cass. com., 21 octobre 1967, SA Musée Grévin, *CJEG* 1968, J, p.27.

CAVARROC M., note sous Civ., 21 novembre 1949, *JCP* 1950, II, 5517.

CHABAS F., note sous ch. mixte, 4 février 1983, Société Otic Fischer Porter c/ EDF, *Gaz. Pal.* 1983, pan. 163.
- obs. sous Cass. civ. I, 11 mars 1986, *Gaz. Pal.* 1986, 2, somm., p.333.
- obs. sous Cass. civ. I; 7 mars 1989, Valverde c/ SNCF, *Gaz. Pal.* 1989, somm., p. 469.

CHAO A., chron. sous Cass, civ I, 7 mars 1989, Valverde, *BT* 1989, p. 334.

CHASSAIGNE A., note sous Civ., 23 mai 1905, Compagnie générale parisienne de Tramways c/ Adenis, *S.* 1907, I, p.185.

CHAUVAUX D. et GIRARDOT T.-X., chron. sous CE, 15 avril 1996, Préfet des Bouches du Rhône, *AJDA* 1996, p.729.
- chron sous CE, 30 octobre 1996, Mme Wajs et M. Monnier, *AJDA* 1996, p.1041.

CHAZAL P., note sous CA Paris, 3 juillet 1998, SA Société moderne d'assainissement et de nettoiement c/ SA Monin, *D.* 1999, p.349.

CHEVALLIER J., note sous TC, 24 juin 1968, Société d'approvisionnement alimentaire, *D.* 1969, J, p.116.
- note sous CE, Section, 13 janvier 1970, Dame Vigan et Sieur Krasnick, *JCP* 1970, II, 16350.

CHOLEY J.-Y., note sous TGI Saint Denis, 25 août 1983, Epoux Butin c/ EDF, *D.* 1985, p.26.

CLIQUENNOIS M., note sous CE, 22 janvier 1993, Meyet, *LPA* 20 juillet 1993, p.20.

COIRET N., note sous TGI Pau, 7 janvier 1982, *JCP* 1983, II, 19999.

COMTE P., note sous Cass.civ I, 25 avril 1972, Alonso, *Bull.* n° 287 ; *JCP* 1974, II, 17726.

COULET F., note sous CE, 22 juin 1956, Consorts Depery, *Rec.*, p.264, *AJDA* 1956, p.368.

DEBBASCH Ch., note sous CE, Section, 24 avril 1964, SA Lic, *D.* 1964, J, p. 665.
- note sous CE, 4 février 1966, Syndicat unifié des techniciens de la RTF, *JCP* 1966, II, 14802.

DELAIRE Y., note sous CE, 15 avril 1996, Préfet des Bouches du Rhône, *JCP* éd. E, 1997, n° 929.

DELEBECQUE Ph., obs. sous Cass. civ. I, 24 janvier 1995, Société Héliogravure, *D.* 1995, somm., p.229.
- note sous Cass. com., 23 mai 1995, Soc. La Réunion européenne et autres c/ La Poste, *Defrénois* 1996, p.353.
- obs. sous Cass. Ass. plén., 1er décembre 1995 (4 arrêts), *Defrénois* 1996, p.748.
- obs. sous Civ. I, 22 octobre 1996, Chronopost, *D.* 1997, som. comm. p. 175.
- note sous Cass. ass. plén., 30 juin 1998, Cabane c/ Cie Nat. Air France, *JCP* 1998, II, 10146.

DELPIROU.D., note sous CE, 10 février 1984, CPAM des travailleurs salariés de Valenciennes c/ SNCF, *CJEG* 1984, p.339.
- note sous CE, 20 janvier 1988, SCI "La Colline" c/ Commune de Bénisson Dieu, *CJEG* 1988, p.328.
- note sous TI Gonesse, 7 février 1990, Compagnie des eaux de Goussainville c/ Cojean et autres, *CJEG* décembre 1990, p.421.

DELVOLVE P., note sous CE, 19 décembre 1979, Meyet, *D.* 1980, p.124.
- note sous CE, 17 décembre 1982, Préfet de Charente-Maritime, *D.* 1983, som. p.71.
- "Le recours pour excès de pouvoir contre les dispositions réglementaires d'un contrat. Note sous CE, Ass., 10 juillet 1996, Cayzeele", *RFDA* 1997, p.89.

DESMONS E., note sous l'avis du Conseil d'Etat du 24 juin 1993, n°353 605, Tarification du TGV, *Grands avis*, Dalloz, 1997, n°38.

DEVES C., note sous CE, 30 septembre 1996, Société Stéphanoise des Eaux, *DA* 1996, n°557.

DEWOST J.-L. et DENOIX de SAINT MARC R., chron. sous CE, 25 juin 1969, Vincent, *AJDA* 1969, p.566.

DION N., note sous Civ. I, 23 février 1994, *D.* 1994, p. 214.
DOUENCE J.-C., note sous Avis CE, 10 juin 1996 Préfet de la Côte d'Or, *RFDA* 1997, p.83.
DUFAU J., note sous CE, 15 juillet 1953, Commune de Luzerch, *AJDA* 1954, J, p.479.
- note sous TA Nice, 12 mai 1954, Deporta c/ EDF, *AJDA* 1954, p.479.
- note sous TC, 24 juin 1954, Guyomar c/ EDF, *JCP* 1954, II, 8355.
- note sous TC, 24 juin 1954, Sieur Minodier c/ EDF, *JCP* 1954, II, 8355.
- note sous CA Paris, 6 janvier 1955, *AJDA* 1955, II, p.397.
- note sous CE, 13 mars 1959, Société lyonnaise des eaux et de l'éclairage, *AJDA* 1954, p.24.
- note sous CE, 11 décembre 1963, Syndicat de défense en vue du rétablissement de la voie ferrée Bort-Eygurande, *JCP* 1964, II, 13753.
- note sous TC, 24 juin 1968, Société d'approvisionnement alimentaire, *JCP* 1969, II, 15764.
- note sous TC, 24 juin 1968, Ursot, *JCP* 1968, II, 15646.
DUGUIT L., note sous Cass., 24 octobre 1917, *S.* 1918, I, p.193.
DURRY G., obs. sous Cass. civ. I, 7 mars 1966, Bouvier c/ EDF, *RTDC* 1966, p.823, n°27.
- obs. sous Cass. com., 21 octobre 1967, SA Musée Grévin, *RTDC* 1968, p. 733.
- obs. sous Cass. civ. I, 1er juillet 1969, SNCF c/ Caramello, *RTDC* 1970, p. 184.
- obs. sous Cass. soc. 15 avril 1970, *RTDC* 1971, p. 664.
- obs. sous Ch. mixte, 4 février 1983, Société Otic Fischer Porter c/ EDF, Société Etablissement Marcel Cotte et Association patronat indépendant syndicat national de la petite et moyenne industrie c/ EDF, Société européenne de condiments et autres, *RTDC* 1983, p. 549.
DURUPTY M., note sous TC, 17 octobre 1966, Dame Veuve Canasse, *D.* 1967, J, p.252.
DUTHEIL de LA ROCHERE J., note sous CJCE, 27 avril 1994, Commune d'Almelo, *D.* 1995, p. 17.
EISENMANN Ch., note sous CE, Section, 22 octobre 1937, Delle Minaire, *D.* 1938, III, p.49.
ESMEIN P., note sous Cass.civ I, 12 février 1964, *D.* 1964, J, p.358.
EVERAERT D., note sous CAA Bordeaux, 13 juin 1994, Fournaise, *Juris PTT* 1994, n°37, p.55.
EVESQUE J., note sous CA Paris, 26 octobre 1979, SCI Verdun Sainte Marie c/ Société Lyonnaise des eaux et de l'éclairage, *JCP* 1980, II, 19468.
F. B., note sous CE, 21 avril 1961, Dame Agnesi, *D.* 1962, J, p.535.
F. M., note sous CE, 4 janvier 1954, Leroy, *D.* 1954, J, p.647.
FABRE-MAGNAN M., obs. sous Civ. I, 22 octobre 1996, Chronopost, *JCP* 1997, II, 4002, n° 1.
FATOME E. et LEVENEUR L., note sous CA Riom, 28 mars 1996, Veuve Enriquès et Commune de Moulin c/ Epoux Lopez, *AJDA* 1998, p.167.
FAVOREU L., note sous CC, 25 juillet 1979, DC n°79-105, Droit de grève à la Radio-télévision, *RDP* 1979, p.1705.
FERNANDEZ J., note sous TC, 12 novembre 1984, Interfrost, *JCP* 1986, II, 20577.
FORTIS E., obs. sous Cass. civ. I, 4 novembre 1992, *D.* 1993, somm. comm., p.15.
FOUQUET O., note sous CE, Ass., 3 février 1989, Compagnie Alitalia, *AJDA* 1989, p. 387.
FOURNIER J. et COMBARNOUS C., chron sous CE, 25 avril 1958, Veuve Barbaza, *AJDA* 1958, II, p.222.
FOURNIER J. et BRAIBANT G., chron. sous CE, Ass., 16 novembre 1956, Union syndicale des industries aéronautiques, *AJDA* 1956, II, p.489.
FOURRE J. et PUYBASSET M., chron. sous CE, Section, 24 avril 1964, Société LIC, *AJDA* 1964, p.293.
FRANC M. et BOYON M., chron. sous CE, Section, 10 mai 1974, Denoyez et Chorques, *AJDA* 1974, p.298.
G.C.-M., note sous Cass. civ. I, 1er juillet 1969, SNCF c/ Caramello, *D.* 1969, p.640.
GALABERT M. ET GENTOT M., chron. sous CE, Section, 27 janvier 1961, Vannier, *AJDA* 1961, p.74.
- chron. sous CE, 24 février 1961, Isnardon, *AJDA* 1961, p.204.

Gaudemet Y., note sous CE, 3 novembre 1997, Million et Marais, *RDP* 1998, p.256.
Gaudusson (du bois de) J., note sous TC, 24 juin 1968, Ursot, *D.* 1969, p.416.
Gauroy J.-L., note sous TA Versailles, 2 juillet 1992, Sargos, *LPA* 29 septembre 1993, n°117, p.4.
Gegout J.-L., note sous Cass. civ. I, 1er octobre 1985, Société Silvaco et autre, *JCP* 1985, IV, p.352, *CJEG* 1986, p.364.
Gentot M. et Fourre J., chron. sous TC, 17 décembre 1962, Dame Bertrand, *AJDA* 1963, p.88.
- chron. sous CE, Section, 26 octobre 1962, Le Moult, *AJDA* 1962, p. 671.
Gervais A., note sous CE, Ass., 7 juillet 1950, Dehaene, *D.* 1950, p.538.
- note sous Cass. soc., 27 janvier 1956, Blanc c/ SNCF, *D.* 1956, p.481.
Ghestin J., note sous TGI Paris de 1990, Caisse d'épargne et de prévoyance de Paris c/ SA CGE,17 février 1990, *D.* 1990, J, p.289.
- note sous Cass. ass. plén., 12 juillet 1991, Besse, *D.* 1991, p. 549.
- note sous Cass. civ. I, 14 mai 1991, *RJDA* 11/91, n°914, *D.* 1991, J, p.449.
- note sous Civ. I, 29 novembre 1994, *JCP* 1995, II, 22371.
- note sous Cass. Ass. plén., 1er décembre 1995 (4 arrêts), *JCP* 1995, II, 22565.
Gilli J.-P., note sous CE, 4 février 1966, Syndicat unifié des techniciens de la RTF, *D.* 1966.
Gintrand E., note sous CE, 29 octobre 1997, Société sucrerie agricole Colleville, *DA* 1998, n°5.
Girardot T.-X. et Raynaud F., chron. sous CE, Section, 3 novembre 1997, Million et Marais, *AJDA* 1997, p.1012.
- note sous CE, Section, 29 décembre 1997, (2 espèces), Commune de Gennevilliers et Nanterre, *AJDA* 1998, p.168.
Gregut P., note sous TA St Denis de la Réunion, 29 novembre 1989, Syndicat national du patronat moderne et indépendant c/ EDF, *CJEG* 1990, p.198.
Gridel J.-P., note sous TGI Angers, 11 mars 1986, Briant c/ EDF, *JCP* 1987, II, 20789.
- note sous Civ I, 9 décembre 1986, AGP c/ EDF, *JCP* 1987, II, p.20790.
Guezou O., note sous CE, 3 novembre 1997, Million et Marais, *AJDA* 1998, p.247.
Haïm V., note sous CE, 15 février 1993, Commune de Nay-Bourdettes, *D.* 1994, J, p.4.
- note sous CE, 18 mars 1994, Dejonckeere, *LPA* 4 novembre 1994, p.19.
Hamon F., note sous CJCE, 19 mai 1993 Paul Corbeau, *AJDA* 1993, p.865.
- note sous CJCE, 27 avril 1994, Commune d'Almelo, *AJDA* 1994, p.637.
- note sous CJCE, 23 octobre 1997, Commission c/ France, *AJDA* 1997, p.991.
Hauriou M., note sous CE, 10 janvier 1902, Compagnie nouvelle du gaz de Deville-lès-Rouen, *S.* 1902, III, p. 17.
- note sous CE, 3 février 1905, Storch S 1907, III, p. 33.
- note sous CE, 4 août 1905, Martin, *S.* 1906, III, p.49.
- note sous CE, 23 mars 1906, Delle Chauvin, *S.* 1908, III, p.17.
- note sous CE, 21 décembre 1906, Syndicat des propriétaires et contribuables du quartier Croix de Seguey Tivoli, *S.* 1907, III, p.37.
- note sous CE, 7 août 1909, Winkel, *S.* 1909, III, p.145.
- note sous CE, 21 mars 1910, Compagnie générale française des tramways, *S.* 1911, III, p.1.
- note sous CE, 30 mars 1916, Compagnie générale d'éclairage de Bordeaux, *S.* 1916, III, p. 17.
- note sous CE, 28 juin 1918, Heyriès, *Rec.*, p.651, *S.* 1922, III, p.49.
- note sous TC, 16 juin 1923, Septfonds, *S.* 1923, p.49.
Heilbronner A., note sous CE, 4 décembre 1936, de Roche du Teilloy, *DP* 1937, III, p.4.
Honorat E. et Schwartz R., chron. sous CE, Section, 30 novembre 1990, Association "Les Verts", *AJDA* 1991, p.114.
Houin R., note sous Req., 26 octobre 1942, *S.* 1944, I, p.23.
Hubac S. et Azibert M., chron. sous CE, 6 novembre 1985, Compagnie Touraine Air Transport, *AJDA* 1986, p.84.
Huet J., note sous Cass. com., 27 janvier 1970, *JCP* 1970, II, 16554.

- obs. sous Cass. civ. I, 11 mars 1986, *RTDC* 1986, p.767.
- note sous CA Limoges, 29 octobre 1991, *LPA* 1er octobre 1993, n°118, p.8.
- note sous Cass. civ. II, 1er février 1995, Lancry c/ France Télécom, *LPA* 24 novembre 1995, p.11.
- note sous Cass. civ. I, 13 novembre 1996, Union fédérale des consommateurs c/ France Télécom, *LPA* 22 décembre 1997, p.17.
- note sous TGI Aix, 20 janvier 1997, France Télécom c/ Meimon, *LPA* 2 juin 1997, p.9.

IDOT L., note sous CJCE, 19 mai 1993, Paul Corbeau, *Rev. Europe* juillet 1993, p. 13.

J.B.A., obs. sous CE, 15 avril 1996, Préfet des Bouches du Rhône, *DA* 1996, n° 355.

J.C.B, note sous CE, 6 mai 1985, Ricard, "Le pouvoir de modification unilatérale dans le contrat d'abonnement téléphonique", *RFDA* 1985, p.697.

J.D.V., note sous CE, Ass., 7 juillet 1950, Dehaene, *S.* 1950, III, p.109.

J.P.A., note sous CA Toulouse, 27 novembre 1984, EDF c/ Société de mégisserie de Saint-Pierre et SARL Marie Larquier, *CJEG* 1985, J, p.98.

JAMIN C., obs. sous Civ I, 3 juin 1997, *JCP* 1997, I, 4056.

JAVILLIER J.-C., note sous CA Paris du 27 janvier 1988, SNOMAC c/ Air Inter, *D.* 1988, p.351.

JEZE G., note sous CE, 3 février 1905, Storch, *RDP* 1905, p.346.
- note sous CE, 4 août 1905, Martin, *RDP* 1906, p.249.
- note sous CE, 31 mai 1907, Deplanque, *RDP* 1907, p.678.
- note sous CE, 15 novembre 1907, Poirier, *RDP* 1909, p.48.
- note sous CE, 7 août 1909, Winkel, *RDP* 1909, p.494.
- note sous CE, 21 mars 1910, compagnie générale française des tramways, *RDP* 1910, p.270.
- note sous CE, 31 juillet 1912, Société des granits porphyroïdes des Vosges, *RDP* 1914, p.145.
- note sous CE, 30 mars 1916, Compagnie générale d'éclairage de Bordeaux, *RDP* 1916, p.388.
- note sous Trib. civil de la Seine, 10 mai 1916, Société d'éclairage, chauffage et force motrice c/ Delille, *RDP* 1916, p.239.
- note sous CE, Section, 22 octobre 1937, Delle Minaire, *RDP* 1938, p.121.

JOURDAIN P., obs. sous Cass. civ. I, 7 mars 1989, Valverde c/ SNCF, *RTDC* 1989, p.548.
- obs. sous Civ. III, 3 juin 1989, *Bull.* n°128, *RTDC* 1990, p. 490.
- obs. sous Cass. civ. I, 11 juin 1991, *RTDC* 1992, p.114.
- obs. sous Cass. ass. plén., 12 juillet 1991, Besse, *RTDC* 1991, p. 750.
- obs. sous Cass. civ. I, 4 novembre 1992, *RTDC* 1993, p.364.
- obs. sous Cass. civ. I, 6 octobre 1993, Port autonome de Rouen, *RTDC* 1994, p. 873.
- obs. sous Civ. I, 23 février 1994, *RTDC* 1994, p. 616.
- obs. sous Civ. I, 9 mars 1994, *RTDC* 1994, p. 871.
- note sous Cass. civ. I, 17 janvier 1995, *D.* 1995, p.350.

JUGLART (de) M. et PONTAVICE (de) E., note sous Cass. com. 12 novembre 1969 et CA Paris 13 février 1970, *JCP* 1971, II, 16791.

L'HUILLIER J., note sous CA Lyon, 12 novembre 1931, Société d'électricité du Burguey c/ Merle, *S.* 1932, II, p.57.
- note sous CE, 1er juillet 1936, Veyre, *S.* 1937, III, p.105.

L. R., note sous Cass. com., 15 juin 1959, STEF c/ Société Chérencq, *CJEG* 1960, J, p.126.

LABARTHE F., obs. sous Cass. civ. I, 3 janvier 1996, Société Tourrès et Cie, Verreries de Graville c/ Ville du Havre, *JCP* 1996, I, n°3929.

LACHAUME J.-F., note sous Cass soc., 14 juillet 1984, SNCF c/ Delpech, *Droit Social* 1985, p.122.
- note sous CE, 26 juin 1989, Association Etudes et Consommation CFDT, *CJEG* 1990, p.189.
- note sous CE, 16 janvier 1991, Fédération nationale des associations d'usagers des transports, *CJEG* 1991, p.279.

- note sous CE, 15 février 1993, Commune de Nay-Bourdettes, *RFDA* 1994, p.493.
- note sous CE, 2 avril 1997, Commune de Montgeron*CJEG* 1998, p.433.

LADIE Y., note sous TA Nancy, 18 mars 1999, Communauté urbaine du Grand Nancy,"Libéralisation des télécommunications et aménagement du territoire : les collectivités locales entre Charibde et Scylla", *D.* 1999, J, p.617.

LAPORTE P., note sous CE, 11 décembre 1963, Syndicat de défense en vue du rétablissement de la voie ferrée Bort-Eygurande, *AJDA* 1964, p.238.
- note sous TC, 27 janvier 1964, Delle Pradal c/ Commune d'Homps, *AJDA* 1964, p.431.
- note sous CE, 6 janvier 1967, Ville d'Elbeuf, *AJDA* 1967, p.347.

LAROQUE P., note sous CE, 5 novembre 1937, Union hydroélectrique de l'ouest constantinois, *S.* 1938, III, p.65.

LARROUMET C., note sous Civ. I, 22 octobre 1996, Chronopost, *D.* 1997, p. 145.

LASSERRE B. et DELARUE J.-M., chron. sous TC, 8 novembre 1982, Préfet de paris, *AJDA* 1983, p.199.

LAUBADERE (de) A., note sous CE, Ass., 2 mai 1958, Distillerie de Magnac-Laval, *D.* 1958, p.730.
- note sous CE, 16 octobre 1961, Etablissements Campanon Rey, *AJDA* 1962, p.98.
- note sous DC n°79-107 du 12 juillet 1979, examen de la loi relative à certains ouvrages reliant les voies nationales ou départementales, *RDP* 1979, p.1691, *AJDA* 1979, p.38.

LE GALCHER BARON M., note sous Cass. com., 21 octobre 1967, SA Musée Grévin, *JCP* 1968, II, 15462.
- note sous CA Paris, 15 avril 1969, EDF c/ Société Établissements Bouillot, *JCP* 1971, II, 16917.
- note sous Cass. com., 11 mai 1971, Société Anciens Ets Bouillot c/ EDF, CJEG 1971, J, p.225.

LEGRAND A., note sous CC, 25 juillet 1979, DC n°79-105, Droit de grève à la Radio-télévision, *AJDA* 1980, p.191.

LEROY J., note sous Cass. civ. I, 4 novembre 1992, *Gaz. Pal.* 1993, 2, p.436.

LEVENEUR L., obs. sous Cass. ass. plén., 12 juillet 1991, Besse, *Contrats, concu. et consom.* octobre 1991, n° 200.
- obs. sous Cass. civ. I, 6 octobre 1993, Port autonome de Rouen, Contrats, concu., consom., 1994, comm. 3.
- obs. sous Civ. I, 23 février 1994, *Contrats, concu. et consom.* 1994, n°94.
- obs. sous Civ. I, 29 novembre 1994, *Contrats, concu. et consom. 1995*, n°24.
- note sous Cass. civ. I, 24 janvier 1995, Société Héliogravure, *Contrats, conçu. consom.* 1995, p.84.
- note sous Cass. Ass. plén., 1er décembre 1995 (4 arrêts), *JCP* 1996, Ed. E, II, 776.
- note sous Cass. civ. I, 3 janvier 1996, Société Tourrès et Cie, Verreries de Graville c/ Ville du Havre, *Contrats, conçu. consom.* avril 1996.
- obs. sous Civ. I, 22 octobre 1996, Chronopost, *Contrats, concu. et consom.* 1997, n° 24.

LEYMARIE C., note sous CC, 25 juillet 1979, DC n°79-105, Droit de grève à la Radio-télévision, *Dr. Soc.* 1980, p.7.

LIET-VEAUX G., note sous CE, Ass., 7 juillet 1950, Dehaene, *RA* 1950, p.366.

LLORENS F., note sous CE, 2 février 1983, UTP, *RFDA* 1984, p. 45.
- note sous CE, 3 octobre 1986, François Poncet, *D.* 1987, som., p.194.

LOMBARD M., commentaire de la Directive n°97/67/CE, JOCE L n°15 du 21 janvier 1998, chron de législation, *AJDA* 1998, p.716.

LONG M., note sous CE, Ass., 15 juillet 1954, Société des aciéries et forges de Saint-François, *AJDA* 1954, II, p.460.

LONNOY P., note sous Lyon, 1er décembre 1982, EDF c/ SA Aciéries du Furan, *CJEG* 1983, p.108.

LOUSSOUARN Y., obs. sous Cass. com., 14 janvier 1969, *RTDC* 1969, p. 556.

LYON-CAEN CH., note sous Cass. civ., 21 novembre 1911, Compagnie générale transatlantique, *DP* 1913, I, p.249, *S.* 1912, I, p.73.

- note sous Cass. civ., 27 janvier 1913, Chemin de fer du midi, *S.* 1913, I, p.177.
M. A., note sous Cass. ch. mixte, 23 mars 1973, *JCP* 1973, II, 17484.
M. B. et A. R., note sous Cass. civ. I, 1er juillet 1969, SNCF c/ Caramello, *JCP* 1969, II, 16091.
M. L. G. B., note sous TGI de Bourg en Bresse, 23 février 1969, Neyroud c/ EDF, *CJEG* avril 1969, J, p.362.
MAHINGA J.-C., note sous Civ I, 10 février 1998, Saur c/ Bensetti, *JCP* du 2 décembre 1998, n°49, 2126.
MAISL H., note sous CE, 22 janvier 1993, Meyet, *D.* 1994, som., p.289.
MALAURIE Ph., note sous Cass, civ I, 7 mars 1989, Valverde, *D.* 1991, p. 1.
MASSIN E., note sous Trib. com. Paris, du 24 juin 1975, *Rev. juris. com.* 1976, p.19.
MASSOT J. et DEWOST J.-L., chron. sous CE, Section, 27 novembre 1967, Delle Labat, *AJDA* 1968, p.100.
- chron. sous TC, 15 janvier 1968, Epoux Barbier, *AJDA* 1968, p.225.
- note sous CE, 23 février 1968, Picard, *AJDA* 1968, p.224.
MAZEAUD D., obs. sous Cass. civ. I, 3 janvier 1996, Société Tourrès et Cie, Verreries de Graville c/ Ville du Havre, *D.* 1996, som. comm., p.325.
- obs. sous Civ. I, 22 octobre 1996, Chronopost, *Defrénois* 1997, p. 333.
- obs. sous Civ I, 3 juin 1997, *D.* 1998, somm. p. 113.
MAZEAUD J., note sous Cass. civ. I, 7 mars 1966, Bouvier c/ EDF, *JCP* 1966, II, 14878.
- note sous Cass. civ. I, 8 octobre 1968, *D.* 1969, p.157.
MAZURIE-BROCHARD E., note sous TI Montceau Les Mînes, 3 novembre 1994, Guérin, *LPA* 24 novembre 1994, p.4.
MESTRE A., note sous CA Dijon, 17 mars 1913, Bouzereau c/ Société d'éclairage des villes de Chalon sur Saône et Mâcon, *S.* 1917, II, 105.
- note sous Req., 19 juillet 1920, Consorts de Rodellec du Porzic c/ Briand, *S.* 1922, I, p.65.
- note sous Req., 4 mai 1921, Compagnie générale d'éclairage de Bordeaux, *S.* 1922, I, p.65.
- note sous Cass.civ., 20 février 1923, Grandin c/ Soc. l'électrique d'Anjou, *S.* 1923, I, p.193.
- note sous CE, 25 juin 1948, Société du Journal "L'Aurore", *JCP* 1948, II, 4427.
MESTRE J., obs sous TGI Angers, 11 mars 1986, Briant c/ EDF, *RTDC* 1986, p.589.
- obs. sous Cass. com. 3 octobre 1989, *RTDC* 1990, p. 658.
- obs. sous Cass. Ass. plén., 1er décembre 1995 (4 arrêts), *RTDC* 1996, p.153.
- obs. sous Cass. civ. I, 3 janvier 1996, Société Tourrès et Cie, Verreries de Graville c/ Ville du Havre, *RTDC* 1996, n°3, p.609.
- obs. sous Civ I, 3 juin 1997, *RTDC* 1997, p. 935.
MIRABEL A.-M. et LATREILLE R., note sous CA Grenoble, 8 novembre 1990, EDF c/ Veyret, *CJEG* avril 1991, J, p.129.
MODERNE F., note sous CE, 29 janvier 1971, Commune de Lescun, *Rec.*, p.78, *Gaz. Pal.* 1972, 2, p.542.
- note sous TC, 17 janvier 1972, Dame de Ganay et sieur Ballestra, *AJDA* 1972, p.562.
- note sous CE, Section, 10 mai 1974, Denoyez et Chorques, *RA*. 1974, p.440.
- note sous TC, 28 juin 1976, Commune de Somme-Suippe, *AJDA* 1976, p.570.
- note sous TC, 13 décembre 1976, Epoux Zaoui, *D.* 1977, J, p.434.
- note sous CE, 2 juillet 1982, Conseil national de l'Ordre des architectes, *CJEG* 1983, p.381.
- note sous CE, 17 décembre 1982, Préfet de Charente-Maritime, *RJF* 5/1983, n°670, p.262.
MORAND-DEVILLER J., note sous TC, 2 mars 1987, Cie La Lutèce c/ EDF, *LPA* 26 septembre 1987, p.20.
MOREAU J., note sous CE, 23 septembre 1991, Commune de Narbonne, *AJDA* 1992, p.154.
N. R., note sous Cass. civ. I, 23 octobre 1990, Association SOS Défense et Bertin c/ EDF GDF, *CJEG* 1991, p.64.

NENERT J., note sous TA Montpellier, 12 juin 1991, Association Narbonne Libertés 89, *CJEG* 1991, p.411.
- note sous Cass. civ. I, 24 novembre 1993, Cabinet Granger c/ EDF, *CJEG* 1995, p.64.
- note sous Civ I, 24 janvier 1995, Société Héliogravure c/ EDF, *CJEG* 1995, p.270.

P. L., note sous CE, 6 mai 1931, Tondut, *S.* 1931, III, p.81.

P. R., note sous CA Reims, 12 janvier 1984, Herisson c/ EDF, *CJEG* 1984, J, p.188.
- note sous TI Saint Etienne, 8 octobre 1991, Mme Fournel c/ EDF, *CJEG* 1992, p.336.

P. S., note sous TGI Albertville, 20 octobre 1987, Pepin c/ EDF, *CJEG* 1988, p.19.
- note sous Civ. I, 31 mai 1988, Société des eaux de l'Essonne c/ Chable, *CJEG* 1988, J, p.418.

PACTEAU B., note sous TC, 21 mars 1983, UAP, *RA* 1983, p. 368.
- note sous Section du rapport et des études, avis du 25 janvier 1989,*CJEG* 1991, p.115.

PAILLET M., note sous CC, 25 juillet 1979, DC n°79-105, Droit de grève à la Radio-télévision, *D.* 1980, p.101.

PAIRE G., note sous Cass. civ. I, 7 mars 1989, Valverde c/ SNCF, *Gaz. Pal.* 1989, 2, p.632.

PAISANT G., note sous Trib com paris 23 octobre 1985, Granger c/ EDF, *JCP* 1990, II, 21573.
- note sous Trib. com. Paris, 23 octobre 1989, Cabinet B. Granger c/ EDF, *JCP* 1990, II, 21573.
- note sous CA Nîmes, 8 mars 1990, EDF c/ SA Payen, *JCP* 1990, II, 21573.
- obs. sous Cass. civ. I, 17 janvier 1995, *D.* 1996, som., p.15.
- note sous Cass. civ. I, 24 janvier 1995, Société Héliogravure, *D.* 1995, p.327.
- obs. sous Cass. civ. I, 3 janvier 1996, Société Tourrès et Cie, Verreries de Graville c/ Ville du Havre, *D.* 1996, p.228.

PAISANT G. et BRUN Ph., note sous Cass. civ. I, 4 juillet 1995, *JCP* 1996, II, 22620.
- note sous CA Paris, 4 octobre 1996, SNCF c/ Dauvergne, *JCP* 1997, II, 22811.

PEDAMON M., note sous Cass. com., 14 janvier 1969, *D.* 1970, p. 458.

PERRIN T., note sous Cass. civ. I, 3 janvier 1996, Société Tourrès et Cie, Verreries de Graville c/ Ville du Havre, *CJEG* 1996, p.189.

PETIT J., chron. sous CE, 15 avril 1996, Préfet des Bouches du Rhône, *JCP* 1997, I, n° 4019.

PEYRICAL J.-M., note sous CE, 30 juin 1999, Syndicat mixte du traitement des ordures ménagères centre-ouest seine-et-marnais *AJDA* 1999, p.714.

PINTO R., note sous Cass.civ II, 2 février 1955, Romeuf et CA Paris, 6 janvier 1955, Cathala, *AJDA* 1955, p.397.
- obs. sous CE, 23 novembre 1959, Société mobilière et immobilière de meunerie et autres, *AJDA* 1960, p.102.

PLANCQUEEL A., note sous Cass.civ I, 12 février 1964, *S.* 1964, p.209.

POUYAUD D., note sous CE, Section, 7 octobre 1994, Epoux Lopez, *RFDA* 1994, p.1090.
- note sous CA Riom, 28 mars 1996, Veuve Enriquès et Commune de Moulin c/ Epoux Lopez, *RFDA* 1997, p.354.
- note sous Cass. civ. I, 12 novembre 1998, Commune de Moulins, *RFDA* 1999, p.147.

PREAT D., note sous CE, 15 avril 1996, Préfet des Bouches du Rhône, *LPA* 12 juillet 1996, p. 30.

PRETOT X., obs. sous CE, 20 janvier 1989, CCAS de la Rochelle, *AJDA* 1989, p.398.

PUYBASSET M. et PUISSOCHET J.-P., chron. sous CE, Section, 20 novembre 1964, Ville de Nanterre, *AJDA* 1964, p.686.

R. B., note sous CE, 27 novembre 1935, Beaudouin, *Rev. concess.* 1936, p.5.

R. S., note sous CE, 27 novembre 1996, Syndicat nat. ultra-sonologistes diplômés, *DA* 1997, n°71.

RADOUANT J., note sous Cass. com., 24 novembre 1953, EDF c/ Compagnie Bordelaise de Produits Chimiques, *JCP* 1954, II, 8302.

RAY J.-E., note sous Ass. plén., 4 juillet 1986, *D.* 1986, p.477.

RAYMOND G., obs. sous Civ. I, 23 février 1994, *Contrats, concu. et consom.* 1994, n°82.
- note sous Cass. civ. I, 13 novembre 1996, Union fédérale des consommateurs c/ France Télécom,*Contrats, concu. consom.* février 1997, p.21.

- note sous CA Rennes, 3 février 1998, CGE c/ Syndicat d'immeuble l'Eperon, *Contrats, concu. et consom.* novembre 1998, n°151.

RAYMUNDIE O., note sous CJCE, 19 mai 1993, Paul Corbeau, *LPA* 15 mars 1995, p.4.

RAYNAUD F. et FOMBEUR P., chron. sous TC, 5 juillet 1999, Commune de Sauve c/ Société Gestetner et Union des groupements d'achats publics c/ Soc. SNC Activ CSA (2 espèces), *AJDA* 1999, p.626.

RENAUD L., note sous CE, 7 novembre 1958, Société électricité et eaux de Madagascar c/ Sieur Nicola, *CJEG* 1959, p.113.
- note sous Cass.civ I, 12 février 1964, *CJEG* 1964, J, p.362.

REZENTHEL R., note sous TC, 12 janvier 1987, Société navale chargeurs Delmas Vieljeux c/ Port autonome de Dunkerque, *D.* 1987, J, p.207.

RICHER L., note sous TGI Mâcon de 1991, Union fédérale des consommateurs de Saône et Loire 25 février 1991, *CJEG* 1991, p.401.
- note sous TA Dijon, 9 mai 1995, Bessis, *AJDA* 1995, p. 941.
- note sous TA Dijon, 7 octobre 1997, Segaud c/ Commune de Chalon-sur-Saône, *AJDA* 1998, p.172.
- note sous CE, Section du rapport et des études, réponse à une demande d'éclaircissement, 3 décembre 1997, *AJDA* 1998, p.169.

RIVERO J., note sous CE, section,9 mars 1951, Société des Concerts du Conservatoire, *DS* 1951, p.368.

RODIERE R., note sous Cass. civ. II, 4 mars 1954, *JCP* 1954, II, 8122.
- note sous Civ. I, 22 février 1955, Nuncie c/ Tapie, *JCP* 1955, II, 8620.
- note sous CA Grenoble, 14 avril 1958, Delle Beau, *D.* 1958, J, p.414.
- note sous Cass.civ I, 12 février 1964, *JCP* 1964, II, 13650.
- note sous Civ. I, 10 novembre 1971, *JCP* 1972, II, 17079.

RONGERES P., note sous CA Bourges, 21 juillet 1988, Dame Nataf, *CJEG* 1989, p.197.
- note sous CA Dijon, 18 décembre 1990, Oliero c/ EDF, *CJEG* 19991, p.413.

SABLIERE P., note sous TC, 2 mars 1987, Cie La Lutèce c/ EDF, *CJEG* 1987, p.685.
- note sous CE, 24 juillet 1987, Durieu de Lacarelle, *CJEG* décembre 1987, p.891.
- note sous CA Angers, 16 décembre 1987, EDF c/ Briant, *CJEG* 1988, J, p.178.
- note sous CA Angers, 16 décembre 1987, SARL Horti Jardin c/ EDF, *CJEG* 1988, p.179.
- note sous TGI Saint Omer, 22 janvier 1988, Pouget c/ EDF, *CJEG* 1988, p.280.
- note sous CA Montpellier, 16 mars 1988, SA Mines et Produits chimiques de Salsigne c/ EDF, *CJEG* 1988, p.280.
- note sous Civ I, 22 novembre 1994, Syndicat intercommunal des Eaux de Croix, *CJEG* 1995, p.266.
- note sous TGI Blois (référé), 26 novembre 1996, Gorges c/ Communede Faverolle sur Cher et EDF et TGI de Vannes (référé), 21 février 1997, Georget c/ Commune de Férel et EDF, *CJEG* 1997, p.285.

SACHS O., note sous CA Douai, 17 mars 1989, Pouget c/ EDF, *JCP* 1989, II, 21386.

SARRUT L., note sous Civ., 21 novembre 1911, Compagnie générale transatlantique, *DP.* 1913, I, p.249.

SAVATIER J., note sous CE, 24 février 1961, Isnardon, *Droit social* 1961, p.356.
- note sous CE, Section, 26 octobre 1962, Le Moult, *Droit social* 1963, p. 224.
- note sous TC, 15 janvier 1968, Epoux Barbier, *Droit social* 1969, p.51.

SAVIGNAT R., note sous Civ. I, 9 décembre 1986, Compagnie d'assurances Groupe de Paris AGP c/ EDF, *CJEG* 1987, J, p.825.
- note sous TGI Nantes, 27 avril 1988, Charpentier c/ EDF, *CJEG* 1989, p.89.
- note sous CE, 15 avril 1996, Préfet des Bouches du Rhône, *CJEG* 1996, p. 267.

SCHRAMECK O., commentaire de la décision CC 23 juillet 1996, France télécom, *AJDA* 1996, p.694.

SEILLER B., note sous Civ I, 10 février 1998, Saur c/ Bensetti, *D.* 1998, J, p.422.

Seriaux A., note sous Civ. I, 22 octobre 1996, Chronopost, *D.* 1997, p. 121.
Sinay H., note sous Cass. com., 21 octobre 1967, SA Musée Grévin, *D.* 1968, p.280.
Soto (de) J., note sous CE, 4 mai 1984, Commune des Aubiers, *RDP* 1985, p.839.
Tedeschi P., note sous CE, Section, 10 mai 1974, Denoyez et Chorques, *D.* 1975, p.393.
Terneyre P., note sous CE, 21 octobre 1988, SARL Cetra, *RA* 1988, p.229.
- note sous CE, 15 avril 1996, Préfet des Bouches du Rhône, *RFDA* 1996, p. 715.
Teste P. et Chaudouard L., note sous CE, 5 mai 1961, Ville de Lyon, *CJEG* 1961, J, p.175.
Teyssie B., note sous Ass. plén., 4 juillet 1986, Air France, *JCP* 1986, II, 20694.
Theron J.-P., note sous TC, 19 février 1990, Thomas c/ Commune de Francazal, *AJDA* 1990, p.558.
Touvet L. et Stahl J.-H., chron. sous CE, Section, 7 octobre 1994, Epoux Lopez, *AJDA* 1994, p.867.
Tunc A., note sous TGI Laval, 29 avril 1963, Bouvier c/ EDF, *D.* 1963, J, p.673.
- obs. sous Cass.civ I, 12 février 1964, *RTDC* 1964, p.547.
Vergnaud P., note sous CE, 16 octobre 1961, Etablissements Campanon Rey, *D.* 1962, J, p.506.
Viney G., obs. sous Cass. civ. I, 7 mars 1966, Bouvier c/ EDF, *RTDC* 1970, n° 251.
- "L'exonération de responsabilité contractuelle d'EDF à raison des coupures de courant provoquées par des grèves de son personnel", note sous Ch. mixte, 4 février 1983, *Droit social*, 1983, p. 627.
- obs. sous Cass. civ. I, 11 juin 1991, *JCP* 1992, I, 3572.
- note sous Cass. ass. plén., 12 juillet 1991, Besse, *JCP* 1991, II, 21743.
- obs. sous Cass. civ. I, 6 octobre 1993, Port autonome de Rouen, *JCP* 1994, I, 3773 n°7.
- obs. sous Civ. I, 23 février 1994, *JCP* 1994, I, 3809, n° 15.
- obs. sous Civ. I, 9 mars 1994, *JCP* 1994, I, 3773, n°6.
- obs. sous Cass. civ. I, 17 janvier 1995, *JCP* 1995, I, 3583.
- obs. sous Cass. com., 23 mai 1995, Soc. La Réunion européenne et autres c/ La Poste, *JCP* 1996, I, 3944.
Virassamy G., note sous Cass. com., 3 novembre 1992, Société Française des pétroles, *JCP* 1993, II, 22164.
Virole J., note sous TA Nancy, 20 novembre 1980, Comas et autres et Association syndicale des acquéreurs du lotissement du Hameau de la grande Haie c/ EDF, *JCP* 1982, II, 19805.
Waline M., note sous CE, 22 juillet 1927, Syndicat des employés et contremaîtres des secteurs électriques de la Seine, *D.* 1928, III, p.41.
- note sous CE, 4 décembre 1936, de Roche du Teilloy, *D.* 1937, III, p.4.
- note sous CA Douai, 13 janvier 1938, Compagnie générale boulonnaise d'électricité c/ Alexandre, *D.* 1940, II, p.19.
- note sous CA Douai, 7 février 1938, Béthunoise d'éclairage et d'énergie c/ Bernard, *D.* 1940, II, p.19.
- note sous CE, 25 juin 1948, Société du Journal "L'Aurore", *D.* 1948, p.437.
- note sous CE, Ass., 7 juillet 1950, Dehaene, *RDP* 1950, p.691.
- note sous TC, 15 janvier 1968, Epoux Barbier, *RDP*. 1968, p.893.
- note sous CE, Section, 10 mai 1974, Denoyez et Chorques, *RDP* 1974, p.467.
Waquet Ph., note sous Cass. civ. I, 6 octobre 1993, Port autonome de Rouen, *JCP* 1993, II, 22154.

V Conclusions.

Abraham R., conclu sur CE, 27 octobre 1989, Ferdinand Dauwe, *CJEG* 1990, p.195.
Apollis, "La responsabilité pour faute lourde de la poste devant le juge judiciaire", rapport sur Cour cass., ass. plén., 30 juin 1998, M. Cabane c/ Cie Air France, *CJEG* 1999, p.47.

Arrighi de Casanova J., conclu sur CE, 19 juin 1991, Commune de Piriac sur Mer, *LPA* 25 septembre 1991, p.4.
- conclu sur CE, Section (avis), 10 avril 1992, SARL Hofmiller, *RFDA* 1994, p.160.

Babaud-Lacroze, conclu sur Cons. préf. Seine, 12 février 1926, Foucault c/ Compagnie parisienne de distribution d'électricité et ville de Paris, *Gaz. Pal.* 1926, I, p.750.

Baudouin J., conclu sur CE, Section, 27 novembre 1967, Delle Labat, *RDP* 1968, p.663.

Bergeal C., conclu sur CE, Section, 27 mars 1998, Société d'assurances La Nantaise et l'Angevine, *RFDA* 1998, p.732.
- conclu sur CE, 7 avril 1999, Commune de Guilherand-Granges, *AJDA* 1999, p.517.
- conclu sur CE, 30 juin 1999, Syndicat mixte du traitement des ordures ménagères centre-ouest seine-et-marnais, *AJDA* 1999, p.714.

Bertrand L., conclu sur CE, 4 février 1966, Syndicat unifié des techniciens de la RTF, *RDP* 1966, p.324.

Blum L., conclu sur CE, 21 mars 1910, Compagnie générale française des tramways, *Rec.*, p.216.
- conclu sur CE, 31 juillet 1912, Société des granits porphyroïdes des Vosges, *Rec.*, p.909.

Bourrachot F., conclu sur TA Lyon, 30 novembre 1993, Paul Chomat, *RFDA* 1995, p.699.

Bouyssic P., conclu sur Cass., ass. plén., 4 juillet 1986, *Droit Social* 1986, p.745.

Braibant G., conclu sur CE, 5 mai 1961, Ville de Lyon, *CJEG* 1961, p.175.

Chaid-Nouraï N., conclu sur CE, Ass., 3 février 1989, Compagnie Alitalia, *RFDA* 1989, p.391.

Chantepy C, conclu sur CE, 15 avril 1996, Préfet des Bouches du Rhône, *CJEG* 1996, p. 267.

Chardeau J., conclu. sur CE, Ass., 21 novembre 1958, Syndicat national des transporteurs aériens, *D.* 1959, J, p.475.
- conclu sur TC 17 décembre 1962, Dame Bertrand, *Rec.*, p.831.

Chardenet, conclu sur CE, 30 mars 1916, Compagnie générale d'éclairage de Bordeaux, *Rec.*, p.125,.

Cochard J., conclu sur Ch. mixte, 4 février 1983, 3 espèces, *CJEG* 1983, p. 247.

Combarnous C., conclu sur CE, Section, 24 avril 1964, Société LIC, *AJDA* 1964, p.308.

Combrexelle J.-D., conclu sur CE, 30 octobre 1996, Mme Wajs et M. Monnier, *CJEG* 1997, p.52.

Corneille, conclu sur CE, 29 décembre 1911, Chomel, *Rec.*, p.1265.

Costa J.-P., conclu sur CE, 8 mai 1981, Union des organismes de groupement des collectivités et organismes de groupement du Massif Central, région Auvergne, *CJEG* 1981, p.115.

Delon F., conclu sur CE, 5 octobre 1984, COREP de l'Ariège, *Rec.*, p.315.

Denis-Linton M., conclu. sur CE, Ass., 10 juillet 1996, Société Direct Mail, *CJEG* 1996, p.348.

Donnedieu de Vabres J., conclu. sur CE, 18 décembre 1953, Gain, *Rev. prat. droit. adm.* 1954, n°44.

Dutheillet de Lamothe O., conclu. sur TC, 17 octobre 1966, Dame Veuve Canasse, *JCP* 1966, II, 14899.
- conclu sur CE, Ass., 16 avril 1986, Compagnie Luxembourgeoise de Télédiffusion, *RDP* 1986, p.857.

Fouquet O., conclu sur CE, 6 mai 1985, commune de Pointe-à-Pitre c/ Martin, *JCP* 1986, II, 20536.
- conclu sur CE, 23 novembre 1992, Syndicat d'assainissement de la Haute Vallée d'Aure, *RFDA* 1994, p.172.

Fournier J., conclu sur CE, 13 janvier 1961, Département du Bas Rhin, *AJDA* 1961, p.235.

Franc M., conclu. sur CE, 30 juin 1976, EDF c/ Dame Veuve Pichon, *CJEG* 1976, p.170.
- conclu sur CE, 22 avril 1977, Michaut, *AJDA* 1977, p. 441.

Galmot, conclu sur CE, 6 janvier 1967, Ville d'Elbeuf, *JCP* 1967, II, 15109.

Gegout J.-L., conclu sur TC, 24 juin 1968, Ursot, *JCP* 1968, II, 15646.
- conclu. sur TC, 24 juin 1968, Société d'approvisionnement alimentaire, *JCP* 1969, II, 15764.

Genevois B., conclu sur TC, 12 novembre 1984, Interfrost, *RFDA* 1985, p.250.

Gentot m., conclu sur CE, section, 26 novembre 1971, SIMA, *RDP* 1972, p.239.

Gervais a., conclu sur CE, Ass., 7 juillet 1950, Dehaene, *D.* 1950, p.538, *RDP* 1950, p.691, *JCP* 1950, II, 5681.

Goulard, conclu sur CE, 9 avril 1999, Commune de Bandol, *CJEG* 1999, p.193.

Henry, conclu sur CE, 17 avril 1959, Abadie, *Rec.*, p. 239.

Heumann, conclu sur CE, Section, 7 novembre 1958, Société "Electricité et eaux de Madagascar" c/ Sieur Nicola, *Rec.*, p.530.
- conclu sur CE, Section, 13 octobre 1961, Etablissements Campanon Rey, *AJDA* 1962, p.98.

Jeol, conclu sur Cass. com. 3 octobre 1989, *JCP* 1990, II, 21423.
- conclu sur Cass. com., 4 juin 1991, Blot, *D.* 1991, p.457.
- conclu sur Cass. Ass. plén., 1er décembre 1995 (4 arrêts), *JCP* 1995, II, 22565.

Kahn j., conclu sur CE, Ass., 2 mai 1958, Distillerie de Magnac-Laval, *AJDA* 1958, 2, p. 282.
- conclu sur CE, Section, 27 janvier 1961, Vannier, *Rec* p.60.
- conclu sur TC, 15 janvier 1968, Epoux Barbier, *Rec.*, p.789.
- conclu sur TC, 3 mars 1969, Interlait, *AJDA* 1969, p.307.

Labetoulle d., conclu sur TC, 21 mars 1983, UAP, *AJDA* 1983, p. 356.

Lagrange, conclu sur CE, Section, 22 octobre 1937, Delle Minaire, *Rec.*, p.843.

Laroque m., conclu. sur CE, 3 octobre 1986, François Poncet,*Juris PTT* n°7, janvier 1987, p.2.

Laroque p., conclu sur CA Lyon, 25 juillet 1921, Trolliet, D. 1922, II, p.19, *Rev. concess.* 1922, p.135.

Lasserre b., conclu sur CE, 26 avril 1985, Ville de Tarbes, *RFDA* 1985, p.707.

Latournerie r., conclu sur CE, 1er avril 1938, Société l'Alcool dénaturé de Coubert, *RDP* 1939, p.487.
- conclu sur CE, 18 mai 1979, Association judaïque Saint Seurin, *RDP* 1979, p.1481.

Letourneur m., conclu sur CE, 25 juin 1948, Société du Journal "L'Aurore", *S.* 1948, III, p.69.
- conclu sur CE, section,9 mars 1951, Société des Concerts du Conservatoire, *DS* 1951, p.368.
- conclu sur CE, Ass., 16 novembre 1956, Union syndicale des industries aéronautiques, *D.* 1956, p. 759, *S.* 1957, p. 38.

Lindon r., conclu sur Cass.civ I, 12 février 1964, *JCP* 1964, II, 13650.
- conclu sur Cass. civ I, 1er juillet 1969, SNCF c/ Caramello, *JCP* 1969, II, 16091.

Long m., conclu sur CE, Section, 14 février 1958, Abisset, *Rec.*, p.98.

Martin, conclu sur TC, 6 janvier 1995, Préfet de la Région Ile de France, CNR c/ EDF, *CJEG* 1995, p.259.

Massot j., conclu sur CE, Section, 18 mars 1977, Chambre de Commerce de la Rochelle, *Rec.*, p.153.

Matter, conclu sur TC, 22 janvier 1921, Société commerciale de l'Ouest africain, *D.* 1921, III, p.1.
- conclu sur TC, 16 juin 1923, Septfonds *D.* 1924, III, p.41.

Mellottee, conclu sur Cass. soc. 15 avril 1970, *D.* 1971, p. 107.

Meric, conclu sur CE, 14 juin 1963, Epx. Hébert, *Rec.*, p.364.

Merlin, conclu sur Cass, ch. réunies, 2 février 1908, *S.* 1908, I, 183.

Odent r., conclu sur CE, 5 mars 1943, Compagnie générale des Eaux et Syndicat des communes de la banlieue de Paris pour les eaux, *DC* 1944, J, p.121.

Pauti j.-m., conclu sur CE, 2 juillet 1982, Conseil national de l'Ordre des architectes *AJDA* 1983, p.30.

Picca g., conclu sur TC, 8 novembre 1982, Soc. Maine Viande, *D.* 1983, J, p.69.

Pochard m., conclu sur CE, Section, 30 novembre 1990, Association "Les Verts", *RFDA* 1991, p.571.
- conclu sur CE, 1er octobre 1993, Soc. le Yacht club de Bormes-les-Mimosas, *AJDA* 1993, p.810.

REGNAULT, conclu sur Trib. civil de la Seine, 10 mai 1916, Société d'éclairage, chauffage et force motrice c/ Delille, *Gaz. Trib.* 1916, II, p.38.
ROMIEU, conclu sur CE, 4 août 1905, Martin, *Rec.*, p.749.
- conclu sur CE, 21 décembre 1906, Syndicat des propriétaires et contribuables du quartier Croix de Seguey Tivoli, *DP* 1907, III, p.41.
SARRUT L., conclu sur Cass. civ., 27 janvier 1913, Chemin de fer du midi, *S.* 1913, I, p.177.
SCHMELCK, conclu sur Cass. ch. mixte, 23 mars 1973, *D.* 1973, p.305.
SCHWARTZ R., conclu sur CE, 24 juin 1994, Charpentier, *CJEG* 1995, p.72.
- conclu sur CE, Section, 7 octobre 1994, Epoux Lopez, *RFDA* 1994, p.1090.
- conclu sur CE, 27 novembre 1996, Commune de Moulins c/ Mme Henriques, *RFDA* 1997, p.353.
STAHL J.-H., conclu sur CE, Section, 3 novembre 1997, Million et Marais, *RFDA* 1997, p.1228.
STIRN B., conclu sur CE, Ass., 1er février 1985, "Union départementale des consommateurs de Paris", *CJEG* 1985, p.129.
- conclu sur CE, 17 janvier 1986, Ville de Paris c/ Duvinage, RFDA 1986, p. 824.
- conclu sur TC, 8 juin 1989, Ville de Pamiers, *RFDA* 1989, p.465.
- conclu sur CE, 14 janvier 1991, Bachelet, *CJEG* 1991, p.164.
TARDIEU, conclu sur CE, 7 août 1909, Winkel, *Rec.*, p.1296, *S.* 1909, III, p.145.
THERY F., conclu sur CE, Section, 13 janvier 1970, Dame Vigan et Sieur Krasnick, *RDP* 1970, p.403.
VERPILLIERE (de la) Ch., conclu sur CE, 20 janvier 1988, SCI "La Colline" c/ Commune de Bénisson Dieu, *RFDA* 1988, p.880.
- conclu sur CE 9 novembre 1988, Commune de Pisieux, *RFDA* 1989, p.748.
VUGHT G., conclu sur CE, Section, 29 janvier 1971, Emery, *AJDA* 1971, II, p.409.

VI Rapports.

ATTIAS D., *Concurrence et régulation des services publics. Comparaison internationale*, mai 1997.
BOROTRA F., "Les projets européens de déréglementation du marché du gaz et de l'électricité", AN, Documents d'information, 30 mai 1995.
- (sous la direction de), Rapport de la Délégation pour l'Union européenne, *Faut-il défendre le service public ?*, Assemblée nationale, n°2260, 6 octobre 1995.
Commission des communautés européennes, 22ème *Rapport sur la politique de la concurrence*, 5 mai 1993.
CONSEIL D'ETAT, Rapport public pour 1994, *Service public, services publics : déclin ou renouveau*, La Documentation Française, EDCE, n°46, 1995.
- Rapport public pour 1999, *L'intérêt général*, La Documentation Française, EDCE, n°50, 1999.
COUR DES COMPTES, Rapport public pour 1976.
- "La gestion des services publics locaux d'eau et d'assainissement", 1997.
CUQ H. et BUSSEREAU D., *Une nouvelle donne pour la SNCF*, Tome 1, document AN, 15 juin 94, tome II, *Auditions*.
DENOIX de SAINT-MARC R., *Le service public*, Rapport au Premier ministre, La Documentation Française, 1996.
Groupe d'expertise économique, *Rapport sur l'interconnexion et le financement du service universel dans le secteur des télécommunications*, DGPT, 1996.
GRUSSON C. et COHEN J., *La tarification des services publics locaux*, La Documentation Française, 1983.
HAENEL H., *Rapport sur la SNCF*, 1993, JO Document Sénat, 3 juin 1993.
LASSERRE B., *Quelle réglementation pour les télécommunications françaises ?*, mars 1994.
LORIN, *La question du gaz à Paris*, Rapport au conseil municipal de la ville de Paris, 1907.

NORA S., *Rapport sur les entreprises publiques*, Documentation Française, 1968.

OUDIN J., *Rapport d'information sur l'Europe et les services publics*, n°6, Sénat, 1ère session ordinaire de 1993-1994, Annexe au PV de la séance du 6 octobre 1993.

PREVOT H., *L'avenir du service public de la poste et des télécommunications*, La Documentation Française, 1989.

RAMADIER P., *Sur la nationalisation de l'électricité en France*, BHE, n° spécial 8 décembre 1986, p.122.

SAPIN M., *La place et le rôle des usagers dans les services publics*, Rapport au Premier Ministre , Documentation Française, 1983.

STOFFAËS C., (sous la direction de), *Services publics, question d'avenir*, Rapport du Commissariat général du Plan, la Documentation Française, 1995.

VI Recueils.

BLAEVOET CH., *Recueil des lois, décrets, arrêtés, circulaires et cahiers des charges relatifs à la production et à la distribution de l'énergie électrique*, Tome 1, 1906-1929, 1930.

GAUDEMET Y., STIRN B., DAL FARRA T., ROLIN F., *Les grands avis du Conseil d'Etat*, Dalloz, 1997.

LONG M., WEIL P., BRAIBANT G., DELVOLVE P., GENEVOIS B., *Les grands arrêts de la jurisprudence administrative*, Dalloz, 12ème édition, 1999.

INDEX

- D -

PLAN

www.ingramcontent.com/pod-product-compliance
Lightning Source LLC
LaVergne TN
LVHW010632051026
849532LV00001B/36

* 9 7 8 2 7 4 7 5 0 6 0 7 6 *